LOCAL GOVERNMENT FISCAL CRISES

지방재정위기

– 미국의 제도와 경상남도 사례 –

임채호

삼우사

머리말

한국에서 지방재정위기가 표면에 부상한 것은 2007년에 시작된 세계경제위기 이후의 일이다. 2010년 7월, 당시 경기도 성남시장의 지불유예 선언은 지방재정위기를 둘러싼 논쟁을 가열시키는 계기가 되었고, 더러는 지방정부 스스로 어려운 재정상황과 그것을 극복하겠다는 의지와 계획을 외부에 공표하기도 했다. 정부도 2012년부터 사전경보시스템에 바탕을 둔 지방재정위기 관리 제도를 운용하기 시작했으며, 그해 7월에는 부산·대구·인천광역시와 태백시를 재정위기 '주의'단체로 지정했다. 그리고 2016년에는 중앙정부가 자력으로 재정위기 상황을 극복하기 어려운 지방정부에 개입할 수 있는 긴급재정관리제도를 시행했다.

이처럼 한차례 파도처럼 밀려왔던 지방재정위기에 대한 우려가 근래에 들어서서 진정된 듯이 보인다. 2015년 부산·대구광역시와 태백시가, 그리고 2018년 인천광역시가 재정위기 '주의'단체라는 꼬리표를 뗐으며, 2016년 5월 경상남도가 '채무제로'를 선언한 것을 비롯하여 다수의 광역 및 기초 지방정부가 채무 제로를 달성했거나 달성하겠다고 앞다퉈 선언했다. 그것이 얼마나 실속 있고, 바람직한 정책목표인지에 대해서 논란이 없는 것은 아니지만, 단체장들이 화려한 재정사업의 청사진뿐만 아니라 그다지 인기를 끌 것 같지 않은 채무 감축에도 관심을 기울인다는 점에서 긍정적인 변화라고 생각된다.

재정위기를 헤쳐가는 지방정부의 표정을 보면 대체로 위기의 유발책임은 전임 단체장들이 비난받아야 할 몫이며, 채무관리의 공은 온전히 현직 단체장의 치적이라고 홍보하는 듯하다. 지방자치단체장이 정치인이라는 점을 상기한다면 이러한 '정치적' 수사가 크게 이상하게 들리지 않을 수도 있다. 그러나 지방재정은 지방정부가 스스로 통제할 수 없는 사회·경제적 침체라든지 중앙정부가 관장하는 법령, 제도, 정책 등 외부환경에 의해서 크게 영향을 받기 때문에 그 영광과 책임을 단체장을 비롯한 지방정부 내부에 오롯이 돌릴 수 없다. 따라서 언제 다시 밀려올지 모를 재정위기의 파고를 사전에 예측하고, 효과적인 위기관리 제도를 발전시켜 나가기 위해서는 정치적 수사를 걷어내고 지방재정위기의 원인과 책임소재를 객관적으로 규명하는 것이 필요하다.

이 책은 이러한 문제의식에 따라 저자가 집필한 박사학위 논문, 「경상남도 재정위기 사례 연구」를 수정·보완한 것이다. 내용의 구성은 제1장 서론에서 지방재정위기의 주제 및 접근방법을 개관하고 제2장과 제3장으로 구성된 제1편에서 미국의 지방재정위기 관리 제도를 체계적으로 조사했다. 먼저 제2장에서 지방재정위기의 이론적 배경과 미국에서 지방재정위기 관리 제도가 연방이 아닌 주 정부 주도로 발전된 이유를 살펴보고, 제3장에서는 각 주의 제도를 예방 제도, 예측 및 확인 제도, 그리고 완화 제도의 3가지 유형으로 구분해서 조사했다. 미국 주 정부 제도의 조사는 대부분 문헌에 의한 간접적인 방법을 사용했다. 다만 제3장의 재정위기 확인시스템은 주 법률로써 재정위기 선언 조건을 규정해 놓은 15개 주의 법률을 저자가 독자적으로 조사했다.

제2편은 제1편, 즉 지방재정위기에 관한 미국의 이론 및 주 정부 중심의 위기관리 제도를 이론적 근거 및 비교 연구의 준거기준으로 삼아 경상남도의 재정위기 사례를 분석했다. 미국의 연방체제에서 주는 한국의 중앙정부와 같은 위상을 가지고 하위 정치 단위인 지방정부에 대해 주권을 행사한다. 이러한 측면에서 미국의 각 주가 200년 이상 오랜 세월에 걸쳐 다원적으로 발전시켜 온 지방재정위기 관리 제도와 이론은 최근 부상한 한국의 지방재정위기 사례와 중앙정부 개입 제도를 분석하는 데 있어서 매우 유용한 준거기준이 될 수 있을 것으로 생각한다.

제2편의 구성은 제4장의 사례 분석의 기초에 따라 제5장에서 경상남도가 재정위기에 빠졌었는지를 한국 및 미국의 지방재정위기 확인시스템을 적용하여 확인했다. 이어서 제6장에서 경상남도 재정위기의 원인을 경상남도 내부 및 외부 요인으로 구분해서 규명한 뒤, 제7장에서 미국 주 정부의 제도를 경상남도 상황에 적용하는 경우에 기대되는 효과와 이들 제도를 현실적으로 적용할 수 있을 것인지 그 운용 가능성을 평가했다. 마지막으로 제8장은 이 책의 결론으로서 전체 내용을 요약하고 이론 및 정책적 함의와 제언을 담았다.

민선 제7기를 맞아 당선의 영예를 안은 단체장 및 지방의회의원들이 지역발전과 주민복지 증진을 위한 청사진을 펼쳐나가는 데 여념이 없다. 공직의 대부분을 지방행정 분야에서 일했던 저자는 그분들의 꿈과 열정을 누구보다도 깊이 이해하고 존경한다. 문제는 너무나 취약한 지방재정 현실이다. 경상남도의 사례를 보면 의무적·경직적 지출을 뺀 순수가용재원이 전체 예산의 1%에도 미달하는 때가 있는 등 자조적으로 쓰이는 '2할 또는 3할 자치'라는 표현조차도 매우 사치스럽게 들린다.

이것은 단체장을 비롯한 지방정부 관리자들이 재정사업의 운영에 신중에 또 신중을 기해야 함을 뜻한다. 전체 예산에 견주어 보잘것 없이 보이는 소액의 사업조차도 때로는 지방정부 전체에 심대한 충격을 줄 정도로 지방재정구조가 취약하기 때문이다. 일부에서는 이러한 근본적인 문제를 외면한 채 지방정부의 방만한 예산운영이 재정위기의 주요 원인이며, 지방재정 확충은 깨진 독에 물 붓기 식이라는 논리를 확산시킨다. 재원대책을 책임신 중앙의 재정당국자들은 그들의 생활이 더욱 고단해질까 걱정되는지 현상유지를 조장하는 이러한 시각에 동조하는 듯이 보인다.

따라서 지방재정의 발전은 현실을 바로 볼 수 있도록 이러한 시각을 교정하는 데서 출발해야 할 것이다. 이를 위해 지방정부 관리자들은 재정사업을 신중히게 운영하는 것으로 책무를 다했다고 생각할 것이 아니라, 중요한 의사결정 과정이 포함된 내부 재정자료를 과감하게 공개하여 지역주민과 지방재정 전문가 등 외부의 집단지성을 활용할 필요가 있다. 이것은 압도적으로 우월한 영향력과 조직 및 인력 규모, 그리고 전문성을 갖추고 여론을 주도하는 국가재정 분야에 대응하여 지방재정 분야가 정당한 목소리를 내기 위해 의지할 수 있는 한 줄기 희망과 같다. 이 책은 이러한 인식에서 후속 연구와 지방재정 문제의 공론화에 필요한 기초적인 자료를 제공하는 데 부수적인 목표를 두었다. 이를 위해 저자가 내부관찰자로서, 그리고 최고 의사결정권자로서 얻은 정보와 경험을 토대로 경상남도가 민선단체장 체제 출범 이후 추진한 주요 재정사업을 역사의 기록을 남긴다는 생각으로 정리하여 제시했다.

보잘것 없지만 이 책이 출간되기까지 많은 분의 도움을 받았다. 먼저 이 책의 원전인 박사학위논문을 지도해 주신 성균관대학교 공동성 교수님께 감사드린다. 교수님이 끊임없이 채근하고 통찰력을 제공하지 않았다면 이 책이 완성되기 어려웠을 것이다. 논문 심사를 맡으신 성균관대학교 정문기 교수님, 배수호 교수님, 조

민효 교수님과 서울여자대학교 배인명 교수님께는 분량이 많고 범위가 넓어 산만해지기 쉬운 내용을 학위논문의 자격을 갖출 수 있도록 세밀하게 조언해 주신 데 대해 감사드린다.

동료 공직자들로부터도 많은 도움을 받았다. 먼저 2012년 하반기에 이 글의 배경이 된 경상남도 재정구조조정계획을 수립하고 추진하는 데 열성을 다했던 당시 정연재 예산담당관과 홍덕수 예산담당 사무관에게 감사드린다. 지방재정 실무에 정통한 개인정보보호위원회 강동균 사무관은 최근의 제도 변화를 반영하여 원고에서 잘못 기술된 부분들을 바로잡아 주었다. 김민철 주무관의 도움이 없었다면 복잡한 내용을 그래프와 표를 사용하여 적절히 설명하는 데 큰 어려움을 겪었을 것이다. 행정안전부 정송이 사무관을 비롯해서 일일이 거명하지 못하지만, 자료수집에 협조해 주신 경상남도와 행정안전부의 후배 공직자들에게도 감사드린다. 이와 함께 사정이 어려운데도 불구하고 선뜻 출간에 응해 주시고 세심하게 원고를 검토해 주신 도서출판 三宇社 조병철 사장님께 특별한 감사를 드린다.

이 책은 저자가 35년의 공직생활을 마감하면서, 에너지를 대부분 쏟았던 지방정부 업무에 관한 지식과 정보를 정리해서 발간하기에 특별한 의미가 있다. 이것은 가족이라는 든든한 울타리가 없었다면 불가능했을 것이다. 저자가 후회 없이 공직생활을 마무리할 수 있도록 묵묵히 뒷받침한 아내이자 헌신적인 교사인 손소희 선생님, 바쁘다는 핑계로 소홀하기 짝이 없었는데도 믿음직스럽게 성장한 한솔과 한이, 끝없는 사랑으로 정진의 이유를 주신 어머님과 장모님, 그리고 항상 따뜻한 눈길로 응원해 주신 형제자매에게 감사드리며 이제는 하늘나라에 계신 부모님께 이 책을 바친다.

2018년 9월

저 자

차 례

제1장 지방재정위기: 주제 및 접근방법

제 1 편 미국의 지방재정위기 관리 제도

제 2 장 이론적 배경 및 주 정부 제도의 발전

제 3 장 주 정부의 지방재정위기 관리 제도

제 2 편 경상남도 재정위기 사례

제 4 장 사례 분석의 기초

제5장 재정위기의 확인

제6장 재정위기의 원인

제 7 장 미국 제도 적용의 기대효과 및 운용 가능성

제 8 장 결론: 요약 및 함의

〈표〉 차례

[그림] 차례

제 1 장

지방재정위기: 주제 및 접근방법

제 1 절　현실로 다가온 한국의 지방재정위기
제 2 절　이 책의 목적과 범위 및 접근방법
제 3 절　선행연구

CHAPTER 01 지방재정위기: 주제 및 접근방법

제 1 절 현실로 다가온 한국의 지방재정위기

Ⅰ. 재정위기의 원인 및 책임소재에 대한 시각

2007년 시작된 세계경제위기와 2010년 및 2014년 전국동시지방선거를 계기로 소위 '해외사례'로만 들어오던 지방정부의 재정위기가 한국에서도 현실적인 문제로 부상했다. 2010년 제5회 전국동시지방선거에서 낭선된 경기도 성남시장은 취임 열흘 정도 지난 7월 12일, 판교특별회계에 상환해야 하는 5,200억원을 지불유예한다는 담화문을 발표했다.[1] 당시 성남시의 재정상황이 지불유예를 선언할 정도였는지, 그리고 지방자치단체장이 일방적으로 지불유예를 선언할 수 있는지에 관한 논란과 함께 큰 파문이 일었다. 무엇보다도 미국과 일본 등의 지방재정 파탄 사례가 우리나라에서도 일어날 수 있다는 경각심을 불러일으켰다는 게 중론이다. 2014년 6월, 제6회 전국동시지방선거 직후 나주시장 당선자는 숨겨진 부채가 많다는 이유로 채

1 담화문의 요지는 전직 시장이 시의 재정능력을 초과하여 일반사업을 과도하게 추진함으로써 즉시 또는 단기간에 상환해야 하는 채무가 5,200억원에 달하는데, 이것은 성남시의 2010년도 일반회계 예산의 45%에 해당하고 연간 가용예산의 1.5배가 넘어 지불유예가 불가피하다는 것이었다.

무분야의 인수·인계를 거부했다.[2] 그해 9월 전국 시장·군수·구청장 226명은 과도한 복지비용 부담에 따른 지방의 파산을 방지하기 위해 정부가 조속히 대책을 마련하지 않는다면 '복지 디폴트'가 불가피하다고 주장하는 공동성명을 발표했다.[3]

광역자치단체도 예외가 아니다. 2012년 5월 30일, 당시 인천광역시장은 전임시장 재임 시절에 지방채의 과다발행, 분식결산 등으로 시의 재정운영이 대단히 어렵다며 유동성위기 탈출을 위한 긴급대책을 발표했다.[4] 2012년 10월 31일 경상남도 도지사권한대행은 도청 출입기자단을 대상으로 고강도의 재정구조조정계획을 담은 2013 회계연도 경상남도 예산(잠정안)을 브리핑하고 그것을 경상남도 홈페이지에 공개했다(경상남도, 2012s). 일반재원 세입이 2011년 2,245,400백만원에서 2012년부터 2년 연속으로 1,920,000백만원 내외까지 15% 정도 격감할 것으로 추정되는 등 극심한 재정압박을 받았기 때문이다.

이처럼 지방재정위기의 조짐들이 광역과 기초자치단체를 막론하고 광범하게 나타났지만, 그 원인과 대책에 관해서는 주로 지방자치권의 침해 가능성을 둘러싼 정치적이고 이념적이며 추상적인 주장들이 평행선을 달리며 논란이 가열되었다. 이러한 사정은 긴급재정관리제도를 도입하는 과정에서 명확하게 볼 수 있었다.

먼저 지방재정위기의 원인을 주로 지방자치단체 내부에서 찾는 측에서는, 사업 타당성 및 재정능력에 대한 철저한 검증 없이 지방자치단체가 공약사업 등을 무리하게 추진함으로써 세출이 세입을 초과하고 부채가 팽창하여 결국은 지불불능 상태에까지 이르게 된다고 본다(서정섭, 2001; 정성호·정창훈). 중앙정부의 시각이 여기에 가깝다(김필헌 등, 213면). 그 대책으로서 정부는 2012년부터 사전경보시스템에 바탕을 둔 「지방재정위기 관리 제도」를 운용하고 있으며, 2016년 6월에는 자력으로 재정위기 상황을 극복하기 어렵다고 판단되는 지방자치단체를 긴급재정위기 단체로 지정하여 관리하는 긴급재정관리제도를 시행했다.

반대로 지방재정위기의 원인을 지방자치단체가 관리할 수 없는 구조적인 외부문제에서 찾는 측에서는 지방재정위기는 국세 및 이전재원 중심의 지방재정구조와 복지재원의 지방비 부담 과다, 감세정책 등 중앙정부의 정책요인 때문이라고 주장

2 「문화일보」, "나주시장 당선자 부채 승계 거부 논란"(2014. 6. 30); 「동아일보」, ○○○ 나주시장 "시 부채 승계 거부"(2014. 7. 1).

3 전국 시장·군수·구청장협의회 보도자료(2014. 9. 3).

4 「동아일보」[인천/경기] ○○○, "亞 경기, 국가지원 더 안 줄 거면 대회 가져가라"(2012. 5. 31); 「머니투데이」, 인천시장, "국비지원 없으면 아시안 게임 불가"(2012. 5. 30).

한다(김홍환, 59면; 장선희, 2012; 우명동, 2010). 따라서 국세의 지방세 이전, 지방 자주재원 확대 등을 통해 중앙-지방의 재정배분구조를 개선하고, 복지재정의 국고보조 비율을 인상하여 지방재정 기반을 확충하는 것이 근본적인 대책이라고 본다. 이와 함께 투융자 심사제, 주민참여 예산제, 재정위기 사전경보시스템 등 이미 도입된 예방적 위기관리 제도를 보완하면 해결할 수 있다는 것이다. '긴급재정관리제도'에 대해서는 "현재의 지방재정 난맥상을 지방의 책임으로 전가하고 지방자치에 대한 중앙의 전방위적인 개입을 통해 지방자치권을 심각하게 훼손하는 것"으로 규정하고 도입계획에 강력하게 반발했다.[5]

긴급재정관리제도 도입 과정에서 벌어진 위의 논쟁을 보면, 정치적·이념적 측면에서 제도 도입에 대한 찬반 입장을 사전에 결정한 뒤, 그러한 입장을 정당화하는 근거로서 재정위기의 원인에 관한 이론들을 구미에 맞게 선택적으로 원용하는 듯이 보이기도 한다. 여기에는 문제의 핵심에 접근할 수 있는 실용적인 분석도구를 사용하여 한국의 지방재정 상황을 과학적이고 체계적으로 분석하고 지방재정위기의 원인을 구체적으로 밝힌 경험적인 연구가 충분하게 축적되지 않았던 데도 문제의 일단이 있었다고 본다.

지방재정위기의 원인에 관해서는 기존 연구의 대부분이 지방자치단체가 통제할 수 없는 거시적, 외부적 요인과 지방자치단체에 귀책사유가 큰 내부적 요인으로 그 원인을 구분하는 파머(W.J. Pammer, Jr.) 등의 이론을 바탕으로 구체적인 경험적 검증보다는 몇 가지 현상 또는 추론을 근거로 한쪽을 지지하거나 양쪽 모두에 책임이 있다는 결론을 내린다(조기현·신두현; 권아영·임언선; 장선희, 2012; 우명동, 2010; 서정섭, 2001; 정성호·정창훈; 허원제). 실증적인 분석 사례도 일부 있지만, 일반적인 재정지표를 사용하여 전반적인 경향을 추론하는 데 그치는 등 구체적이고 일관성 있는 결론을 도출하지는 못하고 있다(김필헌 등; 김선빈 등; 국회예산정책처; 주만수, 2012).

Ⅱ. 외국의 사례 및 제도에 관한 관심

지방재정위기 사전경보시스템과 긴급재정관리제도를 중심으로 최근 한국에 도입된 지방재정위기 관리 제도를 설계하기 위해 참조한 외국의 사례 및 제도를

5 시·군·구청장협의회 5차 회의(2014. 3. 13) 및 시·군·구의회의장협의회(2014. 3. 11) 보도자료.

보면 절대다수가 미국과 일본에 치우쳐 있다. 그중에서도 미국의 사례에 관한 연구가 압도적으로 많다. 그러나 대부분 지방재정위기의 몇몇 사례를 간략하게 소개하는 데 그치는 등 위기의 진행 경과와 해결 절차를 자세하게 다룬 성과물은 찾아보기가 어렵다(이희재, 7-20면). 연구의 성과가 미국의 제도에 집중된 것은 유학 등을 통한 학자들의 연구경력, 상대적으로 쉬운 영어권 자료의 입수, 그리고 오랜 기간 축적된 미국의 풍부한 지방재정위기 사례와 다원적으로 발전된 위기관리 제도 등이 영향을 미친 것으로 보인다.

저자는 미국의 지방재정위기 관리 제도에 관한 이러한 연구의 흐름에서 한 가지 문제의식을 느낀다. 연방정부가 지방정부의 문제에 예외적으로 개입하는 특별한 제도인 지방정부 파산제도를 중심으로 연구가 진행되는 데 대해서이다(조태제; 이지은; 이상경; 정창훈; 김필헌 등). 이것은 지방정부를 둘러싼 정부간 관계가 연방정부가 아닌 주 정부를 축으로 이루어지는 미국 연방체제의 특성을 충분히 고려하지 않았기 때문에 나타난 흐름으로 보인다. 미국에서 지방정부에 관한 사항은 연방헌법에 따라 전적으로 주의 헌법 또는 법률로써 규율된다(Honadle, 2012, pp.378-379; Weikart, pp.388-390). 지방정부와의 관계에서 각각의 주가 단일국가 체제인 한국의 중앙정부와 비슷한 위상을 가지는 것이다. 이에 따라 미국의 지방재정위기 관리 제도는 50개 주가 각각 주체가 되어 19세기 초부터 200년이 넘는 오랜 역사를 통해 다원적으로 발전돼 왔으며, 그 결과 다양한 정책수단과 풍부한 운영 경험이 축적되었다.[6]

그런데도 주 정부의 위기관리 제도를 제쳐놓고 연방정부가 지방정부에 예외적으로 개입하는 특별한 제도인 지방정부 파산제도에 연구의 초점을 맞추는 것은 주객이 뒤바뀐 것으로서, 마치 지방정부 파산제도라는 독특한 나무에 매혹된 나머지 숲에서 길을 잃은 것처럼 보인다. 여기에는 미국의 50개 주가 다원적으로 발전시킨 정글처럼 복잡한 지방재정위기 관리 제도를 전체적으로 꿰뚫어 체계화하기가 매우 어려운 현실적인 장벽도 작용했을 것이다. 행정안전부가 긴급재정관리제도를 도입하기 위해 지방재정법 개정안을 입법 예고하면서 해외의 입법 사례로서 미국의 「연방파산법」을 일본 「지방공공단체의 재정 건전화에 관한 법률」과 함께 예시한 것도 이 제도를 오해했기 때문으로 보인다.[7]

6 미국 지방정부 재정위기의 발생 및 진행 역사에 관해서는 다음 제2장 제2절에서 상술한다.

7 한국 긴급재정관리제도의 모델을 미국의 지방정부 파산제도로 보는 학자들의 견해는 후술하

지방정부는 '주의 창조물'이라는 표현에서 보듯이 미국의 연방헌법에는 지방정부라는 용어 자체가 없으며, 지방정부에 관한 사항은 모두 주의 헌법 및 법률에 의거 규율된다. 이처럼 미국에서 주와 지방정부의 관계는 연방과 주의 관계와 같은 연방체제가 아니라 한국의 중앙과 지방정부의 관계와 같은 단일국가 체제이다. 이러한 미국의 정부간 관계에 비추어 지방정부의 재정위기에 상급정부가 개입하는 제도 또한 주 정부의 제도에 초점을 맞추어 연구하는 것이 현실에 부합된다. 다행스러운 일은 최근 한국에서 미국 지방재정위기 관리 제도에 관한 연구의 관심이 주 정부의 제도로 옮아가는 사례들이 나타나고 있는 점이다(김재훈; 이희재; 배정아).

제 2 절 이 책의 목적과 범위 및 접근방법

앞에서 살펴보았듯이 한국 지방재정위기의 주된 원인 내지는 책임소재가 지방자치단체 내부에 있는지, 아니면 외부에 있는지에 대해 논란이 크다. 이와 관련하여 앞 절에서 저자는 두 가지 문제의식을 제기했다. 하나는 현 시점에서 한국 지방재정위기의 원인을 체계적으로 규명한 경험적 연구가 부족하다는 점이다. 다른 하나는 주로 미국의 지방정부 파산제도를 중심으로 진행된 외국의 제도에 관한 연구가 정부간 관계 측면에서 한국의 현실과 부합하지 않으며 심도가 미흡하다는 점이다. 이에 따라 이 책은 크게 두 가지 목적을 설정한다. 먼저 미국 지방정부의 재정위기에 상급정부가 개입하는 주된 기제인 주 정부의 지방재정위기 관리 제도를 체계적으로 조사한다. 다음은 이를 기초로 한국 지방재정위기의 원인을 규명하고, 이어서 미국 주 정부의 제도를 한국 상황에 적용한다고 가정할 때 기대되는 효과와 제도 운용의 현실적 가능성을 분석한다.

Ⅰ. 미국 지방재정위기 관리 제도의 조사

1. 목 적

미국의 지방재정위기 관리 제도를 주 정부의 제도를 중심으로 체계적으로 조

는 제3절 '선행연구' 부분 중 '미국 지방재정위기 관리 제도에 관한 선행연구' 참조.

사한다. 그것은 미국 주 정부의 제도가 200여 년의 역사를 가지고 장기간 운용되면서 다양하게 발전했기 때문에 비교적 최근 도입된 한국의 제도와 사례를 분석하는 하나의 이론 및 제도적 준거 기준으로 삼기 위해서이다. 주 정부의 제도에 초점을 맞추는 것은 미국의 연방체제에서 지방정부에 관한 사항은 연방정부가 아닌 주 정부가 한국의 중앙정부와 같은 위상에서 전권을 가지고 주도적으로 관리하기 때문이다. 제3장에서는 미국의 50개 주가 각각 주체가 되어 다양하게 발전시켜 온 지방재정위기 관리 제도를 예방, 예측 및 확인, 그리고 완화 제도의 3개 유형으로 구분하여 설명한다.

미국과 달리 한국의 지방재정위기 관리 제도는 대부분 최근 들어 도입되었다. 예측 및 확인 제도에 속하는 사전경보시스템과 완화 제도의 일종인 긴급재정관리제도는 각각 2012년과 2016년부터 운영되고 있다. 예방 제도의 범주로는 먼저 재정안정화기금의 설치 근거가 2017년 10월 지방재정법 개정으로 마련되었다. 지방채발행한도제와 회계 및 재무보고 제도는 비교적 오랜 기간 운영되고 있으나, 후자에 대해서는 제도 운용의 전문성이 부족하다는 비판이 제기되고 있다. 또 다른 예방제도인 균형예산 원칙과 과세 및 지출 한도 제도는 운용되지 않는다.

따라서 오랜 기간 다양하게 실험된 미국의 제도를 바탕으로 한국의 지방재정위기를 분석하는 것은 비교론적 관점에서 그 의미를 찾을 수 있다. 다만 미국의 주와 지방정부의 관계가 법적으로는 한국의 중앙과 지방정부의 관계와 유사할지라도, 양국 지방정부의 현실적 위상이나 행정·재정적 여건 등이 크게 다르므로, 그것이 이 연구의 한계로 작용할 수 있을 것이다.

2. 조사 범위

조사 범위는 미국의 각 주가 지방정부의 재정위기에 개입하기 위해 운용하는 제도를 망라한다. 그리고 주의 제도와 함께 미국에서 지방정부의 재정위기에 대응하는 다른 두 가지 법적 제도인 일반적인 채권자 구제제도와 지방정부 파산제도도 연구 범위에 포함해 소개한다. 주의 제도를 주된 대상으로 삼는 이유는 미국의 연방국가 체제에서 각 주가 우리나라의 중앙정부와 같은 위상을 가지고 지방정부의 재정위기에 주도적으로 개입하기 때문이다. 미국 제도의 유형은 Honadle(2003)의 주 정부 역할모형을 일부 수정하여 평상시의 예방 제도, 재무 상태의 모니터링을 통해 재정위기가 임박했는지를 알아내는 예측 및 확인 제도, 그리고 실제로 재정위기가 발생했을 때 피해를 축소하고 재정 건전성을 복원하는 완화 제도로 구분한다.

시간적 범위는 회계 및 외부 재무보고와 같은 일부 재정제도의 경우 19세기 초반까지 거슬러 올라가기도 하지만, 일반적으로는 미국의 지방정부가 제1차 재정위기의 파고를 겪은 19세기 후반기를 제도 발전의 출발점으로 본다. 당시 미국의 지방정부는 공채를 발행한 재원으로 철도 등 자본집약적인 서비스를 확대하던 중, 주요 지방정부 채무의 1/4 정도가 채무상환 불이행 상태에 빠지는 공황이 발생했다(Justice·Scorsone, p.47; ACIR, 1973, p.11). 주민투표에 의한 기채 승인 등 재정위기 예방 제도와 최근 한국에 도입된 긴급재정관리제도의 모델이 된 수권관리제도(receivership) 등이 이 시기에 태동했다.[8] 1930년대 대공황 시기에는 미국의 지방정부들이 제2차 재정위기의 파고를 맞았고, 이 시기에 연방정부의 지방정부 파산제도가 탄생했다. 1970년대와 1980년대에는 뉴욕시 등 대도시를 중심으로 제3차 재정위기 파고가 밀려왔고, 이에 따라 주가 조기경보시스템(early warning system)을 통해 지방정부의 재정 상황을 일반적으로 추적·감시 및 감독하고, 재정난이 예견되면 더욱 포괄적으로 개입하는 사전대비 방식이 도입되었다(Justice·Scorsone, p.47).

3. 접근 방법

기본적으로 문헌조사 방법을 사용한다. 특히 주가 지방정부의 재정위기에 개입하는 실태를 미국의 50개 주 전체를 대상으로 횡단면적으로 연구한 기존의 연구성과를 중점적으로 조사한다. 그러나 재정위기 예방 제도에 대해서는 미국 전역을 대상으로 횡단연구를 수행한 사례를 찾아보기가 어렵다. 따라서 Hagen(2005)과 Gordon(2012)을 토대로 예방 제도의 유형을 도출하고, 이들 개별 유형별로 미국 각 주의 사례를 횡단적으로 조사한다.

재정위기 예측 및 측정 제도는 눈덩이 표집의 원리를 적용하여 먼저 미국의

---

8 receivership을 ‘법정관리’ 제도로 번역하는 학자들이 많으나 파산에 따른 법정관리와 혼동할 수 있다. 이러한 문제를 해소하고 재정위기에 빠진 지방정부의 권한을 ‘인수’(receive 또는 take over)하여 지방재정 또는 지방정부 운영을 전반적으로 관리하는 이 제도의 취지를 용어를 통해 바로 이해할 수 있도록 ‘수권관리’ 제도로 번역하는 것이 적절하다고 본다. 지방정부의 주체적 지위를 강조하는 의미에서 ‘수탁관리’를 대안으로 생각할 수 있을 것이나 해당 지방정부의 동의 내지는 협의를 반드시 거치지 않고도 주가 일방적으로 실행할 수 있다는 점에서 ‘수권관리’가 더 적합한 것으로 보인다.

제도를 개관한 논문에서 기초정보를 수집한 후 그것을 기반으로 개별 시스템 또는 개별 주의 사례에 관한 정보로 자료수집의 폭을 점차 넓혀간다. 개관 성격의 자료에는 Justice와 Scorsone(2012), Jacob과 Hendrick(2012), Trussel과 Patrick(2009, 2012), Kloha 등(2005a 및 2005b), Hendrick(2011), Coe(2008) 등이 포함된다.

재정위기의 확인 및 선언 제도는 PEW(2016)가 재정위기 선언의 법정조건을 갖췄다고 확인한 15개 주를 대상으로 각 주의 관련 법률에 규정되어 있는 재정위기 선언 조건들을 이 책의 목적을 위해 특별히 전수 조사한다.

재정위기 완화 제도에 관해서는 미국 전역을 대상으로 한 횡단적 연구 사례가 상대적으로 많다. 대부분 주가 위기의 예방보다는 사후 대응에 치중하기 때문이다. 최근 발표된 PEW(2016, 2013), Scorsone(2014), Spiotto 등(2012)을 비롯하여 Cahill, James 및 Lavigne(1994), Honadle(2003), Kloha 등(2005a), 그리고 Coe(2008)를 대표적인 연구성과로 꼽을 수 있다.

Ⅱ. 경상남도 재정위기 사례 분석

1. 목 적

미국의 제도에 관한 연구를 준거 기준으로 삼아 한국 지방재정위기의 원인을 규명하는 한편 미국 주 정부 제도를 한국 상황에 적용하는 경우에 기대되는 효과와 현실적으로 제도 운용이 가능한지를 분석한다. 연구 방법으로는 경상남도를 대상으로 사례 분석을 진행한다. 먼저 2012년 후반기, 경상남도 도지사권한대행이 재정구조조정계획을 발표한 당시에 경상남도의 재무상태가 재정위기에 빠졌었는지를 한국의 사전경보시스템과 미국의 재정위기 확인시스템을 적용하여 확인한다. 그리고 그 결과를 통해 양국 시스템의 상대적 오류 가능성을 진단한다. 다음은 경상남도 사례에서 지방재정위기를 유발한 원인과 책임 소재를 규명한다. 마지막으로 미국 주 정부의 제도를 경상남도의 재정 운영에 적용한다고 가정할 때 기대할 수 있는 효과와 이들 제도를 실제로 운용할 수 있을 것인지 그 가능성을 분석한다.

사례 분석 대상으로 경상남도를 선택한 데는 경상남도의 재정적 특성이 사례 연구를 수행하기에 적합한 측면과 저자가 2010년 10월부터 경상남도 행정부지사로서, 특히 2012년 7월부터 12월까지는 도지사권한대행으로 재직하면서 재정구조조정을 주도했던 경험, 그리고 그에 따른 자료수집의 용이성을 함께 고려했다.

사례 분석에 적합한 경상남도의 특성으로는 2012년을 전후해서 극심한 '재정난' 내지는 '재정위기'를 경험했다는 점이다. 일반회계 세입은 부동산 및 리스차취득세를 중심으로 2011년에 비해 2012년과 2013년 연속 15% 정도인 320,000~330,000백만원 가량 격감할 것으로 추정되었다. 세출은 중앙정부가 주도하는 사회복지사업의 지방비 부담금 증가 등에 따른 만성적인 재정압박과 창원시 통합, 김해시 인구 50만명 초과에 의한 시·군조정교부금 수요 급증, 모자이크사업 등 대규모 지역개발사업 착수 시점 도래, 거가대교 최소운영비 보장과 소방공무원 초과근무수당 지급의무 발생 등 초유의 지출요인 때문에 급격히 팽창했다. 경상남도는 이에 따른 재원 부족을 편법적인 회계를 동원하여 처리함으로써 2013년 말 기준으로 추정할 때 은닉채무에 해당하는 시·군조정교부금 미지급 누적액이 358,909백만원으로 전체 채무잔액 1,494,540백만원의 24.52%에 이르렀다.

이러한 경상남도 사례는 만성적인 재정압박, 국가 경제의 침체와 정부의 지방재정 제도·정책 등 외부의 충격, 그리고 내부관리 문제가 상승작용을 일으켜 발생하는 지방재정위기의 전형적인 모습이라고 할 수 있다. 따라서 경상남도의 지방재정위기 사례를 연구하는 것은 한국의 다른 지방자치단체들이 직면한 문제들을 분석하고 해결 대책을 마련하는 데 큰 시사점을 제공할 것으로 판단된다.[9]

한편 사례연구를 연구방법으로 선택한 데는 재정위기의 원인 등에 관한 심층

---

9 사례연구 대상으로 경상남도가 적합한지에 대해 의문을 제기할 수 있다. 재정자립도가 한 자리 숫자에 불과한 기초자치단체가 많은데, 경상남도는 동종 자치단체인 도 가운데도 재정자립도가 상위권으로 평가되기 때문이다. 이러한 시각에는 재정자립도가 낮을수록 재정위기의 발생 가능성이 클 것이라는 전제가 깔려 있다. 그러나 지방재정조정제도의 비중이 큰 한국에서는 오히려 정반대의 경향을 보일 가능성이 크다. 재정자립도가 낮을수록 보통교부세에 대한 의존도가 높아서 오히려 재정을 안정적으로 운영할 수 있기 때문이다. 보통교부세 교부금액은 재정부족액에 조정률을 곱해서 산정하며, 재정부족액은 다시 지방세 수입의 80%를 적용해서 산정한다. 조정률은 일반적으로 85% 내외이므로 지방교부세가 지방자치단체 재정수입 변동의 대략 70%(80%×85%) 정도까지 보전해 주는 완충작용을 한다. 만성적인 재정압박에다 외부적인 충격 및 내부적인 관리 실패가 중복되어 재정위기가 발생한다는 이론에 비추어 볼 때 역설적으로 재정 사정이 좋을 것처럼 생각되지만, 취득세 의존 과다 등으로 경기변동에 취약한 자치단체에서 재정위기가 발생할 가능성이 커 보인다. 제2장에서 제시한 Hendrick의 재무상태과정 모델은 이것을 재정환경이 내부 재무구조에 미치는 재정위험의 관점에서 설명한다. 경기변화에 따라 세입 변동 폭이 큰 판매세와 안정적인 재산세를 비교대상으로 삼아 다른 조건이 같다면 재정위험이 클수록 환경변화에 대한 적응능력이 떨어지고, 재무상태가 나빠진다는 것이다(Jacob·Hendrick, p.17).

적 분석의 필요성과 자료 입수 가능성을 함께 고려한 것이다. 지방재정위기의 원인 등에 관한 경험적 연구가 부족한 이면에는 지방재정 통계 및 정책자료를 입수하기 어려운 문제가 커다란 장애가 되고 있다. 최근 들어 행정안전부와 각 지방자치단체가 「지방재정 365」와 각 기관의 홈페이지 등을 통해 공식적인 통계자료를 적극적으로 제공하고 있지만, 재정위기의 원인을 정확하게 규명하기 위해서는 공식적인 통계 이외에도 재정적으로 큰 충격을 준 주요 사건 및 부수적인 통계자료를 심층적으로 분석할 필요가 있다.

그러나 현실적으로 각 행정기관은 중요한 재정자료를 내부적으로만 관리하고 되도록 공개하지 않으려는 경향이 있다. 공직자들이 자료 공개를 본능적으로 꺼리는 데다 정치적 지지를 얻기 위한 편향적인 예산 배분, 단체장의 의중을 무리하게 관철하는 과정에서 저지르게 되는 재정규율 위반 등 떳떳하지 못한 모습들이 노출될 가능성이 있기 때문으로 보인다. 이러한 한계로 인해 다수의 지방자치단체를 대상으로 횡단분석을 할 수 있을 정도로 표준화된 재정통계자료를 입수하기는 대단히 어려울 것으로 판단된다. 따라서 이 연구는 경상남도를 사례연구의 대상으로 선택하여 심층적인 분석을 진행한다.

지방재정은 240개가 넘는 지방자치단체의 다양한 사정만큼이나 복잡하다. 따라서 거시적인 국가경제 지표를 통해 정책방향이 결정되는 국가재정 분야와 경쟁하여 통일된 목소리를 내기가 어렵고 지방재정 확충의 당위성을 설득력 있게 제시하여, 실제 재원 배분으로 연결하는 것은 훨씬 더 어렵다. 이에 반해 지방재정 제도 및 정책을 담당하는 중앙행정 조직과 지원 연구기관 또한 담당인력과 전문성 측면에서 국가재정 분야보다 절대적으로 열위에 있다. 이에 따라 중앙과 지방정부 사이에 재원 배분이나 사업비 분담 의무가 결부된 중요한 제도나 국가정책을 결정하는 과정에서 국가재정을 총괄하는 기획재정부의 목소리가 유별나게 크고, 이에 휘둘려 지방정부를 대변하는 행정안전부의 존재가 미약해 보일 때가 많다. 행정안전부 장관이 국무위원의 일원으로서 국가정책 결정에 공동으로 책임을 지는 것도 중앙의 시각에 경도되어 지방을 대변하는 독자적인 목소리를 내기 어려운 이유의 하나일 것이다.

이러한 상황에서는 행정안전부와 시·도 등 지방자치단체가 의사결정 과정이 포함된 내부자료를 적극적으로 제공함으로써 일반국민과 지방재정 전문가들의 집단지성을 활용하는 것이 중앙과 지방의 논리 경쟁에서 지방에 현저하게 불리한 '기울어진 운동장'을 바로잡는 하나의 방법이 될 수 있을 것이다. 이 책은 이러한 문제의식에 따라 하나의 부수적인 목적으로서 길게는 민선단체장 체제가 시작된 1995년부터, 그러나 대부분은 2004년부터 2013년까지 10년간의 경상남도 주요 재정운영 사례를 저자가 내부관찰자로서, 그리고 핵심적인 의사결정권자로서 얻은 경험 및 지식을 기초로 구체적으로 분석하여 제공한다.

2. 분석 범위

경상남도를 사례 분석 대상으로 선정하여 재정위기의 확인, 재정위기 원인 분석, 그리고 미국 제도 적용의 기대효과 및 현실적 운용 가능성을 분석한다. 연구의 시간적 범위는 2004년부터 2013년까지 10년으로 한다. 다만 채무잔액은 민선단체장 체제가 출범한 1995년부터 통계자료를 입수할 수 있으므로 분석기간을 2013년까지 19년으로 확장한다.

3. 접근 방법

경상남도 사례의 분석은 2004~2013년 사이 10년간에 걸친 일반회계의 일반재원 변화 추세를 토대로 진행한다. 재무상태 추세는 세입, 세출, 재정수지 및 채무잔액의 4개 부문으로 구분하여 도출한다. 일반회계에 국한하는 경우 재무상태의 전모를 파악하기 어렵다는 문제가 제기될 수 있다. 그러나 정부통합재무제표가 2013년 이후부터 작성되고 있어 그 이전의 자료를 활용할 수 없는 현실적인 문제가 있으며, 전체 예산에서 일반회계가 차지하는 비중이 90% 정도이기 때문에 분석결과가 왜곡될 소지 또한 크지 않다. 한편 일반재원만을 대상으로 하고 특정재원을 제외한 이유는 특정재원은 지정된 세입을 지정된 용도에 의무적으로 지출해야 하므로 지방자치단체로서는 해당 예산을 집행하기만 할 뿐 전체 재정수지 및 채무잔액의 증감에 영향을 미치지 않기 때문이다.

먼저 재정위기의 확인은 도지사권한대행 체제에서 재정구조조정을 추진했던 2012년 말 시점에서 경상남도 재무상태가 재정위기 상황이었는지를 한국과 미국의 재정위기 확인시스템을 적용하여 측정 내지는 확인한다. 한국의 기준은 「지방재정위기 사전경보시스템 운영규정」 제3조에 규정되어 있는 재정위기 판단지표 및 판단기준을 적용한다. 미국의 기준으로는 정부관계자문위원회(ACIR)의 6개 조기경보 신호와 PEW(2016)가 지방정부의 재정위기 선언 조건을 주 법률로써 규정하는 것으로 조사한 15개 주의 개별 법률을 전수 조사하여 도출한다. 양국 시스템의 확인 결과에 대해서는 상대적인 오류 가능성을 비교·평가한다. 사전경보시스템이 너무 민감하면 재정위기가 아닌데도 재정위기로 판단하는 오류를 범할 수 있다. 이것을 제1종 오류 또는 긍정 오류라고 한다. 반대로 시스템이 너무 둔감하면 재정위기가 닥쳤는데도 그것을 포착하지 못해 완화대책을 제때 추진하지 못하는 오류를 저지를 수 있다. 이것을 제2종 오류 또는 부정 오류라고 한다.

다음으로 재정위기 원인 분석은 양적 및 질적 방법을 결합한 종합적인 방식(holistic fashion) 내지는 해설을 통한 분석(analysis with interpretation) 방법을 사용한다. 계량적 분석방법은 재정위기의 핵심적인 요소를 세입과 세출의 불균형, 그리고 그에 따른 재정수지 및 채무관리 실패로 보는 관점에서 접근한다. 이를 위해 각각의 분석요소, 세입·세출의 각 유형과 지방정부의 각 관리 영역에 귀속되는 일단의 분석요소의 증가율과 점유율을 분석하여 재정위기의 원인을 찾아낸다. 분석요소는 세입과 세출 부문에서 각각 7개 및 9개 요소를 도출하고 재정수지 및 채무잔액 부문은 그 자체를 분석요소로 사용한다. 다음은 이들 18개 분석요소를 지방자치단체의 통제력 정도에 따라 통제, 영향 및 적응의 3개 영역 또는 이를 수정한 4개 영역으로 구분하여 재정위기의 책임 소재가 경상남도 내부에 있는지, 아니면 지방재정제도나 중앙정부 정책 등 경상남도가 통제할 수 없는 외부환경에 있는지를 분석한다. 질적 분석은 계량적 분석의 오류를 줄이고 해석의 타당성을 높이기 위하여 경상남도의 재정위기에 영향을 미쳤다고 판단되는 주요 외부환경 요인들을 추출하여 양적 분석과 통합적으로 수행한다.

마지막으로 미국 주 정부 지방재정위기 관리 제도의 기대효과와 운용 가능성을 분석한다. 첫째, 예방 제도에 대해서는 직접적인 양적 통제수단인 지출 한도 제도의 기대효과와 운용 가능성을 장기적 균형예산 관점에서 분석한다. 예산안정기금과 회계 및 보고 제도 등 나머지 예방 제도들은 질적 분석을 통해 제도 도입의 편익 및 운용 가능성을 분석한다. 둘째, 재정위기 완화 제도는 2012년 후반기에 국가공무원 신분의 도지사권한대행이 당시 경상남도의 재무상태를 재정위기 상황으로 판단하여 재정구조개혁을 추진한 것을, 최근 한국에 도입된 긴급재정관리제도 또는 미국 주 정부의 수권관리 제도의 자연적 실험으로 가정하여 제도 적용의 효과를 분석한다. 재정위기 예측 및 확인 제도에 대해서는 2012년 말 시점에서 경상남도 재무상태가 재정위기 상황이었는지를 한국과 미국의 시스템을 적용하여 판단하고, 양국 시스템의 상대적 오류 가능성을 평가하므로 이 부분에서는 분석을 생략한다.

제 3 절 선행연구

Ⅰ. 한국에서의 선행연구

1. 지방재정위기의 발생 가능성에 대한 인식

일반적으로 재정위기(fiscal crisis)를 재정난(fiscal distress), 재정비상사태(fiscal emergency) 및 재정파산(fiscal bankruptcy) 등으로 부르기도 구분한다. 그리고 대부분 논자는 한국의 지방자치단체는 중앙 의존적인 재정구조 등으로 인해 재정파산 단계까지 이를 가능성이 거의 없거나 매우 낮은 것으로 본다.

먼저 재정위기의 가능성을 부정하거나 매우 낮게 보는 견해가 있다. 김선빈 등(2010)과 정창훈(2011)은 중앙정부의 이전재원이 지방자치단체의 주요 재원이며, 지방재정조정제도와 사전 및 사후적인 지방재정 관리 제도가 갖춰져 있다는 이유로 지방정부가 파산할 가능성을 낮게 본다. 조기현·신두섭(2008)도 지방교부세가 존재하는 한 지방자치단체가 파산 상태까지는 이르지 않으리라고 본다. 김태영(2010)은 재정부족분 보전에 중점을 두는 현재의 지방교부세 제도 아래에서 지방재정위기는 하나의 용어나 주장 또는 의견에 불과하며 학술적인 견해는 아니라고 설명한다.

다음은 재정위기의 가능성이 작지만 일어날 수 있다는 견해다. 권아영·임언선(2010)은 우리나라의 지방재정은 중앙 의존도가 높아 파산 가능성이 작으나, 경제위기와 복지수요 및 국책사업에 따른 지방비 부담이 촉발요인으로 작용하면 충분히 발생 가능하다고 본다. 우명동(2009)은 재정적자가 구조적 요인에 따라 계속되는 것이 재정위기이며, 우리나라에서도 이에 대한 논의가 필요하다고 주장한다. 허원제(2012)는 한국 지방자치단체들이 부채의 급증 및 질적 악화로 인해 지방재정위기에서 벗어날 수 없다고 주장한다. 김필헌 등(2012)은 한국 지방정부들이 이미 재정위기 직전 상황에 들어와 있다고 진단한다.

이에 비해 조태제(2006)는 지방자치단체의 파산 가능성을 적극적으로 인정한다. 지방자치단체를 둘러싼 환경이 격변하여 예상하지 않은 돌발사태가 발생하면 우리나라에서 지방자치단체의 채무불이행 현상이 일어나지 않는 것이 오히려 이상하다고 본다. 지방자치단체가 파산하지 않는 이유는 아직 지방자치단체의 파산을 위한 제도가 없기 때문이라고 주장한다.

2. 지방재정위기의 원인에 관한 학설 및 주장

조기현·신두섭(2008)과 권아영·임언선(2010)은 片桐正埈(1993)을 통해 재정위기의 원인을 설명한다. 片桐正埈은 재정위기의 원인을 위기 진행단계에 따라 경기순환과정의 불황 국면에서 일시적으로 발생하는 경향요인과 재정위기의 직접적인 계기가 되는 촉발요인, 그리고 재정위기를 악화시키는 지속요인으로 구분한다. 김필헌 등(2012)과 조기현·신두섭(2008)은 Pammer와 Rubin이 정리한 4가지 모형[10]으로 재정위기의 원인을 설명한다. 국내의 연구성과를 보면 대체로 지방재정위기의 원인을 지방자치단체가 통제할 수 없는 거시적·외부적 요인과 지방자치단체에 귀책사유가 큰 내부적 요인으로 구분한다. 그러나 재정위기의 원인 중에서 무엇이 근본적이고 중요한가에 관해서는 인식의 차이를 보인다.

먼저 외부요인에 큰 비중을 두는 견해다. 장선희(2012)는 법제도 측면에서 사무 및 재정이 적정하게 배분되지 않았고, 지방자치단체의 신규 사무에 필요한 재원이 이양되지 않았던 점, 그리고 근본적으로 복지 부문에서 행정비용이 과도하게 팽창한 것을 지방재정위기의 주요 원인으로 지목한다. 우명동(2010)은 정치적 또는

---

10 4개 모형은 재정압박의 주요 요인을 인구와 일자리 이동으로 보는 인구·시장이동모형(Population and Market Shift Model), 지방공무원들의 잘못된 결정과 비효율적인 재정운영의 결과로 보는 내부관리모형(Bad or Internal Management Model), 세원에 비해 지나치게 비대한 공공 부문으로 보는 정부 또는 관료 팽창 모델(Government Growth Model), 그리고 마지막으로 선출직 지방공무원들이 재선을 겨냥하여 특정 이익집단을 위해 무리하게 사업을 벌이는 이익집단 요구 또는 정치적 취약성 모델(Interest Group Demand or Political Vulnerability Model)로 구분한다. Pammer의 이론 모델에 관해서는 제2장(제1절 Ⅱ. 1.)에서 상술한다.

정부간 재정 관계의 측면에서 지방정부의 자율성이 취약하므로 지방재정의 건전성 문제는 그 이유를 보다 근원적으로 정부간 재정 관계의 틀에서 찾는 것이 논리적으로 타당하며 실증적 분석을 통해서도 그 점을 확인했다고 주장한다.

반면에 내부요인에 더 큰 책임이 있다는 견해가 있다. 서정섭(2001)은 재정위기의 배경을 외부 및 내부의 다섯 개 유형으로 나누고, 외부요인이 전반적으로 재정압박을 초래하는 가운데 내부요인이 중첩되어 개별 지방자치단체에서 재정위기가 발생할 수 있다고 주장한다. 재정압박을 받는다고 해서 반드시 재정위기로 이어지는 것이 아니라 재정수요가 팽창하는 대도시, 공사·공단 경영이 부실한 단체, 투자가 과다하거나 비효율적인 단체, 채무부담이 가중되는 단체 등에서 재정위기가 발생할 수 있다는 것이다. 정성호·정창훈(2011)도 지방재정위기의 원인을 외부적 요인과 내부관리 요인으로 크게 나누고 근본적인 원인을 거버넌스의 실패, 즉 무리한 투자를 유발하는 내부 관리능력의 부재로 본다.

한편, 김선빈 등(2010)은 내부 및 외부적 요인 모두에 책임이 있다는 견해를 취한다. 지방재정위기는 세계적인 현상으로서 거시적·외부적 요인에 의해 발생하는 경우가 많았으나, 최근에는 지역 내부의 요인이 중첩되어 발생하고 여기에 외적 요인이 가세하면 수습하기가 더욱 어려워진다는 것이다. 허원제(2012)도 비슷한 입장에 서서 우리나라 지방재정위기의 원인을 사회공공서비스 분야의 지출 확대, 연성예산 제약을 초래하는 수직적 재정불균형의 심화, 지방공기업의 부실화 및 부채 증가에서 찾는다.

3. 지방재정위기의 원인에 관한 경험적 연구성과

지방재정위기의 원인에 대한 지금까지의 연구는 재정자립도 또는 재정자주도와 같은 일반적인 재정지표에 따라 위기발생 요인을 개념적으로 제시하는 연구가 주류를 이루는 데 반해, 각 영향 요인을 실증적으로 분석한 연구 성과는 소수에 불과하다. 먼저 김필헌 등(2012)은 1997년부터 2010년까지 14년에 걸쳐 16개 광역자치단체의 재정압박 원인과 확률을 분석했다. 이 연구는 재정압박을 이항변수로 정의하고, 종속변수로서 총지출이 지방세 수입과 세외수입을 합산한 자체재원을 3년 연속 초과하고 누적 초과금액이 자체재원의 5%를 초과하면 재정압박이 발생한 것으로 보았다. 독립변수는 총세입 중 지방세 수입의 비중, 총부채 수준, 인구 규모,

총세입 증가율 및 지역총생산액(GRDP) 등 재정압박 요소를 대표하는 5개의 대리변수를 선정했다. 연구결과 총부채 수준이 재정압박을 설명하는 영향력이 가장 큰 변수로 나타났고 지방세 수입의 비중도 주요 변수라는 결과를 얻었다.[11]

국회예산정책처 지방재정분석 TF(2012)는 최근 지방자치단체가 재정적으로 어려움을 겪는 원인을 세입 측면과 세출 측면으로 구분하여 원인별로 지방재정에 미치는 충격을 통계적으로 제시했다. 지방재정을 압박하는 구체적인 요인으로서 세입 측면에서는 정부의 감세정책과 부동산경기 침체 등이 있으며, 세출 측면에서는 사회복지 분야 지출 및 국고보조금 대응 지방비 부담의 지속적 증가, 지방자치단체의 비효율적 지출과 예산 낭비, 그리고 지방공기업 부채 증가 등의 요인이 가세하고 있다고 보았다.

주만수(2012)는 지방재정위기의 원인이 주로 외부에 있다고 보고 실증분석을 시도했으나, 그와 반대로 특정 지방정부의 비효율적인 재정운영이 재정위기를 초래할 수 있다는 분석결과를 얻었다. 이 연구는 지방재정의 연성예산 제약과 가격기능을 수행하지 못하는 지방세 제도, 그리고 형평화 정도가 지나치게 큰 지방재정조정제도에 근본적인 문제가 있는 데다 세계금융위기를 극복하기 위한 확장적 재정정책, 사회복지정책의 확대에 따른 지방재정 부담금의 급증, 그리고 지방채발행시장의 비시장적 자원 배분이 복합적으로 작용하여 지방재정위기가 발생한다고 보았다. 그리고 이러한 주장의 실효성을 검증하기 위해 지방재정위기의 크기를 종속변수로 하고 독립변수는 재정상태 변수와 재정운영 변수로 구분하여 시·군과 자치구를 대상으로 실증분석을 했으나 애초의 가정을 일관성 있게 입증하지 못했다. 이에 대해서는 열악한 지방재정 상태 등 다양한 요인들이 지방재정 운영을 어렵게 할 수는 있지만, 그로 인해 지방재정위기가 당연히 발생한다기보다 오히려 특정 지방자치단체의 비효율적인 재정 운영이 위기를 유발할 수 있는 것으로 해석했다.

4. 미국 지방재정위기 관리 제도에 관한 선행연구

미국의 지방재정위기 관리 제도에 관한 우리나라 학자들의 선행연구는 손가락으로 헤아릴 수 있을 정도로 소수에 불과하다. 그나마 대부분의 연구는 연방정부가

11 그러나 총지출에서 차지하는 자체재원의 비중, 즉 재정자립도가 일반적으로 매우 낮은 우리나라의 지방자치 환경에서 종속변수가 차별성을 가질 수 있을지 의심스럽고, 광역시·도와 기초자치단체의 통계치를 합산하여 분석결과의 적정성이 떨어질 것으로 우려되는 측면이 있다.

지방정부의 재정 문제에 예외적으로 개입하는 미국 연방파산법 제9장의 지방정부 파산제도에 초점을 맞췄다.

먼저 조태제(2006)는 연방파산법에 따른 지방정부 파산제도를 한국 지방자치단체의 재정 파탄을 구제하기 위한 제도 설계의 중심적인 지침으로 제시한다(12면). 이 연구는 미국의 지방재정위기 관리 제도를 i) 주의 전면적인 재정금융 원조, ii) 주 파산관재인 제도, iii) 연방파산법 제9장으로 구분한 다음, 연방파산법 제9장의 지방정부 파산제도의 도입 배경, 신청 요건과 절차 등을 구체적으로 소개했다(*ibid.*, 24-48면). 이어서 지방자치단체의 재정 파탄을 구제하기 위해서는 일본식의 행정적 수법이나 지방자치의 본질적 기능을 제약하는 측면이 강한 미국 주 정부의 파산관재인 제도보다는 사법적 해결을 도모하는 지방자치단체 파산제도의 도입이 필요하다는 결론을 내린다(*ibid.*, 97-101면).

이 논문은 초기의 개척자적인 연구로서 후속 연구들이 바이블처럼 인용했다. 이지은(2014)은 한국에서 도입하고자 하는 지방자치단체 파산제도(긴급재정관리 제도)의 모델을 미국의 연방파산법 제9장에 의한 지방정부 파산제도로 인식하고 그 특수성을 잘 반영하여 최소한의 자치권 행사를 침해하지 않는 방향으로 법제화해야 한다고 주장한다. 이상경(2012)은 미국의 연방파산법에 따른 지방정부 파산제도를 지방의회 및 단체장이 본래의 기능을 유지한 채 채무를 조정하는 재건형 또는 회생형의 파산제도라고 설명하고 우리나라에 도입할 만한 현실적인 대안으로 제시한다(171면). 정창훈(2011)은 미국의 파산제도 등 지방재정위기 관리 제도의 유형과 우리에게 주는 시사점 등을 설명한다. 조태제(2006)와 논의 구조 및 결론이 흡사하다. 권아영·임언선(2010)은 지방재정위기 관리 제도를 연방 또는 주 정부의 재정 지원 및 감독, 주의 파산관재인 제도, 연방 파산법원에 의한 조정의 3개 유형으로 구분하고 장기적으로 재정위기관리법을 제정할 것을 제안한다(30-32면). 김필헌 등(2012)은 미국의 지방재정위기 관리 제도를 주 정부가 재정위기법에 따라 운영하는 사전적인 재정위기 관리 및 조기경보체제와 연방정부의 사후적인 연방파산법으로 구분하고 연방파산법이 강제적인 구조조정 조치의 근거를 제공한다고 설명한다(86면).

한편 김재훈(2013)은 미국의 지방재정 관리·감독 제도를 주가 임명하는 재정통제위원회에 의한 관리방식, 파산관재인에 의한 관리방식, 그리고 연방파산법원에 의한 조정의 3가지 유형으로 구분하고(67-69면) 우리나라에서는 다른 대부분 국가와 마찬가지로 상급정부가 지방자치단체의 자주 재정권을 일부 이양받거나 승인권한을 통해 해당 지방자치단체의 재정 건전화에 직접 관여하는 '계층제에 의한' 파산 방식이 가능하다고 주장한다(72-75면). 여기서 파산은 감독권한이 있는 상급정부가 지방자치단체 고유의 자치 재정권을 잠정적으로 인수하거나 재정적 의사결정의 승인권한을 통해 지방자치단체의 의사결정권을 제한하는 것으로 본다(71면). 이희재(2014)는 미국의 지방재정위기 관리 제도를 연방정부의 지방정부 파산제도와 주 정부의 제도로 구분하고, 미시간주의 사례를 통해 후자를 소개한다(7-20면). 이와 함께 우리나라에 연방정부의 지방정부 파산제도를 적용하는 것은 거의 불가능하지만, 사법적 파산으로 가기 전에 주 정부가 지방재정을 강력하게 관리하는 방식은 도입할 여지가 있다고 본다. 서정섭 등(2014)은 한국지방행정연구원의 정책연구를 통해 미국, 일본 및 유럽 국가들의 지방재정위기 관리 제도를 법령에 기초하여 검토하고, "독자적 회생 원칙에 기초한 일본의 현행 재정위기 관리 제도를 넘어서는 비상상황이 발생했을 경우, 1~3년의 단기간에 위기상황을 해결하는 미국 주 정부의 긴급재정위기 관리 제도 도입이 필요"하다고 제안했다(159-160면). 이 연구는 미시간, 플로리다, 오하이오, 펜실베이니아 등 여러 주의 사례를 통해 다양한 미국 주 정부 위기관리 제도의 전체 흐름을 잡아내려고 시도했다는 점에서 의미를 부여할 수 있다.

이처럼 미국 주 정부의 지방재정위기 관리 제도를 벤치마킹 대상으로 바로 보기 시작한 것은 다행스러운 일이다. 그러나 미국 주 정부의 지방재정위기 관리 제도에 관한 연구는 우리나라에서 이제 막 시작되었고 연구성과 또한 위에서 소개한 것들이 전부라고 할 정도로 아직은 극소수에 불과하다. 이희재(2014)는 지방자치단체의 재정위기 관리를 다룬 기존의 연구들이 대부분 미국과 일본의 몇몇 사례에 대한 간략한 소개를 반복하는 데 그치고, 진행경과와 해결절차를 자세히 다룬 선행연구가 거의 없다고 지적한다(7-20면). 이것은 비단 우리나라에 국한된 문제만이 아니라 미국에서도 같은 비판이 제기되고 있다. 지방정부의 재정위기는 아직도 법제적 연구가 충분하지 않은 미개척 분야이며, 그나마 기존 연구의 대부분은 연방파산법에 따른 지방정부 파산제도에 집중되어 있다는 것이다(Kimhi, p.636).

Ⅱ. 미국에서의 선행연구

미국에서의 선행연구로는 미국의 50개 주를 대상으로 지방정부의 재정위기에 주가 개입하는 실태를 횡단면적으로 조사한 연구성과들이 있다. 대표적으로는 PEW(2016, 2013), Scorsone(2014), Spiotto 등(2012)과 Cahill 등(1994), Honadle(2003), Kloha 등(2005a), 그리고 Coe(2008)를 들 수 있다. 그러나 지방재정위기 예방 제도에 대해서는 미국 전역을 대상으로 횡단연구를 수행한 사례가 거의 없다. 대부분의 기존 연구들도 주가 지방재정위기를 예방하는 노력보다는 사후 대응에 치중하는 것을 문제점으로 인식한다.

먼저 PEW(2013)는 기존의 연구성과 및 성문법령의 조사, 주 공직자 대상의 실태조사, 성부재성문석가 대상의 인터뷰를 병행하여 지방재정위기에 개입할 수 있는 근거 법률을 보유하고 있는지, 그리고 개입 기관과 개입 방법, 개입 제도, 개입 시점 등을 조사했다. 후속 보고서인 PEW(2016)는 주가 재정위기를 탐지하기 위해 지방정부의 재무상태를 추적·감시하는지와 지방재정추적감시시스템 등 지방재정 상태를 추적 및 평가하는 정책 및 제도를 조사했다.

Scorsone(2014)은 지방재정위기에 개입할 수 있는 근거 법률인 지방정부 재정비상사태법(municipal fiscal emergency law)을 제정해서 갖추고 있는 주를 찾아내어, 이들을 대상으로 주 개입의 발동을 알리는 방아쇠에 비견되는 재정비상사태 지정요건(triggering conditions)과 다양한 개입기관들이 재정위기 해결을 위해 행사할 수 있는 권한, 그리고 주의 출구전략 등을 조사했다.

Cahill 등(1994)은 각 주의 담당 공무원을 대상으로, 그리고 외부에서 입수하기 어려운 비공개 문서를 눈덩이 표집 방법으로 수집하여, 지방정부의 재정위기를 치유하기 위한 주의 정책적 대응방식, 지방재정위기 선언 기준, 주의 회생계획 등을 조사했다. 눈덩이 표집 방식을 사용한 것은 실태조사에 필요한 정보가 충분하지 않은 점을 고려한 것이다.

Honadle(2003)은 주의 최고위급 회계, 감사, 재정분야 공직자로 구성된 '주 재무관리기관장 전국협의회'(National Association of State Auditors, Comptrollers and Treasurers: NASACT)의 회원명부에서 조사대상자를 선정하여 전화조사를 통해 미국의 각 주가 지방정부의 재정위기에 대응하는 방식을 조사했다.[12]

12 질문항목은 ① 지방재정위기를 어떻게 규정하는지, ② 지방정부의 재정위기에 개입한다면 재

Kloha 등(2005a)과 Coe(2008)는 지방재정위기의 예측 실태를 연구했다. Kloha 등(2005a)은 조사대상을 전술한 Honadle(2003)과 같이 '주 재무관리기관장 전국협의회'(NASACT) 회원명부에서 선정하여 각 주가 지방정부의 재무상태를 측정 또는 추적·감시하기 위해 어떤 지표를 사용하는지 조사했다.[13] 질문항목은 먼저 지방재무 상태를 측정 또는 추적·감시하기 위해 지표를 사용하는지에 대해 질문하고, 사용하는 경우에는 ① 재정위기 조기경보와 ② 재정위기의 존부 판단을 위해 각각 어떤 지표를 사용하는지에 대해 추가로 질문했다(*ibid.*, p.239).

Coe(2008)는 지방정부의 재정위기를 예측하는 미국의 9개 주를 대상으로 주 감독기관 직원 수, 재정위기 예측 방법, 재정위기 대응조치의 3개 항목을 중심으로 준 구조적 전화 인터뷰를 진행했다.[14] 이 조사는 지방정부의 재정위기에 대응하는 주의 모범사례로서 ① 재정위기의 사전 예측, ② 사전 예방적 지방정부 지원, ③ 지방정부의 회생을 위한 강력한 권한 행사의 세 가지를 도출했다.

정위기 전, 중, 후의 어느 시점에 개입하는지, ③ 지방정부의 재정위기를 예측하는지, ④ 예상되는 재정위기를 회피하는 정책은, ⑤ 재정위기를 맞는 경우 완화조치는, 그리고 ⑥ 지방재정위기 재발방지 제도 등 10개 항목으로 구성되었다.

13 Honadle(2003)과 차이점은 전화 대신 이메일을 조사 매체로 사용했으며, 측정대상을 시, 빌리지, 타운십 등 일반목적 지방정부에 한정하고 교육구, 특별구 등 특별목적 지방정부와 카운티를 제외했다는 점이다(Kloha 등, 2005a, pp.239-240).

14 조사대상 9개 주는 전술한 Kloha 등(2005a)의 연구에서 예측/사전경보 지표를 사용하여 재정위기를 예측하는 것으로 조사된 7개 주와 당시에 응답하지 않았던 뉴멕시코 및 켄터키주도 예측/사전경보 지표체계를 운용하고 있음을 추가로 확인하고 조사대상에 포함했다.

제1편

미국의 지방재정위기 관리 제도

제 2 장

이론적 배경 및 주 정부 제도의 발전

CHAPTER 02 이론적 배경 및 주 정부 제도의 발전

제 1 절 지방재정위기의 개념 및 원인에 관한 이론

Ⅰ. 지방재정위기의 개념

지방재정 건전성(health) 및 재정위기(stress/distress/crisis/emergency)의 개념은 사람의 건강과 병약함을 규정하는 것과 마찬가지로 여러 가지 방식으로 정의될 수 있다. 미국 정부관계자문위원회(U.S. ACIR)는 "모두가 지방정부의 재정위기에 관해 이야기하고, 한탄하고, 무슨 조치가 필요하다고 역설하지만 정작 그것을 정의하거나 설명하는 사람은 드물다"고 비평하고, 그 이유를 재정위기의 영향이 사람마다, 그리고 집단마다 다르기 때문이라고 설명한다(ACIR, 1973, p.2). 재정위기는 주민들에게는 세금 인상과 지방정부 서비스의 감축을, 지방공무원들에게는 감원과 급여 인상 폭 감소를, 공채 보유자들에게는 원리금 상환의 위기를, 시민단체 또는 소수자집단에게는 긴급구호사업 예산 부족을, 그리고 정치인들에게는 다음 선거에 영향을 미칠 정도로 유권자들의 관심을 불러일으키는 모든 상황을 의미할 수 있으며, 따라서 어느 한 가지 설명만으로는 만족스러울 수가 없다는 것이다. Justice와 Scorsone(2012)도 재정 건전성(fiscal health) 또는 재정압박(fiscal stress)을 복합적인 규범적 개념이며, 입장에 따라 다르게 볼 수 있는 상대적 개념으로 본다(p.43).

한편 재정위기를 묘사하는 용어 또한 사태의 심각성 등에 따라 재정압박(fiscal stress, fiscal strain), 재정난(fiscal distress), 재정위기(fiscal crisis), 재정비상사태(fiscal emergency), 지방정부 파산(municipal bankruptcy), 채무불이행(default) 등 매우 다양하다. 정부관계자문위원회(ACIR)는 '재정비상사태'(financial emergency)를 대표적으로 사용하고 있으며, 그것을 지방정부 파산(municipal bankruptcy)이나 도시 재정위기(urban fiscal crisis) 또는 극심한 재정난(acute financial distress)과 일종의 동의어로 본다. 그리고 그 개념을 적정한 현금 또는 예산지출 권한이 부족하여 공채 원리금의 지불 불이행뿐만 아니라 더 넓은 의미에서 급여, 물품 및 공사대금, 타 정부기관에 이관할 부담금 등을 지급 또는 상환하지 못해 기존의 서비스 수준을 유지할 수 없는 상태라고 규정한다(ACIR, 1973, p.3). Honadle(2003)은 재정압박(fiscal stress)과 재정위기(fiscal crisis)가 종종 상호 대체해서 쓰인다고 인정하면서도, 재정위기는 급여, 대금청구서, 공채원리금 상환 등의 의무를 이행하지 못해 정부의 계속적 운영이 위협받는 '진정한 비상사태'(emergency)이며, 재정압박(fiscal stress)은 지방 세입기반이 상대적으로 큰 압박을 받는 상황으로서 '재정위기(fiscal crisis)의 전조'라고 구분한다(pp.1432-1433).

이처럼 재정위기를 다양한 용어를 사용하여 다의적으로 규정하기는 하지만 세입과 세출의 불균형 및 그에 따른 현금 및 예산지출 권한의 부족, 공채원리금 상환 등 각종 지출의무의 해태, 그리고 지방정부 서비스 수준 유지 실패를 재정위기의 핵심적인 요소로 보는 데 대해 많은 학자가 동의한다. 그 예로서 Kloha 등(2005b, p.313)은 재정난(fiscal distress)을 "수년간 연속적으로 운영자산, 부채, 그리고 지역사회 수요·자원 부문의 기준 충족에 실패"한 것이라고 정의한다. Desanto 등도 재정난(fiscal distress)을 "일정한 서비스 수준을 유지하는 데 필요한 세입과 세출이 균형을 상실할 때 발생하는 지속적인 현금흐름의 부족"으로 정의한다(Desanto, Emmett, Hall, Horton, Seliga, Stoichess, Stoner, & Zurhellen, 1991; Trussel·Patrick, 2012, p.623 재인용). Hirsch와 Rufolo는 "정부가 정상적인 예산 신축성을 상실하여 지출 삭감, 세입 증가 및 차입 간의 배합을 수용 가능한 수준으로 끌어내지 못하는 상태"를 위기(crisis) 상황으로 보고 있으며(W.Z. Hirsch, A.M. Rufolo, 1990, p.484; Honadle, 2003, p.1433 재인용), Inmann은 "지방정부의 세입징수 잠재력이 법정 세출을 충당할 수 없는 상황"을 재정위기(fiscal crisis)라고 정의한다(Inmann, 1995, p.378; Honadle, p.1433 재인용).

한편 Hendrick(2011)은 재정압박(fiscal stress)을 그것과 상호 대체하여 자주 쓰이는 개념인 재무상태(financial condition)와의 관련 속에서 정의한다(p.22). 그녀에 따르면 재무상태는 정부재정 분야의 다른 여러 차원 내지는 구성요소들이 균형을 이루는 상태이다. 재정 분야의 차원 내지는 구성요소에는 세출압력 및 세출의무, 외부 재정자원, 세입 및 내부 재정자원, 실제 세출 등이 있다. 이에 비해 재정압박은 정부 세입이 줄어들거나 세출압력이 증가하여 어느 지급능력 차원에서든 균형상태에서 벗어나서 재무상태가 악화하는 동태적인 사건이다. 지급능력은 Groves 등(2003)이 제시한 개념으로서 장·단기 기간을 기준으로 현금(cash), 예산(budgetary), 장기(long-run) 및 서비스 차원(service level)의 네 가지 유형으로 구분된다(Hendrick, 2011, p.22; Jacob·Hendrick, p.12). 현금 지급능력은 납품대금 청구나 급여 지급 등 30일 또는 60일을 지급기한으로 하는 단기적인 금전적 의무를 충족시키는 능력을, 예산 지급능력은 한 회계연도 기간에 발생하는 모든 재정적 의무를 이행할 수 있는 균형예산 달성 능력을, 장기 지급능력은 정부 세입과 세출 수요의 장기적인 균형 내지는 불확실한 미래의 재정상황에 대한 적응능력을 통해 한 회계연도를 넘어서는 미래의 모든 재정적 의무를 충족시키는 능력을, 그리고 서비스 차원 지급능력은 지역사회의 건강과 안전 및 복지(health, safety, and welfare)를 유지하는 데 필요한 서비스를 적정하게 제공할 수 있는 능력을 의미한다(Jacob·Hendrick, p.13; Justice·Scorsone, p.45).

Hendrick(2011)은 지방정부의 재무상태를 균형 관점에서 본 선행연구 성과로서 Clark와 Ferguson의 연구(1983)를 소개한다(pp.19-20). 그들은 재무상태의 개념을 지방정부의 정책과 민간부문의 자원 사이의 균형으로 규정하고 "지방정부의 재무구조 및 정책적 선택이 재정적 환경인 민간부문 자원을 확보하는 데 있어서 계속해서 부적응 상태에 빠질 때 재정압박(fiscal strain)이 발생한다"고 설명한다(Clark·Ferguson, 1983; Hendrick, 2011, p.19 및 Justice·Scorsone, p.46 재인용).

Justice와 Scorsone(2012)도 합법적으로 조달할 수 있는 재원을 통해 각종 지출의무를 이행할 수 있는 능력을 어떤 상황에서도 흔들리지 않는 재정 건전성의 핵심적인 내용으로 보는 점에서는 이미 소개한 선행연구들과 같다. 차이라면 Groves 등(2003)의 네 가지 지급능력을 기본으로 하고, 캐나다공인회계사회(CICA)의 공공

부문회계위원회(PSAB)가 개발한 세 가지 재무상태 요소(elements of financial condition)를 보완적인 개념으로 사용하여 재정 건전성을 보다 포괄적으로 정의한 것이다(pp.45-46). CICA의 재무상태 3요소는 지속 가능성(sustainability), 신축성(flexibility) 및 취약성(vulnerability)으로서 지속 가능성은 채무 및 조세부담을 증가시키지 않고 장·단기의 네 가지 지급능력을 충족시킬 수 있는 능력, 신축성은 네 가지 지급능력을 충족시키기 위해 지방정부가 채무 및 조세 부담을 변경할 수 있는 여지, 그리고 취약성은 직접 통제할 수 없는 재원에 대한 의존도 또는 재정의무를 충족시킬 수 있는 역량이 훼손될 위험성에 노출되는 정도를 의미한다. Justice와 Scorsone(2012)은 Groves 등(2003)의 네 가지 지급능력과 CICA의 세 가지 재무상태 요소를 모두 갖춰야 재정 건전성이 확보될 수 있다고 보고 있으며, 재정압박(fiscal stress)은 그중에서 하나 이상의 요건을 실제로 충족하지 못하거나 그렇게 될 가능성이 있는 상태라고 규정한다(p.46).

재정 건전성 또는 재정위기 개념의 복합성과 다면성을 고려할 때, 하나의 개념 규정이 다양한 이해관계자의 관점과 수요를 모두 충족시킬 수는 없다. 재정위기의 개념에 대한 Hendrick의 정의, Clark와 Ferguson, 그리고 Justice와 Scorsone의 정의는 장·단기 전망 및 정부 재정조치의 복합성에 관한 인식을 토대로 재무상태(financial condition)의 수많은 구성요소를 개방체제의 관점에서 포괄적으로 조망할 수 있는 하나의 개념 틀을 제시했다는 데 큰 의미가 있다(Jacob · Hendrick, p.12; Justice · Scorsone, p.51). 이러한 개념 틀은 재무상태의 개념을 보다 완벽하게 규정하고, 재정위기 상태를 확인 또는 판정하고 나아가 예측하는 다양한 측정지표를 적실하게 선택하여 설계하고, 적용하고 해석하는 기반을 제공한다.

지금까지의 논의를 종합하면 재정위기는 여러 가지 관점에서 규정할 수 있는 다의적인 개념이다. 따라서 일반적으로 수용될 수 있는 보편타당한 정의를 내리기가 어렵다. 사용되는 용어도 재정압박(fiscal stress/strain), 재정난(fiscal distress), 재정위기(fiscal crisis), 재정비상사태(fiscal emergency)와 같이 다양하다. 또한, 지급능력 측면에서 위기현상의 발현도 장·단기에 따라 현금, 예산, 장기 및 서비스 차원으로 다르게 나타난다. 그러나 앞에서도 언급했듯이 재정위기의 핵심적인 요소를 세입과 세출의 불균형과 그에 따른 재원 부족, 각종 지출의무의 해태, 그리고 서비스 수준의 유지 실패로 보는 인식은 광범하게 공유되고 있다.

이 책에서도 이러한 인식을 토대로 재정위기의 정의를 "합법적으로 조달할 수 있는 재원과 각종 지출의무를 이행할 수 있는 능력이 균형을 잃어 자금조달, 균형예산 달성, 서비스 수준 유지, 재정수지 적자의 처리, 그리고 채무잔액 관리 및 상환의 어느 하나 이상에서 극심한 어려움을 겪는 상황"으로 규정한다. 이러한 정의는 Hendrick(2011)의 재무상태과정 모델에 기초를 둔 것으로서 장·단기의 네 가지 지급능력 개념을 포괄한다. Justice와 Scorsone(2012)의 '합법성' 요소를 포함한 것은 균형상태가 위법성이 포함된 편법 회계처리로 유지되는 경우 실제 재무상태를 기초로 재정위기 여부를 판단해야 할 뿐만 아니라 위법성 자체를 재정위기의 한 요소로 보기 때문이다. Honadle(2003)의 지적처럼 재정압박(fiscal stress)은, 종종 재정위기(fiscal crisis)와 상호 대체해서 쓰이고 양자의 차이 또한 상대적이지만, 재정 운영에 압박을 받는 재정위기의 전조로 보아 재정위기 개념에서 제외한다. 따라서 이 책에서는 재정난, 재정위기 및 재정비상사태를 같은 재정위기의 범주로 보고 서로 대체하여 사용한다.

Ⅱ. 지방재정위기의 원인에 관한 이론

1. Pammer의 이론 모델

파머(W.J. Pammer, Jr., 1990)는 지방재정위기의 원인을 설명하는 서로 독립적인 이론적 접근방법을 네 가지 모델로 정리하여 제시하였다. 하나는 지방정부가 통제할 수 없는 외부 환경요인으로서 사회경제적 쇠퇴(socioeconomic decline)를 근본적인 원인으로 본다. 나머지 세 가지는 각각 지방정부 내부 문제로서 지방정치 요인(local political factors), 관료제 팽창(bureaucratic expansion), 그리고 내부관리 부실(bad or internal management)을 가장 중요한 재정위기의 원인으로 본다. Kimhi(2008)는 이들 요인을 외부 및 내부요인의 이분법으로 구분한다.

Pammer의 이론 모델은 전체적으로는 정치 및 관리적 접근방법이 사회경제적 모델에 도전하는 양상을 보인다. 그는 그 이유를 재정위기의 원인은 사회경제 및 인구학 이상의 요인들을 내포하기 때문이라고 해석하고, 그러한 논리에 따라 다양한 재정위기 모델을 포괄하는 통합 모델들이 개발되었다고 설명한다(p.9).[1] Pammer의

1 Pammer는 그러한 연구사례로서 사회경제적 모델과 지방정치 모델을 통합한 Jeffrey Stonecash

이론 모델은 재정수입 정체와 연방정부 지원 축소, 뉴욕 등 주요 대도시에서 광범하게 발생한 재정위기의 결과 지방정부의 사업 및 서비스 확대를 당연하게 받아들였던 종래의 관행에 회의가 일면서 감축관리 및 긴축재정으로 관리방향을 일대 전환해야 했던 시대적 상황을 배경으로 정립되었다(*ibid.*, pp.xiii-xiv).

(1) 사회경제적 침체 모델(socioeconomic decline model)

이 모델은 지방정부의 과세기반 및 서비스를 위축시키는 외부적 요인, 그중에서도 특히 경제 침체 및 인구 감소를 초래하는 국가적 내지는 광역적 동력을 중시한다(Pammer, p.4). 이 모델은 지방정부 내부의 정치적 결정보다는 인구통계학적 또는 구조적 환경과 같이 지방공직자가 통제할 수 없는 경제 및 사회적 변화를 지방정부 재정위기의 주된 원인으로 본다(Kimhi, p.638). 인구가 감소하면 산업과 일자리, 그리고 재산을 보유한 중산층이 교외나 다른 지역으로 빠져나가 중심도시의 세입기반이 점점 축소되고 재정수입이 줄어드는 반면에, 행정서비스에 대한 의존도가 높은 빈곤층과 실업자, 그리고 노인인구가 중심도시에 집중되어 재정지출은 오히려 늘어나는 악순환이 일어난다(*ibid.*, pp.4-5). Kloha 등(2005)은 이것을 인구 및 취업시장 이동모형(population and job market shift model)이라고 부른다(p.237).

Pammer(1990)는 Morgan과 England(1983), Muller(1976), Juenius와 Ledebur(1976), Howell과 Stamm(1979)을 이 모델로 분류한다. 이들은 모두 인구감소와 공공서비스 비용 증가 및 세입 정체의 세 가지 요인이 재정위기의 원인이라는 데 동의한다(pp.5-6). 먼저 Morgan과 England(1983)는 미국이 후기 산업화 및 서비스 경제 시대로 진입하면서 북동부의 전통적 도시들이 인적 및 물적 자원을 상실하여 인구 감소에 직면했다고 보았다. Muller(1976) 및 Juenius와 Ledebur(1976)는 지역간 인구이동 패턴에서 그 원인을 찾아 교외 및 선벨트 지역으로 주민들이 대거 이주한 중북부 주의 도시들이 재정위기에 취약하다는 것을 보여 주었다. Muller(1976)는 이들 전통적 도시의 인구 및 일자리 감소가 세수기반을 잠식할 뿐만 아니라 공공서비스 공급비용을 증가시켜 재정문제를 악화시킨다는 것을 보여 주었다. 마지막으로 Howell과 Stamm(1979)은 경제, 사회 및 구조적 조건의 변화가 재정위기에 미치는 영향을 보다 세련된 연구방법을 사용하여 측정하고, 전통적 산업도시들이 상대적으로 과중한 세금과 지출로 인해 재정위기에 빠질 가능성이 크다는 결론을 내렸다.

& Patrick McAfee(1981) 및 David Morgan & Robert England(1983)를 예시하고 있다(Pammer, p.10).

한편, Kimhi(2008)는 Pammer가 사회경제적 침체이론에서 강조하는 재정위기의 발생요인을 다시 국가경제 사이클, 교외 확장 및 지역경제 활동의 침체, 그리고 지방정부에 대한 주 및 연방정부 정책의 세 가지 유형으로 세분하고, 대개는 이들 요인이 서로 결합하여 재정위기를 유발한다고 설명한다(p.639). 먼저 국가경제 사이클 측면에서 Natalie R. Cohen(1999)은 경험적 연구를 통해 지방정부의 지불 불이행(defaults) 사태가 국가경제 침체기에 집중적으로 발생했음을 보여 주었다(Kimhi, p.639 재인용).

다음으로 교외화는 기업과 중산층 이상의 주민이 대거 중심도시를 빠져나가 근교로 이주하는 현상으로서, 부유한 납세자가 역외로 전출하여 조세기반이 축소되는 데 반해 복지 및 사회적 서비스 수요가 높은 경제적 소외계층이 증가하여 중심도시 지방정부 재정에 이중으로 타격을 입힌다(Kimhi, p.640; Honadle 등, pp.81-83). 중심도시가 지출수요를 보전하기 위하여 세금을 인상하면 교외화가 가속화되는 악순환에 빠져들고, 교외화는 다시 집적경제의 이점을 앗아가 서비스산업과 문화활동 종사자, 그리고 남아 있던 중산층마저도 저마다 자신들의 고객과 후원자, 그리고 사회관계망을 따라 교외로 이주함으로써 결국은 중심도시가 재정위기를 맞을 수 있다(Kimhi, p.640).

마지막으로 주 및 연방정부, 특히 주의 지방정부 정책이 지방재정위기를 초래할 수 있다. 1980년대 초에 연방정부의 보조금이 큰 폭으로 줄어들었지만, 지방정부의 서비스 책무는 그에 비례하여 감소하지 않아 다수 지방정부가 재정압박을 받았다(Ledebur, 1991; Kimhi, p.642 재인용). 연방 및 주 정부의 보조금 지원으로 시작한 사업을 보조금 중단 이후에도 계속할 수밖에 없는 경우와 장애인 시설, 안전 분야 등에서 흔히 볼 수 있는 재정지원 없는 이행명령(unfunded mandates)이 특히 그렇다(Honadle 등, pp.7-8). Inmann(1995)도 주 및 연방정부의 재정지원 부족을 필라델피아 재정위기의 한 원인으로 꼽았다(Kimhi, p.642 재인용).

Hren 등(1997)에 의하면 지방정부법(local government law) 때문에 소수의 부유한 교외지역에 부가 집적되고, 반대로 대도시와 빈한한 교외지역에는 빈곤층, 실업자, 노인인구 등 경제적 소외계층이 더욱 집중된다(p.741). 먼저 토지이용규제법(zoning laws)의 문제이다. 지방정부는 1926년의 연방대법원의 판결(272 U.S. 365, 1926: *Village of Euclid v. Ambler Realty Co.*)에 따라 '공공복지'(public welfare)의 증진을 위해 토지이용을 규제할 수 있다(*ibid.*, p.741). 그런데 여기서 공공복지 목적은 엄격한 요건이 아니므로, 부유한 교외지역 지방정부는 이 법률을 이용하여 자신들의 행정구역에 높은 주거비용을 부담할 수 있는 부유한 계층만 거주하고, 복지지출 수요가 많은 빈곤계층은 진입하지 못하도록 인위적으로 토지이용 장벽을 만든다(*ibid.*, p.742).

배제적 토지이용규제(exclusionary zoning)의 대표적인 사례로는 부지면적 하한제(minimum lot size), 주거밀도 상한제(maximum density requirements), 다가구주택 금지제(prohibitions on multi-family housing)를 들 수 있다. 이러한 규제의 결과 부유한 교외지역은 빈곤계층 관련 세출을 다른 지역에 떠넘겨 강력한 과세기반과 저비용-고품질 서비스의 조합을 달성할 수 있는 반면에, 대도시와 빈한한 교외지역은 중산층이 빠져 나가고 그 대신에 주거지를 선택할 능력이 없는 가난한 사람들이 모여들어 과세기반이 위축되는 데 반해 빈곤 관련 복지지출은 증가하는 만성적인 적자재정의 악순환에 빠진다(*ibid.*, p.742).

다음으로 현행 지방정부법의 편린화(atomization) 문제로서 각 지방정부가 과세권한을 제각각 행사함으로써 지역간에 세입의 원천인 사람과 기업을 차지하기 위한 세금인하 경쟁이 벌어진다(*ibid.*, p.743). 이러한 경쟁은 높은 지출수준을 따라잡기 위해 세금 인상을 억제하기 어려운 대도시나 가난한 교외지역에 특히 심대한 타격을 준다(*ibid.*, p.743). 지출수요를 충족하기 위하여 세금을 인상하면 납세자를 관할지역 밖으로 몰아내 과세기반이 더욱 위축되고, 그래서 다시 세금을 올리는 끝없이 파괴적인 악순환에 빠지기 때문이다(*ibid.*, p.744).

(2) 지방정치 요인(local political factors)

이 모델은 지방정부 내부의 동태적인 정치요인이 지방재정의 운명을 결정한다는 견해이다. Pammer(1990)는 Clark(1975), David와 Kantor(1979), Stanley(1972), Bahl 등(1982), Peterson(1974), Clark과 Ferguson(1983) 등을 이 범주로 분류한다(pp.6-7). Kloha 등(2005a)은 이 모델을 이익집단 요구(interest group demands) 또는 정치적 취약성(political vulnerability) 모형이라고 부른다(p.238).

먼저 Clark(1975)은 아이리시(Irish)계 주민의 비율이 높으면 재정부담이 가중된다는 연구결과를 도출했다. 그리고 그 원인을 정치적인 후원과 정당활동 및 선거운동에 개인적인 유대를 활용하고 이에 대한 보상을 정당화하는 정치문화 때문으로 보았다. David와 Kantor(1979)는 시장, 시의원 등 선출직 공직자들이 유리한 지지기반을 구축하여 다음 선거에서 승리하기 위하여 경상적인 세입으로 지탱할 수 없을 정도로 세출을 증가시키는 경향이 있는데, 이것이 지방재정위기를 초래한다고 주장한다. Stanley(1972), Bahl 등(1982), 그리고 Peterson(1974)은 지방공무원의 보수 인상 요구를 지방재정위기의 원인으로 보고 있으며, 특히 공무원노조 조직이 강력한 북동부 및 중서부의 전통적인 도시에서 공무원 보수 관련 지출수요가 많이 늘어나 선벨트 지역보다 재정위기가 두드러지게 나타났다는 연구결과를 제시했다. Clark과 Ferguson(1983)은 정치문화의 차이에 따라 재정압박에 대한 대응이 달라지며, 전통적인 민주당 정치문화가 새로운 재원을 찾아내려고 열심인 데 반해 고통스러운 재정감축을 미루는 경향이 크다고 주장한다.

(3) 관료적 팽창 모델(bureaucratic expansion model)

이 모델은 정부 부문의 과도한 팽창이 재정난을 유발한다고 보는 이론이다. 공공부문은 비시장경제적 성격 때문에 가격기구가 작동하지 않아 공공서비스의 확대를 가격기능으로 규제할 수 없다는 공공선택이론에서 발전했다(Pammer, p.7). Pammer(1990)는 Olson(1969), Downs(1967), Croswell(1975), Bordcherding(1977) 및 Wildavsky(1984)를 이 범주에 묶는다(pp.7-8).

Olson(1969)은 공공서비스의 수혜자들이 생산비용을 일부만 부담하고 나머지는 전체 국민에게 전가하기 때문에 해당 서비스의 수요가 계속 증가하고 결국은 과대정부를 초래한다고 본다(*ibid.*, p.7). Downs(1967), Croswell(1975), Bordcherding(1977) 및 Wildavsky(1984)는 관료집단은 조직규모가 커질수록 더 큰 편익을 누릴 수 있고 사업 확대를 통해 관련 이익단체와 정치인들의 지지를 얻을 수 있으므로 끊임없이 기관 팽창을 추구하는 속성이 있으며, 정부사업으로 편익을 얻는 이익단체 또한 선출직 공직자와 관료들에게 관련 사업이 확장되도록 영향력을 행사함으로써 공공지출의 팽창을 조장한다고 주장한다(Pammer, p.8).

Kimhi(2008)는 정치환경의 속성으로서 정치적 분화(political fragmentation)의 정도가 클수록 공공사업을 과도하게 집행하여 재정난의 가능성이 커진다고 본다(p.644). 정치적 분화는 지출총액 중에서 각 재정문제 결정권자가 스스로 부담하는 비중을 말한다. 정치적 분화는 다시 규모분화(size fragmentation)와 절차분화(procedural fragmentation)로 구분된다(Perotti · Kontopoulos, 2002; Kimhi, p.645 재인용).

먼저 규모분화의 문제는 공유재의 문제와 마찬가지로 예산과정에 대표자를 참여시키는 각각의 집단들이 재정사업의 편익을 온전하게 누리면서 비용은 일부만 부담하고 나머지를 사회 전체에 전가하려는 경향을 조장한다는 것이다. 따라서 집단의 수가 증가할수록 더 많은 예산을 요구하게 되고 그에 따라 총지출이 팽창한다(Kimhi, p.644).[2] 경험적 연구의 결과 연립정부에 참여하는 정당이 많을수록, 그리고 내각의 규모가 클수록 재정적자의 규모가 커지고 재정통제는 취약해지는 것으로 나타났다(Ricciuti, 2004; Kimhi, p.645 note 61 재인용). 이러한 분화된 정치환경에서 주도적인 역할을 하는 이익집단은 특수이익을 대변하면서 비용을 사회 전체에 전가하기 때문에 공유재 문제를 악화시킨다(Wolff, 2004; Kimhi, p.645 재인용).

절차적 분화는 재정정책이 궁극적으로 결정되는 절차의 문제이다. 예산과정이 분권화되어 누구도 그 과정을 통제하지 못해 각각의 의사결정권자가 투표권을 동등하게 행사하게 되면 지출이 증가하는 경향을 보이고, 반대로 가령 재무부장관과 같은 한 주체에게 거부권을 부여하면 정부 적자를 현저하게 줄일 수 있다(Ricciuti, 2004; Kimhi, p.646 재인용). Ester Fuchs(1992)에 의하면 시카고와 뉴욕은 1970년대에 유사한 사회경제적 변화를 경험했지만, 예산을 통제할 핵심 주체가 없어 다수의 이익집단에 휘둘린 뉴욕은 심각한 재정위기를 겪은 데 반해, 강력한 정당이 예산압력을 저지했던 시카고는 상대적으로 재정 건전성을 잘 유지할 수 있었다(Kimhi, p.647 재인용).

(4) 내부관리 부실("bad" or internal management perspective)

이 모델은 부실한 재정관리가 재정위기의 주요 원인이라는 비교적 최근의 이론이다. Pammer(1990)는 David Stanley(1976), Joan Martin(1982) 및 Irene Rubin(1987)을 이 범주로 분류한다(pp.8-9).

먼저 Stanley(1976)는 편법적 회계 처리를 지방재정위기의 주요 원인으로 꼽는다. 그 이유는 지방공직자들이 단기적인 시각에서 관행적으로 매 회계연도의 예산을 임시변통으로 운영하기 때문이라고 본다(Pammer, p.8 재인용). 공유재산을 매각하여 그 대금을 특정 회계연도의 운영예산에 편성하거나, 주 정부의 일회성 특별보

2 Kimhi는 공유재 문제의 사례로서 수영장의 건립을 드는데, 편익은 수영을 좋아하는 사람, 그것도 수영장 인근의 주민들에게 많이 돌아가지만, 사업비는 지역사회 전체가 부담하기 때문에 수영장 이용자들은 정치인들에게 더 크고 더 비싼 수영장을 지으라고 압력을 행사할 유인을 갖는다고 설명한다.

조금으로 경상사업을 추진하는 것 등을 말한다. 따라서 이 관점의 지지자들은 재정위기 단체가 재정정보를 공개하는 관행에 주목한다(Kimhi, p.643).

Martin(1982)은 부정확한 세입 추계와 부실한 예산편성 관행이 저소득 인구와 같은 사회경제적 요인보다 재정적자 발생에 더 큰 영향을 미치며 무능력한 관리자가 문제를 더욱 악화시킨다는 연구결과를 제시했다. 그녀는 보스턴과 디트로이트의 재정위기에 관한 연구를 통해 두 도시 모두 세입을 과다하게 추계하고 유보자금 문제는 과소하게 평가하는 회계 조작을 통해 계속해서 초과 지출을 정당화함으로써 재정적자가 누적되었다고 주장하였다(*ibid.*, p.8 재인용). Rubin(1987)은 정치적으로 인기를 얻기 어려운 민감한 문제인 감축관리 조치를 미루려고 의도적으로 세입을 과다하게 추계하여 적자를 은폐하면 재정상황이 더욱 나빠지고 그로 인해 세입 추계를 더욱 과장해야 하는, 재정위기와 관리행태 사이에 악순환이 반복될 수 있다고 설명한다(*ibid.*, p.9 재인용).

2. 재무상태과정 모델

Rebecca Hendrick(2011)은 다음 [그림 2-1]에서 보는 바와 같이 지방정부가 개방체제라는 것을 전제로 재무상태를 지방정부의 재정정책 내지는 내부 재정구조에 대한 지방공직자들의 전략적 선택과 외부적인 재정환경의 두 가지 기본요소에 의해 형성되는 하나의 과정으로 보는 동태적 재무상태 모델(dynamic model of financial condition)을 제시했다(p.25). 이 관점에서 보면 지방정부의 재무상태는 지방공직자들의 전략적 선택, 즉 정부정책의 결과물인 내부 재정구조가 외부환경의 제약과 기회 및 예상되는 변화와 계속해서 균형을 이룰 수 있는지의 문제이며, 이러한 균형을 상실할 때 재정위기(fiscal stress)가 발생한다(*ibid.*, p.27).

(1) 재무상태과정 개관

1) 지방정부 정책 및 내부 재정구조

내부 재정구조는 지방정부의 전략적 선택이 축적된 결과로서 일반적으로 총세출 대비 회계잔고, 총세입 대비 재산세 비율 등과 같은 다양한 특성을 상대적인 개념으로 표시한다(Hendrick, 2011, p.26). [그림 2-1]의 한가운데 있는 사각형은 지방정부의 내부 재정구조 및 지방공직자들의 전략적 선택인 재정정책을 나타낸다. 여기서는 세입, 세출, 자산 및 부채와 같이 재무상태에 직접 영향을 미치는 내부

[그림 2-1] 재무상태과정 모델

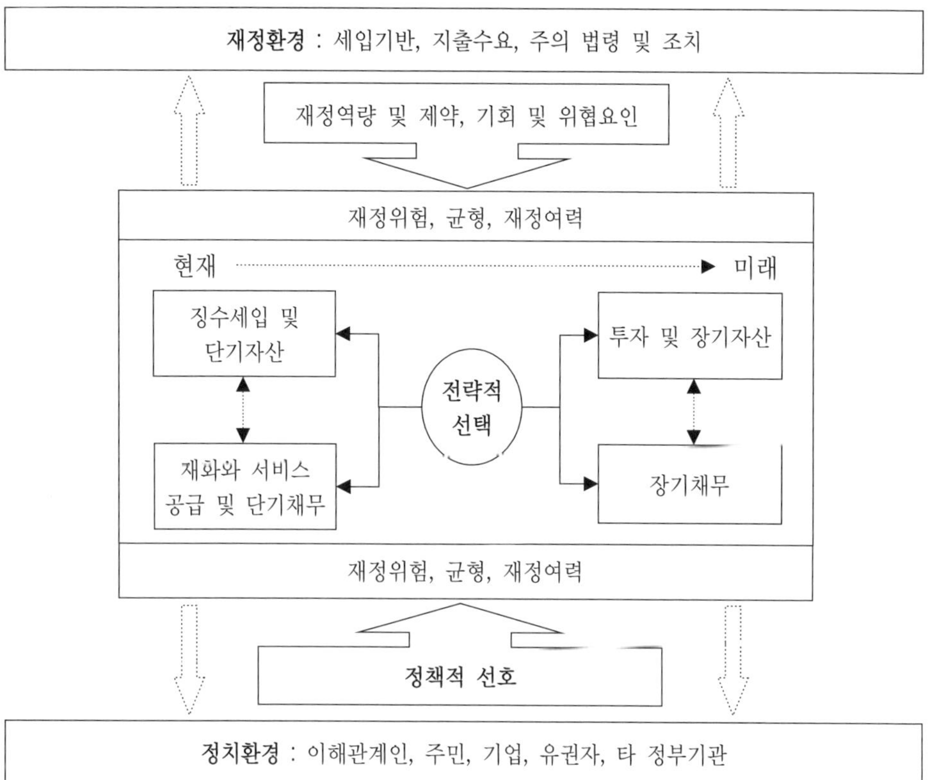

재정구조의 여러 특성과 함께 지방공직자들이 전략적 선택을 통해 재무상태 및 내부 재정구조를 형성해 가는 과정을 볼 수 있다(Jacob·Hendrick, p.14).

전략적 선택, 즉 지방정부의 재정정책은 총세입과 세원별 의존도, 총세출과 서비스 유형별 세출, 회계잔고, 자본시설 투자 등의 적정 수준이 무엇인지, 그리고 현재의 채무를 장래로 넘길 것인지 등을 결정하는 것이다. 여기서 현재의 세입과 세출, 그리고 미래의 자산과 부채를 각각 연결하는 점선의 화살표는 각 쌍의 두 구성요소가 상호 의존적임을 의미한다. 다만 현재의 세입과 세출의 관계는 세입이 세출을 초과할 수 없는 균형예산 의무 등 법적 의무를 부과하기 때문에 불확실성이 크게 개재되는 미래의 자산과 부채 관계보다 훨씬 강력하다(*ibid.*, p.15). 한편, 현재와 미래의 상태를 연결하는 점선 화살표는 현재의 재정구조에 대한 전략적 선택이 미래의 재정구조에 영향을 미친다는 뜻이다(*ibid.*, p.15).

2) 재정 및 정치환경

재정 및 정치환경은 지방공직자들의 전략적 선택을 제약하는 동시에 기회를 제공한다. 외부환경은 전략적 선택의 대상인 재정구조와 달리 지방공직자들이 통제하기 어려운 영역이며, 지방정부의 재정정책은 이러한 환경의 맥락 속에서 결정된다(*ibid.*, p.15).

먼저 재정환경은 세입기반, 세출수요 및 서비스 책무, 주 법령, 그리고 보조금 등 정부간 이전재원 등으로 구성된다(Hendrick, 2011, p.26). 세입기반은 재산가치, 판매수입, 주민소득 등으로서 각각 재산세, 판매세, 소득세 부과의 기초이다. 세출수요 및 서비스 책무는 총인구, 평균연령, 연령분포, 교육률, 빈곤층 비율, 서비스 수요 및 선호의 동질성 정도 등 인구학적 특성, 재난으로 인한 파손과 재축조 및 원상복구에 장시간이 소요되는 인공 및 자연적 기반시설, 그리고 소송의 결과 부과되는 재정적 책임 등으로부터 유발된다(Justice · Scorsone, pp.51-53). 주의 법령은 지방정부가 부과할 수 있는 세금의 종류, 회계잔고 및 연금회계 기여금의 수준, 주 및 연방 교부금의 규모, 그리고 심지어는 서비스의 종류와 수준까지 규정함으로써 다방면에 걸쳐 지방재정의 구조 및 재무관리의 집행에 직접적인 영향을 미친다(Jacob · Hendrick, p.16).

정치환경은 주민, 기업 등 관할구역 내의 이해관계인, 기업 유치 등을 위해 경쟁하는 인접 지방정부, 조세 및 경제기반을 공유하는 중첩적인 특별 지방정부 등으로 구성되며, 투표 등의 기제를 통해 지방정부에 재정수요를 표출하고 정치적 제약을 가한다(Hendrick, 2011, p.26; Jacob · Hendrick, p.16). 정치환경은 지방정부의 정책 선택에 막대한 영향을 미친다는 점에서는 재정환경과 같지만, 재무상태의 구성요소 또는 차원은 아니라는 점에서 재정환경과 다르다.

3) 환경과 지방정부 정책 간의 관계

환경과 지방정부 정책, 즉 전략적 선택과의 관계는 앞 [그림 2-1]의 재정 및 정치환경으로부터 지방정부로 향하는 커다란 각각의 실선 화살표와 반대 방향인 지방정부에서 재정 및 정치환경으로 향하는 작은 점선 화살표들로 표시되어 있다. 먼저 실선의 큰 화살표는 환경이 지방정부 정책에 직접 영향력을 미친다는 것을 의미한다. 반대로 지방정부에서 환경으로 되돌아가는 점선의 작은 화살표들은 현재의 재정정책 및 관행의 영향력이 재정구조에는 직접적이지만 재정 및 정치환경에 대해서는 간접적으로밖에 미칠 수 없음을 보여 준다. 재정 및 정치환경은 시간이 지나면서 변화하고, 이에 따라 지방정부는 전략적 선택을 재고하거나 수정하여 내부 재정구조를 새로운 환경, 즉 외부적 제약 및 기회에 적응시켜 나가야 한다. Hendrick은 이러한 정부 재정구조와 환경 간의 관계의 특성을 재정위험(fiscal risk), 재정여력(fiscal slack) 및 균형(balance)의 세 가지 개념으로 설명한다(Hendrick, 2011, pp.28-29; Jacob · Hendrick, p.17).

먼저 재정위험은 지방정부가 장래의 재정적 충격 및 환경변화로 인해 영향을 받는 정도 또는 취약성을 의미한다(Jacob · Hendrick, p.17). 다른 조건이 같다면 재정위험이 클수록 환경변화에 대한 적응능력이 떨어지고, 재무상태가 나빠진다. 이것은 경기변화에 탄력적인 판매세와 비탄력적인 재산세를 대비해 보면 쉽게 이해할 수 있다. 즉, 판매세에 크게 의존하는 지방정부는 소매판매가 뚝 떨어지는 불황기를 맞으면 세입이 급감하여 재무상태가 나빠지고, 반대로 호경기에는 잉여재원을 축적할 수 있다.[3] 그러나 재산세에 크게 의존하는 지방정부는 경기변화에 따른 세입의 변동 폭이 훨씬 작고 안정적이다.

다음으로 재정여력(fiscal slack)은 정부가 활용할 수 있는 자원 중에서 최소 수준의 서비스를 제공하기 위해 필수적으로 소요되는 재정수요를 초과하는 자원풀로서 재정위험을 흡수하는 역할을 한다(*ibid.*, p.17). 회계잔고(fund balance), 불황대비기금(rainy day fund)과 같은 현금성 흑자재원, 잉여인력과 같은 비현금성 자원, 세율 인상 여력이 있어 추가로 징수할 수 있는 여유 세입, 그리고 세출 측면에서는 유지 · 관리비나 여비와 같이 재정사정이 어려울 때 쉽게 삭감할 수 있는 재량적 지출 등 다양한 형태를 띤다(Hendrick, 2011, p.28; Jacob · Hendrick, p.17). 재정여력이 축적되면 정부가 특별한 자연 및 인적 재난이나 계절적 또는 주기적인 환경변화에 휘둘리지 않고 서비스를 안정적으로 제공할 수 있을 뿐만 아니라, 경제발전 기회를 잡기 위한 투자 및 매칭재원으로 사용할 수가 있다(Hendrick, 2011, p.29, p.55).

마지막으로 균형 개념은 정부가 환경의 수요, 압력, 기회, 제약 및 앞으로의 변화 전망에 현재의 재정구조를 얼마나 잘 적응시켜 왔는지 그 정도를 말한다(Clark · Ferguson, 1983; Jacob · Hendrick, p.17 재인용). 이 관점에 따르면 재무상태는 환경에 대한 재정구조의 적응능력에 달려 있으며, 동태적인 측면에서 본다면 재정건전성

---

3 한국의 광역지방자치단체를 보면 주 세원인 취득세에 대한 의존도가 높은 시 · 도일수록 재정위험이 증가한다. 취득세는 미국의 판매세와 유사하게 경기변화에 민감하기 때문이다.

은 지방공직자들이 정책 선택을 통해 내부 재정구조를 변화하는 재정환경에 적응시켜 계속해서 균형을 유지하고 발전시켜 나갈 때 확보될 수 있다(Hendrick, 2011, p.27). 재정위험과 재정여력은 동전의 양면과 같이 재정구조의 환경 적응능력과 반대 방향으로 작용한다. 즉, 재정위험이 크면 적응능력이 떨어져서 환경변화가 재정구조에 미치는 잠재적인 영향력이 증대하고, 반대로 재정여력이 높으면 적응능력도 높아져 환경변화의 잠재적인 영향력이 감소한다(*ibid.*, pp.28-29).

(2) 재무상태 구성요소

Hendrick(2011)은 <표 2-1>을 통해 재무상태의 구성요소를 세입 및 자산, 세

〈표 2-1〉 재무상태 구성요소 및 척도의 유형 구분

[장기 지급능력]	[서비스 차원 지급능력]	[단기 및 예산 지급능력]
	<세입, 자산 및 기타 자원>	
• 경제·세입 기반 및 탄력성 • 주의 경제 • 세입역량 • 주민과 기업(의 성장) • 유형자산 및 장기투자 • 정부간 경상적 이전세입	• 정부간 이전세입 의존도 • 세율, 수수료 및 부담금 • 세입예산 편성 • 세입다변화 및 대체 가능성 • 유보 세입	• 징수 세입 및 세입 잔고 • 수취(미수금) 계정 • 회계잔고 및 잉여자원 • 현금 및 단기투자
	<세출 및 부채>	
• 세출 수요 및 요구, 원가 • 주민과 기업(의 성장) • 주 및 연방의 이행명령 • 장기채무(과거 정책결정) • 연금충당부채(과거 결정) • 유지관리 이연(과거 결정)	• 세출예산 편성(및 경직성) • 세출 우선순위	• 지불계정(조건, 경직성) • 단기채무(debt) • 단기부채(liabilities)
	<순재무상태: 균형 및 지급능력>	
• 세입기반 대비 세출수요	• 세입 부담 • 재정위험 대비 재정여력 • 채무 대비 자산	• 유동성 • 세입 대비 세출 • 단기 재정위험 대비 재정여력
	<속성>	
미래 지향, 통제 곤란, 외부환경, 안정적, 외생적	<························>	현재 중심, 통제 용이, 내부구조, 불안정, 내생적

자료: Rebecca Hendrick(2011), p.32.

출 및 부채, 그리고 장·단기 기간에 따른 지급능력의 2차원적 체계로 구분해서 보여 준다. 이들 각각의 구성요소는 재무상태 평가의 척도로 사용된다(Jacob·Hendrick, p.18). Hendrick(2011)은 <표 2-1>을 토대로 34개의 지표를 조작적으로 정의하여 시카고 교외 264개 지방정부의 재무상태를 분석하였다.

먼저 세로 축은 위로부터 재정역량, 재정제약 및 순재무상태를 나타낸다. 재정역량은 세입, 대출금, 자산 및 기타 자원으로 구성되고, 재정제약은 세출과 차입금 및 부채가 주된 요소이며, 순재무상태는 재정역량과 재정제약의 수지균형, 즉 잔고에 초점을 둔다(*ibid.*, p.19).

가로 축은 시간 전망에 따라 장기, 서비스, 그리고 예산 및 현금지급능력의 세 그룹으로 구분되어 있다. 그러나 실제로는 연속적인 개념으로서 왼쪽은 장기 또는 미래지향적이며, 환경적 요소로서 안정적이고 통제가 어려운 네 반해 오른쪽으로 갈수록 단기 및 현재 중심이고, 변동성이 크며, 정부의 일부이기 때문에 통제하기가 쉽다(*ibid.*, 20).

1) 자산 - 세입 및 기타 자원

자산(assets)은 회계하적 관점에서 정부가 보유하는, 경제적 편익을 창출하는 모든 종류의 부(wealth)를 총칭한다. 따라서 자산은 회계연도 중에 현금흐름을 관리하기 위해 사용하는 단기투자 및 현금잔고, 재정위험을 완화하는 데 유용한 재정여력, 빌딩과 같은 내구적 구조물, 그리고 정부가 활용할 수 있는 외부자원 등을 포괄한다. 그중에서 세입(revenues)은 재무상태 측면에서 가장 중요한 정부자산으로서 주 및 연방정부가 교부하는 이전세입과 지방정부가 스스로 창출하는 자체세입으로 구분된다(Hendrick, 2011, p.33). 정부간 이전세입은 다시 특정 목적을 위해 교부하는 일회성, 비경상적인 보조금(grants)과 포괄적인 재정지원을 위해 통상적으로 인구나 재정수요 등을 변수로 공식에 따라 배분하는 경상적인 교부금(aids)으로 구분된다(*ibid.*, p.30). 자체세입은 재산세와 사용료 및 기타 수수료가 보편적이지만 주에 따라서는 판매세와 소득세를 지방정부의 세원으로 활용하기도 한다(*ibid.*, p.33).

Jacob과 Hendrick(2012)은 [그림 2-2]의 세입-경제관계 모델(Revenue-Economy Relationships Model)을 통해 자체세입의 여러 특성과 장기 및 서비스 차원의 지급능력과의 관계를 설명한다(p.20). 이것은 Berne과 Schramm의 모형을 일부 변형한 것이다. 여기서 경제기반은 지방정부의 행정구역 내에 있는 경제자산의 총량이다. 세

[그림 2-2] 세입-경제관계 모델

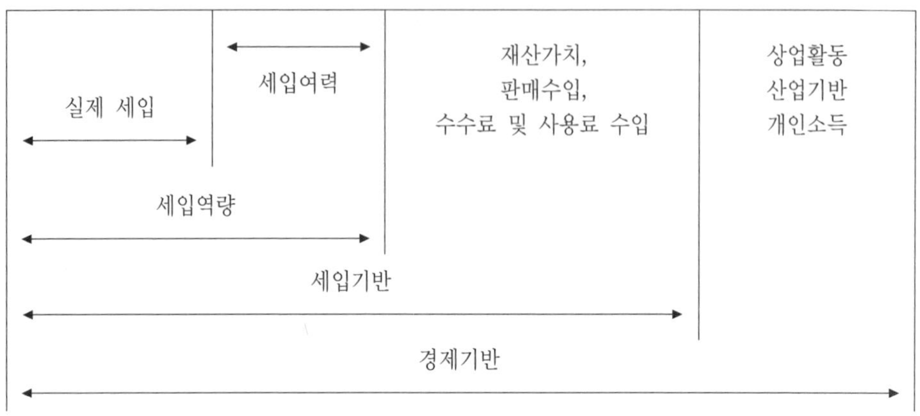

자료: Jacob and Hendrick, p.21.

입기반은 경제기반 중에서 지방정부가 주의 법률을 비롯한 법적, 제도적 제약 아래에서 구체적인 세입창출 기제를 통해 세원으로 활용할 수 있는 부분이다.

[그림 2-2]는 재산세와 판매세, 그리고 서비스요금을 세원으로 하고, 소득세는 허용되지 않는 지방정부를 상정한 모형이다. 따라서 세입기반에 재산가치, 판매수입 및 요금수입이 포함되고 개인소득은 제외되었다. 세입역량은 세입기반 중에서 지방정부가 실제로 과세할 수 있는 부분이다. 재산세 최고세율과 같이 주 법률 등에 의해 그 한도가 정해진다. 실제 세입은 주 법률 등이 허용하는 범위 내에서 지방정부가 세율, 수수료율, 부담금 등을 결정하여 실제로 징수하는 금액이다. 세입역량에서 실제 세입을 공제한 부분을 세입여력이라고 하는데, 지방정부는 이를 통해 재정적 충격 또는 경기 하강 국면에 신축적으로 대응할 수 있다.

이들 자산은 특성별로 재무상태에 서로 다른 영향을 미친다. 먼저 앞의 <표 2-1> 왼편의 환경적 요소를 보면 세입 탄력성이 큰 세원에 대한 의존도가 높은 경우, 적정한 재정여력을 통해 위험에 대처하지 않으면 재무상태를 안정적으로 유지하기 어렵다(Jacob · Hendrick, p.23). 세입 탄력성은 특정의 세입기반 또는 세원이 전반적인 경제기반이나 국가경제 또는 개인소득에 의해 영향을 받는 정도를 말하며, 일반적으로 세원이 다양할수록 안정적이다. 세원별로는 소득세가 가장 크고, 재산세는 가장 작으며, 판매세는 상대적으로 큰 편이다(Mikesell, 2011, p.350; Jacob ·

Hendrick, p.22 재인용). 또 이전세입, 특히 비경상적 보조금은 지방정부가 교부금액을 통제할 수 없으며 언제든지 지원이 중단될 수 있으므로 의존도가 높을수록 재정위험이 증가한다(Hendrick, 2011, p.34; Jacob·Hendrick, p.22).

다음으로 <표 2-1> 오른편의 내부 구조적 재정역량은 현금, 단기투자, 회계잔고 등으로 구성된다. 그중에서 각 계정의 회계잔고는 자산총액에서 부채총액을 공제한 잔여가치이자 연도별로 세입에서 세출을 공제하고 남은 금전적 잉여금이 축적된 것이다. 이것은 회계연도 중에 발생하는 단기적인 재정책임을 충족시키는 데 활용될 수 있다(Hendrick, 2011, p.34). 정부회계기준위원회(GASB)가 2009년 발표한 「공고 제54호」(GASB Statement No. 54) '회계잔고 보고 및 정부회계 유형의 정의'는 회계잔고를 지출 통제의 강도에 따라 지출 불가능(nonspendable), 타용도 금지(restricted), 지정(committed), 배정(assigned) 및 미배정(unassigned)의 5개 유형으로 구분한다(pp.3-17).[4] [5] 「GASB 공고 제54호」 이전에는 유보(reserved), 지정·미유보(designated unreserved) 및 미지정·미유보(undesignated unreserved) 회계잔고의 3개 유형으로 구분했다. 양자의 관계를 보면 유보잔고에 지출불가 및 타용도 금지 잔고가 포함되고, 지정·미유보잔고에는 지정 및 배정잔고가 포함되며, 미지정·비유보잔고는 미배정 잔고와 같다(Gauthier, p.14).

2) 부채 - 세출 등

부채(liabilities)는 정부가 다른 당사자에게 갚아야 하는 모든 것으로서 정부 재정활동에 대한 제약이며, 현재 또는 과거의 의무를 이행하기 위하여 현재 또는 미래의 경제적 편익을 희생하는 것이다(*ibid.*, p.35).

먼저 <표 2-1>에서 부채 부분의 왼편에는 정부가 통제하기 어렵고 시간이 흘러도 크게 변하지 않는 환경적 요소들이 포진하고 있다. 그중에서 세출수요는 주

---

4 'nonspendable'은 재고자산, 선급금 등과 같이 자산의 형태 측면에서, 또는 법률이나 계약에 의거 지출할 수 없는 자산, 'restricted'는 상급정부, 채권자, 보조금교부기관 등 자금 제공자가 헌법 또는 수권법률을 통해 특정 용도로 지출을 제한한 자산, 'committed'는 해당 지방정부의 최상위 의사결정기관이 결정한 용도에 한정되는 지출, 'assigned'는 의사결정기관이 표명한 특정한 의도에 따라 배정된 금액, 그리고 unassigned는 어떤 목적에도 자유롭게 지출할 수 있는 자산을 말한다. 마지막 미배정 회계잔고는 일반회계에서만 보고된다.

5 주가 지방정부에 교부하는 휘발유세의 일정 비율을 도로의 유지관리 및 건설 예산으로 유보하게 하듯이 세입 또는 회계잔고를 주의 법률 또는 지방정부 조례로써 특별한 목적을 위해 유보할 때가 있다. 따라서 회계잔고 총액보다는 용도제한 없는 회계잔고가 단기적 재무상태를 측정하는 데 더욱 적절한 척도가 될 수 있다(Jacob·Hendrick, p.24).

민들의 건강과 안전 및 복지를 적정한 수준으로 보장하는 데 필요한 지출수준으로서 환경적 특성, 인건비와 자재비 등 비용요인, 그리고 지방정부 서비스의 유형과 수준을 규정하는 연방 및 주 정부의 이행명령(mandates) 등에 의해 결정된다(*ibid.*, p.35).

환경적 특성으로는 범죄 수준, 기반시설 노후도, 주민 소득수준 및 실업률, 인구 증가와 경제발전 상황 등을 들 수 있으며, 주 및 연방정부의 이행명령은 연금, 의료보호 및 상하수도 서비스에서 흔히 볼 수 있다. 과거 정책결정의 영향으로는 장기채무, 연금예산 미부담, 기반시설 유지·관리 및 개축 지연 등이 있으며, 이들은 장기 또는 장래 지불의무를 가중하는 요인이 된다. 한편, 세출수요는 정부 세출에 영향을 미치는 주민, 고객 및 기타 이해관계자들의 세출 우선순위가 정치과정을 통해서 표출된다(*ibid.*, p.36). 세출 우선순위는 세출수요가 유사하더라도 각각의 정치과정을 통해 다양하게 표출되므로, 현재의 서비스 의무를 충족시키기 위한 예산의 편성과 서로 다를 수 있다.

부채 부분의 오른편은 지방정부가 통제하기 쉬운 내부 구조적 요소로서 지불계정(account payable)이나 단기부채와 같이 예산서에 명기된 서비스의 공급 및 부채의 상환을 위해 회계연도 내의 단기간에 이행해야 하는 의무를 나타낸다(Jacob · Hendrick, p.25).

3) 순재무상태

순재무상태(net financial condition)는 장기, 서비스, 현금 등 유형별 지급능력 측면에서 정부 재정구조가 환경 및 기타의 조건들과 균형을 이루고 있는지를 보여주는 측정 지표이다(Hendrick, 2011, p.36).

먼저 좌측의 장기 지급능력은 세출수요 총액을 세입기반 자산 총액과 비교하여 판단한다. 세출수요 및 세입기반 총액은 각각의 세출수요 지표와 세입기반 지표를 개별적으로 측정하거나, 이들 개별 지표를 혼합한 통합지표를 개발하여 산정할 수도 있다(Jacob · Hendrick, pp.25-26).

다음으로 서비스 차원 지급능력은 세입기반 또는 세입역량 대비 실제 세입의 비율인 세입부담이나 지출 측면에서 서비스 책무의 충족률을 의미하는 세출수요 대비 실제 세출의 비율을 통해 측정할 수 있다(Hendrick, 2011, p.37). 이들 지표가 순재무상태 부분의 한가운데 자리하고 있는 것은 분자인 실제 세입이나 세출은 정부 재정구조의 일부로서 상대적으로 통제하기가 쉽지만, 분모인 세입기반이나 세출수요는 통제하기 어려운 외부환경에 속하기 때문이다. 서비스 차원의 지급능력은 재정위험(fiscal risk)과 재정여력(fiscal slack)을 비교하여 판단할 수도 있는데, 예를 들자면 불황대비기금(rainy day funds)이나 회계잔고(fund balances) 등 잉여재원을 총세입 중에서 탄력적이고 불안정한 성격의 의존세입이 차지하는 비율과 대비하는 방법이 있다(*ibid.*, p.37).

마지막으로 현금 또는 예산 지급능력은 회계연도 중에 균형예산 달성이나 대금지급 능력에 영향을 미치는 정부 재정구조의 특성에 따라 판단한다(*ibid.*, p.37). 이들 단기 지급능력은 운영자산(operating position)으로도 불리는데 유동부채에 대한 현금 및 유동자산의 비율을 나타내는 유동성, 균형예산과 관련된 운영수지, 회계잔고, 단기차입, 지불계정 및 수취계정의 안정성 등이 측정지표로 사용된다.

(3) 재정위기의 발생 - 환경에 대한 재정구조의 적응 실패

Hendrick(2011)은 재무상태(financial condition)와 재정압박(fiscal stress) 개념이 서로 대체해서 쓰인다는 점을 인정하면서도, 전자는 정부재정 분야의 다른 여러 구성요소가 균형을 이루는 상태이며, 후자는 정부세입이 줄어들거나 지출압력이 증가하여 네 가지 지급능력 중에서 어느 차원이건 균형상태에서 벗어나 재무상태가 나빠지는 동태적인 사건으로 구분한다(p.22). Hendrick은 선행연구로서 Clark과 Ferguson(1983)을 소개했는데, 그들은 "지방정부의 재무구조 및 정책적 선택이 재정환경인 민간부문의 자원을 확보하는 데 지속해서 부적응 상태에 빠질 때 재정압박(fiscal strain)이 발생한다"고 주장한다(Hendrick, 2011, p.19; Justice · Scorsone, p.46). 아래에서는 이러한 관점에 따라 재정압박 내지는 재정위기의 원인을 네 가지 지급능력을 기준으로 구분하여 살펴본다.

첫째, 장기 지급능력 차원이다. 장기 지급능력은 정부의 총체적인 세입기반과 세출수요 사이의 장기적인 균형 내지는 미래의 불확실한 재정상황에 대한 적응능력을 통해 한 회계연도를 넘어서는 미래의 모든 재정적 의무를 충족시키는 능력을 의미한다(Hendrick, p.29). 세입수요와 세출수요를 결정하는 대부분 요인은 시간이 지나더라도 매우 안정적이기 때문에 역사적으로 빈약한 세입기반과 높은 세출수요 때문에 장기 지급능력이 취약했던 지방정부는 앞으로도 그렇게 될 가능성이 크다(*ibid.*, p.29).

둘째, 서비스 차원 지급능력으로서 지역사회의 건강, 안전 및 복지가 적정하게 확보될 수 있는 수준의 서비스 제공 능력을 말한다(Jacob · Hendrick, p.13; Justice · Scorsone, p.45). 이것은 정부가 근간(near-term)의 세출의무, 실제 세출, 가용세입 및 징수세입의 균형을 어떻게 잡는가에 초점을 맞춘다(Hendrick, 2011, p.30). 장기 지급능력이 저조하면 서비스 차원의 지급능력도 그 영향에서 벗어나기가 쉽지 않지만, 때로는 필수적인 서비스만 공급하거나, 부채를 줄이거나, 비상사태에 대비할 수 있도록 잉여재원을 축적하는 방법 등을 통해 재정구조를 환경에 적응시킴으로써 오히려 서비스 차원의 지급능력을 개선할 수 있다. 그와 반대로 세입기반 및 세출수요 측면에서 장기 지급능력이 양호하더라도, 정치적 압력 때문에 세출수요보다 지출이 과다하거나, 세출수요를 충당하기에 충분할 만큼 세입을 징수하지 않거나, 고위험 고소득 투자와 채무증가를 통해 부족한 세입을 메우게 되면 서비스 차원 지급능력과 균형을 상실하여 근간에 재정압력을 받기 쉽다(*ibid.*, p.30).

셋째, 예산 지급능력 차원으로서 정규 회계연도 기간에 적자 없이 재정적 의무를 모두 이행할 수 있을 만큼 세입을 충분하게 창출할 수 있는 균형예산 달성 능력을 의미한다(Jacob · Hendrick, p.13). 정부는 회계연도 초에 세입과 세출이 회계연도 말 시점에서 균형을 이루도록 예산을 편성해야 하지만, 경제 및 정치상황이 예기치 못하게 나빠진다거나 세입 및 세출 추계가 정확하지 않으면 회계연도 말에 균형예산을 달성하기가 어려워진다. 이러한 세입부족 또는 지출초과 상황에서 균형예산을 달성하기 위해서는 회계잔고와 같은 현금성 잉여재원, 세율 인상 여력이 있는 경우의 여유세입, 쉽게 삭감할 수 있는 재량적 지출 등의 형태로 존재하는 재정여력(fiscal slack)을 활용하게 된다. 그러나 여유세입의 경우 세율인상 절차나 징수 주기 등의 문제 때문에 회계연도 중에 추가 세입을 활용하기가 어렵다(Hendrick, 2011, p.30). 따라서 다른 재정여력이 충분하지 않다면 지방정부가 재정위기에 빠질 수 있다.

마지막으로 현금 지급능력으로서 납품대금, 급여의 지급 등과 같이 변제기간이 30일 또는 60일 정도인 단기적인 금전적 의무를 충족시키는 능력을 말한다(Jacob · Hendrick, p.13). 현금 지급능력에 문제가 발생하는 이유로는 두 가지를 들 수 있다. 하나는 예기치 못한 세출 및 변제 속도의 증가 또는 세입 및 징수 속도의 감소이고, 다른 하나는 예상되는 세입 징수와 세출 집행 사이의 시차를 재정여력으로 충분히 메우지 못하는 경우이다(Hendrick, 2011, p.30). 서비스 및 예산 지급능력이 떨어지는 지방정부가 현금 지급능력도 취약한 경향을 띠는 것은 재정여력과 예측 오차 허용치를 작게 잡을 수밖에 없으므로 이해할 수 있다. 그러나 부유하고 예산 지급능력이 양호한 지방정부도 재정위험과 현금흐름을 인식하고 대비하지 않는다면 현금 지급능력에 문제가 생길 수 있다(*ibid.*, 2011, p.31).

제 2 절 지방재정위기의 발생 및 진행 역사

미국 지방정부의 재정위기는 1975년 시작된 뉴욕시의 재정위기, 대공황 이후 최초 사례인 1978년 오하이오주 클리블랜드시의 일반보증차입증서 지불불이행, 1990년 매사추세츠주의 첼시 수권관리, 1991년 코네티컷주의 브리지포트 인수, 1994년 투기자산에 투자하여 15억달러를 잃고 파산을 선언한 캘리포니아주 오린지카운티, 1996년 플로리다주의 마이애미 인수, 2003년 피츠버그에 대한 펜실베이니아수의 감독권 행사, 2013년 미국 역사상 주의 수권관리 및 연방파산법에 따른 파산보호를 받은 최대 도시로 기록된 미시간주 디트로이트 등이 대표적인 사례이다. 그러나 이렇게 떠들썩하게 알려진 사례뿐만 아니라 주목은 덜 받지만, 규모가 작은 지방정부도 마찬가지로 심각한 재정위기를 겪고 있다. Honadle(2003)에 의하면 26개 주에서 하나 이상의 지방정부가 재정위기를 겪고 있으며, 특히 알래스카주는 시정부의 29%가 부채를 기한 내에 상환하지 못했다. 플로리다, 오하이오, 펜실베이니아주는 2005년 당시 재정위기 상태에 있는 지방정부가 각각 55, 23, 17개에 달한다고 선언하였다(Coe, p.759).

2007년 시작된 세계경제 대침체를 계기로 미국 지방정부의 극심한 재정난이 또다시 주목받고 있다. 경기침체로 세입이 줄어든 데다 날로 증가하는 사회복지 사업 수요와 사회기반시설의 노후화에 따른 투자수요의 증가를 미국의 지방정부도 피할 수 없었다. 설상가상으로 예기치 못한 세입 감소와 미증유의 재정수요가 지방재정을 더욱 압박하고 있다. Kremer(2012)는 예산에 편성되지 않은 퇴직연금 및 퇴직자 건강보험 부담금이 사상 유례 없이 증가하는 반면에 “자립형 연방정부”(fend-for-yourself federalism)로 묘사되는 연방 및 주 정부의 재정지원 급감으로 지방정부의 재정이 "극한 폭풍 상황"(perfect storm)에 직면했다고 진단한다(Kremer, p.20). Spiotto(2012)는 지방 및 주 정부의 재정비상사태, 즉 채무불이행(defaults) 및 지불불능(insolvencies) 사태의 발생 가능성이 미국에서 초미의 관심사가 되고 있으며, 기존의 제도가 이러한 상황에서 제대로 작동할 수 있을지 주의 깊게 검토해야 할 시점이라고 주장한다(p.756).

대침체 이후 지방정부의 재정위기가 주요 관심사로 다시 부상한 것은 미국 역사에서 새로운 사태가 아니라 19세기와 20세기 전반기 이후 주기적으로 반복되는 현상이다. Scorsone과 Levine 및 Justice(2012), Justice와 Scorsone(2012), Weikart(2012), Spiotto(2012), ACIR(1973, 1985) 등에 의하면 미국 지방정부의 재정위기는 4개 기간에 집중적으로 발생했다. 19세기의 공채상환 불이행, 1930년대의 대공황, 1970년대와 1980년대를 중심으로 광범하게 발생한 대도시의 재정위기, 그리고 최근 대침체기의 지방재정위기가 그것이며, 각 시기의 특징에 따라 법률제도와 예산 및 재정관리 방식이 고안되고 발전되었다(Justice · Scorsone, p.47).

Ⅰ. 19세기 공채상환 불이행

19세기 후반들어 미국의 지방정부들이 경제발전을 위해 주로 공채를 발행하여 조달한 재원으로 철도시설의 확충 등 자본집약적인 사업을 추진하는 경향이 있었다(*ibid.*, p.47). 이렇게 팽창된 지방정부의 채무가 특히 1873~1879년의 경기침체기를 맞아 채무불이행 사태로 발전했다(ACIR, 1973, pp.9-11). 책임감 없는 '뜨내기정치인의 지방정부'(carpetbagger governments)도 이러한 사태를 초래한 주요 원인의 하나로 지적된다(Kloha 등, 2005a, p.235). 이 시기에 주요 지방정부 채무의 1/4 정도가 상환 불이행 상태에 빠지는 공황이 발생했고, 채무불이행의 2/3 정도는 철도지원공채가 차지했다(ACIR, 1973, p.11).[6]

이것이 경고음이 되어 다수의 주 정부가 관내 지방정부의 재정건전성을 점검

6 Weikart(p.390)와 Coe(p.759)는 ACIR(1985)을 인용하여 이 시기에 미국 지방정부의 25%가 채무불이행에 빠졌다고 기술하고 있는데, 원전에 "approximately one-fourth of the indebtedness of major local governmental units"로 표현되어 있고(ACIR, 1973, p.11 및 1985, p.2), 전체 지방정부의 수가 8만 개 이상인 상황에서 1870년대에 159개의 지방정부가 채무불이행 상태에 빠졌음을 보여 주는 관련 도표(ACIR, 1973, p.10)에 비추어 볼 때 '지방정부의 25%'가 아니라 '주요 지방정부 채무의 25%'로 해석하는 것이 타당할 것으로 판단된다.

하고 감독하기 시작하였다. 각 주는 먼저 대량 채무불이행 사태를 방지하기 위해 주민투표에 의한 기채 승인, 연도별 원리금상환 한도 및 채무잔고 한도의 설정 등을 통해 지방정부의 기채를 제한했다(Justice · Scorsone, p.47). 그러나 기채 제한은 지방정부의 채무를 통제하는 긍정적 효과뿐만 아니라 재무제표에는 표시되지 않는, 행정구역이 중첩되는 타 공공기관과의 중복채무(overlapping debt)를 누적시켜 오히려 재정위기를 조장하는 부작용을 수반하기도 한다(Sbragia, 1996; Justice · Scorsone, 2012 재인용).

다음으로 주 정부가 재정위기에 봉착한 지방정부의 권능을 인수하는 강력한 조치인 수권관리제도(receivership)가 이 시기에 태동했다. 1800년대 후반기에 들어 몇몇 주가 채무불이행 상태에 빠진 지방정부의 세입징수 기능을 인수했고, 미주리주는 1870년대 중반에 여기서 한 단계 나아가 수권관리제도를 처음 도입했다(Weikart, p.391). 테네시주는 1879년 멤피스(Memphis)시를 사실상 폐지하여 쉘비카운티 조세구역(Taxing District of Shelby County)에 편입시키고 시의 재정을 관장하는 감독관을 임명함으로써 공식적인 수권관리제도를 최초로 시행했다(McConnell, 1993; Weikart, p.391 재인용). 지방정부의 재정비상사태를 관리하기 위해 주 정부는 보통 법률로써 상설 또는 비상설의 재정통제위원회(financial control board)를 설치한다. 완전한 형태와 구조를 갖춘 재정통제위원회는 1921년 뉴햄프셔주가 최초로 맨체스터(Manchester)에 설치했으며, 그 후 큰 변화 없이 정착되었다(Weikart, p.391).

Ⅱ. 대공황

미국 지방정부의 제2차 재정위기 파고는 1929년 시작된 대공황과 함께 밀려왔다. 그 전조로서 1925년을 지나면서 워싱턴주와 플로리다주에서 다수의 지방정부가 채무를 이행하지 못했고, 아칸소주는 채무불이행 사태를 방지하기 위해 지방정부 채무 총액의 1/3 정도인 5,300억달러를 주 정부가 인수했다(ACIR, 1973, p.11). 1929년을 지나면서 지방재정 상황이 더욱 나빠져 1935년 중반에는 채무불이행에 빠진 지방정부의 수가 3,251개로 정점을 이루었으며, 전체 지방정부 채무잔액의 17.7%가 채무불이행 상태에 놓이게 되었다(ACIR, 1973, pp.12-13).[7]

---

7 Spiotto(2012)에 의하면 1839년 이후 지방정부 및 주 정부기관의 채무불이행 사건은 10,000건 미만이었으며 그중에서 절반은 1929년에서 1937년 사이에 발생하였다(p.759).

ACIR(1973)은 외부적인 경제공황의 충격과 재정지출 팽창 추세를 제어하지 못한 내부적 관리부실이 상승작용을 일으켜 이 시기에 재정위기가 발생했다고 본다. 먼저 호경기에 과도한 부동산 개발과 세입을 초과하는 재정지출을 용인하다가 경제공황의 충격으로 재산평가액이 줄어들고 재산세가 대규모로 체납되는 등 세입이 격감하여 재정위기가 촉발되었으며, 그런 가운데서도 통제 가능한 비용을 과감하게 삭감하지 못하고 미적거리면서 구조적 재정적자를 단기채무로 보전하는 등의 관리부실이 겹쳐 걷잡을 수 없는 위기상황에 빠져들었다는 것이다(ACIR, 1973, p.28).

이러한 상황에 대응하여 1934년 연방의회는 연방파산법에 제9장을 추가하는 방법으로 지방정부 파산제도를 규정했다.[8] 이와 함께 연방정부는 재정지원을 통해서도 지방재정위기를 관리한다. 1932년 소규모 은행과 민간법인에 융자를 제공하는 기관이 연방재건재정법(Federal Reconstruction Finance Act)에 의거 창설되었고, 이어서 트루먼(Harry Truman) 대통령은 융자 대상을 지방정부의 파산을 방지하기 위해 지방정부까지 확대했다(Weikart, p.389). ACIR(1973)은 이 시기에 지방재정위기의 예방 및 치유를 위한 주 및 연방정부의 역할이 전반적으로 미미했다고 지적하고, 복지지출과 관련하여 지방정부에 부과된 재정책임을 대부분 해소하는 등 주 및 연방정부의 개입제도를 정비할 것을 권고했다(p.29).

Ⅲ. 1970~90년대 대도시 재정위기

1945년부터 1970년대 초반까지는 미국이 경제적으로 안정되고 번영을 구가했던 시기로서 지방정부의 채무불이행 사례도 일부 가벼운 사건만 발생했다(ACIR, 1985, p.2). 그러다가 1975년 뉴욕시가 파산 직전까지 가는 재정위기를 겪었고, 1978년 오하이오주의 클리블랜드시에서는 대규모 단기차입금 채무불이행 사태가 발생했는데, 이러한 사태는 각각 주 정부의 주도로 수습되었다. 인터넷에 기반을 둔 소위 닷컴 산업의 융성으로 경제가 호황기를 맞았던 1990년대 초반에도 주요 도시에서 재정위기가 잇달아 발생했다. 먼저 1991년 코네티컷주의 브리지포트시가 인구 10만명 이상의 지방정부로서는 최초로 연방파산법에 따라 파산을 신청했다.[9] 같은

---

8 지방정부 파산제도에 대해서는 제3절 '지방재정위기 관리 제도의 유형'에서 상세히 설명한다.

9 코네티컷주는 브리지포트시의 요청을 거부했으나 연방법원은 코네티컷주의 주장을 받아들이지 않으면서, 브리지포트시의 파산 신청도 기각했다. 그 이유는 브리지포트시의 신청이 지불

해에 펜실베이니아주의 필라델피아시는 주의 지원으로 지불 불이행 위기를 모면했으며, 매사추세츠주는 재정위기에 빠진 첼시타운의 재정을 인수했다. 1994년 캘리포니아주 오린지카운티는 파생상품 등에 대한 투자 실패로 유동성 위기에 빠져 연방 파산제도를 통해 재정회생을 추진했다.

Justice와 Scorsone(2012)은 1970년대와 1980년대에 대규모 중심도시들이 재정 압박에 시달린 데는 공통의 요인들이 있었다고 설명한다. 교외로의 인구 이동, 토지 개발 열풍, 뒤이은 경기 후퇴와 스태그플레이션, 여기에 정치 및 행정적인 실수가 중첩되고, 일부에서는 납세저항운동이 일어나 법률로써 증세와 세출 증가를 다방면으로 제한했기 때문이라는 것이다(Justice · Scorsone, p.48). ACIR(1985)은 그러한 공통적인 배경이 중요하기는 하지만 그렇다고 해서 특정 지방정부가 유별나게 재정위기를 겪는 직접적인 이유가 되지 않는다고 본다. 오히려 개별 지방정부의 귀책사유에 더 큰 비중을 두는 것이다(p.ii, p.1).

미국 연방법률에 지방정부 파산제도가 규정되어 있지만, 시 · 읍 · 면(municipality)이나 카운티(county)와 같은 일반목적 지방정부가, 그중에서도 규모가 큰 지방정부가 파산을 신청하는 일은 매우 드물다. 이 시기에도 뉴욕시 등 대규모 지방정부가 채무불이행 사태를 맞았지만, 오린지카운티 외에는 각각 주 정부가 관련 입법 및 재정통제위원회 운영 등을 통해 위기 상황을 주도적으로 수습했다. 1975년 뉴욕시 사태에 대응한 뉴욕주의 재정통제위원회, 클리블랜드시 재정위기에 따른 1979년의 오하이오주 재정비상사태법(Ohio Fiscal Emergency Act), 1987년 펜실베이니아주의 지방정부재정회복법(Municipalities Financial Recovery Act)과 1991년 필라델피아시의 재정위기 관리를 위한 정부간 협력위원회, 미시간주의 공법 제101호(1988) 및 공법 제72호(1990), 1996년의 마이애미시 재정비상사태 감독위원회 등이 그 사례들이다(Mikesell, 2002; CBO, 2010, p.8). 연방정부의 역할로는 1975년 뉴욕시의 재정위기에 대응하여 연방의회가 「뉴욕시 단기재정조달법률」(New York City Seasonal Financing Act)을 의결함으로써 사상 최초로 개별 지방정부에 대하여 직접 재정을 지원했다. 그러나 Weikart(2012)는 연방정부의 이러한 노력도 뉴욕주 정부의 역할과 비교할 때 매우 미약한 것이었다고 평가했다(p.390).[10]

불능(insolvency) 요건을 충족하지 못했다는 것이었다.

10 Weikart는 그의 다른 논문(2009)에서 당시 뉴욕시에 대한 장기구제금융 144억달러 중에서 89%는 주 정부가, 10% 정도는 연방정부가 지원했다고 지적하였다.

Ⅳ. 2007년 이후 대침체기

2007년 말 부동산 거품의 붕괴와 함께 시작된 '대침체'(Great Recession)의 여파로 미국의 지방정부는 재정위기의 새로운 파고를 맞았다. 앨라배마, 캘리포니아, 펜실베이니아, 로드아일랜드의 지방정부를 중심으로 대규모 채무불이행 및 파산신청이 연달아 발생했는데, 여기에는 대침체 및 후속의 지지부진한 경제 회복세가 맞물려 있다(PEW, 2013, p.13). 지방재정위기의 극단적인 사례인 지방정부 파산 신청, 그중에서도 일반목적 지방정부의 파산신청은 매우 드문 현상이기는 하지만 2008년 이후에 그 빈도가 다소 증가하고 있고, 인구 규모가 10만명을 넘어서는 큰 규모의 지방정부가 파산을 신청하는 사례도 늘어났다.

인구 10만명을 넘어서는 일반목적 지방정부의 파산 신청 사례로는 1991년 코네티컷주의 브리지포트시와 1994년 캘리포니아주 오린지카운티가 각각 시 및 카운티 정부로서 최초이자 유일한 사례였다. 그런데 2008년 이후에는 13개의 일반목적 지방정부가 연방파산법에 따라 파산을 신청했고 그중에서 4개는 인구 규모가 10만명이 넘는다.[11] 2008년 캘리포니아주의 발레이오, 2011년 앨라배마주의 제퍼슨카운티, 그리고 2012년 캘리포니아주의 스톡턴과 샌버나디노의 파산신청이 여기에 해당한다.[12] 이와 함께 2011년 아이다호주의 센트럴폴스와 펜실베이니아주의 해리스버그시, 2012년 캘리포니아주 매머드카운티 등이 지방정부 파산 사례로서 널리 알려져 있다. 2013년 3월에는 미시간주의 디트로이트시가 주지사가 임명한 비상사태 관리관의 수권관리에 들어갔고 이어서 같은 해 7월 파산을 신청했다.[13] 이로써 인구가 70만명이 넘는 디트로이트시는 미국 역사상 주의 수권관리와 연방정부의 파산보호를 받은 최대의 도시가 되었다.

PEW(2013)는 경제적 침체가 지방재정을 악화시켰지만, 이것이 지방정부 재정위기의 주된 이유는 아니라고 본다. 최근의 재정비상사태를 추적해 보면 거의 모두

---

11 Bloomberg, Times reporting; Ken Bensinger/Kim Christensen/Jessica Garrison, "Bankrupt cities likely to remain rare nationally; Local governments face rising financial pressure, but most don't go that route", *Los Angeles Times*, 2012. 7. 15, A.1 재인용.

12 2010년 미국 인구센서스에 의하면 발레이오, 제퍼슨카운티, 스톡턴, 샌버나디노의 인구 규모는 각각 115,942명, 658,466명, 291,707명, 209,924명이며, 브리지포트와 오린지카운티는 각각 144,229명과 3,010,232명이다.

13 Caitlin Devitt, "Protests Grows Against Detroit Takeover", *The Bond Buyer*, 2013. 3. 25.

가 일회성 타격 또는 구조적 문제가 오랜 시간을 두고 악화했다는 것이다(PEW. 2013, p.13). 스톡턴, 샌버나디노와 발레이오는 모두 기반시설이 노후화된 블루칼라 도시로서 빈곤층 인구 과중, 현직 및 퇴직 공무원에 대한 연금 및 의료보험 부담 팽창, 그리고 그 위에 경기침체가 찾아와 재산세와 판매세 등 지방정부의 주요 세입이 격감함으로써 갑작스럽게 재정위기에 빠져들었다.[14] 센트럴폴스 또한 공무원 연금 및 퇴직자 의료보험 부담과 경기침체에 따른 세입 격감으로 주 정부의 관리 체제에 들어갔다(Fraser, pp.9-11). 해리스버그와 제퍼슨카운티는 각각 쓰레기 소각로와 하수처리 시설 설치를 위한 과도한 차입이 재정위기의 원인이 되었다.[15]

이처럼 재정위기가 다양한 모습으로 표출되었지만, 기본적인 원인과 형태는 과거의 패턴이 반복되고 있다(Justice · Scorsone, 2012). "채무의 과도한 누적, 과열된 고속성장 및 경제홍보 경쟁의 부작용, 세입을 초과하는 세출수요 증가, 성부간 관계 및 경제 환경이 주는 외부적 충격과 순환주기, 그리고 정치 및 행정 행태가 여전히 중요한 재정 건전성 결정의 요인"이라는 것이다(*ibid.*, p.50). Cavanaugh(2013)도 2007년 시작된 세계 경제침체가 최근 다수의 지방정부를 파산 대열에 몰아넣은 주범이라고 하지만, 사실은 기존의 문제가 드러난 것에 불과하다는 견해를 취한다(p.70).

제 3 절 지방재정위기 관리 제도의 유형

미국에서 지방정부의 재정위기에 대처하는 법적 제도는 세 가지 흐름으로 발전했다(Anderson, p.583; Kimhi, pp.647-655). 그것은 전통적 방식인 채권자 구제제도, 연방파산법에 따른 지방정부 파산제도, 그리고 통상적으로 주가 재정통제위원회를 설치하여 지방정부의 사무에 개입하는 수권관리제도로 구분된다(Berman, 1995; Anderson, p.583 재인용). 이들 세 가지 방안은 지방재정위에 대응하는 데 있어서 핵심적인 이해관계 당사자인 주민, 채권자, 그리고 주 중에서 어느 측이 위험을 중점

14 Ken Bensinger/Kim Christensen/Jessica Garrison, Bankrupt cities likely to remain rare nationally: Local governments face rising financial pressure, but most don't go that route. *Los Angeles Times*(2012. 7. 15: A. 1).

15 Paul Burton, "Municipalities in Fiscal Distress Find There's No Easy Way Out", *The Bond Buyer*, 2013. 3. 18.

적으로 부담하는가에 큰 차이가 있다(Kimhi, p.647).

Ⅰ. 채권자 구제제도

1. 의 의

일반적으로 채무자가 완전하게 채무를 상환하지 못하면 채권자들이 법원에 제소하여 상환을 강제할 수 있다. 지방정부가 채무자로서 공채를 상환하지 않는 경우도 마찬가지이다. 따라서 지방정부도 연방파산법 제9장에 의거 파산보호를 신청하지 않는 이상 채무 지급을 유예할 수 없다(Spiotto 등, p.41). 이것은 지방정부가 자체 재원으로 자신이 진 빚을 전액 상환해야 하며, 채무불이행은 허용되지 않는다는 것을 전제로 한다(Kimhi, p.656).

채권자 구제제도는 연방파산법에 따른 지방정부 파산제도가 도입되기 이전의 제도이다. 이론적으로 가능한 방법에는 지방정부 재산의 몰수, 부채상환 이외 지출의 통제 등 지방정부의 재정사무에 대한 사법적 감독 내지는 사법적 수권관리, 지방정부 영역 내의 사유재산 압수, 주에 의한 지방정부 부채의 인수, 장래의 세입에 대한 선취특권 취득, 그리고 부채상환에 용도를 한정하는 새로운 세금의 부과 등이 있다(McConnell · Picker, pp.429-450). 그 외에도 최소 22개 주와 워싱턴 D.C. 및 푸에르토리코에서는 채권자들이 공채발행 수입의 사용 등에 대해 회계권한을 행사할 수 있으며, 최소 15개 주는 채권자의 권리를 침해하는 위법행위 등에 대한 가처분 소송을 허용한다(Spiotto 등, pp.44-46).

이러한 구제방안들은 새로운 세금의 부과를 제외하면 모두 민간분야의 파산제도와 유사하다(McConnell · Picker, p.429). 문제는 민간 영역에서는 채권자가 승소하면 담보권의 실행이나 동산의 유치 또는 채권압류 등의 수단을 통해 법원의 판결을 강제할 수 있지만, 지방정부에 대해서는 주 의회가 입법으로 강제조치를 명시적으로 면제하거나 법원이 엄격한 해석을 통해 채권자 구제제도를 대부분 부정하는 점이다(Kimhi, p.648; McConnell · Picker, pp.429). *Capps v. Citizens National Bank*(1911) 사건에서 텍사스 고등법원(Texas Court of Appeals)은 채권자의 권리를 용인할 수 없는 이유를 지방정부의 존립 목적에 사용되어야 할 재원이 재판비용 등으로 낭비되어 정부업무를 수행하지 못하는 상황에 이를 것이 쉽게 예측되기 때문이라고 판결했다(Kimhi, p.648). 이러한 제약 때문에 지방정부 채권자들을 특별히 구제하는 방법으로서 새로운 세금의 부과 또는 증세를 명령하는 직무집행영장제도와 사법적 수권관리제도가 발전했다. 아래에서는 이들 두 제도 및 채권자 구제제도의 장·단점을 살펴본다.

2. 직무집행영장제도

직무집행영장제도(mandamus)는 지방정부가 공채상환 의무를 불이행하는 경우에 법원이 채권자인 공채 소지자들의 청구를 받아 법률규정에 따른 행정적 조치로서 공채상환에 충당할 세금 또는 사용료를 부과 및 징수하도록 그에 대한 법률적 권한을 보유한 지방정부 또는 지방공무원에게 명령하는 것이다. 대부분 주는 공채상환에 필요한 세금이나 수수료를 부과 및 징수하는 권한을 가진 지방정부 또는 지방공무원이 해당 조치를 이행하지 않는 경우, 공채 소지자들이 법원에 직무집행영장을 청구할 수 있는 권리를 법률로써 규정하고 있다(Spiotto 등, p.42). 직무집행영장의 범위는 사안별로 다르지만 대체로 법원이 지방정부에 대하여 지급판결(judgment)을 이행하기에 충분한 금액의 세금을 부과하여 다음 회계연도 예산에 편성하도록 명령하고, 지방정부는 직무집행영장에 따라 특별세를 부과하거나 기존 세율을 인상하여 증액된 세입으로 공채를 상환한다(Kimhi, p.649).

직무집행영장제도는 주의 헌법이나 법률 또는 공채 약관 등에 규정되어 있는 기존의 권리를 지방정부가 집행하도록 강제하는 것으로서 새로운 권리의 창설이 아니다. 따라서 세금의 부과 및 징수권한을 가진 공무원에게 증세를 명령할 뿐이며, 주 및 지방정부의 재량권을 침해할 수 없다(Spiotto 등, p.42). 또한 세금의 부과는 주의 헌법 및 일반 법률에 규정된 한도를 초과할 수 없으므로 채권자들은 세입이 지방정부의 운영예산을 초과하는 부분만 공채상환금으로 회수할 수 있다(Kimhi, p.649). 연방대법원은 1884년 *East St. Louis v. Zebley* 사건에서 "어떤 지출이 적정하고 필수적인지는 사법적 판단의 영역이 아니라 법률이 지방정부에 부여한 재량사항이다. 어떤 법정도 이러한 재량을 통제하지 못한다"고 판결했으며, 현재는 이 원칙이 일반법으로 정립되어 연방파산법 제904조(11 U.S. Code §904) 등에 명시적으로 규정되어 있다(McConnell · Picker, p.435).

직무집행영장제도는 지방정부가 공채상환에 재량을 발휘할 수 있을 때는 큰 효과가 있지만, 전면적인 재정위기 국면에서는 작동하기 어렵다. 그 이유는 법원의 명령이 소송을 제기한 채권자에게만 적용되기 때문에 소송이 일단 한 건이라도 제기되면 채권자소송의 홍수를 불러올 뿐 아니라, 세입 증대를 위해 세율을 인상하면 오히려 체납률이 급증하고 기업 및 부유한 계층이 역외로 이전하여 세입기반이 파괴되는 악순환이 이어지기 때문이다(McConnell·Picker, p.448). 이렇게 되면 거의 유일한 구제수단인 직무집행영장제도가 기능을 상실하고 채권자들은 더 큰 손해를 볼 수밖에 없다. 그래서 채권자 대부분은 채무의 일부 탕감을 통한 타협안을 도출하려고 하지만, 항상 채권 전액을 받아 내려고 버티는 소수가 있기 마련이어서 포괄적인 타협안을 도출하기가 거의 불가능하다(*ibid.*, p.449).

이에 따라 다수 채권자와의 계약을 사후적으로 변경하는 포괄적인 타협안을 도출할 수 있는 새로운 제도적 장치가 요구되었으며, 그것이 지방정부 파산제도 등장의 배경이 되었다(*ibid.*, p.450). 직무집행영장제도는 앞에서 살펴본 바와 같이 많은 한계가 있다. 그렇지만 이 제도는 지방정부의 부채 전부를 증세를 통해 갚는 것을 전제로 하는 점에서 기본적으로 지방재정위기의 위험 부담을 전적으로 채무자인 지방정부의 주민들에게 부과하는 방법이라는 데 의미를 부여할 수 있다(*ibid.*, pp.649-650).

3. 사법적 수권관리제도

사법적 수권관리제도(judicial receivership)는 주로 수입공채의 지불불이행에 대응하여 법원이 수권관리인을 임명하여 문제가 된 지방정부의 특정 재산을 미래의 용도를 위해 유지하고 보전하는 등 관리하게 하는 제도이다(Hren 등, p.736 주 13). 지방정부가 발행하는 공채는 일반 과세권한으로 완전하게 상환을 보증하는 일반보증공채와 특별한 사업 또는 특별세입으로 상환을 보장하는 수입공채로 구분된다. 지방정부가 채무불이행에 빠지면 채권자들은 법원에 채무상환소송을 제기할 수 있으며, 특히 수입공채는 공채발행 조건으로 수권관리인을 임명하여 문제가 된 사업을 감독하도록 규정하는 경우가 많다(Spiotto 등, p.43). 미국에서 46개 주와 푸에르토리코가 이 제도를 채택하고 있다(*ibid.*, p.43). 수권관리인은 해당 사업을 위해 발행된 공채의 상환을 위하여 세금 또는 사용료를 인상할 수 있으므로 수권관리제도를 법원이 정당한 권한을 가진 지방정부 또는 지방공무원에게 증세를 명령하는 직무집행영장제도와 결부시켜 설명하는 경우가 많다(Kimhi, p.649).

사법적 수권관리제도가 지방정부 분야에 처음 도입된 것은 1860년대의 일이다(Kossis, p.1115). 당시 미국에서는 지방정부가 경제발전을 위해 주로 공채발행을 통해 조달한 재원으로 철도시설의 확충 등 자본시설 사업을 확대하는 경향이 있었다. 그런데 이렇게 팽창된 지방정부의 채무가 1873~1879년의 경기침체기를 맞아 대규모 채무불이행 사태로 발전했다(Justice · Scorsone, p.47). 이에 따라 채권자들이 채권회수를 위해 채권자소송을 제기했다. 그 내용은 공채상환을 불이행한 지방정부에 대해 수권관리인을 임명하여 세금을 인상 및 징수하고, 징수한 세입으로 채무를 상환할 것을 명령하도록 법원에 청구하는 것이었다(Kossis, p.1115). 법원은 이러한 채권자들의 요구를 처음에는 권력분립의 원칙에 따라 일관되게 기각했다(*ibid.*, p.1116). 법원이 지방정부의 세금을 인상하라고 명령하는 것은 과세권을 법원이 아니라 지방정부에 위임한 주 의회의 권한 영역을 침해한다고 판단했기 때문이다. 이에 대해 각 주의 의회는 입법을 통해 수권관리인이 직무집행영장(writ of mandamus)을 발부할 수 있도록 허용하는 권한을 법원에 부여함으로써 권력분립으로 인한 문제를 해소했다(*ibid.*, p.1116).

법원에 의한 사법적 수권관리제도(judicial/judicially imposed receivership)는 수권관리인의 역할을 대체로 세금의 인상 및 징수로 제한한다. 그런 점에서 지방정부의 전반적인 재정위기에 대응하여 주가 특별히 발동하는 개입조치로서 후술하는 행정적 수권관리제도(administrative/state-imposed receivership) 및 그것과 거의 같은 의미로 쓰이는 재정통제위원회 제도와 차이가 있다(Spiotto, Acker, and Appleby, 2012, pp.27-28, 43-44; Scorsone, 2014, 4-6). 이러한 차이에도 불구하고 사법적 수권관리제도가 훗날 행정적 수권관리 및 재정통제위원회 제도로 발전되었다고 보는 것이 유력한 학설이다(Hren 등, p.736 note 13).

4. 채권자 구제제도의 평가

채권자에 의한 해결방안은 지방정부가 사용하는 경비의 전부를 해당 지역의 주민들이 부담하도록 내재화함으로써 재원 배분의 효율성을 극대화할 수 있는 것이 장점이다(Kordana, 1997; Kimhi, p.656 재인용). 지방재정위기의 부담을 전적으로 지방정부의 주민들에게 지우는 이 방법은 주민들이 선거라는 정치과정을 통해 지방정부의 재정정책을 결정하는 지방공직자를 선출하기 때문에 재정위기를 방지할 수 있는 위치에 있고, 따라서 책임을 져야 한다는 점에서 정당성을 주장할 수 있다(Gillette, 2005; Kimhi, p.657 재인용). 이와 비교하여 주가 재정위기 단체의 구제에 나서거나 연방파산법에 의거 지방정부의 파산을 허용하는 것은 지방정부의 지출 책임 일부를 제3자에게 전가함으로써 지방정부의 과소비와 지방재정의 비효율성을 조장하는 부정적인 측면이 있다(Inman, 2001; Kimhi, p.656 재인용).

그러나 채권자에 의한 해결방안은 두 가지 측면에서 문제가 있다. 먼저 지역주민들이 사전에 지방재정위기를 방지할 수 있다는 논리는 실제로 성립되기 어렵다. 지방공직자들이 주민들에 의해 선출되기는 하지만 일단 선출되고 나면 주민 또는 지역 전체의 이익보다는 자신들의 정치적 이익을 극대화하는 방향으로 행동하기도 하고, 그러한 대리인 비용이 없다고 하더라도 사회경제적 변화 등 지방공직자들이 통제할 수 없는 사정에 따라 재정위기가 발생하는 경우가 많기 때문이다(Barro, 1973; Kimhi, p.658 재인용).

다음으로 이 방안은 재정위기의 사후적 수습이라는 점에서 현실적으로 더 큰 문제가 있다. 재정위기의 부담을 전적으로 주민이 지려면 증세를 하거나 공공서비스의 지출을 줄이는 수밖에 없다. 그런데 세금 인상은 일정 한도를 넘어서면 오히려 과세기반이 축소되어 총세입의 감소 및 재정 건전성의 악화로 이어질 수 있어서 한계가 있다. 이런 현상은 주요 과세대상인 주민과 기업들이 지방정부의 행정구역을 넘어 쉽게 이동할 수 있는 지방세 영역에서 특히 민감하게 나타난다(Haughwout, 2003; Kimhi, p.658 재인용). 또한 지출을 줄이면 주민생활에 필수적인 경찰, 소방, 교육, 먹는 물, 여가활동 등 지방정부의 기초적인 서비스가 중단되는 심대한 충격을 불러올 수 있으므로 선택하기가 대단히 어렵다. 그 사례로서 1990년대 초 코네티컷주의 브리지포트는 경찰력 부족으로 마약거래상들이 거리를 활보하는가 하면 살인사건조차 제대로 수사할 수 없을 정도로 치안 부재 상태에 빠졌고, 매사추세츠주의 첼시는 공립학교 교사의 1/3을 해고하고, 1991년도 새 학기에 개학을 못 하는 교육시스템의 붕괴를 경험했다(Kimhi, p.659).

이처럼 재정위기에 빠지면 지방정부의 기본적인 책무마저도 수행하기가 어려워져 범죄의 급증과 교육 시스템의 붕괴, 사회기반시설의 심각한 훼손 등으로 주민들이 큰 피해를 입는다(Kimhi, p.635). 따라서 지방정부가 재정위기 상황에서도 필수적인 서비스를 계속해서 제공할 수 있도록 다른 두 가지 방법, 즉 연방파산법에 따라 지방정부에 파산보호를 제공하거나 주가 재정통제위원회의 설치 등을 통해 지방정부의 사무에 개입하는 것이 정당화될 수 있다. 이들 두 방법은 재정위기 단체가 책임을 전담하는 채권자에 의한 해결방법과 달리 비용 일부를 채권자나 주 등 제3자에게 전가하는 공통점이 있다. 이것은 일종의 보험으로서 채권자나 주는 다수의 지방정부를 일종의 위험 풀로 삼을 수 있어서 가능하다(*ibid.*, p.660). 채권자는 특정 지방정부의 재정위기로 인해 특별하게 입은 손실을 지방정부의 채권 이자율을 일반적으로 높여서, 그리고 주는 재정위기 단체에 지원하는 구제 재원을 주세의 인상이나 주 서비스의 감축을 통해 충당함으로써 위험을 분산시킨다.

Ⅱ. 연방정부의 지방정부 파산제도

1. 파산제도의 의의

지방정부 파산제도는 지방정부가 지불불이행 상태에 빠지는 경우 채무조정 기능을 수행하는 한편 필수적인 정부서비스를 계속해서 제공할 수 있도록 채권자로부터 지방정부를 보호한다. 이것은 세계적으로 유사한 사례를 찾아보기 어려운 특별한 모델이다(Mikesell, p.2; McConnell · Picker, pp.426-427). 연방파산법 제9장은 회사 및 개인의 파산과 달리 채권자들의 요구를 충족시키기 위해 지방정부의 자산을 청산하여 배분하는 규정을 두지 않았다. 그것은 지방정부에 관한 사항을 주의 주권사항으로 유보해 놓은 연방 수정헌법 제10조에 명백하게 위반될 뿐 아니라 주민들도 필수불가결한 서비스를 제공하는 지방정부의 폐지를 받아들이기 어렵기 때문이다(Mikesell, p.2).

지방정부가 파산보호를 신청하면 '자동정지제도'(automatic stay)에 따라서 채권자들의 채권회수 노력 등 진행 중인 모든 법적 절차가 즉각적으로 중단되고, 해당 지방정부는 파산계획을 통해 채권자들과 채무조정 협상을 시작한다(Kimhi, p.651). 법원에 채무조정계획을 제출하는 것은 전적으로 지방정부의 권한이며, 법원과 채권자는 계획의 승인 또는 거부권만 가지기 때문에 지방정부는 채무조정계획을 협상하는 과정에서 유리한 입장에 서서 채권자들의 양보를 압박할 수 있다(*ibid.*, pp.651-652). 심지어 파산을 신청하겠다고 위협하기만 해도 채권자 집단을 협상에 나서게

하고 자발적인 협상 과정에서 양보를 얻어내는 압력이 될 수 있다(Scorsone · Wright, p.52). 이처럼 지방정부 파산제도는 재정위기 단체가 재정 건전성을 회복하여 새롭게 출발할 수 있도록 재정적 곤경을 완화하는 것이 주민과 채권자 모두에게 이득이라는 가정 아래, 지방재정위기의 부담을 채권자들에게 크게 전가한다(Kimhi, p.653).

2. 파산제도의 탄생

미국 지방정부파산법(Municipal Bankruptcy Act)은 대공황을 배경으로 제정되었다. 1930년대 대공황 기간에 세입의 급격한 감소로 2,000개 이상의 지방정부가 채무불이행 상태에 빠졌지만, 당시의 법률 아래에서 채권자들이 할 수 있는 일은 채무자인 지방정부를 상대로 세율을 높이라고 법원에 소송을 제기하거나 포괄적인 채권조정 합의를 끌어내는 데 그쳐야 했다(Mikesell, p.2). 그러나 당시 경제공황 상황에서는 세율을 인상해도 세금을 징수할 수가 없었고, 자발적인 합의 도출은 채무자와 모든 채권자가 참여해야 하는데 채권을 전액 받아 내려고 버티는 채권자들이 항시 있기 마련이어서 끝없이 지연되는 일이 다반사였다(McConnell · Picker, pp.449-451). 따라서 지방정부의 파산은 대량의 소송 사태를 막으면서, 채권자는 일부라도 채권을 회수하고 채무자인 지방정부는 재정운영의 새 출발을 기약할 수 있다는 점에서 상호 호혜적인 제도로 인식되었다(Mikesell, p.1-2).

그러나 지방정부 파산제도를 도입하는 데는 헌법적인 딜레마가 있었다. 연방수정헌법 제10조는 “연방헌법이 합중국에 부여하지 않은 권력이나, 주에 부여하는 것이 금지되지 않은 권력은 각각의 주 또는 국민에게 있다”라고 규정하여 지방정부를 관장하는 주권을 주에 부여했다. 한편 헌법 제1장은 제8조에서 파산에 관해 미국 전역에 통일적으로 적용되는 법률의 제정 권한을 연방의회에 부여했고, 제10조의 계약조항(Contract Clause)은 주가 계약의 의무를 침해하는 법률을 제정하지 못하게 하고 있다. 이에 따라 주의 구제 제도는 헌법의 파산 및 계약조항을 침해하고, 연방정부의 개입은 주의 주권을 침해하는 딜레마에 빠지게 되었다(Mikesell, p.2; McConnell · Picker, p.427). 이러한 딜레마 때문에 지방정부 파산제도는 1800년 채택된 회사 및 개인의 파산제도보다 훨씬 늦은 1934년에야 제정되었다.

이렇게 우여곡절 끝에 어렵사리 제정되었음에도 지방정부파산법은 연방 수정헌법 제10조에 위반된다는 이유로 1936년 *Ashton v. Cameron County District*(298

U.S. 513) 사건에서 위헌 판결을 받고, 1937년 개정되었다(Mikesell, p.2; McConnell · Picker, pp.450-454). 연방대법원은 1938년 *United States v Bekins* 사건과 1942년 *Faitoute Iron & Steel Co. v. Asbury Park* 사건에서 개정 법률의 합헌성을 인정했다(*ibid.*, p.428).

지방정부파산법은 1937년 당시 한시적인 비상조치법으로 제정되어 1940년 폐지될 예정이었으나, 몇 차례 연장 끝에 1946년 정규 법률로 전환되었고 그 이후 여러 차례 개정되었다(*ibid.*, p.428; Deal 등, p.28, p.32 end-notes 7). 1994년에 있었던 가장 최근의 개정은 주 법률에 따른 구체적 승인을 지방정부 파산신청의 요건으로 명시한 것이다(Deal 등, p.28). 지방정부파산법은 미국 법전 제11편 파산법(U.S. CODE Title 11—Bankruptcy)의 제9장에 지방정부 부채의 조정(Chapter 9—Adjustment of Debts of Municipality)이라는 제목으로 규정되어 있어 보통 「챕터 9」라고 부른다. 미국 법전 제11편 연방파산법의 다른 장들은 법인, 개인, 농부 등에게 적용된다.

3. 파산신청 요건

연방파산법 「챕터 9」 제109(c)조(11 U.S.C. §109(c))는 지방정부의 파산신청 요건을 다음 다섯 가지로 규정하고 있다.

첫째, 지방정부만이 파산보호를 신청할 수 있다. 지방정부는 주의 정치적 하위기관, 공공기관, 위탁기관으로 구분되며, 여기에는 시, 카운티, 학교구 및 특별구가 모두 포함된다(The U.S. Courts 홈페이지: Chapter 9-Bankruptcy Basics; Deal 등, p.28).

둘째, 주가 법률로써 연방 파산법원에 파산을 제소할 수 있는 권한을 명시적으로 부여해야 한다. 이것은 연방정부가 주 또는 주 하위기관의 내부적 운영에 개입하지 않아야 한다는 헌법 원칙에 뿌리를 두고 있다(McConnell · Picker, p.457). 연구자에 따라 조사 결과에 상당한 편차가 있지만 대체로 미국 주의 절반 정도가 지방정부의 파산을 허용하고 있다.[16] 그중에서 12개 주는 포괄적 권한 부여(blanket authorization) 형식을 취하기 때문에 사전 조건이 필요 없으며, 또 다른 12개 주는 연방법원에 제소하기 전에 주지사의 승인이나 주의 사전 개입 등 주의 추가적인

16 조사 결과를 보면 PEW(2013) 24개; Spiotto 등(2012) 27개; Scorsone and Wright(2013) 29개; Deal 등(2013) 24개; CBO(2010) 26개; Mikesell(2002) 18개 등으로 다양하다. 그것은 파산 신청에 다양한 조건을 부과하거나 특정 유형의 지방정부에만 파산을 허용하는 사례가 있어 통일적인 기준에 따라 분류하기가 어렵기 때문으로 보인다.

조치가 있어야 한다(PEW, 2013; Spiotto 등, 2012; Deal 등, 2013). 전자에는 앨라배마, 아칸소, 애리조나, 인디애나, 미네소타, 미주리, 몬태나, 네브래스카, 오클라호마, 사우스캐롤라이나, 텍사스, 워싱턴주가, 그리고 후자에는 캘리포니아, 콜로라도, 플로리다, 루이지애나, 켄터키, 미시간, 노스캐롤라이나, 뉴저지, 뉴욕, 오하이오, 펜실베이니아, 로드아일랜드주가 포함된다. 조지아와 아이다호의 2개 주는 법률로써 파산 신청을 명시적으로 금지하고 있고, 나머지 24개 주는 명시적인 법률규정이 없어서 파산신청이 허용되지 않거나 특정 유형의 지방정부에만 극히 제한적으로 허용된다.

세 번째 조건은 지방정부가 지불불능 상태(insolvent)에 빠져야 한다. 이것은 손쉽게 채무를 구제받으려는 도덕적 해이(moral hazard)를 방지하기 위한 것이다. 도덕적 해이는 채무자인 지방정부가 가용재원을 부채 상환보다는 자신의 목적을 위해 투입하려는 경향을 말하며, 이것을 억제하는 것이 지방정부 파산제도를 설계할 때 중요한 요건으로 고려되었다(McConnell · Picker, p.426, p.456). 현금흐름 테스트가 하나의 해결방법으로서 상환시점이 도래한 채무가 현재는 물론이고, 앞으로도 상환할 수 없는 것으로 판명돼야 지불불능 상태에 해당하는 것으로 엄격하게 해석한다(*ibid.*, p.456; Deal 등, p.28).

넷째, 채무조정계획을 이행하겠다는 의지를 보여야 한다(11 U.S.C. §109(c)(4)).

마지막 다섯 번째는 채권자들과 협상의 실현 불가능성을 입증해야 한다. 지방정부가 채권자들의 요구에 대해 의지를 갖고 성실하게 협상을 진행했으나 채무조정계획에 관한 합의에 도달하지 못했음을 입증해야 하는 것이다(11 U.S.C. §109(c)(5); Deal 등, p.28).

4. 파산법원의 역할

지방정부는 소재지의 연방 지방법원(US District Court)에 '채무조정계획'(Plan of Adjustment)과 함께 파산 소송을 제기한다(Ives · Calabrese, p.13). 채권자 및 제3자는 채무조정계획을 제안할 수 없다(Mikesell, p.5). 채권자들은 채권자위원회를 구성하여 그들을 대표할 변호사, 회계사와 대리인을 선임하고 채무조정계획의 수립에 참여한다(*ibid.*, p.5). 채무조정에는 상환기일 연장, 원리금 일부 삭감, 차환공채 발행 등의 방법이 일반적으로 사용된다(*ibid.*, p.6). 채무자인 지방정부의 채무조정계획이 법정 요건을 충족하면 계획에 반대하는 채권자들까지 구속한다.

채무조정은 채무 유형별로 다르다. 공채소지자들은 최우선 순위 채권자로서 보통 정해진 기일에 맞추어 원리금이 지급되지만, 기타의 계약의무는 삭감될 수 있다(*ibid.*, p.6). 채권 중에서도 수입공채는 사업수입이 있으면 파산기간에도 계속해서 원리금을 상환해야 하지만, 일반 보증공채와 단체협상의 결과물인 연금 등 공무원복지 혜택과 관련된 부채는 무담보 부채로서 우선순위가 가장 낮아 협상 및 조정 대상에 포함된다(*ibid.*, p.5; Ives · Calabrese, p.13). 공무원단체협약에 따른 퇴직자 복지 혜택(OPEB: Other Post Employment Benefits)은 최근 들어 지방정부의 재정압박을 초래하는 주된 채무로 부상했다. 「챕터 9」는 이러한 이행계약을 수용, 거부 또는 수정할 기회를 지방정부에 제공한다(Scorsone · Wright, 2013).

파산법원은 일반적으로 지방정부가 자격요건을 충족하는 경우에 파산신청을 승인하고, 채무조정계획을 확인하며, 계획의 이행을 보장하는 역할만을 제한적으로 수행한다(Mikesell, p.3). 파산법원은 지방정부가 제출한 채권자목록을 바탕으로 파산신청에 대한 반대의견을 심사한다(*ibid.*, p.4). 반대의견에도 불구하고 파산신청이 인용되면 파산법원은 지방정부 및 그 재산에 대한 모든 회수 행위를 중지한다. 그 효과로서 채권자는 지방정부에 대한 청구권을 세금 등의 형태로 해당 지방정부에 지불의무가 있는 주민을 대상으로 강행할 수 없다.

파산기간 중 해당 지방정부는 정치 및 정부 결정을 완전히 통제한다. 파산법원은 해당 지방정부를 운영할 관재인을 지명하지 못하고, 회생절차를 청산절차로 전환할 수 없으며, 채무자인 지방정부의 기채를 중지할 수 없다. 그리고 해당 지방정부의 운영이나 재산 및 세입의 사용에도 관여할 수 없다. 따라서 지방정부는 재산을 이용하고, 세금을 징수하고, 적정하다고 판단하는 바에 따라 세출 우선순위를 결정하고 집행한다. 이와 함께 부담이 많은 비부채성 계약관계를 법원의 승인을 받아 조정할 수 있으며 단체협상 및 퇴직자 복지계획을 거부할 수 있다. 법원이나 채권자는 누구도 향후 해당 지방정부의 조세 및 지출을 사실상 결정짓는 채무조정계획을 통해 지방정부의 사무를 간접적으로 통제할 수 없다.

5. 파산신청 실태

지방정부의 파산신청, 즉 「챕터 9」 제소 사례는 극히 드물어 이 제도가 운용되기 시작한 1937년부터 2012년까지 단지 650건 정도에 불과하다(Ives · Calabrese, p.12; Deal 등, p.27; Spiotto, 2013, p.27). 미국 연방법원 사무처의 분기별 지방정부 파산신청 통계에 의하면 2013년부터 2017년 말까지 여기에 40건이 추가되었다.17 미국에서 지방정부의 채무불이행은 대부분 시, 타운, 빌리지, 카운티와 같은 일반목적 지방정부가 아니라 특별구가 발행한 소액의 공채에서 발생하고, 파산신청 또한 소규모의 특별구에 거의 국한된 현상이다(Mikesell, p.3). 1980년 이후 2010년 5월까지의 기간을 보면 약 250건의 지방정부 파산신청 중에서 일반목적 지방정부의 파산신청은 45건에 그쳤다(Ives · Calabrese, p.12).

1937년 이후 지방정부의 파산보호 신청은 3/4 정도가 채무조정계획의 승인으로 이어지고 1/4 정도는 기각되었다(Spiotto, 2013, p.28). 그러나 일반목적 지방정부의 경우는 기각률이 훨씬 높다. 1954년 이후를 보면 2012년 12월 말까지 지방정부 전체의 파산신청 기각률은 역사적인 통계치와 비슷한 1/4 정도였으나, 일반목적 지방정부의 파산신청은 총 62건 중에서 46%인 29건이 기각되었다(*ibid.*, p.28). 최근의 통계로서 「Governing」은 2008년부터 2012년까지 5년 동안 13개 일반목적 지방정부가 파산을 신청했고, 그중에서 8건이 인용되고 5건은 기각되었다는 조사 결과를 제시했다(Maciag, 2013). 미국에는 38,917개의 일반목적 지방정부가 있고, 그중에서 법률로써 지방정부의 파산을 명시적으로 인정하는 24개 주에는 21,683개가 속해 있다(2012 U.S. Government Census). 따라서 5년의 조사기간 중 일반목적 지방정부 1,668개에 하나꼴인 0.059%가 파산을 신청하고, 연방파산법원은 2,710개에 하나꼴인 0.036%를 인용했다는 계산이 나온다.

지방정부의 파산신청이 매우 드문 것은 파산으로 인한 오명과 언론의 집중적인 조명, 그리고 신용등급의 급전직하와 차입능력 고갈 등 부정적 영향을 대다수 지방정부로서는 감수하기 어렵기 때문이다(Spiotto, 2013, p.28). 채권시장은 그 기억을 오랫동안 간직하여 해당 지방정부가 다시 차입할 때 큰 대가를 치르게 한다(Mikesell, p.7; Berman, p.59). 1800년대 전반기에 일부 주들이 운하, 도로, 철도 등 사회기반시설을 개량하기 위해 조달한 채무의 지급을 거부한다고 선언한 적이 있었는데, 이들 주는 20세기에 들어와서도 차입에 대한 할증이자를 물어야 했다

17 미국파산전문가협의회(ABI: American Bankruptcy Institute) 홈페이지에 게시된 미국연방법원 사무처(Administrative Office of the U.S. Courts)의 자료(Chapter 9 Quarterly Filings: 1980-2017)에서 인용. ABI에 따르면 연방파산법 제11장에 의한 민간부문의 파산신청은 최근 연간 10,000건 내외로 발생하고 있어서 매우 대조적이다.

(Mikesell, p.7). 더구나 「챕터 9」는 파산재판관에게 결과에 대한 통제권은 양도하지만, 판사의 권한이 제한적이고 문제 해결에 필요한 추가적인 세입 또는 세원이 유입되지 않기 때문에 지방정부로서는 파산 신청을 꺼리게 된다(Scorsone · Wright, p.52).

결론적으로 「챕터 9」 제소는 전통적인 지방정부로서는 필수불가결한 정부서비스를 계속해서 제공하기 위한 그야말로 최후의 수단이며, 따라서 지방정부는 파산을 회피하기 위해 모든 노력을 기울일 수밖에 없다. 일부에서는 지방정부의 파산이 최근 들어 공무원연금 등 퇴직자 복지부담금을 중심으로 부담스러운 부채를 재구조화하고 노동계약을 재협상하기 위해 지방정부가 선택할 수 있는 하나의 유용한 도구로 점차 인식되고 있다고 주장한다. 그러나 전문가들은 대체로 「챕터 9」 신청이 앞으로도 여전히 드문 사례가 될 것으로 예상한다(Famer, 2013).

미국 역사상 최대 규모의 지방정부 파산은 인구 70만명의 미시간주 디트로이트 사례로서 2013년 7월 파산을 신청하고, 그해 12월 연방파산법원으로부터 파산신청 요건을 인정받았다. 연방파산법원은 2014년 11월 180억달러가 넘는 디트로이트 부채를 70억달러 이상 감축하는 부채조정계획을 승인했다. 디트로이트와 함께 의미를 크게 부여할 수 있는 지방정부의 파산 사례는 7건 정도로서 1991년 브리지포트(CT), 1994년 오린지카운티(CA), 2008년 발레이오(CA), 2011년의 해리스버그(PA)와 제퍼슨카운티(AL), 2012년 캘리포니아주의 스톡턴과 샌버나디노를 꼽을 수 있다(Spiotto, pp.27-28). 브리지포트(CT)와 해리스버그(PA)는 파산 신청이 기각된 사례이다.

Ⅲ. 주 정부의 개입 제도

주가 지방재정위기의 부담을 떠안아 위기상황에 빠진 지방정부의 재정 문제를 감독하고 재정 건전성의 회복을 주도하는 방법이다. 기존 연구가 연방파산법에 따른 지방정부 파산제도에 집중되어 있지만, 실제로는 주의 재정통제위원회가 지방재정위기에 더욱 효과적으로 대응할 수 있는 방안이다(Kimhi, p.636). 주는 주민 및 채무자와 달리 지방정부 재정위기의 원인을 치유하고 재정 건전성을 회복시킬 수 있는 법적 권한과 정치력을 보유하기 때문에 지방재정위기를 사전에 방지하고, 또 위기가 발생한 경우에 피해를 최소화할 수 있다(*ibid.*, p.636). 지방정부의 재정 문제에 대한 주의 관여는 지방정부가 대거 공채상환 불이행 사태에 빠졌던 1800년대에 시작되었으며, 2007년 말부터 시작된 세계경제의 대침체(Great Recession)를 거치면서 주 정부의 감독권한이 대폭 강화되고 있다.

주가 지방정부의 재정위기에 대응하는 방식은 재정위기가 본격화되기 이전 단계에서는 사전 예방에서 사후 대응에 이르기까지 다양하지만, 일단 재정비상사태에 빠지면 거의 예외 없이 재정통제위원회를 설치하여 수습에 나선다(Hren 등, pp.733-734). 재정통제위원회는 재정위기가 진행되는 기간 중 해당 지방정부의 재정 문제를 감독하기 위하여 주가 법률로써 설치하는 기관을 통칭한다(*ibid.*, p.734). 대부분 주는 특정 지방정부의 신용평가 등급이 투자적격 이하로 떨어지거나 운영예산조차 조달하지 못하는 상황에 직면하고 나서야 비로소 특별(*ad hoc*) 조치의 형태로 재정통제위원회를 설치한다(Kimhi, p.654). 그러나 일부 주는 법률에 일련의 요건을 규정해 놓고, 그 기준이 충족되면 위원회를 설치하는 보다 체계적인 방법을 사용한다.

재정통제위원회의 권한과 임무는 대체로 채무관리와 재정개혁의 두 가지 유형으로 구분된다(Hren 등, p.737).[18] 채무관리는 재정위기 단체의 신용도를 회복시키는 데 주된 목적을 두고 채무구조 조정, 부채상환에 충당하기 위한 특별세 신설, 공채 추가 발행 제한 등의 조치를 하거나 재정위기 단체를 대신하여 적자보전채권을 발행하여 한시적으로 자금을 융통해 주기도 한다(*ibid.*, p.738). 재정개혁 측면에서는 지출 삭감과 세입 확충을 핵심으로 하는 재정 건전성 회복계획을 수립하도록 하고 이것을 지방정부가 준수하도록 감독한다(Kimhi, p.655). 이를 위하여 재정통제위원회는 재정위기 단체로부터 연도별 균형예산 및 세입·세출 추계가 포함된 다년도 재정계획을 제출받아 승인하는 한편, 선출직 지방공직자들이 이 계획을 준수하도록 다양한 압박수단을 사용한다(Hren 등, p.738).

재정통제위원회 제도를 법률로 규정하면, 주가 시의적절하게 지방재정위기에 개입할 수 있게 됨으로써 지방정부의 재정 건전성을 유지하고 공채 이자율을 떨어뜨리는 실질적인 효과를 거둘 수 있다(Kimhi, p.637). 노스캐롤라이나주가 대표적인 사례로서, 지방재정 건전성을 감독하는 주의 제도를 통해 관내 지방정부가 매년 1억달러 정도를 절감하고 있다(*ibid.*, 637).

---

18 Kimhi(2008)는 정보수집(information gathering)을 추가하여 재정통제위원회의 활동을 세 가지 유형으로 구분하는데 이 유형에는 재정정보 조회, 회계감사, 재정정보의 공개 강화 등 재정상황에 대한 이해를 높이는 활동이 포함된다(p.655).

제 4 절 주 정부 주도의 지방재정위기 관리 제도 발전

Ⅰ. 주 정부 주도의 배경

1. 법률적·이론적 근거

(1) 연방헌법

미국의 건국 과정에서 '건국의 아버지들'(founding fathers)은 주 정부와 연방정부 사이의 정치적·경제적 권력의 균형을 잡는 데 관심을 집중한 나머지, 지방정부에 대해서는 어떤 내용도 연방헌법에 명시적으로 언급하지 않았다(Weikart, p.387). 연방 수정헌법 제10조는 "연방헌법이 합중국에 부여하지 않은 권력이나, 주에 부여하는 것이 금지되지 않은 권력은 각각의 주 또는 국민에게 있다"고 규정하고 있다. 이에 따라 지방정부의 형태와 권한, 창설과 폐지, 행정구역 경계의 변경, 지방정부 간 협정의 체결 등 지방정부에 관한 사항은 전적으로 주의 헌법 또는 법률로써 규율된다(Honadle, 2012, p.378). 미국의 연방 및 주 법원의 판결도 연방 수정헌법 제10조를 인용하여 지방정부에 관한 업무가 명확하게 50개 주의 관장사항이라는 점을 일관되게 견지하고 있다(Weikart, p.387).

(2) 지방정부법

미국의 지방정부법(Local government law)은 역사적으로 지방정부의 권한을 제한해 왔다. 그것은 19세기 중반에 수많은 지방정부가 공채를 발행하여 철도 재원을 조달하는 과정에서 대거 재정 손실을 보고 지불불능 사태에 빠졌던 경험을 배경으로 한다. 이에 따라 지방정부가 낭비적이고 무책임한 존재로 각인되어 정치인이나 법조인들이 지방정부의 권한을 제한하게 되었다(Kossis, p.1113). 이러한 흐름이 가장 잘 함축된 것이 딜런의 원칙(Dillon's Rule)이다. 딜런의 원칙은 1865년 아이오와주 대법원(Iowa Supreme Court) 판사였던 존 딜런(John Forest Dillon)이 *Clark v. City of Des Moines* 사건에서 다음과 같이 처음 개진했으며, 훗날 주와 지방정부 사이의 관계를 규정하는 일반원칙으로 정립되었다(Richardson, p.664).

> 지방정부가 오로지 ① 명시적으로 부여된 권한, ② 명시적으로 부여된 권한에 명확하게 내포되거나 부수된 권한, ③ 해당 지방정부가 선언한 목표 및 그것의 달성을 위하여

> 필수불가결한 권한만을 보유하고 행사한다는 것은 일반적이고 분명한 명제이다. 권한이 있는지에 대한 정당하고 합리적인 의심이 있으면 무엇이든 법원에 의해, 해당 지방정부의 입장과 반대로 결정되고, 따라서 그 권한은 부인된다.

Richardson(2011)에 따르면 딜런의 원칙은 '법률해석의 원칙'(rule of statutory construction)으로서 주 의회가 지방정부에 부여하는 권한을 매우 엄격하게 해석한다. 딜런은 1868년 *Clinton v. Cedar Rapids and the Missouri River Railroad*(24 Iowa 455) 사건에서 지방정부와 주 정부의 관계에 관한 그의 견해를 다음과 같이 다시 함축적으로 표현하였다(Richardson, p.665).

> 지방정부(municipal corporations)는 주 의회(legislature)에 뿌리를 두고 있으며, 지방정부의 모든 권력과 권리는 주 의회로부터 나온다. 지방정부는 주 의회가 생명을 주었기 때문에 존재하는 것이다. 주 의회가 지방정부를 창설하듯이 주 의회는 지방정부를 폐지할 수도 있다. 주 의회가 지방정부를 폐지할 수 있다면, 지방정부를 약화하거나 통제하는 권한도 당연히 주 의회에 있다. …

이것은 당시 수많은 지방정부가 지불불능 사태에 빠진 데 대응하여 Dillon 판사가 내린 결론으로서 주가 지방정부를 정치적으로 그리고 경제적으로 통제하는 근거가 되었다(Weikart, p.387). 이러한 가부장적 관계는 연방헌법의 일부인 *Hunter v. Pittsburgh*(207 U.S. 161, 1907) 사건에도 명백히 나타나 있다. 주 정부의 간섭에 대한 지방정부의 방어권을 미국 헌법이 부여했는지에 관한 판결에서, 연방법원은 "지방정부에 부여된 권한의 수와 성격 및 유효기간은 전적으로 주의 재량에 속한다"고 판결했다(Kossis, p.1114). Richardson(2011)에 의하면 미국의 39개 주가 딜런의 원칙을 채택하고 있다(pp.667-668, Table 1).

주의 수권관리제도를 둘러싼 미국의 주와 연방법원의 판례도 딜런의 원칙을 암묵적 또는 명시적으로 수용했다. 먼저 제2절에서 살펴보았듯이 법원은 당초에 사법적 수권관리제도가 권력분립의 원칙에 어긋난다고 보고 채권자소송을 일관되게 기각했다(*ibid.*, p.1115). 법원이 지방자치 원칙 내지는 지방주권의 가능성을 거론하지 않고 권력분립을 판결의 논거로 삼은 것은 지방정부가 주의 피조물에 불과하다는 딜런의 원칙을 암묵적으로 수용했다고 해석되는 점에서 중대한 의미를 부여할 수 있다(*ibid.*, p.1116; Hren 등, p.736, 주 13).

주가 강제 집행하는 행정적 수권관리제도에 대해서도 법원의 입장은 변함이 없다. 최초의 행정적 수권관리 사례로 알려진 1879년 테네시주의 멤피스(Memphis) 시 해체 및 수권관리 체제 편입에 따른 *Meriwether v. Garret*(102 U.S. 472, 1880) 사건에서 연방대법원은 "법원이 임명한 수권관리인의 권한이 전례 없이 크더라도 주의 수권관리 법률은 합헌"이라고 판결했다. 1992년에 있었던 매사추세츠 대법원의 *Powers v. Secretary of Administration* 사건은 지방자치 원칙(home rule)이 주의 수권관리 체제에 도전한 최초로 사례이다(Kossis, p.1118). 그러나 법원은 매사추세츠주의 첼시 인수가 주 헌법의 지방자치 원칙(Home Rule Amendment)을 위반했다는 주장에 대해, 해당 조항이 지방정부에 어떤 권한을 부여했든 주의 권한을 하등 훼손할 수 없으며, 따라서 수권관리 체제를 강제하는 주의 권한을 박탈하지 못한다고 판결했다(*ibid.*, p.1119). 로드아일랜드 대법원은 주의 센트럴폴스 인수에 관한 *Moreau v. Flanders*(R.I. 2011) 사건에서 주이 수권관리기 구체직이고 한시적이기 때문에 헌법적으로 수용될 수 있다고 판결했다(*ibid.*, p.1119).

한편 딜런의 원칙에 반대하는 측에서는 지방자치 원칙(home rule)을 기치로 내걸고 자치권을 옹호한다.19 지방자치 원칙은 주가 명시적으로 권한을 부여하지 않아도 지방정부가 자주적으로 활동할 수 있는 발의권과 주의 특별입법 금지 및 지방정부의 전속적인 권한을 의미하는 배제특권의 두 가지 영역으로 구성된다. 그러나 발의권과 배제특권의 쌍둥이 보호에도 불구하고 지방자치 원칙은 지방정부가 전적으로 주에 종속된다는 법적 관념을 거의 변화시키지 못한 것으로 보인다(Kossis, p.1115). 대부분 주가 딜런의 원칙을 채택하고 있으며, 다수의 주가 소위 딜런의 주로서 지방정부의 재정건전성을 추적 관찰하는 등 세입을 엄격하게 통제하는 것이 현실이다(Weikart, p.387). 일부 법원은 지방자치 헌장을 지방정부 권한의 침해를 제한하는 것이 아니라 오히려 딜런 원칙의 수정판으로서 권한을 부여하는 것으로 해석하기도 한다. Kossis(2013)는 거의 100년에 이르는 지방자치 원칙이 딜런의 원칙과 *Hunter v. Pittsburgh* 사건 판결의 유령을 극복하지 못했다는 사실은 지방정부의 권한 행사를 중시하는 사람들에게 실망스러운 일이라고 한탄한다(p.1115).

19 Weikart(2013)는 이와 관련하여 Eugene McQuillin의 논문 「지방정부법」(The Law of Municipal Corporations)을 소개한다. 이 논문에서 그는 지방정부가 주에 의해 창설되었다는 견해는 지방자치라고 하는 쉽게 확인할 수 있는 잘 정립된 역사적 사실을 부정한다고 주장한다(p.387).

2. 실제적 이유

하나의 지방정부에 재정위기가 발생하면 신용등급 평가와 기업의 입지 결정 등에 미치는 부정적인 영향이 주 전역으로 파급되고, 재정위기 단체를 구제하기 위한 재정지원으로 주의 납세자 모두가 손해를 보는 등 지방정부의 재정 건전성은 주 정부 및 주 전체의 이해관계와 밀접하게 관련된다(Kloha 등, 2005a, p.237). 부유한 교외의 지방정부는 용도지구의 지정과 서비스정책 등을 통해 복지서비스 수요가 큰 빈곤계층의 유입을 막기 때문에, 이들 계층이 집중되는 중심도시에서 재정위기가 가속화되는 경향이 있다. 이것은 개별 지방정부 차원이 아니라 정부간 관계에서 풀어야 할 과제이기 때문에 주 정부의 개입이 필요하다(Honadle, 2003, p.1435; Hren 등, pp.733-750). PEW(2013)는 주가 지방정부의 재정위기에 개입하는 실제적인 이유를 오명, 신용도 하락, 전염, 공공의 건강과 안전, 그리고 경제적 안정 및 성장의 다섯 가지 범주로 구분하여 설명한다. 마지막 두 가지 사항은 주민생활에 필수적인 지방정부 서비스의 계속적 제공이라는 관점에서 통합적으로 살펴본다.

(1) 오명

지방정부 파산은 사회기반시설의 유지 및 개선에 필요한 차입능력을 추락시키고 경제성장에 대한 희망을 꺾는 절망적인 행동으로 비칠 뿐 아니라, 주의 명성과 평판이 함께 손상되기 때문에 그러한 오명을 피하려고 주가 개입한다(PEW, 2013, p.14). 주에 따라서는 지방정부가 법원에 파산신청을 제기하지 못하도록 적극적으로 개입하기도 한다. 그 사례로서 미시간주는 2010년 및 2011년 햄트라믹의 거듭된 파산신청 요청을 모두 거부했고, 2010년 펜실베이니아주는 주도인 해리스버그의 파산신청을 저지했으며, 코네티컷주는 1988년 브리지포트의 파산신청에 반대했다 (*ibid.*, p.15).

(2) 신용등급 하락

지방정부의 재정이 부실하면 무디스(Moody's), 스탠더드 앤드 푸어스(Standard & Poors), 피치(Fitch) 등 지방정부 공채 평가기관들이 주의 신용등급을 하향 조정하게 되고, 그 결과 차입비용이 증가하고 장·단기 현금흐름 및 자금조달이 방해받을 우려가 있어 주가 개입한다(*ibid.*, p.15). 로드아일랜드주는 2010년 센트럴폴스의 파산 신청을 계기로 신용등급을 보호하기 위하여 주의 개입 제도를 대폭 강화했다 (*ibid.*, p.15). 노스캐롤라이나주는 지방정부위원회(Local Government Commission)를 설치하여 지방재정 문제에 강력하게 개입하는 점에서 큰 주목을 받고 있다. 전술한 3대 주요 평가기관 모두 지방재정에 대한 강력한 개입 등 주의 신중한 재무관리 문화를 들어 노스캐롤라이나주와 관내 다수 지방정부의 신용도를 최고등급으로 평가한다(*ibid.*, p.15). 그러나 주의 신용등급 평가에는 다른 요소들이 함께 고려되기 때문에 양자 사이의 관계가 명확한 것은 아니다. 피치(Fitch)는 2013년 5월, 미시간주에 대해 관내의 디트로이트가 심각한 재정난에 빠져 있었음에도 불구하고 주 경제상황의 호전을 이유로 일반보증공채(general obligation bond) 등급을 상향 조정했고, 스탠더드 앤드 푸어스(S&P)와 무디스(Moody's) 또한 미시간주의 공채등급을 안정(stable)에서 긍정(positive) 등급으로 조정했다(*ibid.*, p.15).

(3) 전염

재정위기가 다른 지방정부 또는 주 정부까지 파급되어 신용등급의 동반 하락으로 이어질 수 있다는 우려가 주의 개입을 부르게 된다. 그런 우려는 2012년 캘리포니아주 스톡턴과 샌버나디노의 파산신청 당시 주 재무부장관 Bill Lockyer가 "한 지방정부의 명성 손상은 타 지방정부 및 주로 번지고 그 결과 납세자는 더 많은 차입비용을 지급하게 될 것"이라고 말한 데서 찾아볼 수 있다(*ibid.*, p.16). 로드아일랜드주는 센트럴폴스의 파산신청 이후 재정위기의 전염을 차단하기 위해 사상 유례없는 강력한 조치를 도입했다. 파산한 지방정부 공채 보유자들의 채무상환을 보장하기 위해 법률로써 세입을 담보로 설정할 수 있는 권리를 부여한 것이다(*ibid.*, p.16). 그러나 "파산의 전염 가능성은 채권시장의 사람들이 생각하는 것보다 훨씬 작다"는 파산법 전문가 David Skeel의 주장에서 보듯이 그 위협이 과장될 수는 있다. 스탠더드 앤드 푸어스(S&P)는 캘리포니아 지방정부의 잇따른 파산 및 재정비상사태가 관내 다른 지방정부에 광범하게 영향을 미치지 않았다는 관찰 결과를 발표하기도 했다(*ibid.*, p.16).

(4) 지방정부 서비스의 계속 제공

지방정부는 이윤창출이 목적인 민간법인과 달리 교육, 경찰, 상하수도, 소방, 공원, 여가활동 등 주민들의 건강과 안전 및 복지를 위해 필수불가결한 공공서비스를 제공할 의무가 있으며, 주 정부를 대신하여 토지이용계획 수립, 지구지정, 징세 등 많은 기능을 수행한다(Scorsone, Levine and Justice, 2012, p.1). 지방정부가 재정위기에 빠지면 이러한 필수적인 공공서비스를 제공하기가 어려워져 지방정부의 주민이자 동시에 주 주민들의 건강과 안전이 위협받는다. 따라서 지방재정의 건전한 운영은 당연히 주의 관심사가 될 수밖에 없으며, 필수적인 공공서비스를 계속해서 제공할 수 있도록 주가 지방정부의 재정위기 상황에 개입하게 된다(Honadle, 2003, p.1436). 이것은 2011년 펜실베이니아 주지사 Tom Corbett이 주도 해리스버그시의 재정회생계획을 집행할 감독관을 임명하는 법안에 서명하면서 "지방정부가 스스로 재정회생계획을 수립하지 못하면 공공의 안전을 보장하기 위해 주가 행동을 취할 수밖에 없다"고 말한 데서 잘 나타나 있다(PEW, 2013, p.16).

Ⅱ. 주 정부 개입의 이론적 모형

1. Honadle의 이론 모형

미국에서 주는 궁극적으로 지방정부를 창설 및 폐지할 수 있는 지위에 있다. 따라서 지방정부의 재정위기에 대한 주의 개입은 이론적, 제도적, 실제적 측면에서 정당한 근거를 찾아볼 수 있었다. 심지어 주가 지방재정을 완전히 인수하여 지방자치와 지방민주주의를 잠정적으로 정지시키는 것도 법적으로 문제가 되지 않는다(Berman, p.55). 그러나 주의 입장에서 그것은 막대한 재정이 소요되면서도 성과를 장담하기 어려운 뜨거운 감자이다. 그리고 주의 개입은 지방자치 원칙과 충돌하기 때문에 일반적으로 환영받지 못할 뿐 아니라 정치적, 문화적 측면에서 다양한 제약요인이 있다. 때로는 지방의 저항을 받아 주의 의도가 좌절되기도 하고, 관리문제 때문에 주가 권한을 쉽게 행사하지 못할 때도 있다(*ibid.*, p.56).

따라서 주의 잠재적인 법적 권한과 실제 권한 사이에 상당한 괴리가 발생할 수 있다. 개입방식 또한 지방재정위기에 적극적으로 개입하기도 하고 최소한도의 관여에 그치기도 하는 등 주별로 다양하다(Honadle, 2003, p.1435, p.1460). 지방정부의 재무상태를 추적·감시하거나 지방재정위기에 개입하는 근거 법률을 갖추고 있는 주는 각각 미국 전체의 절반 내지는 1/3 정도에 국한되어 있으며, 그 내용도 차이가 크다. Honadle(2003)은 지방정부가 재정위기 상황에 당면했을 때, 그리고 그 전후에 주가 어떤 역할을 하는지 이해하는 것이 재정위기를 예방하고 해결하는 데 매우 유용하다고 본다.

이러한 관점에서 그녀는 미국에서 각 주가 지방정부의 재정위기에 대응하여 취할 수 있는 다양한 역할을 재정위기의 시점을 기준으로 구분한다. [그림 2-3]은 주의 역할을 재정위기의 시간적 흐름에 따라 예측, 회피, 완화 및 재발 방지의 네 가지 유형으로 구분해서 인식할 수 있는 개념적 틀(conceptual framework)을 보여 준다. 주의 4가지 역할 유형에 대해 그녀가 내린 정의는 다음과 같다(*ibid.*, pp.1436-7).

- 재정위기 *예측(predict)*: 주는 의도적으로 지방정부의 재정위기를 예측할 수 있으며, 그것을 통해 지방재정위기에 대처하기 위해 준비하거나 최소한 재정위기가 다가오고 있음을 해당 지방정부에 경고할 수 있다.
- 재정위기 *회피(avert)*: 지방정부가 재정위기에 빠지고 있다는 증거를 포착하면 주는 해당 지방정부에 본격적인 재정위기가 실제로 발생하지 않도록 그러한 위기상황을 모면하거나, 그 경로에서 탈출하도록 지원할 수 있다.
- 재정위기 *완화(mitigate)*: 지방정부가 실제로 재정위기에 빠지면 주는 해당 지방정부의 재정 건전성을 회복하거나 최소한 문제를 축소하기 위한 역할을 할 수 있다.
- 재정위기 *재발 방지(prevent a recurrent)*: 지방정부가 재정위기 상황에서 벗어나면 주는 재발을 방지하기 위한 대책을 마련할 수 있다.

다음 [그림 2-3]은 네 가지 역할 유형을 토대로 주가 지방재정위기에 대응하여 선택할 수 있는 개입 시점과 방법을 묘사한 것으로서 규범 및 실증적 이론 모델의 성격을 동시에 가진다. 먼저 전체 그림은 주가 지방정부의 재정위기에 어떻게 대응하는지, 또는 대응하지 않는지를 실증적으로 묘사하고 있다. 다시 말해서 지방재정위기 진행 과정에서 사전 대비 및 사후 대응조치를 망라하여 주가 취할 수 있는 이론적, 잠재적 역할을 모두 나타낸다. 실제로 각각의 주들은 그중에서 일부 단계에만 개입하는 경우가 많다. 예를 들어, 주가 지방정부의 재정위기를 예측하지는 않지만 어떤 다른 경로를 통해 재정위기가 임박한 것을 감지하면 위기가 실제로 발생하는 최악의 상황을 모면하기 위한 조치를 할 수가 있고, 그런데도 재정위기가 실제로 발생하면 완화대책을 추진할 수 있는 것이다(*ibid.*, p.1438).

다음으로 그림 왼편에 음영으로 처리된 경로는 하나의 규범적 이론 모델로서 주가 지방재정위기에 사전대비 방식으로 대처하는 경우 취해야 하는 일련의 조치이다(*ibid.*, p.1438). 이 모델에 따르면 주는 지방정부의 재정위기를 사전에 예측하고, 예측된 위기가 실제 상황으로 발전하지 않도록 회피하고, 회피노력이 실패하여 실제로 재정위기에 빠지면 완화대책을 추진하고, 당면한 위기상황이 종료되면 위

[그림 2-3] 지방재정위기 진행단계별 주의 역할 흐름도

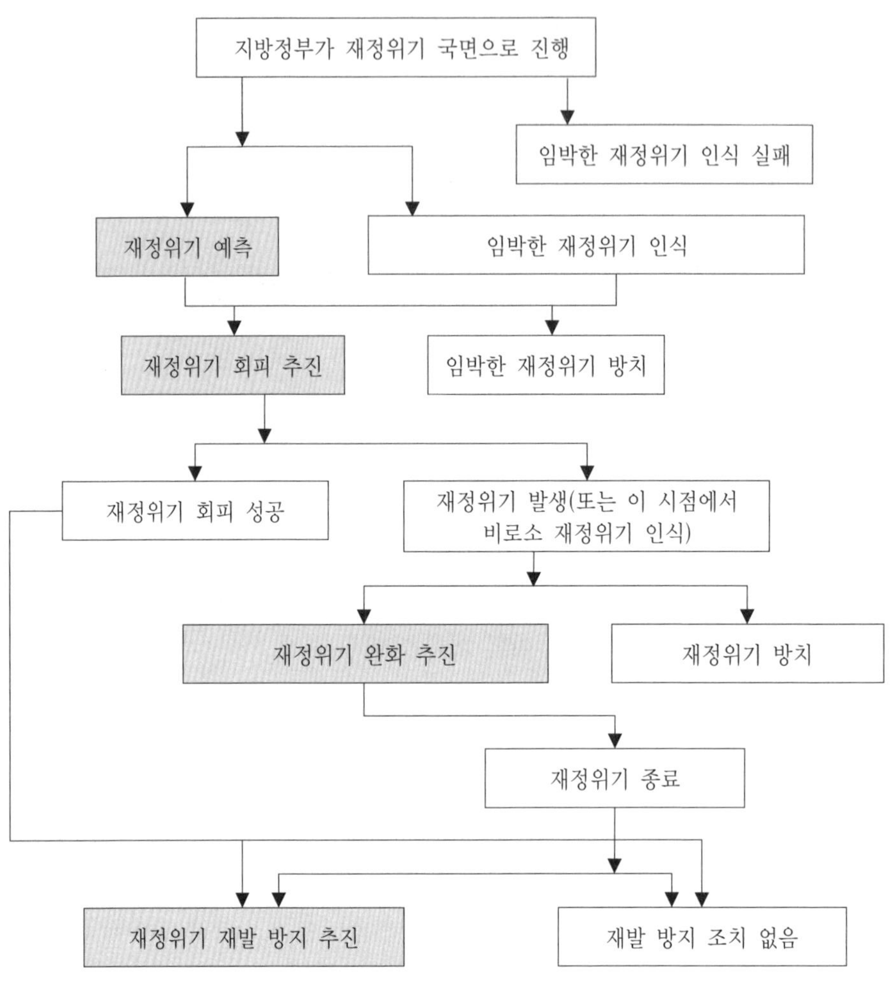

자료: Honadle(2003), p.1437, Figure 1.

기가 재발하지 않도록 예방대책을 추진한다.

Honadle(2003)은 그녀의 개념 틀을 토대로 미국의 50개 주가 지방정부의 재정위기에 실제로 어떻게 대응하는지를 조사하여 그 유형을 네 가지로 분류하였다. 이것은 주의 회계·감사·재정 분야의 고위공직자로 구성된 '주 재정관리기관장 전국협의회'(NASCT: National Association of State Auditors, Comptrollers and Treasurers) 회원들을 대상으로 2002년 4월부터 8월까지 전화를 이용해 조사한 결과이다.

〈표 2-2〉 지방정부 재정위기에 대한 주의 대응

예 측	회 피	완 화	재발방지
• 회계감사보고서 검토 • 모니터링 • 보고 • 실태조사 • 지역 워크숍 • 재무분석	• 기술적 지원 • 자 문 • 권 고 • 관리 및 재무전문가 파견(SWAT팀 등) • 지방정부 출장 경고 • 재정지원: 보조금, 융자 • 서면 경고 • 설 득 • 예산수정 지시 • 자금지출 전환 - 채무상환, 대금변제 • 재무구조조정 의무화 - 공무원 감축 - 경비 삭감 - 세금 증세	• 기술 및 관리 지원 • 재정지원: 융자, 보조금 • 예산 승인, 모니터링 • 재정감독·통제위원회 • 권 고 • 구제금융 제공 • 회생계획 수립 • 파산소송 회부 • 신규 세입 제공	• 모니터링 강화 • 기술지원 지속 • 협의 및 권고 • 훈 련 • 균형예산 확인 • 재정계획 강화 • 회계감사 • 제도개선 입법

자료: Honadle(2003), p.1455, Table 2.

조사항목은 ① 지방정부 재정위기에 대한 정의, ② 최근에 지방재정위기를 경험했는지 여부, ③ 지방재정위기 사례에 주가 개입했는지, 그리고 개입했다면 그 시점, ④ 지방재정위기 예방을 위한 일반적인 정책 현황, ⑤ 지방재정위기를 예측하는지 여부, ⑥ 지방재정위기가 예측될 때 그것을 회피 또는 모면하기 위한 대책, ⑦ 지방재정위기가 발생했을 때 완화 방안, ⑧ 지방재정위기 재발방지 대책 추진 여부, ⑨ 지방재정위기에 대처하는 데 있어서 적정하다고 생각하는 주의 역할, ⑩ 지방재정위기의 원인의 10개로 구성되었다(pp.1461-2). <표 2-2>는 조사결과를 요약한 것으로서 각각의 개입모형에서 열거된 대책의 순서는 응답자들의 언급 빈도와 대체로 일치한다.

2. Honadle의 이론 모형 보완

앞에서 살펴본 Honadle의 이론 모형은 주가 지방정부의 재정위기에 대응하여 잠재적으로 행사할 수 있는 모든 역할을 네 가지 유형으로 구분한 것이다. 여기에 대해서 현실적인 측면에서 두 가지 문제점을 제기할 수 있다. 하나는 주가 평상시에 지방재정위기를 예방하기 위해 다양한 재정제도를 지방정부에 부과하는데 Honadle의 이론 모형에는 이러한 재정위기 예방 제도가 반영되지 않았다는 점이다. 다른 하나는 각 유형의 정책 및 제도들이 실제로는 개념 규정처럼 명확하게 구분되지 않으며, 일부 유형은 내용이 미약하여 명목상 구분에 그칠 뿐이라는 점이다.

예방 제도가 필요한 이유는 지방재정 운영은 주인-대리인 관계와 공유재 문제를 동반하기 때문에 과다한 재정 지출을 유발하고, 그에 따라 재정위기로 이어질 수 있기 때문이다(Hagen, p.2). Gordon(2012)은 이것을 도덕적 해이(moral hazard)의 문제로 본다(p.247). 주인-대리인 관계는 지방공직자들이 온전히 유권자 등 주민들이 위임한 뜻에 따라 세입·세출권한을 행사하는 것이 아니라 자신들의 이익, 즉 지대(rents)를 함께 추구하기 때문에 나타난다. 경제 및 정치상황은 불확실하고 복잡해서 법령 등으로 지방공직자들의 행동을 완벽하게 규율할 수 없으며, 상당한 재량을 허용할 수밖에 없다. 이러한 지방공직자들의 잔여권한(residual powers) 때문에 지방정부의 정책이 주민들의 선호와 괴리되고, 지방재정이 비효율적으로 운용될 수 있다(Hagen, p.2).

공유재 문제는 일반 납세자로부터 조성한 재원을 일부 집단만 혜택을 받는 특수한 사업을 위해 지출할 때 나타난다. 이 경우 지역사회 전체가 누려야 할 재정사업의 편익을 특정 집단이 독점하거나, 사업비를 일부만 부담하기 때문에 이들 집단과 그들을 대표하는 정치인들이 해당 사업에 대한 과도한 투자를 요구하게 되고, 이것이 재정적자 및 지방정부의 채무 증가로 이어지게 된다(*ibid*., p.2).

주인-대리인 관계 및 공유재 문제가 유발하는 부정적인 영향은 재정위기의 원인에 관한 Pammer의 네 가지 이론모형 중 '지방정치 요인' 모델과 '관료적 팽창' 모델에 반영되어 있다. '내부관리 부실' 모델도 평상시의 변칙적인 회계 처리 등 무책임하고 무능력한 재무관리를 재정위기를 초래하는 근본적인 원인으로 꼽는다. 이에 따라 대부분 주는 평상시에 이러한 문제에 대처하여 지방재정 건전성을 보장하고 재정위기를 예방하기 위해 지방정부에 재정적 의사결정의 기본원칙이라고 할 수 있는 재정제도(fiscal institutions)를 부과한다. 재정제도에는 균형예산, 과세 및 지출 한도, 채무 한도, 예산안정기금 등이 있다.

평상시의 예방 제도를 지방재정위기에 대응하는 주 정부 역할의 독립적인 유형으로 설정하여 Honadle의 이론 모형을 확장하는 경우, 두 가지 장점을 기대할 수 있다. 먼저 지방재정위기를 상시로, 그리고 더욱 효율적으로 관리할 수 있다. 지방재정위기 관리를 위기 국면에 국한하여 때때로 수행하는 간헐적인 조치가 아니라 평시의 관리를 포함한 상시적인 순환과정으로 인식하기 때문이다. 다른 하나는 한국과 비교연구를 수행하기 위한 충실한 준거 기준을 제공해 준다는 점이다. 한국의 경우 재정 및 회계제도 문제가 지방재정위기를 초래하는 주요 원인이라고 판단되기 때문에 특히 그러하다. Honadle(2003)도 이론 모형에서는 제외했지만, 지방재정위기를 예방하기 위한 주의 평상시 역할을 실태조사에서는 별도 질문 항목에 포함했으며, 그에 대한 답변으로서 재정제도의 주요 요소인 회계감사 시스템, 예산 감시 및 승인, 지출과 채무 및 투자의 제한, 보고의무, 세금부과 한도 등을 도출했다.

Honadle(2003)의 이론 모형에 대해서 세기할 수 있는 두 번째 문제는 각 유형의 정책 또는 제도들이 실제로는 명확하게 구분되지 않거나, 일부는 독립적인 유형으로 구분하기에는 내용이 너무 빈약하다는 점이다. 먼저, '회피' 유형을 보면 기술적 지원이나 조언, 권고와 같은 비공식적인 방법이 가장 빈번하게 사용되고 있으며, 다음으로 소수이기는 하지만 보조금의 조기 배정, 특별보조금 지급 등을 통해 재정을 지원하기도 하고, 때로는 지방정부기금을 채무상환 재원으로 전환하거나 공무원 해고, 지출 감축, 세금 인상 등을 추진하도록 지방정부를 압박한다(*ibid.*, pp.1455-1456). 그러나 주가 지방재정위기를 회피하는 역할에 가장 취약하고, 재정위기 발생 후의 감독 및 통제에 가장 강하다는 말에서 나타나듯이 이러한 조치들은 강제력이 매우 약할 뿐 아니라 후속의 완화 제도와도 대부분 중첩된다(Kloha 등, p.239). 다음은 '재발방지' 유형으로서 강력한 모니터링, 지속적인 기술적 지원, 협의 및 권고, 공무원 훈련, 균형예산 준수 확인, 재정계획 강화, 회계감사 및 법령 정비 등이 있으나 대부분 평상시에 재정위기를 예방하기 위한 제도와 사실상 차이가 없다(Honadle, 2003, p.1455).

이 책은 이상의 논의를 종합적으로 고려하여 Honadle이 제시한 주 정부의 네 가지 역할모형을 한국과 미국 지방재정위기 관리 제도의 비교 분석을 위한 보다 실용적인 준거 기준이 될 수 있도록 두 가지 측면에서 보완한다. 먼저 재정위기 예측에서 시작해서 회피 및 완화 제도를 거쳐 재발 방지로 종결되는, 재정위기 국면에 국한된 단선적인 모형을 평상시의 예방 제도가 추가된 상시적인 순환모형으로 확장한다. 다음은 실제 제도를 반영하여 기존의 네 가지 역할유형 중에서 회피 제도는 완화 제도에, 그리고 재발방지 제도는 추가되는 예방 제도에 통합하여 역할모형을 예방, 예측, 완화의 세 가지 유형으로 구분한다. 결과적으로 Honadle의 단선적인 네 가지 역할모형은 예방 제도에서 예측 제도와 완화 제도를 거쳐 다시 예방 제도로 돌아가는 세 가지 역할의 순환과정으로 전환된다. 다음 제3장 이하에서는 이러한 보완된 역할모형을 적용하여 미국의 제도를 조사하고 경상남도 사례를 분석한다.

제 3 장

주 정부의 지방재정위기 관리 제도

CHAPTER 03 주 정부의 지방재정위기 관리 제도

제 1 절 지방재정위기 예방 제도

주 정부 개입의 이론 모형에서 지방재정 운영에 내재하는 주인-대리인 관계 및 공유재 문제가 재정위기를 유발할 수 있으며, 이러한 동인을 지방재정 의사결정의 기본원칙인 각종 재정제도를 통해 예방할 수 있음을 보았다. Hagen(2005)은 재정제도를 세 가지 유형으로 구분한다. 첫째는 균형예산, 채무 한도, 과세 및 지출 한도와 같이 재정총액을 수량적으로 제한하는 직접적인 통제수단이고, 둘째는 정치적 경쟁 및 책임성을 강화하는 선거제도이며, 세 번째는 통합예산 및 투명한 회계제도를 통해 비용과 효과를 종합적으로 판단하도록 유도하는 방법이다(pp.3-7). Gordon(2012)은 재정제도를 균형예산, 과세 및 지출 한도, 채무 한도 및 예산안정기금의 네 가지로 구분한다. 예산안정기금은 외생적인 경기변동의 충격을 줄이는 것이 목적이라는 점에서 내재적인 문제에 대응하는 다른 세 가지 제도와 다르다.

아래에서는 지방재정위기의 예방을 위한 이들 재정제도에는 어떤 것이 있는지, 얼마나 많은 주가 채택하고 있는지, 어떻게 작동하는지, 그리고 실제로 효과가 있는지를 주로 검토한다. 다만 정치제도의 성격을 띠는 선거제도는 제외한다. 재정제도는 설계방식과 구조 및 적용대상이 다양하고, 편법적인 회계처리를 통해 피해

나갈 여지가 있으며. 또 지나친 통제가 1990년대 일본의 '잃어버린 10년'과 같이 경기침체를 연장하는 '재정적 심술'(fiscal perversity)을 부리기도 하는 등 효과를 일률적으로 평가하기가 어렵다(Gordon, p.248). 그러한 한계에도 불구하고 다수의 연구는 재정제도가 부채 감소 및 지출 억제에 효과가 있음을 보여준다(*ibid.*, p.248).

Ⅰ. 균형예산 원칙

균형예산 원칙(BBRs)은 주 및 지방정부 예산은 연방정부와 달리 세입과 세출이 균형을 이루어야 하며, 재정적자를 차입으로 충당할 수 없다는 것으로서 가장 오래되고 잘 알려진 재정제도의 하나이다. 버몬트를 제외한 미국의 모든 주는 헌법 또는 법률로써 균형예산 의무를 규정한다. James J. Gosling은 세입과 세출이 균형을 이루도록 예산을 감축하고 재배정하는 것이 주 및 지방정부의 예산과정에서 정책결정자가 가장 먼저 고려해야 할 사항이며, 이것이 정치적 현실이라고 주장한다(Smith·Hou, p.1 재인용). Bohn과 Inman(1996)은 1972년부터 1989년 사이에 미국 연방정부의 순가치기 부채 증가에 크게 영향을 받아 매년 6.3%씩 감소한 데 비해, 주와 주요 도시의 정부부문 순가치는 거의 같은 기간인 1972년부터 1990년 사이에 매년 1.4%씩 증가한 이유를 주 및 지방정부의 균형예산 의무에서 찾는다(pp.14-16).

균형예산 원칙은 먼저 규제의 강도에 따라 회계연도 초 시점의 '유연한' 사전적 계획의무와 회계연도 말 시점의 '엄격한' 사후적 실행의무로 구분된다(Bohn·Inman, p.18). 사전적 계획의무는 다시 주지사의 균형예산 제출 의무와 주 의회의 균형예산 의결 의무로 구분되는데 각각 43개 및 40개 주가 채택한다(NCSL, 2010). 36개 주는 주지사와 주 의회 양자에 사전적인 균형예산 의무를 부과한다.[1] 그러나 이러한 사전적인 계획의무만으로는 회계연도 말 시점에서 재정적자가 실제로 발생하는 것을 법적으로 인정할 수밖에 없으며, 따라서 이 방안으로는 엄격한 재정규율을 확보할 수 없다(Bohn·Inman, p.20). 일부 주는 회계연도 말 시점에서 실제로 재정적자가 발생할 수 있으며 그것이 이월될 수밖에 없다는 점은 인정하되, 해당 적

---

1 Hou and Smith(2006)는 33개 주가 주지사의 균형예산 제출 의무를, 45개 주가 주 의회의 균형예산 의결의무를, 그리고 32개 주는 두 가지 의무를 부과한다는 상당히 다른 조사결과를 제시한다(pp. 34-35, Table 2). NCSL(2010)은 연구자에 따라 조사시점, 조사방법, 근거가 되는 헌법 및 법률의 해석 등이 달라 이러한 차이가 나타난 것으로 본다(p.4).

자를 충당하기 위한 예산을 다음 회계연도에 편성하도록 명시적으로 규정한다. 그러나 이 방식 또한 본질은 사전적 계획의무로서 재정적자의 이월이 무한정 반복될 수 있다(*ibid.*, p.20).

따라서 회계연도 말 시점에서 균형예산 의무를 실제로 보장하기 위해서는 재정적자의 이월을 금지하고, 회계연도 중에 적자가 발생하면 그것을 당해 회계연도 말까지 해소하도록 하는 사후적인 실행의무를 부과해야 한다(*ibid.*, p.20). 미국의 37개 주가 사후적 실행의무를 부과하고 있으며 그중에서 34개 주는 사전적 계획의무와 사후적 실행의무를 중복 부과하고 있고, 인디애나와 버지니아 및 와이오밍의 3개 주는 사후적 실행의무만을 부과한다(NCSL, 2010).[2] 균형예산 의무를 달성하기 위해서 다음 회계연도의 세금 또는 보조금을 조기에 수납하거나 지출을 연기하는 등 재정적 편법(fiscal gimmick)을 동원하기도 하지만 이러한 부기상의 속임수로는 금액상 한계가 있으므로 실질적인 지출 및 과세의 조정이 불가피하다.

균형재정 의무의 강도는 근거규정이 헌법에 있는지, 아니면 법률에 있는지에 따라서도 달라진다. 헌법적 규제의 경우, 일반적으로 초다수결(supermajority)에 의한 의회 의결과 주민투표를 동시에 또는 선택적으로 요구하는 점에서, 보통 단순과반수 의결이 필요한 법률적 규제보다 구속력이 강하다(Bohn · Inman, p.18). ACIR(1987)은 각 주가 채택한 균형예산 의무의 강도를 최소 1점에서 최대 10점까지 10등급의 척도로 구분하고 매 회계연도 재정적자 이월금지(8점) 및 헌법적 규제(2점)를 부과하는 주에 최고 등급을 부여했다(p.40, Table 3). 한편 균형예산 원칙의 운영을 주법원이 관장하기 때문에 궁극적인 조정자 역할을 하는 주 대법원의 구성방법에 따라서도 의무의 강도가 달라진다. 주 대법원이 재정적자의 책임이 있는 주지사 또는 주 의회에 의해 임명되는 경우에는 독립적인 감시자라기보다는 정부기관처럼 행동할 수 있어 규제의 강도가 떨어지는 반면에, 주민들이 대법관을 직접 선출하는 경우에는 주지사 또는 주 의회의 영향을 받지 않는 진정한 외부 감독기관으로서 재정정책을 보다 엄격하게 감시할 수 있다(*ibid.*, p.23).

균형예산 원칙은 아무리 강력해도 빠져나갈 여지가 있으며, 구속력을 담보하기가 어려운 측면이 있다. 먼저 균형예산 원칙은 주 예산의 75% 정도를 차지하는 운영예산, 즉 일반회계에만 적용되고 자본회계, 사회보장기금, 공무원연금기금, 예

2 Hou and Smith(2006)는 10개 주에서(pp.33-34), 그리고 Smith and Hou(2013)는 8개 주에서 사후적 실행의무인 이월금지 제도를 운용하는 것으로 조사하였다(p.7, Table 2).

산안정기금 등은 일반회계로 전·출입이 가능하지만, 적용대상에서 제외된다(*ibid.*, pp.24-25; Gordon, p.249). 더구나 자동적이고 전 분야에 걸친 일률적인 예산 삭감과 같이 구체적인 의무를 규정하는 경우가 거의 없으며, 선출직 공직자의 해임이나 구속 등 규정 위반에 대한 벌칙을 정해 놓더라도 실제로 집행된 사례는 찾아보기 어렵다(Gordon, p.249). 다만 균형예산 원칙을 위반하는 경우 공채등급 평가에서 나쁜 영향을 받거나 유권자들의 심판이 따르기 때문에 하나의 정치적 전통으로서 균형예산 원칙이 준수되고 있다(*ibid.*, p.249).

지금까지 연구성과를 보면 균형예산 원칙은 세출 억제에 통계적으로 유의미한 효과가 있는 것으로 나타났다(ACIR, 1987; Poterba, 1994; Alt·Lowry, 1994; Bohn·Inman, 1996; Chaney, Copley, and Stone, 2002; Hou·Smith, 2010; Mahdavi·Westerlund, 2011, Smith·Hou, 2013, pp.2-4 재인용). 사전계획 의무이든 사후실행 의무이든 균형예산 원칙은 지출을 줄이는 효과가 있으며, 규제가 엄격할수록 지출을 더욱 쉽게 줄일 수 있다는 것이다(Smith·Hou, 2013, p.4).

Ⅱ. 과세 및 지출 한도

과세 및 지출 한도(Tax and Expenditure Limits)는 세입 또는 세출의 증가를 인구나 인플레이션 또는 개인소득과 같은 특정의 수량적 지표 또는 지수 이내로 억제함으로써 세금부담을 경감하고, 정부 규모의 확대를 억제하며, 재정 책임성을 강화하기 위한 제도이다(ACIR 1977, 1995; Ladd, 1978; Yusuf 등, p.483 재인용). 이 제도는 19세기 후반기에 재산세에 처음 적용되었으며, 1978년 캘리포니아의 「Proposition 13」(주민제안법률 제13호)으로 대표되는 조세저항운동이 계기가 되어 보다 강력하고 일반적인 제도로 발전했다(ACIR, 1995; Mullins, p.202, p.203; Gordon, p.250). 「Proposition 13」은 주민제안 방식으로 발의된 주 헌법 개정안을 주민투표를 통해 승인한 것이다. 주요 내용은 재산세율의 상한선을 1%로 설정하고, 재산평가액은 1975~1976년 회계연도 수준으로 환원하되 재산이 매각되지 않는 한 증가 한도를 매년 2% 이내로 묶었으며, 세금의 신설은 주세의 경우는 주 의회에서 2/3 다수결로, 그리고 지방특별세는 주민투표를 통해 2/3 다수결로 결정하도록 하였다(Hoene, pp.53-54; Gordon, p.250).

캘리포니아의 「Proposition 13」은 통과된 지 2년 안에 43개 주가 유사한 법안을 채택하는 등 전국적으로 파급되었으며, 이와 별도로 15개 주는 소득세율을 인하하고, 10개 주는 소득세 증가율을 인플레율과 연동시켰다(Mullins · Wallin, p.2; Yusuf 등, p.482). 최근의 연구를 보면 코네티컷, 뉴햄프셔와 버몬트를 제외한 47개 주가 지방정부의 세입이나 세출 또는 양자에 대해 어떤 형태로든 통제를 가한다(Mullins, p.203, p.232; Mullins · Wallin, p.3, pp.4-5, Table 1; Gordon, p.251).[3] 그 사례로서 매사추세츠는 1980년 「Proposition 2½」을 통해 실효재산세율과 연도별 재산세 부과액 증가분을 각각 2.5% 이내로 제한했다(Wallin, pp.34-37). 한편 콜로라도 주민들은 1992년 과세 및 지출 한도 중에서 지금까지 가장 엄격한 것으로 알려진 「납세자권리장전」(TABOR: Taxpayers Bill of Rights)을 승인했다. 그 내용은 세금의 신설은 물론, 세율 및 과세재산 평가 방식의 변경도 주민투표에 의거 동의를 받도록 하고 부동산양도세, 지방소득세, 주 재산세, 주 소득세부가세 등 특정 세금의 신설을 명시적으로 금지했으며, 일반 세입은 인구증가 및 인플레율로 전년도 세입을 보정한 금액을 초과하지 못하게 하고, 한도 초과금액을 납세자에게 환급하도록 했다(James, pp.22-23; Gordon, p.250).

주가 지방정부에 부과하는 과세 및 지출 한도(TELs) 제도는 기본적으로 7개 유형으로 구분된다(Mullins · Wallin, pp.6-7; Mullins, p.233; Yusuf 등, p.483, Table 19.1). 첫째, 전체 지방정부에 적용되는 일반적인 재산세율 한도로서 유권자 투표 없이 상한선을 초과할 수 없다. 둘째, 특정 유형의 지방정부에만 적용되는 특별 재산세율 한도이다. 셋째, 재산세 세입 총량을 제한한다. 넷째, 전년도 세입에 인플레율이나 주민소득증가율 등을 적용하는 일반 세입증가 한도이다. 다섯째, 일반 세출증가 한도로서 주로 지방세 과세자원의 편차가 큰 학교구 사이의 형평성을 확보하는 수단으로 사용한다(Yusuf 등, p.484). 여섯째, 재산가치 재평가를 통해 세입증가를 통제하는 재산평가액 증가 한도이다. 마지막은 완전한 정보공개로서 사전 공청회 개최, 투표 등을 요건으로 한다. 활용빈도를 보면, 특별 재산세율 한도(33개 주), 재산세 부과 한도(30개 주), 정보 완전공개(22개 주), 재산평가액 증가 한도(14개 주), 일반

3 지방정부에 부과하는 주의 과세 및 지출 한도와 별도로 주 정부 자체의 과세 및 지출 한도는 35개 주가 56개 정책대안을 운영한다. 그중에서 18개 주는 28개의 세입 한도 제도를, 27개 주는 28개의 지출 한도 제도를, 그리고 9개 주는 양 제도를 겸비하고 있다(Mullins, p.236, pp.237-240, Table 9.9). 한편 지방정부 자체적으로는, 인구 25,000명 이상의 미국 지방정부 8개 중에서 하나꼴로 세입·세출 한도 제도를 운영한다(Brooks · Phillips, 2009).

재산세율 한도(13개 주), 일반 세출증가 한도(9개 주), 일반 세입증가 한도(2개 주) 순으로 나타났으며, 40개 주는 두 개 이상의 한도를 복수로 적용하는 혼합 모형을 채택한다(Mullins, p.233, pp.234-235, Table 9.7).

다음은 강제력 측면에서 지방정부의 과세 및 지출 능력을 얼마나 성공적으로 통제할 수 있느냐를 기준으로 구속적 제도와 비구속적 제도로 구분한다. 구속적 제도는 지방정부가 빠져나가기 어려운 제도로서 전년도의 과세 및 지출 실적을 주로 인플레율이나 주민소득 성장률로 보정하여 당년도 한도를 설정하는 과세 및 지출 한도 제도와 세율 및 재산평가금액 모두에 상한선을 설정하는 혼합형의 재산세 부과 한도 제도 등이 있다. 반면에 세율이나 재산평가금액 중에서 어느 하나만 규제하는 제도는 다른 항목을 조정하여 변화를 상쇄할 수 있으므로 비구속적 제도라고 할 수 있나(Yusuf 등, p.484; Gordon, p.251). Mullins와 Joyce(1996)에 의하면 39개 주가 세율 및 재산평가금액에 각각 상한선과 부과 한도를 설정하는 구속적 제도를 채택하고 있다(Yusuf 등, p.485 재인용).

과세 및 지출 한도 제도가 지방정부의 채무 규모 및 채무불이행 위험에 미치는 영향은 양면적이다(Yusuf 등, p.477, Figure 19.1). 먼저 과세 및 지출 한도 제도는 지방정부의 채무를 확대하는 요인으로 작용한다. 과세 한도는 징세능력을 축소하고 지출 한도는 당년도 세입의 활용을 억제하기 때문에 결과적으로 지방정부의 채무의존도가 늘어난다. 다음으로 채무불이행 측면에서는 과세 한도 제도는 위험도를 높이는 부정적 영향을, 지출한도는 위험도를 낮추는 긍정적 영향을 미친다. 과세 한도는 지방정부의 징세능력을 제약하여 이것을 담보로 발행하는 일반보증공채의 상환불이행 전망치를 높이는 데 반해, 지출 한도는 지방정부의 자의적인 재정집행을 억제하여 예기치 못한 재정적자가 발생할 위험을 줄이고 채무불이행 전망치를 낮추는 요인이 되기 때문이다.

Ⅲ. 채무 한도 및 기채 제한

미국의 주와 지방정부는 경상예산과 자본예산을 구분한다. 경상예산은 매년 반복되는 일상적인 재정활동을 수행하기 위한 포괄적인 예산이다. 세금, 수수료, 사용료 등으로 구성되는 경상세입으로 공무원 보수, 물품 및 서비스 대금과 같은 경상지출에 충당한다. 자본예산은 장기적인 편익을 제공하는 유형 또는 고정자산의 취득이나 건설 등을 위한 재원 배분에 한정된다. 경상예산과 달리 지방정부가 전적으로 상환을 보장하는 일반보증채를 발행하여 재원을 조달할 수 있다.[4] 경상예산과 자본예산을 구분하는 이유는 모든 종류의 지출을 망라하는 경상예산에 대해서는 균형예산 원칙을 엄격하게 적용하는 한편, 일반보증채를 발행할 수 있는 자본예산은 유형 및 고정자산에 국한하여 예산편성 과정의 관심을 높이고 집행상의 관리·통제를 강화하기 위해서이다(Pagano·Shock, p.17). 궁극적인 목적은 이를 통해 공공서비스를 효과적으로, 그리고 저비용으로 제공하는 것이다.

자본예산은 크게 3가지 경로로 경상예산과 영향을 주고받는다.[5] 첫째, 경상예산의 당년도 세입 또는 회계잔고가 자본예산의 재원으로 사용된다. 자본예산 재원은 일반보증채(GO: general obligation bond) 발행액과 경상예산 및 상급정부의 보조금 등으로 구성되는 현금지급(PAYGO: pay as you go) 재원으로 구분된다. 둘째, 자본시설이 완공되고 나면 시설 운영 및 관리비용은 대부분 경상예산에서 부담한다. 따라서 경상예산 영향평가를 자본예산 승인의 조건으로 부과하는 경우가 많다(*ibid.*, p.21). 마지막으로, 그러나 가장 중요한 문제는, 일반보증채의 원리금을 경상예산에서 상환하는 점이다. 일반보증채는 지방정부가 상환을 전적으로 보장하기 때문에 공채발행의 한도 및 제한은 주로 일반보증채를 대상으로 이루어진다.

이처럼 채무 한도(debt limit) 설정 및 기채 제한(debt restriction)은 자본예산을 통제하기 위한 것으로서, 재정제도 중에서 최초로 발전되었다. 그 연원은 1840년대로 거슬러 올라간다. 당시 다수의 주가 철도, 유료고속도로, 운하 등 사회기반시설을 소위 '비과세 재정조달 방식'(taxless finance)을 통해 건설하려다 실패하여 재정위기에 빠졌다(Gordon, p.251; Yusuf 등, p.478). 비과세 재정조달 방식이란 민간기업이 배타적으로 운영권을 행사하는 조건으로 기반시설을 건설하고, 주는 투자자금의 차입을 보증하거나 공채를 직접 발행하여 재원을 조달하고 원리금을 통행료나 배당금으로 상환하는 방식을 말한다(Gordon, p.251). 그런데 이들 사업이 당초에 예상했던 수준의 수익을 창출하지 못한 데다 때마침 밀어닥친 경제공황 및 그에 따

4 경상예산도 세입과 세출의 시기가 맞지 않으면 어음(revenue/tax anticipated notes)을 발행하고 회계연도 중에 징수되는 세입으로 상환하는데, 이처럼 회계연도 중에 균형예산 원칙의 범위에서 운영되는 단기차입은 여기서 말하는 공채, 즉 일반보증채에 포함되지 않는다.

5 메릴랜드 의회사무처(Department of Legislative Services, Maryland General Assembly, Capital Budget Overview 참조.

른 디플레이션으로 실질적 부채 부담이 가중되었다.

급기야 8개 주와 플로리다 자치령이 채무불이행 상태에 빠졌고, 그중에서 5개 주는 채무 상환을 전부 또는 일부 거부하는 상황에 이르렀다(*ibid.*, p.251). 그 대책으로 인디애나주는 기채를 전면적으로 금지했고, 다른 대다수 주는 채무 한도를 설정하거나 공채 발행에 절차적 요건을 부과하였다(*ibid.*, p.252). 그러나 주의 채무에 대한 통제는 일종의 풍선효과로서 지방정부의 채무 증가로 나타나 1870년대에 들어서자 새로운 재정위기가 발생했다. 이에 따라 1890년까지 36개 주가 지방정부의 채무 한도를 설정하고 기채 발행의 절차적 요건을 강화했다(*ibid.*, p.252).

먼저 채무 한도는 일정한 금액을 상한선으로 설정하거나 세입이나 재산평가액 대비 채무비율 또는 세입 대비 원리금상환금 비율 등으로 제시된다. 현재 48개 주가 지방정부에 채무 한도를 부과해 놓고 있나(Yusuf 등, p.479).[6] 다음으로 채무 제한은 공채를 발행할 때 준수해야 하는 절차 또는 요건으로서 경쟁입찰, 채무 한도 증액을 위한 의회의 초다수결(supermajority) 의결, 그리고 주민투표에 의한 승인 등 다양한 형태가 있다(*ibid.*, p.478; Gordon, p.252). 주민투표 제도는 지방정부가 공채를 발행하기 전에 유권자들의 승인을 받게 하는 것으로서 39개 주가 헌법 또는 법률로써 이 제도를 채택하고 있다(ACIR, 1993; Yusuf 등, p.480 재인용). 그중에서 12개 주는 일반보증채에 적용하고, 나머지 27개 주는 모든 종류의 공채를 대상으로 일정 한도를 초과하는 경우 적용한다. 주민투표는 다수가 단순과반수 찬성으로 통과되지만 2/3 또는 3/5의 초다수결을 요건으로 하는 주도 일부 있다(ACIR, 1974; Yusuf 등, p.480 재인용).

채무 한도 및 기채 제한 효과는 이론적 근거를 가진다(Yusuf 등, p.477, Figure 19.1). 먼저 채무 한도는 재정규율의 확립 및 신중한 재정운영을 유도함으로써, 그리고 주민투표는 주민들의 승인이 공채시장에 확신을 줌으로써 채무불이행 우려를 줄일 수 있으며, 이것이 이자율 등 공채 발행 비용의 감소로 이어진다. 채무 규모 측면에서는 채무 상한선의 설정 또는 주민투표에 의한 승인요건을 부과함으로써 차입을 통한 재정조달을 억제하고 결과적으로 채무잔액을 줄이는 데 직접 영향을

---

6 예를 들어, 애리조나 헌법은 과세재산의 6%를 초과하여 기채를 발행하는 경우에 투표권을 가진 재산세 납세자 과반수의 승인을 요건으로 정하고 있으며, 캘리포니아 헌법은 소득 및 세입의 일정 한도를 초과하여 기채를 발행하는 경우에 유권자 2/3 이상의 찬성을 요건으로 부과한다(Yusuf 등, pp.480-481).

미친다. 만약에 선출직 공직자들이 중위투표자(median voter)의 선호에 따라 정책을 결정한다고 가정하면 그것은 단순과반수에 의한 주민투표의 결과와 같으므로 기채를 억제하는 효과를 기대할 수 없다. 그러나 주인-대리인 이론의 관점에서 보면 선출직 공직자들은 정치적 지지라는 지대를 추구하기 때문에 기본적으로 주민들보다 높은 수준의 채무를 선호한다. 따라서 주민투표는 단순과반수를 요건으로 하더라도 기채를 억제하는 효과적인 수단이 될 수 있다(Yusuf 등, p.482).

Ⅳ. 예산안정기금

경기변동에 따른 세입 감소 및 지출수요 증가의 충격을 완화하기 위해 차입에 크게 의존하게 되면 재정 책임성을 유지하기 어렵다. 그래서 세금을 인상하거나, 지출을 줄여 이에 대응하거나, 사전에 여유자금을 적립했다가 필요한 시점에 사용할 필요가 있다. 때로는 분식회계와 같은 편법을 임시변통으로 사용하기도 한다(Rodriguez-Tejeod, p.376). 그중에서 세금 인상은 낙선의 위험을 높이기 때문에 선출직 공직자들이 선호하지 않을 뿐더러 과세 한도의 제한을 받을 수 있으며, 세출삭감은 불경기에 증가하는 복지 수요와 경기침체를 심화하는 부작용을 고려하면 선택하기가 쉽지 않다(Wagner·Elder, p.441). 회계 편법이나 공유재산 매각과 같은 일회성 세입의 편입 또한 근본적 해결책이 될 수 없다.

예산안정기금(BSFs: Budget Stabilization Funds)은 경기변동에 대응하여 호황기에 여유재원을 적립해 놓았다가 불황기에 재정적자에 충당하거나 경기침체를 완화하기 위해 활용하는 제도이다. 가장 최근에 도입되었지만 가장 빠르게 성장하는 재정제도이다. '궂은 날'(rainy day), 즉 불황에 대비한다는 뜻에서 일명 불황대비기금(rainy day fund)으로도 불린다. 이것은 경기순환으로 인한 세입의 급격한 변동에 대비해서 정부가 어떻게 하면 공공서비스의 제공에 필요한 사업비 지출을 유연하게 조정해 나갈 수 있느냐의 문제이기도 하다(Hou, 2013, p.1). 예산안정기금은 정부 계층에 따라 운용 중점이 달라 중앙 또는 연방정부 차원에서는 경기대응 재정정책으로서 케인스 류의 경제안정 효과를 강조하는 반면에, 주 및 지방정부는 세입이 감소하는 경기후퇴 국면에서도 공공서비스를 안정적으로 공급할 수 있는 예산안정 기능을 중시한다(Hou, 2013, p.15, p.29; Hou, 2015, p.2, p.3).

예산안정기금의 기원은 19세기 후반기에 미국의 지방정부가 긴급한 재정 부족 상황에 대비하여 비상대비기금(contingency fund)을 설치하기 시작한 것을 들 수 있다. 불황대비기금이라는 이름으로는 1930년대에 뉴욕시가 처음 설치했다(Hou, 2013, p.38). 예산안정기금은 판매세와 소득세와 같이 경기변동에 민감한 세금을 주된 세원으로 하는 주 정부가 폭넓게 채택하고 있고, 이에 관한 연구도 대부분 주 정부의 기금을 중심으로 진행돼 왔다. 주 정부 차원에서는 1946년 뉴욕주, 그리고 1959년에 플로리다주가 설치했으며, 나머지는 모두 1970년대 이후, 특히 1980년대에 24개 주가 집중적으로 설치했다(Rodriguez-Tejeod, p.377; Wagner·Elder, pp.441-442). 2015년 현재 캔자스와 몬태나를 제외한 48개 주가 예산안정기금을 채택했으며, 복수의 기금을 운영하는 주도 있다(NASBO, pp.75-81; Gordon, p.252; Hou, 2013, p.38; Hoe, 2004, p.39-40).[7]

지방정부 차원에서도 세입 및 세출 구조를 보면 주 정부 못지않게 예산안정기금을 설치할 필요성이 크다. 지방정부는 외부환경에 크게 영향을 받는 전형적인 개방경제 시스템이다. 특히 소규모 지방정부는 경제기반이 협소하여 세입변동 폭이 클 수밖에 없고 세출, 즉 공공서비스 제공 측면을 보면 최일선 정부 계층이어서 세입이 감소하는 경기침체기에 공공부조사업, 실업 및 직업훈련 프로그램, 공공시설 운영 등에서 재정수요가 오히려 크게 증가한다(Hou, 2015, pp.5-10; Wolkoff, p.53; Gianakis·Snow, p.89). 그런데도 Wolkoff(1987)는 예산안정기금이 지방정부에 널리 알려지지 않았으며, 앞으로도 광범하게 채택될 가능성이 크지 않다고 주장한다(pp.52-53, p.61). 그는 그 이유로서 첫째, 재정난에 시달리는 지방정부로서는 비축할 만한 재원이라는 것이 거의 없고, 둘째, 장기적인 경기순환을 전제로 하는 예산안정기금은 먼 미래의 효용을 위해서 현재의 지출을 희생하는 강제적인 저축의 성격이 있어서 단기적 효용을 중시하는 경향을 가진 정치인과 주민들이 지지하지 않으며, 셋째, 굳이 별도로 기금을 설치하지 않아도 일반회계 잔고가 어느 정도 대체

---

7 NASBO의 조사와 달리 Wagner and Elder(2005)는 앨라배마, 아칸소, 몬태나, 오리건을 제외한 미국의 46개 주가 예산안정기금을 설치했다고 하고(pp.442-443, Table 1), Rodriguez-Tejeod (2012)는 여기에 콜로라도를 더해 45개 주를 제시한다(p.377, Table 1). 한편 Hou(2004)는 예산안정기금의 요건으로서 법적 의무규정, 다년간의 경기변동 주기에 대한 대응, 그리고 특정 부서 또는 단일목적을 넘어서는 일반적, 전 정부적인 목적의 세 가지 사항을 규정하고, 1999 회계연도까지 미국의 50개 주 가운데 39개 주가 이러한 요건에 부합하는 기금을 설치하고 실제로 자금을 납입했다는 조사결과를 제시했다(p.39 및 pp.63-64, Appendix)

기능을 수행할 수 있다는 점을 든다(Wolkoff, pp.61-62; Gianakis·Snow, p.89). Justin Marlowe(2005)는 지방정부는 다양한 정치 및 제도적인 요인들에 의해 지출 패턴이 결정되기 때문에 주 정부에 비해 높은 수준의 여유재원을 유지하고 있으나, 그 구성은 공식적인 예산안정기금보다 일반회계 잔고에 치중돼 있는 것으로 추정한다(Gianakis·Snow, p.92 재인용).

지방정부 차원에서는 주 정부와 달리 전국적인 규모의 연구 성과 및 통계자료를 찾아보기가 어렵다(Hou, 2015, p.2). 지방정부에 관한 사항을 50개 주가 각각 헌법과 법률로써 규율하는 미국 연방제도의 특성상, 주별로 다양한 지방정부 제도를 횡단적으로 연구하기가 어려운 것이 큰 이유이다(*ibid.*, p.2; Gianakis·Snow, p.89). 다소 오래된 연구이기는 하지만 Wolkoff(1987)에 의하면 1985년 인구 기준으로 미국의 최대도시 55개를 선정하여 실시한 우편조사 결과, 응답한 27개 도시 중에서 6개가 예산안정기금을 설치한 것으로 나타났다(p.54). 그러나 주별로 편차가 크다. Gianakis와 Snow(2007)는 매사추세츠주의 지방정부를 대상으로 한 연구에서 2002년 6월 말 기준으로 351개 전체 지방정부 중에서 18개를 제외하고는 모두 예산안정기금을 운영하고 있었으며, 1995년 이후 기금잔고가 4배로 증가했음을 밝혀냈다(pp.93-94). Snow 등(2015)은 예산안정기금이 유권자의 성향과 조화되지 않기 때문에 유능한 재무관리자의 노력이 없으면 설치되기 어렵다고 주장한다. 반 조세 성향의 유권자는 흑자의 축적을 과도한 과세라고 생각하고, 지출 선호 성향의 유권자들은 흑자를 서비스 공급의 포기라고 생각하기 때문이다(*ibid.*, p.304, pp.306-307).

예산안정기금은 기금의 출입구라고 할 수 있는 적립 및 사용 승인의 절차와 기금의 한도에 따라 구조적 특징이 결정된다. 먼저 재원의 적립은 연도별 예산편성 과정에서 집행부 수장과 의회가 재량적으로 결정하는 방법, 연도 말에 일반회계 흑자가 생기면 일정 비율을 적립하는 방법, 그리고 경제 및 재정 상황과 관계없이 매년 세입의 일정 비율을 적립하는 방법이 있는데 마지막 경우는 세입, 세출, 경제성장 등의 변수를 조합한 적립 공식을 사전에 규정하기도 한다(Hou, 2004, p.43; Gordon, p.252; Rodriguez-Tejeod, p.378, Figure 1).

예산과정에서 기금 재원을 재량적으로 편성하는 방법은 물론이고, 일반회계 흑자를 전입하는 방법도 집행부와 의회가 대중적 지지를 얻기 위해 사업을 확대하면 세입이 정상적인 지출수요를 초과하더라도 기금에 전입할 재원을 확보하기 어렵다(Hou, 2004, pp.43-44). 따라서 후자로 갈수록 정치적 고려가 적게 작용하는 점에서 더 엄격한 방법이라고 할 수 있다. 주 및 지방정부 예산안정기금 중 일부는 일반회계에서 재원을 전입하지 않고 복권 수입, 자동차연료세, 담배소송 합의금 등 특정 세입을 전입한다. 주의 사례로서 알래스카는 주 외 석유 및 가스소비세를 재원으로 하고 있으며, 텍사스는 석유 및 가스세를 보조 재원으로 활용한다(*ibid.*, p.44).

예산안정기금의 인출 절차는 경기변동에 대응하기 위해 조성한 여유재원을 호경기에 소모해버리지 않도록 안전판 역할을 한다는 점에서 매우 중요한 입법 요소이다. 집행부의 재량에 맡기는 방법, 의회의 재량에 의한 예산편성 방법, 초다수결 의결에 의한 의회의 승인을 요건으로 하는 방법, 그리고 재정 부족이나 재정비상사태 등 인출 요건 또는 공식을 사전에 규정하는 방법이 있다(Hou, 2004, p.46; Gordon, p.252; Wagner·Elder, pp.441-442). 후자로 갈수록 엄격한 제도이다. Wagner와 Elder(2005)는 예산안정기금의 적립 및 인출 모두 엄격한 요건을 부과하면 경기순환에 의한 지출 변동 폭이 20% 정도 줄어든다는 연구결과를 도출했다(p.459). 예산안정기금 인출 금액은 이자와 함께 특정 기간 내에, 때로는 회계연도 종료 이전에 상환해야 하는 경우가 많은데, 이러한 강력한 규정 때문에 예산안정기금의 사용이 지나치게 억제된다는 비판이 제기되기도 한다(Gordon, p.252).

예산안정기금의 적정 수준에 대해서는 객관적인 기준이 없지만, 경험칙으로서 일반회계 대비 「5% 원칙」이 유력한 기준으로 제시되고 있다. 이것은 1978년 스탠더드 앤드 푸어스의 부회장보였던 Robert H. Muller가 전국주지사협의회(NGA)와 인터뷰에서 처음 제시했으며, 미국주정부예산담당관협의회(NASBO), 미국주의회협의회(NCSL), 정부재무담당관협의회(GFOA) 등 직무단체들이 이것을 권고기준으로 삼는 등 가장 보편적인 기준이 되었다(Hou, 2004, p.45). Hou(2004)에 의하면 예산안정기금을 운영하는 것으로 그가 조사한 39개 주 가운데 21개 주가 대체로 이 범주에 속하는 4~7%를 표준으로 삼는다(p.46). Gianakis와 Snow(2007)는 매사추세츠의 351개 전체 지방정부 중에서 약 44%인 154개 지방정부가 예산안정기금 잔고를 일반회계 예산의 5% 이상으로 유지하고 있으며, 중간치는 4.1%이고 평균은 6.4%라는 조사결과를 제시했다(p.94, Table 1).

V. 회계 및 재무보고 제도

정부회계는 재무정보를 회계(fund)라고 부르는 유사한 활동별로 구분해서 계리하는(accounting) 회계별 계리(fund accounting)를 기초로 하는 점에서 조직 전체의 모든 재무정보를 하나의 회계로 계리하는 민간기업과 구별된다. 회계(fund)는 독립적으로 균형을 이루는 개별적인 계리의 실체로서, 각각 다른 회계와 구분되는 자산과 부채, 전입과 전출을 계리한다(Freeman 등, 2009, p.47). 이들 회계는 먼저 정부회계, 사업회계 및 신탁회계로 구분되며, 정부회계는 다시 일반회계, 특별수입회계, 부채상환회계와 자본사업회계로, 사업회계는 기업회계와 내부서비스회계로, 그리고 신탁회계는 소모성 및 비소모성 신탁회계, 연금회계 및 기관회계로 구분된다.8

정부회계의 기초인 회계별 계리 및 외부 재무보고 표준화는 재정운영의 절제 및 신뢰(financial prudence and fidelity)를 확보하고 정부의 공공책임성을 고양하기 위한 정부 개혁의 하나로 20세기 초반에 시작되었다(Mead, 2012, p.78). 20세기 들어 미국의 지방정부 규모는 팽창했지만, 정부 투명성은 제자리걸음을 하면서 부패에 적합한 환경이 조성되었고 이에 따라 부정 스캔들이 빈발한 것도 개혁을 추진하게 된 동기가 되었다. 회계 및 재무보고 표준화는 재정 건전성 내지는 재정위기의 측정을 위해 촉진되기도 하고, 반대로 표준화 추진이 재정위기의 측정에 영향을 미치기도 하면서 최근 발생주의 회계원칙에 의한 통합재무보고 형태로 발전했다.

초기 개혁은 전국지방정부연맹(National Municipal League)과 뉴욕지방정부연구소(New York Bureau of Municipal Research)가 주도했다. 먼저 전국지방정부연맹은 1900년 발간한 보고서, 「*A Municipal Program*」을 통해 지방정부의 공공책임성을 확보하는 요체를 지방정부 정보와 그에 대한 해석을 널리 알리는 공보에 있다고 주장했는데, 이것이 현대적 의미에서 지방정부 회계제도를 개혁하는 출발점이 되었다(*ibid.*, p.78). 한편 1907년 창설된 뉴욕지방정부연구소는 지방정부의 개혁과제를 전문적으로 연구하고, 그 결과를 시각적 표현과 알기 쉬운 용어를 사용하여 일반시민들에게 이해시키는 한편, 정부 공직자들과 협력하여 실제 정책으로 연결하는

8 정부회계는 기본적인 정부활동, 즉 전형적인 사례로서 세금으로 운영하는 정부활동을 계리하고, 사업회계는 상하수도와 같이 서비스요금을 부과하는 정부활동을 계리하며, 신탁회계는 정부가 수탁기관의 자격으로 보유하는 타인 소유의 재산을 계리한다(Mead, 2013, p.121 용어해설).

세 가지 역할에 주력했다(*ibid.*: 79). 대공황 시기에는 뉴욕지방정부연구소를 모델로 삼아 미국 전역에 납세자조직 형태로 수많은 시민연구단체(CROs: Citizen Research Organizations)가 결성되어 이들 단체와 교감하는 일반시민 및 기업들의 정보수요가 외부 재무보고의 발전에 큰 영향을 미쳤다(*ibid.*, pp.79-80). 이 단체들은 비록 숫자는 감소했지만, 아직도 주 및 지방정부의 재정 건전성을 평가하고 재정위기에 대한 일반 시민들의 경각심을 일깨우는 역할을 하고 있다.

지방정부재무담당관협의회(MFOA: Municipal Finance Officers Association)가 1935년 전국지방정부회계심의위원회(NCMA: National Committee on Municipal Accounting)를 창설하면서, 모든 정부에 일반적으로 적용되고, 재무보고 감사의 기준이 되는 권위 있는 회계원칙이 정립되기 시작했다(*ibid.*, p.81; Freeman · Allison, p.41). 이 위원회는 6년 동안 운영되면서 주 및 지방정부 회계에 관한 13개의 공고(pronouncements)를 발표했다. 정부 재무보고서의 청사진을 제시한 고시 제6호 '지방정부 회계보고'와 회계보고서 감사방법에 관한 고시 제8호 '지방정부 감사절차'가 대표적인 업적으로서 정부회계의 목적 및 접근방법이 민간기업과 달라야 한다는 원칙을 확고하게 정립했다(Mcad, 2012, p.81).

NCMA는 7년의 공백 끝에 1948년 전국정부회계심의위원회(NCGA: National Committee on Governmental Accounting)라는 이름으로 재출범했다. 그리고 1951년 종전의 모든 공고를 개정한 통합본으로 고시 제14호 '지방정부 회계 및 감사'를 발표했는데, 이것이 20년 가까이 정부회계의 교본이 되었다(Freeman · Allison, p.42; Mead, 2012, p.81). 이어서 위원회는 1968년 당시까지 제정된 공고의 통합본인 '정부회계, 감사 및 재무보고'(GAAFR)를 발간했다.[9] 이 간행물은 진청색 표지 때문에 '청서'(blue book)로 널리 알려져 있으며, 정부회계의 성경으로 불릴 정도로 기념비적인 위상을 가진다(Freeman · Allison, p.42). 미국공인회계사회(AICPA)는 이 규정이 일반회계규범(GAAP)을 구성하게 되었다고 그 권위를 인정했다(*ibid.*, p.42; Mead, 2012, p.82).

정부회계 및 재무보고 기준의 표준화는 NCGA를 승계한 최초의 상설기관으로 1974년 전국정부회계위원회(NCGA: National Council on Governmental Accounting)가 창설되면서 새로운 전기를 맞았다. 주 및 지방정부의 회계, 감사 및 재무보고에 관한 관심이 크게 높아짐에 따라 그간 간헐적, 주기적으로 추진된 회계기준 설정이

9 NCGA는 1953년부터 1967년 사이에 운영이 중단되었는데 이 통합 간행물의 발간작업은 위원회의 운영이 중단되었던 이 기간에 추진되었다.

상시적 활동으로 전환된 것이다(Freeman · Allison, p.42). 동 위원회는 1984년까지 활동하면서 공고(statement) 7개, 해석(interpretation) 11개 및 개념 공고(concepts statement) 1개를 발표했다. 1979년의 「공고 1」 '정부회계 및 재무보고 원칙'(Governmental Accounting and Financial Reporting Principles)은 1999년 후술할 '정부회계기준위원회(GASB) 공고 제34호'가 발표될 때까지 재무보고의 모델이 되었다(Mead, 2012, p.82).

전국정부회계위원회(NCGA)의 「공고 1」은 도입부와 재무 및 통계의 세 부분으로 구성되며 연도별종합재무보고(CAFR: Comprehensive annual Financial Report)의 형태를 띤다. 그중에서 핵심은 재무 부분으로서 회계감사를 거친 재무제표와 주석, 그리고 세부 정보가 포함된 보조자료로 구성되며, 종전과 같이 회계 중심으로 작성된다(*ibid.*, p.82, pp.95-99). 여기서는 먼저 통합대차대조표를 통해 모든 종류의 회계, 즉 정부회계, 사업회계 및 신탁회계를 하위단위까지 분류하고 각 회계의 자산과 부채 및 잔고를 세부 항목별로 합산하여 표시한다. 이와 함께 회계별로 전입과 전출을 세부 항목별로 합산한 전입전출명세서를 작성한다.

회계별로는 측정초점(MF: measurement focus) 및 회계원칙(BA: basis of accounting)이 서로 달라 정부회계 및 소모성 신탁회계에는 수정발생주의 및 유동 재무자산 중심 측정방식을, 그리고 사업회계 및 비소모성 신탁회계에는 발생주의 및 경제자산 중심 측정방식을 적용한다.[10] 수정발생주의는 장기적 재무자원을 인식하는 점에서는 발생주의와 같으나, 다년간 효용을 제공하는 유형(고정)자산을 자산으로 인식하지 못하고 당년도에 소비되는 비용으로 처리하는 점이 발생주의와 다르다(오영균, 2008, 127면). 따라서 정부회계 유형의 대차대조표에는 경찰, 소방과 같은 기본적 정부서비스와 관련된 유동자산 및 부채만 포함되고 자본자산과 공채 등 장기채무는 제외된다. 그 대신에 계정그룹이라는 이름 아래 일반적으로 교량, 도로, 급수관과 같은 사회기반시설을 제외한 일반 고정자산과 장기부채를 각각 표시하는 2개의 난을 추가한다(Mead, 2012, p.82).[11] 이와 대조적으로 정부회계 이외에 발생주의

10 측정초점(MF)은 재무제표에 보고되는 거래, 사건 또는 요소의 유형으로서 경제자산 측정은 모든 유동 및 고정자산과 모든 유동 및 장기부채를 모두 인식하여 자산 및 부채의 당기변화(current period changes)를 나타내는 데 비해, 유동 재무자산 측정은 지출에 사용할 수 있는 일반정부 재무자산의 재원, 사용 및 잔고에 초점을 맞추어 당기의 자산과 부채, 그리고 수입과 지출을 계리한다. 한편 회계원칙(BA)으로서 발생주의는 발생 시점을 기준으로 수입(revenues earned), 비용(expenses incurred) 및 기타 자산의 변화를 계리하는 데 반해 수정발생주의는 지출 가능한 재무자산의 전입, 전출 및 잔고를 출납 시점을 기준으로 계리한다(Freeman 등, 2009, pp.49-51).

11 NCGA 「공고 1」에서 도로, 교량, 급수관 등 기반시설 자산의 보고는 선택사항이다(Mead, 2013,

가 적용되는 회계는 유동과 고정을 포함한 모든 자산과 부채, 그리고 출납 시점과 상관없이 모든 전입과 전출을 계상한다.

정부회계위원회(NCGA)는 상설이기는 했지만, 기업과 비정부·비영리기관의 회계기준을 관장하는 재무회계기준위원회(FASB: Financial Accounting Standards Board)와 같은 독립적인 지위를 인정받을 수 없었다(Mead, 2012, p.83). 재무회계기준위원회(FASB)가 상근 직원과 자체의 연구 및 기술 인력을 갖춘 데 비해 NCGA는 자원봉사 인력으로 구성되고 사무직원이 사실상 지방정부재무담당관협의회(MFOA)의 직원이었기 때문이다. 그리하여 민간기관인 재무회계재단(FAF: Financial Accounting Foundation)과 주요 정부 부문 전문가단체들이 합의하여 1984년 재무회계기준위원회에 상응하는 조직을 갖춘 정부회계기준위원회(GASB: Governmental Accounting Standards Board)를 실치하기에 이르렀다. 그 결과 GASB는 지방정부의 회계원칙을 설정하는 각 주의 권한을 사실상 인수했으며, 미국에서 일반회계규범(GAAP)의 설정은 재무회계재단의 감독 아래 정부 부문은 GASB가, 그리고 민간 및 비정부·비영리기관은 FASB가 관장하는 이원적 체제가 정립되었다(Brennan, 2009; Mead, 2013, p.83; Freeman·Allison, pp.43-44).12

2011년 말 현재 GASB는 공고 64개, 해설 6개, 개념 공고 5개 등 수많은 지침서를 제정했다(Mead, 2012, p.83). 그중에서도 단연 중요한 지침은 1999년 발표된 공고 제34호(Statement No. 34), 「주 및 지방정부 기본재무제표-관리자 해설 및 분석」(「GASB 34」로 약칭)이다. GASB는 창설 당시 회계 기반의 기존 재무보고 방식의 문제를 극복할 수 있는 새로운 청사진의 개발을 핵심적인 과업으로 부여받았다. 「GASB 34」는 최고의 성과물로서, 당시 적용되던 전국정부회계위원회(NCGA)의 공고 1호, 연도별종합재무보고(CAFR)를 대체하여 주 및 지방정부 재무보고 모델의 근거가 되었다(*ibid.*, p.92). 기존 재무보고 형식은 정부 책임성의 향상 및 관리정보의 제공을 목적으로 했지만, 기본적으로 유사한 기능, 사업, 또는 활동별로 회계(fund)를 구분하고 그 유형에 따라 회계원칙(BA) 및 측정중점(MF)을 달리 적용했기 때문에 주 및 지방정부의 재무상태를 통일된 관점에서 종합적으로 평가하기가 어려웠다(Chaney

p.120, end-note 9).

12 일반회계규범(GAAP)은 기본적인 회계기준, 원칙 및 절차를 말한다. 정부 부문의 일반회계규범은 미국의 모든 주 및 지방정부가 연도별 재무보고를 작성하는 데 있어서 같은 유형의 회계 및 정부활동을 대상으로, 같은 측정 및 분류기준을 적용하여, 같은 유형의 재무제표 및 필수 재무정보를 제공하도록 보장한다(Freeman 등, 2009, p.46).

등, p.26).

Mead(2012)는 기존 접근방식의 단점을 세 가지로 구분한다(pp.91-92). 첫째, 거의 전적으로 예산 및 단기정보에 치중하여, 장기적인 재정 전망에 필수적이며, 일반 정부활동과 관련된 장기부채 및 자본자산이 제외되는 점, 둘째, 정부 내의 특정 분야(예: 정부회계, 그중에서 일반회계와 일부 특별수입회계 등)에 한정된 분석으로 전반적인 재정건전성을 고려하지 않으며, 각 회계의 정보를 통합하고자 해도 회계원칙 및 측정초점이 달라 의미 있는 통합이 어려운 점,[13] 셋째, 작성기관에 따라 같은 활동을 다른 회계, 또는 다른 항목으로 계상할 수 있는 회계기준 적용의 융통성 때문에 재무보고의 편차가 커 정부 간 비교가 어려운 점이다.

「GASB 34」는 재무정보를 통합적으로 제공하는 보고 모델을 제시하여, 기존 접근방법의 문제를 해소했다는 점에서 중요한 의미가 있다. 관리자 해설 및 분석(MD&A: Management's Discussion and Analysis), 기본재무제표(Basic Financial Statements) 및 필수보충정보(RSI: Required Supplementary Information)의 세 부분으로 구성된다. 기본재무제표는 역사상 처음으로 정부운영 전반에 걸쳐 종합적인 정보를 제공하는 두 개의 새로운 통합재무제표인 순자산명세서(statement of net position)와 활동명세서(statement of activities)를 작성하도록 의무화한 것이 가장 핵심적인 변화이다(*ibid.*, p.93). 통합재무제표는 주 및 지방정부 본청의 정부활동 및 사업활동과 소속기관의 활동을 구분하여 발생주의 회계원칙 및 경제자원 중심 측정방식에 따라 작성한다(*ibid.*, pp.100-103, Table 4.3 및 4.4). 공무원연금 등 정부의 신탁활동 정보는 여기에서 제외된다. 신탁활동과 관련된 자원은 타인 소유로서 정부사업을 추진하는 데 활용할 수 없는데도 정부 통합재무제표에 포함되면 재무자산 등 정부의 재정상태를 이용자가 오해할 수 있기 때문이다(*ibid.*, p.94).

먼저 순자산명세서를 보면, 기본적으로 순자산이 자산과 부채의 차액이기 때문에, 자산과 부채 및 순자산의 세 개 부분으로 구성된다(*ibid.*, p.94, pp.100-101, Table 4.3). 자산은 다시 유동자산인 현금 및 현금등가물, 그리고 비유동자산인 용도지정 현금 및 현금등가물과 자본자산으로 구분된다. 부채는 지급(채무)계정 등

13 전술한 NCGA 「공고 1」의 통합대차대조표 및 전입전출명세서에도 각종 회계를 합산한 총계난이 설정되어 있기는 하다. 그러나 회계별로 회계원칙 및 측정기준이 달라 정확한 정보가 아닐 뿐더러, 마치 그러한 합산이 가능하다고 오해할 수도 있으므로 '비공식 참고자료'(memorandum only)라는 설명이 추가되어 있다(Mead, 2012, p.92, pp.95-99, Table 4-1 및 4-2).

유동부채와 장기채무 등 비유동부채로 구분된다. 순자산은 자본자산순투자와 외부 제약이나 헌법 또는 수권법률에 의거 내부적으로 제한을 받는 용도지정 순자산 및 그러한 제한이 없는 용도미지정 순자산으로 세분된다. 용도지정의 목적으로는 자본사업, 채무상환, 지역개발사업 등이 있다. 회계별 계리를 기본으로 하는 NCGA 「공고 1」에서는 별도의 계정그룹을 설정하여 자본자산과 장기부채를 보고하게 했었다.

다음으로 활동명세서는 정부기능 내지는 사업별로 공공서비스를 제공하는 데 소요된 비용 및 경비조달 방법에 관한 정보와 함께, 그 결과 순자산이 어떻게 변동되었는지 그 내용을 보여 준다(*ibid.*, p.94, pp.102-103, Table 4.4). 서비스비용의 조달방법은 사업수입과 순비용/수입으로 구분된다. 사업수입은 정부활동 자체에서 나오는 수입으로서 공영골프장 사용료, 면허수수료와 같은 서비스요금 및 수수료와 특정 사업으로 용도가 지정된 보조금 및 부담금으로 구분된다. 후자는 다시 운영목적과 자본 목적으로 구분된다. 사업수입으로 서비스비용을 충당하지 못하는 부분은 공공이 부담해야 할 순비용으로서 정부는 세금, 용도 미지정 보조금 및 부담금, 투자수입, 기타잡수입 등으로 그것을 소달한다. 이러한 정부 세입과 서비스 순비용/수입의 차이는 순자산변동으로 나타난다. 활동명세서에서 볼 수 있는 「GASB 34」의 또 다른 특징은 '특별 및 비상' 항목을 '기타' 항목에서 분리한 것이다(*ibid.*, p.104). 여기서 비상 항목은 특이하면서 보기 드문 현상으로서 연방의 재난지원교부금이나, 가령 토네이도가 거의 발생하지 않는 미국 북동부 지방의 지방정부가 토네이도 복구 청소비용을 계상했다면 이 항목에 해당한다. 특별 항목은 일정 규모 이상 정부재산의 매각과 같이 특이하거나 드물지만, 정부가 통제할 수 있는 사항을 말한다. 이들 항목을 별도로 분리함으로써 정부가 특별한 비용을 부담하고 있는지, 그리고 수지를 맞추기 위해 편법으로 비정상적인 재원에 의존하는지를 판단할 수 있다.

정부통합재무제표의 도입으로 회계 중심의 회계 및 보고제도가 미국에서 사라진 것은 아니다. 회계 중심의 재무정보, 특히 유형별 합산이 아닌 개별 회계의 세부적인 정보가 정부재정을 이해하는 데 여전히 필수적이라는 생각이 강하게 남아 있었고, 정부회계기준위원회(GASB)의 연구에서도 회계정보의 유용성이 크게 개선될 수 있다는 결론이 도출되었다(*ibid.*, p.104). 이에 따라 「GASB 34」는 회계 재무보고를 유지하면서 유형별 회계보고를 주요 회계보고로 대체했다. 주요 회계보고에 의무적으로 포함되어야 하는 회계에는 세 가지 유형이 있다. 첫째, 정부의 주된 운영회계로서 대체로 일반회계가 이에 해당한다. 둘째, 특정 회계의 총자산, 부채, 세입 또는 세출(비용)이 해당 특정 회계가 속하는 정부 또는 기업회계 총액의 10% 이상을 차지하면서 동시에 정부 및 기업회계를 합산한 전체 회계 총액의 5% 이상을 차지하는 경우이다. 셋째, 재무제표 이용자들에게 특히 중요하다고 정부가 판단하는 회계가 포함된다. 주요 회계에서 빠진 잔여 회계들은 각각 단일의 정부 및 기업회계로 통합하여 보고한다.

주요 회계보고의 가장 중요한 변화는 편차설명 항목들을 추가한 것이다(*ibid.*, p.105, pp.106-107). 먼저 정부회계의 경우, 수정발생주의 회계원칙 및 유동재무자산 중심 측정방식에 따라 대차대조표와 세입, 세출 및 회계잔고 변동명세서를 계속 작성한다. 「GASB 34」는 여기에 회계잔고 및 회계잔고의 변동이 정부통합재무제표의 정부활동순자산 및 순자산변동과 어떻게 다른지 설명하는 일련의 편차설명 항목들을 추가한다. 사업회계의 경우에는 먼저 순자산현황명세서와 세입, 비용 및 회계 순자산현황변동명세서, 그리고 자금흐름명세서라는 세 가지 재무제표를 작성해야 한다. 그중에서 자금흐름명세서는 전입 및 전출을 네 가지 범주, 즉 운영활동으로부터의 자금흐름, 자본 및 자본 관련 재무활동, 비자본적 재무활동 및 투자활동으로 구분한다. 그리고는 편차설명 항목을 통해 운영활동의 자금흐름 결과와 발생주의에 의한 세입, 비용 및 회계 순자산현황변동명세서의 차이점을 설명한다.

앞에서 「GASB 34」가 관리자 해설 및 분석(MD&A), 기본재무제표(BFS), 그리고 필수보충정보(RSI)의 세 부분으로 구성되어 있으며, 기본재무제표에 발생주의 회계원칙과 경제자산 중심 측정방식을 적용한 두 개의 통합재무제표를 새로 추가하는 한편, 수정발생주의 및 유동재무자산 중심 측정방식에 의한 기존의 회계보고 방식을 유지하면서 유형별 회계보고를 주요 회계보고로 대체한 것이 가장 중요한 변화라는 것을 살펴보았다. 한편, 관리자 해설 및 분석(MD&A)은 재무보고서의 구성과 재무제표에 포함된 정보를 요약해서 객관적으로 제공하고 회계연도 중에 어떤 변화가 있었는지를 중심으로 정부재정에 관해 설명한다(*ibid.*, p.93). 이 부분은 중요한 재무정보를 부각해서 보여 주고 재무보고서 분석의 통찰력을 제공하는 점에서 특별히 유용하다. 「GASB 34」의 세 번째 구성요소인 필수보충정보(RSI)는 그 목적이 예산 비교에 있으며, 일반회계 및 법적으로 채택된 모든 특별수입회계에 대하여 최종 수정예산과 연도말 실적, 그리고 당초예산 정보를 의무적으로 함께 제공하도록 했다(*ibid.*, p.110). 실질적으로 미국의 모든 지방정부는 지침 또는 법정 의무로서 재무정보를 작성하고 보고해야 한다(*ibid.*, p.83). 그러나 모든 지방정부가 정부부문 일반회계규범(GAAP) 설정기관인 정부회계기준위원회(GASB)의 재무보고 기준을 따라야 하는 것은 아니다. Mead(2008)에 의하면 36개 주가 법률 또는 지침으로 일부 또는 전체 지방정부에 대하여 GAAP에 의거 재무보고를 작성하도록 의무화하고 있다(p.3, pp.11-13, Appendix).

제 2 절 지방재정위기의 예측 및 확인 제도

지방정부 재정위기의 예측 및 확인은 재무상태를 측정하여 재정위기가 임박했거나 재정위기로 발전될 수 있을 것인지를 사전에 탐지하거나, 아니면 이미 재정위기에 빠졌는지를 사후적으로 확인하는 일이다. 이를 통해 지방정부와 주, 지역주민, 그리고 채권자와 외부 감시기관 및 이해관계인들은 그러한 상황을 두고 볼 것인지 아니면 대응할 것인지, 그리고 대응한다면 언제, 어떻게 대응할 것인지를 판단하여 최악의 상황으로 치닫기 전에 예방 또는 완화대책을 추진할 수 있다(Justice·Scorsone, p.43).

재정위기를 예측 및 확인하기 위한 노력은 1975년 뉴욕시의 파산위기 등 미국 중심도시들이 재정난에 빠진 것이 계기가 되어 1970년대 후반 및 1980년대 초반에 집중적으로 이루어졌다. 재정위기가 발생한 이후에 해당 지방정부에만 적용되는 특별법을 제정하여 사후적으로 개입하는 당시의 방식이 한계를 보임에 따라 그 대안으로 주가 재정위기법률을 사전에 제정하여 지방정부의 재정상황을 일반적으로 추적·감시하고 포괄적으로 개입하는 일반법 방식의 지방재정위기 관리 제도가 발전된 것이다(Berman, p.68). 재정위기의 예측 및 확인은 이러한 일반법 방식의 재정위기 관리 제도를 지원하는 것으로서, 수많은 지표 및 추적감시시스템이 고안되었으며, 여기에는 재정위기 판단기준의 설정이 하나의 필수적인 요건이 되었다(Kloha 등, 2005a, p.238; Kloha 등, 2005b, p.313; Hendrick, 2011, p.19).

그러나 재무상태 및 그것이 악화되는 동태적인 사건인 재정위기는 실제로 측정하기가 어렵고 예측은 더욱 어렵다. 재무상태가 외부환경과 내부 재정구조 및 정책 결정, 그리고 그들 사이의 상호작용으로 형성되는 다차원적 현상인데다, 인과관계가 비선형으로 작동되는 경우가 많고 상황에 따라 달리 나타날 수도 있기 때문이다(Jacob · Hendrick, pp.35-36; Justice · Scorsone, p.44).

먼저 재정위기를 예측하기 위해서는 척도와 지표체계의 선택 및 구성이 중요하다. 여기에는 어떠한 단일의 척도, 공식 또는 경험칙도 있을 수 없으며 다면적인 접근방법만이 유효하다는 데 많은 학자가 공감한다(Berne · Schramm, 1986, p.373; Justice · Scorsone, p.50 재인용). Jacob과 Hendrick(2012)도 완벽한 척도는 없으므로 각 척도의 한계, 데이터 수요, 사용목적 등을 고려하여 지나치다 싶을 정도로 실용주의적 관점에서 결정하는 것이 좋다고 조언한다(p.35). 이러한 관점에서 이 책은 실무 및 학술 목적으로 수없이 개발된 재정위기 예측시스템의 주요 접근방법과 지금까지 개발된 대표적인 모형들을 소개한다.

다음으로 재정위기의 확인은 지방정부가 재정위기에 빠졌음을 사후적으로 확인하는 것으로서 위기의 예방에 중점을 두는 재정위기 예측과 달리 재정감독관의 임명과 지방정부의 인수에 이르기까지 주의 강력한 조치의 발동을 알리는 방아쇠(triggers) 역할을 한다(Kloha 등, 2005a, p.240). 따라서 재정위기 확인 또는 선언조건을 각 주가 어떻게 규정하는지, 그리고 그러한 조건들이 얼마나 민감한지가 중요한 쟁점이다. 재정위기 선언 조건이 너무 민감하다는 것은 실제로는 심각한 문제가 아닌데도 재정위기임을 선언하고 개입하는 것으로서 긍정오류(false positive) 또는 제1종 오류(Type I error)에 빠지기 쉽다. 반대로 조건이 너무 둔감하다는 것은 지방정부가 재정위기로 치닫고 있는데도 불구하고 그것을 인식하지 못하는 것이다. 부정오류(false negative) 또는 제2종 오류(Type II error)라고 한다. 여기서는 PEW(2016)가 재정위기 선언 조건을 법률로써 규정한 것으로 확인한 15개 주를 대상으로 각 주의 관련 법률에 규정되어 있는 재정위기 선언 조건을 전수조사한다. 이렇게 도출된 재정위기 선언 기준은 한국의 사전경보시스템과 함께 경상남도의 재무상태가 재정위기 상황에 이르렀는지를 판단하는 지표로 사용한다.

Ⅰ. 재정위기의 예측

1. 재정위기 예측 실태

재정위기는 외부환경과 내부 재정구조 및 정책결정, 그리고 그들 사이의 복잡하고 예측하기 어려운 상호작용이 복합적으로 결부되어 있어 추적·감시가 어려운데다 짧은 기간에 밀어닥치는 경우도 많아 예측하기가 더욱 어렵다(PEW, 2016, p.6). 미국에서 지방정부의 재무상태를 추적·감시 및 확인하고, 나아가 재정위기를 예측하는 주는 소수에 불과하다. PEW(2016)에 의하면 22개 주가 지방정부의 재정위기를 추적·감시하고 있으며, 그중에서 8개 주가 '조기경보' 제도의 기준을 충족시킨다. Kloha 등(2005a)은 15개 주가 지방정부의 재무상태를 측정 또는 추적·감시하고 그중에서 7개 주가 재정위기를 예측한다는 연구결과를 얻었다(p.241).

PEW(2016)가 제시한 조기경보 제도의 기준은 첫째, 주 법률로써 지방정부의 재정위기를 공식적으로 규정해야 하고, 둘째, 지방재정 상태가 사전에 규정해 놓은 재정위기 상황으로 빠져드는 신호를 확인할 수 있도록 설계되어야 한다(p.15). 루이지애나, 네바다, 뉴저지, 노스캐롤라이나, 오하이오, 펜실베이니아, 로드아일랜드와 테네시의 제도가 여기에 속한다. 최근 들어, 오하이오와 펜실베이니아 및 네바다는 각각 2011년, 2014년 및 2015년에 재정위기를 더욱 일찍 탐지하여 위기상황에 개입할 수 있도록 조기경보 제도를 강화했다. 코네티컷, 뉴멕시코 및 뉴욕은 안정적인 지방재정 추적감시시스템을 갖추고 있지만, 재정위기의 조건을 주 법률에 명확하게 규정하지 않아 이 명단에서 제외된다(*ibid.*, p.15).

Kloha 등(2005a)은 재정위기를 사후적으로 확인하는 '정의'(definition) 지표와 사전에 예측하는 '예측/조기경보'(prediction or early warning) 지표를 구분한다. 전자는 재정위기가 진행 중임을 사후적으로 확인하여 기준을 초과하면 주가 강력하게 개입하는 데 비해, 후자는 재정위기의 위험을 사전에 경고함으로써 주의 인수와 같은 극단적인 조치를 피하는 위기의 회피에 중점을 둔다(*ibid.*, p.240). Kloha 등(2005a)에 의하면 7개 주가 '정의' 지표뿐만 아니라 '예측/조기경보' 지표까지 2단계 체계를 갖추고 지방정부의 재정위기를 예측한다. 플로리다, 메릴랜드, 뉴햄프셔, 뉴저지, 노스캐롤라이나, 오하이오와 펜실베이니아가 여기에 해당한다.

〈표 3-1〉 조기경보 지표의 유형

주	세 입	세 출	운영 자산	부 채	장래 부담	지역 자원	법령 위반	기 타	계
Florida	2	1	8	2		1			14
Maryland	1	1	4	1					7
New Hampshire			1			1			2
New Jersey	1		2				1		4
North Carolina	2	1	2		1		1		7
Ohio			3	2					5
Pennsylvania		1	3	2	2	7			15
계	6	4	23	7	3	9	2	0	54

자료: Kloha 등(2005a), p.245, Table 2.

<표 3-1>은 이들 7개 주가 운용하는 예측/조기경보 지표 54개를 Kloha 등(2005a)이 ICMA 재무추세추적감시시스템(FTMS)의 지표체계에 따라 구분한 것으로 운영자산과 세입·세출 및 부채 지표가 큰 비중을 차지하는 것으로 나타났다. 한편 Coe(2008)는 추가조사를 통해 뉴멕시코와 켄터키도 2단계 지표체계를 갖추고 있음을 확인했다.

2. 재정위기 예측 방법

재정위기를 측정 및 예측하는 방법은 다양한 기준에 따라 구분해 볼 수 있다. 개발목적이 지방정부의 내부관리에 있는지, 아니면 주 정부나 주민, 채권자, 신용평가기관 등의 외부감시를 위한 것인지에 따라 구분할 수 있고, 행정 및 공공기관이 주체가 되어 실무목적으로 개발했는지, 아니면 학자들이 학술적 목적으로 개발했는지를 기준으로 구분할 수도 있다(Kloha 등, 2005b, pp.315-316; Coe, p.760; Trussel 등, 2009, p.584). Jacob과 Hendrick(2012)은 재무상태 측정 시스템이 수없이 개발되었지만, 기본적 논리는 비교적 간단하다고 설명하고 그 방법을 다음과 같이 네 가지 유형으로 정리하여 제시한다.

(1) 추세분석

이 방법은 지방정부의 재무상태에 영향을 미치는 각종 재정지표의 추세를 분석하여 장·단기 지불역량이 위협받기 전에 그 원인을 사전 예방적으로 확인한다(Jacob·Hendrick, p.31). ICMA의 재무추세추적감시시스템(FTMS)이 대표적인 방법이다. 이것은 11개 범주로 구분된 45개의 재무 및 환경 요인 지표와 기타 추가로 사용하는 척도 및 기준을 5년 이상의 기간에 걸쳐 장기적으로 관리하면서 지방정부의 재무상태를 장기, 서비스, 예산 및 현금 지급능력 관점에서 종합적으로 평가한다(*ibid.*, p.31; Justice·Scorsone, p.44, p.65; Trussel 등, 2009, p.582).

지방정부재무담당관협의회(MFOA)가 1978년 발간한 재무관리가이드북 「소도시 재무관리 기획연구」(Small Cities Financial Management Project) 또한 지방정부 내부관리자를 위한 추세 기반의 지표체계로서 5개 범주에 걸쳐 28개의 추세 지표를 제시했다(Justice·Scorsone, p.65; Trussel 등, 2009, p.584). 이와 함께 펜실베이니아 주립대학교의 T. Alter와 그의 동료들인 D.K. McLaughlin 및 N.E. Melniker가 공동 개발한 재정역량분석(Fiscal Capacity Analysis)도 추세분석 도구의 하나이다. 이 방법은 추세 변화에 영향을 미치는 요소들을 충분히 확인할 수 있을 정도로 세입과 세출의 범주를 세분한 뒤, 각 범주의 기간별 그래프를 통해 특징적인 재정 추세를 발견한다(Honadle 등, 2004, pp.151-159). Alter 등(1984)은 변화의 패턴을 분명하게 보기 위해서는 범주 구분의 기준을 총세입 및 총세출의 5% 이하로 설정해야 한다는 가이드라인을 제시했다.

(2) 집단비교

집단비교 방법은 소수의 재정적 요소를 측정하고 그 측정치를 준거집단 표준과 비교한다(Jacob·Hendrick, p.31). 추세분석 방법이 추세만 같으면 재정 건전성의 수준이 달라도 평가결과가 같게 나와서 복수 지방정부의 재무상태를 횡단면적으로 비교하기 어려운 문제를 해결하기 위해 개발되었다.

Terry Clark과 Lorna Ferguson은 개별 지방정부의 자원(city wealth) 및 기능수행(functional performance) 지수를 각각 도출하여 준거집단의 표준과 비교한다(*ibid.*, p.31). 자원지수는 각 세입기반 요소(환경) 척도와 각 세입기반 요소에서 창출되는 세입(재정구조)의 의존도를 결합한 것이며, 기능수행지수는 준거집단 표준에 의한 각 지방정부의 표준적인 총지출 수준이다. 정부관계자문위원회(ACIR)의 표준조세체계(Representative Tax System) 및 표준세입체계(Representative Revenue System) 또한 지방정부가 지역의 표준적인(중간 또는 평균치) 세율 또는 세입비율을 적용하여 징수할 수 있는 총조세 또는 총세입으로서 집단비교 방법의 하나에 해당한다(*ibid.*, p.32). Ladd와 Yinger(1989)는 이 방법을 학술 및 정책 분야 연구에 확대하여 적용했다(*ibid.*, p.32).

(3) 산업표준

준거집단이 절대적으로 열등하거나 우월한 상태에 있으면 준거집단 표준으로는 특정 지방정부의 재무상태를 객관적으로 평가할 수 없다. 따라서 이러한 상황에서는 산업표준(industry benchmark)을 판단기준으로 삼아야 한다는 것이다(*ibid.*, p.32). Sohl 등(2009)은 그 가이드라인으로서 두 단계 접근방법을 제시한다. 제1단계는 추세분석과 집단비교 방법을 모두 활용하여 전반적인 재정적 환경에 대한 중요한 직관을 얻고, 제2단계는 산업 전체의 기준을 지표로 삼아 조사대상 지방정부를 평가한다(*ibid.*, p.32). Sohl 등은 산업 전체의 기준으로 정부재무담당관협의회(GFOA)의 표준권고안을 제시한다. 그러나 산업표준이 실제로는 존재하는 것이 아니므로 이것 또한 자의적인 선택일 수밖에 없는 것이 이 방법의 근본적인 약점이다(*ibid.*, p.33).

(4) 다중지수

다중지수 방법은 규범적인 요소를 평가에 도입하기 위해 재무상태의 각 측면에 구체적인 점수를 부여한다. 이 방법은 주민과 정치인들이 쉽게 이해할 있는 단순한 평가라는 장점 때문에 실무 공직자들이 선호한다(*ibid.*, p.33). Brown(1993)의 10점 테스트(10-point test)와 Kloha 등이 공동 개발한 10점 시스템(10-point system)이 대표적이다.

Brown의 10점 테스트는 정부재무담당관협의회(GFOA)와 공동연구를 통해 개발되었다. 조사대상 지방정부의 재무상태를 10개의 비율지표로 측정하여 준거집단인 전체 지방정부의 재무상태 비율과 각각 비교하고 최종적으로 해당 지방정부의 재무상태를 집약해서 보여 주는 등급을 도출한다. 전체 지방정부는 정부재무담당관협의회(GFOA)로부터 '우수재무보고서 인증서'를 수여받은 지방정부를 일컫는다(*ibid.*, p.33). Kloha 등은 Brown의 10점 테스트를 비롯한 기존 다중지수 시스템의 문제점을 보완하여 절대적 척도 등을 보강한 새로운 10점 시스템을 개발했다(*ibid.*, p.33).

다중지수 접근방법의 문제점은 재무상태의 여러 측면 및 지불역량을 측정하는 지표들을 단선적으로 통합하기가 어려운 데 있다(*ibid.*, p.34). 가령, 같은 수준의 회계잔고를 유지하더라도 세입의 탄력성에 따라 그 의미가 다르듯이 재무상태의 여러 측면에 대해 각 지표가 갖는 특유의 맥락을 포착하기가 어려울 뿐 아니라, 서로 다른 차원의 재정지표를 통합할 때는 모든 구성요소의 등가성을 전제하는 것인데, 이러한 가정 또한 적절하지 않을 수 있기 때문이다(*ibid.*, p.34).

3. 주요 재정위기 측정 및 예측 모형

(1) 미국 정부관계자문위원회의 조기경보 신호

지방정부의 재정 건전성에 관한 초기의, 그리고 가장 중요한 연구 중의 하나가 정부관계자문위원회(ACIR)가 1973년 발표한 연구보고서이다. ACIR(1973)은 당시에 심각한 재정난을 겪고 있던 30개 도시를 분석 대상으로 삼아, 이들 도시의 공통적인 특징으로서 재정비상사태를 예보하는 6개의 조기경보 신호를 확인했다. 후속 연구들은 이들 조기경보 신호를 일반적으로 수용했으며, 일부 주는 재정위기법률 제정에 이들 지표를 활용했다(Kloha 등, 2005b).

ACIR(1973)의 6개 조기경보 지표는 첫째, 당해 회계연도의 운영회계 세출이 세입을 큰 폭으로 초과; 둘째, 세출 초과가 당해 회계연도에는 소액이지만 수년 동안 관행적으로 지속; 셋째, 회계수지 적자, 즉 당해 회계연도의 운영부채가 운영자산을 초과; 넷째, 회계연도 종료 시점에 단기운영자금 차입잔고가 잔존하거나 특별회계로부터 현금차입이나 단기운영자금 차입을 대신하는 미지급 금액 증가; 다섯째, 재산세 체납률 급증; 마지막으로 돌발적인 사유로 인한 과세대상 재산평가액의 급락이다(p.37).

ACIR은 이상의 6가지 경보 이외에 재정난을 초래할 수 있는 일반적인 조건 두 가지를 추가로 든다. 하나는 지방에서 관리하는 연금시스템 예산의 과소 편성이고 다른 하나는 부적절한 재무관리기법의 사용이다. 논자에 따라서는 ACIR의 조기경보 신호를 이들 두 가지 특징을 포함해서 8개라고 설명하기도 한다(Deal 등, p.28).

(2) 세계지방정부관리협의회(ICMA)의 재무추세추적감시시스템(FTMS)

FTMS는 일단의 지표의 추세 분석을 통해 지방정부의 재무상태를 예측하는 시스템으로서 ICMA가 1980년 최초로 개발했다(Rivenbark·Roenigk, p.244). 이어서 1994년 Groves와 Valente(1994), 그리고 2003년 Groves 등(2003)에 각각 바탕을 두고 개정판을 두 차례 발간했다.

〈표 3-2〉 재무추세추적감시시스템(FTMS) 세부 지표

요 인	범 주	세부 지표
재무요인	1. 세 입	① 1인당세입, ② 용도지정세입, ③ 이전세입, ④ 탄력적 세입, ⑤ 일회성 세입, ⑥ 세금수입, ⑦ 재산세체납액, ⑧ 요금·수수료 부담비중, ⑨ 세입 부족금 또는 잉여금
	2. 세 출	① 1인당 세출, ② 기능별 세출, ③ 공무원 수, ④ 고정비용, ⑤ 복리후생비
	3. 운영자산	① 운영 적자/흑자, ② 기업운영잔고, ③ 회계잔고, ④ 유동성
	4. 채무구조	① 유동채무, ② 장기부채, ③ 채무상환금, ④ 중복채무
	5. 충당부채	① 연금부담금, ② 연금자산, ③ 퇴직후 급여
	6. 자본상태	① 유지보수 노력, ② 자본지출
환경요인	7. 지역사회 수요·자원	① 인구규모, ② 인구밀도, ③ 18세 미만/64세 초과 인구, ③ 1인당 개인소득, ④ 빈곤가구/공공부조수혜자, ⑤ 재산평가액, ⑥ 최고액납세자 5명의 재산, ⑦ 주택보유율, ⑧ 공가주택비율, ⑨ 범죄율, ⑩ 실업, ⑪ 지역사회 일자리 수, ⑫ 기업활동
	8. 정부규제	① 의무지출, ② 재정권한 제한
	9. 재난위험	① 자연재난 잠재력 및 지방 대응태세
	10. 정치문화	① 세금, 서비스 및 정치과정에 대한 태도
	11. 외부경제	① 국가 및 지역 인플레이션, 고용 및 시장

자료: Groves 등(2003); Ritonga(2014), pp.53-54 재인용.

이 시스템은 <표 3-2>에서 보는 바와 같이 11개 범주에서 45개의 지표를 선정하여 지방정부의 재무상태를 측정한다. 그중에서 6개 범주는 재무상태 자체를 나타내는 재무요인으로서 27개 지표로 구성되며, 나머지 5개 범주는 재무상태에 영향을 미치는 환경요인으로서 18개 지표로 구성된다(Rivenbark·Roenigk, 2011). 전반 6개 범주에는 뒤에서 설명할 10점 테스트의 세입, 세출, 운영자산 및 채무의 4개 유형에, 충당부채와 자본시설의 2개 유형이 추가되며, 후반의 5개 환경요인 범주는 지역사회 수요 및 자산, 정부간 규제, 재난위험, 정치문화 및 외부경제 여건으로 구성된다(Trussel·Patrick, 2009, p.584).

시스템 운영은 다섯 단계로 구분된다. 첫째, 일반적으로 5년 이상에 걸쳐서 지표별로 자료를 수집하여 그 비율을 계산한다. 둘째, 경보 추세를 알아볼 수 있도록

각 비율을 기간별로 측정하여 그래프로 나타낸다. 셋째, 예상을 벗어나거나 부정적인 추세를 확인하고 그 결과를 평가한다. 넷째, 부정적인 추세에 대해서는 그 추세가 언제 시작되었는지, 이유는 무엇이며 그러한 상황을 어떻게 개선할 것인지를 판단한다. 그리고 그러한 추세를 유사한 다른 지방정부 등과 비교하고, 국가 및 지역적 추세와도 비교한다. 마지막 다섯 번째는 전문적 판단을 통해 정책목표를 개발한다. 분석결과는 의사결정권자의 전문적 판단에 따라 크게 좌우된다.

재무추세추적감시시스템(FTMS)은 종합적인 접근방법이며 그 강점은 추세분석에서 나온다. 그러나 아직은 「GASB 34」에 의해 확장된 재무보고 모델을 반영할 수 있게 개정되지 않았으며, 지표가 너무 많아 시스템을 적용하고 해석 및 설명하는데 어려움이 따른다(Rivenbark · Roenigk, p.244; Jacob · Hendrick, p.31). 또 지표 계산에 필요한 자료가 정확한 형식으로 표준화되지 않았거나 정규 재무제표에서 구할 수 없는 경우가 많다. 따라서 45개 지표 중에서 실제로 어떤 지표를 분석할 것인지는 자료 입수 가능성과 분석목적에 따라 해당 지방정부 공무원들과 협의하여 선정할 수밖에 없다(Honadle 등, p.160).

(3) Brown의 10점 테스트

FTMS와 같이 수많은 요인 및 관련 변수가 포함된 종합적인 재무상태 평가시스템은 자료수집 및 분석에 많은 시간이 소요되고, 분석결과를 지방정부 관리자나 지방의회 의원, 또는 주민들이 이해하기 어려워 주로 대규모 지방정부에서만 활용되는 한계가 있다(Rivenbark 등, 2009, p.5). Brown(1993, 1996)은 이러한 문제점을 고려하여 인구 10만명 미만의 소규모 지방정부가 쉽게 사용할 수 있도록 10점 테스트(10-point test)라는 현실적인 평가시스템을 개발했다. 이 시스템은 10개의 비율척도를 사용하여 지방정부 재무상태의 각 측면을 측정하고, 각각의 비율을 같은 비중으로 합산한 종합점수를 도출하여 해당 지방정부의 재무상태를 전체적으로 판단하고 다른 지방정부와 비교 분석할 수 있게 했다(Kloha 등, 2005b, p.315).

Brown의 10점 테스트 개발에는 정부재무담당관협의회(GFOA)가 지방정부 간 비교연구의 기초자료로 제공하기 위해 1992년 발간한 재무지표 데이터베이스가 바탕이 되었다(Brown, p.21). 이 데이터베이스에는 GFOA가 1989년, 1990년 및 1991 회계연도에 우수기관인증서를 수여한 750개 지방정부의 재무자료가 모두 수록되어 있다. 이들 자료는 모두 일반회계규범(GAAP)에 부합되게 작성되었으며, 대부분 독립적인 회계감사를 거친 것이다(*ibid.*, p.21). Mead는 정부통합재무제표에서 산정된 재무비율을 사용할 수 있도록 2006년 Brown의 10점 테스트를 개정했다(Rivenbark 등, 2010, p.156; Rivenbark · Roenigk, p.244).

Brown의 10점 테스트는 지방정부 재무상태가 세입, 세출, 운영자산 및 채무구조의 4대 기본요소로 구성된다고 보고 이들 요소를 <표 3-3>에서 보는 10개의 비율로 측정한다. 여기서 비율 1~3은 세입, 비율 4는 세출, 비율 5~7은 운영자산, 그리고 비율 8~10은 채무구조에 해당한다. 10개의 재무비율 중에서 5개 재무비율(1,

〈표 3-3〉 재무상태 측정에 사용되는 주요 비율

비율(ratios)	산식 해설 및 의미
1. 총세입/인구규모	총세입은 정부회계 전체(일반, 특별세입, 채무상환 및 자본사업 회계)의 총세입. 높으면 세입확충 여력이 높다.
2. 일반회계 자체재원/일반회계 총세입	일반회계 자체재원=일반회계 총세입－일반회계 정부간 세입. 높을수록 외부 기관에 덜 의존적이다.
3. 일반회계 타회계전입금/일반회계 총재원	일반회계 타회계전입금은 일반회계로 전입된 타회계 운영자금전입금 총액. 낮을수록 일반정부 운영재원의 타회계전입금 의존도가 낮다.
4. 운영세출/총세출	운영세출은 일반, 특별세입, 채무상환회계 총세출. 총세출은 운영세출에 자본사업회계 세출까지 합산. 낮을수록 기반시설이 적절하게 관리된다는 의미이다.
5. 총세입/총지출	정부회계 전체(일반, 특별세입, 채무상환, 자본사업회계)의 총세입과 총지출 비율. 높을수록 자산가치 증가.
6. 용도미지정 일반회계 잔고/일반회계 총세입	용도미지정(unreserved)=designated and undesignated. 높을수록 일시적인 세입부족에 사용할 재원이 많다.
7. 일반회계 현금 및 투자 총액/일반회계 총부채	일반회계 총부채=일반회계 총자산－용도지정 및 미지정 회계잔고. 높을수록 단기채무를 상환할 현금이 충분.
8. 일반회계 총부채/일반회계 총세입	낮을수록 단기채무를 정상적인 연도별 세입으로 쉽게 상환 가능하다.
9. 장기직접채무/인구규모	직접채무는 재산세 수입으로 상환해야 하는 일반보증채무. 낮을수록 일반장기채무 상환능력이 크다.
10. 채무상환금/총세입	낮을수록 기한 내에 채무원리금을 상환할 수 있다는 뜻.

자료: Brown(1993), p.22 도표 1 재구성(본문 내용 일부 포함).

2, 5, 6, 7)은 측정치가 높을수록, 그리고 나머지 5개 비율은 측정치가 낮을수록 재무상태가 좋은 것으로 해석한다.[14]

Brown의 10점 테스트는 3단계로 진행된다(Brown, 1993, pp.21-23). 1단계는 분석대상 지방정부의 10개 재무비율을 계산한다. 비율계산에 필요한 모든 재무자료는 당해 지방정부의 연도별 종합재무보고서와 재무제표 등에서 입수할 수 있다. 2단계는 분석작업을 수행하는 지방정부의 재무담당관들이 자신이 속한 분석대상 지방정부의 10개 재무비율이 각각 재무지표 데이터베이스에 포함된 비교대상 지방정부 그룹의 재무비율 분포에서 어느 위치에 해당하는지 확인한다. Brown은 이러한 비교가 가능하도록 GFOA 재무지표 데이터베이스에 포함된 750개 지방정부를 인구규모에 따라 5~10만명, 3~5만명, 1만 5천~3만명 및 1만 5천명 미만의 네 개 그룹으로 구분하고, 그룹별 재무비율의 4분위 수를 계산하여 제공한다(*ibid.*, pp.24-25, Table 3). 데이터베이스를 인구규모에 따라 구분한 것은 분석대상 지방정부를 유사한 규모의 지방정부 집단과 비교할 수 있게 하여 분석의 의미를 높이기 위함이다.

마지막으로 3단계는 분석대상 지방정부의 종합적인 재무상태 등급을 정한다. 이를 위해 각각의 재무비율별로 분석대상 지방정부의 상내석 위치를 확인하여 비교 대상 지방정부 그룹의 1/4분위에 해당하면 -1점, 2/4분위는 0점, 3/4분위는 1점, 그리고 4/4분위는 2점을 각각 부여한다. 10개 지표별로 도출된 점수를 합산하면 최고 20점에서 최하 -10점까지 분포되는 재정건전성 31점 척도가 완성된다(Kloha 등, 2005b, p.316). Brown은 재정건전성 31점 척도를 다음 <표 3-4>와 같이 5개 그룹으로 구분하여 분석대상 지방정부의 전반적인 재무상태 등급을 제시한다.

Brown의 10점 척도의 최대 장점은 단지 10개의 지표만을 사용하여 지방정부의 재무상태를 판단할 수 있는 점이다. 따라서 재무상태를 신속하고 효과적으로 판단할 수 있는 실용적인 시스템으로 평가된다(Ritonga, p.58). 10점 테스트의 단점은 재무상태 등급을 결정하는 척도가 재무상태의 좋고 나쁨을 판단하는 절대적인 기준이 아니라 비교대상 지방정부 집단과의 상대적인 비교일 뿐이라는 점이다. 그리고 GFOA의 재무지표 데이터베이스는 재무보고 우수기관인증서를 수여받은 지방정부의 데이터를 추적한 것이므로 무작위로 표출한 지방정부 표본 데이터와 다를 수밖에 없다(Maher · Nollenberger, p.62). 따라서 분석 대상 지방정부의 재무비율이 상

14 비율 1(총세입/인구규모)의 경우 Brown은 1996년 이 비율이 높을수록 추가적인 세입확충 여력이 높아 재무상태가 좋은 것으로 1993년의 평가를 정반대로 변경했다.

〈표 3-4〉 재무상태 등급 기준

총 점수	전반적 등급
10점 이상	최 상
5~ 9점	우 수
1~ 4점	보 통
0~-4점	열 악
-5점 이하	최 악

자료: Ken W. Brown(1993), p.24.

대적으로 열악하다고 해서 그것을 절대적인 판단기준으로 볼 수 없다. 재무비율들 사이의 상대적인 중요도에 대해서는 알려진 것이 거의 없어 10점 테스트는 재무상태를 측정할 때 각 재무비율의 중요도를 같다고 가정한다(Brown, p.24). Brown은 재무비율에 의한 점수부여 방식 및 등급결정 기준이 자의적이며, 10개 재무비율 상호간의 등가성을 가정하기 때문에 일부 분석자들이 3단계의 적용을 꺼리게 되고, 따라서 2단계에서 진행을 중단할 수 있음을 인정한다(p.23).

(4) Honalde 등의 양적 및 질적 방법 통합 모델

Honadle 등(2004)은 경제기반, 인구통계적 특성 등 재정환경, 그리고 현안 과제가 매우 다른 세 개의 가상 지방정부를 상정하고 양적 및 질적 방법을 결합한 '종합적인 방식'(holistic fashion)으로 각 가상 지방정부의 재무상태를 분석했다(pp.177-193). 계량적 분석을 위해서는 Brown의 10점 테스트, ICMA의 재무추세추적감시시스템(FTMS), 그리고 T.R. Alter 등(1984)이 개발한 재정역량분석(Fiscal Capacity Analysis)을 기반으로 각각의 가상 지방정부의 재무상태를 분석하는 데 적합하다고 판단되는 소수의 지표를 선정했다. 재정역량 분석은 세입 및 세출을 세부 범주로 구분하여 전체적인 추세를 이끄는 동력을 찾아 냄으로써, 지출통제 또는 세입확충 노력을 집중해야 할 분야를 구분해 낼 수 있는 매우 유용한 도구이다(Honadle 등, 2004, p.152).[15]

15 재정역량 분석은 5년간의 추세를 통해 세입 및 세출을 예측하는 추세 분석의 한 유형으로서 펜실베이니아 주립대학교의 T.R. Alter 및 그의 동료들이 1981년 및 1984년에 발표하였다. Alter 등은 세입과 세출의 범주를 세분해야 특정 범주의 영향을 확인할 수 있다고 보고 총세입 및 총세출의 5% 이하로 범주를 구분할 것을 가이드라인으로 제시하였다(Alter 등, 1984, p.21).

Honadle 등은 계량적 지표로 측정한 재무상태의 토대 위에 지방공무원 및 주민과의 빈번한 교류를 통해 체득한 정통한 상황판단과 지역사회 주민들의 개인적 경험 등을 반영하여 '해설을 통한 분석'(analysis with interpretation)을 시도했다(*ibid.*, pp.177-178). 이러한 분석방법은 별것 아닌 데도 경보를 울리는 제1종 오류와 반대로 임박한 재정위기 조짐을 간과하는 제2종 오류를 모두 방지하기 위한 것이다(*ibid.*, p.187).

Honadle 등이 상정한 세 개의 가상적 지방정부의 특성을 보면 먼저, 글렌던카운티(Glendon County)는 중규모의 농업지역 지방정부로서 청소년의 유출로 인구가 전체적으로 감소 추세를 보인다. 여기서는 현재의 세입증가세가 계속될 수 있을 것인지, 그리고 모든 자본지출을 현금으로만 충당하는 현금지불주의(PAYGO) 철학이 과연 적정한지가 주된 쟁점이다. 다음으로 샤플가운티(Sharpelle County)는 경공업과 주거 및 각종 도시생활 편의시설을 중심으로 급성장하는 대도시 교외의 지방정부이다. 여기서는 어느 정도의 성장률이 적정한지, 어떻게 하면 재정건전성을 저해하지 않으면서 성장을 적정하게 관리할 수 있는지가 가장 큰 과제이다. 마지막으로 메리우드시(City of Meriwood)는 재무상태 지표가 너무 나빠 공식적인 계량적 지표를 신속하게 발표하는 것 자체가 재무상태의 개선을 위한 강력한 결단을 촉구하는 의미가 있다. <표 3-5>는 각각의 가상 지방정부의 특성과 주요 관심사 및 분석지표를 정리한 것이다.

〈표 3-5〉 가상 지방정부 분석지표

가상정부	Glendon County	Sharpelle County	City of Meriwood
주요 관심사	세입증가세 지속 여부 및 부채 사용의 적정성 여부	적정 성장률 및 관리 방법	재무상태 개선을 위한 결단
분석지표	• 1인당 세입, 세출 및 정부간 이전세입 증가 추세 • 일반회계 총세입 대비 일반회계 자체세입 비율 • 인구 1인당 직접 장기 채무, 총세입 대비 채무원리금 부담비율	• 1인당 세입 및 세출 추세 • 경제발전, 도로, 공공 안전 분야 지출추세 • 인구 1인당 직접 장기 채무, 총세입 대비 채무원리금 부담비율	• 정부회계 세입, 소방 지출, 위생사업 지출, 재산세 세입, 재산가치 변화추세 • 시출총액 대비 운영지출, 일반회계 총세입 대비 일반회계 부채총액

자료: Honadle 등(2004), 가상 지방정부 상황 묘사 및 분석지표 정리(pp.178-192).

(5) Kloha 등의 10점 척도

Kloha 등(2005b)의 재정위기 10점 척도(10-point scale of fiscal distress)는 미시간주 재무부가 지방정부의 재정상황을 감독하기 위해 미시간주립대학교의 「공공정책 및 사회조사연구소」에 의뢰하여 개발했다(p.314). 당시 미시간주는 법률로써 30개의 지방재정위기 선언 조건을 규정해 두었지만, 이 조건들이 너무나 복잡하고, 측정하기 어렵고, 예측력도 낮았기 때문에 새로운 척도 개발을 추진하게 되었다(*ibid.*, p.322 note 1).

Kloha 등(2005b)은 먼저 지방정부의 재정위기를 측정하는 기존 지표체계들의 약점과 새로운 척도가 충족시켜야 할 핵심적인 속성 내지 기준을 제시했다(*ibid.*, pp.315-317). 먼저 기존 지표체계의 약점으로는 ① 지표가 너무 많다, ② 핵심 변수가 제외되었다, ③ 지표 측정치에 대한 해석이 불분명하다, ④ 다양한 서비스 선호를 반영하지 못한다, ⑤ 절대지표가 아니라 상대지표이다, ⑥ 특정의 개별 지방정부에 초점을 맞출 수 없다, ⑦ 자료입수가 어렵다는 7개 항목을 지적했다. 다음으로 새로운 지표체계가 충족시켜야 할 속성 내지 기준으로는 ① 이론적 타당성, ② 예측능력, ③ 주 정부 이해관계와의 관련성, ④ 자료의 일관성 및 입수 용이성, ⑤ 재정위기 진행 상황변화 인식능력, ⑥ 단순간결성, ⑦ 고의적 조작 또는 게임행동 억제능력, ⑧ 재정위기 지방정부에는 희망을, 대체로 잘 운영되는 지방정부에는 관용을 제공할 수 있는 여지, 마지막으로 ⑨ 식별능력의 9개 항목을 제시했다. 식별능력은 제1종 및 제2종 오류를 모두 회피해야 한다는 뜻이다.

Kloha 등(2005b)은 어떤 지표도 단독으로는 재정상황의 전모를 적정하게 나타낼 수 없다고 보고, 여러 관련된 재정위기 지표들을 동시에 다루기 위해 새로운 지표체계의 기준을 충족시키는 9개의 지표를 선정하여 다음 <표 3-6>의 10점 척도(10-point scale)를 구성했다(*ibid.*, p.317). 각 지표는 이항 척도로 측정하여 지표측정치가 좋으면 0점, 나쁘면 1점을 부여한다. 다만, 운영적자 지표만은 유일하게 적자가 아니면 0점, 당년도 적자는 1점, 그리고 2년간 연속적으로 적자이면 2점을 부여한다.

따라서 각 지방정부별로 9개 지표의 당년도 점수를 합산하면 0점에서 10점까지 분포되는 10점 척도가 되고, 점수가 높을수록 재무상태가 나쁜 것을 의미한다. 측정치가 좋고 나쁜지를 판단하는 기준이 자명한 지표도 있지만, 일부는 적절한 기

〈표 3-6〉 Kloha 등의 재정위기 지표

지 표	설명 및 의미	기 준
1. 인구 증가	2년간 증가	감소하면 1점
2. 실질과세평가액 증가	2년간 증가	감소하면 1점
3. 과세평가액 대폭 감소	2년간 크게 감소	-0.04보다 작으면 1점
4. 과세평가액 대비 일반회계 세출 비율	당년도 통계치	타운십: 0.01 상회 1점 시: 0.05 상회 1점
5. 일반회계 운영적자	당년도, (세출-세입)/세입	-0.01 하회 1점
6. 전년도 일반회계 운영적자	지표 5를 직전 2년 측정	연도별로 적자이면 각 1점
7. 일반회계 수지규모	일반회계 수지/세입	0.13 하회 1점
8. 회계적자	4개 회계(일반, 특별, 자본, 부채) 당년 및 직전연도	하나라도 적자면 1점
9. 과세평가액 대비 부채	일반장기부채/과세가액	0.06 상회 1점

자료: Kloha 등(2005b), p.319.

준을 도출하기가 어려워 평균으로부터의 이격 정도를 나타내는 표준편차를 판단기준으로 이용하기도 한다. Kloha 등은 사후연구 방식으로 1993~2001년까지 기간을 설정하여 무작위로 추출한 97개 시 및 빌리지와 53개 타운십을 표본 지방정부로 삼아 10점 척도에 따라 재정상태를 예측하는 방법으로 시스템의 타당성을 검증했다(*ibid.*, p.319).

10점 척도를 구성하는 9개 지표의 속성 및 판단기준은 다음과 같다(*ibid.*, pp.317-319).

① 인구증가(population growth): 2년 전보다 인구가 감소하면 1점, 증가하면 0점을 부여한다.

② 실질과세평가액(real taxable value)의 증가: 인플레율로 보정한 실질과세평가액이 2년 전보다 감소하면 1점, 증가하면 0점을 부여한다.

③ 실질과세평가액의 대폭 감소: 실질과세평가액 지표와 같은 자료 및 기간을 사용하되 실질증가율이 시와 빌리지의 2년간 평균증가율보다 약 1 표준편차 정도 작은 수준인 -0.04에 미달하면 1점을 부여한다.

④ 과세평가액 대비 일반회계 세출의 비율: 이 지표는 유일하게 지방정부 유형에 따라 판단기준을 달리하며, 유형별 지방정부의 평균에서 1/2 표준편

차를 더하여 산출한다. 시 및 빌리지는 0.05, 타운십은 0.01이 된다. 판단기준보다 높으면 1점, 낮으면 0점을 부여한다.

⑤ 일반회계 운영적자: 일반회계 세출에서 일반회계 세입을 뺀 금액을 일반회계 세입으로 나눠서 산정한다. 측정 결과가 -0.01(-10%)보다 낮으면 운영적자가 사소한 것이 아니라고 보고 1점을 부여한다.

⑥ 전년도 일반회계 운영적자: 운영적자가 누적되고 확대되면 문제가 훨씬 심각해진다. 직전연도에는 운영적자가 없더라도 2년 전 회계연도에 적자이면 1점, 2년 연속 적자이면 2점을 부여한다.

⑦ 일반회계 잔고 규모: 일반회계 세입 대비 회계잔고의 비율을 측정한다. 회계잔고에는 용도미지정 및 용도지정 자금을 합산한다. 1/2 표준편차를 이용하여 일반회계 잔고 비율이 13% 미만이면 1점을 부여한다.

⑧ 당년도 및 직전연도의 회계적자: 당해 회계연도 및 직전 회계연도에 일반, 특별, 자본 및 채무의 4개 회계 중에서 어느 하나라도 적자이면 1점을 부여한다.

⑨ 과세평가액 대비 일반 장기부채의 비율: 시 및 빌리지의 평균(2.47%)에 1 표준편차(0.035)를 적용하여 과세평가액 대비 부채의 비율이 6%를 넘으면 1점을 부여한다. 조기경보 목적을 고려하여 신용평가산업계 권고기준 10%보다 약간 엄격하게 설정한다.

Kloha 등(2005b)은 10점 척도가 새로운 지표체계로서 갖춰야 할 것으로 사전에 제시했던 9개의 기준을 충족시킨다고 평가했다. 그 논거로서 척도의 구성에 사용된 각각의 지표와 재정위기 이론의 관련성이 명확하여 이론적 타당성이 있고, 표본 지방정부를 대상으로 검증한 결과 예측력이 증명되었다는 것 등을 든다(*ibid.*, pp.319-320). 표본 지방정부에는 연구기간에 미시간주가 재정관리관을 임명하여 재정사무를 인수한 Highland Park, Hamtramck, Flint 등 재정위기 단체들이 포함되었다. 특히 식별능력은 제1종 및 제2종 오류를 피하는 것과 밀접하게 관련된다고 전제하고, <표 3-7>과 같이 10점 척도의 배점에 따라 지방정부의 재무상태를 4개의 유형으로 구분하는 하나의 조기경보시스템 시안을 제시했다(*ibid.*, p.321).

<표 3-7>을 시안이라고 지칭하는 것은 재무상태 식별능력이 어느 정도는 각 유형을 구분하는 기준을 어느 수준에서 설정하느냐에 달려 있기 때문이다. 이것은

〈표 3-7〉 Kloha 등의 조기경보시스템

합산점수	재무상태 유형	주의 대응조치
0~4점	건전(Health)	없 음
5점	주시(Watch)	해당 지방정부에 고지
6~7점	경고(Warning)	해당 지방정부에 고지 및 당해 연도 및 익년도 경고목록 공개
8~10점	비상사태(Emergency)	해당 지방정부 고지, 당해 연도 및 익년도 경고목록 공개 및 평가팀(review team) 구성 검토

자료: Kloha 등(2005b), p.321.

제1종 오류와 제2종 오류가 기본적으로 갈등관계에 있다는 뜻으로서, 가령 재정위기의 기준을 합산점수 4점 이상의 지방정부로 비교적 낮게 잡는다면 제1종 오류, 즉 실제와 달리 재정위기에 빠져들고 있다고 잘못 판단할 가능성이 커지고, 너무 높게 잡으면(예: 9점) 제2종 오류, 즉 실제로는 재정위기에 빠져드는데도 심각한 문제가 발생할 때까지 그것을 포착하지 못할 가능성이 증가한다(*ibid.*, p.317, p.321).

(6) Wang 등의 재무상태 척도

X. Wang 등(2007)은 미국에서 다수의 주가 주 및 지방정부의 재무상태를 측정하는 제도 또는 근거법률을 갖추고 있지만, 두 가지 공통적인 문제점이 있다고 주장한다(Wang 등, p.5). 하나는 정부통합(government-wide) 재무 및 운영자료 대신에 개별 회계 수준에서, 주로 일반회계 중심의 부분적인 자료에 의존하기 때문에 특히 주나 카운티 또는 중급 및 대도시 지방정부와 같이 전체 재정규모에서 일반회계가 차지하는 비중이 상대적으로 작은 경우에는 재무상태 측정 결과가 왜곡될 수 있다는 것이다. 다른 하나는 사회경제적 요소들을 지표에 포함하는 경향이 있는데 그것은 재무상태 자체가 아니며, 더구나 재무상태에 어떤 영향을 미치는지도 분명하지 않기 때문에 자의적이며 오류를 유발할 수 있다는 점이다. 이러한 인식에 따라 Wang 등은 정부통합재무보고 방식으로 미국의 주 및 지방정부의 재무보고 모델을 완전히 개편한 정부회계기준위원회 공고 제34호(「GASB 34」)를 바탕으로 주의 재무상태를 측정하는 새로운 척도를 선구적으로 개발하고 그것의 신뢰성과 타당성을 검증했다(*ibid.*, p.2).

1999년 발표된 「GASB 34」는 크게 세 가지 측면에서 주 및 지방정부의 재무보고 의무에 중대한 영향을 미쳤다. 먼저 정부의 거래가 부분적으로만 반영되던 회계 차원의 재무제표 및 활동사항 보고를 정부통합 재무제표 및 회계별 재무제표를 포괄하도록 확대 개편함으로써 재무상태 전모 파악과 타 지방정부와 비교 내지는 벤치마킹이 가능해졌다(*ibid.*, p.6; Rivenbark · Roenigk, p.242). 다음으로 정부통합재무제표에 완전한 발생주의 원칙을 적용함으로써 재무성과 및 재무상태를 수입 및 비용 측면에서 더욱 정확하게 파악할 수 있게 되었다(*ibid.*, p.6; Rivenbark 등, 2009, p.6). 마지막으로 경제자원 측정 방침을 적용하여 장기채무뿐만 아니라 자본자산과 관련된 감가상각 정보까지 보고하게 함으로써 장기 자원 및 의무가 재무상태에 미치는 영향을 측정할 수 있게 되었다(Wang 등, p.6).

Wang 등(2007)의 척도는 재무상태를 현금, 예산, 장기 및 서비스 차원의 지급능력으로 규정하고 이러한 네 가지 지급능력 관점에서 「GASB 34」의 맥락에 부합하는 11개의 재무상태 지표를 도출했다(*ibid.*, p.4, pp.7-9).[16] 다음 <표 3-8>은 각 지표의 명칭, 정의, 지급능력 관점 등을 보여준다. 첫째, 현금 지급능력은 현금비율, 당좌비율, 유동비율의 세 가지 지표를 사용하여 측정한다. 세 개 지표 모두 비율이 높을수록 유동부채를 상환할 수 있는 자산이 크므로 현금 지급능력이 크다. 둘째, 예산 지급능력은 운영비율 및 1인당 흑자(적자)를 지표로 측정하며 수치가 높을수록 예산 지급능력이 높다. 셋째, 장기 지급능력은 순자산비율, 장기채무비율 및 1인당 장기채무 지표로 측정하며 순자산비율은 높을수록, 그리고 장기채무비율과 1인당 장기채무는 낮을수록 지급능력이 높다. 넷째, 서비스 차원 지급능력은 1인당 세금, 1인당 수입 및 1인당 비용 지표로 측정하며 비율이 높을수록 지급능력이 낮음을 의미한다.

Wang 등(2007)은 미국의 49개 주가 「GASB 34」의 재무보고 모델에 따라 각각 작성한 2003 회계연도의 연도별 종합재무보고서(CAFR)를 2004년 말~2005년 초 사이에 입수하여 이것을 토대로 지표를 측정하고 척도의 신뢰도와 타당도를 검증했다(*ibid.*, p.7). 50개 주 가운데 뉴멕시코주는 당시에 종합재무보고서가 작성되지 않아 제외했다. 측정의 신뢰도는 척도를 구성하는 재무상태의 네 가지 차원 및 각 차원에 속한 복수의 지표들이 내부적 일관성을 가지고 무작위 측정 오차를 최소화해야 달성될 수 있다(*ibid.*, p.10). 측정의 타당도는 측정하고자 하는 것을 얼마나 잘

16 네 가지 지급능력에 대해서는 제2장 제1절 재무상태과정 모델 참조.

〈표 3-8〉 Wang 등의 재무상태 측정 지표

지 표	정 의	지급능력 관점	설 명
현금비율	(현금+현금등가물+투자액)/유동부채	현금 지급능력	비율이 높을수록 유동부채를 상환할 수 있는 자산이 풍부
당좌비율	(현금+현금등가물+투자액+미수금)/유동부채	현금 지급능력	상동
유동비율	유동자산/유동부채	현금 지급능력	상동(인기 높은 유동성 비율)
운영비율	총수익/총비용	예산 지급능력	총수익=총사업수익+총일반수익
1인당 흑자(적자)	총흑자(적자)/인구	예산 지급능력	총흑자(적자)는 순자산 변화를 나타냄
순자산비율	제한 및 무제한 순자산/총자산	장기 지급능력	비율이 높으면 장기채무 상환에 유리
장기부채비율	장기(비유동) 부채/총자산	장기 지급능력	장기(비유동) 부채는 상환시점이 1년 이상인 부채
1인당 장기부채	장기(비유동)부채/인구	장기 지급능력	
1인당 세금	총세금/인구	서비스 지급능력	비율이 높으면 주민 세금 부담이 높고 서비스 지급능력이 낮다
1인당 수입	총수입/인구	서비스 지급능력	비율이 높으면 주민수입부담이 높고 서비스 지급능력이 낮다
1인당 비용	총비용/인구	서비스 지급능력	비율이 높으면 고비용 정부, 낮은 서비스 지급능력을 의미

자료: Wang 등(2007), pp.8-9.

측정하고 있는지를 나타내는 표면적 타당도, 재무상태를 조직 전체적으로 판단할 수 있는 능력, 그리고 사회경제적 요인과 재무상태의 관계를 경험적으로 설명할 수 있는 예측 타당성으로 구성된다(*ibid.*, pp.10-11). Wang 등은 그들의 척도가 측정의 신뢰도와 타당도를 모두 갖추고 있음을 통계 분석을 통해 설명한다(*ibid.*, pp.11-19).

(7) Rivenbark 등의 척도

노스캐롤라이나대학교 W.C. Rivenbark, D.J. Roenigk, 그리고 G.S. Allison 교수는 체계적이고 포괄적이면서 관리 가능한 지방정부의 재무상태 분석모델을 개발했다(Rivenbark · Roenigk, p.250; Rivenbark 등, 2010, p.150; NC 재무부 홈페이지). 노스캐롤라이나주 재무부는 이 모델을 토대로 웹 기반의 지방정부 재정분석 상황판

(dashboard)을 운영한다. 이 상황판은 노스캐롤라이나주의 지방정부가 그들의 재무상태를 다른 지방정부와 자원 유량 및 저량의 여러 차원에서 비교하고 분석 및 소통할 수 있도록 지원하는 쌍방향 관리 도구이다.

Rivenbark 등의 재무상태 분석모델은 정부회계기준위원회(GASB) 공고 제34호에 의한 재무보고 모델을 기초로 설계되었다(Rivenbark 등, 2009, p.4; Rivenbark · Roenigk, p.241). [그림 3-1]은 개정된 재무상태 보고 모델을 나타낸 것으로, 두 가지 중요한 측면이 내포되어 있다. 하나는 지방정부의 재무제표는 정부통합 차원과 회계 차원으로 구성되며, 다른 하나는 정부통합 활동 및 기업회계는 발생주의 회계기준을 사용하여 경제자원을 측정하는 반면에, 정부회계 재무제표는 수정발생주의 회계기준을 적용하여 재무자원을 측정하는 점이다(Rivenbark 등, 2009, p.6).

Rivenbark 등은 재무상태 평가시스템의 설계기준으로 체계성, 포괄성, 신축성, 비교 가능성, 그리고 관리 가능성의 다섯 가지를 제시하고 선행연구에서 이미 개발된 수많은 재무적 차원 및 지표 중에서 이들 기준을 충족시키는 항목들을 선별했다(Rivenbark 등, 2009, p.5, p.7). 이를 위해 전체적으로 재무적 차원을 확인할 수 있는 유량 및 저량 지표의 조합을 각각 한 조씩 선정하려 했으나, 정부통합 활동 및 기업회계와 정부회계의 측정 중점이 달라 <표 3-9>와 같이 이들 유형별로 각각의 재무상태를 확인할 수 있는 유량 및 저량 지표 조합을 한 조씩 선정했다(*ibid.*, p.7).

먼저 정부통합 활동 및 기업회계, 즉 경제자원의 측정은 유량과 저량 모두 각각 네 개의 재무적 차원 및 지표를 선정하여 평가한다. 자원유량 평가는 ① 기간형평성 차원으로서 자원전입총액을 자원전출총액으로 나눈 총초과수입비율 지표,

[그림 3-1] 「GASB 34」에 따라 개정된 재무상태 보고 모델

정부통합 차원 (Government-Wide Level)	정부활동: 경제자원 (Governmental Activities)	기업형태 활동: 경제자원 (Business-Type Activities)
회계 차원 (Fund Level)	정부회계: 재무자원 (Governmental Fund)	기업회계: 경제자원 (Enterprise Fund)

자료: Rivenbark 등(2009), p.6, Figure 1; Rivenbark 등(2010), p.152, Figure 1.

〈표 3-9〉 Rivenbark 등의 재무상태 분석 모델

정부활동 및 기업회계: 경제자원 및 발생주의 회계 기반			
	재무 차원	재무지표	설 명
자원 유량	기간 형평성	총초과수입비율	1 이상이면 재정수입 범위 내에서 운영
	재무성과	순자산변동률	정(+)의 수치이면 재무지표 향상을 의미
	자족성	사업수입충당률	1 이상이면 해당 서비스 자생 가능
	재정조달의무	채무상환비율	비율이 높으면 서비스 신축성 감소
자원 저량	유동성	유동성비율	비율이 높으면 단기채무 충족 가능
	지급능력	순자산비율	비율이 높으면 장기채무 충족 가능
	장기부채 효과	부채-자산 비율	비율이 높으면 부채에 자산조달 과잉 의존
	자 본	자본자산상태 비율	비율이 높으면 자산자본에 적정하게 투자
정부회계: 재무자원 및 수정발생주의 회계 기반			
	재무 차원	재무지표	설 명
자원 유량	서비스책임	운영비율	1 이상이면 매년도 세입 범위에서 운영
	의존도	의존세입비율	비율이 높으면 의존수입에 과잉 의존
	재정조달의무	부채상환비율	비율이 높으면 서비스 신축성 감소
자원 저량	유동성	유동성비율	비율이 높으면 단기채무 충족 가능
	지급능력	기금잔고 비율	비율이 높으면 장기채무 충족 가능
	장기부채 효과	부채 비율	비율이 높으면 부채에 과잉 의존

자료: Rivenbark, W.C. and Roenigk, D.J., pp.246-247.

② 재무성과 차원으로서 당년도 자원 흐름의 결과인 순자산변동률 지표, ③ 자족성 차원으로서 사업수입 충당률 지표, 그리고 ④ 재정조달의무 차원으로서 총비용 대비 채무상환비율 지표를 사용한다(*ibid.*, p.8; Rivenbark 등, 2010, pp.158-161).

자원저량 평가는 ① 유동성 차원으로서 현금 및 투자를 현재의 채무로 나눈 유동성비율 지표, ② 지급능력 차원으로서 용도 미지정 순자산을 총부채로 나눈 순자산비율 지표, ③ 장기부채효과 차원으로서 총자산을 장기부채로 조달하는 비율인 부채-자산비율 지표, 그리고 ④ 자본 차원으로서 자본-자산상태비율 지표를 사용한다(Rivenbark 등(2009), pp.8-9; Rivenbark 등(2010), pp.161-162). 자본자산 상태비율 지표는 가용 잔존수명으로 규정되는데, 감가상각 누계금액을 감가상각 대상 자

본자산으로 나누어 얻은 비율을 1.0에서 공제하여 산출한다.

다음으로 정부회계 재무상태 평가는 주로 일반회계에 적용된다. 자원 유량과 저량 모두 각각 세 개의 재무적 차원 및 지표를 통해 평가한다. 자원유량 평가는 서비스책임 차원에서 총세입을 총세출로 나눈 운영비율 지표, 의존도 차원에서 정부간 의존세입비율 지표, 그리고 재원조달책임 차원에서 원리금상환금액을 총세출로 나눈 부채상환비율 지표를 사용한다(Rivenbark 등(2009), pp.9-10; Rivenbark 등(2010), pp.162-163). 자원저량 평가는 유동성 차원에서 유동성비율 지표, 지급능력 차원에서 가용 회계잔고를 총세출과 회계 전출금을 합친 금액으로 나눈 총세출 대비 회계잔고비율 지표, 그리고 장기부채(타인자본) 효과 차원에서 재산평가액 대비 부채비율 지표를 사용한다(Rivenbark 등(2009), p.10; Rivenbark 등(2010), pp.163-164). 여기서 부채는 세금으로 상환을 보장하는 장기부채를 의미한다.

Rivenbark 등의 척도는 「GASB 34」에 따라 확대된 재무보고 모델을 기반으로 하고 있으며, 사회경제적 요인을 배제하고 재무상태에만 초점을 맞추는 점에서 전술한 Wang 등(2007)과 같다(Rivenbark · Roenigk, p.247). 차이점은 정부통합 차원뿐만 아니라 주요 회계 차원에서도 개별적으로 재무비율 분석 정보를 제공할 수 있도록 설계되었다는 점이다(*ibid.*, p.245). Rivenbark 등은 각 재무지표 측정치를 최근 회계연도를 기준으로 과거 4년간의 역사적 데이터와 함께 배열하여 5년간의 추세분석을 가능하게 하는 한편, 벤치마크 집단의 평균치를 계산하여 함께 제공함으로써 다중비교를 가능하게 했다(Rivenbark · Roenigk, p.246; Rivenbark 등, 2009, p.11).

노스캐롤라이나주는 이들 비율분석 정보를 문서, 숫자 및 시각적으로 표현된 4페이지짜리 재정분석 상황판(dashboard) 형태로 구현하여 선출직 공직자들과 소통한다(Rivenbark 등, 2009, p.10). 표지인 첫 페이지는 회계 개관, 재무적 차원 및 지표에 대한 해설, 정책적 함의에 관한 설명, 그리고 재무상태 요약으로 구성된다(*ibid.*, p.11). 회계 개관 및 정책적 함의에 관한 설명은 생략할 수 있다. 재무적 차원 및 지표에 대한 설명은 특이 사례, 중요한 추세 및 핵심적 사항을 비교집단과 비교할 수 있게 하는 데 중점을 둔다. 재무상태 요약은 재무상태 전반에 관한 종합적인 결론을 제시한다. 상황판의 2~4페이지는 선정된 재무지표들을 평가방법 설계의 5개 기준, 즉 체계성, 포괄성, 신축성, 비교 가능성, 그리고 관리 가능성에 맞추어 제시한다(*ibid.*, p.11).

Ⅱ. 재정위기의 확인 및 선언

1. 재정위기 확인 및 선언 실태

PEW(2016)와 Kloha 등(2005a), 그리고 Honadle(2003) 등에 의하면 미국 주의 1/3에서 절반 정도가 지방정부의 재정 건전성을 판단하고 재정위기 신호를 조기에 탐지하기 위해 지방재정 상황을 추적·감시 및 확인한다.[17] Kloha 등(2005a)과 Cahill 등(1994)은 주가 재정위기를 선언할 수 있는 구체적 조건 내지는 기준을 조사했다.

Kloha 등(2005a)에 의하면 미국에서 15개 주가 지방정부의 재정위기를 확인 및 예측한다. 다음 <표 3-10>은 이들 지표를 ICMA의 「재정상황평가 핸드북」의 분류기준을 토대로 8개 범주로 구분하여 보여 준다. 15개 주가 사용하는 지표는 총 174개이며, 주별 평균 12개꼴이나 편차가 크다. 지표의 종류로는 회계잔고, 운영적자 등을 측정하는 운영자산 지표와 채무수준 및 채무불이행을 측정하는 채무지표가 압도적으로 많다. 전자는 14개 주가 48개를, 후자는 10개 주가 44개를 사용한다. 다음은 회계감사보고서 제출 지연 등 법령 위반에 관한 지표로서 미시간과 네바다주를 중심으로 6개 주가 36개를 사용한다. 세입 및 세출 지표는 각각 12개와 9개로서 총액과 주민 1인당 규모, 예산초과 지출 등을 측정한다. 장래부담 지표는 퇴직연금 미부담이나 부담 지연 등을 측정하고, 지역자산 지표는 주민 1인당 부동산 시장가치, 소득 및 인구 변화 등을 측정하며, 기타 지표에는 신용평가기관의 보고서 등 다른 유형으로 분류하기가 적절치 않은 지표들이 포함된다(*ibid.*, p.244).

Kloha 등(2005a)은 이들 지표를 다시 속성 및 이론적 연결성을 기준으로 구분한다. 먼저 속성별로는 양적 지표가 98개, 질적 지표가 76개이다(*ibid.*, pp.245-246). 전자는 대부분 비율로 표시되며 비중 및 한계 변화를 알려 준다. 후자는 법령 준수나 재정보고서 제출 여부 등과 같이 주로 이분법으로 표시된다. 질적 지표는 미시간과 네바다주가 76개 중에서 50개를 집중적으로 사용하고 있으며, 나머지 13개 주는 양적 지표가 훨씬 많다.

---

17 PEW(2016)에 의하면 22개 주, 즉 콜로라도, 코네티컷, 플로리다, 아이오와, 켄터키, 루이지애나, 메릴랜드, 미시간, 미네소타, 네바다, 뉴햄프셔, 뉴저지, 뉴멕시코, 뉴욕, 노스캐롤라이나, 오하이오, 오리건, 펜실베이니아, 로드아일랜드, 사우스다코타, 테네시와 워싱턴이 여기에 속한다. Honadle(2003)은 절반에 가까운 주가 어떤 방법이든 지방정부의 재정위기를 예측하기 위해 노력한다는 사실을 확인했다. 그러나 구체적으로 어떤 주가 지방정부의 재정위기를 예측하는지는 명시하지 않았다.

〈표 3-10〉 재무상태 확인 및 예측 지표의 유형 구분

주	세 입	세 출	운영 자산	부 채	장래 부담	지역 자산	법령 위반	기 타	계
Alaska				1					1
Connecticut	1	1	1		1			2	6
Florida	2	1	9	5		1	1		19
Illinois	2	2	6	3					13
Maryland	1	1	6	1					9
Massachusetts	1	1	2				1		5
Michigan	1		1	8			16	4	30
Nevada		1	2	6	1	2	15		27
New Hampshire			2			1			3
New Jersey	2		3	3			2		10
New York			2						2
North Carolina	2	1	2	1	1		1	2	10
Ohio			5	6					11
Pennsylvania		1	6	10	2	7		1	27
West Virginia			1						1
계	12	9	48	44	5	11	36	9	174

자료: Kloha 등(2005a), p.243, Table 1.

한편 Cahill 등(1994)은 일반적 재정위기법률을 보유하고 있는 주 가운데 10개를 선정하여 재정위기를 선언하는 구체적인 조건을 조사하고, 그것을 <표 3-11>과 같이 채무, 관리의무 불이행, 예산 및 기타 문제의 네 가지 유형으로 구분하였다. 이들 10개 주가 사용하는 재정위기 선언 조건은 총 54개이며 채무불이행 14개, 관리의무 불이행 22개 등 주로 사후에 재정위기를 확인하고 관리하는 데 집중되어 있다.

〈표 3-11〉 Cahill 등의 재정위기 선언 조건

기 준	빈도	FL	IL	ME	MI	NV	NJ	NC	OH	PA	RI
<부채 문제>											
지불불이행	9	○	○	○	○	○	○	○	○	○	
차입 과다	1					○					
공채법률 위반	2				○		○				
공채원리금 상환금 과다	2				○		○				
<관리의무 불이행>											
재무 또는 감사보고서 제출	1					○					
지출 강행의무(mandate) 준수	1							○			
퇴직법률 준수	1	○									
청구금 조정	1									○	
급여 지급	7	○	○	○	○	○			○	○	
원천징수 세금 이관	5	○		○	○		○			○	
외상매입금 상환	2		○							○	
퇴직급여 지급	2				○					○	
동의명령 준수	1				○						
적정 회계감사 수감	1					○					
<예산 문제>											
세금징수액 감소	1						○				
세입-세출 불균형	4				○		○		○	○	
타 정부에 세금충격 전가	1								○		
연도말 예산 적자	1								○		
2년 이상 적자 누적	2	○								○	
<기타>											
서비스 수준 부적정	1									○	
세금부과/총재산가치 과다	1										○
개인소득/총재산가치 비율	1										○
1인당 소득	1										○
1인당소득과 총재산가치 관계	1										○
세금부담 상위 5% & 세입창출 하위 5%	1		○								
파산신청	1									○	

자료: Cahill 등(1994), p.257, Table 1.

2. 법정 재정위기 선언 조건 실태조사

Honadle(2003)은 지방정부의 재정위기를 선언하는 조건을 주가 어떤 방식으로 규정하는지와 관련하여 10개 주는 주 법률에 해당 조건을 명시하고, 19개 주는 주에서 실무적으로 또는 지방정부가 자체적으로 정의한다고 설명한다(pp.1443-1446). 앞에서 살펴보았듯이 Kloha 등(2005a)은 지방정부의 재정위기를 예측 및 확인하는 주가 15개이며 이들이 총 174개의 지표를 사용한다는 연구결과를 발표했다. 이 연구가 재정위기 선언 조건을 규정하는 방식에 대해서는 언급하지 않았지만, 위 두 방식이 혼용되었을 것으로 추정된다. Cahill 등(1994)도 일반적 재정위기법률을 보유하고 있는 주 가운데 10개를 선정하여 이들이 사용하는 총 54개의 재정위기 선언 조건을 제시했지만 재정위기 선언 조건의 규정 방식에 관해서는 설명하지 않았다.

한편 PEW(2016)는 미국의 50개 주를 조사대상으로 횡단적 연구를 수행하고, 이를 통해 주가 법률규정으로 지방재정위기 선언 조건을 규정하고 있는 15개 주의 목록을 제시했다(p.15, pp.40-42). 아래에서는 PEW(2016)를 바탕으로 법률로써 지방정부 재정위기 선언 조건을 규정하는 이들 15개 주의 관련 법률을 전수조사하고, 여기서 도출된 개별 조건들을 세계지방정부관리협의회(ICMA)가 개발한 재무추세추적감시시스템(FTMS)의 분류체계에 따라 크게 6개 유형으로 구분하여 제시한다. 이것은 법률적 근거를 가진 안정적인 지표체계를 토대로 한국과 미국의 지방재정위기 관리 제도를 비교연구하는 데 목적이 있다.

(1) 각 주의 법정 재정위기 선언 조건

1) 플로리다(Florida)

플로리다 법률 제14편 제218장 제503조에 따라 주지사는 지방정부가 다음 네 가지 조건 중 하나에 해당하면 재정비상사태의 선언을 검토할 수 있다.[18]

① 자금 부족으로 단기융자금을 동일 회계연도 내에 상환하지 못하거나 기일 안에 공채원리금(또는 장기차입금) 상환 불이행

② 자금 부족으로 확정 외상대금을 지급청구일로부터 90일 경과시까지 지급 불이행

③ 자금 부족으로 직원 근로소득세 원천징수세액 또는 연방사회보장기여금을

---

18 Florida Statutes Title XIV Chapter 218 Section 503(s. 218.503(1), F.S.). Determination of financial emergency.

소정 시점까지 미 이관

④ 자금 부족으로 직원 임금, 보수 또는 퇴직자 퇴직급여를 한 주기 이상 지연

2) 일리노이(Illinois)

지방정부의 유형에 따라 두 개의 법률이 각각 재정비상사태의 조건을 규정한다.

첫째, 헌장자치 지방정부에 대해서는 재정위기도시법 제3조에 따라 전체 과세 재산에 부과되는 제 세금의 합산 세율이 상위 5% 이내이면서, 주민 1인당 세입은 하위 5% 이내인 지방정부를 재정위기 지방정부로 지정할 수 있다.[19]

둘째, 인구 25,000명 미만의 지방정부는 지방정부 재정계획 및 감독에 관한 법률에 따라 다음 세 가지 조건에 해당하면 재정위기 지방정부로 지정할 수 있다.[20]

① 모든 종류의 채무 원리금 상환을 180일 이상 불이행

② 공무원보수 총액의 20% 이상을 30일 이상 지급 불이행

③ 지불불능(insolvency)으로 인해 상환기일에 맞추어 채무상환 불이행

3) 인디애나(Indiana)

재정위기 지방정부 심사청구위원회는 지방정부가 인디애나 법률 제6편 제20.3장 제6.5조(IC 6-1.1-20.3-6.5: 재정위기 지방정부 지정)에 규정된 다음 9개 조건 중 하나 이상에 해당하면 그 지방정부를 재정위기 지방정부로 지정할 수 있다.[21]

① 공채 또는 어음 원리금상환 불이행

② 공무원 보수 지급을 30일 이상 또는 보수 지급주기 2회 이상 지연

③ 법원의 판결에 의한 지출의무를 60일 이상 지연

④ 공무원 원천징수소득세, 연방보험부담금, 연금기금기여금 30일 이상 이관 지연

⑤ 연도말 재정수지 적자 누적금액, 즉 부(−)의 회계잔고가 세입의 8% 이상. 모든 정부 및 기업회계가 대상이며 일반회계원칙(GAAP)상의 발생주의 적용

⑥ 채무총액이 세입추계 금액의 30%를 초과하거나 상환기간이 90일 이상 경과된 청구에 대한 협상 또는 조정의 추진

---

19 Illinois Statues Chapter 65. Municipalities, Act 5. Illinois Municipal Code, Article 8. Finance, Division 12. Financially Distressed City Law, Section 3. Definitions.

20 Illinois Statutes Chapter 50. Local Government, Act 320. Local Government Financial Planning and Supervision Act, Section 3. Definitions.

21 Indiana Code TITLE 6. TAXATION, Chapter 20.3. Distressed Political Subdivisions, Section 6.5 Designation of distressed political subdivisions.

⑦ 한 회계로 유입된 회계간 융자(차입)를 2년 연속 이월

⑧ 재산세 감면으로 인한 심대한 재정적 타격

⑨ 교육구에 적용되는 특별조건을 규정

4) 루이지애나(Louisiana)

주 법무부장관은 지방정부가 루이지애나 법률 제39편 제9-B장 제1351조(재정집행관의 임명)에 규정된 다음의 2개 조건 중 어느 하나에 해당하면 해당 지방정부 소재지 지방법원에 재정관리관의 임명을 결정해 줄 것을 청구할 수 있다.[22]

① 경상지출에 충당할 세입이 충분하지 않은 것이 합리적으로 추론할 때 확실하거나 공채원리금 상환을 불이행했다고 주 입법감사원장, 법무부장관 및 재무부장관 또는 그들이 지명한 자들이 전원합의로 결정(A항(2)(a))

② 주 입법감사원장에게 3년 연속 법정의 회계감사 결과를 미제출한 경우. 이 조건은 해당 지방정부가, 합리적으로 추론할 때, 경상지출에 충당할 세입을 충분하게 보유하지 않은 것으로 추정되는 근거가 된다(A항(2)(c)).

지방정부 소재지 지방법원은 청문을 통해 도출한 사실과 증거에 의거 해당 지방정부가 위 두 조건에 해당한다고 판단하면 재정감독관을 임명한다(B항(1)).

5) 메인(Maine)

주 지방재정위원회는 지방정부가 메인 법률 제30-A편 제229장 제6105조(회계감사)에 따라 원천징수 세금의 주 이관을 1년 6개월 이상 지연하거나, 공채원리금 상환을 불이행하거나, 학교 등의 보수지급 지연 및 자금 부족으로 인한 재정지원을 받는 경우 해당 지방정부를 감사 또는 조사할 수 있으며, 감사 또는 조사결과 지불의무의 연체가 긴급구제자금으로 상환될 수 없다고 판단되는 경우 제6106조(지방재정위원회의 지방정부 인수)에 의거 해당 지방정부를 인수할 수 있다.[23]

6) 미시간(Michigan)

미시간 법률 제141장(지방재정), 지방재정의 안정 및 선택에 관한 법률 제5조 제(3)항은 다음 13개 항목을 지방정부의 재정비상사태를 판단하는 기준으로 규정

---

22 Louisiana Revised Statutes, TITLE 39. PUBLIC FINANCE, CHAPTER 9-B. FISCAL ADMINISTRATOR FOR POLITICAL SUBDIVISIONS, §1351. Appointment of a fiscal administrator.

23 Maine Revised Statutes TITLE 30-A. MUNICIPALITIES AND COUNTIES, Part 2. MUNICIPALITIES, Subpart 9. FISCAL MATTERS, Chapter 229. MUNICIPAL FINANCE BOARD, §6105. Audit & §6106. Board may take over local government.

하고 있으며, 주지사는 그중에서 하나라도 존재하거나 당년도 또는 내년도 회계연도에 나타날 가능성이 커 해당 지방정부의 필수적인 정부서비스 제공 능력을 위협하는 경우 재정비상사태가 존재한다는 결론을 내릴 수 있다.24

① 공채, 어음, 기타 지방정부 증권의 원리금 지불 불이행

② 다음의 하나 이상의 항목을 해당 기관에 법정기한보다 30일 이상 이관 불이행

a. 직원 소득에서 원천징수한 세금

b. 타 정부기관, 교육특별구 등의 대행기관의 지위에서 징수한 세금

c. 연금, 퇴직금, 기타 복지혜택 기여금

③ 직원 또는 퇴직자의 임금, 보수, 기타 급여의 지급을 30일 이상 지연

④ 당해 회계연도의 미지급금 총액이 당해 회계연도 지출총액의 10%를 초과

⑤ 진단팀 보고서가 접수되는 회계연도 말을 기준으로 회계 종류와 관계없이 어느 회계라도 최근 2년 이내에 발생한 기존 적자의 청산 실패

⑥ 당해 회계연도의 일반회계 적자 추계가 해당 일반회계 세입의 5%를 초과

⑦ 적자 해소계획의 승인 조건 또는 적자 해소계획에 따라 체결된 합의 위반

⑧ 타 회계의 자금을 일반회계로 전입하고 정기적으로 청산하지 않거나 누적 전입금액 증가

⑨ 일반회계에서 다른 회계로 전출해야 하는 보조금을 회계연도 폐쇄 이후까지 반복적으로 미편성

⑩ 운영적자의 구조적 발생

⑪ 용도가 지정된 세입을 관련 규정을 위반하여 사용

⑫ 진단팀이 사실확인보고서를 주지사에게 제출한 시점으로부터 60일 이내에 해당 지방정부가 자신의 지불의무를 이행하지 못할 가능성이 있는 경우

⑬ 지방정부의 재정비상사태를 나타내는 그 밖의 사실 또는 상황

7) 네바다(Nevada)

주 조세부는 지방정부가 네바다 법률 제31편 제354장 제685조 제2항에 규정된 다음의 27개 항목 중 어느 하나에 해당한다고 판단하면 중대한 재정비상사태의 선언을 조세위원회에 권고할 수 있다. 조세위원회는 공청회를 거쳐 재정비상사태가

24 MCL(Michigan Complied Laws) Chapter 141. Municipal Financing, Local Financial Stability and Choice Act(Act 436 of 2012).

존재한다는 것을 결정할 수 있다.[25]

① 재정보고서 제출의무 미이행 또는 관행적 지연
② 감사보고서에 나타난 예산편성액을 초과하는 위법적인 과다 지출
③ 감사보고서에 나타난 부의 회계잔고 존재
④ 상환능력을 초과한 채무 누적
⑤ 감사보고서에 지적된 법률 및 규정 위반사항 미시정
⑥ 감사보고서에 지적된 중대한 내부통제 문제 미시정
⑦ 서비스 및 물품 대금 지급의 지연 전력
⑧ 공무원보수 지급에 충당할 현금의 부족
⑨ 법률 또는 규정에 위반된 차입이나 장기 리스계약의 체결
⑩ 주 조세부(Department of Taxation)가 통지한 문제점 미시정
⑪ 법률에 규정된 각 개별 회계의 분할계리 미이행
⑫ 법률규정을 위배하여 금융상품에 투자
⑬ 기채협약 위반
⑭ 공채상환 및 리스대금 지급일정 미준수
⑮ 자산관리 실패로 재정 상황을 훼손하는 대규모 부당 유용 발생
⑯ 신중하지 못한 현금투자로 대규모 손실 발생
⑰ 회계시스템 및 거래기록이 회계운영 결과의 정확한 측정 및 재무자산 확인이 불가능할 정도로 악화
⑱ 예치금 없이 계속해서 수표 발행
⑲ 회계 간에 적정 절차를 따르지 않고 융자 및 차입
⑳ 규정을 위배한 자금 지출
㉑ 특정 용도에 지정된 자금을 조건을 위반하여 지출
㉒ 각종 서류제출 의무 해태로 주 재무부가 지방세 등 자금교부 중단
㉓ 교육구의 경우 채무상환 불이행으로 주 기금에서 융자 수령
㉔ 카운티 취업자의 15% 이상을 차지하는 고용주의 사업장 폐쇄 또는 대대적 운영 감축
㉕ 직전 2년간 인구 또는 과세평가액의 누적 감소비율이 10%를 상회

25 Nevada Revised Statutes, Title 31. Public Financial Administration, Chapter 354. Local Financial Administration, Section 685. Severe financial emergency.

㉖ 직전 2년간 연도말 일반회계 잔고 감소

㉗ 공무원연금 기여금, 원천징수 근로소득세, 연방보험부담금 이관(지급) 불이행

8) 뉴햄프셔(New Hampshire)

뉴햄프셔 법률 제1편 제13장은 지방정부 단체장 또는 지방의회는 ① 이미 부과한 세금의 징수가 불가능하거나, 실업구제 등으로 예외적인 재정수요가 발생하여 통상적인 정부 수요를 위한 재원조달, 상환 및 지급의무 이행이 불가능한 경우나, ② 정부 재정수요를 충족시키기에 충분한 재원을 통상적인 은행 계통의 차입이나 공채발행을 통해 조달하지 못하는 경우 주지사에게 재정 지원을 신청할 수 있다.

주지사는 조사결과 ① 통상적인 은행 계통을 통해 이자지급 등에 있어서 합리적인 조건으로 자금을 차입하지 못하거나, ② 기존의 주 법률에 따라 차입 및 공채발행이 금지되거나, ③ 재정상태가 훼손되어 융자계약을 설정하지 못하는 경우 해당 지방정부가 재정비상사태에 있다는 것을 결정해야 한다.[26]

9) 뉴저지(New Jersey)

지방정부가 뉴저지 법률 제52편 27BB-55조에 규정된 다음 6개 조건 중 하나 이상에 해당하면 주 지역사회부의 지방재정국장은 뉴저지 법률 제52편 27BB-56조에 의거 해당 지방정부를 감독할 수 있다.[27]

① 공채 또는 어음 지불 불이행

② 주, 카운티, 특별구 등에 대한 직전연도의 채무를 당년도에 미상환

③ 동산 및 부동산에 부과된 세금 총액의 4%가 넘는 직전 연도의 현금수지 적자를 당년도 및 다음 연도의 예산에 포함해야 하는 경우

④ 당년도 및 직전 연도 동산 및 부동산에 부과된 세금징수율이 각각 70% 미만

⑤ 다음 연도 공채 및 어음 원리금 상환의무가 당년도 운영예산의 25% 초과

⑥ 지방공채법, 지방예산법 및 지방재정법을 준수하지 못해 지방정부가 재정적 위기에 빠졌다는 법원의 판결

---

26 New Hampshire Statutes TITLE I. THE STATE AND ITS GOVERNMENT, CHAPTER 13. FINANCIAL ASSISTANCE TO COUNTIES, TOWNS AND CITIES, Section 13:2. Emergency Certificates. 재정지원 신청 근거 규정은 Section 13:1 Application for Assistance.

27 New Jersey Revised Statutes, TITLE 52-STATE GOVERNMENT, DEPARTMENTS AND OFFICERS, 52:27BB-55. Application of article & 52:27BB-56. Determination by the board: Notice and hearing.

10) 노스캐롤라이나(North Carolina)

노스캐롤라이나 법률 제59장 제176조에 따라 지방정부위원회(Local Government Commission)는 공채원리금 상환 불이행 상태가 90일을 초과한 지방정부에 대하여 필요하다고 판단되는 경우, 재정문제에 관한 조사 및 자문을 제공하고, 해당 지방정부가 채무조정 및 상환자금 조달계획을 수립할 수 있도록 지원한다.[28] 지방정부위원회는 이 계획이 정당하다고 판단되면 집행을 명령해야 한다. 지불불이행 대상 공채는 일반보증공채, 수입공채, 프로젝트 파이낸싱 채무, 어음을 포괄한다.

11) 오하이오(Ohio)

오하이오 법률 제1편(주정부) 제118장(지방재정비상사태) 제3조(재정비상사태 조건)는 지방정부가 다음 6개 항목의 하나에 해당하면, 주 감사원장은 재정비상사태를 선언할 수 있다고 규정한다.[29]

① 30일 이상 채무불이행

② 공무원 법정보수 전액(일부가 아닌)의 30일 이상 지급 불이행

③ 세금부과 하한선의 인상

④ 직전 회계연도 말 일반회계의 지급의무 금액 총액에서 일반회계 회계잔고를 공제한 금액이 당년도 일반회계 예산의 1/6을 초과

⑤ 직전 회계연도 말 시점에서 모든 적자 시현 회계의 적자 총액에서 그러한 적자를 보전하기 위해 일반 및 특별회계에서 전출할 수 있는 회계잔고의 총액을 공제한 금액이 당년도의 일반회계 예산총액 및 일반회계 전입금을 제외한 적자 시현 회계들의 수입을 합산한 금액의 1/6을 초과

⑥ 직전 회계연도 말 시점의 지방자치단체 통합금고의 현금 및 환금성 투자액이 그것이 충당해야 할 일반 및 특별회계의 정(+)의 회계잔고 총액보다 적고, 그 부족액이 직전연도 통합금고 전입금 총액의 1/6을 상회

참고로 지방정부가 위 ④, ⑤, ⑥ 조건의 1/12을 넘어서는 등 5개 조건에 해당하면 재정감시(fiscal watch)의 대상이 된다.

---

28 North Carolina General Statutes, Chapter 159. Local Government Finance, Article 10. Assistance for Defaulting Units in Refinancing Debt, Section 159-176. Commission to aid defaulting units in developing refinancing plans.

29 Ohio Revised Code » Title [1] STATE GOVERNMENT, Chapter 118: LOCAL FISCAL EMERGENCIES, 118.03 Fiscal emergency conditions.

12) **오리건**(Oregon)

주지사는 오리건 법률 제6집 제20편 제203장 제105조에 따라 하나 이상의 카운티에 최소한도 수준의 공공안전 서비스를 제공할 수 없는 재정상황이 존재하거나 임박한 경우에 '공공안전 재정비상사태'(public safety fiscal emergency)를 선언할 수 있다.[30] 주지사는 공공안전 재정비상사태를 선언하기 전에 상원의장, 상원 여·야 대표, 하원의장, 하원 여·야 대표, 해당 지역 출신 상·하원 의원, 해당 지역 각 카운티 장과 협의해야 한다. 이 법률은 2013년 「카운티 공공안전 재정비상사태법」으로 제정되어 별도로 관리되고 있다.

13) **펜실베이니아**(Pennsylvania)

지방정부가 펜실베이니아 법률 제53편 제11701.201조(지방재정위기 기준)에 규정된 다음 11개 조건의 어느 하나에 해당하면, 주 지역사회·경제발전부(DCED)는 제11701.201조(결정절차)에 따라 조사 및 청문 등을 거쳐 해당 지방정부의 재정위기 여부를 결정한다.[31] 이 법률은 1987년 「지방정부재정회복법」(Municipalities Financial Recovery Act)으로 제정되었으며 통상 「법률 제47호」(Act 47)로 불린다. 필라델피아는 이 법률 적용대상에서 제외된다. 펜실베이니아주는 1991년 필라델피아가 파산상태에 빠지자 법률 제47호의 여러 조문의 효력을 정지 또는 변경하고, 특별감시기관을 설치하는 내용의 「펜실베이니아(1급도시)정부간협력청법」을 별도로 제정하여 운영하고 있다.[32]

① 재정수지 3년 연속 적자 시현 및 직전 회계연도의 적자가 각각 1% 초과
② 세출이 3년 이상 세입을 초과
③ 공채 및 어음의 원리금 상환 불이행
④ 공무원보수 지급을 30일 이상 불이행
⑤ 판결에 따른 확정채무의 지급 의무를 30일 이상 불이행
⑥ 근로소득세 원천징수액 및 사회보장기여금 이관을 30일 이상 불이행

---

30 ORS Vol. 6. Local Government, Public Employees, Elections, Title 20 Counties and county officers, Chapter 203. County Governing Bodies; County Home Rule(section 2, chapter 753, Oregon Laws 2013 of COUNTY PUBLIC SAFETY FISCAL EMERGENCIES).

31 Pennsylvania Statutes Title 53 P.S. Municipal and Quasi-Municipal Corporations, Chapter 2. Municipal Financial Distress, Subchapter A. Determination of Municipal Financial Distress, Section 201. Criteria & Section 203. Procedure for determination.

32 펜실베이니아주는 인구규모를 기준으로 카운티 및 시의 등급을 구분하는데, 1급도시는 인구 100만명 이상으로서 필라델피아가 유일하다.

⑦ 누적적자가 2년 연속으로 각각 세입의 5% 초과

⑧ 연금기금계획에 따른 지방정부 최소부담금의 조달 실패

⑨ 회계 또는 예산의 30%를 초과하는 청구금의 결정 및 조정을 위한 협상을 시도했지만, 채권자와 합의 도출에 실패

⑩ 연방파산법에 따라 지방정부 채무조정계획 신청서류 제출

⑪ 재산세 부과가 법정한도에 이미 도달해 직전 연도보다 지방정부 서비스 격감

14) 로드아일랜드(Rhode Island)

지방정부가 로드아일랜드 법률 제45편 제9장 제3조에 규정된 다음 5개 조건 중 2개 이상에 해당하면 주 조세부장관은 해당 지방정부의 단체장과 지방의회의 공동 건의에 따라, 그러한 건의가 없는 경우는 감사원장과 협의하여, 또는 상황이 엄중하면 직권으로 해당 지방정부의 재정을 감독할 재정감독관, 예산위원회 또는 수권관리인을 임명 또는 설치할 수 있다.[33]

① 당년도 및 다음 연도 재정적자 예상

② 2년 연속으로 감사원장에게 의무적으로 제출해야 할 회계감사 결과를 법정 시한까지 미제출

③ 전국적인 신용평가기관의 평가에서 강등

④ 공채시장의 이용이 불가능하거나 필요한 시점에 합리적인 조건으로 재원을 조달할 수 없다는 주 지역사회·경제발전부(DCED) 장관의 판단

⑤ 주 지역사회·경제발전부, 감사원장, 상·하원의장 등의 재정상황 평가에 필요한 재정정보 및 운영자료의 제공 요청에 신속하게 부응하지 못하는 경우

15) 테네시(Tennessee)

주 재정조달위원회(State Funding Board)는 테네시 법률 제9편 제13장 제204조(융자보증)에 따라 경상세입이 채무원리금 상환자금과 지방정부 및 지방정부 서비스 공급 비용을 충당하기에 부족한 경우, 해당 지방정부에 대한 융자의 제공을 보증할 수 있다.[34] 주 재무부장관은 재정위기 지방정부를 신속하게 확인하고, 그들

---

33 Rhode Island Statutes Title 45, Chapter 45-9. Budget Commissions, §45-9-3 Appointment and duties of fiscal overseer & §45-9-5 Reports of fiscal overseer and appointment of budget and review commission & §45-9-7 Appointment of receiver.

34 Tennessee Code Annotated Title 9. Public Finances, Chapter 13. Loans to Local Subdivisions in Emergencies, Part 2. Emergency Financial Aid to Local Governments, §9-13-204. Loan guarantees-Cutoff date for guarantee.

지방정부의 채무구조를 적시에 조정하며, 재정위기를 방지하기 위한 특별 융자 등 재정지원의 필요성을 판단하는 한편, 인근 지방정부와의 통합을 통해 재정위기를 완화할 수 있도록 법률을 개정하고 정책 및 절차를 개발해야 한다.[35]

(2) 각 주의 법정 재정위기 선언 조건 종합

<표 3-12>는 앞에서 살펴본 15개 주의 법정 재정위기 선언 조건들을 지방정부의 재무상태를 측정하는 가장 포괄적인 지표체계인 세계지방정부관리협의회(ICMA)의 재무추세추적감시시스템(FTMS)의 분류기준에 따라 채무불이행, 세입, 세출, 운영자산, 지역사회 수요 및 자원, 정부규제(법령) 위반의 6개 범주로 구

〈표 3-12〉 미국 각 주의 재정위기 선언 법정 조건

주	계	채무 불이행								세입 부족	세출 과다	운영자산		지역 수요 자원	정부규제(법령)위반		
		파산	공채	어음	기타 채무	보수. 퇴직금	자금 이관	회계간 전출입	충당 부채			운영 적자	회계 잔고		위법 과다 지출	지정 용도외 지출	기타 법령 일반
계	107	4	12	7	5	8	9	4	7	9	1	7	13	2	4	2	13
Florida	6		1		1	1	1	1	1								
Illinois	4		1	1		1	1										
Indiana	9		1	1	1	1		1	1	1			2				
Louisiana	3		1							1							1
Maine	3		1			1	1										
Michigan	14		1	1		1	3	1	1			3	1			1	1
Nevada	28		1		1	1	1	1	2				5	2	4	1	9
New Hampshire	4		1	1						1	1						
New Jersey	7	1	1	1			1			1		1	1				
North Carolina	1		1														
Ohio	8		1	1	1	1				1			3				
Oregon	1									1							
Pennsylvania	13	2	1	1	1	1	1		2	1		2	1				
Rhode Island	5	1								1		1					2
Tennessee	1									1							

35 §9-13-302. Duties of the comptroller of the treasury.

분하여 보여 준다(앞의 <표 3-2> 참조).[36] 앞의 4개 범주는 재무요인, 그리고 뒤의 2개 범주는 환경요인에서 도출되었다.

15개 주가 사용하는 법정조건은 총 107개로서 대다수인 86개가 재무요인에서 도출되었다.[37] 그중에서 채무상환 불이행 지표가 전체의 절반이 넘는 56개이다. 그리고 운영자산 지표가 20개이고 세입 및 세출을 합쳐서 10개이다. 재무요인 중에서 일반회계의 채무잔액 관련 지표는 자본예산 제도를 운용하지 않는 한국에서는 부의 회계잔고와 같은 개념으로 보아 운영자산으로 분류했다. 인디애나와 네바다주의 지표 각 1개가 여기에 해당한다. 환경요인 지표는 총 21개로서 네바다주가 16개를 집중적으로 사용하고 있으며, 나머지는 루이지애나, 미시간, 로드아일랜드가 각각 1~2개씩 사용한다. 지표의 속성을 보면 <표 3-13>에서 보는 바와 같이 정량지표는 13개에 불과하고, 나머지 94개는 특정 조건에 해당하는지를 확인하는 정성지표로 구성되어 있다. 전자는 대부분 비율로 표시되어 비중 및 한계 변화를 알려 준다. 후자는 주로 이분법으로 표시된다.

〈표 3-13〉 미국 15개 주의 정량지표 내역

지표 유형	지표 내용
세입·세출	• 동산 및 부동산 세금징수율이 70% 미만(NJ)
운영자산 (재정수지)	• 당년도 미지급금 총액 > 지출총액 10%(MI) • 당년 일반회계 적자 추계 > 세입5%(MI) • 전년 현금수지 적자 > 동산·부동산 부과세금 4%(NJ) • 3년 연속 적자 및 전년도 적자 각각 1% 초과(PA)
운영자산 (회계잔고/ 채무잔액)	• 부(−)의 회계잔고 총액이 세입의 8% 이상(IN) • 채무 총액이 세입 추계 금액의 30%를 초과(IN) • 일반회계 지급의무액 총액에서 일반회계 잔고 공제 금액이 당년도 일반회계 예산 1/6 초과 등 3개(OH) • 누적 적자가 2년 연속 세입의 5% 초과(PA) • 채무원리금 상환의무가 당년도 운영예산 25% 초과(NJ)
지역자원	• 직전 2년 인구 또는 과세평가액 누적 감소비율 > 10%(NV)

36 Kloha 등(2005a)도 법정 재정위기 선언 조건을 ICMA의 'FTMS'를 기초로 분류하고 있으며, Cahill 등(1994)의 분류체계도 이와 유사하다.

37 15개 주의 법률에 규정된 재정위기 선언 조건은 세항을 포함하여 총 100개로서 이 글에서의 조사결과인 107개보다 7개가 적다. 그것은 일부 항목에 복합적인 조건이 포함되어 있어 이들을 각각 별개의 조건으로 계산했기 때문이다.

제 3 절 지방재정위기 완화 제도

재정위기가 예측되어 회피대책을 추진했는데도 불구하고 상황이 더 나빠져서 실제로 재정위기가 발생하면 주는 해당 지방정부의 재정 건전성을 복원하거나 최소한 문제가 추가로 확대되지 않도록 완화대책을 추진한다. Honadle(2003)은 주는 일반적으로 지방정부의 재정위기를 사전에 인식하지 못하고, 재정위기가 임박한 것으로 예견되는 경우에도 그것을 회피할 수 있는 수단이 마땅히 없는 반면에, 재정위기가 발생한 이후에는 직접 개입할 수단이 상대적으로 풍부하다고 지적한다.

재정위기 완화대책은 주의 개입정책, 개입기관의 성격, 개입의 강도 및 내용에 따라 구분할 수 있다. 먼저 개입정책 내지는 입법방식에 따른 구분으로서 재정위기를 공식적으로 인정하지 않은 채 기존 제도를 활용하여 재정을 지원하는 유형, 이미 재정위기에 빠진 지방정부를 대상으로 특별법을 제정하여 개입하는 사후 대응방식, 그리고 일반 재정위기법률을 미리 제정해 놓고 사전 및 사후에 포괄적으로 개입하는 유형이 있다(Cahill 등, pp.254 255). 둘째, 행정적 대응방식으로서 기존의 주 정부 조직을 책임기관으로 지정하는 방식과 별도의 관리기관으로 비상사태관리관(emergency manager) 또는 재정통제위원회(financial control board)를 설치하는 방법이 있다(Cahill·James, p.91; PEW, 2013, p.35). 셋째, 개입 강도 및 내용에 따른 구분으로서 지방정부의 재량권이 유지되는 감독제도(oversight system)와 주의 특정 정책조치에 따라야 하는 통제제도(control system)로 구분한다(Berman, 1995; Anderson, p.584). 개입 내용은 재정구조조정, 긴급자금지원, 재정감독 또는 기술지원, 그리고 궁극적으로 지방정부 폐지 또는 통합의 네 개 유형으로 크게 구분할 수 있다(PEW, 2013, 부록). 이하에서는 재정위기 완화대책을 입법방식, 관리기관 및 완화 제도의 강도와 내용으로 구분하여 살펴본다.

Ⅰ. 입법 방식

1. 지방재정비상사태법 보유 현황

미국에서 지방정부의 재정위기에 개입할 수 있는 근거법률, 즉 지방재정비상사태법을 보유하고 있는 주는 PEW(2013)와 Cahill 등(1994)에 따르면 각각 19개, Scorsone(2014)에 의하면 16개이다. <표 3-14>는 선행연구에서 지방재정비상사태법을 보유한 것으로 조사된 주의 현황을 종합적으로 보여 준다. Scorsone(2014)에 의하면 지방재정비상사태법의 범주에 포함되기 위해서는 주가 지방정부의 전반적인 재정위기에 대응하여 재정비상사태를 확인하고, 확인 시점에서 주의 기관을 지정하거나 수권관리인 임명 또는 재정통제위원회의 설치 등을 통해 특별한 개입

〈표 3-14〉 지방재정위기 개입근거 법률 보유현황

주	PEW(2013)	Scorsone(2014)	Cahill 등(1994)
Arizona			○
Colorado			○
Connecticut	○	○	○
Florida	○	○	○
Illinois	○	○	○
Indiana	○	○	
Kentucky			○
Maine	○	○	○
Massachusetts	○	○	○
Michigan	○	○	○
Nevada	○	○	○
New Hampshire	○		
New Jersey	○	○	○
New Mexico	○		
New York	○	○	○
North Carolina	○	○	○
Ohio	○	○	○
Oregon	○		
Pennsylvania	○	○	○
Rhode Island	○	○	○
Tennessee	○	○	○
Texas	○	○	
Wisconsin			○

자료: PEW, 2013, p.7, pp.20-21; Scoresone, p.14; Cahill 등, p.255.

조치를 발동하는 절차가 규정되어 있어야 한다(p.6).[38] 따라서 일반 과세권한이 아닌 특별한 사업 또는 세입으로 공채의 상환을 보장하는 수입공채의 지불불이행에 대응하여 해당 사업에 국한하여 적용되는 수권관리제도와 구분된다.[39] 긴급재정지원 이외에 다른 구체적인 개입 제도가 없는 법률 또한 제외된다(*ibid.*, p.6). Scorsone(2014)은 이 기준을 적용하여 PEW(2013)의 조사결과에서 뉴햄프셔, 뉴멕시코 및 오리건을 제외한다(p.14, Table 2).

지방재정비상사태법 보유와 지방정부 재무상태의 추적·감시 및 재정위기 선언 조건 사이에는 밀접한 연관성을 찾을 수 있다. PEW(2016)가 재정위기 선언 조건을 법률로써 규정하고 있다고 파악한 15개 주 중에서 루이지애나를 제외한 14개 주는 지방재정비상사태법을 보유한다.[40] 그리고 12개 주는 지방정부의 재무상태를 추적·감시한다. 따라서 주가 재정위기 선언의 기준을 지방재정비상사태법 등에 사전에 설정해 놓고, 평상시에 지방정부의 재무상태를 추적·감시하다가 조건이 충족되면 재정위기를 선언하고 거기에 개입하는 것이 하나의 패턴으로 정립되었음을 알 수 있다. 다음 <표 3-15>는 이들 연구결과를 종합적으로 보여 준다.

2. 입법 방식

(1) 비공식적 지원 방식

지방정부의 재정위기를 공식적으로는 인정하지 않는 방식으로서 지방재정비상사태법을 제정하지 않고 새로운 구제조치를 시행하거나 기존의 제도를 활용하는 방법으로 대응한다. 전자에는 판매세의 한시적 인상과 같은 방법이 있고, 후사에는

---

38 Scorsone은 이러한 유형의 법률을 'Dimock 형태'로 지칭한다. Edward James Dimock은 미국 대공황기에 자산인수(equity receivership) 분야의 변호사로 활동했고 후일 연방 법관이 되었던 인물로서 지방재정위기 관리의 핵심적인 요소를 관리권의 인수, 개별 채권자에 의한 지방정부 기능 훼손 행위 방지, 적정 수준의 채권자 이익을 충족시킬 수 있는 조정계획의 세 가지로 보았다. 그리고 지방재정비상사태를 완화하기 위한 주의 개입은 위기에 빠진 지방정부를 감독 및 추적·감시하고 예산안 거부 등 지출통제를 가할 수 있는 재정통제위원회의 설치 및 운영, 공공안전이 계속해서 보장될 수 있도록 지방정부를 대신하여 공채를 발행하는 권한 등이 필요하다고 주장했다(Scorsone, p.4).

39 수입공채 지불불이행에 따른 수권관리제도는 채권자 권리구제를 위해 미국 주의 대부분인 47개 주가 채택하고 있다(Spiotto 등, p.43, p.53, Appendix B).

40 루이지애나도 주 법률 제39편(Title 39) 'Public Finance' 제9-B장(Chpater 9-B) 'Fiscal Administrator' 제1351조 'Appointment of a fiscal administrator'는 경상지출에 충당할 세입 부족, 공채원리금 상환 불이행 등을 지방재정위기의 조건으로 규정하고, 이러한 조건이 충족되면 해당 지방정부의 소재지 지방법원이 재정감독관(fiscal administrator)을 임명할 수 있도록 규정하고 있다.

〈표 3-15〉 재무상태의 측정 및 법정 재정위기 선언 조건 구비 현황

주	재무상태 추적·감시		법정 재정위기 선언 조건 구비		
	PEW (2016)	Kloha 등 (2005a)	PEW (2016)	Cahill 등 (1994)	Honadle (2003)
Alaska		○			
Arkansas					○
Colorado	○				
Connecticut	○	○			
Florida	○	○	○	○	○
Illinois		○	○	○	
Indiana			○		
Iowa	○				
Kentucky	○				
Louisiana	○		○		
Maine			○	○	
Maryland	○	○			
Massachusetts		○			
Michigan	○	○	○	○	○
Minnesota	○				
Nevada	○	○	○	○	
New Hampshire	○	○	○		
New Jersey	○	○	○	○	○
New Mexico	○				○
New York	○	○			
North Carolina	○	○	○	○	
Ohio	○	○	○	○	○
Oregon	○		○		
Pennsylvania	○	○	○	○	○
Rhode Island	○		○	○	○
South Dakota	○				
Tennessee	○		○		○
Washington	○				
West Virginia		○			○

자료: PEW, 2016, pp.12-13, 40-42; Kloha 등, 2005a, p.240.

주 또는 연방정부의 지역개발보조금 교부, 주의 융자 및 공채발행 보증, 적자충당 공채 발행 권한의 부여, 다양한 형태의 경제개발지구 추진 등이 포함된다(Cahill 등, p.254).

비공식적인 지원 방식을 선택하는 데는 주로서는 자체의 재정상황도 어려운데, 재정난을 겪는 지방정부의 책무까지 모두 떠맡게 되지 않을까 하는 우려가 깔려 있다. 이에 따라 주는 지방정부의 재정난이 극심해져서 주의 지원이 진정으로 필요하다는 것이 증명되고, 주의 개입에 대한 수용성이 높아질 때까지 공식적인 지원을 미루는 경향이 있다(Hren 등, p.734 note 6). Cahill 등(1994)도 지방정부의 재정위기에 대응하는 주 대책의 특징을 조심스럽고 이목을 끌지 않는(cautious, low-key) 접근 방식에 있다고 보았다.

비공식적 접근 방식은 재정정책 결정 및 자본예산에 대한 지방정부 공무원의 능력 향상, 재정동향감시시스템 활용도 제고, 자원의 능률적 이용을 통한 현금흐름 향상, 재정 전문요원 채용, 제로베이스 예산 시행 등 기술적 지원을 통하여 재정자원을 신중하게 관리하도록 권장하는 데 치중한다. 이것은 비효율적인 관리 관행을 지방재정위기의 주된 원인으로 보는 견해로서 감축관리, 규모 적정화, 전문화, 역량 구축, 또는 쉽게 표현하여 좋은 정부(good government) 등 다양한 이름의 정책을 통해 희소한 공공자금을 더욱 능률적으로 이용하자는 공통적인 목적을 가진다(Cahill 등, pp.259-260). 그러나 이러한 유형의 치유방법이 실제로 재정위기의 원인을 해결할 수 있는지 입증되지 않았다는 것이 문제점으로 지적된다(*ibid.*, p.258).

(2) 특별법률 제정 방식

이 방식은 지방정부의 신용등급이 투자적격 이하로 떨어지거나, 운영예산조차 조달할 수 없는 등 이미 극심한 재정난에 빠진 이후에 재정위기 상황을 공식적으로 인정하고 해당 지방정부에만 적용되는 특별법을 제정하여 사후적으로 대응하는 방식이다. 특별법률 제정 방식은 1970년대 중반 이전에 주로 사용되었으며 당시까지 대부분 주는 지방정부의 재정위기를 사전에 탐지할 수 있는 조기경보시스템을 구축하지 못해 거의 전적으로 사후교정 방식에 의존할 수밖에 없었다(Kloha 등, 2005a, p.238).

개입의 내용은 주가 특별조치 형태로 재정통제위원회를 설치하여 재정위기 단체를 지원하는 동시에 각종 행위를 통제하거나 나아가 해당 지방정부의 재정을 완전히 인수하는 수권관리제도를 주로 사용한다(Kimhi, pp.654; Berman, p.57). 뉴욕, 코네티컷, 매사추세츠가 이 방식을 취한다(Scorsone, 2014; PEW, 2012). 애리조나를 이 방식으로 분류하는 논자도 있다(Cahill 등, 1994). 대표적인 사례로서 뉴욕주는 1975년 뉴욕시를 대상으로 비상재정통제위원회를 설치하고 그 후 용커스에 대해 추가로 특별법을 제정했으며, 매사추세츠주는 첼시에 대하여, 그리고 코네티컷주는 브리지포트시와 웨스트헤븐시에 대하여 이 방식을 적용했다(Cahill 등, 1994, p.255).

이 방식은 지방정부가 스스로 자신의 사무를 처리하고 문제 해결방안을 고안해야 한다는 지방자치 원칙에 충실한 방법이다(Berman, p.68). 여기서 주의 개입은 지방정부가 스스로 문제를 해결할 수 없는 상황에 이르렀다는 점을 인정하고 구원을 요청하기 때문에 이루어지는 것으로서, 이런 관점에서 보면 설령 지방자치가 훼손된다고 하더라도 그것은 주의 재정적, 기술적 지원을 받아 비상상황을 벗어나기 위한 대가로 이해할 수 있다(*ibid.*, p.68). 이 방식은 또한 재정위기 사안별로 개별 지방정부의 상황 변화에 맞추어 탄력적으로 대응할 수 있는 장점이 있다(Kimhi, p.675). 그러나 특별법 방식은 기본적으로 사후적인 대응이며 일반적인, 그리고 성문화된 정책이 없어서 주의 개입이 지연되는 경우가 많으며, 주가 개입을 결정하는 시점에 이르러서는 지방재정위기의 피해가 이미 확대되어 문제를 해결하기가 더욱 어려워지는 것이 큰 단점이다(*ibid.*, p.675; Berman, p.68).

(3) 일반법률 제정 방식

이 방식은 일반법인 「지방재정비상사태법」을 사전에 제정하여 지방정부의 재정위기에 대비한다. 이를 위해 재정위기법률에 일련의 재정위기 지정 조건 내지는 기준을 설정하여, 주 정부가 평상시에도 지방정부의 재정 문제를 추적·감시토록 하고 재정위기가 임박하거나 발생할 개연성이 탐지되면 재정통제위원회 설치 등을 통해 시정조치를 취할 수 있도록 규정한다(Cahill·James, p.9; Berman, p.57; Kimhi, pp.654-51). 재무상태 추적·감시의 범위와 강도는 지방정부 체계, 지방자치권 보장 수준 등 정치적, 법적, 환경적 차이에 따라 주별로 편차가 크다. 일례로 오리건은 격년으로 재무보고서를 보고받아 지방정부의 재무상태를 평가하는 반면, 노스캐롤라이나는 온라인 재무정보 데이터베이스를 기반으로 첨단의 재무상태 모니터링 시스템을 구축하여 운영한다(PEW, 2016, pp.10-11).

일반법률의 제정을 통한 사전대비 방식이 크게 부상한 것은 사후적인 대응으로는 피해가 이미 확대되어 문제를 해결하기가 더욱 어려워지기 때문이다(Berman, p.68). 그리하여 1975년 뉴욕시와 1978년 클리블랜드시에서 시작된 재정위기를 비롯하여 미국의 대도시들이 심각한 재정위기를 겪는 와중에서 일부 주가 지방정부의 재정상황을 일반적으로 추적·감시 및 감독하고, 재정난이 예견되면 더욱 포괄적으로 개입하는 일반법을 제정하기 시작했다(Berman, p.57; Cahill·James, p.90). 1990년대에 접어들어 마이애미, 피츠버그, 필라델피아 등 미국 최대 규모의 도시들이 재정난에 빠지자 이러한 주의 적극적인 역할이 더욱 강조되었다(Kloha 등, 2005b, p.313).

주가 조기경보 신호를 통해 지방정부의 재정위기를 확인하고 이에 개입하거나 재정을 인수함으로써 재정 건전성을 복원하는 이 방식은 주민의 건강과 안전 및 복지를 위해 필수불가결한 공공서비스의 공급이 중단되는 사태를 미리 또는 너무 늦기 전에 탐지하여 통제 가능한 수준으로 관리할 수 있는 여지를 제공한다는 측면에서 큰 의미가 있다(Trussel 등, 2012, p.620). 그러나 이 방식은 지방정부가 요청하지 않은 강제적인 개입이라는 점에서 그간의 주 - 지방정부 관계의 전환을 의미하며, 지방자치 규범과 배치될 수 있다. 따라서 사후교정 방식보다 논란이 클 뿐만 아니라 가정이 잘못되거나 지표가 부적절한 경우에는 이러한 민감한 영역에서 정부 간 관계의 갈등을 불러일으키고 문제 해결에 실패할 수 있다(Berman, p.68). 특히 주의 지방정부 인수는 지방자치 원칙과 배치되기 때문에 지방의 강력한 저항에 직면할 가능성이 크다(*ibid.*, p.56).

이러한 사정에도 불구하고, 20세기 동안에 지방문제에 대한 주의 개입이 점진적으로 그리고 계속해서 확대돼 왔다(Stonecash, 1998). PEW(2013)에 의하면 미국의 16개 주가 이 방식을 채택하고 있다. 플로리다, 일리노이, 인디애나, 메인, 미시간, 네바다, 뉴햄프셔, 뉴저지, 뉴멕시코, 노스캐롤라이나, 오하이오, 오리건, 펜실베이니아, 로드아일랜드, 테네시, 텍사스가 이 범주에 해당한다(p.7, pp.20-21). 하나의 사례로서 「법률 제47호」(Act 47)로 잘 알려진 「1987년 펜실베이니아 지방정부 재정 건전성 회복 법률」에 따르면 지방정부 지원 주무부처인 펜실베이니아 지역사회부(DCA)는 지방정부로부터 재정정보를 수집하여 평가하고, 사전에 설정된 기준을 충족하면 해당 지방정부가 재정위기에 빠졌음을 공식적으로 선언할 수 있다(Berman, pp.57-58). 이와 함께 시정계획의 수립 및 집행을 담당할 주의 조정관을 임명할 수 있다.

주와 지방정부 사이의 재정관계 내지는 지방정부에 대한 주의 재정적 통제의 범위는 과세 가능한 지방세 종류, 재산세의 한도, 공채 발행, 지출, 회계, 재정 보고와 때로는 지방정부가 제공할 수 있는 서비스의 종류까지 포괄한다. 그런데 이것은 딜런의 원칙에 따라 주가 전속적으로 관장하는 영역이기 때문에 주별로 차이가 크고, 정책적 대응의 내용과 성격이 다양하다(Cahill·James, p.90; Honadle, 2003, p.1435). 지방재정비상사태법을 제정하여 지방재정위기에 포괄적으로 대응할 때도 어떤 주는 임박한 재정위기 또는 재정위기로 발전될 수 있는 상황을 사전에 탐지하여 비상사태가 현실화되지 않도록 예방조치를 취하는 것이 바람직하다고 보고 사전 대비 방식을 강조하는가 하면, 다른 주에서는 지방정부와의 법적, 정치적, 그리고 헌법적 관계를 고려하여 사후 교정 방안에 치중하기도 한다(Cahill·James, 1992, p.91).

Cahill 등(1994)은 이러한 다양성 속에서도 일반적 지방재정비상사태법이 전형적으로 수행하는 기능을 6가지로 구분해서 정리했다. 여기에는 ① 재정위기 판단 기준의 설정, ② 재정위기 대책을 주도할 주체의 결정, ③ 재정위기 해소계획의 수립 및 승인 절차의 정립, ④ 재정 건전성 회복계획의 수립 및 이행을 감독할 집행 및 조정기구의 설치, ⑤ 재정위기 시정계획과 조정기구의 권한 및 조건의 규정, 그리고 ⑥ 재정위기가 종료되는 조건 및 조치권자의 명시가 포함된다(Cahill 등, p.255; Cahill·James, p.91).

Ⅱ. 관리기관

1. 관리기관의 의의 및 유형

지방재정위기를 완화하기 위한 주 정부의 개입은 비상사태를 관리할 기관을 지정 또는 설치하는 데서 시작된다. 1930년대 이래 다수의 주가 지방정부의 재정위기에 개입하는 관리기관을 지정 또는 설치하는 법률을 제정했다(Spiotto 등, 2012, p.772). 이러한 주의 개입은 로마시대에 전쟁이나 반란 등으로 국가가 위기상황에 직면하는 경우, 평상시의 분권적인 공화정 체제를 잠정적으로 중단하고 절대적인 권한을 행사하는 독재관을 한시적으로 임명하여 강력한 지도력을 통해 국가적 위기를 신속하게 극복했던 제도에 비유된다(Gillette, p.1375; Kossis, p.1110). 재정비상사태 관리기관은 일반적으로 민주적 통제를 받지 않고 채무 및 근로협약 재구조화,

기술적 지원 제공, 세금 및 수수료 인상, 지방예산 승인, 채무보증 및 보조금 지원과 함께 주에 따라서는 선출직 공직자를 해임하고 지방정부를 해체까지 할 수 있는 강력한 권한을 행사한다(Spiotto 등, p.772; PEW, 2013, p.19; Hren 등, p.736).

관리기관의 지정 또는 설치에는 두 가지 접근방법이 있다(Cahill·James, p.91; PEW, 2013, p.49). 하나는 기존의 주 정부기관 또는 부서를 재정위기 지방정부에 개입하는 주의 최종적인 관리책임기관으로 지정하는 방법이다. 주지사실이나 지방정부 지원업무를 관장하는 지역사회부 같은 주 정부 부처를 관리기관으로 지정할 수 있으며, 이 경우 재정회복계획을 수립 및 집행할 재정조정관 또는 감독관을 해당 기관 내에서 임명한다(Cahill·James, p.91). 주에 따라서는 상근 직위로 이들 재정조정관 또는 감독관을 설치하여 모든 재정위기 지방정부를 일반적으로 감독하는 기능을 관장하게 한다(PEW, 2013, p.49).

다른 하나는 수권관리인과 같은 감독 및 통제기능을 수행하는 새로운 직위를 창설하거나, 재정통제위원회로 통칭되는 특별행정기관을 설치하여 지방재정 관리책임을 맡기는 방법이다(Cahill·James, p.91; PEW, 2013, p.18). 새로운 직위 또는 특별행정기관을 창설하는 가장 큰 이유는 주 헌법 또는 법률로 세금 부과와 공채 발행 권한을 부여할 수 있기 때문이다. 이러한 권한은 재정위기 지방정부가 자본시장을 이용할 수 없거나 이용에 큰 제약을 받는 경우, 또는 법적·정치적 권한이 부족하여 세입 흐름의 개선을 위한 세금 또는 수수료를 부과하기 어려울 때 특히 중요하다(Cahill·James, p.91). PEW(2013)는 수권관리인과 재정통제위원회의 설치를 별개의 유형으로 보아 기존 주의 기관을 지정하는 방식과 함께 지방재정위기 관리기관을 세 가지 유형으로 구분한다. 다음 <표 3-16>은 지방정부 재정비상사태법률을 갖추고 있는 19개 주의 관리기관을 유형별로 구분해서 보여 준다.

여기서 말하는 수권관리인은 주 정부가 소위 'Dimock 모델' 수권관리제도의 집행책임관으로 임명하는 직위로서 비상사태관리관, 재무관리관, 감독관, 조정관 등 다른 다양한 명칭이 사용되기도 한다(PEW, 2013, p.49). 'Dimock 모델'은 대공황 시기에 대규모 지방정부 지불불이행 사태를 해결하는 방안으로 1935년 Edward Dimock 변호사가 제시했다.[41] Scorsone(2014)에 의하면 전술한 정책적 접근방식 중에서 특별조치 및 일반법률 제정 방식이 'Dimock 모델'에 해당하며, 그중에서도 후

41 Dimock 모델에 대해서는 주 38 참조.

〈표 3-16〉 각 주의 지방재정위기 관리기관

주	주 정부기관	수권관리인	재정통제위원회
빈도	12	13	13
CT		○	○
FL	○		○
IL	○	○	○
IN	○	○	
ME	○		○
MA	○	○	○
MI	○	○	○
NV	○	○	
NH		○	
NJ	○	○	○
NM	○		
NY			○
NC	○		○
OH		○	○
OR			○
PA	○	○	○
RI		○	○
TN	○	○	
TX		○	

자료: PEW, 2013, p.20.

자가 더욱 완전한 형태이다(p.5).[42] 행정적 수권관리제도의 수권관리인과 재정통제위원회는 권한을 단독으로 행사하느냐, 아니면 공유하느냐의 차이가 있을 뿐 수행하는 기능은 기본적으로 같다(Kossis, p.1110 note 9; Anderson, p.584). 아래에서는 이러한 관점에서 'Dimock 모델'의 수권관리인을 포괄하는 의미로서 재정통제위원회에 대하여 살펴본다.

42 Scorsone(2014)은 PEW(2013)가 일반법률 제정방식을 채택하는 주로 분류한 플로리다, 일리노이, 인디애나, 메인, 미시간, 네바다, 뉴햄프셔, 뉴저지, 뉴멕시코, 노스캐롤라이나, 오하이오, 오리건, 펜실베이니아, 로드아일랜드, 테네시, 텍사스의 16개 주 중에서 메인, 네바다, 뉴햄프셔, 뉴멕시코, 오리건, 테네시, 텍사스의 7개 주를 제외하고, 코네티컷, 매사추세츠, 뉴욕을 추가하여 12개 주를 'Dimock 모델'로 분류한다. 특별조치 방식을 취하는 주는 뉴욕, 코네티컷, 매사추세츠로서 두 연구의 조사결과가 일치한다.

2. 재정통제위원회

(1) 개 념

재정통제위원회는 특정 지방정부가 재정위기에 빠지는 경우 해당 지방정부의 재정사무를 감독하기 위하여 주가 법률로써 설치하는 기관을 통칭한다(Hren 등, p.734). 재정위기 전 단계에서는 주의 대응에 차이가 크지만, 지방정부가 일단 재정비상사태에 빠지면 주는 거의 예외 없이 재정통제위원회를 설치하여 수습에 나선다(*ibid.,* p.734). 재정통제위원회는 주로부터 과세, 공채발행 등의 분야에서 선출직 지방공직자의 권한을 훨씬 넘어서는 강력한 권한을 부여받아 재정위기 단체의 채무상환을 위한 협력을 주도하고 필수불가결한 정부서비스가 중단 없이 제공될 수 있도록 보장하는 기능을 수행한다(*ibid.*).

재정통제위원회는 주 및 지방정부의 공무원들과 주가 임명하는 개별 인사들로 구성된다(*ibid.*, p.736; Weikart, p.391). 그런데 주로 재정 또는 회계 분야의 민간인 전문가 중에서 임명되는 비선출직 위원들이 재정통제위원회의 의사결정에 중대한 영향을 미친다.[43] 주민들에게 직접 책임을 지지 않는 비선출직 위원으로서는 구조조정이나 서비스 감축 등 정치적으로 인기는 없지만, 긴박한 위기를 해결하는 데 필요한 전략을 정치적 이해관계나 주민들의 반응을 거의 고려하지 않고 자유롭게 선택할 수 있기 때문이다(Hren 등, p.737). 따라서 재정통제위원회를 통해 지방재정위기에 대응하는 것은 정치적 고려에서 자유로운 소위 '전문가'에 의한 신속하고 과감한 결정 방식을 선택했다는 의미를 가진다(*ibid.*, p.734). 이처럼 정치적 고려와 번잡한 절차를 생략하는 재정통제위원회에 대해서 당연히 비판적인 평가도 따른다. 재정통제위원회가 일반적으로 목전의 재정위기를 단기적으로 해결하는 데는 효과적이지만 그것은 민주적 의사결정을 희생한 대가이며, 장기적인 해결책이라기보다는 일시적인 재정안정에 그칠 뿐이라는 것이다(*ibid.*, p.735).

(2) 기원 및 발전

재정통제위원회는 주가 지방정부의 재정위기를 완화하기 위해 개인 또는 집단에 지방재정 통제권을 부여하는 행정적 수권관리제도이며, 그 기원이 분명하지는

---

43 비선출직 위원의 구성비율과 함께 주 공무원과 주에 의해 임명되는 위원의 구성비율도 이들이 지방주민에 대한 책임이나 정치적 영향력으로부터 상대적으로 자유롭다는 점에서 위원회의 의사결정에 영향을 미치는 중요한 변수이다(Hren 등, p.736, p.737 note 20).

않으나 법원이 채권자의 권리를 구제하기 위해 수권관리인을 임명하는 사법적 수권관리제도에서 발전된 것으로 보는 견해가 유력하다(Kossis, p.1116; Hren 등, p.736 note 13). 재정통제위원회와 행정적 수권관리인은 권한과 임무가 같으며, 전자가 권한을 여러 사람이 공유하는 데 반해 후자는 단독으로 행사하는 것이 차이점이다(Kossis, p.1110).

완전한 형태와 구조를 갖춘 재정통제위원회는 1921년 뉴햄프셔주가 맨체스터의 재정난을 감독하기 위해 설치한 것이 효시가 되었으며, 그 이후 큰 변화 없이 정착되었다(Weikart, p.391; Hren 등, p.734). 지방정부의 재정위기에 대응하여 주가 재정통제위원회를 설치한 대표적인 사례로는 시카고, 클리블랜드, 필라델피아, 뉴욕, 용커스, 워싱턴디시와 브리지포트 등을 들 수 있다(Weikart, p.391; Hren 등, p.734).

(3) 구성 및 권한과 임무

주 헌법의 규정에 따라 주는 지방정부의 부채를 감독하고 주 전체의 관심사에 관한 법률을 제정할 수 있는데, 이러한 주의 권한이 재정통제위원회를 설치할 수 있는 헌법적 근거이다(Hren 등, p.736). 입법방식은 정책적 대응방식에서 살펴 보았듯이 특정 지방정부가 재정위기에 빠진 다음에 사후적으로 대응하는 특별입법 방식과 법률에 일련의 요건을 규정해 놓고, 그 기준이 충족되면 위원회를 설치하는 일반법 방식으로 구분된다. 재정통제위원회 위원은 통상적으로 주가 임명하는 인사 및 선출직 지방공직자들로 구성된다. 위원 수는 5명 이상으로 다양하며 홀수로 구성되는 점이 특색이다(Cahill·James, p.91). 위원 자격은 법률에 당연직으로 규정되기도 하고(예: 시장, 주지사, 감사관), 관리대상 지방정부의 시장 또는 주 상원의 승인을 받는 경우도 있다(*ibid.*, p.91). 재정통제위원회는 대부분 상설이 아니라 한시적으로 설치되며 개입이 완료되면 해산된다(PEW, 2013, p.49). 재정통제위원회의 종료 조건은 일반적으로 설치 법률에서 규정한다(Weikart, p.391; Hren 등, p.738).

재정통제위원회의 기본적인 임무는 재정위기 지방정부의 신용도를 회복시키기 위한 채무 구조조정과 채무불이행의 재발 위험을 줄이기 위한 재정개혁의 두 가지 범주로 구분된다(Hren 등, p.737).[44] 재정통제위원회의 권한과 임무는 일반적으로 설치 법률에서 규정한다(*ibid.*, p.736). 먼저 채무관리 분야에서 재정통제위원

44 Kimhi(2008)는 정보수집(information gathering)을 추가하여 재정통제위원회의 활동을 세 가지 유형으로 구분하는데 재정정보 조회, 회계감사, 재정정보의 공개 강화 등 재정상황에 대한 이해를 높이는 활동이 이 유형에 포함된다(p.655).

회는 채무 구조조정, 부채상환에 충당하기 위한 특별세 신설, 공채 추가 발행에 대한 제재나 제한 등의 권한을 행사하며, 재정위기 단체를 대신하여 적자보전채권(deficit-funding bonds)을 발행하여 한시적으로 자금을 융통해 주기도 한다(Hren 등, p.738).

다음으로 재정개혁 분야에서 재정통제위원회의 주요 임무는 지방공직자들이 지출삭감 및 세입확충을 핵심적인 내용으로 하는 재정 건전성 회복계획을 수립하고 그것을 준수하도록 감독하는 일이다(Kimhi, p.655). 이와 관련하여 대부분의 지방정부는 법률규정에 따라 매 회계연도 균형예산과 함께 세입·세출 추계가 포함된 다년도 재정계획을 재정통제위원회에 제출해야 한다. 재정통제위원회는 일반적으로 재정계획을 승인하고 지방정부의 공직자들이 승인된 재정계획을 준수하도록 강제할 수 있는 다양한 권한을 가진다(Hren 등, p.738). 여기에는 승인된 예산안에 포함되지 않은 지출의 금지, 기존 계약의 폐지, 수정 및 신규 계약의 승인이나 거부, 공무원노조와의 단체협약 수정, 승인 또는 거부, 그리고 승인된 재정계획을 위반하는 경우에 주 지원을 유보하는 권한 등이 포함된다(*ibid.*, p.738 note 26). 재정통제위원회는 때로는 상기 감독기능을 넘어서 지방정부의 예산에 대한 직접적인 통제권을 행사하여 모든 지출을 승인하고, 세금을 부과하고, 지방공무원을 해고하기도 한다(*ibid.*, p.73; Cahill·James, p.88). 미시간주가 햄트라믹의 재정위기에 대응하여 재정관리인을 임명하여 공무원 해고, 채용 동결, 보수인상분 삭감, 부서장 교체, 서비스 민영화, 시장과 시의원에 대한 급여 지급 정지 등의 조치를 한 것이 그 예이다(Carvlin, 2003; Coe, p.762 재인용).

Ⅲ. 강도 및 내용

1. 완화 제도의 강도

주 정부의 개입 강도는 지방재정위기의 관리책임을 부여받은 기존의 주 정부 기관 또는 부서, 수권관리인, 재정통제위원회 등이 어느 정도의 권한과 통제력을 발휘하느냐의 문제이다. 이것은 하나의 연속적인 개념으로서 지방정부의 재정상황을 점검하여 그 결과를 통보해 주는 가장 온건한 방법에서 해당 지방정부의 재정을 인수하는 강력한 조치까지 다양한 스펙트럼을 가지고 있다.

Cahill 등(1994)은 재정자원을 절제하여 관리하도록 기술적 지원을 제공하는 등의 조심스럽고 이목을 끌지 않는 접근 방식을 지방정부의 재정위기에 대응하는 주 대책의 특징으로 본다. 이에 비해 Coe(2008)는 사전 예방적 지원과 강력한 개입을 주의 정책 수범 사례로 꼽는다. 이처럼 다양하고 연속적인 개념이기는 하지만 주 관리기관의 역할을 개입 강도에 따라 몇 가지 유형으로 구분할 수 있다. 그 예로서 Cahill과 James(1992)는 관리기관의 기능을 통제(control), 감독(oversight) 및 권고(recommendation)로(p.91), Berman(1995)은 감독기능에 권고기능을 포함하여 통제와 감독의 두 가지 유형으로 구분한다(p.61).

먼저 통제제도는 관리기관이 지방의 의사결정 권한을 대체하여 특정의 정책조치를 취할 것을 지방공직자들에게 구체적으로 지시하고 다양한 범위에서 지방정부의 활동을 직접 관장한다(Cahill·James, p.91). 가장 강력한 형태는 관리기관이 지방정부를 한시적으로 완전히 인수하는 것으로서, 이것은 지방자치 및 지방 민주주의를 사실상 정지시키는 효력을 가진다(Berman, p.55). 이 경우 관리기관의 통제기능은 포괄적이어서 해당 지방정부의 정책 우선순위, 지출수요, 세원 및 기타의 재정조치를 직접 결정하고 재정계획 및 재정사업에 대하여 절대적인 권한을 행사한다(Cahill·James, p.91).

다음으로 감독기능은 가장 일반적인 형태로서 회생대책의 수립을 비롯한 지방정부 운영에 대한 상당한 재량권을 지방공직자들에게 허용한다(Cahill·James, p.91; Berman, p.61). 여기서 관리기관의 기본적인 책무는 재정관리 방침 및 규칙을 설정하고, 지방공무원들이 그것을 준수하는지 감독하는 한편 필요한 경우에 시정조치를 취한다. 지방공직자들은 이들 방침 및 규칙을 토대로 과세, 채무, 지출 및 관련 재정 문제에 관한 정책 및 사업을 결정한다(Cahill·James, p.91). 이 제도에서 관리기관은 지방정부에 대한 일종의 '우호적 전주'(friendly banker)로서 지방공직자들이 인기 없는 결정을 내려야 할 때 비난의 화살을 돌릴 수 있는 정치적 보호막 역할을 하면서, 동시에 재정지원 중단이라는 '핵무기'를 가지고 이 제도의 작동을 보장한다(Berman, p.61).

마지막으로 권고기능은 기본적으로 자문 역할을 하는 것으로서 재정위기 지방정부는 관리기관의 권고를 수용할 의무가 없다. 이 유형은 지방정부를 일상적으로 지원하는 주 정부기관의 권한과 별다른 차이가 없으며, 지방정부의 재정상태가 호전될 때 이러한 자문기능을 수행하는 경우가 있다(Cahill·James, p.91).

주로서는 지방재정위기 대책을 효과적으로 수행할 수 있는 강력한 통제기능을 가진 관리기관을 창설하는 것이 적절하고 바람직한 것으로 보일 수가 있다. 그리고 주가 지방정부를 완전히 인수해서 직접 운영한다고 하더라도 법적 관점에서 문제가 되지 않는다. 그러나 이러한 법적 권한을 행사하는 데는 현실적으로 다양한 정치적, 문화적 제약이 따른다. 무엇보다도 주의 지방정부 인수는 지방자치 규범과 충돌되기 때문에 지방으로부터 저항을 받아 주의 개입이 중단되거나 목적을 달성하지 못할 수가 있다(Cahill·James, p.92; Berman, p.56). 이러한 현실적인 제약에도 불구하고 최근 경기침체와 주 및 연방정부의 재정지원 격감이 지방재정을 벼랑으로 내몰고 있는 상황에서 지방정부에 대한 주 정부의 감독권한이 대폭 강화되고 있다(Arapis·Georgianni, 2013).

그 예로서 2010년과 2011년 미시간과 로드아일랜드는 재정위기에 빠진 지방정부의 수권관리를 규율하는 주 법률을 대폭 개정했다(Anderson, p.577). 재정적 긴급성을 명분으로 구제금융의 제공이나 지방정부의 동의 없이 주의 수권관리를 허용하고 비상사태관리관의 권한을 파격적으로 강화한 것이 이들 법률의 특징이다(*ibid.*, p.581). 재정위기 단체에 대한 수권관리가 시작되면 주지사가 임명한 비상사태관리관이 해당 지방정부의 모든 선출직 공직자의 책무를 인수할 뿐만 아니라 기존의 단체협약 및 기타의 계약을 파기하기도 하고, 공공서비스를 민간에 위탁하거나 공공재산을 매각할 수도 있다. 비상사태관리인이 시장, 시의원 등 선출직 지방공직자의 지위를 자문역으로 격하하거나 시장의 출근을 금지한 사례도 있다(Goodnough, 2011).

이처럼 새 법률은 지방정부의 헌장과 권능을 정지시키고 주지사가 수권관리인을 임명하여 주의 권한을 행사하기 때문에 '재정계엄법'(financial martial law), '식민지 지배'(colonial rule) 또는 '민주주의 해체'(democratic dissolution)로 묘사되기도 한다(Anderson, p.581).[45] 미시간과 로드아일랜드의 개혁은 전국적인 문제로 부상하여

45 '재정계엄법' 및 '식민지 지배'는 2011년 미시간주에서 지방재정위기관리법률 통과 당시, 집권 여당의 상원의원 Jack Brandenburg가 "재정계엄법이 필요한 지역에 비상사태관리관을 배치할 것"이라고 표현한 것과 이에 대한 비판적인 견해를 대변한 논평에서 나온 것이며, '민주주의 해체'는 지방정부의 완전한 해체 또는 폐지가 행정구역의 폐지를 동반해야 하나, 새 법률이 법적 실체로서 지방정부의 행정구역과 법적 존재는 남겨 둔 채 민주주의만 정지시킨 것을 Anderson이 개념화한 것이다.

다른 주들이 뜨겁게 주시하고 있으며, 인디애나에서는 미시간 법률의 요소를 원용한 법률을 2012년 3월 통과시켰고, 위스콘신, 펜실베이니아, 뉴저지 등은 유사한 변화를 추진 중이다(*ibid.*, p.582).

2. 완화 제도의 내용

지방재정위기 완화대책은 일반적으로 지방재정 회생계획에 포함되어 집행된다. 대부분의 지방재정비상사태법은 회생계획을 주 대책에 반드시 포함하도록 규정한다(*ibid.*, p.259, Table 2). PEW(2013)는 지방재정위기 완화대책을 <표 3-17>에

〈표 3-17〉 각 주의 지방재정위기 완화 제도

구 분	재무구조 조정			긴급 재정지원	재무감독 기술지원	지방정부 통폐합
	채무구조 조정	단체협약 조정	세입확충			
빈도	14	7	10	13	18	3
CT	○	○	○		○	
FL				○	○	
IL	○	○	○	○	○	
IN		○		○	○	
ME	○		○	○	○	
MA	○		○	○	○	
MI	○	○		○	○	○
NV	○	○	○	○	○	○
NH				○		
NJ	○		○	○	○	
NM				○	○	
NY	○	○		○	○	
NC	○		○		○	
OH	○				○	
OR	○				○	
PA	○	○	○	○	○	
RI	○		○		○	
TN	○		○	○	○	○
TX					○	

자료: PEW(2013), p.20, Table 2 수정.

서 보는 바와 같이 재무 구조조정, 긴급 재정지원, 재무감독 및 기술지원, 지방정부 통폐합의 4개 유형으로 구분한다(pp.19-20). 재무 구조조정은 다시 채무 구조조정, 단체협약 조정, 세입 확충의 3개 유형으로 세분한다.

(1) 공채 발행, 기채 승인 및 기존 채무 재협상

관리기관이 지방정부를 대신하여 직접 공채를 발행할 수 있는 권한을 부여하거나, 아니면 해당 지방정부의 공채 신규 발행을 승인하거나, 또는 이미 발행된 채무에 대한 재협상 권한을 부여하는 것이다(PEW, 2013, p.50).

14개 주가 이러한 권한을 부여한다. 뉴욕주는 1975년과 1995년에 각각 공채발행을 담당할 법인을 설립하여 재정위기 상황에 빠진 뉴욕시와 트로이(Troy)시가 비상자금을 조달할 수 있도록 지원했다(PEW, 2013, p.19). 일리노이주 의회도 1990년 이스트 세인트루이스(East St. Louis)의 재정위기에 대응하여 전례 없는 융자 패키지와 공채발행 권한을 개입수단으로 활용했다(*ibid.*).

(2) 단체협약의 재협상 및 체결

인건비를 낮출 수 있도록 기존 근로계약에 대한 재협상 권한을 관리기관에 부여하는 것으로서 그 대상에는 근로계약 체결 이후 매년 보수, 수당 및 기타 보상의 인상을 약속하는 다년협약의 준수 여부가 포함된다(*ibid.*, p.50). 7개 주가 관리기관에 이러한 권한을 부여한다. 네바다주의 '중대 재정비상사태' 법률은 주 조세부가 임명한 비상사태관리관에게 위기 지방정부를 대신하여 거의 모든 단체협약의 협상 및 승인 권한을 부여하고 있으며, 로드아일랜드는 주가 임명하는 수탁관리인에게 새로운 단체협약을 협상할 권한을 부여한다(*ibid.*, p.19).

(3) 세금, 수수료 및 신용거래

관리기관에 기존의 세율, 수수료 및 신용거래 조건을 변경하거나 새로운 세금, 수수료 및 신용거래를 시행할 수 있는 권한을 부여하는 것이다(*ibid.*, p.50). 센트럴폴스의 수권관리인은 2012년 파산에서 벗어나기 위한 계획의 하나로 이 권한을 활용하여 5년 연속 재산세를 4%씩 인상했으며, 공적연금 혜택 축소, 지방정부 서비스 감축 등 주민들에게 인기가 없는 다른 정책들을 함께 추진했다(*ibid.*, p.19).

(4) 긴급 자금지원

주가 재정위기 지방정부에 대해 융자(무이자 융자 포함), 보조금 또는 신용보증

(예: 주 보증채무)을 제공하는 것이다(*ibid.*, p.50). 13개 주가 법률에 이 방법을 규정하고 있으나 실제로 지원한 사례는 거의 없다(*ibid.*, p.19). 주의 세입이 줄어들고 있을 뿐만 아니라 지원을 희망하는 모든 지방정부에 자금을 나눠주어야 할 위험이 있기 때문이다. 전환교부금이라는 이름으로 재정위기 지방정부를 지원하는 뉴저지주의 경우, 주 교부금이 계속해서 팽창하자 2010년 집권한 Chris Christie 주지사는 집권 당시 200백만 달러에 달하던 예산을 2014 회계연도 들어 95백만 달러로 삭감했다(*ibid.*).

(5) 재정감독 또는 기술지원

재무 회계감사, 재정계획 수립 지원, 예산편성 또는 승인, 노동협약 등의 협상 또는 승인, 지출승인 등 균형예산 달성에 필요한 재정감독 및 기술적 지원을 제공하는 것이다(*ibid.*, p.50). 뉴햄프셔주를 제외하고는 개입 제도를 갖춘 모든 주가 재정난을 겪는 지방정부에 기술적 지원을 제공한다. 오하이오에서는 주 감사원장이 재무보고서, 회계 및 재정 전망에 관한 기술적 지원을 지방정부에 제공하고 그 비용을 지방정부에 청구한다(*ibid.*, p.19). 재정 주의(caution), 재정 감시(watch) 또는 재정 비상사태(emergency) 지방정부로 지정되면 자문료가 면제된다.

(6) 지방정부의 폐지 또는 통합

재정위기 지방정부를 다른 지방정부와 통합하는 것이 필요하다고 판단되는 경우 관리기관이 해당 지방정부를 해산 또는 폐지할 수 있는 권한을 부여하는 것이다(*ibid.*, p.50). 미시간, 네바다와 테네시주의 수권관리인에게 이 권한이 부여되었다. 네바다주 조세부는 지방정부의 재정위기에 개입하는 주 정부기관으로서 1999년 소도시인 갭스(Gabbs)가 재산세와 상하수도 요금의 인상으로는 균형예산을 달성하기에 충분한 재원을 조달할 수 없다는 결론을 내리고 해당 지방정부를 인수했다(*ibid.*, p.19). 2001년 네바다주 의회는 갭스를 해산하여 상급의 카운티 정부가 직접 관장하게 했다(*ibid.*).

제 2 편

경상남도 재정위기 사례

제 4 장

사례 분석의 기초

CHAPTER 04 사례 분석의 기초

제 1 절 분석 모형

Ⅰ. 분석 모형의 구성

제2장 및 제3장으로 구성된 제1편에서 미국 주 정부의 지방재정위기 관리 제도를 체계적으로 조사한 데 이어 제4장부터 제7장까지 이어지는 제2편은 제1편의 조사결과를 준거 기준으로 삼아 경상남도의 재정위기 사례를 실증적으로 분석한다. 경상남도 사례 분석은 다음 세 가지 문제에 초점을 둔다.

첫째, 경상남도가 도지사권한대행 체제로 운영되던 2012년 후반기에 재정위기에 빠졌었는지를 측정 및 확인한다. 둘째, 재정위기 유발원인 내지는 책임소재를 규명한다. 셋째, 경상남도의 재정운영에 미국 주 정부의 제도를 적용했을 때 기대효과와 실제 운용 가능성을 진단한다.

다음 [그림 4-1]은 이러한 세 가지 목적을 달성하기 위해 사용할 분석모형이다. 그림의 상단 좌측은 제2장에서 설명한 Hendrick(2011)의 재무상태과정 모델을 단순화하여 경상남도의 재무상태과정을 묘사한 것이다. 전체적으로 보면 경상남도가 재정 및 정치환경의 제약 아래에서 재정정책을 통해 내부 재정구조를 구축하는 과정을 보여 준다. 내부 재정구조는 현재의 세입, 세출 및 재정수지와 장래에 상환해야 할 채무잔액으로 구성된다. 외부환경은 재정환경과 정치환경으로 구분되며 지방정부가 통제하기 어려운 영역이다. 재정환경은 세입기반, 세출수요 및 서비스 책무, 중앙정부의 법령과 제도, 정책 등으로 구성된다. 정치환경은 주민, 기업 등으로 구성되며, 선거 등을 통해 재정수요를 표출하고 정치적 제약을 가한다.

그림의 상단 중앙은 경상남도가 재정위기에 빠졌는지를 측정 및 확인하는 과정이다. 재정위기는 지방정부가 내부 재정구조를 외부환경에 적응시키지 못할 때

[그림 4-1] 분석 모형

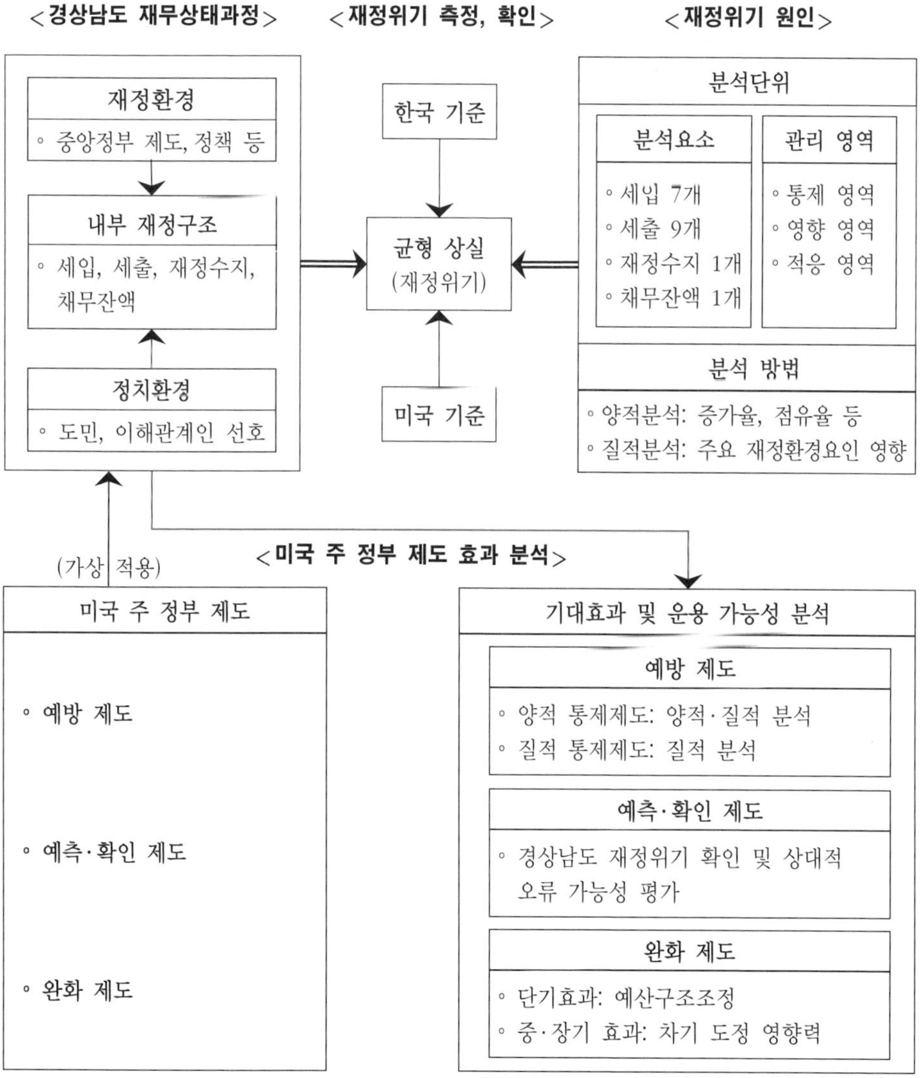

발생한다. 재정위기 여부를 측정 및 확인하는 데는 한국과 미국의 기준을 각각 적용한다. 한국의 기준으로는 지방재정위기 사전경보시스템의 재정위기 판단기준을 사용하고 미국의 기준으로는 정부관계자문위원회(ACIR)의 6개 재정위기 경보 및 각 주 정부의 법정 재정위기 선언 조건을 사용한다.

다음으로 그림의 상단 우측은 경상남도 재정위기의 원인을 규명하기 위한 분석 틀이다. 첫째, 재정위기를 초래한 주된 원인을 찾아낸다. 이를 위해서 내부 재정구조의 네 가지 구성부문인 세입, 세출, 재정수지 및 채무잔액을 18개의 분석요소로 구분하여 각각의 분석요소가 재정위기를 유발한 책임 정도를 분석한다. 둘째, 재정위기 유발원인이 지방자치단체 내부에 있는지 아니면 외부환경에 있는지를 규명한다. 이를 위해 18개 분석요소를 지방자치단체가 통제하거나 영향력을 미칠 수 있는 정도에 따라 통제 영역, 영향 영역 및 적응 영역으로 구분하고, 각 영역에 속한 일단의 분석요소들이 재정위기를 유발한 책임 정도를 분석한다.

마지막으로 그림의 하단은 미국 주 정부의 지방재정위기 관리 제도들을 경상남도의 재정운영에 가상적으로 적용할 때 기대할 수 있는 정책효과와 이들이 실제로 운용 가능한 정책수단인지를 진단하는 분석 틀이다. 첫째, 예방 제도는 양적 및 질적 분석을 통해 장기적 균형예산 관점에서 지출 한도 제도의 기대효과와 운용 가능성을 분석한다. 나머지 예방 제도에 대해서는 질적 분석 방법을 적용한다. 완화 제도는 2012년 하반기 도지사권한대행 체제 아래에서 경상남도가 추진한 재정구조조정 대책을 최근 한국에 도입된 긴급재정관리제도의 자연적 실험이라고 가정하여 그 효과를 비교·분석한다. 예측 및 확인 제도에 대해서는 제5장 재정위기 확인에서 양국의 재정위기 확인시스템을 적용하여 경상남도의 재정위기를 확인하고 이들 시스템의 상대적 오류 가능성을 평가하는 것으로 가름한다.

Ⅱ. 분석요소

1. 분석요소 선정의 기준

(1) 선행연구의 분석요소

재무상태는 수많은 요인을 포괄하고 있으며, 다차원적인 분석 및 측정이 필요한 복합적인 개념이다(Berne · Schramm, 1986, p.373; Justice · Scorsone, p.50 재인용).

따라서 재무상태 또는 재정위기를 규정하거나 예측 또는 확인할 수 있는 일반적으로 타당한 단일의 지표체계를 구성하는 것은 기대하기 어렵다. 실제로 제3장 제2절에서 소개한 재정위기 예측 또는 확인을 위한 이론 모형들은 다양한 지표체계를 사용한다. 가장 포괄적인 시스템으로 평가되는 재무추세추적감시시스템(FTMS)은 재무상태 자체를 나타내는 재무요인(financial factors) 지표 27개와 재무상태에 영향을 미치는 환경요인(environmental factors) 지표 18개로 구성되어 있다. 재무요인은 다시 세입, 세출, 운영자산, 채무 등 6개 범주로, 환경요인은 지역사회 수요 및 자산, 정부규제 등 5개 범주로 구분된다.

다음 <표 4-1>은 지금까지 개발된 6개의 대표적인 재정위기 예측 및 확인 시스템의 지표체계를 FTMS의 범주에 따라 구분한 것이다. 여기서 확인할 수 있는 사실은 각각이 모형들이 다양한 지표를 활용하고 있으며, 그런데도 하나의 공통점으로서 세입, 세출, 운영자산, 채무 등 6개 범주의 재무요인 지표에 압도적으로 의존하는 점이다. 환경요인은 총 5개의 범주로 구분되지만 ACIR과 Kloha 등의 두 개 모델만이 지역사회 수요·자원 범주에서 일부 지표를 도출하여 사용한다.

다음으로 미국의 각 주가 실제로 지방재정위기를 예측 및 확인할 때 사용하는 지표들도 이론적 모형과 비슷한 경향을 보인다. Kloha 등(2005a)에 의하면 미국에서 15개 주가 지방정부의 재무상태를 확인 또는 예측하는데, 이들이 사용하는 지표 174개를 FTMS의 범주 체계에 따라 분류하면 재무요인에 속하는 세입, 세출, 운영자산 및 채무 지표가 113개이고, 지역사회 수요·자원 지표는 11개에 불과하다(<표 3-10>). 나머지 법령 위반 지표 36개와 기타 지표 14개는 재무요인이나 환경요인으로 구분하기가 어렵다. Cahill 등(1994)이 조사한 미국 10개 주의 재정위기 선언 조건 총 52개 중에서도 법령이나 강행의무 위반 등 관리문제 22건과 기타 조건 7건을 제외하면 모두 재무요인에 속한다(<표 3-11>). 이 연구가 독자적으로 조사한 15개 주의 법정 재정위기 선언 조건 107개 중에서도 지역사회 수요·자원 2개와 정부규제 및 법령 위반 19개를 제외한 86개가 재무요인에서 도출되었다(<표 3-12>).

이처럼 이론 모형과 각 주의 시스템 모두 지표 대부분을 재무요인에서 도출한다. Wang 등(2007)은 사회경제적 지표는 재무상태 자체가 아닐 뿐더러 재무상태에 미치는 영향이 분명하지 않아 자의적이며 오류를 유발할 수 있으므로 제외한다고 그 이유를 설명한다(p.5). 다만 이론 모형과 실제 적용 사례 사이에 한 가지 뚜렷한 차이가 있는데, 그것은 실제 사례의 경우 각종 재무규정 또는 절차의 위배 여부를 판단하는 법령 위반 관련 지표를 다수 사용하는 점이다. 실제 적용 사례는 계량적 분석에 집중하는 이론 모형과 달리 법령 준수 여부에 관한 이분법 지표를 사용하여 질적인 분석을 병행하기 때문에 나타나는 현상으로 보인다.

〈표 4-1〉 6개 예측시스템의 지표체계 비교

FTMS 범주	ACIR	Brown	Honadle 등	Kloha 등	Wang 등	Rivenbark 등
세입	① 운영회계 세출초과 ② 세출초과 ③ 회계적자 ④ 단기운영자금 차입잔고	① 총세입/인구규모 ② 자체세입/총세입 ③ 타기관 전입/세원	① 1인당 세입 ② 분야별 세입 ⑨ 자체세입/총세입	① 일반회계 세입/과세가액	① 1인당 총세금수입 ② 1인당 총세입	① 의존세입 비율 ② 사업수입 충당률
세출		④ 운영지출/총지출	④ 1인당 세출 ⑤ 분야별 세출		③ 1인당 총비용	
운영 자산		⑤ 총세입/총지출 ⑥ 용도 미지정잔고/총세입		②⑨일반회계 당년 및 전년 운영적자 ④ 일반회계 수지규모 ⑤ 4개 회계 당년 및 전년 적자	④ 현금비율 ⑤ 당좌비율 ⑥ 유동비율 ⑦ 운영비율 ⑧ 흑자(적자) 총액/인구	③ 총초과수입 비율 ④ 운영비율 ⑤ 유동성비율 ⑥ 기금잔고비율
채무/부채		⑦ (현금+투자)/채무 ⑧ 일반회계채무 총액/총세입 ⑨ 채무상환/총세입	⑥ 1인당 장기채무 ⑦ 부채/일반회계세입 ⑧ 원리금부담/세입	⑥ 일반 장기부채/과세가액	⑨ 장기부채 비율 ⑩ 1인당 장기부채	⑦ 채무비율 ⑧ 채무상환비율 ⑨ 부채/자산비율
자본·자산					⑪ 순자산비율	⑪ 순자산비율 ⑫ 순자산변동률 ⑬ 자본자산상태 비율
지역사회 수요 및 자원	⑤ 재산세 체납률 ⑥ 재산평가액 급락			⑦ 인구증가 ⑧-⑨실질과세가액 증감		

자료: 각 예측시스템에 관한 설명자료 종합 정리.

(2) 본 연구의 분석요소 선정 기준

재정위기 예측 및 확인을 위한 이론 모형과 각 주가 실제 운용하는 재정위기 확인시스템 모두 지표의 대부분을 내부 재정구조에서 도출한다. 다만 이론적 모델 중 Kloha 등과 ACIR 모형은 외부환경 지표를 일부 사용하고 있으며, 질적인 분석을 병행하는 실제 적용 사례에서는 법령 위반 지표를 중시하는 특징이 있었다. 본 연구는 이러한 선행연구의 공통점을 기반으로 사례 분석의 목적과 한국 및 경상남도의 재정운영 상황 등을 고려하여 분석요소의 선정기준을 다음과 같이 설정한다.

첫째, 분석요소를 모두 내부 재정구조에서 도출한다. 앞의 [그림 4-1]의 분석 모형에서 보듯이 내부 재정구조는 외부환경의 제약 아래에서 지방정부가 선택한 재정정책의 결과가 축적된 것이므로 외부 환경요인이 재무상태에 미친 영향은 내부 재정구조의 분석요소에 이미 반영되었다. 따라서 외부 환경요인이 재무상태에 미치는 영향을 별도로 측정 또는 분석하는 것은 중복이며 불필요하다. 다만 이 연구는 양적 및 질적 분석을 통합한 해설을 통한 분석(analysis with interpretation) 방법을 사용하므로 분석의 타당성을 높이기 위해 내부 재정구조의 형성에 큰 영향을 미쳤을 것으로 보이는 주요 환경요인들을 별도로 추출하여 분석과정에서 고려한다.[1]

둘째, 일반회계를 대상으로 분석요소를 도출한다. 이에 대해서는 일반회계만으로는 재무상태의 전모를 파악하기가 어렵고, 따라서 분석결과가 왜곡될 수 있다는 문제가 제기될 수 있다.[2] 그러나 경상남도의 경우 전체 예산에서 일반회계가 차지하는 비중이 대체로 90%에 근접하기 때문에 그 가능성을 무시할 수 있을 것으로 본다. 정부통합재무제표가 2015년 이후부터 작성되고 있어 그 이전의 자료를 활용할 수 없는 현실적인 문제도 고려했다.

셋째, 일반회계 중에서도 특정재원을 제외하고 일반재원만을 기초로 지표를 도출한다. 일반재원은 징수 및 교부의 조건, 즉 용도가 사전에 지정되지 않아 지방자치단체가 재량권을 가지고 필요한 용도에 배분할 수 있다. 지방세 중 보통세, 용도 미지정 세외수입, 용도를 지정하지 않는 보통교부세와 부동산교부세 등이 이에

1 해설을 통한 분석방법(analysis with interpretation)에 대해서는 제3장 제2절의 주요 재정위기 측정 및 예측모형 중 (4) Honadle 등(2004)의 양적 및 질적 방법 통합 방식 참조.

2 이에 따라 미국은 1999년 「GASB 34」를 제정하여 주 및 지방정부의 회계별 재무제표 및 활동사항 보고를 정부통합재무제표 보고로 변경하였다. 한국은 2015년부터 정부통합재무제표를 작성하여 보고하게 하고 있어 이 연구의 분석 대상 기간에는 해당하지 않는다.

해당한다. 특정재원은 이와 달리 법령 및 지침으로 특정 사업에 지출하도록 용도를 지정한다. 지방세 중에서도 지방교육세 등 목적세, 국가 또는 광역자치단체의 보조금, 양여금, 용도지정 세외수입, 용도가 지정되는 특별교부세와 분권교부세 등이 여기에 포함된다. 지방자치단체는 특정재원에 대해서 집행 책임을 질 뿐이며, 그것을 재무상태의 개선이나 재정위기 관리를 위한 재원으로 사용하기가 어렵다. 따라서 특정재원을 제외한 일반재원만을 분석대상으로 하는 것이 본 연구의 목적에 더욱 적합한 것으로 본다. 용도제한 없는 회계잔고(unreserved fund balance)가 회계잔고 총액보다 더 적절한 재무상태 척도라는 Hendrick(2011)의 설명도 이와 유사한 관점이라고 생각된다(Jacob·Hendrick, p.24).

<표 4-2>는 일반회계의 일반재원과 특정재원 사이의 관계를 세입과 세출, 재정수지 적자 발생 및 채무잔액의 증가 측면에서 분석할 수 있도록 고안한 것이다. 특정재원은 법령 또는 지침을 위반하지 않는 이상 세입이 세출과 일치해야 하므로 재정수지 적자 또는 채무를 발생시킬 일이 없다. 그러나 일반재원은 세입과 세출의 차이, 특히 세입을 초과하는 세출이 재정수지 적자 및 채무잔액 증가로 이어진다. 일반재원의 재정수지 적자는 차입, 사업비 및 순세계잉여금 이월차액, 법정의무경비 미지급금, 그리고 특정재원 전용의 네 가지 방법으로 충당한다.[3] 그중에서 전자의 2개 항목은 정상적인 재원조달 방법이며 후자의 2개 항목은 편법적인 회계처리 방법이다. 특정재원의 일반재원 전용은 특정재원 세입을 지정용도에 전액 사용하지 않고 일부를 일반재원 사업에 투입한 것이다. 이것은 법령에 위반되지만 매년 거액의 전용이 반복되는 실정이다.[4] 한편 재정수지 적자를 메우기 위한 차입금과 법정의무경비 미지급금은 공식 및 비공식 채무 잔액의 증가로 이어진다.

넷째, 재무상태의 전반적인 추세를 이끄는 동력을 찾아내기 위해 세입 및 세출의 범주를 Alter 등(1981, 1984)이 개발한 재정역량분석(Fiscal Capacity Analysis)의

3 사업비 및 순세계잉여금 이월차액, 법정의무경비 미지급금, 특정재원 전용에 대해서는 제5장 제1절 2. 세출 추세 중 세출 추세 보정 부분에서 구체적으로 설명한다. 다음 <표 5-6>, <표 5-10> 참조.

4 특정재원 세입과 특정재원 세출은 원칙적으로 일치해야 하나 예산집행 결과를 보면 불가피하게 차액이 발생한다. 특정재원 전용은 그 차액으로서 연도별 세입결산서의 특정재원 세입항목에서 세출결산서의 특정재원 세출 각 항목을 합산한 금액의 차액이다. 특정재원 세입과 세출의 차액이 불가피하게 발생하는 집행상의 근소한 오차를 회계목적으로 처리하는 수준에 그친다면 문제가 없다. 그러나 경상남도의 사례를 보면 세입이 세출을 크게 초과하는 현상이 경향성을 띠고 반복적으로 발생했다.

〈표 4-2〉 일반회계의 일반재원과 특정재원의 관계

일반재원	특정재원
세출≧세입	**세출=세입**
□ 재정수지 적자(세출-세입) 처리	□ 재정수지 적자=0
○ 차입	
○ 사업비 및 순세계잉여금 이월차액	
○ 법정의무경비 미지급금	
○ 특정재원 전용 ◀	▶ ○ 특정재원 전용(비공식)
□ 채무잔액 증가=(차입금-채무원금 상환액)+법정의무경비 미지급금	□ 채무잔액 및 증가액=0

가이드라인에 따라 세분한다. 재정역량분석은 Honadle 등(2004)이 가상 지방정부의 재무상태 분석에서 사용하였음을 제3장 제2절에서 소개하였다. 다만 세입 및 세출의 범주를 구분하는 기준으로 Alter 등이 제시한 '5% 원칙'은 하나의 임의적인 기준이기 때문에 이 책에서는 경상남도의 세입 및 세출구조, 재정자료 보고체제 등을 고려하여 적정하게 조정한다. 이 경우에도 분할 기준을 너무 높게 잡으면 미세한 변화 패턴을 포착하기 어려운 문제를 유의해야 한다.

2. 분석요소의 선정

분석요소는 행정안전부가 매년 결산 및 가용재원 분석을 위해 각 지방자치단체로부터 보고받는 재정보고자료 항목들을 재정역량 분석의 범주 구분 가이드라인과 경상남도의 재정운영 특성을 반영하여 재구성한다. 항목 조정의 바탕이 되는 통계치는 2011년 결산자료를 사용한다. 세입의 경우 2010년 지방소비세 도입 및 2011년 취득세 개편을 끝으로 큰 변화가 없었고, 세출 항목은 2008년 사업예산 제도의 전면적인 시행에 따라 분류체계가 대폭 개편된 상태가 유지되고 있기 때문이다. 분석기간 종반부인 2012년 및 2013년은 재정압박이 심해져서 세입 및 세출 구조가 종전의 추세에서 크게 벗어나 분석요소 설정의 기준으로 적합하지 않다고 보았다.

한편, 분석대상 전체 기간(2004~2013년)을 보면, 재무자료의 작성 기준이 변경되기도 하였고, 세제개편 등에 따라 세입 항목이 신설되거나 폐지되기도 하였다. 세입 측면에서는 2010년 지방소비세 신설, 2011년 취득세와 등록세의 통합, 단기간 존속했던 취득세율인하보전금(2011~2013년) 및 부동산교부세(2006~2009년) 교부 및 교부 종료, 그리고 2010년 시작된 지방교부세의 세목 구분 등이 이에 해당한다. 세출 측면에서는 2008년 사업예산제도의 전면 시행으로 세출예산 분류체계가 대폭 개편되었다. 이러한 변경사항에 대해서는 통계자료의 연속성과 일관성이 유지되도록 연구기간 전체에 걸쳐 공통적인 기준을 적용하여 세입 및 세출 항목을 재분류하거나 보정한다.

(1) 세입 측면

세입 측면의 분석요소는 부동산취득세, 리스차량취득세, 기타취득세, 기타지방세, 지방소비세, 용도미지정 세외수입 및 보통교부세의 7개 요소로 구분한다. [그림 4-2]는 일반재원 세입의 각 항목을 어떻게 조정하여 세입 측면의 분석요소들을 도출했는지 보여 준다. 그림의 상단은 2011년 결산자료를 기초로 일반재원 총세입에서 각각의 재원이 차지하는 비중을 나타낸다. 광역지방자치단체인 경상남도의 일반재원 세입은 크게 보통지방세, 용도미지정 세외수입, 보통교부세로 구성된다. 그리고 보통지방세는 다시 취득세, 지방소비세, 등록면허세, 레저세 및 지역자원시설세로 구분된다. 그 외에도 그림에는 2011년부터 2013년까지 한시적으로 교부되었던 취득세율인하보전금이 별도 항목으로 포함되어 있다.

[그림 4-2] 일반재원 세입 항목별 비중 및 범주의 조정

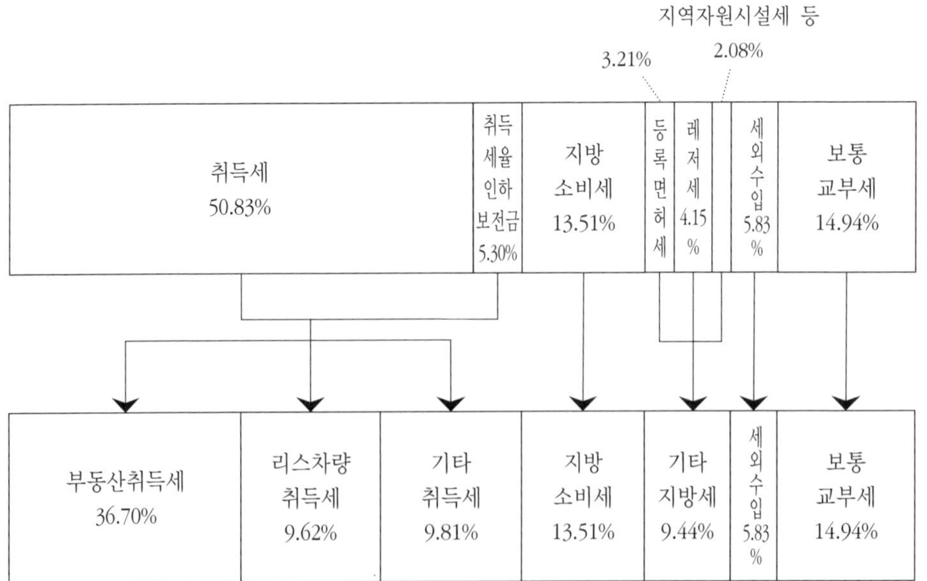

그림의 하단은 이들 세입 항목을 Alter 등(1981, 1984)의 가이드라인을 참고하여 추세 변화의 동력을 포착하기에 적정한 범위의 분석요소로 구분한 것이다. 먼저, 취득세와 취득세율인하보전금을 과세대상에 따라 부동산취득세, 리스차취득세 및 기타취득세로 구분했다. 취득세 세입이 취득세율인하보전금을 포함하여 일반재원 총세입의 56.13%를 차지할 정도로 과중하기 때문이다. 취득세율인하보전금은 변형된 형태의 취득세 세입으로 보아 취득세로 분류했다. 부동산취득세에는 그림에는 보이지 않지만 2006년부터 2009년까지 광역지방자치단체에 교부된 부동산교부세가 포함되어 있다. 부동산교부세는 광역자치단체의 경우 부동산취득세율 인하에 따른 세수 결함을 보전하는 것이 주요 목적이었다는 점에서 취득세율인하보전금과 성격이 비슷하기 때문이다. 다음은 상대적으로 규모가 작은 레저세와 등록면허세 및 지역자원시설세를 기타지방세로 통합했나. 2011년 결산 기준으로 이들 기타지방세는 일반재원 총액의 9.44%를 차지한다. 지방소비세와 세외수입 및 보통교부세는 각각 독립된 분석요소로 남겨 둔다.

1) 부동산취득세

부동산취득세는 부동산, 즉 토지 및 건축물을 취득한 자에게 부과하는 지방세이다. 취득세율인하보전금을 포함하면 2011년 결산 기준으로 경상남도 일반재원 세입의 36.70%를 차지한다. 취득세율인하보전금은 2007년 시작된 세계경제위기 이후 부진한 국내경기를 주택거래의 촉진을 통해 활성화하기 위해 정부가 지방세특례제한법의 감면규정을 적용하여 주택취득세율을 인하하고 그에 따른 취득세 세입의 감소분을 보전해 준 것이다. 이를 위해 정부는 2011년 3월 22일, 주택취득세를 9억원 초과 취득분은 4%에서 2%, 9억원 이하 취득분은 2%에서 1%로 각각 50%씩 2011년도 말까지 한시적으로 인하하는 내용을 포함한 주택거래 활성화 대책을 발표했고, 국회는 4월 29일 정부 발표일로 소급하여 취득세를 인하하는 「지방세특례제한법 일부개정법률안」을 처리했다. 주택취득세의 한시적 인하조치는 2012년 9월 24일부터 그해 말까지 다시 시행되었고, 2013년 3월 22일에는 그해 1월 1일부터 소급해서 6월 말까지 6개월간 연장되었다. 취득세율인하보전금은 이러한 정책 변화가 없었다면 부동산취득세로 징수될 세입을 정부가 보전금의 형태로 교부한 것이므로 변형된 형태의 취득세로 보아 부동산취득세 세입에 포함했다.[5]

---

5 주택 취득에 적용되는 취득세 세율이 주택거래량 및 취득세 세입에 미치는 영향에 대해서는

다음으로 부동산교부세는 2005년 부동산 보유와 관련된 지방세제 개편의 산물이다. 당시 세제개편으로 지방세인 종합토지세를 폐지하고 그 대신에 국세인 종합부동산세를 도입했다. 거래세 세율도 함께 인하하여 세입이 감소했다. 신설된 종합부동산세 세수 전액은 기초 및 광역지방자치단체의 재산세 및 거래세 감소분을 보전하고, 나머지 재원은 지방재정 여건에 따른 재정형평화 교부금 등으로 기초자치단체에 배분하여 세제개편에 따른 지방세수 감소를 보전했다. 광역자치단체의 경우에는 부동산거래세(취득세 및 등록세)의 결손을 보전하는 것이 주된 목적이므로 부동산취득세에 함께 포함한다. 그러나 2008년 헌법재판소의 판결(세대별 합산 과세는 위헌, 거주목적 1주택 장기보유자에 대해서는 헌법불합치)에 따라 종합부동산세가 대폭 개편되어 광역자치단체가 부동산교부세 교부 대상에서 제외되었다.

한편, 취득세 및 그 중심이 되는 부동산취득세는 2011년 취득세와 등록세가 통합되어 커다란 변화를 겪었다. 취득세제 개편은 세목 단순화를 목적으로 당시의 등록세를 취득과 관련된 부분과 그와 무관한 부분으로 구분하여, 전자는 취득세에 편입하고 후자는 당시의 면허세와 묶어 등록면허세로 개편한 것이다.[6] 취득세와 등록세의 통합에 따라 2010년 이전과 2011년 이후로 시계열 자료가 단절되는 문제가 발생한다. 따라서 통계분석이 가능하도록 2011년 이후의 세입 항목 분류기준에 맞춰 2010년 이전의 시계열 자료를 보정한다. 시계열 자료의 보정에 대해서는 제5장 제1절 재무상태 추세 분석에서 다시 논한다.

2) 리스차취득세

리스차취득세는 경상남도 및 중앙정부 정책의 우발적인 결합으로 특별하게 경상남도의 주요 세입으로 부상했다. 2002년 경상남도는 태풍 '루사'로 인한 피해의 복구를 지원하기 위해 인허가 등에 강제 소화하는 지역개발공채의 매입비율을 인

시각 차이가 있다. 중앙정부는 주택거래량이 취득세 세율에 탄력적이라고 보고 부동산 경기 및 거시경제 활성화를 위한 정책수단으로 지방세인 취득세 세율을 빈번하게 사용한다. 반면에 지방자치단체들은 반대의 시각에서 중앙정부의 취득세율 인하에 따른 세입 감소의 보전을 요구한다.

6 취득세의 법정세율은 2005년 5%에서 4%로 인하한 것을 그대로 유지하였다. 그러나 특히, 주택에 관한 취득세율은 지방세특례제한법의 감면규정에 따라 감면비율을 달리 적용하여 실제 적용세율을 누진체계로 전환하고, 통합 이후 수차례에 걸쳐서 세율을 인하하는 감면정책을 계속 시행했다. 그러다가 2013년 12월 지방세법을 개정하여 모든 주택 취득에 대해 4%이던 표준세율을 취득가격 6억원과 9억원을 기준으로 1, 2, 3%의 누진세율로 인하하고 감면규정은 폐지하면서 이를 정부의 정책 발표 시점인 2013년 8월 말부터 소급해서 적용하기로 하였다.

하했고, 때마침 국토해양부는 규제완화 조치의 하나로 2004년 등록기준지 자율화 조치를 통해 자동차를 전국의 어느 기초자치단체에나 등록할 수 있게 하였다. 이에 따라 리스자동차 회사들이 공채 매입비용을 절감하기 위해 경상남도 관내의 시·군을 등록기준지로 선택하기 시작했다. 경상남도 및 관내 시·군들도 현지출장소 설치 등 맞춤형 서비스를 제공하여 리스자동차의 등록을 적극적으로 유도함으로써 세수가 급증했다. 경상남도 관내의 시·군들이 도세인 취득세의 세수확보에 적극적으로 나서는 것은 해당 시·군에서 징수하는 도세의 3%를 징수교부금으로 교부받는데다, 도세에서 재원을 확보해서 시·군에 배분하는 시·군조정교부금의 배분기준에 시·군의 세수확보 노력이 포함되기 때문이다. 리스차취득세 세입은 별도 항목으로 처음 통계를 잡은 2004년 1,520백만원에서 2011년 217,200백만원으로 정점을 이룬 뒤 시·도 간의 유치경쟁이 격화됨에 따라 2012년 119,500백만원, 2013년에는 71,800백만원으로 급격하게 감소 추세로 돌아섰다.

3) 기타취득세

기타취득세는 취득세 중에서 부동산과 리스차량에 부과되는 취득세를 제외한 것이다. 기계장비, 항공기, 선박, 입목, 광업권, 어업권, 골프회원권, 승마회원권, 콘도미니엄회원권, 종합체육시설 이용 회원권 또는 요트회원권을 취득한 자에게 부과한다(지방세법 제7조). 2011년 결산자료 기준으로 경상남도 일반재원 세입의 9.81%를 차지한다.

4) 기타지방세

보통지방세에서 취득세와 지방소비세를 구분해 내고 나면 상대적으로 비중이 작은 레저세, 등록면허세 및 지역자원개발세가 남는다. 이들 세목을 기타지방세라는 하나의 범주로 묶어 별도의 분석요소로 삼는다. 2011년 결산 기준으로 경상남도의 일반재원 세입에서 기타지방세가 차지하는 비중은 9.44%이다.

레저세는 경륜, 경정 및 경마에 해당하는 사업을 하는 자에 대하여 승자투표권, 승마투표권 등의 발매금 총액의 100분의 10을 부과한다(지방세법 제40조~제42조). 지역자원시설세는 발전용수, 지하수, 지하자원, 컨테이너, 원자력·화력발전 등 특정 자원이나 소방시설, 오물처리시설, 수리시설 등 특정 부동산에 부과하여 지역자원을 보호·개발하고, 소방이나 특수재난예방 등 안전관리사업과 환경개선·보호사업 및 지역균형개발사업의 재원으로 충당하는 목적세이다(지방세법 제142조 및 제

143조). 그러나 특별회계를 설치하지 않은 상태에서 사실상 일반재원과 같이 운용되므로 일반재원으로 분류한다. 1991년말 지방세법 개정에 따라 지역개발세라는 세목으로 신설되었으며, 2011년 공동시설세와 통합되면서 명칭이 지역자원시설세로 변경되었다. 공동시설세는 1961년 신설되었으며, 1991년 시·도 목적세로 전환되었다.

등록면허세는 2011년 취득세 및 등록세 개편의 산물이다. 취득세 개편은 당시의 등록세 중 취득과 관련된 부분은 취득세에 편입하고, 취득과 관련이 없는 부분은 등록면허세라는 이름으로 당시의 면허세와 통합하였다. 종전의 면허세를 면허분 등록세, 새로 편입된 취득 무관 등록세를 등록분 등록세라고 부른다. 면허분 등록세는 특정한 영업설비 또는 행위에 대한 권리의 설정, 금지의 해제 등 각종 법령에 규정된 면허·허가·인가·등록·지정·검사·검열·심사 등을 받는 자에게, 그리고 등록분 등록세는 재산권과 그 밖의 권리 설정·변경 또는 소멸에 관한 사항을 공부에 등기 또는 등록(취득을 원인으로 이루어지는 등기 또는 등록은 제외)하는 자에게 부과된다(지방세법 제23조 및 제24조).

5) 지방소비세

지방소비세는 2010년 부가가치세액의 5% 규모로 도입되었다. 2008년 하반기에 시작된 이명박 정부의 감세정책과 종합부동산세제의 헌법위반 판결에 따라 지방재정 압박이 가중된 것이 신설의 배경이 되었다(박지현·안성서, 25-26면). 참여정부 시기에 국가사무가 대거 지방으로 이양되어 지방자치단체의 사회복지지출 부담이 크게 높아졌으나, 지방세 증가율이 둔화한 점도 지방소비세 도입의 당위성을 제공하였다. 2014년에는 주택취득세율의 인하에 따른 지방세수의 감소 등을 보전하기 위해 재원을 부가가치세액의 11%로 확대하였다.[7] 지방소비세의 배분은 당초의 부가가치세 5%p 부분은 지역별 소비지출 등을 고려하여 배분하고 추가된 6%p는 취득세율의 인하에 따라 감소하는 취득세, 지방교육세, 지방교부세, 지방교육재정교부금의 보전 등에 충당한다(지방세법 제69조 및 동법 시행령 제75조).

---

7 주택에 대한 취득세는 지방재정의 큰 비중을 점하고 있음에도 불구하고 거시경제 정책수단으로서 빈번하게 개편되어 지방재정의 불확실성이 확대되었으며, 취득세 세율을 인하할 때마다 세수보전 규모를 둘러싸고 중앙정부와 지방정부 사이에 갈등이 일어났다. 2014년의 지방소비세 전환 비율의 인상은 이러한 문제점을 해소하기 위해 취득세의 법정세율 자체를 인하하고 이에 따른 지방정부 세입 감소를 보전하기 위한 것이었다(주만수·윤성호, "비연속적 취득세율의 주택시장에 대한 효과 분석" 참조).

지방소비세는 지방정부가 독립적으로 운영하기가 어려운 세목이며 세계적으로도 중앙과 지방이 세수를 공유하는 방식을 취하는 사례가 많다. 따라서 자주적인 세원의 확충보다는 지방의 세출수요를 충당하는 세수확충의 의미가 크다(박지현·안성서, 13면). 그러나 지방소비세의 도입에 따른 순수 재원확충 효과는 대단히 복잡하고 다면적이어서 정밀하게 분석하기가 어렵다. 지방소비세 재원에 해당하는 금액만큼 지방교부세 재원이 감소하고, 세입의 일정 비율은 시·군에 대한 이전지출인 조정교부금으로 교부되는 데다, 2014년 추가된 재원은 취득세율 인하에 따른 세수결손을 보전하는 것이 주된 목적이기 때문이다. 따라서 지방소비세의 순수 재원확충 효과를 분석하기 위해서는 이들 세입과의 관련성을 면밀하게 고려해야 한다(주만수, 2013).

6) 보통교부세

교부세는 국가가 지방행정을 건전하게 발전시키기 위하여 재정적 결함이 있는 지방자치단체에 교부한다. 보통교부세, 특별교부세, 부동산교부세 및 소방안전교부세로 구분된다(지방교부세법 제1조~제3조). 그중에서 보통교부세는 지방자치단체가 지방세 등 일반재원 수입으로 기본적 행정수행경비를 충당할 수 없는 재정 부족액을 국가에서 용도를 특정하지 않는 일반재원으로 교부한다.

보통교부세액은 기준재정수요액에서 기준재정수입액을 뺀 금액, 즉 재정부족액에 조정률을 곱해서 결정한다. 기준재정수요액은 측정항목을 일반행정비, 문화환경비, 사회복지비, 지역경제비의 4개 항목 및 이를 세분한 16개 세항으로 구분하고 세부항목별 측정 단위비용을 곱하여 얻은 금액을 합산한다(지방교부세법 제7조; 시행령 제5조; 시행규칙 제4조). 기준재정수입액은 표준세율의 100분의 80에 해당하는 기준세율로 산정한 지방자치단체의 보통세 수입이다(지방교부세법 제8조). 기준재정수입액의 산정방식은 취득세 등 보통세의 경우 대부분 선형회귀모델($Yt = a + bt$)을 사용한다.[8] 지방자치단체별로 산정된 재정부족액 총액이 보통교부세 총액을 초과하면 각 지방자치단체의 재정부족액을 균등한 비율로 감액하는데, 그 비율을 조정률이라고 한다.

특별교부세와 소방안전교부세는 용도가 특정되어 있다는 점에서 특정재원으로 분류된다. 부동산교부세에 대해서는 앞의 부동산취득세 항목에 포함하여 설명

---

8 지방교부세법 시행규칙 제6조 별표 5는 지방세와 세외수입 등 기준재정수입액 각 항목의 산정방식을 구체적으로 규정하고 있다.

하였다. 회계연도별 세입결산서는 2010년부터 지방교부세의 세목을 구분했기 때문에 2009년 이전은 2회 추경예산을 기준으로 일반재원인 보통교부세를 특별교부세와 구분한다. 2011년 결산 기준으로 보통교부세가 경상남도의 일반재원에서 차지하는 비중은 14.94%이다.

7) 용도 미지정 세외수입

지방재정은 자체재원인 지방세와 세외수입, 그리고 의존재원으로 구성된다. 따라서 세외수입은 자체재원에서 지방세를 제외한 것으로 경상적 세외수입과 임시적 세외수입으로 구분된다. 경상적 세외수입에는 공유재산 임대료 등 재산임대수입, 하천 등의 사용료, 공공예금 등 이자수입, 수수료, 배당금 등 사업수입 등이 있다. 임시적 세외수입으로는 공유재산 등 재산매각수입, 과징금, 과태료, 변상금, 위약금과 불용물품 매각대와 시·도비 반납금 수입 등 기타수입, 지난 연도 수입 등이 있다. 2011년 결산자료 기준으로 용도 미지정 세외수입이 일반재원 세입에서 차지하는 비중은 5.83%이다.

(2) 세출 측면

지방자치단체의 일반재원 세출 분류체계는 2008년 사업예산제도가 전면적으로 시행된 이후 대폭 개편되었다. 도 단위 광역지방자치단체의 경우 크게 인력운영비, 법정의무경비, 필수경상비, 중앙지원사업 도비부담 및 자체사업비의 5개 유형으로 구분된다. 사업예산 제도에 따른 지방자치단체의 세출예산 사업구조를 보면 전략 및 성과로서 실·과 단위의 사업분야가 최상위 단계에 설정되고, 이것을 구현하기 위한 정책단계가 바로 그 아래에 배치된다.[9] 정책단계는 정책사업, 행정운영경비 및 재무활동으로 구성된다. 정책사업은 부서의 성과목표에 맞춰 정책적으로 일관성이 있는 단위사업들을 함께 묶은 것이다. 세출구조 항목 중에서 중앙지원사업 도비부담과 자체사업이 이에 해당한다. 행정운영경비는 지방자치단체의 행정조직 운영에 필요한 최소한의 경상비이다. 기준인건비 제도에 따른 인력운영비와 관서 운영을 위한 기본경비로 구분된다. 세출구조 항목 중에서는 인력운영비와 필수경상비가 포함된다. 마지막으로 재무활동은 재정 보전적 이전재원, 채무상환 등에 해당하는 비사업 영역으로서 내부거래지출과 보전지출로 구분하여 관리한다. 주로 법정의무경비가 이 범주에 포함된다.

---

9 사업예산 제도에 관한 설명은 행정안전부 지방행정연수원과 각 시·도의 공무원교육원이 공동으로 발간한 2016년도 공통교재 『지방예산 실무』의 관련 내용을 인용하였음.

[그림 4-3]은 세입 항목과 마찬가지로 2011년 결산자료를 기초로 상단에 일반재원 총세출에서 5개 유형의 일반재원 세출이 각각 차지하는 비중을 표시했다. 하단은 추세 변화의 동력을 포착하기에 적정한 수준으로 세출의 범주를 조정한 것이다. 조정 내용은 먼저 법정의무경비를 시·군조정교부금, 채무상환금, 그리고 기타 법정의무경비의 3개 유형으로 구분한다. 2011년 결산 기준으로 법정의무경비는 일반재원 세출의 1/3 정도를 차지하고 있으며 그중에서도 시·군조정교부금은 일반재원 세출의 22.28%를 차지할 정도로 규모가 크다. 다음은 중앙지원사업 도비부담을 3개 분석요소를 구분한다. 국고보조사업, 광특사업, 그리고 나머지는 분권교부세사업과 중앙기금사업 및 특별교부세 사업을 하나의 분석요소로 묶은 것이다. 마지막으로 기본 5개 항목 중에서 인력운영비, 필수경상비 및 자체사업비는 각각의 항목 자체를 분석요소로 사용한다. 이렇게 범주를 조정하면 일반재원 세출의 분석요소는 9개 요소로 늘어난다.

문제는 사업예산 제도의 도입으로 세출예산 분류체계가 대폭 개편되어 2007년 이전과 2008년 이후의 통계자료 사이에 연속성이 단절된 점이다. 단절된 시계열 자료를 분석목적에 맞게 복원하기 위해서는 2008년 이후 개편된 분류체계에 맞게 2007년 이전의 통계자료를 재분류해야 한다. 그러나 당시에는 전산화 수준이 낮아 사후 재분류 작업을 하는 데 전산프로그램을 사용할 수 없다. 즉, 각 회계연도 결산

[그림 4-3] 일반재원 세출 항목별 비중 및 범주의 조정

인력운영비 10.97%	법정의무경비 31.47%	필수경상비 12.66%	중앙지원사업 도비부담 26.06%	자체사업 18.84%

인력운영비 10.97%	시·군조정교부금 22.28%	채무상환 2.92%	기타 6.27%	필수경상비 12.66%	국고보조사업 14.71%	광특사업 5.69%	분권기금특교사업 5.66%	자체사업 18.84%

서를 일일이 수작업으로 대조해서 분류할 수밖에 없는 것이다. 그나마 다행스러운 점은 경상남도가 2007년 이전의 세출 통계를, 법정의무경비와 중앙지원사업 도비부담의 2개 항목이 각각 세부 항목으로 구분되지 않은 대분류 상태이기는 하지만, 인력운영비, 필수경상비 및 자체사업비와 함께 5개의 기본적 세출 항목으로 재분류하여 내부적으로 관리하는 점이다. 따라서 2004년부터 2007년 사이의 세출예산은 통계분석에 상당한 제약이 따르기는 하지만 불가피하게 이 자료를 대체하여 사용한다.[10] 아래에서는 일반재원 세출을 9개 분석요소별로 구분하여 그 특징을 살펴본다.

1) 인력운영비

인력운영비는 기준인건비 항목에 포함되는 경비로서 인력운영과 관련된 세출예산이다. 2008년 사업예산 제도 도입 이후 관서 운영을 위한 '기본경비'와 함께 지방자치단체의 행정조직 운영을 위한 최소한의 경상비인 '행정운영경비'로 분류된다. 참고로 기본경비는 정책사업 수행 부서, 즉 실·과의 운영에 필수불가결한 경비이며, 전출금·출연금 등과 함께 세출부문 분석요소의 하나인 '필수경상비'를 구성한다. 필수경상비에 대해서는 후술한다.

인력운영비는 2007년 12월 도입된 총액인건비 제도의 '총액인건비'에 포함되는 항목으로서 인건비(보수, 기타직보수, 무기계약근로자보수), 물건비(직무수행경비로서 직급보조비) 및 경상이전(포상금으로서 성과상여금과 연금부담금 및 국민건강보험금)으로 구성된다. 2008~2010년까지는 업무추진비(기관운영업무추진비, 정원가산업무추진비, 부서운영업무추진비)와 직책급업무수행경비 및 특정업무수행활동비를 인력운영비로 분류했으나 2011년 이후에는 이들 항목을 기본경비로 변경했다(2011. 5. 11. 개정 지방자치단체 예산편성 운영기준 별표 7, 5. 행정운영경비의 설정).

2) 필수경상비

정책사업 수행 부서(실·과)의 운영을 위해 필수적으로 소요되는 기본경비, 전출금·출연금 및 기타의 경비로 구성된다. 기본경비(경상비)는 정책사업 수행 부서인 실·과의 운영에 필요한 기본적인 행정사무비이다. 특정 정책사업에 귀속되지

10 2008년 이후의 분류체계에 맞추어 2007년 이전의 통계자료를 재분류하기 위해서는 막대한 인력과 시간을 별도로 투입해야 하므로(2016년 당시 경상남도 예산담당관 전언), 본 연구의 자료 수집 범위를 넘는 것으로 판단했다. 이처럼 자료의 재분류가 어렵다면 반복연구 및 연구결과의 검증 또한 큰 제약을 받을 것이기 때문에 합리적인 방법론이 될 수 없다는 점도 고려하였다.

않으며 부서 운영을 위해 인원수에 비례하여 배분된다. 여기에는 일반운영비(사무관리비, 공공운영비), 여비(국내여비, 월액여비, 공무원교육여비), 업무추진비(기관운영업무추진비, 정원가산업무추진비, 부서운영업무추진비), 직책수행경비(직책급업무수행경비), 자산취득비(자산및물품취득비)가 포함된다. 기타의 필수경상비로는 민간인해외여비, 사회단체보조금, 연구용역비, 민간위탁금, 행사관련경비, 도의회관련경비 등이 있다. 행정안전부는 지방재정의 건전한 운용과 지방자치단체간 재정운용의 균형을 확보하기 위해 「지방자치단체 예산편성 및 운영기준」 제4조 및 별표에 항목별로 예산편성의 기준을 정해 놓았다.

3) 시·군조정교부금

시·군조정교부금은 시·도지사(특별시장은 제외)가 시·군 간의 재정력 격차를 조정하기 위해 시·군에서 징수하는 광역시세·도세의 총액과 해당 시·도의 지방소비세액의 일정 비율을 기초재원으로 확보하여 시·군별 인구, 지방세 징수실적(지방소비세는 제외), 재정사정 등의 기준에 따라 배분한다. 시·군의 인구가 50만명 이상이면 시·군조정교부금 재원의 확보기준이 기초재원의 27%에서 47%로 상향 조정된다(지방재정법 제29조). 이와 관련하여 2010년 경상남도에서는 당시 인구규모가 각각 50만명 미만이었던 마산시와 진해시가 50만명을 초과했던 인근의 창원시와 통합되고, 김해시 인구가 50만명을 넘어서는 두 가지 변화가 있었다. 이에 따라 종전 진해시와 마산시 지역, 그리고 김해시 전역에서 징수한 도세 등에 대한 시·군조정교부금의 확보 기준이 27%에서 47%로 인상되어 경상남도의 재정수요가 연간 100,000백만원 정도 추가로 발생했다.

4) 채무원리금상환금

법정의무경비의 하나인 채무원리금상환금은 2011년 기준으로는 비중이 작지만, 재정수지 및 누적채무 증가와 밀접한 관련이 있어 독립된 항목으로 구분한다. 채무상환금은 상승추세가 계속되고 있고, 특히 2012년과 2013년은 2년 연속으로 급격한 증가세를 보였다.

5) 기타 법정의무경비

시·군조정교부금과 채무원리금상환금 이외에 법령 등에 따라 지방자치단체가 법적으로 지출의무를 지는 경비로서 징수교부금, 교육재정부담금, 재난관리기금, 그리고 각종 부담금과 예비비로 구성된다.

6) 국고보조사업 도비부담

국고보조사업 도비부담은 중앙정부가 설계 및 추진하는 사업의 시행을 위한 사업비 일부를 의무적으로 도비로 부담하는 것이다. 국고보조사업 도비부담은 2011년 결산 기준으로 일반재원의 15% 가까이 차지할 정도로 비중이 크다. 이것은 기초연금, 장애인연금, 영유아보육료, 가정양육수당, 국민기초생활보장 등 5대 사회복지사업이 주축을 이루는 사회복지 분야 정부지출의 급속한 증가에 따른 것이다. 국고보조사업 도비부담은 이러한 정부지출에 대한 의무적 부담으로서 지방자치단체 사회복지 지출의 대부분을 차지한다.

7) 광역·지역발전특별회계사업(광특회계사업) 도비부담

광특회계사업은 분권교부세 사업과 함께 참여정부의 국고보조금제도 개편에 뿌리를 둔다. 2004년 정부혁신지방분권위원회는 지방자치권 강화대책의 하나로 [그림 4-4]에서 보는 것처럼 당시 533개의 국고보조사업을 163개는 지방으로 이양하고, 126개는 국가균형발전특별회계(균특회계) 사업으로 이관하며, 233개는 존치하는 내용의 국고보조금 정비방안을 국무회의에 보고했다(서정섭·조기현, 193면).

먼저 균특회계 사업은 지역개발의 중복을 방지하고 지방의 자율성을 높이기 위해 부처별로 다수의 특별회계 및 일반회계에 포함되어 추진되던 균형발전 관련 사업을 200여 개의 포괄보조금 사업으로 통합한 것이다(이성근 외, 2013). 2005년부터 본격적으로 운영되었으며, 여기에는 국가보조사업에서 이관된 위 126개 사업 이외에 지방양여금 폐지로 인한 농어촌개발사업과 청소년육성사업 등이 포함되었다. 광특회계 사업은 이러한 균특회계 사업을 2009년 4월 광역발전계정, 지역개발계정, 제주특별자치도 계정으로 확대·개편한 것이다. 그중에서 사업의 40% 정도를 차지하는 지역개발계정은 200여 개의 균특회계 사업을 22개 포괄보조사업으로 개편하였다(신두섭, 2013). 포괄보조금(Block Grants) 사업이란 유사 사업들을 공통의 사업군으로 묶고, 동일 사업군 내의 사업에 대하여 지방자치단체의 선택권을 허용한 것이다. 지방자치단체의 재량권 행사 측면에서 볼 때 일반정액보조금과 특정정률보조금 사업의 중간 영역이다. 광특회계사업은 포괄보조금 편성권을 시·도에서 시·군·구까지 확대하는 등 지역 자율성을 강화하기 위해 지역발전특별회계로 명칭과 계정을 변경했다.

[그림 4-4] 국고보조금의 재편구조(2004년)

국고보조사업 533개 12조 6,568억원		
⇩		
지방 이양 163개 사업, 1조 689억원	균특회계 사업 이관 126개 사업, 3조 5,777억원	국고보조사업 유지 233개 사업 7조 9,485억원

자료: 서정섭·조기현, 2006, <표 1> 일부 발췌.

8) 분권교부세사업, 중앙기금사업 및 특별교부세사업 도비부담

분권교부세 사업은 [그림 4-4]의 163개 지방 이양사업 중에서 교육인적자원부의 사업을 제외한 149개 사업을 대상으로 2005년 시작되었다. 재원은 당초 내국세의 0.83%에서 2006년부터 0.94%로 인상되었으며, 자치단체별 경상 및 비경상적 재정수요액에 비례하여 총액을 배분한다. 그러나 내국세 총액의 일정 비율로 산정되는 재정수입으로는 사회복지사업을 중심으로 큰 폭으로 증가하는 재정수요를 따라잡지 못해 지방비 부담률이 증가하는 등 부작용이 나타났다. 2015년 폐지되고 보통교부세로 통합되었다.

중앙기금사업은 특수한 정책사업을 탄력적으로 운영할 수 있도록 중앙정부의 각 부처가 설치 및 운영하는 기금에서 자금을 지원받는 사업에 대한 도비 부담이다. 주요 기금사업의 재원으로는 과학기술진흥기금, 관광진흥개발기금, 국민체육진흥기금, 남북협력기금, 문화예술진흥기금 등이 있다. 특별교부세사업은 지역 현안사업, 국가적 장려사업, 국가와 지방자치단체 간에 시급한 협력이 필요한 사업, 지역 역점시책 등을 추진하기 위해 지원되는 특별교부세에 대응한 도비 부담이다.

9) 자체사업

지금까지 설명한 8개 항목은 지방자치단체로서는 지출을 통제하기 어려운 의무 및 경직성 경비이다. 이들 항목에 충당하고 남는 일반재원 잔여재원은 이와 대조적으로 지방자치단체가 지출재량권을 가지기 때문에 순수가용재원이라고 부른다. 자체사업비는 여기에 재정수지 적자가 추가된 것이다. 재정수지 적자는 차입금 등으로 조달하며, 구체적인 내용은 다음 항의 재정수지 부분에서 살펴본다. 순수가용재원 및 자체사업비는 지방자치단체가 스스로 정책의지를 실현할 수 있다는 측면에서 지방의 자율성을 측정하는 지표가 될 수 있다. 자체사업비는 공약사업을 비롯한 주요 사업비, 도의원포괄사업비로 알려진 시·군 지역개발비, 도지사가 시·군 순방시 건의받은 사업을 지원하는 예산, 그리고 공모사업의 지방비 부담 등에 주로 사용된다. 2013년의 경우 경상남도 당초예산은 총 819건의 자체사업에 323,500백만원을 책정했다. 사업 분야별로는 도로와 하천 등 건설부문 34.9%, 경제 및 산업발전 16.5%, 소방·도시방재 14.5%, 보건복지 13.6%, 농수축산 10.2%, 문화관광체육 4.0%, 환경산림 2.1% 순이었다([부록 2] 경상남도 자체 재정통계 자료 참조).

(3) 운영자산 및 채무구조 측면

1) 재정수지

운영자산 측면은 재정수지를 분석요소로 설정한다. 일반회계 재정수지는 매 회계연도의 일반회계 세입에서 일반회계 세출을 공제한 금액으로서 세입이 세출보다 크면 재정수지 흑자가, 그 반대이면 재정수지 적자가 발생한다. 그런데 일반회계 중에서 특정재원 세입은 법령 및 지침에 따라 특정한 용도에 지출해야 하므로 일반회계 재정수지는 원칙적으로 일반재원의 적자 또는 흑자를 의미한다. 경상남도는 연구대상 기간인 2004년부터 2013년까지 2006년을 제외하고는 모두 적자재정을 운영해 왔다.

재정수지 적자를 보전 또는 처리하는 데는 앞의 <표 4-2>에서 살펴본 바와 같이 네 가지 방법이 있다. 먼저 정상적인 방법으로서 지역개발기금이나 정부자금 등에서 차입을 하거나 사업비 및 순세계잉여금 이월차액으로 충당한다. 사업비 및 순세계잉여금의 이월은 매년 당연히 발생할 수밖에 없으며, 전년도로부터 당년도로 이월되는 금액이 당년도에서 다음 연도로 이월되는 금액보다 많으면 당년도의 실제 세출액이 증가하고 따라서 재정수지 적자가 증가한다.

다음은 편법적인 방법으로서 법정의무경비 미지급 이월과 특정재원 전용을 통해 처리된다. 전자는 법정의무경비를 당해 회계연도에 전액 지급하지 않고 일부를 다음 연도로 이월하는 것이다. 법정기준에 따라 당초예산에 전액 계상해야 하지만 부족분을 추경에 편성한다는 명분으로 과소 계상했다가 결국은 재원을 확보하지 못해 다음 연도로 지출의무를 이월하는 관행이 계속되어 그 규모가 누적되었다(다음 <표 5-7> 참조). 이것은 가용재원을 단체장의 역점 사업 등 재량사업에 우선 배정하기 때문에 나타나는 현상이다. 후자, 즉 특정재원 전용은 법령 또는 지침에 따라 지정된 용도에 사용해야 할 특정재원의 일부를 일반재원 사업에 사용한 것이다. 특정재원 전용은 2008년 이후 결산서를 통해 계산할 수 있는데, 경상남도는 2008년 이후 2013년까지 한 해를 제외하고는 매년 거액의 특정재원을 일반재원 사업에 전용한 것으로 나타났다(다음 <표 5-6> 참조).

재정수지 적자는 지방정부의 재량적 지출로 인식되는 자체사업비가 순수가용재원을 초과하기 때문에 발생한다. 순수가용재원은 세입으로 의무적·경직적 세출을 충당하고 남는 부분이다. 지방정부가 자유롭게 사용할 수 있다는 의미에서 가처분소득과 같은 개념으로 이해된다. 순수가용재원은 일반재원 세입에서 자체사업비 이외의 일반재원 세출을 공제하여 산출한다. 특정재원은 물론이고 자체사업비 이외의 8개 일반재원 세출 분석요소를 모두 의무적·경직적 세출로 보기 때문이다.

먼저 시·군조정교부금 등 3개 법정의무경비 분석요소와 국고보조사업 도비부담이 의무적 지출이라는 점은 분명하다. 이와 함께 광특사업 및 분권·기금·특교사업 도비부담은 지역개발 경쟁 측면에서, 그리고 인력운영비와 필수경상비는 기관운영 기본경비라는 측면에서 재량의 여지가 크게 제한되므로 경직적 지출로 본다. 자체사업이 순수가용재원의 범위에서 추진되면 재정수지의 균형을 이룰 수 있다. 그러나 일반적으로 그 규모를 초과하기 때문에 재정수지 적자가 발생하고 지방정부는 그것을 공식적인 차입이나 편법적인 회계 등을 통해 보전 또는 처리한다.

2) 채무잔액

채무구조 측면은 누적 채무잔액을 분석요소로 설정한다. 지방채무는 지방자치단체의 금전지급의무로서 그 범위에는 일반채무, 즉 지방자치단체장 명의의 지방채(채권 또는 차입금), 채무부담행위, 보증채무부담행위액 중 이행책임액과 임대형 민자사업(BTL)에 대하여 지방자치단체가 임차료 명목으로 지급하는 순지방비 총액, 즉 BTL 임차료가 포함된다.[11] 이렇게 일반채무에 BTL 임차료가 포함된 지방채무를 관리채무라고 부른다. 한편 행정안전부는 2010 회계연도의 결산보고서 작성 시점부터 광역자치단체가 발행하는 지역개발공채 전액을 광역자치단체의 누적 채무에 포함하여 관리하게 하고 있다. 이에 따라 지역개발기금 발행액을 세입으로 하는 지역개발기금의 시·군 융자금과 기금 잔액이 광역자치단체의 채무에 추가되었다. 이 경우에도 지역개발기금의 궁극적인 상환의무는 당해 지방채를 발행한 광역

11 지방자치법 제2조 제5호, 지방자치법 시행령 제10조 및 제108조; 행정안전부, 『지방채발행계획 수립기준』, 2016, 13면.

자치단체에 있다고 보기 때문이다.[12]

그러나 여기서는 자료 입수 가능성 및 분석의 편의를 고려하여 보증채무부담행위액 중 이행책임액과 임대형 민자사업(BTL) 임차료를 채무 범위에서 제외한다. 그리고 2010년 이전 통계와 연속성을 유지하고 분석의 타당성을 높이기 위해 지역개발기금 시·군 융자금 및 기금 잔액은 명목상 상환의무만 있다고 보고 이것을 채무 범위에서 제외한 채무 순계를 분석의 대상으로 삼는다. 경상남도는 행정안전부와 달리 이 방식으로 채무잔액을 관리한다.[13] 채무의 범위를 이렇게 획정하면 일반회계의 채무잔액은 연도별 차입금과 원금상환액의 차액, 즉 채무 순증가액의 누적금액과 같다. 참고로 차입금은 원금으로 표시되지만, 채무상환액은 원금과 이자가 포함되어 있어 순채무액을 계산할 때는 이자상환금을 제외한다.

한편 앞의 <표 4-2>를 통해 보았듯이 경상남도는 당년도에 교부해야 할 법정의무경비 일부를 다음 연도로 이월해 왔다. 그리고 그 내역을 예산 및 결산서에 공식적으로 표시하지 않고 예산부서에서 내부적으로 관리해 왔다.[14] 이것은 사실상 채무이며 부실한 재정상황을 은폐하는 일종의 분식회계의 성격을 가진다. 따라서 이 책에서는 법정의무경비 이월 누적금액을 채무잔액에 포함한다.

3. 지방자치단체 관리 영역에 따른 분석요소의 구분

지방재정위기 유발원인 내지는 책임소재가 지방자치단체 내부에 있는지, 아니면 지방자치단체가 통제할 수 없는 환경적, 구조적인 요인에 있는지를 둘러싸고 논란이 크다. 여기서는 그 책임소재를 규명하기 위한 토대로서 18개의 개별 분석요소들을 지방자치단체 또는 지방자치단체의 재정관리관이 어느 정도 통제력을 발휘할 수 있는지에 따라 복수의 관리 영역으로 구분한다. 재정관리관은 지방재정을 책임지는 선출 및 임명직 공직자를 총칭하는 집단 개념으로서 지방자치단체장, 부단체장, 예산 및 재정담당 실·국·과장과 직원, 그리고 유사한 직위를 모두 포함한다

12 행정안전부, 위의 책, 11면.

13 2010년 이후 경상남도의 채무잔액에 대한 행정안전부와 경상남도 통계자료의 차이에 대해서는 제5장 제1절 중 4. 채무추세 부분에서 구체적으로 설명한다.

14 행정안전부는 이러한 회계처리의 문제점을 인식하여 2015년 결산부터 시·군조정교부금 미지급금을 재무보고서의 '기타유동부채' 항목으로 계리하게 했다. 참고로 경상남도 홈페이지>공개개방>재정정보>결산>2015년>재무제표의 제3장 재무제표에 대한 주석, 17. 기타유동부채 세부 내역에 386,747백만원이 표기되어 있다. 시·군조정교부금 미지급금의 구체적인 내용에 대해서는 [부록 2] 및 제5장 제1절 세출 추세 중 세출 추세 보정 부분 참조.

(Honadle, 2004, p.10). 따라서 여기서는 재정관리관을 재정관리 측면에서 지방자치단체와 동의어로 본다.

(1) 관리 영역 구분

재정관리관의 관리 영역에 대해서 먼저 Smith 등(1980)은 A-I-C, 즉 관심(Appreciation) – 영향(Influence) – 통제(Control) 모델을 제시했다. 통제 영역은 재정관리관이 관리하고 통제할 수 있는 영역이며, 영향 영역은 통제할 수는 없지만 영향력을 행사할 수 있다. 관심 영역은 통제 또는 영향력을 미칠 수 없는 영역이다.

Honadle 등(2004)은 이것을 [그림 4-5]와 같이 A-A-I-C, 즉 관심(Appreciation) – 적응(Adaption) – 영향(Influence) – 통제(Control) 모델로 수정했다. 재정관리관이 통제하거나 영향력을 미칠 수 없더라도, 상황을 활용 또는 완화할 수 있는 여지가 있는 경우에는 단순히 관심을 가지는 것만으로는 너무 수동적인 자세라고 판단하여 관심 영역에서 적응 영역을 별도로 구분한 것이다(Honadle 등, 2004, p.11). 그림에서 보듯이 재정관리관은 아주 작은 영역에서만 통제력을 발휘할 수 있으며 바깥 부분, 즉 단지 영향력을 미치거나 적응 또는 관심 이상의 역할을 하기 어려운 영역일수록 범위가 점차 넓어진다. 따라서 재무상태가 좋거나 나쁘다고 해서 모든 영광과 책임을 재정관리관에게 돌릴 수 없다.

이 책에서는 Honadle 등(2004)의 모델을 다시 수정하여 재정관리관의 역할을

[그림 4-5] 재정관리관의 관리 영역

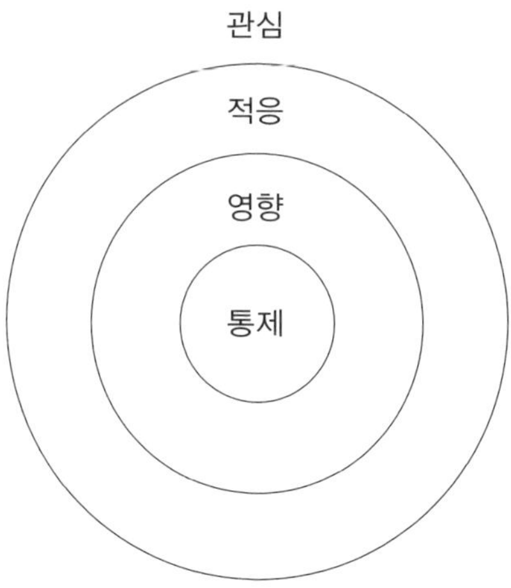

자료: Honadle 등(2004), p.10 그림 1.1 재정관리관의 관리 상황.

적응－영향－통제 영역으로 구분한다. 적응 영역이 상황을 활용할 만한 여지가 있다는 점에서 관심 영역과 약간의 차이가 있다고는 하지만, 재정관리관으로서는 두 개 영역 모두 수동적으로 적응할 수밖에 없는 속성을 고려하여 양 영역을 통합한다.

(2) 분석요소의 관리 영역별 구분

다음은 관리 영역별로 재정위기를 초래한 책임 정도를 규명하기 위해 각각의 분석요소를 수정된 관리 영역 모델에 따라 통제 영역, 영향 영역 및 적응 영역으로 구분한다. 이와 관련하여 내부 재정구조는 지방자치단체의 전략적 선택의 대상이자 그러한 선택이 축적된 결과이기 때문에 그로부터 도출된 각각의 분석요소 또한 모두 지방자치단체의 통제 영역에 속하는 것처럼 보인다. 그러나 지방자치단체의 재정정책과 그 결과인 재정구조는 외부 재정환경인 세입기반과 지출수요, 그리고 중앙정부의 법령과 제도 및 정책의 제약과 틀 속에서 움직이며, 정치환경으로부터도 영향을 받는다. 따라서 분석요소별로 지방자치단체의 책임 정도 내지는 귀속되는 관리 영역을 구체적으로 따져볼 필요가 있다. <표 4-3>은 내부 재정구조 측면의 18개 분석요소를 재정관리관의 역할에 따라 3개의 관리 영역으로 구분한 것이다.

첫째, 세입 측면은 7개 분석요소 중에서 지방세 4개 항목(부동산취득세, 기타취득세, 지방소비세, 기타지방세)과 보통교부세의 과세대상, 세율, 교부공식 등을 조세법정주의에 따라 중앙정부가 결정한다. 지방자치단체로서는 세입을 확충하기 위해

〈표 4-3〉 재정관리관의 역할에 따른 분석요소의 구분

재정관리관 역할	재무상태 범주	분석요소
적응 영역	세입(5)	① 부동산취득세, ② 기타취득세, ③ 지방소비세, ④ 기타지방세, ⑤ 보통교부세
	세출(3)	① 시·군조정교부금, ② 기타법정의무경비, ③ 국고보조사업 도비부담
영향 영역	세입(2)	① 리스차량취득세, ② 세외수입
	세출(4)	① 인력운영비, ② 필수경상비, ③ 광특사업 도비부담, ④ 분권교부세·기금·특교세사업 도비부담
통제 영역	세출(2)	① 채무상환금, ② 자체사업비
	운영현황(1)	① 재정수지(적자)
	채무구조(1)	① 채무잔액

부동산거래를 촉진하거나 재산가치를 상승시키는 등 국가경제 영역에 영향력을 행사하기가 어렵다. 그리고 일정 범위에서 세율 조정의 재량을 행사할 수 있는 탄력세율 제도가 있다고는 하지만 광역자치단체에서 활용되는 사례가 거의 없을 정도로 효과가 미미하다. 따라서 이들 5개 요소를 적응 영역으로 분류한다.

예외적으로 리스차취득세는 세원이 전국적으로 분포되어 있어 지방자치단체 사이의 경쟁이 세수확보의 중요한 변수가 되므로 영향 영역으로 분류한다. 앞에서 살펴보았듯이 리스차취득세가 경상남도의 주요 세원으로 부상한 데는 도 및 관내 시·군들이 전국의 리스자동차업체들을 대상으로 유치 노력을 적극적으로 펼친 것이 큰 역할을 했다. 세외수입 또한 지방자치단체의 노력에 따라서 증가할 수 있으므로 영향 영역으로 분류한다.

둘째, 세출 측면에서는 먼저 행정운영경비에 속하는 인력운영비와 필수경상비를 영향 영역으로 분류한다. 인력운영비는 행정안전부가 지방자치단체별로 총액인건비를 산정하고, 필수경상비도 대부분 행정안전부가 상한선을 관리하지만, 지방자치단체의 의지가 있다면 일부 절감할 수 있다. 예를 들어, 행정안전부에 총액인건비의 증액을 적극적으로 요구하지 않거나, 공무원 정원을 결원 상태로 운영하는 방법이 있으며, 기본경상비 또한 기준경비 이하로 운영할 수 있기 때문이다.

법정의무경비 중에서는 먼저 시·군조정교부금과 기타법정의무경비를 적응 영역으로 분류한다. 법정 지출이어서 경상남도가 재량권을 행사할 여지가 없기 때문이다. 다만 채무상환금은 법정 의무이기는 하지만 원인행위인 기채를 일정 한도 내에서 지방자치단체가 전적으로 결정할 수 있으므로 그 결과로서 나타나는 채무상환을 통제 영역으로 분류한다.

중앙지원사업 도비부담 중에서는 국고보조사업 도비부담을 적응 영역으로 분류한다. 중앙정부가 단위사업까지 결정하고 지방자치단체는 법정 비율에 따라 사업비 일부를 의무적으로 부담하므로 재량의 여지가 거의 없기 때문이다. 이와 달리 광특사업 및 분권교부세·기금·특교사업 도비부담은 영향 영역으로 분류한다. 이들 두 가지 사업 유형은 포괄보조금 형태로 지원되므로 지방자치단체가 세부 사업의 선택 및 재원 배분에 관여할 수 있으며, 따라서 자체사업을 대체하는 효과를 일부 거둘 수 있기 때문이다.

자체사업은 통제 영역으로 분류한다. 지방자치단체가 사업의 내용 및 사업비를 결정할 수 있기 때문이다. 한 가지 주의할 사항은 자체사업비도 경직성이 크다는 점이다. 각각의 지방자치단체들이 좋은 시책 또는 유권자들의 호응이 큰 사업을 서로 벤치마킹하면서 전국적인 표준이 형성되기 때문에 사업비의 투입을 자유롭게 결정할 수 없는 경우가 많다.

셋째, 운영현황 및 채무구조 측면은 재정수지와 재정수지 적자의 누적 등으로 이루어지는 채무잔액을 각각 분석요소로 선정했다. 경상세입과 경상세출은 균형을 이루어야 하며, 자본적 지출에 대해서는 현금지불주의(PAYGO)를 선택할 것인지, 기채(GO)를 통해 재원을 조달할 것인지를 지방자치단체가 결정할 수 있다. 재정수지 적자와 이것을 충당하기 위한 차입금은 동전의 양면과 같다. 따라서 재정수지, 차입금 및 채무잔액을 모두 통제 영역으로 분류한다. 그러나 2009년과 같이 경기활성화를 위해 중앙정부가 기채를 통한 확대 재정정책을 강력하게 권장하는 경우는 지방자치단체가 전적으로 재량권을 행사할 수 없는 예외적인 상황이므로 별도의 판단이 필요하다.

채무의 적정 사용은 오랫동안 논쟁의 대상이 되어 왔다. 주로 과다한 기채 및 방만한 재정운영이 비판의 표적이 되기는 하지만, 기채 활용을 거부하고 모든 자본지출을 현금으로 지급하는 것 또한 합리적인 정책이라고 하기는 어렵다(Honadle 등, pp.182-183). 현금지불주의 철학은 비용부담자와 수혜자가 달라지는 세금 부담의 불공정성 문제가 나타날 수 있고, 현금지불을 위해 유동자산이 충분히 축적될 때까지 기다려야 하므로 그동안에 비용이 상승하고 성장잠재력을 저해할 가능성이 크기 때문이다. 따라서 무부채-무위험의 장점을 경제적 성장의 지연 또는 중단 가능성이라는 기회비용과 비교하여 판단해야 한다.

(3) 세출 부문의 관리 영역 구분 수정

세출 부문은 2008년부터 분석요소를 지방자치단체의 3개 관리 영역으로 구분할 수 있다. 그 기초가 되는 9개 분석요소별 추세자료를 사업예산제도 도입으로 세출결산서의 분류체계가 대폭 개편된 2008년부터 도출할 수 있기 때문이다. 따라서 분석대상 기간의 일부인 2004~2007년 기간의 세출추세 자료는 부득이 경상남도가 일반재원 세출을 5개 범주로 구분하여 관리하는 자체 통계자료를 사용할 수밖에 없다. 그런데 같은 기간 경상남도의 자체 통계자료는 2008년 이후의 공식적인 세출결산서와 달리 법정의무경비와 중앙지원사업 도비부담을 각각 3개의 분석요소로 구분하지 않았다. 다만 법정의무경비는 통제 영역에 귀속되는 채무상환금 추세 자료가 별도로 관리되기 때문에 적응 영역에 귀속되는 시·군조정교부금 및 기타법정경비를 따로 구분해 낼 수 있다. 그러나 중앙지원사업 도비부담은 영향 영역에 귀속되는 광특사업 및 분권·기금·특교사업 도비부담과 적응 영역에 귀속되는 국고보조사업 도비부담을 구분할 방법이 없다. [그림 4-6]은 이러한 분류상의 문제 때문에 세출 5개 범주를 지방자치단체의 3개 관리 영역과 가장 근접하게 4개 관리 영역으로 수정한 것이다.

수정된 내용은 먼저 영향 및 적응 영역에서 중앙지원사업 도비부담의 단위요소들을 추출하여 영향+적응 영역으로 지칭한다. 광특사업 및 분권·기금·특교사업 도비부담과 국고보조사업 도비부담으로 구성되는 중앙지원사업 도비부담이 영향+적응 영역으로 명칭만 변경되는 것이다. 이와 함께 영향 및 적응 영역에서 중앙지원사업 도비부담 각 항목을 제외한 잔여요소들을 각각 영향1 및 적응1 영역으로 구분한다. 따라서 영향1 영역은 행정운영경비로 지칭되는 인력운영비와 필수경상비로 구성되고, 적응1 영역은 시·군조정교부금과 기타법정경비로 구성된다. 기존의 통제 영역은 그대로 둔다.

중앙지원사업 도비부담의 3개 분석요소를 하나의 영역으로 묶는 것은 지방자

[그림 4-6] 세출 부문의 관리 영역 구분 수정

3개 영역	통제 영역	영향 영역		적응 영역	
<세출 5대 항목>					
① 인력운영비		V 인력운영비			
② 법정의무경비	V 채무상환비				V 시·군조정교부금 V 기타 법정비
③ 중앙지원사업 도비부담			V 광특사업 V 분권·기금·특교사업	V 국비보조사업	
④ 필수경상비		V 필수경상비			
⑤ 자체사업	V 자체사업				
4개 영역	통제 영역	영향1 영역	영향+적응 영역		적응1 영역

치단체의 통제력 정도가 각각 다르므로 불합리하게 보일 수 있다. 그러나 전체 기간(2004~2013년)에 대한 분석이 필요한 경우에는 불가피하게 분석결과에 대한 조심스러운 해석을 전제로 수정된 영역구분 방법을 사용한다. 수정된 4개 관리 영역도 3개 관리 영역과 마찬가지로 오른쪽으로 갈수록 지방자치단체의 통제력이 줄어들 것으로 추정된다. 그러나 영향1 영역과 영향+적응 영역은 순서가 바뀔 여지가 있다. 영향+적응 영역에 지방의 통제력이 거의 미치지 않는 국비보조사업 도비부담이 포함되기 때문에 일견 영향1 영역보다 지방통제력이 약해 보인다. 그러나 공모사업으로 추진되는 다른 중앙지원사업의 경우 지방자치단체가 선택권을 행사할 수 있어 자체사업과 유사하게 지방통제력이 높아 조심스럽게 해석할 필요가 있다.

4. 주요 환경요인의 추출

지금까지 재정위기의 원인을 규명하기 위한 모든 분석요소를 내부 재정구조에서 도출했다. 내부 재정구조는 외부환경의 제약 아래에서 지방정부가 선택한 재정정책의 결과가 축적된 것이므로 내부 재정구조의 분석요소에 외부 환경요인의 영향이 이미 반영되었다고 보기 때문이다. 따라서 재정위기의 발생에 외부 환경요인이 미치는 영향을 중복해서 측정 또는 분석할 필요가 없다.

그런데도 주요 환경요인들을 추출하는 것은 후술하는 바와 같이 해설을 통한 분석(analysis with interpretation)을 주된 분석방법으로 사용하기 때문이다. 이 방법은 내부 재정구조에서 도출한 분석요소들을 계량적으로 분석하고, 그 토대 위에 저자의 실제적 경험과 정통한 상황판단을 활용한 질적 분석을 보완하여 재무상태를 종합적으로(holistic fashion) 분석한다. 따라서 주요 환경요인을 추출하는 것은 질적 분석을 수행하는 과정에서 이들 요인을 통합적으로 고려함으로써 해석의 오류를 줄이고 궁극적으로 분석의 타당성을 높이기 위한 것이다.

다음 <표 4-4>는 이러한 종합적 분석의 기초로서 분석대상 기간 중 경상남도 재무상태의 주요 외부환경 요인들을 추출하고 이들 요인이 내부 재정구조 및 재정위기 발생에 미칠 수 있는 파급효과를 경험적 지식을 기초로 추정한 것이다. 외부환경 중 재정환경은 지방세 제도와 지방재정 제도 측면으로 세분하고, 정치환경은 연구대상 기간 중 재임했던 도지사의 재정운영 특성을 고려한다.

첫째, 재정환경 중 지방세 제도 부문에서는 정부가 주로 국가 경제정책 목적에서 취득세 제도 및 세율을 빈번하게 변경하여 지방재정을 크게 교란했다. 먼저

〈표 4-4〉 주요 외부 환경요인 및 내부 재정구조에 대한 파급효과

분 야	법률·제도·정부정책 변화 및 내부 메커니즘의 특성	내부 재정구조에 대한 파급효과
	재정환경	
<지방세제도>		
취득세	취득세·등록세 통합('10~)	※ 세입추세 보정
취득세(부동산)	법정세율 인하 '05년 및 '13년	세입 감소
	세율 한시 조정('06. 9~'10. 12, '11. 3~12. '12. 9~'13. 6)	세입 불안정성 확대 → 경상사업 확대
	세율인하보전금 교부('11~'13)	
취득세(리스차)	등록기준지 자율화('04)	세수경쟁 격화
지방소비세	도입('10), 재원 확대('14, 부가가치세 5 → 11%)	취득세보완 불충분
<재정제도>		
교부세제도	보통교부세- 세입 감소시 재정위기 심화	2013 교부세 결정
	부동산교부세 도입('05), 광역 교부 중단('09)	세입 불안정성 확대
	분권교부세 도입('05), 보통교부세에 통합('15)	지방부담 증가
국고보조	사회복지시책(매칭방식) 확대(계속)	재정자율성 축소
시·군 조정교부금	창원·마산·진해 통합('10. 7)	제도 요인에 의한 세출 증가
	김해시 인구 50만명 초과('10. 10)	
기채제도	적채기준 모호	적자재정 지속
	지방채발행 총액한도제 도입('06)	
	기채 권장('09)	채무잔액 급증
위기관리	지방재정위기 사전경보시스템 도입('11)	2종 오류 가능성
	긴급재정관리제도 도입('16)	적용 사례 없음
	정치환경	
도지사	민선(1): 균형재정, '93. 12~'95. 3, '95. 7~'13. 12	건전재정
	민선(2): 적극 재정, '04. 6~'10. 6	채무잔액 증가
	민선(3): 정책 실험, '10 .7~'12. 7	채무잔액 증가
	도지사권한대행: 재정구조조정, '12. 7~12	구조조정

2005년에는 부동산거래세율을 인하하고(취득세 3%+등록세 2% → 취득세·등록세 각 2%) 추가 조치로 실제 적용세율을 3.5%로 한시적으로 인하했다. 그 결과 취득세 및 총세입의 신장세가 꺾여 세출 추세와 이격이 확대되었다. 이와 함께 주택거래 촉진을 통한 국가경제 활성화를 위해 적용세율을 세 차례에 걸쳐 인하했다. 인하된 내역은 2006. 9~2010. 12월까지 2%, 2011. 3~12월까지 1~2%, 그리고 2012. 9~2013. 6월까지 1~3%였다. 그리고 2013년 12월에는 법정세율 자체를 1~3%로 인하했다. 취득세제 변경에 따른 세입결손을 보전하기 위한 대책으로는 부동산교부세 도입(2005~2009년 광역자치단체 교부 중단) 및 취득세율인하보전금 교부(2011~2013년)가 이루어졌고 2010년의 지방소비세 도입도 지방세수 보전이 하나의 목적이었다.

여기에는 두 가지 논점이 결부되어 있다. 하나는 지방소비세를 포함한 이들 조치가 부동산취득세 세율 인하로 인한 세입결손을 충분히 보전했는가 하는 점이다. 다른 하나는 이 조치들이 경기에 민감한 취득세 세입 흐름의 불안정성을 확대하여 경상예산을 증가시켰을 것이라는 추정이다. 재원이 부족한 지방자치단체로서는 일시적으로 증가한 세입을 경상적 성격의 사업을 확대하는 데 투입하여 경상예산의 하방 경직성을 높였을 가능성이 크기 때문이다.

둘째, 2010년의 취득세와 등록세의 통합은 개편 전·후 세입의 시계열적 일관성이 유지되도록 통계치 보정의 필요성을 제기한다. 한편 리스차량 등록기준지 자율화는 지방자치단체 사이에 리스차취득세를 확보하기 위한 격렬한 경쟁을 유발하여 경상남도의 세입 흐름에 커다란 충격을 주었다.

셋째, 지방재정 제도 측면을 보면 지방교부세 제도가 재정위기를 심화시키는 요인으로 작용할 수 있다. 먼저 보통교부세는 교부연도 2년 전까지 10년간의 기준재정수입액의 추세를 반영하여 결정하기 때문에 세입이 증가에서 감소 추세로 바뀌는 변곡점에서는 자체세입 감소와 보통교부세 감소가 설상가상으로 겹치게 된다. 2012년 이후의 경상남도 상황이 이에 해당한다. 분권교부세는 정률의 교부재원으로 사업 증가 추세를 충족할 수 없어 지방재정을 압박하는 요인으로 작용했다.

넷째, 특정재원은 물론이고, 일반재원도 의무적 지출이 많아 지방의 자율성을 더욱 제한한다. 매칭방식으로 지원되는 국고보조금 사업이 사회복지 분야를 중심으로 팽창함으로써 지방자치 영역이 점차 축소되는 현상이 대표적이다. 광특사업, 분권교부세와 기금 및 특별교부세사업에 대한 지방비 부담도 지방자치단체로서는

사업 기회를 포기하기 어렵다는 점에서 국고보조사업과 공통점이 있다.[15]

다섯째, 창원시 통합과 김해시 인구 50만명 초과가 2010년 동시에 발생하여 세출수요가 크게 증대했다. 인구규모가 50만명을 초과하면 시·군조정교부금 유보 비율이 해당 시·군에서 징수한 지방세 등의 27%에서 47%로 인상된다. 이것은 제도적 요인이 세출수요의 급격한 증가를 초래한 사례이다.

여섯째, 기채제도는 적채 기준이 자본시설사업으로 엄격하게 한정되어 있지 않을 뿐더러, 지방도사업 등 정치적 선호가 크고 자본시설사업 기준을 충족시키는 사업 대기수요 또한 막대하다. 이에 따라 지방채 발행 총액한도가 마치 부족한 가용재원을 손쉽게 보충하는 재원조달 방법으로 인식되는 경향이 있다. 이처럼 지방자치단체의 절제가 필요한 영역에서 2009년의 경우처럼 정부가 국가경제정책 목적에서 지방자치단체의 기채를 권장하게 되면 사업 규모가 대폭 증가할 수 있다.

마지막으로 정치환경 측면에서는 도지사의 성향이 내부 재정구조에 큰 영향을 미친다. 초대 민선도지사는 2003년 12월까지 재직하면서 '경영 도정'을 기치로 내걸고 균형재정에서 크게 벗어나지 않았다. 그러나 그는 재임 마지막 해인 2003년 당시 채무잔액 60,100백만원에 거의 육박하는 58,000백만원을 지방채로 조달하여 적자재정 시대의 서막을 열었다. 이와 함께 2003년 10월 부산진해경제자유구역청 및 광양만권(하동 포함) 경제자유구역청이 지정되고, 2004년부터 건설이 시작된 거가대교 사업이 확정되어 재정수요가 후대로 이전되었다.

2004년 6월부터 2010년 6월까지 재직한 민선의 두 번째 도지사는 승계받은 대규모 프로젝트와 함께 1시·군 1소방서 정책, 1,000+1,000 프로젝트, 도의원포괄사업비 대폭 증액 등을 통해 재정사업을 확대하여 채무잔액이 크게 늘어났다. 2010년 제5회 전국동시지방선거에서 진보진영을 대표하여 당선되었다가 2012년 7월 사임한 세 번째 도지사 시대에는 승계된 사업비 부담과 함께 분권 및 복지분야의 재정사업을 확대하여 사업수요 및 채무잔액이 계속 증가했다. 모자이크 프로젝트, 학교급식사업, 보호자 없는 병원사업 등이 대표적인 사업이다. 2012년 12월까지 계속된 도지사권한대행 시기에는 세입 격감, 재정수요 급증 등으로 급격하게 나빠진 재정

15 이와 관련하여 재정자립도(2016년 평균 시 39.79%, 군 21.13%, 구 31.28%: 「지방재정 365」)를 기준으로 우리나라 지방자치를 2할 내지는 4할 자치 등으로 표현하는 것은 대단히 안일한 현실 인식이라고 할 수 있다. 의무적인 지출을 고려하면 지방자치의 현실은 그것보다 훨씬 제약돼 있기 때문이다. 경상남도의 사례를 보면 순수가용재원이 일반회계 결산액의 1%에 미달한 때도 있었다(다음 <표 6-2> 참조).

상황에 대응하여 재정구조조정을 추진했다.

제 2 절 분석 방법

I. 양적 및 질적 분석 방법 종합

이 책에서는 양적 및 질적 분석방법을 결합한 '종합적인 방식'(holistic fashion)을 사용하여 경상남도의 재정위기 사례를 분석한다. 이 방식은 여러 경로를 통해 자료를 수집하고, 그것을 양적 및 질적 방법을 적용하여 분석하고, 분석된 내용을 통합적으로 해석하여 종합적인 평가를 도출하는 것이 특징이다. Honadle 등(2004)은 이 방식을 해설을 통한 분석법(analysis with interpretation)이라고 부른다(p.177).

재정위기를 예측 또는 확인하기 위해 도출한 각종 추세나 비율을 정확하게 해석하기 위해서는 지방공무원 및 지역사정에 밝은 주민들과 빈번하게 교류하여 얻을 수 있는 정통한 경험과 통찰력, 그리고 전문가적 지식을 통합적으로 발휘할 필요가 있다(*ibid.*, p.177, p.247, pp.249-250). 각각의 지방정부 상황은 서로 다른 독특한 측면이 있어서 하나의 정답과 표준적인 절차만 있는 것이 아니기 때문이다. 따라서 이 방법은 기계적, 자동적인 계량분석의 결과에 대하여 별것 아닌데도 불구하고 경보를 울리는 제1종 오류와 그와 반대로 임박한 재정위기 조짐을 간과하는 제2종 오류를 모두 방지하는 데 목적이 있다(*ibid.*, p.187).

계량적 분석은 제1절에서 선정한 18개 분석요소를 대상으로 개개 분석요소와 세입·세출 각 유형 및 지방자치단체의 각 관리 영역에 귀속되는 일단의 분석요소의 증가율, 증가액, 점유율 등을 계량적으로 측정하여 재정수지 적자 유발 및 재정위기 발생에 미친 영향을 분석한다. 질적 분석은 경상남도의 재정운영 등 내부 사정에 정통한 관리자로서,[16] 그리고 지방행정 및 재정 분야 전문가로서,[17] 저자가 오

16 저자는 2010년 10월부터 2012년 12월까지 2년 2개월 남짓 경상남도 행정부지사로 재직했으며, 특히 2012년 7월초 민선도지사가 사퇴한 시점부터 2013년 당초 예산이 확정된 2012년 말까지 5개월 보름 정도를 도지사권한대행으로서 경상남도 재정위기 관리 대책을 주도했다. 그 이전은 1983년 수습사무관으로 경남도청에서 근무를 시작한 이후, 1994년 6월 당시 내무부로 전출할 때까지 10년 이상 경남도 소속 사무관으로 근무했다.

17 저자는 지방재정 전공으로 미국에서 행정학석사(MPA) 학위를 취득했으며, 행정안전부와 그

랜 기간 축적한 체험적 지식 및 통찰력을 계량적 분석의 진행 및 분석결과의 해석에 반영하여 종합적인 결론을 도출한다.

저자가 도지사권한대행으로서 경상남도의 재정위기 관리대책을 주도했기 때문에 종합적 방식의 한 축인 질적 연구는 참여관찰 또는 현장연구의 성격을 띤다(고성호 등, 351면). 그러나 다른 한편으로는 사후에 연구목적으로 당시 현장을 재구성하여 뒤돌아보는 방식을 취하는 점에서, 사전에 결정된 연구목적을 달성하기 위한 수단으로 현장에 참여하는 참여관찰 또는 현장연구와 차이가 있다. 따라서 이 연구는 방법론 측면에서 '사후적 현장연구' 또는 '자전적 연구'라고 할 수 있다. 철학 및 사회학적 관점에서 볼 때 참여관찰 또는 현장연구가 '설명'을 지향하는 3인칭 인격의 관찰자 관점과 연관이 크다면, 이 연구의 방법론은 '이해'를 지향하는 1인칭/2인칭 인격의 참여자 관점에 조금 더 가깝다(양천수, 109면). 하버마스(Habermas)는 '관점교환'을 통해 이들 두 관점을 적절하게 조화시키는 것이 사회현상을 이해하는 데 도움이 된다고 설명한다(*ibid.*, p.113).

현상에서 대한 깊은 이해를 바탕으로 하는 질적 분석방법은 단순하고 거의 자동적인 방식으로 도출되는 양적 분석결과를 그릇되게 해석할 가능성을 줄여 주지만, 저자의 독특한 관념과 편견으로 인해 연구의 신뢰성이 손상될 우려가 있다. 이러한 문제를 줄이기 위해 앞의 <표 4-4>에서 살펴 본 바와 같이 주요 외부 환경요인을 별도로 도출하여, 이들이 내부 재정구조에 미친 파급효과를 양적 분석결과와 통합적으로 해석한다.

Ⅱ. 연구문제별 분석방법

1. 경상남도 재정위기의 확인

(1) 경상남도 재무상태 추세 도출

2012년 후반기에 경상남도가 재정위기에 빠졌었는지를 측정 및 확인하기 위한 기초로서 내부 재정구조의 4개 부문, 즉 세입·세출·재정수지 및 채무잔액 측면의 18개 분석요소를 중심으로 2004년부터 2013년까지 10년간 경상남도의 재무상태 변

전신인 내무부 등에서 지방재정(지방공기업과), 지방인사관리(자치운영과장), 지방조직관리 및 자치제도발전(자치제도과장), 중앙-지방정부 관계(자치행정과장) 업무를 담당했다.

화 추세를 도출한다.

재무상태 추세가 연구대상 기간 중 제도 변화 등으로 단절되는 경우에는 추세 자료의 일관성이 유지되도록 항목의 조정, 내부 자료를 이용한 공식 통계자료의 보완, 그리고 추정 방법 등을 사용하여 통계치를 보정한다. 분석대상 기간 중 일어난 주요 제도의 변경에는 2008년 사업예산 제도 전면 시행 및 이에 따른 세출 분류체계 변경, 2010년 채무잔액 산정기준 변경, 2011년 취득세제 개편 등이 있다. 편법적 회계처리 관행으로 볼 수 있는 특정재원의 전용과 시·군조정교부금 등 법정의무경비의 미지급 이월은 사실상 숨겨진 재정수지 적자 및 채무잔액으로 볼 수 있으므로 공식적인 통계자료를 보정하여 실제 재무상태를 확인한다.

(2) 한국 사전경보시스템 적용

한국의 지방재정위기 사전경보시스템은 재정수지, 채무관리, 세입관리, 자금관리 및 공기업의 5개 관점에서 7개의 지표를 사용하여 전국 지방자치단체의 재정상황을 상시로 추적·감시한다. 각 지방자치단체는 '지방재정관리시스템(e－호조)'을 근거로 재정상황 모니터링에 필요한 개별 지표를 산정하여 정해진 주기에 따라 입력해야 한다. 재정위기 여부의 판단은 재정위기 사전경보시스템에 축적된 이들 각 지표를 모니터링하여 확인한다. 그런데 이들 지표는 지방재정관리시스템에 기초를 둔 공식적인 통계여서 실질적인 재정위기 가능성과 편차를 보일 수 있다. 따라서 공식 통계에 숨겨진 채무잔액 등을 반영하여 보정한 재무상태 추세자료를 사용하여 사전경보시스템의 판단 결과를 보완적으로 해석한다.

(3) 미국의 지방재정위기 확인시스템 적용

미국의 지방정부 재정위기 확인시스템으로는 제3장에서 살펴본 정부관계자문위원회(ACIR)의 6개 조기경보 신호와 재정위기 선언 조건을 법률로 규정한 15개 주의 시스템을 적용한다. 제3장에서는 이들 15개 주의 관련 법률을 전수 조사하여 107개의 '법정 재정위기 선언 조건'을 도출하고 이것을 제3장의 <표 3-12>에서 보는 바와 같이 ICMA의 재무추세추적감시시스템(FTMS) 분류기준에 따라 크게 6개의 범주로 구분했다. 재정위기 여부는 18개 분석요소의 추세 등 2012년말 시점의 경상남도 재무상태가 미국 시스템의 재정위기 선언 기준에 해당하는지를 확인해서 판단한다.

(4) 양국 시스템의 민감도 비교

한국 사전경보시스템과 미국의 재정위기 확인시스템 판단 결과를 비교하여 양국 시스템의 상대적 민감도를 진단한다. 시스템이 민감하다는 것은 재정위기 선언 조건이 쉽게 충족되도록 설정되어 재정위기가 아닌데도 재정위기라고 선언하는 제1종 오류를 저지를 가능성이 크고, 시스템이 둔감하면 재정위기 선언 조건을 충족시키기가 어려워 재정위기가 닥쳤는데도 그것을 포착하지 못하는 제2종 오류를 저지를 가능성이 크다.

양국 시스템의 민감도 비교는 절대적 기준 비교와 상대적 특성 비교를 병행한다. 절대적 기준 비교는 재정위기 판단지표 및 기준을 평면적으로 비교하여 민감도를 진단한다. 재정위기를 선언할 수 있는 지표가 다양하거나 같은 지표라도 판단기준이 낮아 쉽게 재정위기를 선언할 수 있으면 민감도가 높은 것이다.

상대적 특성 비교는 양국 지방정부의 재정통제력을 기준으로 시스템의 민감도를 비교한다. 일반재원, 자체수입, 순수가용재원 등 지방정부가 자율적으로 통제력을 발휘할 수 있는 재원의 비중이 크면 지방재정위기 대응능력이 높아지고, 반대로 법령 또는 지침으로 용도가 지정된 특정재원과 용도가 지정되지 않은 일반재원이라도 국고보조사업 등 중앙지원사업을 위해 의무적으로 부담하는 재원의 비중이 높으면 재정위기에 취약할 수밖에 없다. 따라서 동일한 수준의 재정위기 위험을 포착하기 위해서는 지방정부의 재정통제력과 시스템의 민감도가 역의 관계에 있어야 한다. 즉, 재정통제력이 높으면 시스템이 둔감하고, 반대로 재정통제력이 낮으면 시스템이 민감해야 같은 수준의 재정위기를 포착해 낼 수 있다.

2. 경상남도 재정위기의 원인 분석

2012년 말 시점에 경상남도가 재정위기에 빠졌다고 가정하고 그러한 재무상태에 이르게 된 원인을 분석하는 방법을 제시한다.[18] 당시 경상남도의 재무상태를 관

18 제2장 제1절에서 재정위기의 정의를 '합법적으로 조달할 수 있는 재원과 각종 지출의무를 이행할 수 있는 능력 사이에 균형이 상실되어 자금조달, 균형예산 달성, 서비스 수준 유지, 재정수지 적자의 처리, 그리고 채무잔액의 관리 및 상환 중 어느 하나 이상에서 극심한 어려움을 겪는 상황'으로 규정했다. 한편 2012년 후반기의 경상남도 재정 상황을 보면, 세입 측면에서는 주력 세원인 부동산 및 리스차취득세가 격감하고 세출 측면에서는 모자이크사업, 지역균형개발사업, 무상급식사업, 거가대교 최소운영비 보장, 소방공무원 초과근무수당 지급 등 초유의 대규모 세출 수요가 동시에 발생했으며, 창원시 통합 및 김해시 인구증가에 따라 시·군조정교

점에 따라서는 재정위기로 규정하는 데에 동의하지 않을 수도 있겠지만, 적어도 재정위기의 전 단계인 재정압박 국면으로 보는 데는 대부분 동의할 것으로 본다. 그러한 관점에서는 여기에 제시하는 방법론을 재정위기가 아니라 재정압박의 원인을 분석하는 방법으로 이해할 수 있을 것이다.

제2장의 재정위기의 원인에 관한 Pammer의 네 가지 이론 모델과 Hendrick의 재무상태과정 모델에서 보았듯이 재정위기의 원인을 설명하는 다양한 이론과 관점이 존재한다. 이처럼 재정위기의 원인을 다양하게 설명할 수 있지만, 세입과 세출의 추세적인 불균형이 재정위기의 근본적인 원인이라는 데 대해서 다수의 학자가 동의한다는 사실 또한 확인할 수 있었다. 세입과 세출의 차이가 재정수지 적자를 유발하고, 그것이 추세적으로 누적되면 채무잔액을 증가시켜 결국 자금조달이나 서비스 수준 유지 또는 재정수지 적자의 처리와 채무상환 등에 있어서 극심한 어려움을 겪는 재정위기 상황으로 이어지기 때문이다.

이러한 관점에서 재정위기의 원인분석은 먼저 세입과 세출 부문에서 재정수지 적자 및 채무잔액의 증가를 유발하는 총량적 추세의 차이를 주로 계량적 방법을 사용하여 분석한다. 이를 위해 각각의 세입 및 세출 분석요소, 그리고 세입·세출의 각 유형 또는 지방정부의 각 관리 영역에 귀속되는 일단의 세입·세출 분석요소의 증가율과 이들이 총세입 또는 총세출에서 차지하는 점유율을 측정하여 재정수지 적자를 각각 얼마나 유발했는지 확인한다. 그중에서 세입 및 세출 분석요소를 지방정부의 통제력에 따라 각 관리 영역으로 구분하는 것은 재정위기의 책임소재가 지방정부에 책임이 있는 내부요인과 지방정부가 통제할 수 없는 외부환경요인에 어느 정도로 귀착되는지를 분석하기 위한 것이다. 재정위기 책임소재는 각 관리 영역에서 재정수지 적자를 유발한 정도를 기준으로 판단한다.

먼저 증가율은 총세입과 총세출이 균형을 이루는 가상의 균형증가율을 도출하고 그것으로부터 세입·세출 각 분석요소, 세입·세출 각 유형 및 지방정부 각 관리 영역에 귀속되는 일단의 분석요소의 증가율이 얼마나 차이가 나는지, 즉 균형증가율로부터 이격도를 산출하여 재정수지 적자유발 정도를 측정한다. 균형증가율로부

부금 수요가 급증했다. 이에 따른 재정압박을 해결하기 위해 법정의무경비를 미지급 이월함으로써 실질적으로 은닉된 재정수지 적자 및 채무가 급증했다. 2013년 결산 기준으로 법정의무경비 미지급금은 358,909백만원으로 전체 채무잔액의 24.52%에 달하고 은닉 채무와 단기자금을 합쳐서 즉시 상환해야 하는 채무가 690,702백만원으로 전체 채무잔액의 46.33%, 일반재원 세입의 1/3 정도(32.06%)에 이른다.

터 이격도를 세입 부문은 균형세입증가율이격도, 세출 부문은 균형세출증가율이격도라고 명명한다. 다음으로 점유율은 각각의 분석요소 등이 특정 시점, 즉 분석대상 최초 또는 최종연도의 총세입 또는 총세출에서 차지하는 점유율과 분석대상 전 기간에 걸쳐 증가한 누적증가액이 총세입 또는 총세출의 누적증가액에서 차지하는 점유율을 도출하여 분석한다. 전자를 총세입점유율 또는 총세출점유율, 후자를 총세입누적증가액점유율 또는 총세출누적증가액점유율이라고 명명한다.

이처럼 총량적 추세의 차이를 주로 계량적 방법으로 분석하는 세입 및 세출 부문과 달리 재정수지 및 채무 부문은 Hendrick의 재무상태과정 모델 및 Pammer의 내부관리 부실 모델의 관점에서 주로 질적 분석방법을 사용하여 재정위기의 원인을 규명한다. 먼저 재무상태과정 모델의 관점에서 세입과 세출의 추세적 차이의 결과인 재정수지 적자 및 채무잔액 규모가 재무상태의 균형을 유지할 수 있는 임계수준을 찾아내고, 그 수준을 초과하는 데 직접 영향을 미친 내부요인 및 중앙정부의 제도와 정책 등 외부환경요인을 규명한다. 재정수지 적자 및 채무잔액의 임계수준은 통상적인 관리 방법을 벗어난 편법적 처리의 규모와 비중 및 지속성을 기준으로 판단한다. 세입과 세출 추세의 총량적 차이를 초래한 원인에 대해서는 세입 및 세출 부문의 분석과 중복되므로 생략한다. 이어서 Pammer의 내부관리 부실 모델의 관점에서 편법적인 회계처리에 해당하는 특정재원 전용과 법정의무경비 미지급 이월이 재정위기를 유발한 원인으로 작용했는지를 분석한다.

아래에서는 세입 및 세출의 추세적 차이를 계량적으로 측정하기 위해 이 책에서 독자적으로 개발한 증가율 및 점유율 지표를 구체적으로 제시한다.

(1) 증가율 지표

1) 단순증가율과 누적증가율

총세입 및 총세출, 세입 및 세출 각 분석요소, 세입·세출 각 유형 및 지방정부 각 관리 영역에 귀속되는 일단의 세입·세출 분석요소를 대상으로 단순증가율과 누적증가율을 산정한다. 단순증가율은 일정 시점의 저량(stock) 차원에서 최초연도 저량이 매년 같은 비율로 증가하여 최종연도의 저량에 도달한다고 가정할 때 도출되는 연평균증가율을 의미한다. '연평균단순증가율'이 정확한 표현이지만 여기서는 간략하게 '단순증가율'로 약칭한다. 최초연도 저량(A)과 최종연도 저량(B)을 연결하는 직선의 기울기로 표시된다. 엑셀 프로그램에서 공식 '(B/A)^[1/(n−1)]−1'을 사용하여 계산할 수 있다. 여기서 n은 최초 및 최종연도 사이의 기간을 '년' 단위로 표시한 것이다. 단순증가율은 최초 및 최종연도의 수준만을 고려하는 직선의 기울기를 나타내기 때문에 기간 중의 추세 등락을 반영할 수 없으며, 최초 또는 최종연도의 통계치가 추세를 이탈하는 경우에는 산정 결과가 큰 폭의 변화를 보인다.

누적증가율은 이처럼 단순증가율이 기간 중의 등락을 반영하지 못하는 한계를 보완하기 위해 증가율 측정에 기간 전체의 유량(flow)을 반영한 지표이다. 누적증가율은 측정하고자 하는 개별 분석요소 등의 연도별 저량을 연결한 궤적의 하부면적이 전체 기간에 걸쳐 평균적으로 증가한 비율을 의미한다. 단순증가율과 마찬가지로 누적평균증가율을 줄여서 누적증가율이라고 부른다.

누적증가율을 계산하기 위해서는 먼저 측정대상 분석요소 등의 각 연도 저량을 전체 기간에 걸쳐 합산한 누적금액(B)을 산출한다. 다음은 최초연도의 저량이 최종연도까지 그대로 유지된다고 가정할 때 누적되는 기저금액(A)을 계산한다. 기간 전체 누적금액에서 기저금액을 공제하면 누적증가액(B－A)이 도출된다. 누적증가액은 측정대상 분석요소 등의 연도별 저량이 각각 최초연도의 저량을 초과한 금액을 합산해서 산출할 수도 있다. 누적증가율은 기저금액(A)이 전 기간의 유량, 즉 기저금액과 누적증가액을 합산한 누적금액(B)으로 증가하기 위한 연평균증가율이다. 엑셀 프로그램에서 단순증가율 산출공식 '(B/A)^[1/(n－1)]－1'을 그대로 적용하여 산출할 수 있다.

누적증가율은 기간 평균치를 기준으로 하는 단순증가율과 사실상 같은 개념이다. 기저 금액의 기간평균이 최초연도의 저량과 같고, 기간 전체의 유량(누적금액＝기저금액＋누적증가액)을 전체 기간으로 나누면 기간평균금액이 도출되기 때문이다. 따라서 누적금액이 일정하게 매년 같은 비율로 증가하는 경우에는 단순증가율의 절반이 누적증가율과 같다. 이것은 누적증가율이 단순증가율의 절반보다 크면 측정대상 분석요소 등의 궤적, 즉 연도별 저량을 잇는 곡선이 전체적으로 최초 및 최종연도의 저량을 직접 잇는 직선의 위쪽에서 움직인다는 것을 의미한다.

누적증가율은 최초 및 최종연도의 일시적인 추세 변동에 큰 영향을 받지 않기 때문에 일반적으로 단순증가율보다 안정적이다. 그리고 세입 및 세출의 추세적 차이에 따른 재정수지 적자의 유발 정도가 재정위기의 원인 및 책임소재를 판단하는 중요한 기준이기 때문에 일반적으로 전체 기간의 유량을 측정하는 누적증가율을 특정 시점의 저량을 측정하는 단순증가율보다 더욱 유의미한 지표로 인식한다.

2) **균형세입증가율과 균형세출증가율**

균형세입증가율은 분석대상 전 기간(2004~2013년)에 걸쳐서 총세출 추세를 고정변수로 받아들일 때, 균형재정을 달성할 수 있는 가상의 총세입증가율로 규정한다. 세입 분석요소 등의 증가율과 마찬가지로 균형세입단순증가율과 균형세입누적증가율로 구분된다. 먼저 균형세입단순증가율은 분석대상 최초연도의 총세입 저량(A)이 매년 같은 비율로 증가하여 분석대상 최종연도의 총세출 저량(B)에 도달한다고 가정할 때 도출되는 연평균증가율이다. 따라서 균형세입단순증가율에서 균형재정은 그 과정이야 어떻든 최종연도의 총세입이 최종연도의 총세출 수준에 도달하면 달성된다. 엑셀 프로그램을 이용한 산출공식은 '(B/A)^[1/(n−1)]−1'로 같다.

균형세입누적증가율은 최초연도의 총세입 수준이 최종연도까지 그대로 유지될 때 누적되는 기저금액(A)이 분석대상 전 기간의 총세출 누적금액(B), 즉 총세출 추세궤적의 하부 면적으로 증가하기 위한 연평균증가율이다. 그 결과 분석대상 전 기간에 걸쳐서 총세입 누적금액이 총세출 누적금액과 같게 된다. 균형세입누적증가율은 일정 기간에 걸쳐 총세입과 총세출의 누적금액이 일치하는 점에서 진정한 의미에서 균형재정을 이루는 조건이라고 할 수 있다. 엑셀 프로그램을 이용한 산출공식은 '(B/A)^[1/(n−1)]−1'로서 단순증가율 산출공식과 같다.

한편 균형세출증가율은 분석대상 전 기간(2004~2013년)에 걸쳐서 총세입 추세를 고정변수로 받아들일 때, 균형재정을 달성할 수 있는 가상의 총세출증가율로 규정한다. 균형세출단순증가율과 균형세출누적증가율로 구분된다. 균형세출단순증가율은 분석대상 최초연도의 총세출 저량(A)이 매년 같은 비율로 증가하여 분석대상 최종연도의 총세입 저량(B)에 도달한다고 가정할 때 도출되는 연평균증가율이다. 엑셀 프로그램을 이용한 산출공식은 '(B/A)^[1/(n−1)]−1'로 같다.

균형세출누적증가율은 최초연도의 총세출 수준이 최종연도까지 그대로 유지될 때 누적되는 기저금액(A)이 분석대상 전 기간의 총세입 누적금액(B), 즉 총세입 추세궤적의 하부 면적으로 증가하기 위한 연평균증가율이다. 따라서 분석대상 전 기간에 걸쳐서 총세출 누적금액이 총세입 누적금액과 같게 되어 장기적으로 균형재정 조건이 달성된다. 균형세출누적증가율은 균형세입누적증가율과 마찬가지로 일정 기간에 걸쳐 총세입과 총세출의 누적금액이 일치하는 점에서 진정한 의미에서 균형재정을 이루는 조건이라고 할 수 있다. 엑셀 프로그램을 이용한 산출공식은 '(B/A)^[1/(n−1)]−1'로 같다.

총세입과 총세출의 균형증가율 개념을 도입하는 이유는 최초연도의 세입과 세출 수준이 다른 경우가 일반적이므로, 가령 세출이 세입보다 큰 경우, 세입과 세출의 증가율이 같더라도 시간이 흐르면 재정수지 적자가 축적되어 재정위기가 발생할 수 있기 때문이다. 균형증가율은 최초연도의 세입과 세출 수준의 차이까지 고려하여 장기적으로 양자가 일치하는 균형예산 원칙을 달성할 수 있는 지표이다. 만성적인 적자재정 상황을 가정한다면 균형세입증가율은 세입확충 수요의 지표로, 균형세출증가율은 감축 관리의 지표로 사용될 수 있을 것이다. 분석요소 등의 증가율과 마찬가지로 재정수지 적자의 유발 정도와 그로 인한 재정위기 발생 가능성을 분석하는 데 있어서 균형세입누적증가율과 균형세출누적증가율이 각각 상응하는 단순증가율보다 더욱 중요한 지표로 사용된다.

3) 균형세입증가율이격도 및 균형세출증가율이격도

먼저 균형세입증가율이격도는 세입 부문의 개별 분석요소 및 지방정부 각 관리 영역에 귀속되는 일단의 세입 분석요소의 증가율과 균형세입증가율의 차이를 나타내는 지표이다. 이 지표를 통해 세입 각 분석요소 등의 증가율이 총세입과 총세출이 균형을 이루는 증가율에서 얼마나 멀리 떨어져 있는지를 알 수 있다. 균형세입증가율이격도는 각 분석요소 등의 단순증가율과 균형세입단순증가율의 차이인 균형세입단순증가율이격도와 각 분석요소 등의 누적증가율과 균형세입누적증가율의 차이인 균형세입누적증가율이격도로 구분된다. 세입 각 분석요소 등의 증가율이 균형세입증가율에 미달하면 재정수지 적자를 유발한다는 뜻이며, 균형세입증가율이격도가 음수(−)로 나타난다. 음수의 절댓값이 클수록 균형세입증가율로부터 미달 폭이 크며, 재정수지 적자유발 정도가 크다.

균형세출증가율이격도는 각각의 세출 부문 분석요소, 그리고 세출 각 유형 및 지방정부의 각 관리 영역에 귀속되는 일단의 세출 분석요소의 증가율과 균형세출증가율의 차이를 나타내는 지표이다.[19] 세입 부문과 마찬가지로 각 분석요소 등의

19 세출 부문은 분석대상 전 기간에 걸쳐 분석요소를 지방정부의 3개 관리 영역으로 구분할 수 있는 세입 부문과 달리 세출결산서가 전면 개편된 2008년부터 그러한 구분이 가능하므로, 3개 관리 영역 구분의 대안으로서 세출을 5개 유형 또는 4개 관리 영역으로 구분하여 증가율 및 점유율 분석을 진행했다.

단순증가율과 균형세출단순증가율의 차이인 균형세출단순증가율이격도와 각 분석요소 등의 누적증가율과 균형세출누적증가율의 차이인 균형세출누적증가율이격도로 구분된다. 세입 부문과 반대로 세출 부문은 분석요소 등의 증가율이 균형세출증가율을 초과하면 재정수지 적자를 유발하고, 균형세출증가율이격도가 양수(+)로 나타난다. 양수의 절댓값이 클수록 초과 폭이 크며, 재정수지 적자유발 정도가 크다. 균형세입누적증가율이격도와 균형세출누적증가율이격도는 세입 및 세출 각 분석요소 등의 증가율과 총세입 및 총세출의 균형증가율과 마찬가지로 재정수지 적자유발 및 재정위기 책임소재를 규명하는 데 있어서 각각 상응하는 단순증가율이격도보다 더 유용하게 사용된다.

(2) 점유율 지표

1) 총세입점유율 및 총세출점유율

총세입점유율과 총세출점유율은 최초연도와 최종연도 등 특정 시점에서 세입·세출의 각 분석요소나 세입과 세출의 각 유형 또는 지방정부의 각 관리 영역에 속하는 일단의 분석요소가 총세입 또는 총세출에서 차지하는 비율을 나타내는 저량차원의 지표이다. 총세입점유율은 세입 분석요소 등이 총세입에서 차지하는 점유율을, 총세출점유율은 세출 분석요소 등이 총세출에서 차지하는 점유율을 나타낸다.

특정 시점의 규모나 일정 기간의 누적증가액 측면에서 각 세입·세출 분석요소 등이 총세입 또는 총세출에서 차지하는 비중이 큰 경우, 증가율과 균형증가율이격도의 폭이 상대적으로 작더라도 재정수지 적자 발생을 주도하여 재정위기의 주요 원인으로 작용할 수 있다. 이처럼 점유율 지표는 상대적으로 규모가 큰 개별 분석요소 또는 일단의 분석요소가 재정수지 적자유발 및 재정위기 발생에 미치는 특별한 영향력을 분석 및 해석하는 데 유용하므로, 분석요소의 상대적 비중을 고려하기 어려운 증가율 및 균형증가율이격도 지표의 한계를 보완할 수 있다.

2) 총세입누적증가액점유율 및 총세출누적증가액점유율

총세입누적증가액점유율과 총세출누적증가액점유율은 일정 기간, 가령 분석대상 최초연도부터 최종연도까지 각 분석요소 또는 일단의 분석요소의 누적증가액이 총세입 또는 총세출의 누적증가액에서 차지하는 비율을 나타내는 유량 차원의 점유율 지표이다. 총세입누적증가액점유율은 일정 기간에 걸쳐 세입 분석요소 등의 누적증가액이 총세입누적증가액에서 차지하는 세입창출 기여도를 나타내고, 총세출누적증가액점유율은 각 세출 분석요소 등의 누적증가액이 총세출누적증가액에서 차지하는 초과세출 유발 비중을 알려준다. 누적증가액을 산출하는 방법은 전체 기간 중 각 분석요소 등의 연도별 저량이 최초연도의 저량을 초과한 금액을 합산하거나, 각 분석요소 등의 저량을 전체 기간 합산한 누적금액에서 최초연도 저량이 최종연도까지 유지될 때 연도별 누적금액인 기저금액을 공제하면 된다.

(3) 증가율 지표와 점유율 지표의 관계

증가율 지표와 점유율 지표는 상호 밀접하게 관련된다. 먼저 저량 차원에서 각 분석요소 또는 관리영역별 일단의 분석요소의 단순증가율 차이는 특정 시점, 가령 최초 및 최종연도의 총세입 또는 총세출점유율의 변화로 나타난다. 단순증가율이 상대적으로 클수록 최종연도의 총세입 또는 총세출점유율이 최초연도의 점유율보다 증가하고, 반대로 단순증가율이 상대적으로 작으면 최종연도의 점유율이 감소한다.

다음으로 누적증가율의 상대적 차이는 일정 기간에 걸친 세입 및 세출의 누적증가액과 총세입 및 총세출누적증가액점유율에 반영된다. 한편 유량 차원에서는 누적증가율이 상대적으로 클수록 최초연도의 총세입 또는 총세출점유율과 대비한 분석대상 전 기간의 총세입 또는 총세출누적증가액점유율이 상대적으로 높아진다. 따라서 각각의 분석요소 또는 지방정부의 각 관리 영역에 속하는 일단의 분석요소가 재정수지 적자를 유발하는 정도와 재정위기 발생에 미치는 영향을 분석하고 해석하는 데 있어서 이러한 상호관계를 적용할 수 있다.

3. 미국 주 정부 제도의 효과 및 운용 가능성 분석

(1) 재정위기 예방 제도

먼저 수량적 통제 제도는 균형예산 원칙, 과세 및 지출 한도, 그리고 채무 한도 및 기채 제한 중에서 균형예산 원칙 및 지출 한도 제도를 중심으로 제도의 효과 및 운용 가능성을 분석한다. 분석방법은 일정한 가정 아래 미국의 예방 제도를 적용할 때 얻을 수 있는 기대효과를 도출한다. 이와 함께 미국의 제도를 적용하기 위해 설정한 가정들과 제도 적용에 수반되어야 할 조건들이 현실적으로 수용될 수 있는 합리적인 범위에 있는지를 분석한다. 제도 적용의 효과가 크고, 설정된 가정 및 부수조건들이 현실적으로 수용될 수 있는 범위에 있다면 해당 제도는 운용 가능성이 있다고 판단한다.

균형예산 원칙은 연구대상 기간(2004~2013년) 전체에 걸친 장기적 균형예산 관점에서 분석한다. 경상예산과 자본예산을 구분하는 미국의 지방정부와 달리 한국에서는 일반회계에 자본예산 성격의 사업이 일부 포함되어 있어 균형예산 원칙의 적용 기간을 매 회계연도에서 장기적인 관점으로 확대할 필요가 있기 때문이다. 미국에서도 자본예산 운영을 위해 발행한 공채의 원리금을 경상예산 재원으로 상환하기 때문에 경상 및 자본예산을 통합하면 장기적으로 균형을 이뤄야 한다. 따라서 장기적 관점의 균형예산 원칙은 자본예산제도를 운영하지 않는 한국의 경우 자연스럽게 수용될 수 있을 것이다. 이렇게 보면 채무 한도 및 기채 제한은 장기적 균형예산 원칙에 포함된다. 과세 한도 제도는 중앙정부가 다양하고 복합적인 정책대안을 선택할 수 있어 계량적으로 분석하기가 어렵다. 따라서 분석대상에서 제외한다.

지출 한도는 현실적으로 수용 가능성이 클 것으로 판단되는 균형세출누적증가율, 명목경제성장률 및 물가상승률을 벤치마크로 삼아 예산 부문별로 한도를 설정한다. 다음은 지출 한도를 적용하여 도출된 지출 수준('관리 지출'로 명명)을 실제 지출과 비교하여 감축 관리 수요(감축 관리 수요=실제 지출-관리 지출)를 산출한다. 마지막으로 감축 관리 수요가 실제로 중앙과 지방의 재원배분 조정 등을 통해 실현될 수 있는 수준인지를 분석하여 제도운용 가능성을 판단한다. 예산안정기금, 자본예산 제도, 회계 및 재무보고 제도 등 나머지 질적 통제수단에 대해서는 질적 분석을 통해 제도의 효과 및 운용 가능성을 분석한다.

(2) 재정위기 완화 제도

2012년 후반기에 국가공무원 신분의 도지사권한대행이 당시 경상남도의 재무상태를 재정위기 상황으로 판단하여 추진했던 재정구조개혁을 최근 한국에 도입된 긴급재정관리제도 또는 미국 주 정부 수권관리제도의 자연적 실험으로 가정하여 제도의 효과와 운용 가능성을 분석한다.

제도 적용의 효과는 경상남도가 도지사권한대행 체제에서 실제 추진한 구조조정 효과를 단기적인 예산 구조조정 효과와 후속 경남 도정에 미친 영향으로 구분하여 도출한다. 제도운용 가능성은 도지사권한대행, 한국의 긴급재정관리관, 미국 주 정부 수권관리인의 지위와 권한을 서로 비교하여 한국의 긴급재정관리제도를 평가한다.

제 3 절 자료 수집

경상남도와 행정안전부의 공식 및 비공식 통계자료와 경상남도의 정책 및 방침 결정 자료를 기초로 경상남도의 재정위기 사례를 분석한다. 공식적인 통계자료는 경상남도 재무보고 자료와 경상남도 홈페이지의 공공정보 공개개방>재정정보 사이트, 그리고 행정안전부의 지방재정통합공개시스템 「지방재정 365」를 통해 입수하고, 자료의 해석 및 내부 자료의 수집을 위해서는 경상남도 기획조정실 및 관련 업무 담당부서와 행정안전부 지방재정경제실의 협조를 받았다.

이와 함께 이 책은 도지사권한대행이 주재한 '실국원장회의' 및 '부시장·부군수회의' 영상자료와 외부로 공개되는 전 직원 대상의 '월례조회', 그리고 지역신문 및 방송의 도정 관련 보도를 광범하게 인용했다. '실국원장회의' 및 '부시장·부군수회의'는 경상남도 홈페이지 '도정소식'의 하위 메뉴인 '인터넷방송'을 통해 접속할 수 있다. '월례조회'는 권한대행이 직접 준비한 '메모'를 통해, 그리고 지역 언론보도는 당시 비서진이 수집한 자료와 언론보도 기사 검색을 통해 확인했다.

이처럼 행정기관 내·외부에서 제작한 영상 및 언론보도까지 일종의 역사자료로서 광범하게 수집한 것은 경상남도를 사례연구의 대상으로 선택하고, 양적 및 질적 방법을 결합한 '해설을 통한 분석'(analysis with interpretation) 방법을 적용하는 것과 밀접한 관련이 있다. 저자의 경험과 전문적 식견 및 판단이 분석방법상 중요한 역할을 할 뿐만 아니라 저자가 실제 현장에서 핵심적인 정책결정권자로 참여한 '자전적 연구'의 성격이 있어, 연구과정에서 편견을 배제하고 사후적으로 연구결과를 검증할 수 있도록 객관적인 자료를 통해 뒷받침하는 것이 연구의 성패를 가르는 중요한 요소라고 보기 때문이다. 수집한 자료는 다음과 같이 재무통계자료와 경상남도 정책 및 내부방침 결정 자료로 구분하여 제시한다.

Ⅰ. 재무통계 자료

1. 경상남도 재무통계 자료

일반재원 세입, 세출 및 재정수지의 연도별 변화 추세를 도출하기 위한 기초자료로서 먼저 공식적인 통계자료인 경상남도 세입 및 세출 결산자료를 수집한다. 그중에서 세입결산서는 분석 대상 기간인 2004년부터 2013년까지 기간을 완전히 포함한다. 그러나 세출 부문은 2008년부터 2013년까지 자료만 수집한다. 2008년 사업예산 제도가 전면적으로 시행됨으로써 세출 분류체계가 대폭 개편되었고, 그 결과 2007년 이전과 2008년 이후의 결산자료가 연속성을 상실했기 때문이다. 이처럼 제도 변경으로 분석 대상 기간 중 분석요소 선정의 기초가 되는 세입 및 세출 분류체계가 변경되었기 때문에 재무상태 추세를 일관성 있게 도출하기 위해 경상남도가 제도 변경 이후의 분류체계에 맞게 종전의 통계자료를 재분류하여 자체적으로 관리하는 내부 통계자료를 추가로 수집한다. 세입 측면에서는 2011년 취득세제 개편으로, 세출 측면에서는 2008년 사업예산 제도를 전면 시행함으로써 세입 및 세출 분류체계가 대폭 변경된 것이 가장 큰 변화이다. 채무잔액 통계는 민선단체장 체제가 시작된 1995년부터 경상남도가 차입선별로 구분하여 관리하는 내부 통계를 사용한다.

수집된 경상남도 재무통계 자료는 분석결과를 검증할 수 있도록 이 책의 [부록]으로 첨부한다. [부록 1]은 공식적인 통계자료인 경상남도 세입 및 세출 결산서로 구성된다. 이와 관련하여 경상남도 홈페이지의 '공공정보 공개개방>재정정보' 사이트는 2008 회계연도 이후의 결산자료를 공개하고 있다. 이 사이트는 [부록 1]의 요약된 결산자료보다 상세한 정보가 필요하거나 재정통계 자료를 상호 검증하기 위해 주로 이용한다. [부록 2]는 경상남도가 자체적으로 관리하는 재무통계 자료이다. 일반재원 세입·세출 추세를 비롯하여 사례 분석 과정에서 빈번하게 거론되는 다음 5개 항목의 통계자료를 제공한다.

① 일반재원 세입구조 및 추세 변화(2003~2013년)

② 일반재원 세출구조 및 추세 변화(2004~2013년)

③ 채무잔액 통계(1995~2013년)

④ 법정의무경비 미지급금 이월 내역(2005~2013년)

⑤ 2013년 당초예산 자체사업 내역

2. 행정안전부「지방재정 365」등

연구 진행에 필요한 경상남도 및 전국 지방자치단체의 기초적 재정데이터는 행정안전부가 운영하는 지방재정통합공개시스템인 「지방재정 365」의 지방자치단체 통합공시, 재정데이터 개방 등의 메뉴에서 수집한다. 경상남도가 재정위기에 빠졌었는지를 판단하기 위해 한국 지방재정위기 사전경보시스템을 적용하는 경우에는 경상남도가 행정안전부의 사전경보시스템에 입력한 각 판단지표의 통계자료를 모니터링하여 시스템에 설정된 재정위기 판단기준과 비교한다. 미국 시스템의 기준은 각 주의 법률을 별도로 조사하여 제3장 제2절에 제시했다. 채무잔액 측면의 재정위기 원인 분석에 사용하는 경상남도와 동종 지방자치단체인 타 도 본청의 채무잔액 통계는 행정안전부 내부 자료인 '시·도 본청의 연도별 채무 현황'을 이용한다. 행정안전부는 지방자치단체의 1995년 이후 채무잔액을 연말을 기준으로 회계별로 구분하여 관리한다.[20]

Ⅱ. 경상남도 재정정책 및 내부방침 결정 기초자료

도지사 또는 도지사권한대행에게 보고된 자료를 소관 부서를 통해 수집했다. 경상남도의 재정정책 및 내부방침 결정에 관한 자료와 그러한 의사결정을 위한 기초자료, 재정상황 분석, 세입추계, 중앙정부 건의자료 등으로 구분된다.

(1) 주요 정책결정 및 결정을 위한 기초자료

① 경상남도 진주의료원 경영정상화를 위한 운영방안 검토 보고(2011. 3. 3)

② 진주의료원 당면 현안사항 보고(2012. 9. 21)

③ 거가대교 관리운영권 재구조화 추진계획(2011. 10. 13)

④ 거가대로 재구조화사업 KDI, SE금융 자문결과 및 추진계획(2012. 12. 6)

⑤ 거가대로 민간투자사업 사업재구조화 협상 경과보고(2013. 8. 20)

⑥ 친환경 무상급식 간담회(도지사 - 교육감) 관련 자료(2010. 8. 9)

⑦ 친환경 무상급식 확대 지원: 공약사항 총괄 추진계획 기본방침(2010. 8. 13)

⑧ 무상급식 추진계획 도의회 보고(2010. 9. 7), 예결위 심의 회의록(2010. 12. 7)

⑨ 모자이크 프로젝트 추진 경과(2012. 3)

---

20 2010년 말부터 채무통계 작성 기준이 크게 달라졌는데, 가장 중요한 사항은 광역자치단체인 시·도의 채무에 시·도 지역개발기금 발행잔액 전체를 귀속시킨 점이다. 2009년까지는 지역개발기금에서 시·군·구에 융자한 금액과 기금 잔액은 시·도 채무에서 제외했다(제5장 제1절 Ⅵ. 채무 추세 참조).

(2) 재정상황 분석 및 대책 보고

① 재정운용상황 분석 보고(2011. 6. 27)

② 재정운용상황 분석 보고(2012. 1. 31)

③ 재정운용 문제점 및 대책 보고(2012. 6. 18)

④ 2012년도 제1회 추경예산(안) 편성 보고(2012. 6. 18)

⑤ 지방세수 감소에 따른 재정제도 개선 건의(2012. 7)

⑥ 세수감소에 따른 예산편성 방안: 12. 6. 18.「재정운용 문제점 및 대책」의 후속 조치(2012. 7)

⑦ 도 재정운용 현황 및 구조조정 대책(2012. 7)

⑧ 2013년 자체사업비 소요내역(2012. 10)

⑨ 도 재정운용 상황 및 대응방향: 신임도지사 보고(2012. 12. 20)

(3) 세입추계 및 대책 보고

① 2012년도 순세계잉여금 추계 보고(2012)

② 2012 리스차량 관련 세입 현황(2012. 5. 30)

③ 지방교부세 관련 사항 보고 및 건의: 지방세 감소에 따른 대책 중심(2012. 7)

④ 2013년도분 보통교부세 추정금액 산정 관련 보고: 2012년 1회 추경 관련 지방세 징수전망액 분석(2012. 7)

(4) 중앙정부 건의

① 경상남도 재정 전망 및 지원방안 건의 → 행정안전부장관(2012. 7. 27)

② 석동-녹산 간 도로 국도대체우회도로 지정 건의 → 기획재정부장관(2012. 8)

③ 2013년 경상남도 보통교부세 보정 건의 → 행정안전부장관(2012. 10)

(5) 재정정책자문단 구성 및 운영

① 재정정책자문단 구성·운영계획(2012. 8)

② 경상남도 재정운용 현황 및 문제점: 자문단 1차회의 자료(2012. 9. 19)

③ 재정정책자문단 1차회의 개최결과(2012. 9. 20)

④ 재정정책자문단 2차회의 개최결과(2012. 11. 1)

(6) 대외 공표 자료

① 2013년도 경남도 예산 잠정안(2012. 10)

② 2013년도 잠정예산(안) 공개 설명자료(2012. 10)

③ 2012년 제2회 추가경정예산안에 대한 제안 설명(2012. 12. 10)

제 5 장

재정위기의 확인

CHAPTER 05 재정위기의 확인

2012년 10월 31일 경상남도 도지사권한대행은 도청 브리핑실에서 출입기자단을 대상으로 고강도의 재정 구조조정 계획을 담은 2013 회계연도 경상남도 예산(잠정안)을 브리핑했다.[1] 그리고 일반 도민들이 이 예산(잠정안)을 직접 변경해 보고 수정 의견을 제안할 수 있도록 시뮬레이션 프로그램을 개발하여 경상남도 홈페이지에 함께 공개했다. 다음 회계연도 예산(안)을 도의회에 제출해야 하는 법정 시한을 열흘 정도 남겨 둔 시점이었다. 이러한 특별한 조치는 도지사권한대행이 당시의 재정 상황을 위기 국면으로 인식하고, 재정정보의 공개와 도민 참여를 통해 재정 구조조정을 강력하게 추진해 나가겠다는 의지를 표명한 것으로 이해된다.

지역 언론은 대부분 도지사권한대행의 브리핑 내용을 1면 머리 또는 주요 기사로 보도했다.[2] 세입 감소 및 세출수요 급증으로 경상남도의 재정이 한계상황에 도달했다는 점, 초긴축예산 편성으로 전임 도지사의 공약사업 등 경상남도의 대규

1 당시 경상남도에서는 2012년 7월 6일 도지사가 사퇴하여 행정부지사가 그해 12월 19일 제18대 대통령선거와 함께 치러진 도지사 보궐선거까지 도지사의 권한을 대행하였다.

2 「경남신문」, "'재정난' 경남도 내년 초긴축 살림"(2012. 11. 1, 1면); 「경남일보」, "도 재정상황 한계 도달했다"(2012. 11. 1, 1면); 「경남매일」, "경남도 내년 '초긴축' 예산편성"(2012. 11. 1, 1면); 「부산일보」, "재정악화 경남도, 초긴축 예산 현실화"(2012. 11. 1, 10면); 「국제신문」, "세수부족 경남, 현안사업 줄줄이 '휘청'"(2012. 11. 1, 13면); 「한국일보」, "경남도 내년 '초긴축' 예산편성"(2012. 11. 1, 12면); 「중앙일보」, "경남 내년 예산 5.7% 늘어 6조 2856억-도 '초긴축 편성' 잠정안 발표"(2012. 11. 2, 18면).

모 시책 사업들이 큰 타격을 받게 된 점 등을 크게 부각했다. 한 매체는 "31일 경남도청 프레스센터를 찾아 내년도 잠정예산안에 관해 설명한 ○○○ 경남지사 권한대행은 '삭감', '동결', '파산' 등의 표현을 써가며 허리띠를 졸라매야 하는 절박한 상황을 전했다"고 보도했다.[3] 한 지역 방송은 "도정책임자가 예산 잠정안을 브리핑한 것은 극히 이례적이며, 일부 기자들은 민선단체장들의 방만한 재정운영을 한 번씩 재정비하기 위해서라도 권한대행체제가 필요한 것으로 평가했다"고 보도했다.[4]

그러나 일각에는 정치적인 해석도 있었다. 한 매체는 전임 도지사의 대표적인 시책이라고 할 수 있는 무상급식사업과 모자이크사업 등을 대폭 삭감했다는 점을 부각했다.[5] 또 다른 매체는 도지사권한대행이 "한 달 정도 후에 치러질 도지사 보궐선거에 출마한 정치인들에게 재정난을 알리기 위한 수단으로써 전임 지사 시절의 예산상의 문제점을 드러냈다는 분석이 있다"고 해실하였다.[6] 한편 도의회 예산결산위원회에서 한 도의원은 "권한대행이 지나치게 침소봉대하고 있다. 항간에는 새로 선출되는 도지사가 정책사업을 추진하는 데 소요될 예산을 마련해 주기 위해 과장하고 엄살을 부린다는 얘기가 있다"고 발언하였다.[7]

상기 상황과 관련하여 이 장에서는 분석대상 기간 종반부인 2012년 후반기에 경상남도가 실제로 재정위기에 빠졌었는지를 확인하고, 만약에 당시의 상황이 재정위기라고 판단된다면 그 원인이 무엇인지를 규명한다. 이를 위하여 제1절은 재정위기를 판단하는 기초로서 경상남도의 장기적인 재무상태 추세를 도출한다. 제2절은 제1절에서 도출한 재무상태 추세를 기반으로 2012년 하반기 당시의 경상남도의 재무상태가 실제로 재정위기를 선언할 정도로 나빴었는지를 판단한다. 판단기준으로는 한국의 지방재정위기 사전경보시스템과 미국의 재정위기 확인시스템을 적용한다. 미국의 시스템으로는 정부관계자문위원회(ACIR)의 6개 조기경보 신호와 재정위기 선언 조건을 법률로 규정한 15개 주의 시스템을 각각 적용한다. 따라서 제2절은 사실상 당시의 재무상태를 위기상황으로 보았던 경상남도의 인식이

3 「경남매일」, "경남도 내년 '초긴축' 예산 편성"(2012. 11. 1, 1면).

4 「MBC경남」, <아침 뉴스 투데이> 도정안테나(2012. 11. 5).

5 「경남도민일보」, "초등 무상급식 빨간불…모자이크사업 재검토-2013년 경남도 초긴축 예산안 이례적 공개, "이념·특정 도지사와 관련 없어"(2012. 11. 1, 1면).

6 「연합뉴스」, "경남도 재정난 심각…한계점서 '초긴축' 선언-내년 6천157억원 부족…위기관리 제대로 안 한 탓"(2012. 10. 31).

7 ○○○ 도의원, 경남도의회 제302회 2차 정례회 예산결산특별위원회 제6차 회의(2012. 12. 4), 행정부지사에 대한 정책질의.

적정했었는지, 아니면 별것 아닌데도 현실을 과장하여 경보를 울렸는지를 평가하는 것이다.

제 1 절 경상남도 재무상태 추세의 확인

Ⅰ. 세입 추세

1. 세입 추세 도출

일반재원 세입 추세는 2004년부터 2013년까지 10년 동안의 변화 추세를 세입 측면의 7개 분석요소에 따라 도출한다. 분석요소는 부동산취득세, 리스차량취득세, 기타취득세, 기타지방세, 지방소비세, 용도 미지정 세외수입 및 보통교부세로 구성된다. 세입 추세를 도출하기 위한 기초자료는 경상남도가 자체적으로 관리하는 세입 통계자료([부록 2])를 활용한다. 공식적인 회계자료인 연도별 세입결산서([부록 1])는 2011년 취득세제 개편으로 세입 항목 구분의 일관성을 상실했기 때문에 직접 인용할 수 없다.

다음 <표 5-1>은 경상남도가 2010년 이전의 세입결산서를 2011년 취득세제 개편 이후의 세입 분류체계에 맞게 재분류하여 자체적으로 관리하는 일반재원 세입 추세 자료이다. 세입 측면 7개 분석요소에 취득세율인하보전금과 부동산교부세의 2개 항목이 추가되어 9개 세입 항목의 추세를 보여 준다. 이 자료는 공식 자료인 회계연도별 결산서([부록 1])를 크게 네 가지 측면에서 재분류했다.

첫째, 취득세를 부동산취득세, 리스차취득세 및 기타취득세로 구분했다.

둘째, 2011년 세제개편으로 당시의 등록세가 취득세와 등록면허세로 구분됨에 따라 2010년 이전의 등록세 세입도 취득세제 개편 이후의 분류체계에 맞춰 두 개의 세목으로 분리했다.[8] 그러나 2008~2010 회계연도에는 세입 근거자료가 부족하여 등록세 세입을 모두 취득세에 합산했다. 그 결과 각 해당 연도에 취득세는 과다

8 당시의 세제 개편은 등록세를 취득을 수반하는 부분과 취득과 무관한 부분으로 구분하여, 전자는 취득세에 편입하고 후자는 당시의 면허세와 함께 등록면허세로 통합한 것이다.

〈표 5-1〉 일반재원 세입 추세: 보정 전 (단위: 백만원)

회계연도	계	지방세						용도 미지정 세외 수입	취득세율 인하보전금	보통 교부세
		취득세			지방 소비세	부동산 교부세	기타 지방세			
		부동산	리스차	기타						
2004년	1,122,300	390,500	15,200	185,100	0	0	117,800	106,900		306,800
2005년	1,373,400	506,300	48,300	211,400	0	0	131,100	99,900		376,400
2006년	1,532,300	554,100	116,300	168,000	0	40,200	155,500	97,800		400,400
2007년	1,727,500	564,400	168,300	148,100	0	139,800	168,400	97,200		441,300
2008년	1,778,200	622,800	192,400	231,700	0	0	140,300	117,500		473,500
2009년	1,660,000	555,300	155,500	210,700	0	144,700	161,800	92,500		339,500
2010년	1,944,400	620,100	201,300	259,400	273,200	0	166,100	102,300		322,000
2011년	2,250,300	705,200	217,200	221,400	304,000	3,200	228,000	115,700	119,300	336,300
2012년	1,989,700	624,700	119,500	188,300	312,300	0	215,400	111,900	31,100	386,500
2013년	2,440,400	720,100	71,800	202,500	324,700	0	225,100	450,300	55,000	390,900

자료: 경상남도 세입결산 내부 자료([부록 2]) 재구성.

하게, 반대로 등록면허세가 귀속되는 기타지방세는 과소하게 산정되었다. 이 부분은 후술하는 세입 추세의 보정을 통해 수정한다.

셋째, 연도별 세입결산서에는 2010년부터 지방교부세 세목을 보통교부세와 특별교부세로 구분했기 때문에 그 이전 연도는 부득이 제2회 추경예산을 기준으로 양자를 구분했다.

넷째, 2013년 결산서에는 취득세율인하보전금 55,000백만원이 용도 미지정 세외수입에 포함되었다. 이것을 타 회계연도와 일관성이 유지되도록 본래의 항목으로 복원하고 해당 금액을 세외수입에서 삭감했다. 결과적으로 취득세율인하보전금 55,000백만원이 별도 항목으로 표기되고 용도 미지정 세외수입이 505,300백만원에서 450,300백만원으로 수정되었다.

2. 세입 추세 보정

(1) 취득세 관련 추세 보정

1) 부동산교부세 및 취득세율인하보전금을 부동산취득세에 편입

취득세율인하보전금과 부동산교부세는 모두 취득세율 인하에 따른 부동산취득세 세수 감소를 보전하기 위해 일부 기간에만 교부되었다. 따라서 부동산취득세의 변형된 형태로 보아 모두 부동산취득세 항목에 합산한다.

2) 취득세제 개편에 따른 취득세와 기타지방세(등록면허세) 세입의 보정

2008~2010년 회계연도의 추세자료에는 과세 근거자료가 부족하여 등록세를 취득세와 등록면허세(기타지방세)로 구분하지 않고 모두 취득세에 편입했다. 따라서 해당 회계연도의 등록세 세입 중에서 취득과 무관한 부분을 추정하여 취득세에서 기타지방세로 이관한다.

이를 위해 먼저 등록세를 취득 관련 부분과 취득 무관 부분으로 분리하여 취득세와 기타지방세에 적정하게 귀속시킨 2004~2007년 회계연도를 대상으로 취득 무관 등록세 세입을 도출한다. 도출 방법은 공식 회계자료인 연도별 세입결산서의 취득세와 등록세 세입을 합산한 금액에서 경상남도 내부 자료의 취득세 항목을 공제한다. 다음은 취득 무관 등록세 세입이 취득세와 등록세를 합산한 금액에서 차지하는 비중을 산출한다. 그 결과 산출된 비중이 5.5%였다. 이 비중이 2008~2010년 회계연도에도 똑같다고 가정하고 그것을 해당 연도 세입결산서의 취득세와 등록세를 합산한 금액에 곱하여 취득 무관 등록세의 세입 규모를 각각 추정한다. 마지막으로 취득 무관 등록세를 취득세에서 공제할 때는 취득세 총액에서 부동산, 리스차 취득세 및 기타취득세가 각각 차지하는 비율에 따라 배분한다. <표 5-2>는 취득세 및 기타지방세 보정을 거친 취득세 및 기타지방세 세입 추세를 보여 준다.

(2) 2013 회계연도 결산자료의 통계치 보정

2013 회계연도 결산자료의 세외수입은 김해관광유통단지 부지 매각대금과 취득세율인하보전금이 포함되어 추세에서 크게 이탈한 모습을 보인다. 먼저 김해관광유통단지 부지 매각대금은 경상남도의 고정자산이 일정 시점에 유동자산으로 변형되어 일반회계로 전입된 것이다. 따라서 경상적인 세입·세출 추세가 왜곡되지 않도록 해당 매각대금을 일반회계의 세입 및 세출에서 각각 제외한다. 세출 측면에

〈표 5-2〉 취득세 및 기타지방세 세입 보정 결과 (단위: 백만원)

회계연도	보정 전				취득 무관 등록세 보정 금액	보정 후			
	부동산 취득세	리스차 취득세	기타 취득세	기타 지방세		부동산 취득세	리스차 취득세	기타 취득세	기타 지방세
2004년	390,500	15,200	185,100	117,800	기 반영 (등록세 분리반영)	390,500	15,200	185,100	117,800
2005년	506,300	48,300	211,400	131,100		506,300	48,300	211,400	131,100
2006년	554,100	116,300	168,000	155,500		554,100	116,300	168,000	155,500
2007년	564,400	168,300	148,100	168,400		564,400	168,300	148,100	168,400
2008년	622,800	192,400	231,700	140,300	57,603	588,532	181,814	218,951	197,903
2009년	555,300	155,500	210,700	161,800	50,703	524,746	146,944	199,107	212,503
2010년	620,100	201,300	259,400	166,100	59,430	586,003	190,231	245,136	225,530

서는 해당 세입이 없었더라면 채무상환금이 감소했을 것으로 가정하여 전액 채무상환금에서 공제한다. 취득세율인하보전금은 종전과 일관되게 부동산취득세로 분류한다. <표 5-3>은 2013 회계언도의 보정 내용을 정리한 것이다.

〈표 5-3〉 2013 회계연도 통계치 보정 내역 (단위: 백만원)

구 분	2013 결산자료		조 정	적 요
세입	총액	2,440,400	2,154,100	
	세외수입	505,300	164,000	
	김해관광유통단지부지 정산	286,300	0	일회성 세입 삭감
	취득세율인하보전금	55,000	0	부동산취득세로 이전
	부동산취득세	720,100	775,100	취득세보전금에서 이전
세출	총액	2,707,900	2,421,600	
	채무상환	358,500	72,200	일회성 세출 삭감

다음 <표 5-4>는 통계치 보정이 완료된 일반재원 세입의 분석요소별 추세를 보여준다.

〈표 5-4〉 일반재원 세입 추세: 보정 후 (단위: 백만원)

구 분	계	지방세					용도 미지정 세외 수입	보통 교부세
		취득세			지방 소비세	기타 지방세		
		부동산	리스차	기타				
2004년	1,122,300	390,500	15,200	185,100	0	117,800	106,900	306,800
2005년	1,373,400	506,300	48,300	211,400	0	131,100	99,900	376,400
2006년	1,532,300	594,300	116,300	168,000	0	155,500	97,800	400,400
2007년	1,727,500	704,200	168,300	148,100	0	168,400	97,200	441,300
2008년	1,778,200	588,532	181,814	218,951	0	197,903	117,500	473,500
2009년	1,660,000	669,446	146,944	199,107	0	212,503	92,500	339,500
2010년	1,944,400	586,003	190,231	245,136	273,200	225,530	102,300	322,000
2011년	2,250,300	827,700	217,200	221,400	304,000	228,000	115,700	336,300
2012년	1,989,700	655,800	119,500	188,300	312,300	215,400	111,900	386,500
2013년	2,154,100	775,100	71,800	202,500	324,700	225,100	164,000	390,900

Ⅱ. 세출 추세

1. 세출 추세 도출

일반재원 세출 추세는 2004년부터 2013년까지 10년 동안의 변화 추세를 세출 측면의 9개 분석요소에 따라 도출한다. 기초자료로는 연구기간 후반부인 2008~2013년까지 6년은 공식 통계자료인 연도별 세출결산서([부록 1])를 사용한다. 그러나 2004~2007년까지 4년간은 연도별 세출결산서에서 9개 분석요소별 시계열 자료를 직접 추출할 수 없다. 2008 회계연도부터 사업예산 제도가 시행되어 세출 분류체계가 대폭 변경되었기 때문이다. 따라서 불가피하게 경상남도가 같은 기간의 세출 통계자료를 2008년 이후의 분류체계에 맞추어 자체적으로 재분류한 내부 통계자료([부록 2])를 사용한다.

경상남도 내부 자료는 세출을 5개 항목으로 분류했다. 즉, 총세출에서 큰 비중을 차지하는 법정의무경비와 중앙지원사업 도비부담을 각각 세부 항목으로 구분하지 않은 것이다. 따라서 세출 추세를 이끄는 동력을 찾는 데 제약이 따른다. 그런데

〈표 5-5〉 일반재원 세출 추세: 보정 전

(단위: 백만원)

회계 연도	예산 편성	총 세출액	인력 운영비	법정의무경비				필수 경상비	중앙지원사업 도비부담				자체 사업	보정
				소계	조정 교부금	채무 상환	기타법정 경비		소계	국비보조 사업	광특 사업	분권기금 특교		
2004년	1,255,900	1,243,817	173,300	335,800	N/A	N/A	N/A	168,600	278,400	N/A	N/A	N/A	287,717	12,083
2005년	1,419,700	1,459,483	182,700	383,300	N/A	N/A	N/A	174,800	302,200	N/A	N/A	N/A	416,483	-39,783
2006년	1,590,200	1,450,173	207,000	408,300	N/A	N/A	N/A	189,800	392,800	N/A	N/A	N/A	252,273	140,027
2007년	1,767,200	1,853,567	215,400	490,000	N/A	N/A	N/A	207,300	432,300	N/A	N/A	N/A	508,567	-86,367
2008년	1,872,087	2,027,621	177,259	527,982	379,648	26,030	122,304	248,939	482,257	243,410	130,748	108,099	591,184	-155,534
2009년	1,902,339	2,173,319	184,759	494,958	328,011	44,082	122,865	239,780	587,635	274,863	192,238	120,534	666,186	-270,980
2010년	2,077,385	2,135,360	232,780	646,158	437,439	57,883	150,837	269,347	550,689	316,369	123,246	111,074	436,386	-57,975
2011년	2,371,295	2,350,300	257,835	739,683	523,769	68,626	147,288	297,481	612,581	345,805	133,751	133,024	442,720	20,996
2012년	2,282,458	2,328,930	238,866	734,968	507,940	98,734	128,294	319,756	581,193	285,792	96,379	199,021	454,147	-46,473
2013년	2,774,229	2,707,907	292,833	1,174,142	603,652	358,537	211,952	321,299	580,200	293,949	106,558	179,693	339,433	66,322

자료: 연도별 경상남도 세출 결산자료([부록1]) 및 내부 자료([부록 2]).

도 이러한 차선책을 선택한 것은 분석대상 전체 기간에 걸쳐 통일된 분류체계로 작성된 시계열 자료를 확보하기가 대단히 어렵기 때문이다.[9]

<표 5-5>는 항목별 세출 추세를 보여 준다. 둘째 열의 예산편성 항목은 일반재원 세입결산액에 차입금을 합산한 일반재원 가용예산액이다. 셋째 열 이하는 일반재원 총세출 및 이것을 구성하는 세부 항목들이다. 마지막 열의 보정 항목은 총세출에서 가감하여 가용예산액과 일치시키는 조정 항목이다. 다음 항에서 별도로 설명한다.

2. 세출 추세 보정

(1) 세출 결산자료의 보정 항목 처리

1) 보정 항목의 의미 및 구성요소

일반재원 세입과 차입금으로 구성되는 일반재원 가용예산액은 연도별로 일반

9 2016년 당시 경상남도 예산담당관에 의하면 2007년 이전의 세출을 2008년 이후와 같이 9개 항목으로 구분하기 위해서는 각 연도 결산서의 통계치를 수작업으로 일일이 재분류해야 한다.

재원 총세출과 회계상으로 일치해야 한다. 그러나 실제로는 차이가 불가피하게 발생하므로 회계 목적에서 총세출을 가감 조정하여 가용예산액과 사후적으로 일치시키는 보정 항목을 설정한다.[10] 즉, 총세출과 보정금액의 합을 가용예산과 같게 만드는 것이다. 따라서 보정 항목이 음수(−)이면 세출이 가용재원을 초과하는 세출초과 상태로서 일반재원 총세출에서 보정 항목의 절대치를 공제해야 일반재원 가용예산과 일치한다. 반대로 보정 항목이 양수(+)이면 일반재원 세출이 일반재원 가용재원에 미달하여 총세출에 해당 보정금액을 합산해야 양자가 일치한다. 여기서 논의하는 보정 항목은 분석의 연속성 확보를 위해 통계자료를 보완하는 의미에서 지금까지 사용해 온 보정과는 다른 개념임을 유의할 필요가 있다.

보정 항목은 일반재원 초과지출이라는 관점에서 두 가지 재원으로 구성된다. 하나는 전년도 및 당년도 순세계잉여금 및 이월사업비 이월차액이다. 이월차액이 남는다는 것은 당년도의 초과지출을 의미하므로 보정 항목을 음수(−)로 표시하고 반대의 경우는 양수(+)로 표시한다. 다른 하나는 특정재원과 일반재원 사이의 전용이다. 특정재원은 지정된 용도로 지출해야 하지만 실제로는 특정재원 일부가 일반재원 사업에 전용되기도 하고 반대의 경우도 드물지만 발생한다. 전자는 특정재원 세입이 세출을 초과하는 것이므로 음수(−)로, 후자는 반대로 양수(+)로 표시된다.

2) 보정 항목의 산출

다음 <표 5-6>은 2004년 이후 회계연도별로 보정 항목이 어떻게 산출되었는지를 이월차액 및 특정재원 세입·세출 차액으로 구분하여 보여 준다. '회계연도별 경상남도의 세입 및 세출 결산서'([부록 1])를 산출 기초자료로 이용했다.

① 사업비 및 순세계잉여금 이월차액

사업비 및 순세계잉여금의 전년도(에서 금년도로) 이월금은 2004년 이후 회계연도별 세입결산서에 표기되어 있다. 따라서 전년도 이월액과 금년도(에서 내년도로) 이월액의 차액으로 이월차액을 도출할 수 있다. 전자가 후자보다 크면 초과지출 요인이므로 해당 항목을 음수(−)로 표시하고, 반대의 경우는 양수(+)로 표시한다.

먼저 순세계잉여금은 일종의 여유자금(slack)으로서 주로 당초예산 편성 후에 발생하는 재정수요를 충당하기 위한 제1회 추경사업 재원으로 활용한다. 이러한

---

10 보정 항목의 의미와 구성, 산출방법 등에 관한 선행연구를 찾아보기가 어렵고, 예산실무자들도 정확하게 모르고 있었다. 경상남도 내부 자료([부록 2])는 보정 항목 금액을 모두 자체사업 항목에서 가감하여 양자를 일치시켰다.

〈표 5-6〉 보정 항목의 구성

(단위: 백만원)

회계연도	보정금액			이월액 및 차액 (전년도 - 금년도)			특정재원 세입/세출 및 차액		
	결산서 보정액	차액 (A+B)	오차	차액(A)	순세계잉여금 이월	사업비 이월	차액(B)	세입	세출
2004년	N/A	N/A	N/A	12,083	122,862	427,668	N/A	1,547,597	N/A
2005년	N/A	N/A	N/A	-39,783	164,288	398,326	N/A	1,686,432	N/A
2006년	N/A	N/A	N/A	140,027	188,013	334,818	N/A	2,180,513	N/A
2007년	N/A	N/A	N/A	-86,367	301,853	361,006	N/A	2,111,277	N/A
2008년	-155,534	-152,868	-2,666	-102,870	251,268	325,224	-49,998	2,586,614	2,536,616
2009년	-270,980	-276,734	5,754	-141,334	162,899	310,722	-135,400	3,196,797	3,061,397
2010년	-57,975	-61,484	3,509	-30,602	134,227	198,060	-30,882	2,943,640	2,912,758
2011년	20,996	17,958	3,038	6,869	111,380	190,305	11,089	3,109,518	3,120,607
2012년	-46,473	-46,001	-472	24,965	151,119	157,436	-70,966	3,435,571	3,364,605
2013년	66,322	66,322	0	88,059	159,656	173,863	-21,737	3,302,021	3,280,284
2014년	-			-	243,600	177,977	-	-	-

성격 때문에 지방자치단체는 일반적으로 세입을 보수적으로 추계하는 경향이 있다. 그러나 재정효율성을 높이기 위해서는 정확한 예측을 통해 순세계잉여금을 안정적, 계획적으로 관리하는 것이 필요하다. 전년도 이월사업비 또한 사업계획 수립 및 집행의 적정성 제고를 통해 총액 및 회계연도별 편차를 줄일 수 있다. 2010 회계연도부터 이월사업비가 많이 감소했음을 볼 수 있는데, 이것은 세계경제위기를 맞아 정부가 경제 활성화를 위해 예산 조기집행을 독려했기 때문으로 보인다.

② 특정재원 전용

특정재원 전용은 2008년 이후부터 세입 및 세출결산서에서 도출할 수 있다. 2008년 세출결산서가 대폭 개편되어 일반 및 특정재원의 세출 각 항목과 보정 항목이 표기되기 때문이다. 따라서 특정재원 전용 금액은 세입결산서의 특정재원 세입에서 세출결산서의 특정재원 세출 각 항목을 합산한 금액의 차액으로 도출할 수 있다. 전자가 후자보다 크면 특정재원을 일반재원으로 전용한 일반재원 초과지출에 해당하므로 해당 항목을 음수(-)로 표기하고, 반대의 경우에는 양수(+)로 표기한다. 세출결산서의 특정재원 세출 항목은 지방교육세, 용도지정세외수입, 분권 및 특별교부세, 국고보조금으로 구성되어 있다.

특정재원은 이처럼 지정된 용도로 지출해야 한다. 그런데 세입이 크게 증가했던 2011년을 제외하고는 해마다 특정재원 일부를 일반재원 사업에 충당하고 있으며, 그 규모가 2009년에는 135,400백만원에 이른다. 그러나 아직 선행연구가 없고 지방자치단체의 예산실무자들로부터도 그 이유나 내용을 들을 수 없었다. 따라서 여기서는 특정재원과 일반재원 사이의 전용이 세입, 세출, 재정수지 등 재무상태 추세 분석을 왜곡하지 않도록 세입 및 세출결산서를 통해 전용된 특정재원 총액을 도출하여 세출 추세자료를 보정하는 데 그친다.

이러한 관행이 세출결산서가 개편된 2008년 갑자기 생겨났을 만한 특별한 이유가 있는 것 같지 않으므로 2007년 이전에도 존재했을 수 있고, 다른 자치단체에서도 정도의 차이는 있지만 존재할 수 있다. 그리고 어떤 유형의 특정재원이 어떤 종류의 일반재원 사업비로 전용되는지, 그러한 관행이 회계처리상 허용될 수 있는 것인지에 관해서도 후속 연구를 통해 규명할 필요가 있어 보인다.

한편 앞에서 설명했듯이 2007년 이전은 특정재원 전용금액을 산출할 수 없지만 순세계잉여금과 전년도이월사업비는 회계연도별 세입결산서의 통계치를 사용하여 도출할 수 있다. 따라서 이 기간의 보정 항목은 이들 두 항목의 이월차액만 반영한 것이다. 참고로 결산자료에 명시된 보정 금액과 이월차액 및 특정재원 전용금액을 합산한 금액 사이에 미세한 차이가 있는데, 이것은 세부 항목의 계산 과정에서 일부 오차가 개재된 것으로 보인다.

3) 보정 항목의 처리

지금까지 살펴보았듯이 일반재원 세출은 세입과 차입금으로 구성되는 가용재원에 순세계잉여금 및 사업비 이월차액과 특정재원의 지정용도 외 지출로 구성되는 보정 항목이 합산된 것이다. 그런데 세출 항목에서 이러한 보정 항목을 제외하고 가용재원만을 고려한다면 실제 지출이 과소하게 계상되어 추세분석이 왜곡된다. 실제로 경상남도의 내부자료([부록 2])를 보면 보정 금액 전체를 모두 자체사업 단일 항목에서 차감함으로써 자체사업 규모가 실제 지출과 큰 차이를 보인다. 따라서 여기서는 이러한 왜곡을 방지하기 위해 보정 항목을 무시하고 실제로 집행된 세출을 기초로 세출 추세를 분석한다.

(2) 시·군조정교부금 미지급금의 세출 편입

법정의무경비의 일종인 시·군조정교부금은 결산을 통해 확정되기 때문에 당년도의 실제 교부금액과 확정금액 사이에 불가피하게 차이가 있다. 그 차액은 결산이 이루어진 바로 다음 회계연도의 당초예산에 전액 계상해야 한다. 그러나 경상남도는 이러한 결산의 범위를 넘어 해마다 교부금액을 예산에 과소 계상하여 누적 미지급금 규모가 계속 증가했다. 예산부서는 이러한 연도별 미지급금 및 누적 미지급금 현황을 내부적으로만 관리해 왔다.[11] 시·군조정교부금의 미교부는 지출의무를 편법으로 연기한 것이며, 누적금액은 사실상 시·군에 대한 은닉된 채무이다. 따라서 연도별 미지급금을 세출 및 재정수지에 가산하고, 미지급 누적금액은 채무잔액에 합산한다.

<표 5-7>은 법정의무경비의 미지급 및 다음 연도 이월 현황을 지방교육세 및 교육재정부담금과 시·군조정교부금으로 구분해서 보여 준다. 전자는 2005 회계연도부터 이월된 기록이 있으며, 미지급금 규모가 50,000백만원 내외의 비교적 소규모로 유지되고 결산을 통해 대부분 정산되었기 때문에 정상적으로 회계처리를 한 것으로 볼 수 있다. 그러나 시·군조정교부금 미지급 이월이 2009 회계연도부터 시작되면서 법정의무경비 누적 미지급금 규모가 크게 확대되었다. 시·군조정교부금은 도 교육청으로 전액 이관되는 지방교육세 및 교육부담금과 달리 전 시·군에 복잡한 공식에 따라 배분되고 재원확보 기준과 교부공식이 직접 연계되어 있지 않다. 이러한 투명성 부족으로 교부대상 시·군의 감시 및 통제가 미흡한 데다 미지급금을 사후 정산을 위해 내부적으로만 관리하는 부적절한 회계처리 방식이 결부되어 당시의 위중한 재정압박 상황의 편법적인 탈출구가 되었던 것으로 추정된다.

그 결과 2012 회계연도의 누적 미지급금 규모는 전년도까지 누적금액 239,758백만원에다 당년도에 85,443백만원이 추가되어 325,201백만원으로 증가했다. 이어서 2013 회계연도에는 당초예산에 법정기준보다 33,708백만원을 적게 반영하여 누적 이월금 총액이 358,909백만원으로 늘어났다. 2013 회계연도 예산은 강력한 재정구조조정과 함께 변칙적인 회계 관행의 근절을 주요 방침으로 설정하고, 당년도의 법정의무경비 소요재원 전액을 당초예산(안)에 반영했다. 그러나 김해관광유통단지

---

11 행정안전부는 이러한 회계처리의 문제점을 인식하여 2015년 결산부터 시·군조정교부금 미지급금을 재무제표의 기타유동부채 항목으로 계리하게 했다. 제4장 제1절 II. 분석요소, 각주 14 참조.

〈표 5-7〉 법정의무경비 미지급금 이월 현황 (단위: 백만원)

회계연도	이월 총액(A+B)			당년도 이월(A)			전년도까지 이월 누계(B)		
	계	조정교부금	교육부담금등	소계	조정교부금	교육부담금등	소계	조정교부금	교육부담금등
2005년	8,589	-	8,589	8,589	-	8,589	-	-	-
2006년	45,385	-	45,385	36,796	-	36,796	8,589	-	8,589
2007년	47,309	-	47,309	1,924	-	1,924	45,385	-	45,385
2008년	54,496	-	54,496	7,187	-	7,187	47,309	-	47,309
2009년	75,606	35,040	40,566	21,110	35,040	-13,930	54,496	-	54,496
2010년	137,069	74,072	62,997	61,463	39,032	22,431	75,606	35,040	40,566
2011년	239,758	204,464	35,294	102,689	130,392	-27,703	137,069	74,072	62,997
2012년	325,201	284,014	41,187	85,443	79,550	5,893	239,758	204,464	35,294
2013년	358,909	316,570	42,339	33,708	32,556	1,152	325,201	284,014	41,187

주: 2005~2012년 회계연도는 결산 기준이나, 2013 회계연도는 당초예산 기준이어서 추경에 의한 법정의무경비의 추가 편성이 포함되지 않았다.
자료: [부록 2] 경상남도 자체 통계자료 정리.

부지 매각대금의 예산편성을 놓고 예산(안) 조정이 이루어져 결국은 법정의무경비 예산 일부를 삭감했다.12

시·군조정교부금의 미지급 이월이 급증한 데는 외부적 요인이 크게 작용했다. 2010년 경상남도에서는 7월 1일, 당시 인구규모가 50만명을 약간 넘었던 창원시와 각각 50만명 미만의 마산시와 진해시가 창원시로 통합되었고, 10월 말에는 김해시의 인구가 50만명을 넘어서는 두 가지 변화가 동시에 발생했다. 지방재정법 제29조에 의하면 인구규모가 50만명 이상이면 시·군조정교부금 확보 기준이 해당 시·군

12 김해관광유통단지는 2012년 12월 준공을 앞두고 공사가 거의 끝난 상태에서 경상남도와 사업시행자 사이에 지분 결정을 위한 협의가 진행되고 있었다. 준공절차가 지연되면 사업시행자측에서 지체보상금을 지급해야 했기 때문에 2013 회계연도 중 매각대금의 전입은 확정적이었다. 경상남도 보유지분의 매각대금은 2,400~3,200억원으로 추정되었다. 이에 따라 당시 경상남도와 사업시행자 사이에 이견이 없는 지분에 대한 감정평가 최소 추정액의 80%인 2,055억원을 2013년 잠정예산안에 계상했다. 그러나 도 의회에서 매각협상에 불리하게 작용할 수 있다는 의견이 제기되어 2013년 당초예산은 해당 금액을 긴급자금의 차입(1,718억원) 및 법정의무경비 삭감(337억원)으로 대체하고, 긴급 차입금 및 삭감된 예산은 회계연도 중에 전입이 예정된 매각대금으로 상환 및 보전하기로 하였다.

에서 징수하는 도세 등의 27%에서 47%로 상승한다. 이에 따라 통합창원시 중에서 종전 마산시와 진해시 지역, 그리고 김해시 전역에 상향된 기준이 적용되어 경상남도의 재정 수요가 급증하였다. <표 5-8>은 창원시의 통합과 김해시 인구 50만명 초과에 따라 경상남도가 부담해야 할 시·군조정교부금 추가 수요를 보여 준다. 첫해인 2010년에는 창원시 통합 및 김해시 인구 기준 초과 시점이 각각 회계연도 중이어서 추가 재정수요는 24,399백만원에 그친다. 그러나 2011 회계연도 이후에는 제도 적용의 효과가 완전히 발생하여 그 규모가 매년 100,000백만원 정도에 이른다.

김해시와 같이 인구 증가에 따라 시·군조정교부금 확보 기준이 변경되는 경우, 새로운 기준을 적용하는 시점에 관해서는 법령에 명시적인 규정이 없다. 이에 내해 행정안전부는 인구가 50만명에 도달한 시점(2010. 10)을 기준으로 삼아야 한다고 해석한 반면, 경상남도는 부단체장의 직급 조정에 관한 지방자치법 시행령의 규정을 준용하여 인구가 2년 연속 50만명을 초과한 다음 해의 7월 1일, 즉 2012년 7월

〈표 5-8〉 시·군조정교부금 추가 수요

(단위: 백만원)

구 분	2010년		2011년		2012년	
	도세징수금	조정교부금 추가 수요	도세징수금	조정교부금 추가 수요	도세징수금	조정교부금 추가 수요
계	854,494	33,471	953,879	108,504	861,466	98,695
통합창원시	582,343	24,399	660,561	49,840	590,922	44,586
창원시	338,351	-	411,359	-	367,992	-
마산시	189,875	18,988	181,974	36,395	162,790	32,558
진해시	54,117	5,412	67,228	13,446	60,140	12,028
김해시	272,151	9,072	293,318	58,664	270,544	54,109

주: 1) 시·군조정교부금 유보 기준인 도세징수금은 2010년 및 2011년은 결산 기준, 2012년은 당초예산 기준이다.

2) 추가 재정수요 확보를 위한 변경 기준 적용 시점은 통합창원시 지역은 출범일인 2010년 7월 1일, 김해시 지역은 인구가 50만명을 넘어선 2010년 10월 31을 기준으로 하였다.

3) 종전 창원시 지역은 인구가 이미 50만명을 넘었기 때문에 추가 재정수요가 없다.

4) 2012년 창원, 마산, 진해 지역의 세입 징수비율은 2011년 결산액을 기준으로 창원 62.3%, 마산 27.5%, 진해 10.2% 비율로 배분하였다.

자료: 경상남도 내부 자료.

1일을 적용시점으로 결정했다.[13] <표 5-7>의 법정의무경비 미지급금 이월 현황 등 이 책에서 사용되는 통계는 모두 행정안전부의 해석기준을 따른 것으로서 경상남도의 해석기준을 적용할 때보다 연도별로 2010년 9,072백만원, 2011년 58,664백만원, 그리고 2012년은 27,055백만원이 각각 추가된다.

(3) 2013 회계연도 채무상환금 보정

세입 측면의 시계열 자료에서 보았듯이 2013 회계연도의 경상남도 결산서에는 김해관광유통단지 부지 매각대금 286,318백만원이 포함되어 있으며, 그 결과 채무상환금이 358,537백만원으로 급증했다. 이 매각대금은 경상남도의 고정자산이 일정 시점에 유동자산으로 형태가 변경되어 일반회계로 전입된 것이다. 따라서 경상적인 자금 흐름 추세가 왜곡되지 않도록 매각대금 전액을 일반회계의 세입 및 세출, 구체적으로는 세외수입과 채무상환금 항목에서 함께 제외한다.

지금까지 경상남도의 연도별 세입·세출 결산자료와 내부 자료를 토대로 일반재원 세출 추세를 도출하고 세출 결산자료의 보정 항목의 처리, 시·군조정교부금 등 법정의무경비 보정, 그리고 2013 회계연도의 일회성 세외수입과 채무상환금의 보정에 대해 살펴보았다. <표 5-9>는 위 세 가지 요소를 고려하여 보정을 마친 일반재원 세출 추세를 분석요소별로 구분하여 보여 준다.

---

13 경상남도는 당시 행정안전부의 질의회신에 따라 김해시의 인구규모가 50만명을 초과한 2010년 10월 말을 변경 시점으로 삼아 시·군조정교부금 미지급금을 산정하여 내부적으로 관리해 왔다. 그러나 2012년 7월 도지사권한대행 체제가 시작된 이후, 위중한 재정상황에 대한 대응으로, 변경 기준의 적용 시점을 부단체장 직급 조정에 관한 규정을 준용하여 인구가 2년간 연속하여 50만명을 초과한 다음 해의 7월 1일, 즉 2012년 7월 1일로 변경하여 미지급금 관리 규모를 축소 조정했다. 조정의 논거는 제도적 요인으로 발생한 막대한 재정수요 증가의 충격을 흡수할 만한 완충 장치가 거의 없는 데다, 시·군조정교부금 미지급에 따른 경상남도의 세출 감소 및 관내 시·군의 세입 감소액의 70% 정도는 지방교부세 결정액(기준재정부족액의 80%× 보전비율 90%)에 반영되어 결국 2년 정도의 시차를 두고 상계 또는 보전될 것으로 보았기 때문이다. 그러나 지방교부세액 결정은 블랙박스에 비유될 정도로 복잡하고 투명성이 떨어지기 때문에 시·군조정교부금 미지급금 관리 규모를 조정하는 타당한 근거가 될 수 있을 것인지에 대한 의문이 제기될 수 있다.

〈표 5-9〉 일반재원 세출 추세: 보정 후 (단위: 백만원)

회계 연도	세출 총액	인력 운영비	법정의무경비				필수 경상비	중앙지원사업 도비부담				자체 사업
			소계	시·군 조정 교부금	채무 상환	기타법정 의무경비		소계	국비 보조사업	광특 사업	분권기금 특교사업	
2004년	1,243,817	173,300	335,800	N/A	N/A	N/A	168,600	278,400	N/A	N/A	N/A	287,717
2005년	1,468,072	182,700	391,889	N/A	N/A	N/A	174,800	302,200	N/A	N/A	N/A	416,483
2006년	1,486,969	207,000	445,096	N/A	N/A	N/A	189,800	392,800	N/A	N/A	N/A	252,273
2007년	1,855,491	215,400	491,924	N/A	N/A	N/A	207,300	432,300	N/A	N/A	N/A	508,567
2008년	2,034,808	177,259	535,169	386,835	26,030	122,304	248,939	482,257	243,410	130,748	108,099	591,184
2009년	2,194,428	184,759	516,068	349,121	44,082	122,865	239,780	587,635	274,863	192,238	120,534	666,186
2010년	2,196,824	232,780	707,622	498,902	57,883	150,837	269,347	550,689	316,369	123,246	111,074	436,386
2011년	2,452,989	257,835	842,372	626,458	68,626	147,288	297,481	612,581	345,805	133,751	133,024	442,720
2012년	2,414,372	238,866	820,411	593,383	98,734	128,294	319,756	581,192	285,792	96,379	199,021	454,147
2013년	2,455,296	292,833	921,531	637,360	72,219	211,952	321,299	580,200	293,949	106,558	179,693	339,433

자료: 연도별 경상남도 세출 결산자료 및 내부 자료.

Ⅲ. 재정수지 추세

1. 재정수지 추세 도출

일반재원 재정수지는 일반재원 세입과 세출의 차액이다. 앞에서 연도별 세입 및 세출 추세를 도출하고 통계치를 보정했으므로 재정수지 추세는 별도의 보정 과정을 생략하고 이들 통계치를 이용하여 도출한다. <표 5-10>은 2004년부터 2013년까지 경상남도의 일반재원 재정수지 추세를 보여 준다. 여기서는 통상적인 표기와 달리 재정수지 적자를 양수(+)로, 그리고 재정수지 흑자를 음수(−)로 표시했다. 그것은 분석 대상 기간 중 2006년을 제외하고는 경상남도가 재정수지 적자를 기록했기 때문에 적자의 규모에 중점을 두고 재무상태를 분석하기 위해서이다. 재정수지 적자(B−A) 항목은 연도별로 보정된 일반재원 세출이 세입을 얼마나 초과했는지를 나타낸다.

재정수지 적자 규모는 2008년 크게 확대되기 시작하여 2009년에는 534,428백만원으로 최고치를 기록했으며, 분석 대상 기간 종료 시점까지 큰 폭으로 유지되었다. 그 결과 연구 대상 기간(2004~2013년) 10년 동안 세입과 세출의 차액인 재정수

〈표 5-10〉 재정수지 적자 추세 및 처리방법 (단위: 백만원)

회계연도	재정적자(B-A)	재정수지 적자 발생		재정수지 적자 처리				
		세 입(A)	세 출(B)	차 입	이월차액	특정재원 전용	법정경비 이월	편 차
2004년	121,517	1,122,300	1,243,817	133,600	-12,083	N/A	N/A	0
2005년	94,672	1,373,400	1,468,072	46,300	39,783	N/A	8,589	0
2006년	-45,331	1,532,300	1,486,969	57,917	-140,027	N/A	36,796	-17
2007년	127,991	1,727,500	1,855,491	39,700	86,367	N/A	1,924	0
2008년	256,608	1,778,200	2,034,808	93,850	102,870	49,998	7,187	2,703
2009년	534,428	1,660,000	2,194,428	242,300	141,334	135,400	21,110	-5,716
2010년	252,423	1,944,400	2,196,823	133,000	30,602	30,882	61,463	-3,524
2011년	202,689	2,250,300	2,452,989	121,000	-6,869	-11,089	102,689	-3,042
2012년	424,672	1,989,700	2,414,372	292,800	-24,965	70,966	85,443	428
2013년	301,198	2,154,098	2,455,296	333,812	-88,059	21,737	33,708	0
합계	2,270,867	17,532,198	19,803,065	1,494,279	128,953	297,894	358,909	-9,168

주: '이월차액' 항목은 사업비 및 순세계잉여금 이월차액을 합산한 금액임.
자료: 연도별 세입결산서([부록 1]), 앞의 <표 5-6> 보정 항목의 구성, <표 5-7> 법정의무경비 미지급금 이월 현황 종합.

지 적자 누적금액이 총 2,270,867백만원에 이르게 되었다.

2. 재정수지 적자의 처리

<표 5-10> 오른편의 재정수지 적자 처리 항목은 재정적자를 차입, 세계잉여금 및 사업비 이월차액, 용도가 지정된 특정재원의 일반재원 전용, 그리고 시·군조정교부금 등 법정의무경비 미지급금의 네 가지 방법을 통해 처리했음을 보여 준다. 이월차액 및 특정재원 전용 항목은 세입부족분의 충당 또는 처리라는 관점에서 앞의 <표 5-6> 보정 항목의 음양 부호를 반대로 표시했다. 편차 항목은 계산과정에서의 일부 오차와 반올림 오차가 합쳐진 것이다. 특정재원의 일반재원 전용은 2008년 사업예산제도가 시행된 이후부터 세입 및 세출 결산서를 통해 확인할 수 있으며, 법정의무경비 미지급금은 2005년 이후 경상남도의 내부 통계자료로 관리되고 있다.

재정적자의 처리 중에서 차입과 이월차액은 정상적인 처리방법이다. 먼저 차입은 2011년까지 지역개발기금과 정부자금에서 통상적인 방법으로 조달했다. 그러나 2012년에는 통합기금에서 전입하고, 2013년에는 통합기금 전입과 금융기관채 및 채무부담행위 등을 함께 동원하여 긴급하게 재원을 조달했다. 순세계잉여금 및 사업비 이월차액은 불가피하게 발생할 수밖에 없지만, 예측의 정확성과 집행의 효율성을 높여 나갈 필요가 있다.

한편 특정재원의 전용이나 시·군조정교부금 등 법정의무경비의 이월은 정상적으로는 허용되지 않는 변칙적 회계처리 방법이다. 특정재원 전용은 용도가 지정된 특정재원을 일반재원 사업에 사용한 것으로서 일반재원 세입부족 또는 지방사업의 수요 증가에 대응하여 편법으로 예산을 집행했을 가능성이 있다. 시·군조정교부금 등 법정의무경비의 미지급 이월은 법정교부금액의 일부를 예산편성에서 누락시켜 당년도 지출의무를 다음 회계연도로 이월하는 것으로서, 그 결과 지출의무 이행이 연기되고 은닉채무가 누적되어 돌발적으로 재정위기가 찾아올 수 있다.

편법적 회계처리 관행인 특정재원 전용과 법정의무경비 미지급 이월에 대해서는 전항 '세출 추세'의 '세출 추세 보정' 부분을 참고할 수 있다.

2004~2013년까지 10년간 경상남도의 누적 재정수지 적자는 총 2,270,867백만원이다. 그중에서 71.48%인 1,623,232백만원은 정상적인 방법인 차입 및 이월차액으로 충당했다. 나머지 30% 정도는 편법이라고 할 수 있는 특정재원 전용 297,894백만원(13.12%)과 법정경비 이월 358,909백만원(15.80%)으로 처리했다.

Ⅳ. 채무 추세

1. 채무 추세 도출

경상남도의 채무 통계는 민선단체장 체제가 시작된 1995년부터 관리되고 있다. 따라서 2004년 이후를 분석대상 기간으로 하는 세입, 세출 및 재정수지와 달리 채무 추세의 분석은 출발점을 1995년으로 올려 잡는다. <표 5-11>은 1995년 이래 경상남도의 채무잔액을 차입선별로 구분하여 보여 준다.

먼저 단체장 직선이 시작된 1995년은 외화자금(차관)이 경상남도의 유일한 채무였다. 이것은 관선 시대에 차입한 공공차관으로서 2000년까지 완전히 상환되었다. 1996년과 1997년 통계에는 금융기관(은행) 차입이 일부 포함되어 있는데, 그것은 지방자치단체가 현금이나 유가증권 출납 등의 업무를 맡기기 위해 지방금고로 지정한 은행 등에서 차입한 것이다. 이러한 일부 예외를 제외하면 경상남도의 채무는 다른 지방자치단체와 마찬가지로 정부자금과 지역개발기금에서 차입했다. 그러나 분석 대상 기간 후반기는 양상이 달라져 2012년 통합관리기금을 일반회계로 처음 전입했고, 2013년에는 통합관리기금의 추가 전입과 금융기관으로부터의 차입

〈표 5-11〉 채무잔액 추세: 보정 전

(단위: 백만원)

회계 연도	채무잔액	정부자금	금융(은행) 자금	외화자금 (차관)	지역개발 기금	채무부담 행위	통합관리 기금전입
1995년	22,163	-	-	22,163	-	-	-
1996년	16,722	-	4,642	12,080	-	-	-
1997년	27,912	20,000	2,321	5,591	-	-	-
1998년	41,933	27,000	-	2,053	12,880	-	-
1999년	64,960	50,500	-	915	13,545	-	-
2000년	64,746	50,500	-	701	13,545	-	-
2001년	60,245	50,740	-	-	9,505	-	-
2002년	60,064	50,640	-	-	9,424	-	-
2003년	115,826	106,616	-	-	9,210	-	-
2004년	246,048	212,092	-	-	33,956	-	-
2005년	280,373	207,018	-	-	73,355	-	-
2006년	336,315	264,861	-	-	71,454	-	-
2007년	369,121	259,787	-	-	109,334	-	-
2008년	451,130	254,713	-	-	196,417	-	-
2009년	667,969	279,439	-	-	388,530	-	-
2010년	765,935	274,605	-	-	491,330	-	-
2011년	843,961	252,911	-	-	591,050	-	-
2012년	1,068,825	253,025	-	-	695,800	-	120,000
2013년	1,135,631	73,350	102,793	-	730,488	34,000	195,000

자료: 경상남도 내부 자료, 차입선별 채무잔액 통계(1995~2013년).

및 채무부담행위를 함께 사용했다. 재정수지 적자 확대 등 재정상황이 급격하게 나빠져 긴급하게 재원을 조달해야 했기 때문이다. 회계별로 보면 경상남도의 채무잔액은 거의 전액 일반회계 채무이며 기금회계 채무가 무시해도 좋을 정도로 소액 포함되어 있다. 기타특별회계와 공기업특별회계 채무는 전혀 없다. 2013년의 채무부담행위 34,000백만원은 방식이 특별할 뿐 일반회계 세출예산에 계상된 일반회계 채무이다.

그런데 이러한 경상남도의 채무 통계는 2010년 행정안전부가 채무잔액 산정방식을 변경하기 이전의 기준에 따른 것으로서, 새로운 기준을 적용하면 2010년 전후로 채무 추세가 단절되는 문제가 발생한다. 따라서 여기서는 경상남도가 종전의 기준에 따라 관리하는 채무잔액 통계를 기초로 채무 추세를 도출한다.

이 책에서 분석의 기초로 사용하는 경상남도의 채무 통계 관리방식과 행정안전부가 2010년부터 변경한 채무잔액 산정 방법 사이에는 다음과 같은 차이가 있다.

첫째, 변경된 기준은 회계의 범위에 기금회계를 추가하고, 채무의 범위에 채무부담행위를 포함했다. 그러나 이 기준의 변경은 채무잔액 통계에 거의 영향을 미치지 않는다. 연구 대상 기간 중, 도 본청의 기금회계 차입은 무시해도 무방할 정도로 소액이며, 채무부담행위는 일반회계에서만 예외적으로 사용하기 때문이다.

둘째, 지역개발공채를 발행하여 조성하는 지역개발기금 채무를 종전에는 도 본청에 융자한 금액에 한정했으나 2010년부터는 공채 발행 잔액 전체로 확대했다. 이에 따라 시·군에 대한 융자금과 기금잔액이 도 본청의 채무에 추가되었다. 이와 함께 지역개발기금 채무의 소관을 일반회계에서 공기업특별회계로 변경했다. 그 결과 채무 추세 분석에 두 가지 문제가 발생했다. 하나는 지방자치단체 채무잔액 추세가 단절되어 연구대상 기간 전체에 걸쳐 연속적이고 일관된 분석이 어려워졌다. 다른 하나는 새 기준을 적용하는 경우, 도 본청의 실질적인 채무 및 재무상태를 파악하기가 어려운 점이다(이 문제에 대해서는 이 장의 제2절 I. 2. (2)에서 추가로 논의한다). 가령 시·군에 융자한 지역개발기금을 회수하여 같은 금액을 도 본청에 추가로 융자하는 경우, 도 본청의 채무가 실질적으로 증가하지만, 채무 통계상으로 변화가 없다. 지역개발공채의 발행 주체가 도 본청이기 때문에 공채발행 잔액 전체를 도의 채무로 보는 것은 형식논리로는 틀리지 않는다. 그러나 지역개발기금의 시·군 융자금과 기금잔액은 도 본청의 안전자산으로 볼 수 있으므로 종전의 기준대로 이 부분은 채무에서 제외하고, 도 본청에 대한 융자, 즉 순채무만 관리하는 방식이 오히려 도의 재무상태를 더욱 정확하게 반영한다. 따라서 경상남도가 종전 기준을 적용하여 관리하는 채무잔액 통계를 기초로 채무 추세를 분석한다.

셋째, 경상남도는 2012년 및 2013년에 있었던 통합관리기금의 일반회계 전입을 일반회계 채무잔액에 포함하지만, 행정안전부 기준으로는 회계 간의 자금 이전일 뿐 채무가 아니다. 일반회계의 통합관리기금 차입은 지방자치단체 전체로 보면 채무의 증가가 아니므로 채무잔액에 포함하지 않아야 한다는 의견도 일리가 있다. 그러나 통합관리기금은 결국은 지정된 용도에 사용해야 하는 지출의무가 따르므로 채무잔액에 포함하는 것이 더 합리적으로 보인다. 그렇지 않으면 회계 간 전출입이 방만해지고, 무리하게 기금을 폐지 또는 축소하여 일반회계에 충당하거나 채무상환 자금으로 유용하여 외견상 재무상태가 개선된 듯이 보일 수 있기 때문이다.

마지막으로 경상남도 본청의 채무는 거의 모두가 일반회계 채무이다. 따라서 경상남도의 사례를 분석하는 데 있어서 일반회계와 전체 회계의 채무잔액을 구별하지 않는다. 타 도에서도 2010년 채무산정 기준 변경 전까지 비슷한 경향을 보였다. 상하수도 등 다양한 공기업특별회계를 운영하는 시·군·구는 이 점에서 차이가 있다.

2. 채무 추세의 보정

앞에서 살펴본 경상남도의 채무잔액은 공식적인 채무로서 정상적인 회계처리 절차를 거쳐 차입한 것이다. 그런데 경상남도는 앞의 <표 5-7>에서 보는 바와 같이 2005년 이후 법정의무경비의 일부를 예산에 계상하지 않고, 다음 회계연도로 이월하여 미지급금이 누적되었다. 이것은 사실상 은닉된 채무에 해당하므로 해당 금액을 채무잔액에 포함하여 추세자료를 보정한다. 연도별로 예산에 계상하지 않은 법정의무경비 미지급금은 세출 및 재정수지 적자 추세를 보정할 때 이미 반영하였다.

<표 5-12>는 법정의무경비 누적 미지급금을 반영하여 채무잔액 추세를 보정한 것이다. 마지막 열의 추가보정 금액은 김해시 인구 규모 50만명 초과에 따른 시·군조정교부금 유보 기준의 변경 시점을 당시 행정안전부의 해석에 따라 인구 기준 초과 시점인 2010년 10월 말로 환원했을 때 추가되는 누적 미지급금을 보여 준다.

〈표 5-12〉 보정채무 추세

(단위: 백만원)

회계연도	채무잔액 계	공식채무	보정금액	추가보정금액
1995년	22,163	22,163		
1996년	16,722	16,722		
1997년	27,912	27,912		
1998년	41,933	41,933		
1999년	64,960	64,960		
2000년	64,746	64,746		
2001년	60,245	60,245		
2002년	60,064	60,064		
2003년	115,826	115,826		
2004년	246,048	246,048		
2005년	288,962	280,373	8,589	
2006년	381,700	336,315	45,385	
2007년	416,430	369,121	47,309	
2008년	505,626	451,130	54,496	
2009년	743,575	667,969	75,606	
2010년	903,004	765,935	127,997	9,072
2011년	1,083,719	843,961	172,022	67,736
2012년	1,394,026	1,068,825	230,410	94,791
2013년	1,494,540	1,135,631	264,118	94,791

제 2 절 재정위기의 확인

Ⅰ. 한국 사전경보시스템의 적용

1. 지방재정위기 사전경보시스템

지방재정위기 사전경보시스템은 지방자치단체의 주요 재정지표를 모니터링하여 재정위기의 징후를 포착하고, 예상되는 재정위기에 사전적으로 대응하기 위해 구축되었다. 2007년 시작된 세계경제위기의 여파로 지방세수가 감소하고 지방채무가 급증한 데다, 2010년 7월 12일 우리나라 지방자치 역사상 처음으로 성남시가 지불유예를 선언함으로써 지방재정위기에 대한 우려가 고조된 것이 이 제도를 도입하게 된 직접적인 배경이 되었다.

이에 따라 2010년 7월 20일 당시 행정안전부가 이 제도의 도입 계획을 국무회의에 보고했고, 이듬해 3월에는 국회의원 발의로 지방재정법이 개정되어 재정위기단체의 지정 및 해제 등에 관한 규정이 신설되었다(동법 제55조의2~제55조의5 및 제56조). 이어서 9월에는 지방재정법 시행령에 재정위기단체의 지정 기준 및 절차(제65조의2) 등을 신설하고 10월에는 시행령의 규정을 보다 구체화한 「지방재정위기사전경보시스템운영규정」(이하 '운영규정')을 발령했다.

운영규정은 지방재정위기단체의 지정과 그 사전 단계로서 주의등급단체를 지정하여 재정건전화를 추진할 수 있도록 규정하고 있다. 주의등급단체는 모니터링 및 심층진단 결과 재정위기단체에 준하는 위기관리조치를 취할 필요가 있다고 인정되는 지방자치단체를 말한다(운영규정 제2조). 재정위험 수준에 대한 모니터링은 재정수지, 채무관리, 세입관리, 자금관리 및 공기업의 5개 관점에서 7개 지표를 설정하여 분기별로 실시한다(운영규정 제3조). 지방자치단체의 장은 재정위기 판단지표를 산정하기 위한 자료를 운영규정 제4조에서 정하는 주기 및 기한에 따라 지방재정관리시스템 'e호조'에 입력해야 한다.

<표 5-13>은 운영규정 제3조에 규정된 재정위기 판단지표 및 판단기준이다. 공기업 부채비율 지표는 지방공기업법에 의거 설립된 지방공사에만 적용하며, 지

〈표 5-13〉 재정위기 판단지표 및 판단기준

지방재정법 시행령	재정위기 판단지표	'주의' 기준	'심각' 기준
제65조의2 제1항 제1호	통합재정수지 적자비율	25% 초과	30% 초과
제65조의2 제1항 제2호	예산대비 채무비율	25% 초과	40% 초과
제65조의2 제1항 제3호	채무상환비 비율	12% 초과	17% 초과
제65조의2 제1항 제4호	지방세 징수액 현황	-	음의 값
제65조의2 제1항 제5호	금고잔액 현황	20% 미만	10% 미만
제65조의2 제1항 제6호	공기업 부채비율	400% 초과	600% 초과

주: 지방세징수액 현황은 과오납 환급금을 제외한 실제 누적징수액을 말한다.

방자치단체가 출자·출연한 모든 지방공사의 부채비율과 주택 및 토지개발사업을 위해 시·도가 설립한 개별 공기업 부채비율의 2개 지표를 사용한다. 경상남도의 경우에는 주택 및 토지개발사업을 위해 설립된 경남개발공사가 유일한 지방공사이기 때문에 1개 지표만을 사용할 수 있다. 판단기준 중 '주의' 기준은 주의등급단체 지정기준이며, '심각' 기준은 지방재정법 시행령 제65조의2 제1항의 규정을 준용한 것으로서 재정위기단체 지정기준으로 사용된다.

행정안전부의 지방재정위기 사전경보시스템 기본계획(2011. 10)에 의하면 각 지표의 세부 산식은 다음과 같다.

① 통합재정수지: 한 회계연도의 세입과 세출을 비교

$$\text{통합재정수지 적자비율} = \frac{[\text{세입}-(\text{지출 및 순융자})]}{\text{통합재정규모}} \times 100$$

* 세입 = 경상수입 + 이전수입 + 자본수입
* 지출 = 경상지출 + 자본지출
* 순융자 = 융자지출(자치단체융자금 상환, 민간융자금 지출) − 융자회수(지자체, 민간)
* 통합재정규모 = 지출 + 순융자

② 채무비율: 총예산 대비 지방채무잔액 규모를 비교

$$\text{예산 대비 채무비율} = \frac{\text{지방채무잔액}}{\text{총예산}} \times 100$$

* 총예산: 매 분기말 지방자치단체 최종예산
* 회계범위: 일반회계 + 공기업특별회계 + 기타특별회계 + 기금
* 지방채무잔액: 지방채, 기금채, 지역개발채권잔액, 채무부담행위, 보증채무이행책임액

③ 채무상환비 비율: 일반재원결산액 대비 과거 및 미래 4년간 채무상환 비교

$$\text{채무상환비 비율} = \frac{\text{과거 4년·미래 4년 순지방비로 상환한(할) 평균채무액}}{\text{과거 4년·미래 4년 일반재원의 평균 수입액}} \times 100$$

* 연도구분: 한도액 산정 작업을 하는 해는 미래연도
* 일반재원: 지방세(지방교육세 제외), 세외수입, 지방교부세, 조정교부금, 재정보전금
  − 공기업특별회계는 일반회계와 통합결산시 적용되는 세입과목
* 평균 채무상환액 및 평균 일반재원 수입액 계산식
  ① 평균 채무상환액: [과거 4년 채무상환액(결산) + 미래 4년 채무상환액] ÷ 8
    − 매년 6월 30일 현재 지방채무잔액을 기준으로 미래 4년 채무상환액 산정
    − 이자액은 과거 4년 평균 이자액을 미래 4년간 채무상환액에 합산
  ② 평균 일반재원 수입액: [과거 4년 일반재원 수입액 + 미래 4년 일반재원 수입액] ÷ 8
    − 미래 4년은 직전연도의 일반재원 규모에 과거 4년 일반재원 평균증가율을 적용
* 채무상환액 중 조기상환액 및 차환상환액은 포함되지 않도록 산정

④ 지방세입: 과오납 환급금을 차감한 분기별 지방세 누적징수액

- 사전경보시스템운영규정은 당초에 3년 평균(당년도 포함) 대비 당년도 분기말 지방세 징수액 비율을 판단지표로 정의하여 '주의' 기준 50% 미만, '심각' 기준 0% 미만을 제시했으나, 행정안전부는 이후 지방재정법 시행령의 규정에 충실하게 판단지표를 '징수액'으로 변경하여 운영하고 있다.

⑤ 자금관리: 3년 평균 대비 당해연도 분기말 금고잔액 현황

$$\text{금고 잔액 현황} = \frac{\text{당해연도 분기말 금고잔고}}{\text{최근 3년 동일 분기말 금고잔고 평균}} \times 100$$

* 금고잔액: 세입－지출액
* 회계범위: 일반회계＋공기업특별회계＋기타특별회계＋기금
* 당해 연도는 최근 3년에 포함

⑥ 공기업 부채: 지방공기업의 재정운영 안정성을 측정

$$\text{공기업 부채 비율} = \frac{\text{부채}}{\text{순자산}} \times 100$$

* 부채: 재무제표상의 총 부채액
* 순자산: 자산－부채
※ 지방공기업법에 의해 설립된 지방공사만 적용, 1개인 경우 1개 관점으로 적용

행정안전부장관은 위 산식에 의거 도출된 재정위기 판단지표가 <표 5-13>에서 제시된 '심각' 기준의 어느 하나에 해당하는 지방자치단체로서 재정위험의 수준이 심각하다고 판단되는 경우 해당 지방자치단체를 지방재정위기관리위원회의 심의를 거쳐 재정위기단체로 지정할 수 있다(지방재정법 제55조의2 제1항 및 제56조; 동법 시행령 제65조의2 제1항). 이와 함께 행정안전부장관은 '주의' 기준의 어느 하나에 해당하는 지방자치단체를 위기관리위원회 심의를 거쳐 주의등급단체로 지정할 수 있다(운영규정 제7조).

2. 경상남도 재정위기의 판단

(1) 사전경보시스템 모니터링에 의한 판단

<표 5-14>는 2012년 말 시점에서 재정위기 사전경보시스템을 통해 경상남도의 재무상태를 모니터링한 결과를 재정위기 판단지표별로 구분하여 보여 준다. 판단지표 6개 중에서 통합재정수지 적자비율, 예산 대비 채무비율, 공기업 부채비율 및 채무상환비 비율의 4개 지표는 행정안전부의 지방재정공개시스템 「지방재정

〈표 5-14〉 경상남도 재정위기 판단지표 모니터링 결과 (2012년 12월 말 기준)

재정위기 판단지표	'주의' 기준	'심각' 기준	모니터링 결과
통합재정수지 적자비율	25% 초과	30% 초과	6.23%
예산 대비 채무비율	25% 초과	40% 초과	19.65%
채무상환비 비율	12% 초과	17% 초과	5.57%
지방세 징수액 현황	-	음수	(179,100백만원)
금고잔액 현황	20% 미만	10% 미만	(71.7%)
공기업 부채비율	400% 초과	600% 초과	285%

365」에서 확인할 수 있다.[14] 지방세징수액 및 금고잔액 현황의 2개 지표는 행정안전부가 내부적으로만 관리하고 외부에 공개하지 않는다. 따라서 이들 지표 값은 담당 부서를 통해 확인한 것이다.

각 지표의 산출 내역을 보면 통합재정수지는 세입에서 통합재정규모(지출+순융자)를 공제한 금액을 통합재정규모로 나눈 비율로서 세입 5,702,507백만원(A), 지출 6,071,974백만원(B), 순융자 9,659백만원(C)을 대입하여 -6.23%를 도출했다. 통합재정수지 적자비율이 6.23%라는 의미이다. 예산 대비 채무비율은 채무잔액 1,401,100백만원을 최종예산액 7,134,600백만원으로 나누어 19.64%를 도출했다. 경남개발공사 부채비율은 부채 655,197백만원을 순자산, 즉 자산 885,107백만원에서 부채 655,197백만원을 공제한 229,874백만원으로 나누어서 285%를 도출했다. 채무상환비 비율은 'FY 2012 지방자치단체 재정분석 통계자료'의 지방재정분석지표 기초자료 부분에서 도출한 과거 4년+미래 4년 지방채무상환액 2,100,600백만원을 역시 과거 4년+미래 4년 일반재원 결산액 24,710,800백만원으로 나누어서 산정했음을 알 수 있다.

이처럼 한국 지방재정위기 사전경보시스템을 통한 모니터링 결과 2012년 12월 말 시점의 경상남도 재무상태는 모든 판단지표가 재정위기단체로 지정할 수 있는 '심각' 기준은 물론이고, 주의등급단체로 지정할 수 있는 '주의' 기준에도 훨씬 미달한다. 즉, 한국의 사전경보시스템상으로 판단할 때 경상남도의 재정상태는 지극히

14 통합재정수지 적자비율, 예산 대비 채무비율 및 공기업 부채비율은 「지방재정 365」 초기화면 검색창에 각각의 지표명을 입력하여 확인할 수 있으며, 채무상환비 비율은 검색창에 '재정분석'을 입력하여 나타난 화면에서 '재정분석결과'를 클릭하면 연도별 재정분석종합보고서 리스트가 나타나고 그중에서 「2012 회계연도 지방자치단체 재정분석통계자료」(2013. 12)를 선택하여 확인할 수 있다.

정상적이며, 이상 징후를 전혀 발견할 수 없었다.

(2) 보정된 재무상태 추세를 통한 판단

사전경보시스템은 각 지방자치단체가 지방재정관리시스템 'e호조'에 입력하는 공식적인 통계자료를 기반으로 재무상태를 판단한다. 따라서 비공식적 요소인 회계연도별 법정의무경비 미지급금 및 미지급 누적금액은 세출과 재정수지 적자 및 채무잔액 통계에 잡히지 않는다. 여기서는 이들 비공식적 요소를 포함한 실질적인 재무상태 추세를 바탕으로 재정위기 판단지표를 도출한다. 실질적인 재무상태 추세를 적용함으로써 달라지는 지표는 통합재정수지 적자비율, 예산 대비 채무비율 및 채무상환비 비율이므로 이들 세 개의 지표를 차례로 살펴본다.

1) 통합재정수지 적자비율

2012년 결산 기준 일반재원 세입은 1,989,700백만원이며, 보정 전·후의 규모가 같다(앞의 <표 5-1> 및 <표 5-4>). 일반재원 세출은 보정을 거치면 2,414,372백만원으로 131,914백만원 증가한다(앞의 <표 5-5> 및 <표 5-9>). 따라서 세출 보정액 131,914백만원을 지출부분에 반영하면 실질적인 통합재정수지 적자는 8.22로 확대된다[(5,702,507－(6,071,974＋9,659＋131,914))/(6,071,974＋9,659＋131,914)].

2) 예산대비 보정채무 비율

실질적인 예산대비 채무비율은 숨겨진 채무인 법정의무경비 미지급 누적금액을 공식채무에 합산한 보정채무를 기초로 도출한다. 채무산정 기준은 2010년 변경된 기준과 그 이전의 종전 기준, 그리고 양자를 혼합한 제3의 기준을 적용한다. 종전 기준에 의한 보정 채무는 제1절 채무 추세 분석을 통해 이미 도출했다.

2010년 변경된 기준에 의한 보정 채무는 경상남도 재무결산보고서의 공식 채무잔액에다 법정의무경비 미지급 누적금액을 합산하여 산출한다. 경상남도는 홈페이지를 통해 변경된 기준에 의한 공식 채무잔액 통계를 2008년부터 소급해서 제공한다.[15] <표 5-15>는 2008~2013년까지 2010년 변경된 기준에 의한 공식 채무잔액에 법정의무경비 미지급 누적금액을 합산한 보정 채무잔액을 보여 준다. 이것은 종전 기준에 의한 보정 채무잔액과 세 가지 점에서 다르다. 첫째, 일반회계뿐만 아니라 특별회계와 기금회계의 채무를 모두 채무잔액에 포함한다. 종전 기준은 일반

---

15 경상남도 홈페이지＞공개개방＞재정정보＞결산에서 각 연도 결산보고서 채무결산보고서 참조.

〈표 5-15〉 2010년 변경 기준에 의한 보정 채무잔액 (단위: 백만원)

회계 연도	공식 채무					보정 금액	보정 채무
	계	일반회계 등 차입	지역개발공채 발행잔액(지역개발기금)				
			도 본청 융자		시·군 융자 및 기금잔액		
			일반회계	기 금			
2008	1,152,242	267,438	196,417	76,600	611,788	54,496	1,206,738
2009	1,343,750	284,347	388,530	106,600	564,273	75,606	1,419,356
2010	1,484,902	274,605	491,330	96,600	622,367	137,069	1,621,971
2011	1,522,562	252,911	591,050	106,280	572,321	239,758	1,762,320
2012	1,401,126	253,024	695,800	49,000	403,301	325,201	1,726,327
2013	1,189,885	210,143	713,488	49,000	217,254	358,909	1,548,794

주: 지역개발기금의 시·군 융자 및 기금잔액 항목은 지역개발공채 발행잔액 총액에서 도 본청 일반회계 및 기금 융자금을 공제하여 도출. 지역개발공채 발행잔액 중에서 도 본청 융자는 일반회계 및 기금에 대한 융자밖에 없으므로 잔여 금액은 시·군 융자와 기금잔액을 합친 금액과 같다.
자료: 공식 채무는 연도별 경상남도 채무결산보고서에서 정리. 보정 금액은 <표 5-12>에서 추출.

회계에서 상환할 의무가 있는 채무만 채무잔액에 포함했다. 둘째, 지역개발채권 발행잔액 전액을 도 본청의 채무로 잡는다. 이에 따라 종전 기준인 일반회계에서 차입한 금액 이외에 시·군 및 도 본청 기타회계에서 차입한 금액과 기금잔액까지 도 본청의 채무에 추가된다. 채무상환 의무의 귀속 또한 일반회계에서 별도의 지방공기업 회계로 변경된다. 셋째, 통합관리기금에서 일반회계가 차입한 자금은 내부거래로 보아 채무잔액 통계에서 제외한다.

문제는 이렇게 변경된 기준에 의해 산정된 채무잔액이 재정위기를 판단하는 적정한 기준이 될 수 있는가 하는 점이다. 경상남도의 사례를 보면 2010년 이후 도 본청에서 상환해야 하는 채무잔액이 급속히 증가하고, 2012년 및 2013년에는 긴급하게 통합관리기금을 일반회계에 전입하여 경상재원을 조달했는데도 변경기준에 의한 채무잔액은 대폭 줄어들어 오히려 재무상태가 개선된 것처럼 보인다.

이것은 지역개발공채 발행잔액을 모두 도 본청의 채무로 잡기 때문에 나타난 일종의 착시현상이다. 당시 경상남도 사정을 보면 리스차 등록이 급격히 감소하여 리스차등록세와 여기에 강제 소화되는 지역개발공채 발행액이 동반 급감한 데다 통합창원시에 지역개발공채를 발행할 수 있는 독자적인 권한을 부여함으로써 경상남도의 발행액이 크게 줄어들었다. 그 결과 도 본청 일반회계에서 상환해야 할 채무가 증가하고, 지역개발기금을 통한 재원조달 능력은 크게 떨어지는 재정운영의 이중고 속에서 채무지표는 오히려 개선되는 역설적인 현상이 나타났다.

이처럼 지역개발기금 시·군 융자금과 기금잔액을 포함한 지역개발공채 발행잔액 전체를 도 본청 채무로 보는 변경된 채무산정 기준은 도 본청의 재무상태에 대한 오해를 유발한다. 도 본청의 안전자산 격인 지역개발기금 시·군 융자를 회수하고, 그것을 도 본청 일반회계에 융자하여 채무상환에 사용해도 도 본청의 채무비율 지표가 개선되기 때문이다.[16] 지역개발기금의 융자 대상을 시·군에서 도 본청으로 돌리는 간단한 방법으로, 도 본청의 채무지표가 개선될 수 있는 것이다. 이것은 도가 지역개발기금을 도 본청에 편중 배분함으로써 외부에 재무상태가 개선된 것처럼 보이게 하는 일종의 눈속임(gimmick) 행위를 조장한다.

따라서 저자는 하나의 대안으로서 종전의 기준대로 도 본청의 안전자산 격인 지역개발기금 시·군 융자와 기금잔액을 도 본청 채무에서 제외하고, 회계의 범위는 변경된 기준에 따라 일반회계에서 기타특별회계 및 기금회계의 채무까지 확대하는 제3의 기준을 제안한다. 제3의 기준을 적용하면 지역개발기금의 시·군 융자금과 기금잔액이 도 본청 채무에 포함되어 나타나는 착시현상이나 회계상 눈속임에 대한 유인을 방지할 수 있다. 이와 함께 도 본청의 기금 또는 기타특별회계에 대한 지역개발기금 융자금의 경우 도 본청 일반회계에서 상환자금을 조성해야 하는 점에서 일반회계에 대한 융자와 차이가 없는데도 채무산정에서 제외하는 문제점을 해소할 수 있다. 이 기준에 의한 채무잔액은 종전 기준의 보정 채무에다 앞의 <표 5-15>에 표시된 도 본청 기금에 대한 지역개발기금 융자를 합산하여 도출한다. 도 본청 기타특별회계에 대한 지역개발기금 융자는 없다. 통합관리기금 전입금은 종전 방식대로 채무에 포함한다.

<표 5-16>은 위 세 가지 기준으로 산정한 채무잔액을 토대로 최종예산 대비 채무비율을 도출한 것이다. 2012년말 시점의 채무비율을 보면, 타당성의 문제는 있지만 변경 기준을 적용하면 24.20%로서 '주의' 기준에 근접한다. 종전 기준과 대안으로 제시된 제3의 기준을 적용하면 채무비율이 각각 20% 내외이다. 따라서 어떤 기준을 적용하든 재정위기 수준과는 격차가 크다.

---

16 채무와는 직접적인 관련이 없으나 운용 중인 기금을 폐지 또는 감액하여 채무를 상환해도 재무상태가 개선되는 것으로 나타나므로 기금을 무리하게 통폐합 또는 감액하는 유인이 될 수 있다.

〈표 5-16〉 채무산정 기준별 최종예산 대비 보정 채무 비율 (단위: 백만원)

회계 연도	최종예산	종전 기준 (일반회계 채무)		변경 기준		대안 (종전+기금회계 채무)	
		보정채무	채무비율	보정채무	채무비율	보정채무	채무비율
2008	5,943,843	505,626	8.51%	1,206,738	20.30%	594,951	10.01%
2009	6,257,699	743,575	11.88%	1,419,356	22.68%	855,083	13.66%
2010	6,549,900	903,004	13.79%	1,621,971	24.76%	999,604	15.26%
2011	6,957,722	1,083,719	15.58%	1,762,320	25.33%	1,189,999	17.10%
2012	7,134,600	1,394,026	19.54%	1,726,327	24.20%	1,443,025	20.23%
2013	7,696,900	1,494,540	19.42%	1,548,794	20.12%	1,526,540	19.83%

주: 최종예산은 「지방재정 365」가 2009년부터 제공하는 최종예산(일반회계+특별회계+기금) 대비 채무비율 산식에서 추출. 2008년 최종예산은 「FY 2008 지방자치단체 재정분석 통계자료」(2009. 12)에서 추출.

3) 채무상환비 비율

채무상환비 비율은 과거와 미래 각 4년씩 총 8년간의 일반재원 평균수입액에서 같은 기간에 순지방비로 상환한 또는 상환할 평균채무액이 차지하는 비율을 말한다. <표 5-17>은 채무상환비 비율을 산정하기 위해 관련 통계치를 정리한 것이다. 2012년 및 그 이전 4년, 즉 2008년부터 2011년까지의 일반재원 규모 및 채무상환액은 제5장 제1절에서 도출한 세출 추세를 사용한다. 그러나 2012년 이후 상환 예정 채무원리금에는 다음 두 가지 요소를 추가로 고려한다.

먼저 통합관리기금으로부터 전입금과 채무부담행위를 통해 긴급하게 조달한 자금, 그리고 시·군조정교부금 미지급금을 모두 당해 회계연도 중에 상환해야 하는 단기상환금으로 본다. 앞의 두 항목은 회계 원칙상, 그리고 마지막 항목은 편법적인 회계처리를 통해 은닉된 채무라는 점을 고려했다. 통합관리기금 전입금은 2013년까지 총 195,000백만원이 누적되었으며 시·군조정교부금 누적 미지급금은 2012년 결산 기준으로 325,410백만원에 달한다. 양자를 합친 단기상환금은 520,410백만원이다. 다음은 경상남도가 2013년부터 채무감축 정책을 통해 채무 일부를 조기에 상환했는데, 이러한 채무상환금 추가 지출은 고려하지 않는다. 2012년말 시점에서 경상남도의 재정위기를 판단하려는 목적에 맞지 않기 때문이다. 따라서 향후

〈표 5-17〉 채무원리금 상환비율의 도출 (단위: 백만원)

회계 연도	일반재원 세입	기채잔액 (단기채 제외)	채무원리금 상환			
			계	과거 상환액	향후 상환 예정	
					기채원리금	단기 상환금
2008	1,778,200	451,130		26,030		
2009	1,660,000	667,969		44,082		
2010	1,944,400	765,935		57,883		
2011	2,250,300	843,961		68,626		
2012	1,989,700	948,825		98,734		
2013	2,154,098				137,300	
2014	2,238,321				153,400	520,410
2015	2,325,838				173,000	
2008~15	16,340,857		1,279,466	295,355	463,700	520,410
2012~15	8,707,957		1,082,844	98,734	463,700	520,410

주 1) 2014년 이후 일반재원 세입은 2008~2013년 평균증가율(3.91%) 적용하여 추정.
2) 기채잔액은 정부기금 및 지역개발기금 차입금으로 구성되며, 단기 상환자금은 제외.
3) 과거 상환액(2008~2012년)은 실제 상환액이며, 향후 상환 예정(2013~2016년) 중 기채 원리금 상환 계획은 경상남도 내부 자료에 의함(「재정운용 문제점 및 대책 보고」, 2012. 6. 18; 「도 재정운용 상황 및 대응방향」, 2012. 12. 20).
4) 단기상환금은 통합관리기금 전입금과 시·군조정교부금 누적 미지급금을 합산.

상환해야 할 채무원리금은 경상남도가 2012년 하반기에 조기상환을 고려하지 않은 상황에서 자체적으로 추계한 금액을 사용한다.[17] 결과적으로 <표 5-17>을 통해 산정된 채무상환비 비율은 7.83%로서 '주의' 기준인 12%보다 훨씬 낮아 경상남도의 재무상태가 정상임을 나타낸다.

여기서 과거와 미래의 가중치를 구분하지 않고 8년이라는 장기간 평균치로 산정되는 채무상환비 비율이 적정한 재정위기 판단지표가 될 수 있을지에 관한 의문이 제기된다. 갑자기 닥칠 수 있는 재정위기 상황을 포착하는 기준으로서 장래 상환할 채무가 훨씬 중요한 것으로 판단되기 때문이다. 이러한 관점에서 채무상환비 비율 산정기간 및 판단 수준을 재검토할 필요가 있을 것으로 보인다. 하나의 시안

---

17 관련 통계치는 2012년 7월 도지사권한대행 체제 출범 직후 도지사권한대행에 대한 보고와, 그해 12월 20일 도지사 보궐선거 직후 신임 도지사에 대한 보고 등 경상남도의 내부 자료에 포함되어 있다.

으로 채무상환비 비율 산정기간에서 과거 4년을 제외하고, 기준연도인 2012년을 시점으로 2015년까지 미래 4년만 고려하는 것으로 변경하면 그 비율이 12.44%로 높아져서 '주의' 기준을 충족하게 된다.

3. 판단 결과

한국 지방재정위기 사전경보시스템을 통해 2012년 말 시점의 경상남도 재무상태를 모니터링한 결과 이상 징후가 전혀 나타나지 않았다. 공식적인 통계자료에 잡히지 않는 세출, 재정수지 적자 및 채무잔액을 반영한 실제 재무상태 추세를 기초로 재정위기 판단지표를 산정해도 결과에 큰 차이가 없다. 변경된 채무 산정기준을 적용하는 경우에 최종예산 대비 채무비율 지표가 '주의' 기준에 근접하고, 채무상환비 비율을 산정할 때 과거 4년을 무시하고 미래 4년만 고려하면 '주의' 기준을 충족하는 것이 차이점이다.

문제는 사전경보시스템의 재정위기 판단지표들이 타당성을 갖췄는가 하는 점이다. 먼저 최종예산 대비 채무비율은 지역개발기금의 시·군 융자금과 기금잔액이도 본청 채무에 포함되어, 재무상대가 실제로는 나빠지는데도 채무지표가 개선되는 착시현상이 나타나고, 외부에 재무상태가 개선된 것처럼 보이기 위해 회계상 눈속임을 조장할 수 있다. 다음으로 채무상환비 비율은 과거 실적과 미래 전망에 똑같은 가중치를 부여하는데, 이것이 타당성을 낮추는 요인으로 작용할 소지가 있다는 점이다. 이와 함께 지방세 징수액 현황과 금고잔액 현황 판단 기준은 지방자치단체가 회복 불능의 상태에 빠지지 않으면 충족되기가 어려운 조건으로 보인다. 따라서 재정위기 판단기준에 대한 전반적인 재검토가 필요한 것으로 보인다.

결론적으로 한국 사전경보시스템에 의하면 2012년 후반기에 경상남도 도지사 권한대행이 당시 경상남도의 재무상태를 위기상황으로 판단하여 재정 구조조정을 추진한 근거를 찾아볼 수 없다. 과잉 또는 과민 대응으로 해석될 수 있는 것이다. 다른 측면에서는 사전경보시스템의 판단지표 및 판단기준이 웬만한 충격에는 작동하지 않을 정도로 둔감하여 위기관리 범위가 지나치게 축소되었을 가능성도 있다. 여기에 대해서는 이 절의 마지막 부분에서 결론을 내리기로 한다.

Ⅱ. 미국 시스템의 적용

여기서는 제3장 제2절에서 각각 소개한 미국 정부관계자문위원회(ACIR)의 6개 조기경보 신호와 법정 재정위기 선언 조건을 갖춘 15개 주 시스템의 107개 조건을 적용하여 2012년 말 시점의 경상남도 재무상태가 재정위기 상황에 해당하는지를 확인한다. 이를 위해 먼저 미국 시스템의 113개 조건을 6개 범주로 구분한다. 구분 기준은 세계지방정부관리협의회(ICMA)의 재무추세추적감시시스템(FTMS)의 분류체계를 일부 수정하여 세입·세출, 운영수지 적자, 회계잔고 및 채무잔액, 채무불이행, 법령 등 정부규제 위반, 충당부채 및 지역사회 수요·자원의 6개로 분류한다.[18] 한편 한국의 사전경보시스템은 7개의 정량지표만으로 구성되어 있으므로 미국 시스템에 포함된 정량지표 13개를 별도로 추출하여 비교한다.

1. 재무상태 범주별 재정위기 확인

(1) 세입 및 세출

ACIR가 1개, 9개 주가 10개 조건을 사용한다. <표 5-18>에서 보는 바와 같이 그중에서 2012년 후반기 경상남도 재무상태는 5개 조건에 해당하고 6개 조건에는 해당하지 않는다.

2012년 일반재원 세입은 1,989,700백만원으로 전년도의 2,250,300백만원보다 11.58% 감소했다(앞의 <표 5-4>). 부동산취득세가 827,700백만원에서 655,800백만원으로 20.77%, 리스차취득세가 217,200백만원에서 119,500백만원으로 44.98% 감소한 것이 주된 원인이다. 2012년 일반재원 세출은 2,414,372백만원으로 외견상 전년도의 2,452,989백만원에서 약간 줄어든 정도이다(앞의 <표 5-9>). 그러나 그 이면에는 2010년 7월 통합창원시 출범과 그해 10월 김해시 인구규모 50만명 초과에 따른 시·군조정교부금 수요 급증 및 편법적 회계처리가 숨어 있다. 2010년 이후 2012년까지 3년간 경상남도의 시·군조정교부금 추가 수요는 240,670백만원에 달한

---

18 제3장 제2절에서 미국 15개 주의 법정 재정위기 선언 조건을 FTMS의 분류체계에 따라 지불불이행, 세입, 세출, 운영자산, 지역사회 수요·자원 및 법령 등 정부규제 위반의 6개 범주로 구분했던 것을 한국 상황 및 범주간 균형을 고려하여 일부 조정했다. 그 내용은 세입과 세출을 하나로 묶고, 운영자산을 재정수지와 회계잔고로 양분한다. 그리고 충당부채는 한국에서는 중앙정부 소관이고 지역사회 수요 및 자원은 재무상태에 직접 영향을 미치는 요인이 아니므로 하나로 묶어 간략하게 살펴본다.

〈표 5-18〉 세입·세출 측면의 재정위기 선언 조건 해당 여부

구 분	기 관	세입·세출 측면 선언 조건
해당 (5)	LA	경상지출에 충당할 세입 부족
	NH	통상적 수단으로 재원조달 불가
		예외적인 재정수요 발생
	RI	필요 시점에 합리적인 조건으로 재원조달 불가
	TN	경상세입 부족
미해당 (6)	ACIR	재산세 체납률 급증
	IN	재산세 감면으로 인한 심대한 재정적 타격
	NJ	동산 및 부동산 세금징수율이 70% 미만
	OH	세금부과 하한선(minimum levy) 인상
	OR	세입 부족으로 최소한도 공공안전 서비스 제공 불가
	PA	재산세 부과가 법정한도에 도달

다(앞의 <표 5-8>). 이에 따라 법정의무경비를 세출예산에 과소 편성하여 편법으로 미지급 이월한 금액이 2011년 102,689백만원, 2012년 85,443백만원이다. 그 결과 법정의무경비 미지급금 누적 규모는 2012년말 시점에서 325,201백만원에 이른다(앞의 <표 5-7>). 따라서 일반적인 세입 부족 또는 예외적인 재정수요의 발생 등을 재정위기 선언 조건으로 규정하는 루이지애나, 뉴햄프셔, 로드아일랜드와 테네시의 기준에 해당하는 것으로 판단할 수 있다.

한편 재산세 감면으로 인한 심대한 재정적 타격(IN), 세금 하한선 인상(OH), 재산세 부과 법정한도 도달(PA) 조건은 과세 한도 제도를 적용하지 않는 한국의 경우에는 해당하지 않으며, 최소한도 공공안전 서비스 제공 불가(OR) 조건과 지방세 체납률(ACIR) 및 징수율(NJ) 조건은 그 기준이 매우 높아 충족시키지 못한다.

(2) 운영수지 적자

운영수지 적자(operating deficits)는 경상세출이 경상세입을 초과할 때 발생한다. ACIR이 2개, 그리고 4개 주가 7개를 사용한다. 2012년말 시점의 경상남도 재무상태는 <표 5-19>에서 보는 바와 같이 미시간의 1개 조건을 제외한 8개 조건에 해당한다.

〈표 5-19〉 운영수지 측면의 재정위기 선언 조건 해당 여부

구 분	기 관	재정위기 선언 조건
해당 (8)	ACIR	당년도 일반회계 세출이 세입을 큰 폭으로 초과
		세출 초과가 당년도는 소액이지만 관행적으로 지속
	MI	당년도 일반회계 적자 추계가 세입의 5% 초과
		운영수지 적자의 구조적 발생
	NJ	전년도 현금수지 적자가 동산·부동산 부과세금 4% 초과
	PA	재정수지 3년 연속 적자 및 전년도 적자 각각 1% 초과
		세출이 3년 이상 세입을 초과
	RI	당년도 및 다음 연도 적자 예상
미 해당	MI	당년도 미지급금이 당년도 총세출 10% 초과

먼저 경상남도는 조사대상 기간 중 2006년을 제외하고는 세출이 세입보다 큰 적자재정을 운영하고, 초과지출을 차입금 등으로 충당해 왔다(앞의 <표 5-10>). 따라서 정성지표인 관행적, 구조적인 재정수지 적자에 해당하는 ACIR의 두 개 조건과 미시간, 펜실베이니아 및 로드아일랜드의 각 1개 조건을 모두 충족시킨다.

다음으로 계량적 지표를 보면 경상남도는 2012년 기준으로 최근 3년간 재정수지 적자 규모가 252,423~424,672백만원으로 펜실베이니아의 기준인 일반회계 총세입의 1%를 초과한다. 직전 연도인 2011년 적자 202,689백만원은 취득세 세입 1,266,300백만원의 16% 정도로서 뉴저지의 당년도 동산 및 부동산에 부과된 세입의 4% 기준을 훨씬 초과한다. 그리고 당년도인 2012년의 재정수지 적자 424,672백만원은 일반회계 총세입 5,718,029백만원의 7.43%로서 미시간의 5% 초과 조건을 충족한다.[19] 마지막으로 미시간의 계량적 지표 중 하나인 당년도 미지급금은 개념이 분명하지 않지만, 이것을 2012년말 시점에서 경상남도가 통합관리기금에서 차입한 120,000백만원과 시·군조정교부금 미지급 누적금액 325,201백만원을 합산한 것으로 본다면 경상남도는 미시간의 조건인 당년도 총세출(5,693,535백만원)의 10% 조건을 충족시키지 못한다.

19 분모로 사용된 일반회계 세입 및 세출은 경상남도 홈페이지('재정정보'>2012년 결산자료)에서 도출했다. 일반회계 총세입은 5,718,029백만원, 세출은 5,693,535백만원이다. 총세입은 실제 수납액 6,026,582백만원에서 이월사업비 157,435백만원과 순세계잉여금 151,118백만원을 공제한 것이다.

(3) 회계잔고 및 채무잔액

회계잔고(fund balance)는 자산총액에서 부채총액을 공제한 잔여가치이자 매 회계연도의 세입에서 세출을 공제한 금전적 잉여금이 축적된 것이다. ACIR이 하나, 그리고 6개 주가 13개 조건을 사용한다. <표 5-20>에서 보는 바와 같이 경상남도는 이 중에서 9개 조건을 충족한다. 한국의 지방자치단체는 자본예산 제도를 별도로 운영하지 않으며 예산안정기금과 같이 부채를 상계할 수 있는 자산을 적립하지 않기 때문에 일반회계의 회계잔고를 채무잔액과 같은 개념으로 볼 수 있다. 한편 인디애나와 오하이오는 전 회계를 대상으로 각각 하나의 조건을 적용하고 있으나,

〈표 5-20〉 회계잔고 측면의 재정위기 선언 조건 해당 여부

구 분	기 관	재정위기선언 조건
해당 (9)	ACIR	당해 회계연도의 운영부채가 운영자산을 초과
	IN	전 회계 부(−)의 회계잔고 총액이 세입의 8% 이상
	MI	최근 2년내 발생한 기존 적자청산 실패 회계의 존재
	NV	감사보고서상 부(−)의 회계잔고 존재
		직전 2년간 연도 말 일반회계 잔고 감소
	OH	직전 회계연도 말 일반회계 미지급금 총액에서 일반회계 잔고 공제 금액이 당년도 일반회계 예산의 1/6 초과
		직전 회계연도 말 전 적자시현 회계 적자총액에서 일반회계 잔고 및 특별회계 적자 충당 가능 재원을 공제한 금액이 당년 일반 회계 예산총액 및 적자시현 회계들의 수입을 합산한 금액의 1/6 초과
		직전 회계연도 말 통합금고의 현금 및 환금성 투자액 순계가 일반 및 특별회계의 정(+)의 회계잔고 총액보다 적고, 그 차액이 직전 연도 통합금고 전입금의 1/6 상회
	PA	누적적자가 2년 연속으로 각각 세입의 5% 초과
유보	NV	상환능력을 초과한 채무 누적
미해당 (4)	IN	채무총액이 세입추계 금액의 30%를 초과
	NV	자산관리 실패로 대규모 부당 유용(defalcations) 발생
		신중하지 못한 현금투자로 대규모 손실 발생
	NJ	채무원리금 상환의무가 당년도 운영예산의 25% 초과

경상남도의 재정운영 상황을 고려하면 일반회계 중심으로 적용해도 무리가 없을 것으로 판단된다. 2012년 당시 경상남도는 6개 특별회계를 운영했으나 모두 균형예산 원칙 아래에서 잉여재원이나 채무잔액이 거의 없는 상태로 운영되었고, 전체 회계에서 차지하는 비중도 모두 합쳐 15% 미만이었기 때문이다.

먼저 정성지표를 보면 2012년말 경상남도의 재무상태는 ACIR의 '운영부채가 운영자산 초과'와 네바다의 '부(-)의 회계잔고 존재' 및 '2년 연속 일반회계 잔고 감소' 기준을 충족시킨다. 네바다의 '상환능력을 초과한 채무 누적' 기준은 상대적 개념이므로 판단을 유보한다.

다음으로 정량지표를 보면 2012년 일반회계 채무잔액이 1,394,026백만원으로 일반회계 세입결산액 5,718,029백만원의 24.4%이다. 따라서 인디애나의 '부(-)의 회계잔고 총액이 세입의 8% 이상', 펜실베이니아의 '누적적자가 2년 연속 세입의 5% 초과' 조건을 충족시킨다. 오하이오의 조건을 보면 먼저 첫째 및 둘째 기준과 관련해서 직전 연도인 2011년 경상남도의 일반회계 잔고(채무잔액)가 1,083,719백만원, 법정의무경비 미지급금 및 재정수지 적자가 각각 239,758백만원과 202,689백만원이므로 회계잔고를 상계한 일반회계 미지급금 및 회계수지 적자 순계가 당년도 일반회계 예산의 1/6을 초과하는 조건을 각각 충족한다. 세 번째 기준은 경상남도와 같이 회계잔고 적자가 큰 경우에는 쉽게 충족된다.

그러나 경상남도의 재무상태는 예외적으로 인디애나의 '채무 총액이 세입 추계 금액의 30% 초과' 및 뉴저지의 '채무 원리금상환 의무가 당년도 운영예산의 25% 초과' 기준에는 미달한다.

(4) 채무불이행

채무불이행 지표는 ACIR이 하나, 그리고 오리건과 테네시를 제외한 13개 주가 전체 지표의 절반이 넘는 56개를 사용한다. 경상남도는 14개 조건을 충족한다.

채무불이행의 유형은 다양하다. 공채, 어음, 법원 판결 등에 따른 기타채무, 보수·퇴직금, 자금이관, 회계간 전출입, 충당부채 불이행과 지방정부 파산을 선고받는 경우가 있다. 그중에서 지방정부 파산제도는 미국에서만 운영되는 제도이고, 충당부채는 연방사회보장부담금과 연금기여금 적립을 지연한 것으로서 한국에서는 중앙정부 소관이다. 따라서 경상남도의 재무상태 분석에는 원천적으로 적용되지 않는다. 경상남도는 또한 공채, 어음, 법원 판결에 따른 확정채무 등 기타채무나 보수 및 퇴직금 지급의무를 불이행한 사례가 없다.

다음으로 세금 및 보조금 지불 불이행은 원천징수 소득세나 재산세 등 타 기관의 지위에서 징수한 세금이나 타 기관 또는 회계로 전출해야 할 보조금의 이관을 불이행한 것이다. ACIR이 하나, 그리고 6개 주가 8개 지표를 사용한다. 이 지표와 관련하여 경상남도는 매년 시·군조정교부금의 이관을 다음 연도로 일부 이월함으로써 미지급금의 규모가 계속 증가했다. 이것은 원천징수 세금의 이관 불이행과 성격이 같다. 따라서 2012년 결산 기준으로 경상남도의 재무상태는 이들 조건에 해당한다.

마지막으로 회계간 전출입 관련 지표로서 이 유형에는 회계간 융자(차입)금의 계속적 이월, 타 회계 전입금 미청산 및 누적 전입금액 증가, 적정 절차를 따르지 않은 회계간 융자 및 차입 등이 있다. 플로리다 등 4개 주가 5개 조건을 사용

〈표 5-21〉 채무불이행 측면의 재정위기 선언 조건 해당 여부

구 분	기 관	재정위기 선언 조건
해당 (14)	ACIR	회계연도 말 단기운영자금 차입 잔고 존재. 특별기금에서 현금 차입 또는 단기운영자금 차입을 대신한 미지급금 증가
	FL	단기 융자금을 동일 회계연도 내 미상환
		원천징수 근로소득세 이관 불이행
	IL	채무(모든 종류) 상환 180일 이상 불이행
	IN	한 회계로 유입된 회계간 융자(차입)를 2년 연속 이월
	ME	원천징수 세금의 이관을 1년 6개월 이상 지연
	MI	대행기관 지위에서 징수한 세금 30일 이상 이관 불이행
		직원 소득에서 원천징수한 세금 30일 이상 이관 불이행
		일반회계로 타 회계 자금 전입 및 누적 전입금액 증가
		일반회계에서 타 회계로의 전출보조금의 반복적 미편성
	NV	원천징수 근로소득세 이관 불이행
		회계간에 적정 절차를 따르지 않고 융자 및 차입
	NJ	주, 카운티 등에 대한 전년도 채무를 당년도에 미상환
	PA	원천징수 근로소득세 이관을 30일 이상 불이행
미해당 (43)	FL 등 13개 주	파산(4), 공채(12), 어음(7), 법원 판결 등 기타채무(5), 보수·퇴직금(8), 충당부채(7)

한다.[20] 이 지표와 관련하여 경상남도는 2012년 통합관리기금의 여유자금 120,000백만원을 긴급하게 일반회계로 전입하여 사용하고 당해 회계연도에 상환하지 않았다. 2013 회계연도에도 추가로 기금을 전입하여 통합관리기금 전입금이 195,000백만원으로 증가했다. 따라서 2012년 결산 시점에서 경상남도의 재무상태는 이들 4개 주의 회계간 전출입에 관한 기준을 모두 충족한다.

(5) 정부규제 및 법령 위반

정부규제 및 법령 위반 지표는 지정용도외 지출, 위법 과다지출 및 기타 법령 위반으로 구분된다. 네바다 등 4개 주가 19개 지표를 사용한다. 이 중에서 경상남도에 해당하는 조건은 <표 5-22>에서 보는 바와 같이 용도가 지정된 자금을 다른 용도로 지출하는 경우로서 네바다와 미시간이 각각 1개씩 사용한다. 경상남도의 특정재원 세입 및 세출을 보면 2011년을 제외하고는 세입 규모가 세출보다 크다(앞의 <표 5-6>). 이것은 지정된 특정재원 사업을 축소하고 해당 특정재원을 자체사업 등 일반재원 사업에 대체 투입한 것을 의미한다. 따라서 경상남도는 용도지정 위반 측면에서 재정위기 선언 조건을 충족한다.

위법 과다지출 지표는 4개를 모두 네바다가 사용한다. 내용은 편성된 예산을 초과하는 위법 과다지출, 법률규정을 위배한 금융상품 투자, 예치금 없는 지속적 수표 발행, 그리고 규정을 위배한 자금지출이다. 경상남도는 해당하지 않는다.

다음은 기타의 일반 관리의무 위반이다. 네바다 9개 등 4개 주가 13개 조건을 사용한다. 그 내용을 보면 '회계감사 결과 미제출', '재정보고서 제출의무 위반' 등

〈표 5-22〉 법령위반 측면의 재정위기 선언 조건 해당 여부

구 분	기 관	재정위기 선언 조건
해당 (2)	NV	특정 용도로 지정된 자금을 조건을 위반하여 지출
	MI	용도가 지정된 세입을 규정을 위반하여 사용
미해당 (17)	NV	위법 과다지출 4개 조건
	NV 등 4개 주	일반 관리의무 위반 13개 조건(NV 9, RI 2, LA·MI 각 1)

20 Scorsone(2014)은 지방정부가 일반회계의 지출의무를 충당하기 위해 현금자산이 풍부한 기업회계 등 특별회계(restricted fund)로부터 차입의 유인을 받기 때문에 회계간(interfund) 차입을 재정위기 선언의 중요한 조건이라고 설명한다.

법정 보고의무 해태, '적자 해소계획 이행 조건 또는 그에 따라 체결된 합의의 위반', '기채협약 위반', '감사보고서에 지적된 법률 및 규정 위반 사항 미 시정', '감사보고서에 지적된 중대한 내부통제 문제 미 시정', '주 조세부가 통지한 문제점 미 시정' 등 합의, 협약 또는 지적 사항 미 이행, 그리고 '법률 또는 규정에 위반된 차입이나 장기 리스계약 체결', '법률에 규정된 각 개별 회계의 분할 계리 미 이행' 등 법령 위반 사항 등으로 구성되어 있다. 네바다가 유독 이들 지표를 집중적으로 사용하고 있으며 보편적인 지표라고는 할 수 없다. 경상남도를 비롯한 한국의 대다수 지방자치단체도 이런 유형의 지표에 관심을 기울이는 것 같지 않다.

(6) 지역사회 수요 및 자원

네바다주에서 2개를 사용한다. 하나는 '카운티 취업자의 15% 이상을 자지하는 고용주의 사업상 폐쇄 또는 대대적인 운영 감축'이며, 다른 하나는 '직전 2년간 인구 또는 과세평가액의 누적 감소비율이 10%를 상회'하는 경우이다. 분석 대상 기간 중 경상남도에 이와 유사한 상황이 발생하지 않았다.

2. 정량지표 해당 사항 분석

미국 정부관계자문위원회(ACIR) 및 15개 주의 재정위기 확인시스템은 총 113개의 재정위기 선언 조건 중에서 13개의 정량지표를 사용한다. 나머지 100개는 주로 이분법에 따라 특정 조건에 해당하면 재정위기를 선언할 수 있는 정성지표이다. 한국의 사전경보시스템이 5개 관점의 7개 정량지표를 모든 지방정부에 통일적으로 적용하는 것과 크게 대비된다. 정량지표는 판단기준이 명확할 뿐 아니라 일반적으로 정성지표보다 충족시키기 어려운 조건이 많다.

<표 5-23>은 미국의 지방재정위기 확인시스템에서 사용되는 전체 정량지표 13개를 FTMS의 범주에 따라 구분하고, 2012년말 시점의 경상남도 재무상태가 이들 조건에 해당하는지를 확인한 것이다. 마지막 열에는 재정수지, 채무관리, 세입관리, 자금관리 및 공기업의 5개 관점에서 7개 정량지표로 구성된 한국 사전경보시스템의 판단지표를 미국의 정량지표와 대비시켜 놓았다. 자금관리 지표는 재정수지에 포함했으며, 공기업 관점의 2개 지표는 미국 시스템에 비교할 지표가 없어 제외했다.

경상남도의 재무상태를 확인한 결과 미국 지방재정위기 확인시스템의 13개 정

〈표 5-23〉 양국의 정량지표 유형 및 재정위기 판단기준 비교

<table>
<tr><th>구 분</th><th>범 주</th><th>기 관</th><th>미국 재정위기 확인시스템</th><th>한국 사전경보시스템</th></tr>
<tr><td rowspan="6">해당
(8)</td><td rowspan="3">재정
수지</td><td>MI</td><td>일반회계 적자 추계 > 세입 5%</td><td rowspan="3">• 통합재정수지 적자비율 > 30%
• 금고잔액 < 10%</td></tr>
<tr><td>NJ</td><td>현금수지 적자 > 동산·부동산 부과세금 4%</td></tr>
<tr><td>PA</td><td>3년 연속 적자 및 전년 적자비율 > 1%</td></tr>
<tr><td rowspan="3">회계
잔고
(채무)</td><td>IN</td><td>부(−)의 회계잔고 총액 > 세입의 8%</td><td rowspan="3">• 채무비율 > 40%
• 채무상환비 비율 > 17%</td></tr>
<tr><td>OH</td><td>(일반회계 지급의무액 총액 − 일반회계잔고) > 당년도 일반회계예산 1/6 등 3개</td></tr>
<tr><td>PA</td><td>누적적자가 > 2년 연속 세입의 5%</td></tr>
<tr><td rowspan="5">미해당
(5)</td><td>세입</td><td>NJ</td><td>동산·부동산 세금징수율 > 70%</td><td>• 지방세징수액 < 0</td></tr>
<tr><td>재정
수지</td><td>MI</td><td>미지급금 총액 > 지출 총액 10%</td><td>위 재정수지 참조</td></tr>
<tr><td rowspan="2">회계
잔고</td><td>IN</td><td>채무총액 > 세입추계 금액의 30%</td><td rowspan="2">위 회계잔고(채무) 참조</td></tr>
<tr><td>NJ</td><td>채무원리금 상환 > 당년 운영예산 25%</td></tr>
<tr><td>자원</td><td>NV</td><td>직전 2년 인구/과세평가액 누적 감소 > 10%</td><td>비교지표 없음</td></tr>
</table>

량지표 중에서 8개 조건에 해당한다. 나머지 4개 주의 5개 지표, 즉 뉴저지의 동산·부동산세금 징수율 및 채무원리금 상환 지표, 미시간의 미지급금 지표, 인디애나의 채무잔액 지표, 그리고 네바다의 지역자원 지표는 경상남도에 해당하지 않는다. 다만 이들 4개 주의 경우에도 경상남도가 그들 시스템의 다른 지표를 각각 충족하기 때문에 재정위기 선언 대상에 여전히 포함된다.

이러한 결과는 이상 현상을 전혀 포착하지 못하는 한국 사전경보시스템과 크게 대비된다. 한국 사전경보시스템의 판단기준이 미국보다 높은 수준으로 설정되어 있어 충족시키기 어려운 것이다. 특히 세입 범주에서 '누적 지방세 징수액이 음의 값'을 가져야 하는 한국의 판단기준은 과오납금환급금을 공제한 것이라고 해도 완전한 재정파탄 상태가 아니라면 충족하기 어렵다. '당년도 분기 말 금고 잔액이 3년 평균의 10% 미만' 조건도 충족시키기가 대단히 어려울 것으로 보인다. 다만 뉴저지 기준인 '채무원리금 상환 금액이 당년도 운영예산의 25% 초과'는 한국 사전경보시스템의 기준보다 높은 예외라고 할 수 있다.

3. 재정위기 확인 결과

(1) 재정위기 확인시스템별 확인 결과

2012년말 경상남도 재무상태는 미국 ACIR 및 법정 재정위기 선언 조건을 갖춘 15개 주 중에서 13개 주의 조건을 충족한다. 노스캐롤라이나와 오리건은 예외로서 각각 '채무원리금 상환 불이행 90일 이상'과 '최소한도 수준의 공공안전 서비스도 제공할 수 없는 재정상황 존재'라는 충족하기 쉽지 않은 단일지표를 사용한다.

<표 5-24>는 경상남도의 재무상태를 재정위기로 판단한 ACIR 및 13개 주의 시스템을 보여 준다. 경상남도의 재무상태는 ACIR의 6개 조기경보 신호 중 4개, 그리고 15개 주의 107개 조건 중에서 34개를 충족시킨다. ACIR과 14개 주의 시스템은 재정위기 선언 조건 중 하나 이상에 해당하면 위기를 선언할 수 있으며, 로드아일랜드는 예외적으로 2개 이상의 조건을 충족시켜야 한다.

〈표 5-24〉 미국 시스템의 재정위기 선언 조건 및 경상남도 해당 조건

주/기관	총 조건 수	경상남도 해당조건	주/기관	총 조건 수	경상남도 해당조건
ACIR	6	4	Nevada	28	5
Florida	6	2	New Hampshire	4	2
Illinois	4	1	New Jersey	7	2
Indiana	9	2	Ohio	8	3
Louisiana	3	1	Pennsylvania	13	4
Maine	3	1	Rhode Island	5	2
Michigan	14	8	Tennessee	1	1

(2) 재정위기 선언 조건별 확인 결과

다음 <표 5-25>는 미국 시스템들이 사용하는 113개의 재정위기 선언 조건 중에서 경상남도에 해당하는 38개 조건을 재무추세추적감시시스템(FTMS)의 분류체계에 따라 유형별로 비교한 것이다. 2012년 말 경상남도의 재무상태는 세입·세출 범주의 11개 지표 중에서 5개, 재정수지와 회계잔고 및 채무잔액을 포괄하는 운영자산 범주 23개 지표 가운데 17개, 그리고 채무불이행 범주 중에서 회계간 전출

입 및 자금이관 유형의 지표 14개 전부를 충족한다. 지정용도 외 지출 2개 지표도 충족시키는데, 이것은 편법적 회계처리로서 예고 없이 재정위기를 초래할 수 있는 점에서 중요한 지표이다. 정량지표 13개 중에서는 8개를 충족시킨다. 이처럼 경상남도에 해당하는 조건들을 보면 지표의 수는 전체의 1/3 정도이지만 세입, 세출, 재정수지 적자, 회계잔고 및 채무잔액으로 구성되는 내부 재정구조의 핵심적인 요소들을 망라한다.

한편 경상남도에 해당하지 않는 지표는 모두 78개로서 전체의 2/3가 약간 넘는다. 그중에서 충당부채는 한국에서는 중앙정부 소관이며, 지역사회 수요 및 자원 지표는 지표 구성단계에서 아예 제외했다. 지정용도 위반 이외의 기타 정부규제 위반은 비교적 가벼운 행정관리의 문제이며, 네바다가 대다수 지표를 집중적으로 사용하는 점에서 보편적인 지표라고 하기 어렵다.

〈표 5-25〉 FTMS 지표 유형별 경상남도 해당 사항

FTMS 범주		미국 시스템의 재정위기 선언 조건			경상남도 해당사항
		계	15개 주	ACIR	
계		113	107	6	38
세 입		10	9	1	4
세 출		1	1		1
운영 자산	소 계	(23)	(20)	(3)	(17)
	운영수지	9	7	2	8
	회계잔고(채무잔액)	14	13	1	9
채무 불이행	소 계	(50)	(49)	(1)	(14)
	회계 간 전출입	5	4	1	5
	자금이관	9	9		9
	파산, 공채 등 지불불이행	36	36		-
충당부채		7	7		-
지역사회 수요 및 자원		3	2	1	-
정부규제 (법령 위반)	소 계	(19)	(19)		(2)
	지정용도 외 지출	2	2		2
	기 타	17	17		-

그러나 지방정부 파산선고, 공채·어음, 공무원 보수 및 기타채무 등 채무불이행 범주의 37개 지표는 복합적인 의미가 있다. 먼저 이들 조건은 지방정부 파산제도와 시장을 통한 공채발행 등 미국 특유의 제도에 기반을 두고 있으며, 따라서 여건이 판이한 한국에서는 심각하게 고려되지 않는다. 반면에 재정위기가 궁극적으로 채무불이행으로 나타난다는 점에서 이들을 핵심적인 조건으로 해석할 수도 있다. 결론적으로 2012년 말 시점의 경상남도 재정상황은 지엽적 또는 절차적이라기보다 본질적인 문제를 내포하고 있어 재정위기의 범주에 포함되는 것으로 판단된다. 그러나 채무를 이행하지 못하는 최종적인 단계에는 이르지 않았다고 해석할 수 있을 것이다.

Ⅲ. 양국 시스템의 민감도 비교 평가

2012년말 시점에 경상남도 재무상태가 위기 상황이었는지를 판단하기 위해 한국과 미국의 재정위기확인시스템을 적용한 결과 한국의 사전경보시스템은 이상 징후를 전혀 포착하지 못했는 데 비해, 미국 정부관계자문위원회(ACIR)와 15개 주 중에서 13개 주 시스템은 재정위기를 선언할 수 있는 조건에 해당하는 것으로 판정했다. 재정위기 선언 조건을 영어로는 방아쇠(triggers)라고도 표현한다. 사전에 설정된 조건이 충족되면 상급 정부의 강력한 개입조치가 발동되는 신호가 되기 때문이다. 이런 비유로 본다면 한국의 사전경보시스템은 방아쇠가 둔감하여 강한 충격을 주어야 격발되고, 미국 시스템들은 약한 충격에도 격발될 정도로 방아쇠가 민감한 것이다.

시스템이 민감하면 중앙 또는 주 정부가 상대적으로 경미한 지방재정 문제에 개입하고, 시스템이 둔감하면 사안이 위중해도 자체적으로 해결하도록 지방정부에 맡겨 둔다는 뜻이다. 이런 관점에서 볼 때 지방재정위기 확인시스템의 민감도는 지방정부의 재정위기에 중앙 또는 주 정부가 얼마나 폭넓게, 그리고 적극적으로 개입하는지를 알려 주는 척도라고 할 수 있다. 한편 오류 가능성 측면에서 보면 한국 사전경보시스템은 재정위기 판단지표 및 기준을 충족시키기가 상대적으로 어려워 실제로 재정위기에 빠졌는데도 그것을 포착하지 못하는 제2종 오류를 저지를 가능성이 크고, 미국의 시스템들은 재정위기 판단지표 및 기준을 충족시키기가 상대적으로 쉬워 재정위기가 아닌데도 재정위기로 판단하는 제1종 오류를 범할 가능성이 큰 것이다.

그러나 양국 시스템의 민감도 또는 오류 가능성을 객관적으로 평가하여 옳고 그름을 판단할 수 있는 절대적인 기준을 찾기는 어렵다. 따라서 양국 시스템의 비교를 통해 상대적인 민감도 및 오류 가능성을 평가할 수밖에 없다. 이 목적을 위해 먼저 양국 시스템의 재정위기 판단지표 및 기준을 비교한다. 이어서 양국 지방정부의 재정 통제력 내지는 자율성의 차이와 재정위기 판단지표 및 기준과의 관련성을 분석한다. 이것은 재정 자율성의 정도에 따라 재정위기에 대응하거나 그것을 극복할 수 있는 지방정부의 역량이 다르다고 보기 때문이다.

1. 재정위기 판단지표 및 기준 측면

(1) 재정위기 판단지표의 다양성

한국 사전경보시스템이 5개 관점의 7개 정량지표를 모든 지방자치단체에 통일적으로 적용하는 데 비해, 미국은 시스템별로 각각 정성 및 정량지표를 조합해서 사용한다. 미국 정부관계자문위원회(ACIR) 및 15개 주의 시스템들이 사용하는 지표 수는 총 113개이다. 그중에서 정량지표가 13개이고 나머지 100개는 정성지표이다. 일반적으로 정량지표는 구체적이고 높은 기준을 제시하기 때문에 충족하기가 어렵다. 반면에 정성지표는 특정의 상황에 해당하면 재정위기를 선언할 수 있어서 상대적으로 쉽게 충족시킬 수 있다. 앞의 항에서 보았듯이 경상남도는 미국 시스템들의 정량지표 13개 중에서 4개 주의 5개 지표를 충족하지 못했지만, 이들 4개 주의 시스템들이 다른 정성지표들을 함께 사용하기 때문에 재정위기단체로 선언하는 데 문제가 없었다.

미국의 시스템들이 한국 사전경보시스템은 운영하지 않는 유형의 지표를 비교적 넓게 사용하는 것도 재정위기를 선언하기 쉬운 또 다른 이유이다. 제2장에서 살펴본 파머(Pammer)의 4개 이론 모델 중에서 내부관리 부실 모델을 대표하는 지표들이 대표적이다.[21] 여기에는 먼저 보조금 또는 타 기관을 대행하여 징수한 세금의 이관 불이행이 있다. 경상남도의 법정의무경비 미지급 이월이 이에 해당한다. 6개

---

21 내부관리 부실 모델(bad or internal management perspective)은 부정확한 세입 추계, 부실한 예산편성 관행, 적자 은폐 등 회계조작 내지는 변칙적인 회계처리를 재정위기의 주된 원인으로 본다.

주에서 9개의 지표를 사용한다. 다음은 회계간 차입금의 회기내 미상환이다. ACIR과 4개 주가 5개 조건을 사용한다. 경상남도는 통합관리기금에서 2012~2013년 연속으로 차입하고 상환하지 않아 이 조건에 해당한다. 마지막으로 지정용도 이외 자금지출은 미국에서 2개 주가 사용한다. 경상남도는 2011년을 제외하면 2008년 이후 용도가 지정된 특정재원을 계속해서 일반재원사업에 전용했다.

(2) 정량지표의 판단 수준

<표 5-23>에서 보듯이 한국 사전경보시스템의 7개 정량지표는 미국 시스템들이 사용하는 13개 정량지표보다 판단기준이 일반적으로 높다. 먼저 세입 측면에서 '지방세징수액 음의 값'은 뉴저지 기준보다 훨씬 높을 뿐 아니라 재정파탄에 이르지 않으면 충족되기 어려울 것으로 보인다. '금고잔액 3년 평균 10% 미만' 지표 또한 비현실적일 정도로 충족되기 어려운 조건이다. '통합재정수지 적자비율 30% 초과'는 미시간, 뉴저지 및 펜실베이니아의 적자 기준을 압도한다. 회계잔고 및 채무잔액 측면의 판단기준 또한 인디애나, 오하이오 및 펜실베이니아보다 훨씬 높다.

반면에 미시간의 미지급금 조건은 한국 사전경보시스템에는 없는 기준이므로 미시간의 조건을 충족하기가 더 어렵다고 할 수 있다. 뉴저지의 '채무원리금 상환이 당년도 운영예산의 25% 초과' 조건도 한국의 '17% 초과' 조건보다 높은 예외에 속한다. 그러나 전체적으로 볼 때 한국 사전경보시스템의 판단기준이 미국보다 높아 재정위기단체를 지정하기가 상대적으로 어렵다. 이와 함께 이미 설명했듯이 한국 사전경보시스템이 미국과 달리 정성지표를 사용하지 않아 위기단체를 지정하기가 더욱 어렵고, 따라서 제2종 오류를 범할 가능성이 더욱 커진다.

2. 재정 자율성의 차이와 재정위기 판단 수준

(1) 한국과 미국 지방정부의 재정 자율성 비교

한국과 미국의 지방정부는 지방재정 구조의 차이 때문에 재무상태 측정치가 같더라도 재정위기에 직면할 위험과 심각성의 정도 및 복원능력이 다를 수밖에 없다. 가령 국고보조금과 같은 특정재원은 용도가 지정되어 있으므로 재정위기를 예방하고 완화하기 위한 일반적인 용도로 사용하는 것이 금지되거나, 임시변통으로 유용의 여지가 있다고 하더라도 가용 수준이 크게 제약된다. 또 일반재원의 규모나 비중이 같아도 국고보조금 등 이전재원이 매칭방식으로 지원되면 해당 사업에 일반재원을 의무적으로 부담해야 하므로 재정 자율성이 잠식된다. 결국은 재정수지 적자를 보전하거나 채무를 상환할 수 있는 재정역량은 전체 재정 규모보다는 자체 수입이나 일반재원 또는 소위 '순수가용재원'과 같이 지방자치단체가 재량권을 행사할 수 있는 재원의 규모와 더 밀접한 관련이 있다.

이러한 관점에서 보면 재정 자율성이 대체로 낮고, 중앙정부 지원이 주로 매칭방식으로 이루어지는 한국의 지방정부는 재무상태 측정치가 미국의 지방정부와 같더라도 재정위기에 빠질 위험이 크고, 반대로 대응역량은 낮을 것으로 판단된다. 따라서 같은 재정위기 수준을 포착하기 위해서는 미국보다 재정위기 판단기준이 낮아야 한다. 그러나 실제로는 한국 사전경보시스템의 판단기준이 미국의 시스템들보다 훨씬 높아 제2종 오류를 범할 가능성이 이중으로 증가한다. 아래에서는 이러한 두 가지 측면, 즉 양국 시스템이 사용하는 재정위기 판단 지표 및 기준의 차이와 지방재정 구조의 차이를 중심으로 양국 시스템의 오류 가능성을 평가한다.

1) 한국의 지방재정 구조와 재정 자율성

한국의 지방자치단체는 재정 자율성이 대체로 낮으며 지방자치단체 계층 및 종류에 따라, 그리고 동종 자치단체 사이에도 편차가 크다. 「지방재정 365」는 개별 지방자치단체의 재정자립도 및 재정자주도와 동종 또는 유사 지방자치단체의 평균치 및 분포범위를 함께 제공한다. 그러나 일반재원은 전국적인 통계자료가 제공되지 않아 개별 자치단체별로 도출해야 한다. <표 5-26>은 2014년 결산 기준으로 지방자치단체 종류별 재정 자립도 및 재정자주도의 평균과 분포범위를 보여 준다.

〈표 5-26〉 재정자립도 및 재정자주도 현황(2014년 결산 기준) (단위: %, %p)

구 분	재정자립도				재정자주도			
	평 균	최 고	최 저	차 이	평 균	최 고	최 저	차 이
특별·광역시	64.70	82.48	42.66	39.82	74.00	83.23	61.73	21.50
도	36.40	56.45	19.81	36.64	49.80	72.52	37.37	35.15
시	37.34	62.52	10.64	51.88	67.15	88.05	54.81	33.24
군	18.82	42.32	8.42	33.90	65.42	76.29	50.47	25.82
자치구	31.24	68.67	14.41	54.26	49.26	74.01	32.00	42.01

자료: 「지방재정 365」: 지방재정통합공개시스템.

먼저 재정자립도의 전국 평균은 51.9%이다. 자치단체별로 8.48%~82.48%까지 분포되어 있으며, 동종 자치단체 사이에도 시(10.64%~62.52%)와 자치구(14.41%~68.67%)의 경우 각각 50%p 이상 차이가 있다. 재정자주도는 전국 평균 76.31%로서 재정 자립도보다는 상당히 높지만, 후술하는 미국의 일반목적 지방정부인 시·읍·면(municipalities)의 재정자립도, 즉 자체 세입의 비중과 비슷한 수준이다. 지방자치단체 간 재정자주도의 편차는 재정자립도보다는 작지만 37.37%~83.23%까지 분포 범위가 상당히 넓은 편이다. 동종 자치단체 사이의 편차는 광역시·도(37.37%~83.23%) 및 자치구(32.00%~74.01%)가 크고, 시(54.81%~88.05%)와 군(50.47%~76.29%)은 30%p 내외로 상대적으로 작다.

2012년 경상남도의 재정자립도 및 재정자주도는 각각 34.88%와 44.23%이다. 산정 기초인 일반회계 최종예산 규모는 5,429,533백만원이며 자체 수입이 1,893,741백만원, 자주재원인 지방교부세가 507,626백만원이다(행정안전부 「지방재정 365」 참조). 한편 일반재원은 2012년 결산 기준으로 1,989,700백만원으로서 일반회계 총세입 결산액 5,718,029백만원의 34.98%이다. 일반회계 총세입 및 일반재원 결산 통계치는 경상남도의 홈페이지에 공개된 재정정보 및 내부관리 자료에서 도출했다.[22]

지방자치단체가 자유롭게 용도를 결정할 수 있다고 보는 일반재원도 실제 지출 내용을 보면 법정의무경비와 중앙지원사업에 대한 도비부담으로 의무적으로 지출해야 하므로 그만큼 지방자치단체의 자율성이 잠식된다. 법적, 의무적 부담이 차지하는 비중이 높은 것은 미국과 달리 국고보조사업 등 중앙지원사업을 대부분 매칭방식으로 지원하기 때문이다. 2012년 일반재원 세입에서 중앙지원사업 도비부담이 차지하는 비중은 29.2%이다. 법정의무경비와 중앙지원사업 도비부담을 합치면 그 비중은 70.4%로 증가한다. 지출재량권이 있다고 여겨지는 일반재원의 1/3 정도를 중앙지원사업 도비부담에, 그리고 2/3 이상을 법적, 의무적 부담을 위해 소진하는 것이다.

---

22 먼저 일반재원 1,989,700백만원은 자체 수입에서 교육청으로 전액 이관되는 목적세인 지방교육세 326,800백만원 등을 공제하고, 여기에 이전수입인 보통교부세 386,492백만원을 합산한 것이다. 다음으로 총세입 5,718,029백만원은 2012년 실제 수납액 6,026,582백만원에서 전년도(2011년) 이월사업비 157,435백만원과 순세계잉여금 151,118백만원을 공제한 것이다. 2012년 지출액은 5,693,535백만원으로서 실제 수납액과의 차액은 다음 연도(2013)로 이월사업비 173,862백만원 및 순세계잉여금 159,656백만원이 이월되었다(경상남도 재정 자료 및 연도별 세입구조 참조).

일반재원 세입에서 법정의무경비와 중앙지원사업 도비부담, 그리고 경직성 지출인 인력운영비와 필수경상비를 제외하면 지방자치단체가 자체사업에 투입할 수 있는 소위 '순수가용재원'이 도출된다. 2012년 '순수가용재원'의 규모는 29,475백만원으로 일반재원 세입의 1.5%에 불과하다.[23] 2012년 보정 채무잔액이 1,394,026백만원이므로 경상남도가 자체사업을 모두 포기하더라도 채무 원금을 갚는 데만 47년이 걸릴 정도로 재정위기 대응능력이 취약한 상황에 몰려 있다.

2) 미국의 지방재정 구조와 재정 자율성

미국의 지방정부는 한국보다 재정 자율성이 상대적으로 높다. 미국 정부센서스에 의하면 2013-2014 회계연도 미국 지방정부의 일반회계 총세입은 1,518,125,374천 달러로서 그중에서 63.68%인 966,703,732천 달러는 자체 세입이고, 나머지 36.32%에 해당하는 551,421,642천 달러는 정부 간 이전세입이다.[24]

지방정부의 자체 세입 평균비율은 하와이가 84.04%로 최고이며 그 다음은 뉴저지, 네브래스카, 콜로라도, 뉴햄프셔, 플로리다, 사우스캐롤라이나, 사우스다코타, 로드아일랜드 순으로 8개 주가 70.13~72.46%대에 분포되어 있다. 반대로 버몬트는 32.70%로서 최하이고 아칸소, 뉴멕시코, 노스다코타가 40%대, 그리고 미시간, 델라웨어, 미네소타가 55% 미만이며, 나머지 워싱턴디시를 포함한 35개 주의 평균은 위스콘신의 56.05%와 코네티컷의 69.95% 사이에 분포되어 있다.[25]

정부 간 이전 세입은 연방정부 교부금 66,551,753천 달러와 주 정부 교부금 484,869,889천 달러로 구성되어 있으며 각각 지방정부 세입의 4.38%와 31.94%를 차지한다. 그 추세를 보면 1970년대 후반 이후 40년 가까운 기간 동안 연방정부 교부

---

23 일반재원 세입에 대한 법정의무경비 및 '순수가용재원'의 비중은 일반재원 보정 세입(앞의 <표 5-4>) 및 보정 세출(앞의 <표 5-9>)에서 도출하였다. 순수가용재원 비중은 2008년까지 일반재원의 20% 내외에서 유지되다가 2009년부터 10% 이내로, 그리고 2012년과 2013년에는 2% 이내로 더욱 떨어졌다. 일반회계 결산총액에 대한 순수가용재원의 비중은 2012년 0.52%로 더욱 낮은 수준이다(후술하는 <표 6-2> 및 관련 설명 참조).

24 https://www.census.gov/govs/local/ 2014 State & Local Government, US Summary, Table 1. State and Local Government Finances by Level of Government and by State: 2013-14. 여기서 지방정부는 일반(general purpose) 및 특별(special purpose)지방정부를 모두 포괄한다. 2012년 기준의 공식적인 통계에 따르면 미국의 지방정부는 총 90,056개이며, 전자가 38,910개, 후자가 51,146개이다. 일반 지방정부는 3,031개 카운티, 19,519개 시, 16,360개 타운십으로 구성되고 특별지방정부는 12,880개 독립 학교구와 38,266개 특별구로 구성된다. Government Organization Summary Report: 2012(http://www2.census.gov/govs/cog/g12_org.pdf).

25 주별 지방정부 자체 세입의 평균비율은 상기 정부센서스 자료를 토대로 계산하였다.

금은 10% 정도에서 4.38%로 추세적으로 감소했으며, 주 정부 교부금은 32~35% 사이에서 안정적으로 유지되고 있다(Martell · Greenwade, p.186; Wildasin, p.2).

연방정부 교부금은 주택, 교통, 교육, 노인과 저소득층 의료보호를 비롯한 공공복지, 보건 등으로 용도가 지정되어 사업보조금 형태로 교부된다. 현 시점에서 연방정부 교부금 중 용도제한이 없는 지방교부세 내지는 일반교부금(general revenue sharing: general/unrestricted grants)은 없다. 주 정부의 교부금은 2007년 기준으로 55%가 학교구에 지원되고 일반 지방정부인 카운티와 시·읍·면(municipalities), 그리고 특별구에 각각 23%, 19% 및 3%가 지원되었다(Fisher · Bristle, 2012, p.226). 이에 따라 일반회계의 자체재원 비율은 2008년 지방정부 전체적으로 62%이며, 지방정부 유형별로 보면 시·읍·면 74%, 카운티 65%, 그리고 특별구가 68%이다(Martell · Greenwade, pp.184-185).[26]

연방 및 주 교부금의 지원방법은 크게 금액(lump-sum) 방식과 매칭(matching) 방식으로 구분된다. 전자는 교부대상 지방정부의 세입이나 교부 목적사업에 대한 지출규모와 관계없이 교부금액이 고정되는 것이고, 후자는 양자 사이에 어느 정도 관계가 있는 것이다. 교부공식에 따라 교부금을 배분하는 경우, 인구나 개인소득 등 교부대상 지방정부가 직접 통제할 수 없는 변수를 교부기준으로 삼으면 금액방식이고, 반대로 지방정부가 통제할 수 있는 세입 또는 지출이 기준이면 매칭방식이다. 연방 및 주 교부금은 교육구에 지원되는 것을 제외하면 거의 예외 없이 교부공식에 따라 금액방식으로 지원된다(Fisher · Bristle, p.222).

지방교부세(일반교부금) 또한 금액방식으로 교부되며, 모두 27개 주가 이 제도를 운용한다. 그중에서 18개 주는 카운티와 시·읍·면 양자에 대하여, 그리고 3개 주는 카운티, 6개 주는 시·읍·면을 대상으로 교부하는데 한국과 달리 그 비중은 크지 않다(*ibid.*, p.231, Table 9.5). 일반교부금이 지방정부 세입에서 차지하는 비중은 카운티의 경우 네바다가 17.7%로서 예외적으로 높고, 5~10% 및 5% 미만 범위에 각각 10개 주가 분포되어 있다. 시·읍·면은 카운티보다 상대적으로 비중이 높다. 와이오밍(30.3%), 네바다(22.3%), 일리노이(19.2%), 위스콘신(16.4%) 순으로 비중이 높으며, 10% 초과~15% 미만 4개 주, 5% 초과~10% 미만 10개 주, 그리고 5% 미

26 2008년 미국 전체 지방정부의 자체재원 비중이 62%(정부간 이전재원 비중 38%)였고, 2014년에는 63.68%로 약간 증가했음을 고려하면 시·읍·면 및 카운티의 자체재원 비중도 2014년에는 그에 비례하여 미세하나마 증가했을 것으로 추정된다.

만이 6개 주이다.

(2) 재정 자율성 측면에서 본 한국 사전경보시스템 평가

이상에서 재정 자율성에 초점을 맞춰 한국과 미국의 지방재정을 개괄적으로 비교한 결과 지방재정위기 판단기준에 영향을 미칠 수 있는 두 가지의 특징이 도출되었다. 첫째, 전체적으로 한국 지방자치단체의 재정 자율성이 미국보다 매우 열악하다. 재정 자립도의 전국 평균이 한국은 51.9%인데 비해 미국은 63.7%이며, 한국의 경우 자주재원을 포함한 재정 자주도의 전국 평균이 76.3%로서 미국의 대표적인 일반 지방정부인 시·읍·면(municipalities)의 재정 자립도와 유사한 수준이다. 둘째, 미국은 연방 및 주 교부금을 주로 금액(lump-sum)방식으로 교부한다. 한국은 이와 달리 일반적으로 지방비의 의무적 부담을 조건으로 하는 매칭(matching)방식으로 지원하고 있어 그나마 영세한 규모의 일반재원이 의무적 부담으로 잠식된다.

이에 따라 재정 자율성 및 이를 기반으로 하는 위기 대응능력의 차이를 고려하지 않고 단일의 사전경보시스템을 모든 유형의 지방자치단체에 일률적으로 적용하는 것이 타당한 것인지, 그리고 그렇게 구축된 시스템이 개별 지방자치단체의 재정위기를 적절하게 분별해 낼 수 있을 것인지에 대한 의문이 제기된다. 미국과 비교하면 한국은 지방재정 자율성이 낮고 그로 인해 위기 대응능력이 낮은데도 불구하고 사전경보시스템의 재정위기 판단지표는 양적 지표 7개로 제한되고 그 기준도 높아 충족시키기가 더욱 어렵다. 따라서 실제로 재정위기 상황을 맞았는데도 사전경보시스템이 그것을 적시에 포착하지 못하는 제2종 오류의 가능성이 증폭된다. 미국 시스템은 반대 논리가 적용되어 제1종 오류의 가능성이 가중된다.

한국 사전경보시스템의 재정위기 판단기준이 높게 설정된 것은 한국에서 지방재정위기가 발생할 가능성이 거의 없거나 아주 낮다고 진단하는 시각과 관련이 있어 보인다. 제1장 제3절에서 보았듯이 다수 논자는 한국의 지방자치단체들이 중앙정부가 교부하는 이전재원에 크게 의존하고 있으며, 재정 부족액 대부분을 지방교부세로 보전받는다고 상정하고 이러한 시각을 취한다.

이러한 전제가 실제로 작동하려면 각 지방자치단체의 재정 부족분이 지방교부세액 결정의 절대적인 기준이 되어야 한다. 그러나 지방교부세 재원은 내국세의 일정 비율로 결정되기 때문에 국가경제 상황에 따른 내국세 징수와 감세정책 등 중앙정부의 경제 및 재정 정책이 직접적인 결정요인이다. 중앙정부는 이렇게 결정된 지방교부세 재원을 각 지방자치단체에 재정 부족분의 크기에 비례하여 배분한다. 지방교부세 재원과 각 지방자치단체 재정 부족분 총액의 비율을 조정률이라고 하는데, 국가경제가 나빠지거나 2009년처럼 대규모 감세정책을 시행하는 경우 다른 사정이 같다면 조정률이 떨어질 수밖에 없다. 따라서 지방교부세로 보전되지 않은 재정 부족분이 누적되어 재정위기로 치달을 가능성이 항상 존재한다.[27] 이러한 상황에서 과도한 재정조정 제도 등으로 지출통제가 엄격하게 작동하지 않는 연성예산 제약도 적자재정을 유지하면서 중앙정부 등 상급 지방자치단체의 지원을 받는 전략을 조장함으로써 재정위기를 유발하는 요인이 된다(오영균, 126면).[28]

마지막으로 한국 지방자치단체들의 취약한 재정 자율성은 의무 부담을 강제하는 매칭방식의 보조금 제도로 인해 더욱 잠식된다. 같은 판단지표에서 같은 측정치가 도출되는 경우에도 일반재원의 비중이 작거나, 그마저도 특정재원에 대한 매칭으로 용도가 묶이게 되면 재정위기 대응능력이 더욱 취약해진다. 일반적으로 미국보다 지방재정 자율성이 낮은 한국의 경우, 재무상태 측정치가 같더라도 재정위기의 정도는 더 심각하다는 뜻이다. 따라서 한국 지방재정위기 사전경보시스템은 이러한 재정 자율성 측면을 고려하여 재정위기 판단지표 및 판단기준의 조정 필요성을 전반적으로 검토해야 할 것으로 보인다.

---

27 경상남도의 경우 2004~2013년까지 보통교부세 교부 전 재정수지 적자를 보통교부세로 보전한 비율은 최고 113%(2006년), 최저 39%(2009년)이며, 2007년까지는 70%대, 2008년 이후는 40%~60%대에 걸쳐 있다. 보통교부세가 보전하지 못하는 금액, 즉 재정수지 적자는 2009년 534,428백만원을 최고로 2010년 이후 202,689백만원(2011년)~424,672백만원(2012년)이다.

28 이것은 한국은 상급정부에 의한 재정조정 제도 때문에 지방재정위기의 가능성이 작다는 일반적인 시각과 반대되는 논리이다.

제 6 장

재정위기의 원인

CHAPTER 06 재정위기의 원인

2012년 말 시점의 경상남도 재무상태를 한국의 사전경보시스템은 정상적인 범위에 있다고 보았던 반면에, 미국의 시스템들은 대부분 재정위기를 선언할 수 있는 상황으로 보았다. 그 이유는 한국의 사전경보시스템은 상대적으로 둔감하여 강한 충격이 있어야 작동하는 데 반해 미국의 시스템들은 약한 충격에도 민감하게 작동하기 때문이다. 따라서 양국 시스템의 평가는 상대적이고 개연성에 불과할 뿐, 그것이 위기상황임을 규정할 수 있는 객관적인 근거가 되기는 어렵다. 그런데도 이 장에서는 다음 두 가지 관점에서 당시 경상남도가 재정위기에 빠졌다고 가정하고 그 원인을 분석한다.

첫째, 당시 경상남도의 재무상태가 제2장에서 규정한 재정위기의 개념에 부합하기 때문이다.[1] 세입 측면에서 주력 세원인 부동산취득세와 리스차취득세 세입이 격감하고, 세출 측면에서는 창원시 통합과 김해시 인구 50만명 초과에 따른 시·군 조정교부금 수요 급증, 모자이크사업과 균형발전사업 등 대규모 지역개발사업의 착수에 따른 막대한 신규 재정수요 발생, 그리고 거가대교 최소운영비 보장, 소방

1 제2장에서 재정위기의 정의를 '합법적으로 조달할 수 있는 재원과 각종 지출의무를 이행할 수 있는 능력 사이에 균형이 상실되어 자금조달, 균형예산 달성, 서비스 수준 유지, 재정수지 적자의 처리, 그리고 채무잔액의 관리 및 상환의 어느 하나 이상에서 극심한 어려움을 겪는 상황'으로 규정하여 합법적인 재원조달과 네 가지의 장단기 지급능력을 재정위기의 핵심적인 요소로 보았다.

공무원 초과근무수당 지급, 학교 무상급식사업 확대 등 사상 초유의 지출 요인이 등장하여 재정 수요가 팽창했다. 그리고 그에 따른 재원 부족을 편법적 회계를 통해 처리함으로써 숨겨진 재정수지 적자 및 채무 규모가 크게 확대됐다.

둘째, '세입 격감, 세출 수요 급증, 큰 폭의 재정수지 적자 및 채무의 편법적인 관리'로 특징지을 수 있는 2012년 후반기 경상남도의 재무상태를 재정위기로 규정하는 데는 동의하지 않을지라도, 이것을 재정압박 상황으로 보는 데 대해서는 이견이 없을 것으로 본다. 제2장에서는 재정위기(fiscal distress/crisis/emergency)와 그 전 단계인 재정압박(fiscal stress/strain)을 구분한 바 있다. 이런 관점에서는 본 장을 '재정압박'을 유발하는 원인을 분석하는 것으로 이해할 수 있을 것이다.

재정위기의 원인은 내부 재정구조의 네 개 구성요소, 즉 세입, 세출, 재정수지 및 채무 부문으로 구분하여 분석한다. 세입과 세출 부문은 양자의 불균형이 재정위기의 근본적인 원인이라는 관점에서 세입·세출을 각각의 분석요소와 유형, 그리고 지방정부 관리영역별로 구분하여 재정수지 적자유발 정도를 측정하고, 그 정도에 따라 재정위기를 유발한 책임소재를 판단한다. 재정수지 적자유발 정도는 제4장에서 제시한 증가율과 점유율 지표로 측정한다. 세입 측면에서는 총세출 추세와 균형을 이루는 가상의 총세입증가율에 각 분석요소 등의 증가율이 미달하는 과소 세입을, 그리고 세출 측면에서는 총세입 추세와 균형을 이루는 가상의 총세출증가율을 각 분석요소 등의 증가율이 초과하는 과다 세출을 기준으로 삼는다.

재정수지 부문에서는 재정수지 적자의 규모와 관리방식이 재정위기 유발원인으로 작용했는지를 재정압박이 가중되기 시작했던 2008년 이후의 기간을 대상으로 시간적 흐름에 따라 분석한다. 재정수지 적자규모는 재무상태과정 모델의 관점에서 재무상태가 균형을 유지할 수 있는 임계수준을 찾아내고, 임계수준을 넘어서는 재정수지 적자의 발생 원인과 보전 및 처리 방식을 통해 재정위기 유발원인을 규명한다. 그리고 이를 기초로 재정위기 책임소재가 지방자치단체 내부 및 외부환경 요인에 각각 어느 정도로 귀착되는지를 판단한다. 채무잔액은 순세계잉여금 등 현금성 재정여력으로 보전되지 않거나 편법 처리된 재정수지 적자가 누적된 것이다. 채무잔액도 그 규모가 재정위기를 유발할 정도로 확대된 원인과 편법적인 회계처리가 재정위기 유발원인으로 작용했는지를 분석한다.

제1절 세입 측면

Ⅰ. 전반적 추세를 통한 재정위기 원인 분석

[그림 6-1]은 제5장 제1절에서 보정을 거쳐 도출한 분석대상 기간(2004~2013년)의 경상남도 일반재원 총세입 및 총세출과 세입 부문 7개 분석요소의 추세를 함께 보여 준다. 그림 상단은 일반재원 총세입 및 총세출 추세로서 큰 폭의 재정수지

[그림 6-1] 일반재원 총세입·세출 및 분석요소별 세입 추세

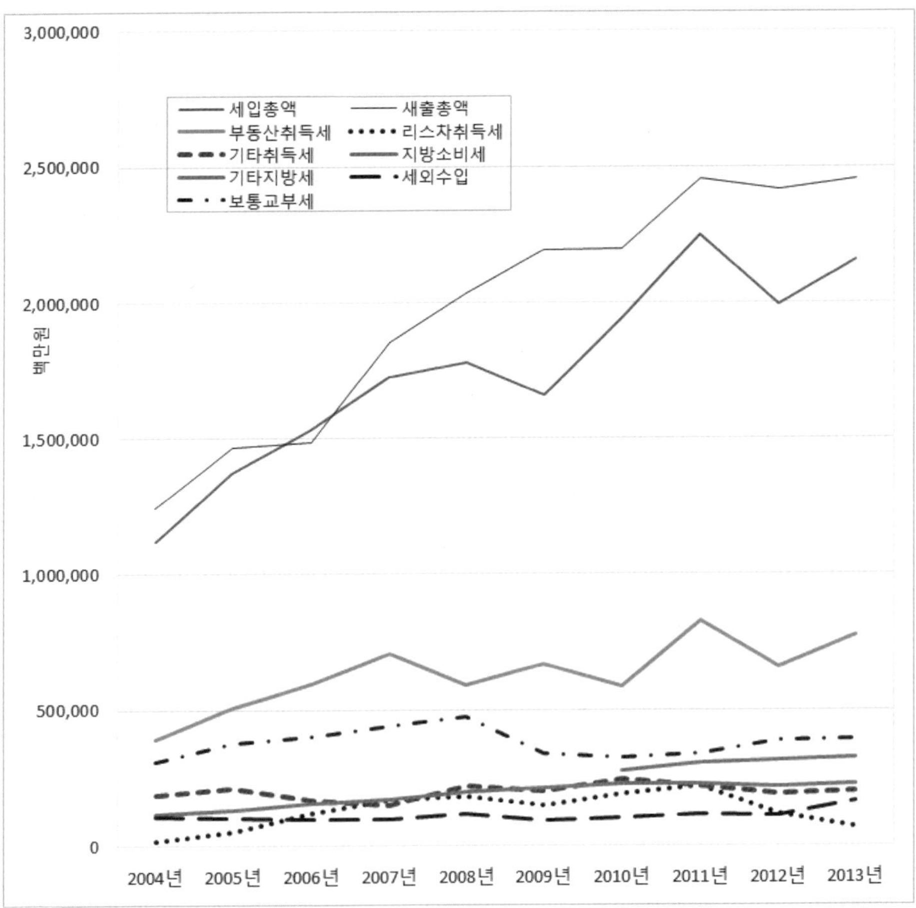

적자가 계속해서 발생하고 있음을 알 수 있다. 그림 하단은 세입 부문 7개 분석요소의 추세로서 오른쪽 끝 상단부터 부동산취득세, 보통교부세, 지방소비세, 기타지방세, 기타취득세, 세외수입, 그리고 리스차취득세 순으로 표시되어 있다.

[그림 6-2] 및 연결 통계표는 [그림 6-1]의 총세입 및 총세출, 그리고 각 세입 분석요소의 추세적 속성을 통계적으로 요약해서 제시하고 있다. 이들 통계치는 각 분석요소 및 각각의 관리 영역에 귀속되는 일단의 분석요소들이 재정위기를 유발한 책임 정도를 비교하기 위해 제4장 제2절에서 제시한 개념들을 기초로 도출했다.

먼저 단순증가율은, [그림 6-1]의 총세입을 예로 들어보면, 2004년 총세입이 2013년 총세입으로 증가하기 위한 연도별 평균증가율로서 해당 2개 연도의 저량을

[그림 6-2] 총세입 및 분석요소별 주요 속성

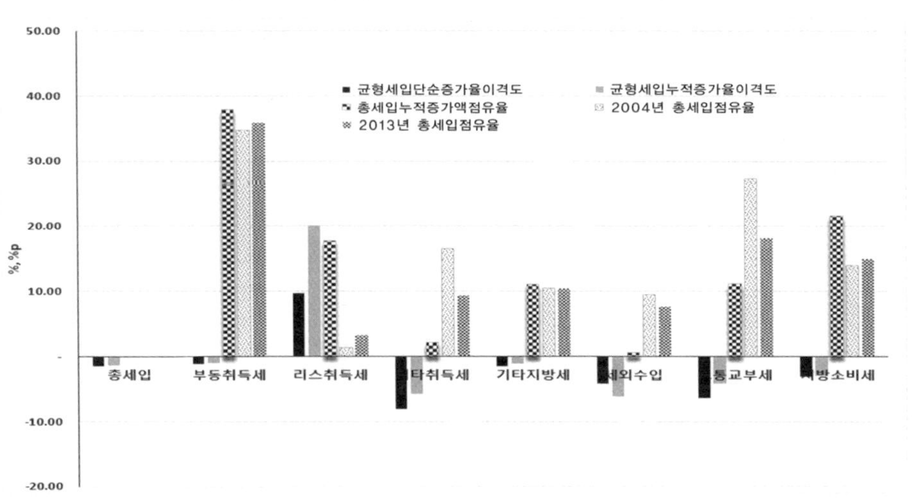

(단위: %, %p)

구 분	총세입	부동산 취득세	리스차 취득세	기타 취득세	기타 지방세	세외 수입	보통 교부세	지방 소비세
균형세입단순증가율이격도	-1.57	-1.17	9.74	- 8.08	-1.63	-4.22	-6.36	-3.16
균형세입누적증가율이격도	-1.43	-1.06	20.15	-5.72	-1.20	-6.14	-4.19	-2.94
총세입누적증가액점유율	100	37.93	17.81	2.17	11.08	0.58	11.18	21.64
2004년 총세입점유율	100	34.79	1.35	16.49	10.50	9.53	27.34	14.05
2013년 총세입점유율	100	35.98	3.33	9.40	10.45	7.61	18.15	15.07

주: 2010년 도입된 지방소비세는 2010~2013년(4년) 대상으로 도출.

연결한 직선의 기울기와 같다. 누적증가율은 유량 차원에서 2004년 총세입이 2013년까지 같은 수준을 유지할 때 2013년까지 누적 총세입, 즉 2004년 총세입 수준이 2013년까지 이어지는 수평선 아래의 면적이 같은 기간 동안 총세입 추세가 실제로 움직인 궤적 아래의 면적으로 증가하기 위한 연평균증가율이다. 제4장 제2절에서는 단순증가율의 상대적 차이는 개별 분석요소 또는 일단의 분석요소가 일정 시점, 가령 최초 또는 최종연도에 총세입 또는 총세출에서 차지하는 점유율 변화에 반영되고, 누적증가율의 차이는 총세입 또는 총세출누적증가액과 누적증가액점유율의 차이로 나타나는 것을 살펴보았다.

다음으로 균형세입증가율은 총세출의 추세에 맞춰 균형재정을 이룰 수 있는 가상의 총세입증가율로 규정한다. 균형세입증가율도 단순 및 누적 균형세입증가율로 구분된다. 균형세입단순증가율은 2004년 총세입이 2013년 총세출 수준으로 증가하기 위한 연평균 세입증가율이고, 균형세입누적증가율은 2004년 총세입이 2013년까지 같은 수준을 유지할 때 총세입 누적금액, 즉 수평선 아래의 면적이 같은 기간 동안 총세출 추세가 실제로 움직인 궤적 아래의 면적으로 증가하기 위한 연평균 세입증가율을 말한다. 전자는 9.09%, 후자는 6.51%가 도출되었다.

균형세입증가율이격도는 총세입이나 분석요소 등의 세입증가율에서 총세입과 총세출이 수지균형이 이루어지는 가상의 균형세입증가율을 차감한 것이다. 이격도가 음수(−)이면 총세입이나 분석요소 등의 세입증가율이 균형세입증가율보다 낮은 것을 의미한다. 절대치의 크기는 미달 폭, 즉 균형세입증가율에 미치지 못하는 정도를 나타낸다.

균형세입단순증가율이격도의 상대적 차이는 특정 시점의 총세입점유율에 반영되고, 균형세입누적증가율이격도의 상대적 차이는 분석요소 등의 세입누적증가액 및 총세입누적증가액점유율의 변화로 나타난다. 균형세입누적증가율이격도가 음수(−)이면 분석요소 등의 세입누적증가율이 균형세입누적증가율에 미치지 못해 재정적자를 유발하며 절대치가 클수록 그 정도가 확대된다. 총세입누적증가액점유율은 최초연도를 기준으로 일정기간 누적된 총세입 누적증가액에서 개별 분석요소 등의 누적증가액이 차지하는 비중을 말한다. 최초 및 최종연도의 총세입점유율은 분석요소 등의 세입이 해당 연도의 총세입에서 차지하는 비중을 나타낸다.

[그림 6-1] 및 [그림 6-2]를 통해 세입 측면 분석요소들의 전반적인 추세를 보

면, 먼저 리스차취득세를 제외한 모든 분석요소의 단순 및 누적 균형세입증가율이 격도가 음수(−)로 나타났다. 먼저 균형세입단순증가율이격도를 보면 부동산취득세, 기타지방세, 지방소비세 등의 미달 폭(절대치)이 상대적으로 작다. 그 결과 2004년보다 2013년 총세입점유율이 증가했거나 감소 폭이 작다.[2] 반면에 미달 폭이 큰 기타취득세, 보통교부세 및 세외수입은 총세입점유율 감소 폭이 크다. 균형세입누적증가율이격도는 미달 폭이 클수록 총세입점유율과 비교하여 총세입누적증가액점유율이 떨어지고 재정수지 적자 폭이 늘어나 그에 비례하여 재정위기 유발책임이 증가한다. 세외수입(−6.14%p), 기타취득세(−5.72%p), 보통교부세(−4.19%p)가 미달 폭이 커 이 범주에 속한다.

분석요소별로 보면 먼저 리스차취득세는 유일하게 단순 및 누적증가율 모두 균형세입증가율을 크게 웃돌 뿐 아니라, 누적증가율이 단순증가율보다 훨씬 큰 특이한 모습을 보인다. 최종연도 총세입점유율의 5배를 넘는 총세입누적증가액점유율은 기간 중 세입 추세가 최초 및 최종연도의 세입 수준을 훨씬 웃도는 궤적을 그리면서 막대한 재정수입을 창출했음을 의미한다. 이와 함께 막대했던 과거의 세입 창출 능력이 최종연도에 접근하면서 세수 급락의 부메랑이 되어 주요 재정압박 요인으로 변했음을 추정할 수 있다.

다음은 부동산취득세가 경상남도의 주력 세원임을 알 수 있다. 단순증가율이 상대적으로 높을 뿐 아니라, 누적증가율이 단순증가율의 1/2을 상당 폭 웃돌아 연도별 세입 궤적이 최초 및 최종연도를 잇는 직선의 상부에서 움직이면서 세입을 추가로 창출했음을 알 수 있다. 그러나 2007년 이후 신장세가 꺾이고, 2011년 반짝 급등한 후 신장세가 다시 꺾이는 모습을 보여 준다. 기타지방세는 단순 및 누적증가율 측면에서 부동산취득세와 유사한 패턴을 보인다.

기타취득세, 세외수입 및 보통교부세는 모두 단순 및 누적 균형세입증가율이격도의 절대치가 매우 커 재정압박의 주요 원인으로 작용했다. 보통교부세는 2008년부터 하락 추세로 접어들었다가 2010년 이후 약간 회복했으나, 전반적으로 낮은 증가율 때문에 2013년 총세입점유율이 2004년에 비해 크게 떨어졌다. 그 결과 총세입누적증가액점유율이 큰 하락폭을 보인 2013년의 총세입점유율에도 미치지 못한다. 지방소비세 또한 신장률이 낮은 편이다. 보통교부세와 지방소비세의 낮은 증가

---

2 지방소비세는 2010년 이후 4년을 대상으로 통계치를 도출했기 때문에 타 분석요소와 비교하는데 일부 오차가 개재되었다.

율은 전자는 지방재정조정제도의 주요 기제로서 역할을 충실히 수행하지 못했고, 후자는 취득세제 개편에 따른 세수결손 보전이라는 도입 취지에 부응하지 못했음을 의미한다.

Ⅱ. 분석요소별 재정위기 원인 분석

1. 부동산취득세

부동산취득세는 경상남도의 주된 재원으로서 일반재원 세입의 30~40%를 차지한다. 다음 [그림 6-3]은 부동산취득세의 연도별 변화 추세를 일반재원 세입 및 세출추세와 대비한 것이다. 여기서 부동산취득세 '순액'은 부동산취득세 세목으로 징수된 세입이다. '보전재원'은 부동산교부세와 취득세율인하보전금을 합산한 것으로서 부동산취득세 '순액'과 함께 부동산취득세 '총액'을 구성한다. 이들 보전재원은 정부가 부동산취득세율 인하에 따른 세수결손을 보전하기 위해 교부했기 때문에 변형된 형태의 부동산취득세 세입으로 보았다.

부동산취득세 총액이 일반재원에서 차지하는 비중은 보전재원의 교부에 따라 변동 폭이 크다. 부동산취득세 순액의 비중은 2006년까지 일반재원의 36% 수준에 머물다가 그 후 하락하여 2009년 이후에는 31% 내외로 수렴된다. 부동산취득세 총액은 2007년과 2009년에 부동산교부세가 큰 규모로 교부되어 그 비중이 40%를 넘어섰다. 2009년에는 세계경제위기 및 정부의 감세정책으로 부동산취득세 순액과 일반재원 세입이 큰 폭으로 동반 감소했으나, 보전대책으로 부동산교부세가 교부되어 부동산취득세 총액의 비중이 계속해서 높은 수준을 유지했다. 그러나 2010년에는 보전재원이 교부되지 않아 부동산취득세 총액의 비중이 최저 수준인 30.14%로 떨어졌으며, 2011년에는 부동산취득세 순액이 증가한 데다 취득세율인하보전금이 대거 교부되어 부동산취득세 총액이 대폭 증가했다. 그러나 일반재원 세입의 증가 폭도 커 부동산취득세 총액의 비중은 36% 수준에 머물렀다.

부동산취득세 세입은 일반재원에서 차지하는 비중이 크기 때문에 [그림 6-3]에서 보듯이 일반재원 세입과 전체적으로 변화 패턴이 비슷하다. 그러나 이러한 전반적으로 유사한 패턴 속에서도 부동산취득세가 재정위기를 유발한 원인이 되었음을 다음과 같이 추정할 수 있다.

[그림 6-3] 일반재원 세입, 세출 및 부동산취득세 변동 추세

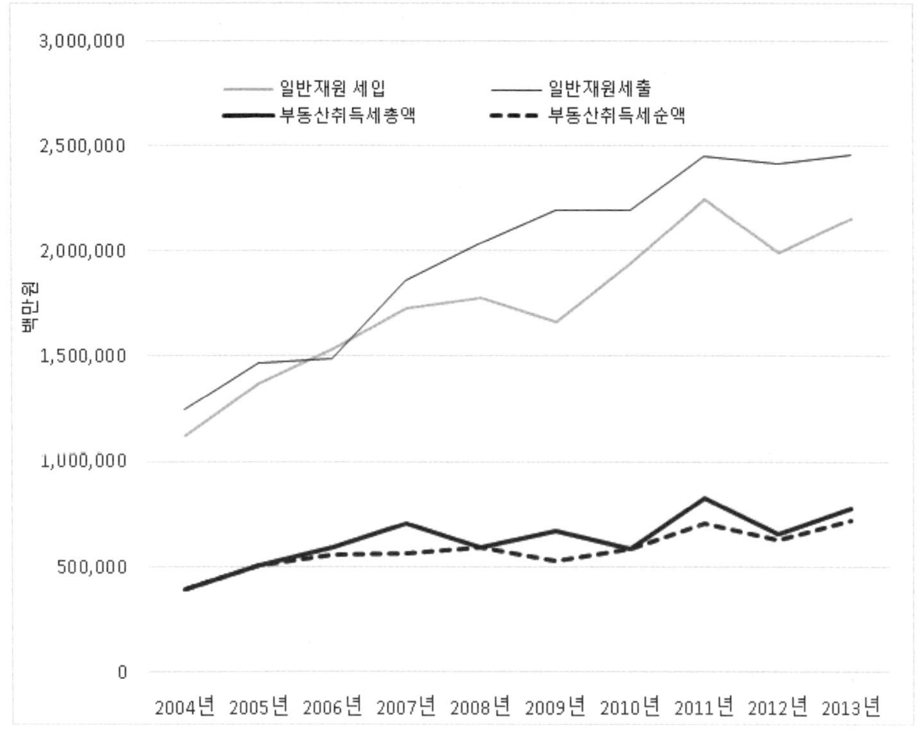

부동산취득세총액. 부동산취득세순액

부동산취득세총액	390,500	506,300	594,300	704,200	588,532	669,446	586,003	827,700	655,800	775,100
일반재원 비중	34.79%	36.86%	38.78%	40.76%	33.10%	40.33%	30.14%	36.78%	32.96%	35.98%
부동산취득세순액	390,500	506,300	554,100	564,400	588,532	524,746	586,003	705,200	624,700	720,100
보전재원	-	-	40,200	139,800	-	144,700	-	122,500	31,100	55,000

첫째, 일반재원의 1/3 정도를 차지하는 부동산취득세가 신장세 측면에서 주력 세원의 역할을 다하지 못했다. 2004~2013년 기간 동안 부동산취득세 총액의 단순 및 누적증가율은 각각 7.92% 및 5.45%로서 일반재원 총세입 및 총세출의 증가율을 약간 웃돈다. 일반재원 총세출의 단순 및 누적증가율은 각각 7.85%와 5.30%였다. 그러나 단순 및 누적 균형세입증가율이격도가 각각 -1.2%p 및 -1.1%p인 데서 주력 세원인 부동산취득세조차 재정수지 적자를 유발한 요소였음을 알 수 있다.

둘째, 2005년 이후 부동산 관련 지방세제 개편 및 정부 정책의 변화가 부동산

취득세 등 일반재원의 세입 신장세를 크게 떨어뜨리고 세입 추세의 변동성을 확대하여 재정위기 원인을 제공한 것으로 판단된다. 먼저 정부는 2005년 국세인 종합부동산세를 도입하여 부동산보유세를 강화하는 한편, 도세인 부동산거래세를 5%(취득세율 3%, 등록세율 2%)에서 4%(취득세, 등록세 각 2%)로 인하했다.[3] 이와 함께 제4장 제1절에서 보았듯이 거래세율 인하로 인한 세수의 결손을 보전하기 위해 종합부동산세 세입을 재원으로 경상남도 등 광역자치단체에 부동산교부세를 교부했다.

당시의 세제 개편이 경상남도의 세입에 미친 영향을 구체적으로 계량화하기는 어렵지만, 부동산취득세 총액 및 순액의 변화 추세를 통해 그 방향성을 추정할 수 있다. 앞의 [그림 6-3]을 보면 2009년까지 부동산취득세 총액 추세는 바로 아래에 점선으로 표시된 부동산취득세 순액 추세에 부동산교부세가 추가된 것이다. 여기서 2005년 정부의 세제 개편 및 정책적 개입이 없었다고 가정한다면, 부동산취득세 총액은 눈대중으로 볼 때 장기적으로 2004년과 2007년의 세입 총액을 연결하는 추세선을 따라 증가했을 것으로 추정된다. 이러한 추정은 부동산교부세가 부동산거래세의 결손을 정확하게 보전했을 것이라는 가정을 근거로 한다.[4] 한편 광역자치단체에 대한 부동산교부세 교부가 2008년 헌법재판소 판결에 따라 중단되었음을 고려하면 2009년의 부동산교부세 교부는 실질적으로 2008년의 부동산거래세 결손을 보전한 것으로 이해된다. 이렇게 본다면 2008년의 부동산취득세 총액 또한 대략 2004~2007년을 잇는 추세선 위에 놓인다. 따라서 이러한 관찰을 통해 2005년 이후 정부의 세제 개편 및 정책적 개입이 경상남도의 부동산취득세 신장세를 크게 둔화시켰음을 추정할 수 있다.

다음으로 정부는 주택거래 촉진을 위해 2011년 3월 22일부터 그해 말까지 주택 취득세율을 취득가 9억원 초과는 4%에서 2%로, 9억원 이하는 2%에서 1%로 각각 추가로 인하하고 그에 따른 세수결손을 보전하기 위해 취득세율인하보전금을 교부했다.[5] 그리고 2012년 9월 24일부터 2013년 6월 말까지는 주택 취득금액을 6억

---

3 실제 적용세율은 주택 취득 과세표준의 실거래가격 전환에 따라 거래세 부담이 증가할 것을 고려하여 지방세 감면규정을 이용하여 3.5%로 한시적으로 인하하고, 2006년 9월부터는 주택경기 활성화를 위해 적용세율을 2%로 인하하여 2010년 말까지 유지하였다(주만수·윤성호, 261면).

4 일반적으로 지방세제를 개편할 때, 개편 전후의 세수가 균형을 이루도록 정밀하게 계산한다. 따라서 최소한 단기적으로는 거래세 감소액과 부동산교부세 교부액이 거의 같았다고 추정할 수 있다.

5 여기서 취득세는 2011년 취득세제 개편으로 종전의 취득세와 취득 관련 등록세가 통합된 것이다.

원과 9억원을 기준으로 3단계로 구분하여 각각 1~3%의 세율을 적용했다. 이러한 추가적인 감면은 주로 수도권의 주택거래 부진에 대응하여 부동산거래를 촉진하고 이를 통해 경기를 활성화하겠다는 국가 경제정책 목적에서 추진되었다.

그러나 당시 경남의 주요 도시는 지역적인 차이로 인해 부동산 경기가 살아 있어서 정부의 조치가 불에 기름을 끼얹는 역할을 했다. 그 결과 세율이 절반으로 인하되었는데도 2011년 부동산취득세 순액이 705,200백만원으로 전년보다 119,197 백만원 증가하고, 취득세율인하보전금 119,300백만원을 합산한 부동산취득세 총액은 240,000백만원 가까이 급증했다. 다년간 분산되어야 할 세입이 2011 회계연도에 집중된 것이다. 반면에 2012년에는 한시적인 취득세율 인하 조치가 종료됨에 따라 거래가 격감하여 부동산취득세 총액이 2010년과 큰 차이가 없는 수준으로 회귀했다. 이처럼 국가정책 목적에서 추진된 부동산취득세의 추가 감면조치는 부동산취득세의 신장성을 더욱 떨어뜨리고 세입 변동 폭을 크게 확대함으로써 감축 관리를 지연시키고 이어진 세입 급락 국면에서 증가한 경상사업비 수요를 충당하지 못해 재정위기 발생의 원인이 된 것으로 보인다.

2. 리스차취득세

리스차취득세 세입은 [그림 6-4]에서 보는 바와 같이 2004년 15,200백만원에서 출발하여 2008년 181,814백만원으로 증가하여 일반재원 세입의 10%를 돌파하고, 2011년에는 217,200백만원으로 정점을 기록했다. 그러나 시·도 간 치열한 경쟁으로 이러한 추세가 반전되어 2012년 119,500백만원, 2013년 71,800백만원으로 세입이 급격하게 감소했으며, 그 이후에도 감소 추세가 계속될 것으로 예측되었다.

[그림 6-4] 리스차취득세 세입 추세

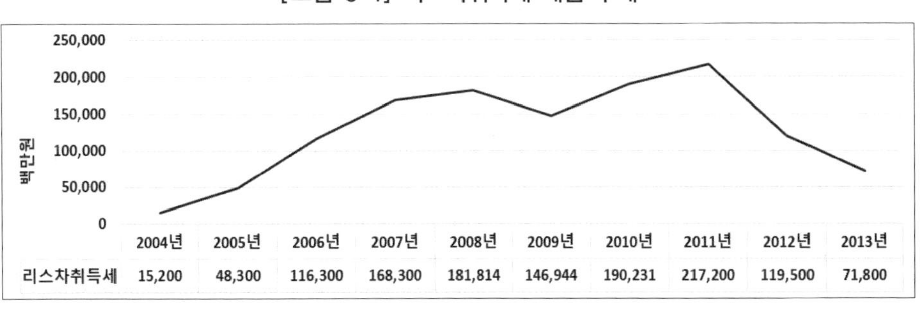

	2004년	2005년	2006년	2007년	2008년	2009년	2010년	2011년	2012년	2013년
리스차취득세	15,200	48,300	116,300	168,300	181,814	146,944	190,231	217,200	119,500	71,800

리스차취득세의 단순 및 누적증가율은 총세입의 단순 및 누적 증가율보다 높을 뿐 아니라 세입 부문 분석요소 중에서 유일하게 균형세입증가율을 크게 웃돈다. 단순 및 누적 균형세입증가율이격도가 각각 9.74%p와 20.15%p에 달해 리스차취득세가 다른 세입 분석요소에서 유발된 재정수지 적자를 크게 만회한 것이다. 특히 누적증가율이격도가 단순증가율이격도보다 월등하게 큰 것은 그림에서도 확인할 수 있듯이 세입 추세의 궤적이 최초 및 최종연도의 세입 저량을 잇는 직선보다 훨씬 위쪽에서 움직이면서 막대한 세입을 창출했음을 뜻한다.

리스차취득세의 총세입누적증가액점유율, 즉 분석기간 중 총세입누적증가액에서 리스차취득세 세입의 누적증가액이 자치하는 비중은 17.81%에 달한다. 이것은 최종연도 총세입점유율 3.3%의 5배가 넘는 수치로서 리스차취득세가 경상남도의 재원 창출에 막중한 역할을 했음을 보여 준다. 리스차취득세 누적증가액은 앞에서도 설명했듯이 세입추세 궤적의 하부 면적에서 2004년 세입 152,000백만원이 2013년까지 이어지는 수평선 아래 면적을 차감한 면적이다.

그러나 2012년부터 시작된 급격한 세입감소 추세는 역으로 경상남도에 커다란 재정압박 요인으로 전환되었다. 리스차취득세 세입의 상승 및 하락 국면이 후술하는 경상남도 자체사업의 등락과 약간의 시차를 두고 비슷한 패턴으로 움직이는 데서 리스차취득세가 경상남도 재정운영에 미친 영향력을 추정할 수 있다.

3. 기타취득세, 세외수입, 기타지방세

앞의 [그림 6-2] 및 연결 통계표에서 보듯이 기타취득세와 세외수입은 균형세입누적증가율이격도가 각각 -5.72%p 및 -6.14%p로서 분석요소들 가운데 미달 폭이 가장 큰 편이다. 이것은 세입창출능력이 과소하여 재정적자 유발 비율이 높다는 뜻이다. 실제로 이들 분석요소의 총세입누적증가액점유율은 기타취득세가 2.17%이고, 세외수입은 0.58%에 불과해 각각 최초연도의 총세입점유율 16.49% 및 9.53%보다 현저하게 낮다. 기타취득세와 세외수입은 균형세입단순증가율이격도의 절대치도 커 최종연도의 총세입점유율이 각각 9.40%와 7.61%로 축소되었다. 세외수입의 총세입점유율 감소 폭이 상대적으로 작은 것은 최종연도의 세입이 추세를 이탈하여 크게 증가했기 때문이다. 한편 기타지방세는 부동산취득세와 유사한 패턴을 보일 정도로 세입 신장세가 상대적으로 높은 편이다.

4. 보통교부세와 지방소비세

지방소비세는 순수한 지방세로서 정체성 측면에서 볼 때 바람직한 것은 아니지만, 지방재정조정제도의 성격이 강하고, 해당 세액만큼 국세인 부가가치세가 감액되므로 지방교부세액의 결정에도 영향을 미친다(임성일, 2012). 따라서 여기서는 지방소비세와 보통교부세를 하나로 묶어서 세입 신장세가 적정한지, 그리고 지방세수 결손을 보전하려고 도입된 취지에 부응하는지를 중심으로 분석한다.

먼저 보통교부세는 균형세입누적증가율이격도가 -4.19%p로 미달 폭이 커 총세입누적증가액점유율이 최초연도 총세입점유율 27.34%를 훨씬 밑도는 11.18%에 그쳤다. 최종연도의 총세입점유율이 18.15%로 대폭 하락한 것은 균형세입단순증가율이격도가 타 분석요소보다 상대적으로 컸기 때문이다.

2010년 도입된 지방소비세는 일반재원 총세입의 증가율을 높이기는 했지만, 재원 자체의 증가율은 높지 않다. 보통교부세와 지방소비세를 합산할 때 균형세입단순증가율이격도는 0.8%p이며, 균형세입누적증가율이격도는 -1.0%p에 불과하다. 균형세입누적증가율이격도가 음수(-)이면 균형예산을 달성하는 수준에 미달하여 재정수지 적자를 유발한다. 따라서 지방소비세가 2013년까지 지방재정조정 제도의 핵심 기제인 보통교부세를 보완하는 역할에도 충분하지 않았음을 알 수 있다.

다음은 지방소비세가 중앙정부의 정책 및 제도 변경에 의한 지방세수의 결손을 보전하려고 도입된 취지에 부응했는지를 살펴본다. 다음 [그림 6-5]를 보면 위쪽에 부동산취득세 총액과 순액이 점선으로 표시되어 있다. 부동산취득세 총액에는 부동산취득세 순액에 2006~2009년은 부동산교부세가, 그리고 2011~2013년은 취득세율인하보전금이 포함된 것이다. 2008년에는 부동산교부세가 교부되지 않았지만, 부동산취득세 항목에서 설명했듯이 2009년 교부금이 실제로는 2008년도의 세수결손을 보전한 것으로 판단되므로 추세선 도출을 위한 목적에서 이것을 2008년 세입에 포함했다.

부동산취득세 총액 추세는 2005년 및 2011년의 취득세율 인하에 따라 세입 증가세가 크게 꺾이거나 하락 국면으로 반전된 것을 뚜렷하게 관찰할 수 있다. 이에 따른 도 단위 광역자치단체의 세수결손은 2008년 결손액까지 부동산교부세로 보전했다. 그림 최상단의 점선 화살표는 당시의 부동산교부세액이 부동산취득세 세율인하로 인한 세수 결손액과 같고, 그 대신에 2005년 세율을 인하하지 않았다고 가

[그림 6-5] 부동산취득세, 보통교부세 및 지방소비세의 추세 변화

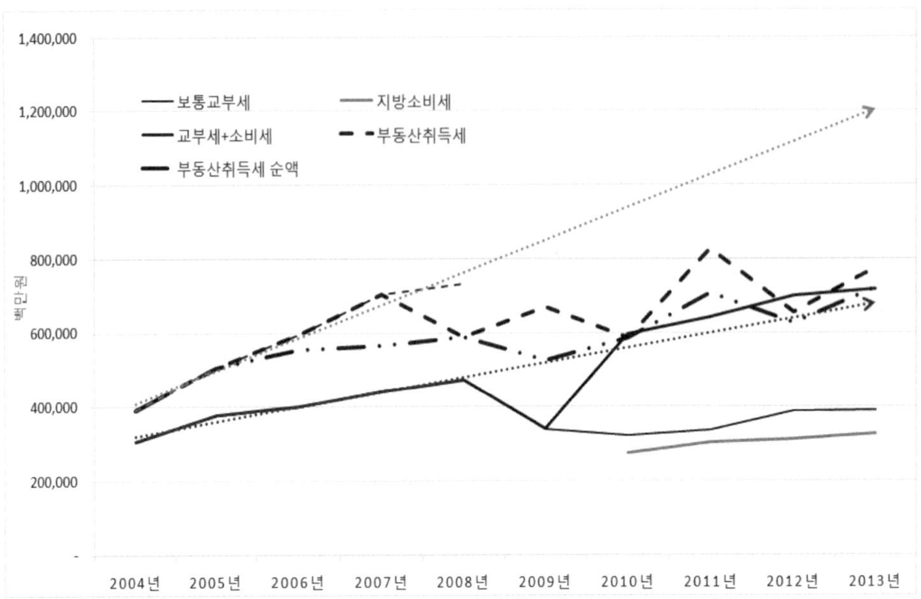

정하는 경우 2009년 이후의 부동산취득세 세입을 추정할 수 있는 추세선이다.[6]

다음으로 [그림 6-5]의 하단에는 아래로부터 지방소비세, 보통교부세, 그리고 보통교부세와 지방소비세 합산액의 추세가 각각 실선으로 표시되어 있다. 먼저 보통교부세는 2009년 큰 폭으로 감소했으며, 그 이후 완만한 회복세를 보인다. 2009년은 세계경제위기 여파로 국내경기가 부진했던 데다 경기 활성화를 위한 감세 정책으로 국세가 많이 감소하여 이에 연동된 지방교부세가 함께 감소했다. 2010년 이후는 지방소비세 도입에 따른 국세 감소가 지방교부세의 신장세를 둔화시켰다.

이러한 정부 개입의 영향을 배제하기 위해 2008년까지의 세입을 토대로 2009년 이후 보통교부세 세입을 추정할 수 있는 추세선을 도출했다. 이 추세선은 2004년부터 지방교부세 추세와 거의 중첩되어 진행하다가 2008년을 기점으로 분기된 후, 지방소비세가 도입된 2010년 이후에는 보통교부세와 지방소비세 합산액의 추세와 근접해서 진행한다. 이것은 지방소비세가 보통교부세의 신장세를 유지하는 정도의 역할에 그쳤을 뿐이며, 2005년 세제개편 등 정부의 개입으로 발생한 지방세수의 결손을 보전하려던 도입 취지는 거의 달성하지 못했음을 의미한다. 2011~2013년

6 전술한 부동산취득세에 대한 설명 및 '각주 4' 참조.

사이에 취득세율인하보전금이 교부되었지만, 그것은 2005년 인하된 거래세(취득세) 세율을 2011년 추가 인하한 데 따른 보완 조치이다. 결과적으로 2005년 정부의 세제개편 및 정책 개입으로 발생한 세수결손이 모두 지방의 부담으로 전가되었으므로 이것이 지방재정을 압박하고 재정위기를 유발한 주요 원인이 되었을 것으로 추정된다.

Ⅲ. 관리 영역별 재정위기 원인 분석

세입 측면의 7개 분석요소 중에서 세외수입을 제외한 6개 요소는 조세법정주의에 따라 경상남도가 영향력을 행사할 여지가 거의 없다. 다만 리스차취득세는 세원이 전국에 분포되어 있어 시방자치단체의 노력에 따라 세입에 영향을 미칠 수 있다. 따라서 세외수입과 리스차취득세를 영향 영역으로 구분했다. 나머지 분석요소는 모두 적응 영역으로 구분했다. 통제 영역에 해당하는 분석요소는 없다.

다음 [그림 6-6] 및 연결 통계표를 보면 단순 및 누적 균형세입증가율이격도가 영향 영역은 각각 -1.50%p 및 1.19%p이며, 적응 영역은 각각 -1.58%p 및 -1.79%p이다. 먼저 균형세입단순증가율이격도는 영향 영역과 적응 영역이 비슷해서 최초 및 최종연도의 총세입점유율이 거의 변하지 않았다. 다음으로 균형세입누적증가율이격도는 영향 영역과 적응 영역이 각각 1.19%p 및 -1.79%p이며 총세입 전체로는 음수(−)인 -1.43%p로 나타났다. 이것은 총세입누적증가율이 균형세입누적증가율에 미치지 못해 재정적자가 발생했으며, 영역별로는 균형세입누적증가율을 웃도는 영향 영역에서 초과 세입을 창출하여 반대로 균형세입누적증가율에 미달한 적응 영역에서 유발된 재정적자를 일부 보전했음을 의미한다. 그 결과 영향 영역의 총세입누적증가액점유율이 총세입점유율의 거의 2배에 이른다. 따라서 재정적자 유발 요인이 전적으로 적응 영역에 있음을 알 수 있다.

영향 영역을 리스차취득세와 세외수입으로 구분해 보면 세입 증가가 모두 리스차취득세에서 창출되었음을 알 수 있다. 앞에서 리스차취득세가 2004년 일반재원 세입의 1.35%에서 출발하여 한때는 10%를 초과할 정도의 주요 세원으로 성장했음을 살펴보았다. 한편 세외수입은 조사대상 기간 중 변동이 거의 없어 총세입누적

[그림 6-6] 관리 영역별 분석요소의 주요 속성

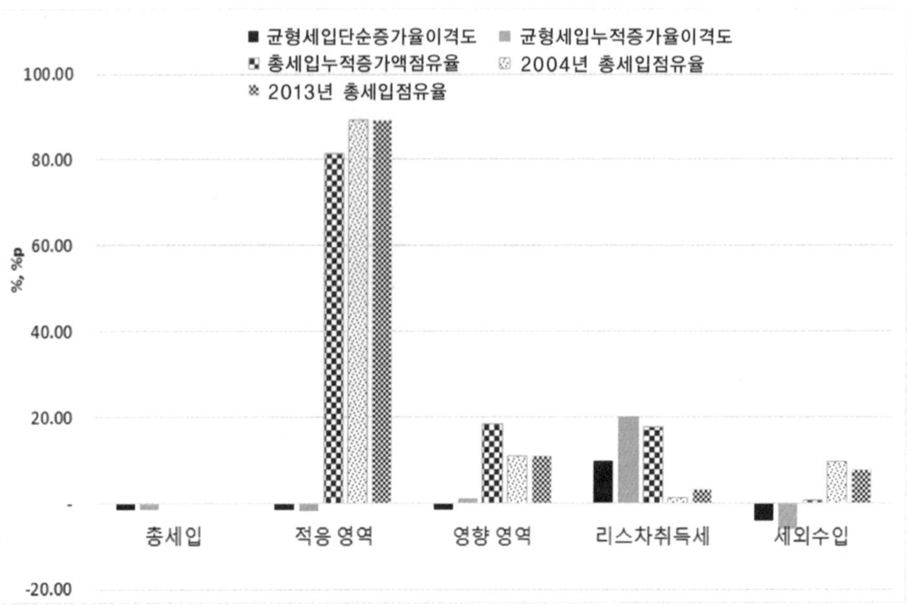

(단위: %. %p)

구 분	총세입	적응 영역	영향 영역		
			소 계	리스차취득세	세외수입
균형세입단순증가율이격도	-1.57	-1.58	-1.50	9.74	-4.22
균형세입누적증가율이격도	-1.43	-1.79	1.19	20.15	-6.14
총세입누적증가액점유율	100	81.61	18.39	17.81	0.58
2004년 총세입점유율	100	89.12	10.88	1.35	9.53
2013년 총세입점유율	100	89.05	10.95	3.33	7.61

증가액점유율이 1.03%에 불과하다. 이처럼 영향 영역은 전체적으로 리스차취득세와 세외수입의 대조적인 요소들이 서로 상쇄되어 양 극단의 특성들이 일부 희석되었으며, 같은 범주의 분석요소로서 공통점은 찾아보기 어렵다.

제 2 절 세출 측면

Ⅰ. 전반적 추세를 통한 재정위기 원인 분석

재정위기 원인 분석을 위한 세출 추세는 공식적인 세입·세출결산서에 바탕을 둔 세입 추세와 달리 경상남도가 자체적으로 관리하는 통계자료를 기초로 도출한다. 2008년부터 세출결산서의 분류체계가 대폭 개편되어 본 연구에서 설정한 세출 부문 9개 분석요소의 추세자료를 그 이후부터 도출할 수 있기 때문이다. 따라서 세출결산서를 이용할 수 없는 2004~2007년 기간을 포함하여 분석대상 전 기간(2004~2013년)의 추세자료가 연속성을 유지할 수 있도록 경상남도 자체 세출통계자료의 분류기준을 통일적으로 적용한다.

세출결산서는 법정의무경비와 중앙지원사업 도비부담을 각각 3개의 세부 분석요소로 구분하지만, 경상남도 자체 자료로는 이들 각각의 세부 분석요소를 구분할 수 없다. 따라서 세출을 법정의무경비와 중앙지원사업 도비부담, 그리고 인력운영비, 필수경상비 및 자체사업의 5개 범주로 구분한다. 다음 [그림 6-7]은 2004년부터 2013년까지 경상남도 일반재원 세출 추세를 5개 유형으로 구분하여 보여 준다.

그림 상단은 일반재원 총세입 및 총세출 추세로서 큰 폭의 재정수지 적자가 계속해서 발생하고 있음을 보여 준다. 하단은 세출 유형별 추세이며 2009년이 추세의 변곡점임을 알 수 있다. 2009년의 변곡점에 유의하여 살펴보면, 오른쪽 끝 상단부터 법정의무경비의 상승세가 갑자기 가팔라지고, 중앙지원사업 도비부담은 빠른 신장세가 정체기에 접어들었으며, 자체사업은 가파른 상승세와 하락세가 교차했다. 필수경상비와 인력운영비는 계속해서 비교적 완만하게 상승하는 추세를 보인다. 이처럼 2009년을 변곡점으로 세출 추세가 바뀌기 때문에 추세분석도 이에 부응하여 전체 기간 대상의 분석과 2009년을 기준으로 전반기와 후반기를 구분한 기간별 분석을 병행한다. 변곡점인 2009년을 기준으로 전·후반기를 구분한 것은 기준연도에 근접한 2008년부터 세출 추세를 9개 분석요소별로 더욱 상세하게 분석할 수 있는 점을 함께 고려한 것이다.

[그림 6-7] 분석요소별 일반재원 세출 추세

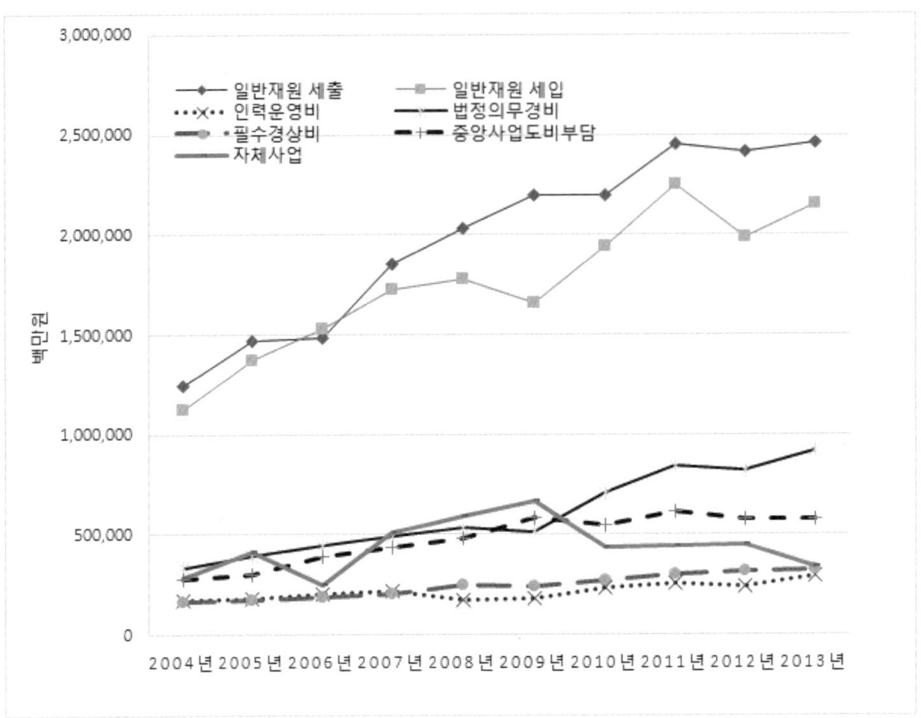

이어서 [그림 6-8] 및 연결 통계표는 [그림 6-7]에서 제시된 총세입 및 총세출과 5대 세출 유형별 추세의 속성을 요약해서 보여 준다. 본 장 제1절의 세입 측면 분석에서와 같은 논리로 균형세출증가율은 총세입 추세와 균형을 이루는 가상의 총세출증가율이다. 저량 차원의 균형세출단순증가율은 2004년 총세출이 2013년 총세입 수준으로 증가하기 위한 연평균 세출증가율이고, 유량 차원의 균형세출누적증가율은 2004년 총세출이 2013년까지 같은 수준을 유지할 때 누적 총세출, 즉 2004~2013년 기간의 수평선 아래 면적이 같은 기간 총세입의 실제 궤적 아래의 면적으로 증가하기 위한 연평균증가율이다.[7]

7 전체 기간 및 전·후반기의 단순 및 누적 균형세출증가율을 보면, 전체 기간은 6.29% 및 3.89%, 전반기 5.94% 및 4.26%, 그리고 후반기는 -0.46% 및 -2.30%로 현저한 차이가 있다. 후반기 균형세출증가율이 음(-)의 값을 띠는 이유는 2013년 총세입이 2009년 총세출보다 작으며, 2009년의 총세출 수준이 2013년까지 유지될 때 수평선 아래의 면적이 2009년부터 2013년까지 총세입 궤적의 하부 면적보다 크다는 뜻이다. 따라서 세출수준이 2009년보다 감소해야 균형재정을 이룰 수 있다.

균형세출증가율이격도는 저량과 유량 차원 모두 총세출, 세출분석요소, 그리고 세출 각 유형 또는 지방정부의 각 관리 영역에 귀속되는 일단의 분석요소별 증가율에서 균형세출증가율을 차감하여 산출한다. 각 분석요소 등의 세출증가율이 균형세출증가율을 초과하면 이격도가 양수(+)로 나타나고 그 크기는 균형증가율을 초과하는 정도를 나타낸다. 세입 측면에서와 마찬가지로 균형세출증가율이격도와 유형별 세출 등의 총세출점유율, 총세출누적증가액점유율, 그리고 재정수지 적자 유발 정도는 밀접하게 관련된다. 저량 차원의 균형세출단순증가율이격도는 초과 폭이 상대적으로 크면 해당 분석요소와 세출 유형 등의 최종연도 총세출점유율이 최초연도 점유율보다 높아지고 반대로 상대적으로 작으면 최종연도 총세출점유

[그림 6-8] 총세출 및 세출 범주별 주요 속성

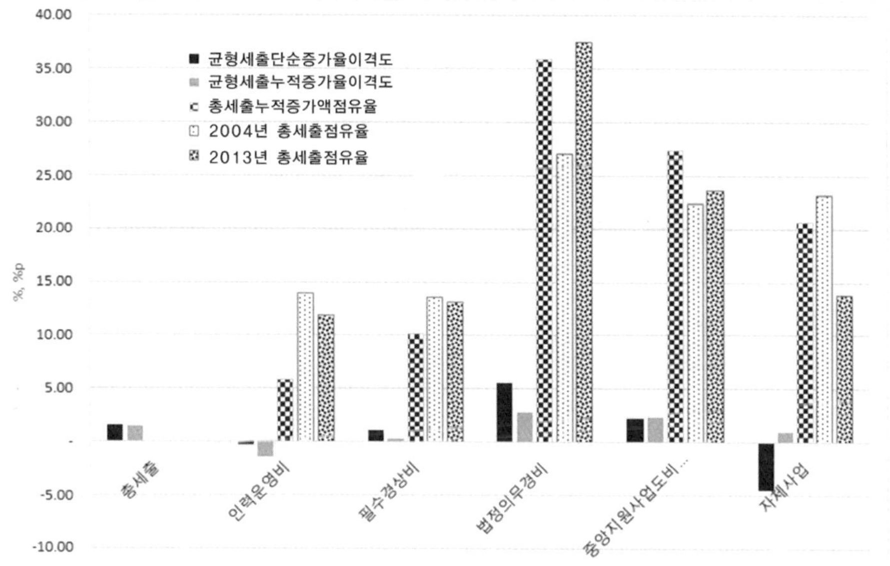

(단위: %, %p)

구 분	총세출	인력운영비	필수경상비	법정의무경비	중앙사업부담	자체사업
균형세출단순증가율이격도	1.56	-0.29	1.14	5.58	2.21	-4.44
균형세출누적증가율이격도	1.42	-1.40	0.29	2.79	2.35	0.93
총세출누적증가액점유율		5.83	10.20	35.98	27.38	20.61
2004년 총세출점유율		13.93	13.56	27.00	22.38	23.13
2013년 총세출점유율		11.93	13.09	37.53	23.63	13.82

율이 낮아진다. 유량 차원의 균형세출누적증가율이격도는 양수(+)이면 해당 분석 요소와 세출 유형 등이 재정수지 적자를 유발한다는 뜻이며, 초과 폭이 상대적으로 클수록 세출누적증가액이 늘어나고 총세출점유율보다 총세출누적증가액점유율이 높아진다.

먼저 저량 차원을 보면 균형세출단순증가율이격도가 상대적으로 큰 법정의무경비와 중앙지원사업 도비부담은 이격도의 크기에 비례하여 최종연도의 총세출점유율이 증가했고, 이격도가 상대적으로 작은 자체사업, 인력운영비 및 필수경상비는 총세출점유율이 하락했다. 다음으로 유량 차원에서는 균형세출누적증가율이격도가 상대적으로 큰 법정의무경비, 중앙지원사업 도비부담은 총세출점유율 대비 총세출누적증가액점유율이 높고, 필수경상비와 인력운영비는 그 반대이다. 균형세출누적증가율이격도는 초과 지출 내지는 재정수지 적자를 유발하므로 재정위기 원인을 규명하는 데 특히 중요한 지표이다.

세출 유형별로 전반적인 추세를 살펴보면 먼저 법정의무경비가 과도하게 증가한 것이 재정위기의 주된 원인이 되었음을 알 수 있다. 법정의무경비의 균형세출누적증가율이격도는 다른 네 항목보다 훨씬 높은 2.79%p로서 총세출누적증가액의 35.98%가 이 부문에서 발생했다. 또한 균형세출단순증가율이격도도 커 총세출점유율이 2004년 27.0%에서 2013년 37.5%로 대폭 증가했다.

둘째, 중앙지원사업 도비부담은 균형세출누적증가율이격도가 2.35%p로서 법정의무경비 다음으로 재정위기 유발책임이 큰 것으로 나타났다. 기간 전반의 강한 신장세가 후반기에 크게 둔화하여 균형세출단순증가율이격도보다 누적증가율이격도가 오히려 크다. 이에 따라 총세출누적증가액점유율이 총세출점유율보다 훨씬 높은 27.38%를 차지했다.

셋째, 필수경상비와 인력운영비는 균형세출누적증가율이격도가 아주 작거나 음(−)의 값으로서 외견상 초과 재정수요 유발책임을 묻기가 어려워 보인다. 그러나 행정운영경비라는 측면을 고려하면 이러한 신장세를 과소평가할 수 없다. 인력운영비는 최종연도에 지출 수준이 갑자기 증가하여 기간 중의 낮은 신장세를 크게 끌어올렸다. 필수경상비는 총세출과 비슷한 신장세로 계속해서 증가했다.

넷째, 자체사업은 앞의 [그림 6-7]에서 보듯이 전반기의 급속한 신장세가 변곡점인 2009년을 기점으로 크게 꺾여 최종연도인 2013년에는 거의 최초연도 수준으로 되돌아왔다. 단순증가율이 1.85%이며, 균형세출단순증가율이격도는 -4.44%p로서 다른 세출 유형보다 현저하게 낮다. 이에 따라 총세출점유율이 2004년 23.13%에서 2013년에는 무려 9.3%p가 떨어진 13.82%로 감소했다. 그러나 균형세출누적증가율이격도는 0.93%p로서 재정수지 적자를 유발하는 데 일조했음을 알 수 있으며, 그 크기는 법정의무경비와 중앙지원사업 도비부담 다음이다. 그 결과 총세출누적증가액점유율이 최종연도 총세출점유율의 2배에 가까운 20.61%를 차지하여 자체사업이 재정수지 적자 및 재정위기 발생에 상당한 책임이 있음을 알 수 있다.

Ⅱ. 분석요소별 재정위기 원인 분석

1. 인력운영비 및 필수경상비

인력운영비와 필수경상비는 지방자치단체의 행정조직 운영에 필요한 최소한의 경상비인 행정운영경비를 구성하는 양대 요소이다. 이들 경비는 인력 및 관서운영에 필요한 관리비용이라는 점에서 서로 밀접한 관련이 있다. [그림 6-9]는 인력운영비와 필수경상비 및 이들 두 항목을 합산한 '행정운영경비'의 변화 추세를 보여 준다.[8] 그 하단의 연결 통계표는 추세 변화의 특징을 요약한 것이다. 인력운영비와 필수경상비의 추세를 보면 전자는 상저하고, 후자는 상고하저의 대조적인 패턴으로 움직인다. 이에 따라 두 항목의 세출 추세가 2007년 무렵 서로 교차한다. 구체적인 특징은 다음과 같다.

첫째, 2007년 무렵 인력운영비와 필수경상비가 서로 교차한 뒤 두 항목의 격차가 크게 벌어졌다. 이것은 2007년 12월 총액인건비제 도입과 2008년 전면 시행된 사업예산 제도와 관련된 것으로 보인다. 사업예산 제도는 총액인건비를 근거로 인력운영비의 범위를 설정한다. 그런데 제4장 제1절의 분석요소에서 살펴본 바와 같이 2008년 총액인건비제 시행 당시 인력운영비로 분류되었던 업무추진비(기관운영, 정원가산 및 부서운영 업무추진비)와 직급보조비 일부가 2011년 지방자치단체 예산편성 운영규칙의 개정에 따라 필수경상비의 기본경비 항목에 편입되었다. 이러한

8 행정운영경비는 인력운영비와 기본경비로 구성되고, 기본경비는 다시 전출금·출연금 및 기타 일부 경비와 함께 필수경상비를 구성한다. 따라서 인력운영비와 필수경상비를 합산하면 행정운영경비에 일부 다른 항목이 추가된다. 그러나 이하에서는 이러한 차이를 무시하고 인력운영비와 필수경상비를 합한 금액을 편의상 행정운영경비라고 부른다.

[그림 6-9] 인력운영비 및 필수경상비 추세

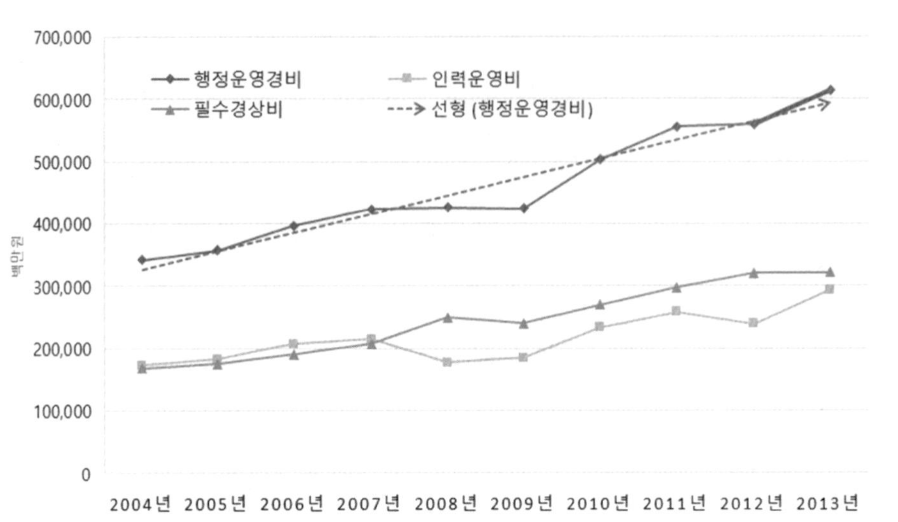

(단위: %, %p)

구 분	전체 기간('04~'13)			전반기('04~'09)	후반기('09~'13)
	행정운영경비	인력운영비	필수경상비	행정운영경비	행정운영경비
균형세출단순증가율이격도	0.43	-0.29	1.14	-1.52	10.13
균형세출누적증가율이격도	-0.54	-1.40	0.29	-1.33	8.05
총세출누적증가액점유율	16.03	5.83	10.20	11.28	71.73
2004년 총세출점유율	27.49	13.93	13.56	27.49	-
2009년 총세출점유율	19.35	8.42	10.93	19.35	19.35
2013년 총세출점유율	25.01	11.93	13.09	-	25.01

변경사항이 재정관리시스템으로 관리되는 2008년 결산서까지 소급 적용되어 2008년 세출통계에서 인력운영비는 전년도보다 많이 줄어들고, 반대로 필수경상비는 늘어나 양자 모두 과거 추세를 이탈한 것으로 보인다. 만약에 이러한 변경사항을 2007년 이전의 통계에까지 확장해서 적용했다면 인력운영비가 출발선부터 필수경상비와 유사한 간격을 유지하면서 진행했을 것으로 추정된다. 두 세출 항목이 인력 및 기관운영에 필요한 서로 불가분의 관리비용이라는 측면이 이러한 추정을 뒷받침한다.

둘째, 인력운영비가 2012년 하락했다가 2013년 다시 큰 폭으로 증가(238,866→292,833백만원)했다. 2012년의 인력운영비 감소는 통합창원시 특례에 따라 창원시 지역을 관장하던 경상남도 소방조직이 창원시로 이관되었기 때문이다. 반면에 2013년은 소방공무원 초과근무수당 미지급금 38,281백만원이 특별히 포함되어 인력운영비가 급증했다. 이것은 당시 전국적으로 진행된 소송의 결과에 따라 과거의 초과근무에 대한 수당을 사후에 지급한 것이다. 만약에 해당 초과근무수당을 2013년 세출에서 차감하여 지급의무 기간에 따라 2012년 이전 3년간의 세출에 분산 계상했다면 인력운영비 추세가 안정적으로 증가했을 것이다.

[그림 6-9]의 상단은 인력운영비와 필수경상비를 합산한 '행정운영경비'의 추세를 나타냈다. 점선 화살표는 추세선이다. 2009년과 이미 설명한 2012~2013년을 제외하면 실제 세출이 추세선을 거의 이탈하지 않는 점이 인상적이다. 2009년의 추세 이탈은 세계경제위기의 영향으로 세입이 대폭 감소하여 관리부문인 '행정운영경비'의 세출을 우선 감축했기 때문으로 보인다.

전체적으로 보면 필수경상비의 증가율이 인력운영비보다 크다. 필수경상비는 단순 및 누적증가율 모두 균형세출증가율을 웃돌고, 반대로 인력운영비는 약간 미달해서 양자를 합친 행정운영경비가 균형세출증가율과 비슷한 추세로 움직인다. 특히 후반기에는 자체사업이 대폭 감소하는 상황에서도 인력운영비와 필수경상비가 높은 증가 추세를 유지했다. 이에 따라 단순 및 누적 균형세출증가율이격도가 대폭 확대되고, 총세출누적증가액점유율이 71.73%에 달하는 등 행정운영경비가 재정수지 적자를 유발한 주요 요인이 되었음을 보여 준다. 전반기 동안 대폭 축소됐던 총세출점유율도 최종연도에 이르러서는 최초연도의 수준으로 회귀했다. 이것은 행정운영경비가 공공서비스 공급을 지원하는 용도에 사용된다는 점에서 상당히 의외의 결과이다. 여기에는 별도의 재원대책 없이 전국적으로 추진된 소방공무원 우선 보강 정책과 경상남도에서 2004년 도지사 보궐선거 이후 착수되었다가, 민선4기(2006~2010년)에는 공약사업으로 추진된 '1시·군 1소방서' 시책이 가장 중요한 요인이 된 것으로 보인다. 후술하는 자체사업 부분에서 별도로 살펴본다.

2. 법정의무경비

법정의무경비는 [그림 6-10] 및 연결 통계표에서 보듯이 전체 기간(2004~2013

년) 중 단순 및 누적 균형세출증가율이격도가 각각 5.58%p 및 2.79%p로서, 재정수지 적자 유발을 주도했다. 전체 기간 중 총세출누적증가액점유율은 35.98%를 차지했으며, 총세출점유율은 2004년 27.0%에서 2013년 37.53%로 대폭 증가했다. 2009년을 기준으로 전체 기간을 전·후반기로 구분해 보면 전반기가 끝나는 2009년 총세출점유율은 23.52%로서 2004년의 27%에서 약간 하락했다. 법정의무경비가 연평균 12.36%로 빠르게 증가했지만, 자체사업이 연평균 19.73%씩 훨씬 더 빠르게 증가하여 총세출의 연평균증가율을 13.09%로 끌어올렸기 때문이다.

[그림 6-10] 법정의무경비 분석요소별 추세

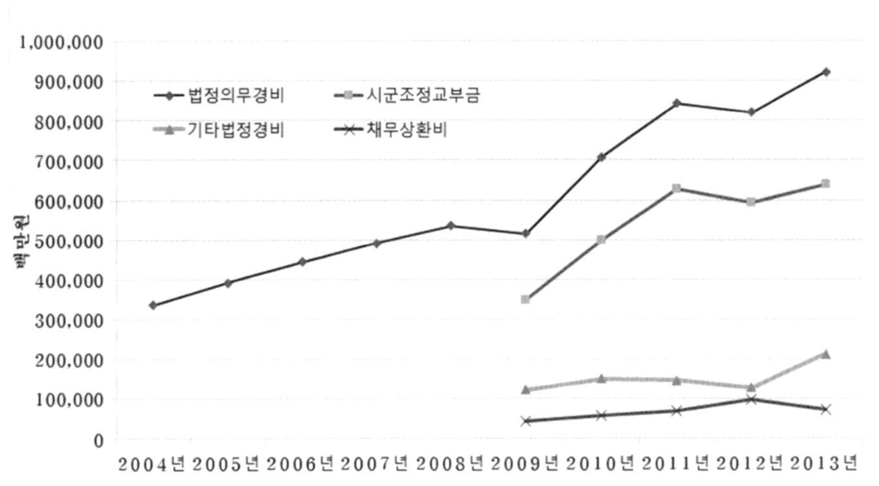

(단위: %, %p)

	전체기간 ('04~'13)	전반기 ('04~'09)	후반기('09~'13)			
			계	조정교부금	채무상환비	기타법정비
균형세출단순증가율이격도	5.58	3.03	16.06	16.70	13.60	15.07
균형세출누적증가율이격도	2.79	1.89	12.51	13.87	13.87	7.80
총세출누적증가액점유율	35.98	24.86	165.50	129.37	16.33	19.81
2004년 총세출점유율	27.00	27.00	-	-	-	-
2009년 총세출점유율	23.52	23.52	23.52	15.91	2.01	5.60
2013년 총세출점유율	37.53	-	37.53	25.96	2.94	8.63

후반기에도 법정의무경비는 빠른 증가세를 유지했다. 참고로 2008년부터는 법정의무경비를 3개 분석요소로 구분할 수 있다. 그런데 전반기와 달리 후반기는 자체사업의 급격한 감소와 총세입 및 총세출 증가세의 급감에 따라 법정의무경비의 단순 및 누적 균형세출증가율이격도가 각각 16.06%p, 6.94%p로 크게 확대되었다. 이에 따라 법정의무경비의 총세출누적증가액점유율이 165.50%까지 상승하여 후반기 재정압박을 주도했다. 총세출누적증가액점유율이 100%를 넘어섰다는 것은 법정의무경비의 급속한 증가수요를 총세출증가분으로는 충족할 수 없어 불가피하게 타 부문, 특히 자체사업을 기준연도인 2009년보다 오히려 감축해서 충당했다는 뜻이다.

분석요소 중에서는 시·군조정교부금이 증가 추세를 주도했다. 후반기 시·군조정교부금의 총세출누적증가액점유율은 129.37%로서 총세출누적증가액을 30% 정도 초과했다. 시·군조정교부금은 2010년 창원·마산·진해시 통합과 김해시 인구 50만명 초과에 따라 급격하게 증가했다. 제도적 요인에 따른 급격한 재정수요 증가가 지방 재정위기를 유발할 수 있음을 보여 주는 사례라고 할 수 있다.

다음으로 채무상환비 부담이 높은 증가 추세를 보인다. 채무잔액이 급속하게 증가함에 따라 거치기간이 종료되어 상환시점이 도래하는 채무가 늘어났기 때문이다. 2009~2013년 기간 중 채무상환비의 단순 및 누적 균형세출증가율이격도는 각각 13.60%p와 13.87%p로서 재정압박의 주요 요인으로 작용했다. 2013년 채무상환비가 감소한 것은 세입 및 세출 추세를 보정할 때 일회성 세입인 김해관광유통단지 부지 정산대금 286,300백만원을 세입에서 제외하고, 같은 액수를 세출 항목 중 채무상환비에서 전액 공제했기 때문이다. 마지막으로 기타 법정의무경비도 전체 법정의무경비와 비슷한 속도로 증가하여 총세출점유율이 2009년 5.60%에서 2013년 8.63%로 증가했다.

3. 중앙지원사업 도비부담

중앙지원사업 도비부담은 [그림 6-11] 및 연결 통계표에서 보듯이 2009년까지 높은 증가세를 보이다가 그 이후 2013년까지 거의 정체되어 있다. 전체 기간(2004~2013년)을 보면 단순 및 누적 균형세출증가율이격도가 각각 2.21%p, 2.35%p로서 법정의무경비 다음으로 크다. 이에 따라 총세출점유율이 2004년 22.38%에서 2013년 23.63%로 소폭이지만 상승했으며, 총세출누적증가액점유율은 27.38%로서 최초 및 최종연도의 총세출점유율보다 높다. 균형세출누적증가율이격도가 상대적으로 높은 것은, 총세출누적증가액점유율이 최종연도의 총세출점유율을 웃도는 데서 확인되듯이, 기간 중의 세출 추세가 최초 및 최종연도의 세출보다 높은 수준에서 궤적을 그렸다는 뜻이다.

2009년 이후 후반기는 단순 및 누적 균형세출증가율이격도가 각각 0.14%p, 2.08%p로서 전반기에 비해서는 낮아졌다. 그러나 균형세출누적증가율이격도는 여전히 비교적 높은 수준을 유지했다. 세부 분석요소별로는 국고보조사업 도비부담의 균형세출누적증가율이격도가 4.89%p로서 매우 크다. 총세출누적증가액점유율 또한 2009년 및 2013년의 총세출점유율 11~12%대보다 현저히 높은 19.21%이다. 이것은 국고보조사업 도비부담이 재정수지 적자 유발의 주요 원인이 되었음을 확인해 주는 통계치이다.

[그림 6-11] 중앙지원사업 도비부담 분석요소별 추세

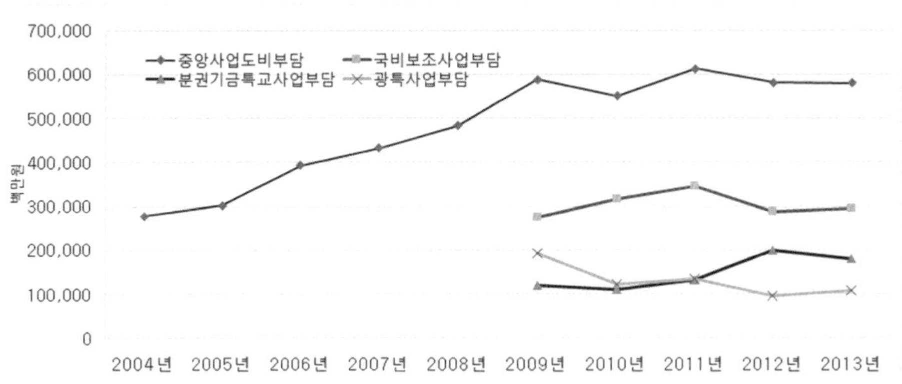

(단위: %, %p)

	전체기간 ('04~'13)	전반기 ('04~'09)	후반기('09~'13)			
			계	국고보조사업	광특사업	분권기금특교
균형세출단순증가율이격도	2.21	10.17	0.14	2.16	-13.25	10.96
균형세출누적증가율이격도	2.35	3.93	2.08	4.79	-6.94	7.68
총세출누적증가액점유율	27.38	28.55	-3.49	19.21	-41.66	18.96
2004년 총세출점유율	22.38	22.38	-	-	-	-
2009년 총세출점유율	26.78	26.78	26.78	12.53	8.76	5.49
2013년 총세출점유율	23.63	-	23.63	11.97	4.34	7.32

다음으로 분권·기금·특교사업 도비부담은 총세출이 전반적으로 정체된 상황에서도 단순증가율과 누적증가율이 각각 10.50% 및 5.38%의 높은 비율로 증가했다. 이에 따라 단순 및 누적 균형세출증가율이격도 역시 각각 10.96%p, 7.68%p로 매우 크다. 총세출누적증가액점유율은 2009년 및 2013년의 총세출점유율 5~7%대보다 10%p 이상 높은 18.96%이다. 분권교부세사업이 사회복지사업을 중심으로 큰 폭으로 증가했으나 내국세 총액의 일정 비율로 고정된 국비재원만으로는 사업수요를 충족시키기 어려워 지방비 부담이 가중된 현실이 반영된 것이다.

마지막으로 광특사업 도비부담은 단순 및 누적 균형세출증가율이격도가 각각 -13.25%p와 -6.94%p이며, 총세출누적증가액점유율은 -41.66%이다. 이 부문의 사업비를 감축하여 타 부문의 세출수요 증가에 충당했음을 보여 준다. 이것은 재정위기의 원인이라기보다는 여유재원 고갈로 매칭재원을 적정하게 확보하지 못해 발생한 것으로서 광특사업의 경우 지방자치단체가 재량권을 어느 정도 행사할 수 있어 자체사업과 유사하게 재정압박을 받아 사업비가 축소된 것으로 보인다.

4. 자체사업

(1) 전반적 추세

자체사업은 [그림 6-12] 및 연결 통계표에서 보는 바와 같이 등락이 극심하다. 전체 기간(2004~2013년)을 보면 먼저 단순증가율이 매우 낮아 균형세출단순증가율이격도가 -4.44%p로 나타났다. 단순증가율이 총세입과 균형을 이룰 수 있는 가상의 총세출증가율보다 4.44%p 낮은 저율로 증가했다는 뜻이다. 이에 따라 총세출점유율이 2004년 23.13%에서 2013년 13.82%로 대폭 떨어졌다. 자체사업이 지방자치단체의 재량적 지출이라는 측면을 고려하면 이러한 대폭의 사업비중 축소는 지방재정 측면에서 지방자치가 크게 후퇴한 것으로 해석할 수 있다.

다음으로 누적증가율은 균형세출누적증가율보다 약간 높아 0.93%p의 이격도를 보인다. 이것은 법정의무경비와 중앙지원사업 도비부담보다는 낮지만, 인력운영비와 필수경상비보다는 높은 수준이다. 균형세출누적증가율이격도가 양(+)의 값을 갖는 것은 초과지출, 즉 재정수지 적자를 유발했다는 뜻이다. 누적증가율이 단순증가율보다 크게 높은 것은 그림에서 확인할 수 있듯이 자체사업의 궤적이 최초 및 최종연도의 사업비를 잇는 직선의 훨씬 위쪽에서 움직였기 때문이다. 이에 따라 총세출누적증가액점유율이 최종연도 총세출점유율 13.82%를 훨씬 넘어서는

20.61%로 나타났다. 저량 차원의 단순증가율은 매우 낮지만, 기간 중의 세출 수준이 높아 자체사업이 유량 차원에서 재정수지 적자 발생에 상당한 책임이 있음을 알 수 있다.

전체 기간을 2009년을 기준으로 구분하면 전·후반기가 극명하게 대비된다. 전반기에는 단순 및 누적 균형세출증가율이격도가 각각 12.34%p 및 5.28%p에 달해 총세출점유율이 2004년 23.13%에서 2009년 30.36%로 급증했다. 총세출누적증가액점유율도 2009년의 총세출점유율보다 높은 35.31%를 기록했다. 반면에 후반기에는 단순 및 누적 균형세출증가율이격도가 각각 -15.05%와 -6.16%로 반전되었다. 이에 따라 총세출점유율이 2009년 30.36%에서 2013년 13.82%로 급전직하했고, 총세출누적증가액점유율은 -133.74%를 기록했다. 이것은 후반기 중에 자체사업에서 총세출

[그림 6-12] 자체사업 세출 추세

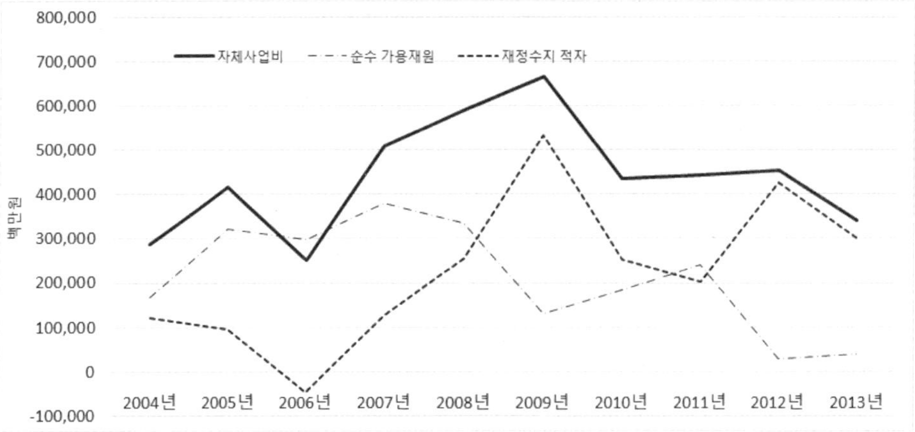

(단위: %, %p)

	전체기간('04~'13)	전반기('04~'09)	후반기('09~'13)
균형세출단순증가율이격도	-4.44	12.34	-15.05
균형세출누적증가율이격도	0.93	5.28	-6.16
총세출누적증가액점유율	20.61	35.31	-133.74
2004년 총세출점유율	23.13	23.13	-
2009년 총세출점유율	30.36	30.36	30.36
2013년 총세출점유율	13.82		13.82

누적증가액보다 많은 금액을 삭감하여 타 분야의 지출수요 증가에 충당했음을 의미한다.

전체적으로 볼 때 전반기에는 자체사업이 과도하게 증가하여 초과지출을 크게 유발했으며, 후반기에는 오히려 자체사업비를 기준연도보다 대폭 감축하여 법정의무경비 등 경직적인 재정수요의 증가에 충당했다. 자체사업 이외의 일반재원 세출은 법령, 지침 등에 따라 의무적으로 지출해야 하는 법정의무경비와 중앙지원사업 도비부담, 그리고 경직성이 큰 행정운영경비(인력운영비, 필수경상비)로서 삭감이 불가능하거나 매우 어렵다. 따라서 후반기에 재량사업비 성격의 자체사업비를 크게 감축한 것은 법정의무경비 등 의무적 지출이 급증했기 때문에 가용재원이 제약된 경상남도로서는 선택의 여지가 없었을 것으로 해석된다.

(2) 세출 추세 등락 분석

다음 <표 6-1>은 2009년을 자체사업비의 확장 및 축소기를 구분하는 기준연도로 삼아 일반재원 총세출 및 자체사업비가 전·후반기에 각각 얼마나 증가 또는 감소했는지 보여 준다. 자체사업비는 각 연도까지 누적된 증감액을 함께 적시했다. 마지막 열은 자체사업비의 총세출점유율을 나타낸다.

먼저 전반기(2004~2009년) 확장 국면을 보면 2006년을 제외하고는 자체사업비가 가파르게 상승하여 일반재원 총세출의 증가 추세를 주도했다. 이 기간의 자체사업비 단순증가율은 총세출 단순증가율 12.02%를 훨씬 넘어서는 18.28%로서 자체사업비를 제외한 일반재원 세출 단순증가율 9.83%의 2배 정도이다. 이에 따라 변곡점인 2009년으로 접근하면서 자체사업의 총세출점유율이 30%를 넘어섰다. 이 기간의 자체사업비 누적증가율은 9.54%로서 균형세출누적증가율이격도가 5.28%p로 나타났다. 그 결과 기준연도인 2004년 세출 수준을 기준으로 각 연도에 추가된 자체사업비 누적증가액은 2009년까지 996,108백만원에 달했다.

다음으로 후반기(2009~2013년) 축소 국면에는 자체사업비가 연평균 15.51%씩 감소하여 매년 18.28%씩 증가했던 확장기와 극명한 대비를 보인다. 일반재원 총세출의 연평균 증가율도 확장기의 12.02%에서 2.85%로 급락했다. 그러나 자체사업비를 제외한 일반재원 세출의 연평균 증가율은 8.47%로서 확장기의 9.83%보다 소폭 하락하는 데 그쳤다. 이것은 자체사업비 증가율이 전반기 18.28%에서 후반기에 -15.51%로 급전직하한 것과 비교할 때 놀랄 만큼 안정적이다. 이에 따라 2013년

〈표 6-1〉 자체사업비 등락 추세

(단위: 백만원)

회계 연도		일반재원 총세출(A)	자체사업비 (B)	총세출 증감(C)	자체사업비 증감(D)	자체사업비 누적증감액	총세출점유율 (B/A)
확장기	2004	1,243,817	287,717				23.1%
	2005	1,468,072	416,483	224,255	128,766	128,766	28.4%
	2006	1,486,969	252,273	243,152	-35,444	93,322	17.0%
	2007	1,855,491	508,567	611,674	220,850	314,172	27.4%
	2008	2,034,808	591,184	790,991	303,467	617,639	29.1%
	2009	2,194,428	666,186	950,611	378,469	996,108	30.4%
	G1	12.02%	18.28%	G1: 확장기 연평균 증가율(자체사업 외: 9.83%)			
축소기	2009	2,194,428	666,186				30.4%
	2010	2,196,824	436,386	2,396	-229,800	-229,800	19.9%
	2011	2,452,989	442,720	258,561	-223,466	-453,266	18.0%
	2012	2,414,372	454,147	219,944	-212,039	-665,305	18.8%
	2013	2,455,296	339,433	260,868	-326,753	-992,058	13.8%
	G2	2.85%	-15.51	G2: 축소기 연평균 증가율(자체사업 외: 8.47%)			

자체사업의 총세출점유율이 13.82%로 급락했다. 기준연도인 2009년과 비교해보면 이 기간 중 지체사업비에서 매년 평균 일반재원 총세출 증가분보다 많은 250,000백만원 정도를 삭감하여 다른 세출수요에 충당했다. 이 기간에 축소된 자체사업비 누적금액은 992,058백만원으로 전반기 확장 국면의 누적증가액 996,108백만원과 비슷하다.

확장 국면의 마지막 해인 2009년은 세계경제위기에 대응한 중앙정부의 적극적인 재정정책에 따라 자체사업이 크게 확대되었다. 당시 정부는 감세정책에 따른 지방세수의 결손을 보전하고 나아가 지방재정지출 확대를 통해 국가경제를 활성화하기 위해 국비보조사업 도비부담 재원을 차입으로 조달할 수 있게 허용하는 등 지방채 발행을 적극적으로 권장했다. 이에 따라 경상남도는 전년도보다 일반재원 세입이 크게 줄어들었는데도 오히려 자체사업비를 591,184백만원에서 666,186백만원으로 증액하는 등 일반재원 세출 규모를 대폭 확대했다. 그리고 534,428백만원에 달하는 유례 없는 대규모 재정수지 적자를 242,300백만원에 달하는 사상 최대규모의 지방채를 발행하여 보전하고, 그래도 부족한 재원은 특정재원 전용 및 시·군조정교부금 이월 등 편법적 회계를 통해 처리했다.

(3) 자체사업 재원조달과 재정위기 요인 분석

자체사업에 투입되는 재원을 흔히 가용재원이라고 부른다. 의무적 지출을 이행하고 남은 재원으로서 지방자치단체가 자체적으로 선정한 지방사업에 사용할 수 있다는 의미에서이다. 그런데 가용재원이라고 표현하는 데서 자체사업비를 마치 일반재원 총세입에서 자체사업비 이외의 8개 세출항목을 공제하고 남은 소위 '순수가용재원' 또는 '가처분소득'과 비슷한 개념으로 오해할 소지가 있다.[9] 그러나 실제로 자체사업에 투입되는 재원은 이러한 '순수가용재원' 이외에 차입금 등 재정수지 적자를 포함한다. 자체사업비는 일반재원 세입과 재정수지 적자가 합산된 일반재원 세출에서 자체사업 이외의 8개 분석요소를 제외한 잔여 재원이기 때문이다.

<표 6-2>는 자체사업비 총액을 그 구성요소인 순수가용재원과 재정수지 적자로 구분하여 보여 준다. 재정수지 적자는 사업비 및 순세계잉여금 이월차액과 공식적인 차입금으로 충당하고 일부는 법정의무경비 미지급 이월과 특정재원 전용을 통해 편법적으로 처리된다(앞의 <표 4-2> 참조).

먼저 순수가용재원은 2007년 380,576백만원으로 정점을 이뤘다가 2009년 131,758백만원으로 감소하고 2012년 및 2013년에는 다시 30,000~40,000백만원 수준까지 급락했다. 후반기로 갈수록 재무상태가 나빠져서 세입의 대부분을 의무적 지출에 소진했기 때문이다. 일반회계 세출결산에서 차지하는 비율은 최대 10% 수준에서 2012~2013년 회계연도에는 1% 미만으로 떨어졌다. 이러한 사실은 '2할 또는 3할 자치'라는 자조적인 듯한 표현조차도 실제로는 달성하기 어려운 사치스러운 수준이며 한국의 지방재정 현실이 그것보다 훨씬 더 취약하다는 것을 시사한다.

다음으로 재정수지를 보면 계속해서 자체사업 규모를 급속히 확대함으로써 순수가용재원이 비교적 풍부했던 전반기에도 2006년을 제외하고는 적자재정을 운영했다. 사후약방문격이지만 채무를 상환하거나 순세계잉여금을 증가시키는 등의 노력을 통해 재정여력을 비축해야 할 시기에 오히려 그와 반대로 확대 지향적으로 지방재정을 운영한 것이다. 예산안정기금과 같은 예방 제도의 운영 및 재정운영의

---

9 자체사업 외 세출 부문 분석요소는 법정의무경비에 속하는 시·군조정교부금, 채무상환금 및 기타 법정의무경비의 3개 요소와 중앙지원사업 도비부담에 속하는 국고보조금사업, 광특사업 및 분권교부세·기금·특교세사업 도비부담의 3개 요소, 그리고 인력운영비와 필수경상비까지 8개 요소가 있다.

〈표 6-2〉 자체사업비 재원 구성 (단위: 백만원)

회계 연도	사업비 총액	순수가용재원		재정수지 적자				
		금액	일반회계 비율(%)	소계	이월 차액	공식 차입금	법정경비 미지급금	특정재원 전용
2004	287,717	166,200	5.76	121,517	-12,083	133,600	N/A	N/A
2005	416,483	321,811	10.12	94,672	39,783	46,300	8,589	N/A
2006	252,273	297,604	8.04	-45,331	-140,027	57,917	36,796	N/A
2007	508,567	380,576	9.43	127,991	86,367	39,700	1,924	N/A
2008	591,184	334,576	7.33	256,608	102,870	93,850	7,187	49,998
2009	666,186	131,758	2.52	534,428	141,334	242,300	21,110	135,400
2010	436,386	183,963	3.64	252,423	30,602	133,000	61,463	30,882
2011	442,720	240,031	4.39	202,689	-6,869	121,000	102,689	-11,089
2012	454,147	29,475	0.52	424,672	-24,965	292,800	85,443	70,966
2013	339,433	38,235	0.64	301,198	-88,059	333,812	33,708	21,737

주: 재정수지 적자 소계와 각 구성 항목의 합계 사이에 근소한 차이가 있는데 그것은 앞의 <표 5-6> 및 <표 5-10>의 오차 항목에 의한 것이다.

자료: 앞의 <표 5-10> 재구성. '순수가용재원'은 자체사업비에서 재정수지 적자를 차감해서 산출했으며, 일반회계에 대한 비율의 산출에 필요한 세출결산 통계치는 「지방재정 365」에서 도출했다.

절제가 필요한 시기였다고 할 수 있다.

2009년은 순수가용재원이 대폭 감소했으나 지방채 발행을 통한 지출 확대 등 세계경제위기에 따른 정부의 경제 활성화 대책에 적극적으로 부응함으로써 재정적자 규모가 유례 없이 증가했다. 이것은 지방재정을 국가 경제정책 수단으로 보는 중앙정부의 시각과 지방의 무기력한 호응이 취약한 지방재정을 한순간에 위기상황으로 몰고 갈 수 있음을 보여 준 사례라고 할 수 있다. 2010년 이후에 높은 수준의 재정수지 적자가 유지된 것은 순수가용재원이 감소했지만, 구조조정을 미뤘거나 자체사업을 줄이는 데 한계에 이르렀기 때문으로 보인다. 2012~2013년 회계연도를 보면 자체사업 재원 대부분을 차입을 통해 조달했음을 확인할 수 있다.

(4) 자체사업 주요 사례

1) 도의원포괄사업비

도의원포괄사업비는 경상남도의회 의원들이 자신의 선거구 숙원사업을 재량

〈표 6-3〉 도의원포괄사업비 지원 규모 (단위: 백만원)

회계연도	도의원 1인당 사업비			도의원 수	사업비총액
	계	당초예산	추경		
2002	200	200		50	10,000
2003	200	200		50	10,000
2004	800	300	500	50	40,000
2005	600	400	200	50	30,000
2006	500	500		53	26,500
2007	600	600		53	31,800
2008	900	700	200	53	47,700
2009	1,000	1,000		53	53,000
2010	1,000	1,000		59	59,000
2011	1,000	1,000		59	59,000
2012	1,000	1,000		59	59,000
2013	폐지	-		59	-

자료: 경상남도 내부 자료 종합.

껏 선정하여 추진할 수 있도록 도의원별로 일정한 금액의 사업예산을 할당하는 것이다. <표 6-3>에서 보는 바와 같이 2012년까지 총 426,000백만원이 지원되었다.

도의원포괄사업비는 선심성 사업을 조장하고 예산편성 원칙에 위반된다는 측면에서 큰 비판을 받고 있으며, 전국의 다른 지방자치단체에서도 논란의 중심에 있다. 경상남도는 2002년 도의원 1인당 200백만원을 처음 배정했으며 도지사권한대행 체제에서 편성된 2013년 당초예산에서 완전히 폐지했다(경상남도, 2012s).

2) '1시·군 1소방서' 시책

소방서가 없던 9개 군에 소방서를 각각 신설하는 경상남도의 자체사업이다. 2004년 보궐선거에서 당선된 도지사가 주도하여 추진했으며, 그가 재선에 성공한 민선4기(2006~2010년)에는 공약사업으로 격상되었다. 이 사업은 원칙적으로 시·도 단위의 광역적인 소방행정과 배치된다. 그러나 일반적으로 행정구역이 넓은 농어촌의 군 지역에 대해서도 적정 수준의 소방서비스를 제공할 필요성이 있기 때문에 논란이 제기될 수 있는 문제이다.

소방서 1개소 건립에는 각각 60억원 내외의 건립비가 소요되고 소방인력의 증원이 필요하므로 자체사업비뿐만 아니라 인력운영비와 필수경상비가 동반해서 증가한다. 그 결과 2006년부터 2011년 사이에 소방인력은 1,913명에서 2,764명으로 46% 증가하여 같은 기간의 일반직 인력 증원 67명(3%)을 압도했다. 그리고 같은 기간 중 소방예산은 136,700백만원에서 189,300백만원으로 38% 증가하여 일반회계 예산 증가비율 33%를 웃돌았다(경상남도, 2012n). 그 결과 경상남도의 인력운영비와 필수경상비가 상대적으로 높은 증가 추세를 유지하게 되었다.

3) 대규모 지역개발사업

대규모 지역개발사업으로는 대표적으로 1,000+1,000 프로젝트, 모자이크사업, 그리고 지역균형발전사업을 들 수 있다. 먼저 1,000+1,000 프로젝트는 혁신도시 선정에서 탈락한 시·군의 반발을 줄이기 위해 추진되었다. 당시 20개 시·군 중에서 혁신 및 준혁신도시로 선정된 진주시와 마산시를 제외한 18개 시·군에 3년간(2008~2010년) 각각 10,000백만원씩 총 180,000백만원을 지원하는 사업이다. 도로건설 9개, 단지조성 4개, 문화체육시설 3개, 방파제와 관광개발사업 각 1개씩이다. 2008년 40,000백만원, 2009년 60,000백만원이 각각 지원되었으며 재정부족으로 사업기간이 연장되어 2010~2012년에 각각 10,000~20,000백만원 내외가 지원되었고, 2013년 당초예산 편성 당시까지 미지원 잔액 24,000백만원이 남아 있었다(경상남도, 2012n).

모자이크 프로젝트는 2010년 민선5기(2010~2014년)에 당선된 도지사의 핵심 시책이다. 각 시·군의 특성과 장점을 살려 경상남도 전역을 모자이크처럼 조화롭게 만든다는 분권적 균형발전을 사업목적으로 설정했다. 신임 도지사 업무보고시 강조사항(2010. 7), 도지사 시·군 순방(2010. 10), 2011년 예산안 시정연설(2010. 11. 12)을 통해 점차 구체화되었다. 시·군에서 특색 사업을 자체적으로 선정하여 추진할 수 있도록 당시 18개 시·군에 각각 매년 5,000백만원씩 4년 임기 동안 20,000백만원씩을 지원한다. 경상남도의 시·군 수는 2010년 7월 창원·마산·진해시가 통합되어 20개에서 18개로 줄어들었다. 경상남도의 모자이크 사업 재정수요는 매년 90,000백만원씩 4년 동안 360,000백만원이다.

균형발전사업은 도지사 주도의 모자이크사업에 대응하여 도지사와 정파가 달랐던 도의회의 다수당이 주도하여 관련 조례를 제정했다. 특별회계를 설치하여

2013년부터 도내 시·군을 낙후 정도에 따라 차별적으로 지원하여 균형발전을 달성하는 것을 목표로 한다. 재원은 도 보통세 징수액의 5% 이내 전입금과 광특회계 도 배정분의 10% 이내이다. 2013 회계연도의 경우 도비 75,000백만원, 광특보조금 24,000백만원 정도가 소요되고 2017년까지 495,000백만원을 지원할 예정이었다. 균형발전사업과 모자이크 프로젝트는 2012년 도지사권한대행 체제에서 재정 구조조정의 주 대상이 되어 통합 및 축소되었다.

4) 지방복지사업

경상남도의 자체 복지시책으로는 2010년 출범한 민선 제5기의 공약사업으로 추진된 '보호자 없는 병원' 사업, '어르신 틀니 보급' 사업 및 '학교 무상급식' 사업이 있다. '보호자 없는 병원' 사업은 행려환자, 노숙자, 의료급여수급권자, 차상위 노인계층 및 65세 이상 노인환자를 대상으로 간병 서비스를 제공한다. 2011년 1,049백만원에서 2012년 4,824백만원으로 사업비를 증액했다. '어르신 틀니 보급' 사업은 국비사업을 확대한 것으로서 만 65세 이상의 도민 중에서 기초생활수급권자와 차상위계층, 장애인, 사실상 생계곤란자를 사업대상으로 우선 선정한다. 민선 제5기 4년 동안 도비와 시·군비를 절반씩 총 23,237백만원을 투입할 계획이었다.

'학교 무상급식' 사업은 도지사와 도 교육감의 선거공약으로서 양 기관장이 정책간담회(2010. 8. 9)를 열어 예산분담 비율 및 지원규모에 합의했다. 2014년까지 도시지역(시의 동 지역)은 중학교까지, 나머지(군 및 시의 읍·면) 지역은 고등학교까지 무상급식을 단계적으로 확대하기로 하고, 급식운영경비를 제외한 식품비를 경상남도와 교육청 및 각 시·군이 30:30:40의 비율로 분담하기로 했다. 경상남도의 재정부담은 2011년 23,000백만원→2012년 36,600백만원→2013년 46,000백만원→2014년 이후 58,200백만원으로 확대될 계획이었다.[10] 2013 회계연도 무상급식사업 예산은 권한대행체제에서 추진된 재정 구조조정에 따라 2012년 수준에서 동결되었다.

---

10 2011년은 도의회 예산심의 과정에서 경상남도 부담액이 18,100백만원으로 삭감되어 당년도에 한해 경상남도와 도 교육청 및 각 시·군의 분담비율이 26:34:40으로 조정되었다.

Ⅲ. 관리 영역별 재정위기 원인 분석

1. 세출 추세를 통한 재정위기 원인 분석

(1) 관리 영역 구분의 변경 및 전반적 세출 추세

세출 부문의 9개 분석요소를 지방자치단체의 3개 관리 영역으로 구분하는 것은 사업예산 제도가 시행된 2008년부터 가능하다. 따라서 2007년 이전 기간을 포함하여 분석대상 전 기간에 걸쳐 재정위기 유발책임을 일관성 있게 분석하기 위해 관리 영역의 구분을 기본 3개 영역에서 4개 영역으로 변경한다(앞의 [그림 4-6] 참조). 다만, 후반기(2009~2013년)는 9개 분석요소를 기본 3개 관리영역으로 구분할 수 있으므로 변경된 4개 영역과 기본 3개 영역에 대한 분석을 병행한다.

[그림 6-13]은 분석대상 전 기간의 일반재원 세출 추세를 4개 관리 영역으로 구분하여 보여 준다. 3개 관리 영역 구분과의 차이는 영향 영역의 일부였던 인력운영비와 필수경상비를 별도의 영향1 영역으로 구분하고, 영향 영역의 나머지 분석요소인 광특사업 및 분권·기금·특교사업 도비부담을 적응 영역의 국고보조사업 도비부담과 묶어 적응+영향 영역으로 재편했다. 따라서 적응+영향 영역은 중앙

[그림 6-13] 4개 관리 영역별 세출 추세

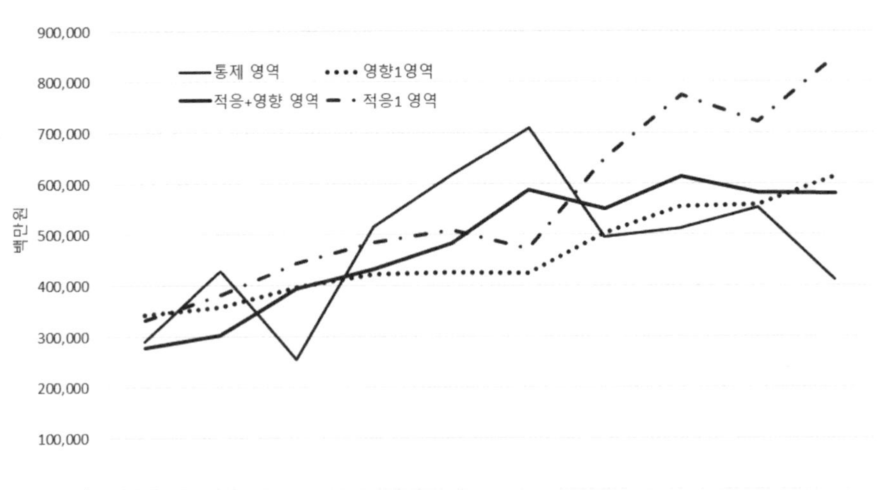

지원사업 도비부담과 일치한다. 다음으로 적응 영역에서 국고보조사업 도비부담을 제외한 시·군조정교부금과 기타법정의무경비는 적응1 영역이 되고 통제 영역은 종전과 같이 자체사업과 채무원리금 상환금으로 구성된다.

수정된 4개 관리 영역의 구분은 앞의 [그림 6-7]의 아래쪽에 제시된 세출 5개 유형과도 유사하다. 차이점은 인력운영비와 필수경상비를 단일의 영향1 영역으로 묶고, 법정의무경비 중에서 채무원리금 상환금을 자체사업과 함께 별도의 통제 영역으로 구분한 점이다.[11] 앞에서도 설명했듯이 법정의무경비의 나머지 2개 분석요소인 시·군조정교부금과 기타법정의무경비는 적응1 영역으로, 그리고 중앙지원사업 도비부담 3개 분석요소는 적응+영향 영역으로 구분했다.

4개 관리 영역별 세출 추세는 5개 유형별 세출 추세와 유사하게 2009년을 변곡점으로 큰 변화를 보인다. 오른쪽 끝 상단부터 적응1(시·군조정교부금+기타법정의무경비) 및 영향1(행정운영경비=인력운영비+필수경상비) 영역은 상승세가 가팔라지고, 적응+영향(중앙지원사업 도비부담) 및 통제(자체사업+채무원리금 상환금) 영역은 급격한 상승세가 정체 또는 하락 국면으로 반전한다. 차이라면 통제 및 적응1 영역의 반전세가 각각 영향1 및 영향+적응 영역보다 두드러진다는 점이다. 아래에서는 이러한 특성을 고려하여 관리 영역별 세출 추세를 전·후반기로 구분하여 분석한다.

(2) 관리 영역별 전·후반기 세출 추세 분석

1) 전반기

[그림 6 14] 및 연결 통계표는 전반기(2004~2009년)의 4개 관리 영역별 세출 추세의 특징을 요약해서 보여 준다. 전반기는 일반재원 총세출의 단순증가율이 12.2%로서 같은 기간의 연평균 명목경제성장률 5.78%를 6.42%p 초과하는 재정확장 국면이다.[12]

관리 영역별 균형세출단순증가율이격도는 통제 영역과 적응+영향 영역이 각각

---

11 2007년까지 법정의무경비와 중앙지원사업 도비부담 통계가 각각 통합적으로 관리되어 각 항목의 세부 분석요소를 구분할 수 없으나, 예외적으로 법정의무경비 중 채무원리금 상환금은 경상남도가 채무관리 목적에서 별도로 관리했기 때문에 다른 2개 분석요소인 시·군조정교부금 및 기타법정의무경비와 구분할 수 있다.

12 전반기 연평균 명목경제성장률은 한국은행이 발표한 (실질)경제성장률 및 GDP 디플레이터를 기초로 같은 기간의 경제성장률 평균(3.83%)에 GDP 디플레이터 평균인상률(1.95%)을 합산하여 산출했다.

[그림 6-14] 전반기 4개 관리 영역별 세출 추세의 주요 속성

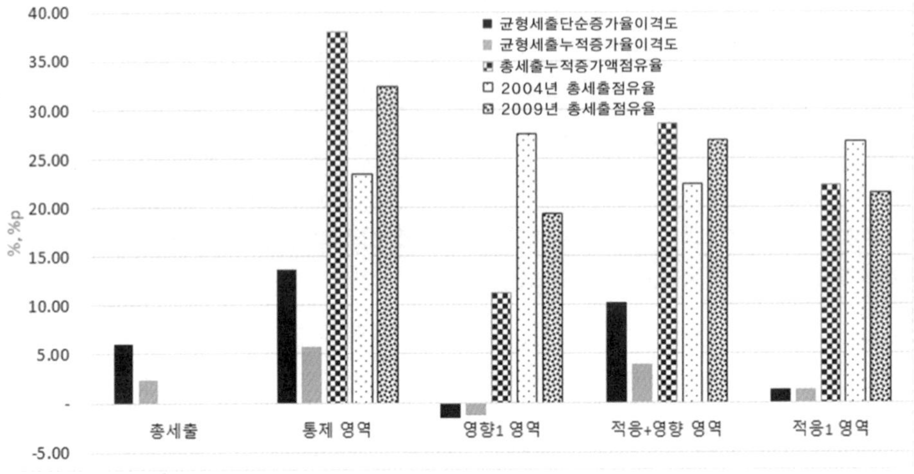

(단위: %, %p)

구 분	총세출	통제 영역	영향1 영역	적응+영향 영역	적응1 영역
균형세출단순증가율이격도	6.08	13.59	-1.52	10.17	1.32
균형세출누적증가율이격도	2.36	5.77	-1.33	3.93	1.36
총세출누적증가액점유율	100	37.94	11.28	28.55	22.23
2004년 총세출점유율	100	23.40	27.49	22.38	26.73
2009년 총세출점유율	100	32.37	19.35	26.78	21.51

13.59%p 및 10.17%p로 압도적으로 높고, 적응1 영역과 영향1 영역은 각각 1.32%p 및 -1.52%p로서 매우 낮다. 이에 따라 2004년에 비해 2009년의 총세출점유율이 단순증가율이격도의 상대적 크기에 비례하여 통제 및 적응+영향 영역은 크게 높아졌고, 반대로 적응1 및 영향1 영역은 크게 낮아졌다.

관리 영역별 균형세출누적증가율이격도의 크기도 단순증가율이격도와 같이 통제 영역(5.77%p) → 적응+영향 영역(3.93%p) → 적응1 영역(1.36%p) → 영향1 영역(-1.33%p) 순으로 나타났다. 균형세출누적증가율이격도가 상대적으로 클수록, 재정수지 적자를 더 크게 유발하고 총세출점유율에 비해 총세출누적증가액점유율이 높아진다. 실제로 균형세출누적증가율이격도가 가장 큰 통제 영역은 총세출누적증가액점유율이 37.94%로서 총세출점유율 고점인 2009년의 32.74%보다 훨씬 높고, 반대로 균형세출누적증가율이격도가 가장 작은 영향 1영역은 총세출누적증가액점유율

이 11.28%로서 총세출점유의 저점인 2013년의 19.35%보다도 훨씬 낮다.

전반기의 가장 큰 특징은 통제 영역의 세출증가율 및 균형세출증가율이격도가 다른 영역을 크게 웃도는 점이다. 적응1 영역이 법정 지출의무로 구성되고 적응+영향 영역 및 영향1 영역의 세출이 법령 또는 중앙정부 지침에 구속되는 점을 고려한다면 경상남도의 재정사정이 이들 경직적인 지출을 충당하고도 재량적인 통제 영역의 세출을 크게 확대할 정도로 여유가 있었다고 일단 추정해 볼 수 있다.

그러나 통제 영역의 세출누적증가액과 재정수지 적자 누계를 보면 사정이 그렇지 않다. 통제 영역의 전반기 세출누적증가액은 1,070,174백만원으로서 같은 기간의 재정수지 적자 누계 1,089,885백만원과 비슷하다. 일반재원 세입 증가액을 의무적, 경직적 지출에 모두 소진하고 자체사업 등 통제 영역의 세출 증가는 거의 전적으로 차입 등 적자재정을 통해 소달한 것이다. 이것은 경상남도가 재정운영의 최고 지침이라고 할 수 있는 재정 절제(fiscal prudence)의 덕목을 지키지 못했음을 시사한다. 후술하는 [그림 6-21]에서 경상남도의 최종예산 대비 채무잔액의 비율이 2004년을 기점으로 타 도의 평균을 추월하여 급속히 상승하는 모습을 보이는 것도 이러한 해석을 뒷받침한다.

그러나 경상남도의 자체사업 확대를 모두 경상남도의 책임으로 돌리기는 어렵다. 분석요소별 재정위기 원인 분석 부분에서 이미 언급했듯이 전반기 마지막 연도인 2009년, 행정안전부는 세계경제위기에 대응하여 중앙지원사업 도비부담 재원을 기채로 조달할 수 있도록 허용하는 등 차입을 통한 확대 재정정책을 강력하게 권장했다. 그 결과 2009년 경상남도의 재정수지 적자는 사상 최대 규모인 534,428백만원으로 증가하여 일반재원 세입 1,660,000백만원의 1/3 정도를 차지했다. 자체사업 규모도 666,186백만원으로 사상 최대치를 기록했다. 재정수지 적자를 보전하기 위한 차입 또한 사상 최대인 223,647백만원을 기록했으며, 그에 따라 채무잔액이 전년 대비 50% 가까이 증가했다.

이것은 지방재정의 안정적 운영을 지원해야 할 중앙정부가 오히려 지방재정을 크게 교란했음을 말해 준다. 중앙정부의 제도 및 정책이 지방재정의 외부환경을 구성할 뿐 아니라 지방자치단체에 책임이 있는 통제 영역에도 직접적인 충격을 주기 때문에 안정적인 지방재정 운영을 위해서는 중앙정부의 절제가 함께 필요함을 보여 주는 사례이다.

전반기의 또 다른 특징은 적응+영향 영역, 즉 중앙지원사업 도비부담 증가율이 매우 높은 점이다. 이것은 통상적으로 지방 재무상태 악화의 주된 요인으로 지목되는 국비보조사업 도비부담이 사회복지사업을 중심으로 빠르게 증가했기 때문으로 추정된다. 경상남도 내부적으로는 거가대교 건설(2004. 12~2010. 12), 부산·진해 및 광양만권 경제자유구역 지정(2003년) 등 중앙정부의 지원을 받는 대규모 지역개발사업의 추진에 따른 도비부담 증가가 함께 영향을 미친 것으로 보인다. 같은 기간 중 중앙지원사업 도비부담은 누적증가액이 805,192백만원으로서 재정수지 적자 누계 1,089,885백만원에 거의 육박했으며, 총세출누적증가액점유율이 28.55%에 달해 경상남도 재무상태 악화의 중요한 요인이 된 것으로 추정된다.

2) 후반기

[그림 6-15] 및 연결 통계표는 후반기(2009~2013년)의 4개 관리 영역별 세출 추세의 특징을 요약해서 보여 준다. 후반기는 일반재원 총세출의 단순증가율이 2.85%로서 같은 기간의 연평균 명목경제성장률 4.88%에 2.03%p 미달하는 재정축소 국면이다.[13] 이 기간에는 단순 및 누적 균형세출증가율이 각각 -0.46% 및 -2.30%로 음(-)의 값을 보인다. 균형세출증가율이 음수(-)라는 것은 기준연도(2009년)의 총세출이 단순증가율의 경우는 최종연도(2013년)의 총세입 수준보다 높다는 것이며, 누적증가율의 경우는 후반기(2009~2013년)의 총세입 누적금액의 평균을 웃돈다는 뜻이다. 따라서 균형재정을 달성하려면 총세출이 마이너스 성장을 통해 2009년 세출 수준보다 감소해야 한다.

관리 영역별 균형세출단순증가율이격도는 적응1 영역과 영향1 영역이 각각 16.28%p 및 10.13%p로 높아 이들 영역의 2013년 총세출점유율이 2009년과 비교하여 각각 13.08%p 및 5.66%p 상승했다. 반면에 균형세출단순증가율이격도가 상대적으로 작은 통제 및 적응+영향 영역은 같은 기간에 총세출점유율이 각각 15.60%p 및 3.15%p 하락했다. 균형세출누적증가율이격도도 단순증가율이격도와 마찬가지로 적응1 영역(12.39%p) → 영향1 영역(8.05%p) → 적응+영향 영역(2.08%p) → 통제 영역(-4.5%p) 순으로 나타났다. 그 결과 총세출누적증가액점유율이 적응1 영역 149.17%, 영향1 영역 71.73%로 이들 두 영역에 집중되었다. 그리고 이들 2개 영역

---

13 후반기 연평균 명목경제성장률은 한국은행이 발표한 (실질)경제성장률 및 GDP 디플레이터를 기초로 같은 기간의 경제성장률 평균(3.33%)에 GDP 디플레이터 평균인상률(1.66%)을 합산하여 산출했다.

[그림 6-15] 후반기 4개 관리 영역별 세출 추세의 주요 속성

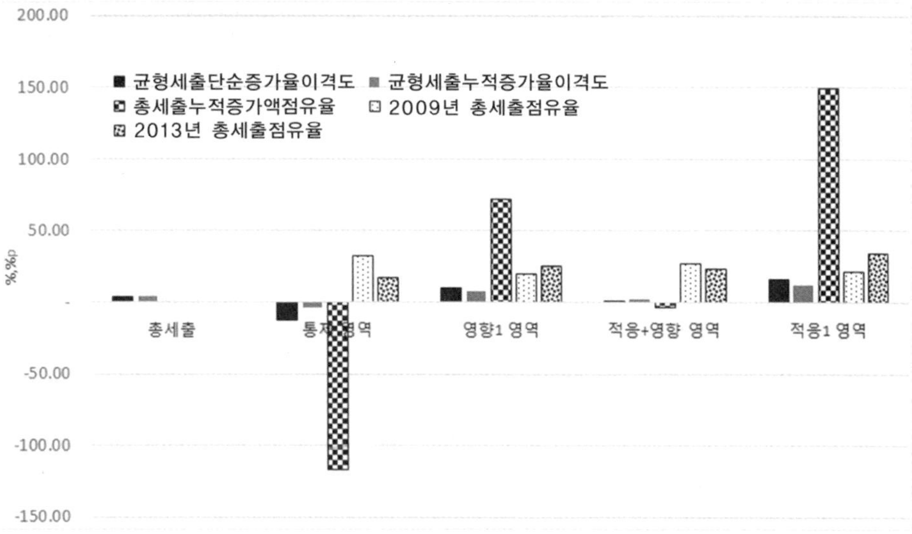

(단위: %, %p)

구 분	총세출	통제 영역	영향1 영역	적응+영향 영역	적응1 영역
균형세출단순증가율이격도	3.31	-12.29	10.13	0.14	16.28
균형세출누적증가율이격도	3.95	-4.50	8.05	2.08	12.39
총세출누적증가액점유율		-117.41	71.73	-3.49	149.17
2009년 총세출점유율		32.37	19.35	26.78	21.51
2013년 총세출점유율		16.77	25.01	23.63	34.59

에서 초과 발생한 세출수요 증가액의 대부분을 통제 영역의 세출을 삭감해서(-117.4%) 충당했다. 따라서 후반기에 국한해서 본다면 재정위기의 원인은 모두 적응1 및 영향1 영역에서 유발되었다.

후반기 특징의 하나는 재정축소 국면에서 법정의무경비 등 지방자치단체의 통제력이 미치기 어려운 의무적 지출이 급증하고, 반대로 재량적 성격의 통제 영역은 급락하는 극명한 대조를 보이는 점이다. 통제 영역에서는 채무잔액의 확대로 채무원리금 상환금이 증가하고 있음에도 불구하고 자체사업이 급격하게 줄어들어 세출 감소를 주도했다.

통제 영역의 세출이 지방자치단체의 재량 범위에 속하기는 하지만 현실적으로는 쉽게 삭감할 수 있는 것이 아니다. 채무상환금은 원인행위인 지방채의 발행에

재량권이 있다는 의미에서 통제 영역으로 분류하지만, 만기가 도래한 채무의 상환에 대해서는 재량 여지가 거의 없다. 자체사업 또한 지방자치단체들이 서로 유권자들의 호응이 높은 사업을 벤치마킹하면서 전국적인 표준이 형성되기 때문에 재선을 중요한 목표로 하는 지방자치단체장으로서는 쉽게 삭감할 수 없는 경직성을 가진다. 그런데도 자체사업을 중심으로 통제 영역의 세출이 계속해서 큰 폭으로 축소되었다는 것은 경상남도의 재무상태가 심각한 수준으로 나빠졌음을 반증한다. 의무적으로 충족시켜야 할 세출 재원을 마련하기 위한 다른 대안을 찾을 수 없어 불가피하게 자체사업을 대폭 삭감한 것으로 보이기 때문이다.

다른 하나는 중앙지원사업 도비부담에 해당하는 적응+영향 영역이 미세하게나마 감소한 데 반해, 영향1 영역을 구성하는 행정운영경비(인력운영비+필수경상비)가 큰 폭으로 증가한 점이다. 이것은 행정운영경비가 의무적 지출의 성격이 강한 중앙지원사업 도비부담보다 지방의 통제력이 상대적으로 강할 것으로 추정되기에 재정축소 국면에서 더 쉽게 삭감되거나 증가세가 둔화할 것이라는 예측에서 벗어나는 의외의 결과라고 할 수가 있다.

먼저 중앙지원사업 도비부담의 정체 내지는 감소 추세에는 2010년 12월 거가대교가 준공되어 재정수요가 줄어든 점, 그리고 극심한 재정압박으로 매칭재원의 조달이 어려웠던 점이 함께 작용한 것으로 보인다. 중앙정부의 공모에 따른 매칭사업은 사실상 자체사업과 유사한 측면이 있어 재정압박을 받으면 감소할 가능성이 있기 때문이다. 그리고 2012~2013년 국고보조사업 도비부담이 감소한 데 대해서는 특정재원의 편법적인 전용과의 관련성을 살펴볼 필요가 있을 것이다. 한편 행정운영경비는 '1시·군 1소방서' 시책이 민선4기(2006~2010년)에 도지사 공약사업으로 격상되고, 소방공무원 초과근무수당 미지급금을 2013년에 사후적으로 지급한 것이 큰 영향을 미친 것으로 보인다.

다음으로 후반기의 총세출누적증가액은 적응1 영역 및 영향1 영역에서 각각 1,106,530백만원과 532,041백만원이 증가하고, 통제 영역과 적응+영향 영역은 오히려 870,924백만원 및 25,878백만원 감소했다. 같은 기간에 재정수지 누적적자는 1,715,410백만원으로 전반기보다 연평균 1.9배 정도 증가했다. 이러한 막대한 재정수지 적자에도 불구하고 통제 영역의 세출을 대폭 축소하고 적응+영향 영역의 사업비까지 일부 삭감하여 적응1 영역 및 영향1 영역의 세출 증가수요에 충당했다는 것은 재정위기 내지는 재정압박 유발 요인이 거의 전적으로 이들 두 영역에 있었음을 뜻한다.

한편 [그림 6-16]은 적응, 영향 및 통제 영역으로 구분되는 기본 3개 관리 영역의 후반기(2009~2013년) 세출 추세를 실선으로 표시했다. 참고로 아래쪽에 점선으로 표시된 3개의 추세와 최하단 실선의 통제 영역은 4개 관리 영역별 세출 추세를 나타낸다. 3개 관리 영역별 세출 추세를 보면 2009년 3개 영역이 거의 같은 700,000~800,000백만원 수준에서 출발했으나 적응 영역의 급증, 통제 영역의 급감, 그리고 영향 영역의 꾸준한 증가세에 따라 2013년에 이르러서는 각 영역의 세출 수준 격차가 2~3배로 확대되고 총세출점유율이 크게 변동했다.

[그림 6-16] 후반기 3개 관리 영역별 세출 추세의 주요 속성

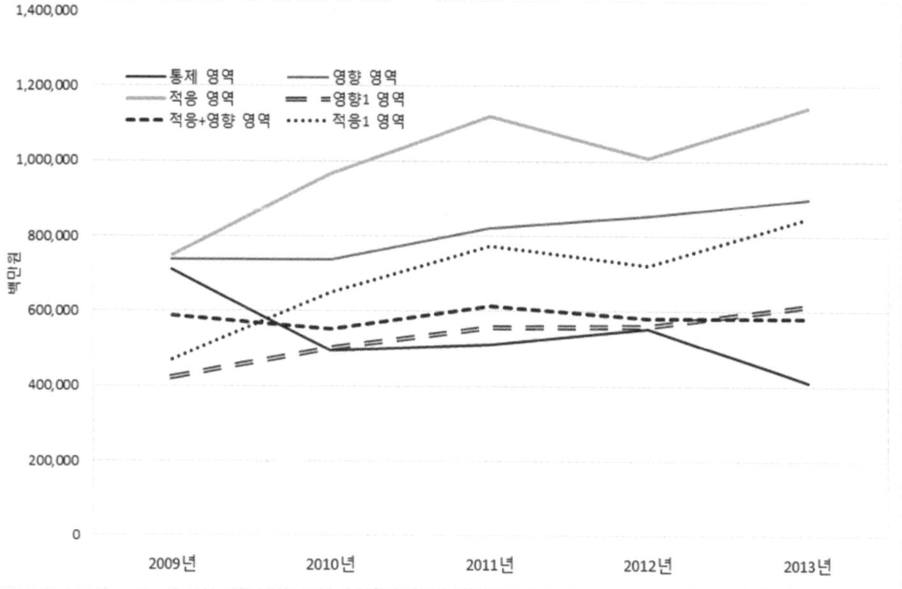

(단위: %, %p)

구 분	통제 영역	영향 영역	적응 영역
균형세출단순증가율이격도	-12.38	5.49	11.60
균형세출누적증가율이격도	-4.50	4.68	9.78
총세출누적증가액점유율	-117.41	49.03	168.38
2009년 총세출점유율	32.37	33.60	34.03
2013년 총세출점유율	16.77	36.67	46.56

먼저 균형세출단순증가율이격도를 보면 적응 영역과 영향 영역이 각각 11.60%p 및 5.49%p로서 큰 격차를 보였으며, 그 결과 2013년 총세출점유율이 2009년에 비해 적응 영역은 12.53%p, 영향 영역은 3.07%p 상승했다. 그리고 이들 두 영역의 상승분 15.60%p는 모두 통제 영역의 점유율 감소로 이어졌다. 균형세출누적증가율이격도 또한 단순증가율 이격도와 마찬가지로 적응 영역(9.78%p) → 영향 영역(4.68%p) → 통제 영역(-4.5%p)의 순으로 나타나 각 관리 영역별 지방자치단체의 통제력 정도와 정확하게 역의 관계를 보인다. 이에 따라 총세출누적증가액점유율이 적응 영역 163.38%, 영향 영역 49.03%로서 두 영역에서 발생한 세출누적증가액이 총세출누적증가액을 117.41% 초과했다. 그리고 이들 두 영역에서 세출 증가액을 넘어서서 발생한 세출 초과수요를 통제영역에서 같은 액수를 감축해서 충당했다.

한편 후반기 재정축소 국면을 대상으로 한 3개 영역의 분석을 보면 지방자치단체의 통제력과 균형세출증가율이격도가 정확하게 역의 관계를 나타냈다. 이것은 관리 영역을 네 개로 구분했을 때 영향1 영역(행정운영경비=인력운영비+필수경상비)과 영향+적응 영역(중앙지원사업 도비부담)이 보여 준 다소 의외의 결과가 바로 잡힌 것이다. 4개 영역 분석에서는 지방자치단체의 재정통제력이 상대적으로 강한 것으로 추정되는 영향1 영역이 의무적 지출 성격의 중앙지원사업 도비부담보다 타격을 작게 받은 것으로 나타났었다. 그러나 전체적으로 볼 때 3개 영역과 4개 영역 분석 모두 재정축소 국면에서 지방의 통제력이 미치기 어려운 적응 영역을 중심으로 세출수요가 급증했으며 이러한 세출수요를 통제 영역의 세출을 감축해서 충당했다는 점에서 차이가 없다.

3) 전·후반기 전체 기간

[그림 6-17] 및 연결 통계표는 전·후반기를 통합하여 분석대상 전체 기간(2004~2013년)의 4개 관리 영역별 세출 추세의 특징을 요약해서 보여 준다. 전체 기간을 보면 세출이 빠르게 증가했던 전반기의 확장 국면이 완만하기는 하지만 후반기의 축소 국면과 서로 상쇄되어 변화 추세의 변동 폭이 크게 완화되었다. 총세출의 단순증가율은 7.85%로서 같은 기간의 명목경제성장률 5.66%보다 2%p 남짓 높다.[14] 관리 영역별 균형세출단순증가율이격도는 적응1 영역 → 적응+영향 영역 → 영향1

14 전체 기간의 연평균 명목경제성장률은 한국은행이 발표한 (실질)경제성장률 및 GDP 디플레이터를 기초로 같은 기간 경제성장률 평균(3.84%)에 GDP 디플레이터 평균인상률(1.82%)을 합산했다.

[그림 6-17] 전체 기간의 4개 관리 영역별 세출 추세의 주요 속성

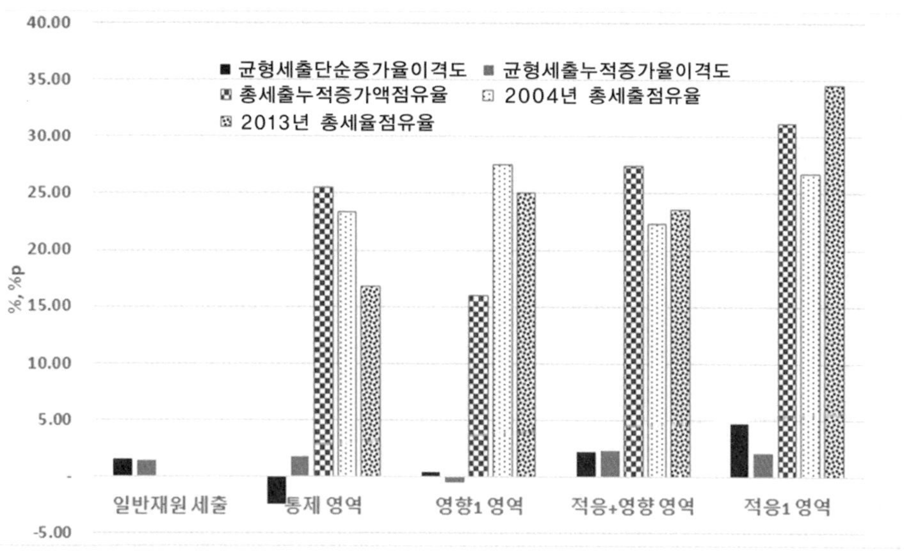

(단위: %, %p)

구 분	총세출	통제 영역	영향1 영역	적응+영향 영역	적응1 영역
균형세출단순증가율이격도	1.56	-2.37	0.43	2.21	4.69
균형세출누적증가율이격도	1.42	1.79	-0.54	2.35	2.11
총세출누적증가액점유율	100	25.47	16.03	27.38	31.12
2004년 총세출점유율	100	23.40	27.49	22.38	26.73
2013년 총세출점유율	100	16.77	25.01	23.63	34.59

영역→통제 영역 순으로 나타났다. 이에 따라 이격도가 상대적으로 큰 적응1 영역과 적응+영향 영역은 2013년 총세출점유율이 2004년과 비교하여 각각 7.86%p 및 1.25%p 상승하고, 이격도가 음수(-)이거나 상대적으로 작은 통제 영역과 영향1 영역은 각각 6.63%p 및 2.48%p 하락했다.

균형세출누적증가율이격도는 적응+영향 영역(2.35%p)→적응1 영역(2.11%p)→통제 영역(1.79%p)→영향1 영역(-0.54%p) 순으로 나타나, 대체로 재정통제력이 약해 책임소재를 지방자치단체에 귀속시키기 어려운 영역일수록 세출이 더 빠르게 증가하는 경향을 보였다. 그러나 부분적으로는 적응1 영역과 적응+영향 영역, 그리고 영향1 영역과 통제 영역의 순서가 역전되었다. 여기에는 관리 영역별 세출 추세가 재정 확장 및 축소 국면에 따라 바뀔 수 있으며, 가용 통계자료의 한계로 인

해 관리 영역을 지방자치단체의 통제력을 기준으로 명확하게 구분하지 못한 것도 영향을 미친 것으로 보인다. 인력운영비와 필수경상비로 구성되는 영향1 영역, 즉 행정운영경비의 경우 후반기에 누적증가율이 예상을 벗어나 상대적으로 높았던 데는 앞에서 살펴본 바와 같이 공약사업으로 추진된 '1시·군 1소방서' 시책 등 특별한 사정이 있었다. 행정운영경비는 공공서비스 공급을 직접 목적으로 하는 다른 세 개 영역을 지원하기 때문에 재정운영의 절제가 특히 중요한 영역이다. 따라서 합리적으로 추론하면 기간 전체의 추세에서 보는 바와 같이 누적증가율이 당연히 낮아야 할 영역으로 판단된다.

한편 균형세출누적증가율이격도의 상대적 크기는 최초연도의 총세출점유율과 비교하여 관리 영역별 총세출누적증가액점유율을 높이거나 낮아지게 한다. 이격도 크기 순으로 총세출누적증가액점유율의 증감을 최초연도 총세출점유율과 대비해 보면 적응+영향 영역은 22.38%에서 27.38%, 적응1 영역은 26.73%에서 31.12%, 그리고 통제 영역은 23.40%에서 25.47%로 각각 높아졌고, 유일하게 이격도가 음수(–)인 영향1 영역은 27.49%에서 16.03%로 크게 낮아졌다.

분석대상 전체 기간(2004~2013년)의 총세출누적증가액은 7,364,896백만원이며, 관리 영역별 총세출누적증가액점유율 및 누적증가액은 적응1 영역(31.12%: 2,291,866백만원) → 적응+영향 영역(27.38%: 2,016,254백만원) → 통제 영역(25.47%: 1,875,942백만원) → 영향1 영역(16.03%: 1,180,834백만원) 순으로 나타났다. 같은 기간 동안 재정수지 적자 누적증가액은 총세출누적증가액에서 총세입누적증가액을 차감한 2,270,867백만원으로서, 경상남도는 그중에서 2/3 정도인 1,494,279백만원(65.8%)은 차입을 통해 조달하고, 30% 정도는 편법인 특정재원 전용 및 법정의무경비 이월을 통해 처리했다. 편법처리 중에서 전자는 297,894백만원(13.12%), 후자는 358,909백만원(15.80%)이었다(앞의 <표 5-10> 참조).

이처럼 세출누적증가액과 총세출누적증가액점유율은 누적증가율과 같이 전체 기간에 걸쳐 세출 추세의 실제 궤적을 추적하는 유량 차원의 지표로서 재정위기의 원인을 규명하는 데 있어서 매우 중요한 지표이다. 특히, 전·후반기에 급등 및 급락세가 교차하는 통제 영역을 보면 저량 차원의 단순증가율 지표와 차이가 크다. 저량 차원에서 통제 영역은 전체 기간 중 단순증가율이 3.93%이며 균형세출단순증가율이격도가 –2.37%이다. 이것은 최종연도인 2013년 시점에서 실제 총세입과 균형을 이룰 수 있는 총세출 수준으로 증가하기 위한 균형세출단순증가율보다 통제 영역의 단순증가율이 2.37%p 낮다는 뜻이다. 따라서 단순증가율을 척도로 삼는다면 통제 영역에는 재정위기 유발책임이 전혀 없는 것처럼 보인다.

그러나 유량 차원에서는 전체 기간의 누적증가율이 5.68%이고, 균형세출누적증가율이격도가 1.79%p이다. 전체 기간에 걸쳐 실제 총세입 누적금액과 균형을 이룰 수 있는 총세출누적증가율을 통제 영역이 1.79%p 초과하여 재정수지 적자를 유발했다는 뜻이다. 그 결과 총세출누적증가액점유율이 기준연도인 2004년의 총세출 점유율 23.40%를 상회하는 25.47%로 나타났다. 따라서 재정위기 유발책임은 특정 시점이 아닌 전체 기간의 추세 궤적을 추적하는 누적증가율 차원에서 분석해야 하며, 이러한 분석을 통해 통제 영역에도 총세출누적증가액점유율에 비례하는 정도로 재정위기 유발책임이 있음을 알 수 있다.

2. 재정위기 원인 판단을 위한 단일지표 개발

지금까지 세출 추세를 통해 세출 분석요소 및 세출 유형별로, 그리고 지방자치단체 관리 영역별로 재정위기 유발원인 내지는 책임소재를 비교·분석했다. 세입 부문의 재정위기 원인 분석에도 이 방법을 똑같이 적용한 바 있다. 이 방법은 세입 및 세출 추세의 중요한 속성을 구체적인 통계치로 요약해서 포착할 수 있는 일단의 지표체계를 독자적으로 개발하고 그것을 비교기준으로 삼아 재정위기의 원인을 종합적으로 분석하고 판단했다는 점에서 의미를 부여할 수 있다.

여기서는 한 걸음 더 나아가 재정위기의 원인이 지방자치단체 내부에 있는지, 아니면 중앙정부가 관장하는 지방재정 제도와 정책 등 외부환경에 있는지를 종합적으로 판단할 수 있는 단일 지표를 구성한다. 이것은 일반국민이나 지방자치단체장, 지방의회 의원 또는 지방재정 실무자들이 전문적인 지식이 없더라도 단일의 지표를 통해 재정위기 유발 원인과 책임소재를 쉽게 판단할 수 있게 하는 데 목적이 있다.

재정위기의 원인 내지는 책임소재를 판단할 수 있는 척도를 구성하는 데는 다양한 방법이 있을 것이나 여기서는 지방정부 관리 영역별 총세출누적증가액점유율과 세출 감축한도를 기초적인 개념으로 활용하여 지방자치단체 내부 및 외부의 책임소재를 구분하는 단일의 종합적인 지표를 도출한다.

첫째, 각 관리 영역별로 지방자치단체가 감내할 수 있을 것으로 판단되는 최고 수준의 세출 감축비율을 설정하고 그것을 감축 한도라고 명명한다. 감축 한도까지 세출을 삭감하지 못하면 그에 대한 책임소재는 지방자치단체 내부에 있는 것으로 판단한다. 이것은 지방자치단체가 현실적으로 감축 한도 이상으로 세출을 삭감할 수 없다는 뜻이다. 감축 한도의 설정은 통제 영역과 영향1 영역 및 영향+적응 영역으로 한정한다. 적응1 영역은 법률로써 지출의무가 부과된 법정의무이므로 사업비를 감축할 수 없으며, 따라서 감축 한도를 0으로 본다.

둘째, 감축 한도는 <표 6-4>와 같이 복수안을 제시한다. 이것은 지방재정에 대한 식견이나 운영경험 등을 기초로 주관적으로 판단할 수밖에 없는 영역이기 때문에 다양한 관점이 제시될 수 있을 것이고, 지방자치단체의 종류 및 상황에 따라서도 달라질 수 있을 것이다. A안은 현실적으로 통제, 영향1, 적응+영향 영역의 세출을 각각 30%, 20%, 15%까지 삭감할 수 있다고 보는 관점이고, B안은 그 기준을 각각 50%, 30%, 20%로 높인 대안이다. 저자의 경험으로는 지방자치단체에 A안 이상으로 감축을 요구할 수 없을 것으로 판단된다. C안은 지방재정이 완전히 파탄되어 자체사업과 채무상환금, 인력운영비와 필수경상비, 그리고 국비보조사업을 포함한 중앙지원사업 도비부담을 전액 삭감하는 방안이다. B안과 C안은 실제로는 일어나기 어렵겠지만, 비교를 위한 기준으로 제시한다.

셋째, 관리 영역별 총세출누적증가액점유율에 세출감축 상한선인 감축 한도를 곱해 관리 영역별로 지방자치단체 내부요인에 대한 귀책비율을 산정한다.

마지막으로 각 영역에 대한 귀책비율을 합산하여 지방자치단체 내부요인 전체의 종합적인 귀책비율을 도출한다.

〈표 6-4〉 내부요인 귀책 비중

관리 영역	누적증가액 점유율	A안		B안		C안	
		감축한도	내부요인	감축한도	내부요인	감축한도	내부요인
계			15.22%		24.83%		69.77%
통제 영역	26.36%	30%	7.91%	50%	13.18%	100%	26.36%
영향1 영역	16.03%	20%	3.21%	30%	4.81%	100%	16.03%
영향+통제 영역	27.38%	15%	4.11%	25%	6.84%	100%	27.38%

세출 부문에 국한할 때, 현실적으로 감내할 수 있는 감축 한도를 A안으로 보는 경우, 결론적으로 재정위기 유발원인 내지는 책임소재의 15% 정도는 경상남도에, 그리고 85% 정도는 중앙의 제도, 정책 등 환경적인 요인에 있는 것으로 해석된다.

제 3 절 재정수지 측면

Ⅰ. 전반적 추세를 통한 재정위기 원인 분석

일반재원 세출이 일반재원 세입을 초과하면 재정수지 적자가 발생하고, 재원 부족액은 공식적으로 차입과 순세계잉여금 및 사업비의 이월차액을 통해 조달된다. 경상남도의 경우, 그 밖에도 재정수지 적자의 상당 부분을 특정재원 전용 및 법정의무경비 미지급 이월을 통해 편법으로 처리했음을 앞에서 살펴보았다(앞의 <표 4-2>, <표 5-6>, <표 5-10> 및 관련 설명 참조).

순세계잉여금과 이월사업비는 세입결산액에서 세출결산액을 차감한 금액에서 국가에 반납할 보조금 집행잔액을 공제한 것이다. 이월사업비는 다시 명시이월금, 사고이월금, 계속비이월금으로 구분된다. 순세계잉여금 및 이월사업비는 2004년부터 세입결산서에 별도 항목으로 표기된다. 순세계잉여금과 이월사업비 이월차액은 전년도에서 당년도로 이월된 금액과 당년도에서 익년도로 이월된 금액의 차액으로서 전자가 후자보다 커 이월차액이 양수(+)이면 재정여력의 사용, 즉 적자를 보전한 것이고, 반대로 후자가 전자보다 커 이월차액이 음수(−)이면 재정여력을 축적한 것이다.

순세계잉여금은 이월사업비나 보조금 집행잔액과 달리 용도가 지정되지 않아 지방자치단체가 재량권을 가지고 처분할 수 있는 여유재원을 말한다. 이것은 현금성 흑자재원으로서 재정위험을 흡수하는 재정여력(fiscal slack)의 주요 요소이다.[15] 이에 반해 이월사업비는 특별한 사정 등으로 사업이 당해 회계연도에 집행되지 않고 이월되어 사업비가 함께 이월된 것이므로 용도가 정해져 있고 재원이 이미 확

15 재정여력에는 불황대비기금(rainy day fund), 미징수 여유세입(uncollected revenue), 재량적 지출 등이 함께 포함될 수 있다. 제2장 제1절 재무상태과정 모델 참조.

보되어 있으므로 재정위기 유발원인으로 작용하지 않는다. 따라서 여기서는 분석의 실효성을 높이기 위해 재정수지 적자에서 허수의 성격이 있는 사업비 이월차액을 공제한 실질적인 적자를 '재정수지 순적자'로 규정하고, 그 규모 및 처리 방식이 재정위기 유발원인으로 작용하는지를 분석한다.

다음 [그림 6-18]은 2004~2013년 회계연도 기간에 연도별로 재정수지 순적자의 발생 규모와 네 가지 처리 방식에 대한 의존 정도를 보여준다. 공식적인 보전방법인 차입과 순세계잉여금 이월차액, 그리고 편법적 회계처리인 특정재원 전용과 법정의무경비 지급의무의 이월로 구성된다. 그림 상부의 실선은 재정수지 순적자 추세로서 그것을 보전 또는 처리하는 점선으로 표시된 네 가지 방법의 추세선을 합산한 것이다. 중간의 실선은 특정재원 전용과 법정경비 이월금을 합산한 편법처리 추세이다.

먼저 재정수지 순적자는 2007년 이후 큰 폭으로 확대되었고, 마치 롤러코스터를 타듯이 급등과 급락을 반복했다. 그 추세를 보면 2007년까지 100,000백만원 미만이었다가 2008년과 2009년 연속으로 2배 이상 증가하여 2009년에는 2007년의 4배가 넘는 421,766백만원으로 확대되었다. 2010년과 2011년은 2009년의 절반 이하인 200,000백만원 내외로 떨어졌다가 2012년 441,099백만원으로 다시 2배 이상 확대되었다. 그리고 2013년은 전년도보다 다소 감소한 305,312백만원을 기록했다. 이러한 급등과 급락의 변동 속에서도 급락 시점인 2010년과 2011년의 재정수지 순적자가 2007년의 두 배가 넘는 200,000백만원 내외가 될 정도로 전반적으로 그 규모가 크다.

재정수지 적자의 급속한 확대는 세출은 빠르게 증가한 데 비해 세입증가세는 상대적으로 정체된 데 근본적인 원인이 있다. 세출 수요의 급속한 확대는 2009년 이전은 자체사업과 국비보조사업 도비부담이, 그 이후는 법정의무경비와 행정운영경비가 주도했다. 여기에는 중앙정부의 제도 및 정책적 개입이 큰 변수로 작용했다. 세입 측면에서는 2005년 이후의 지방세제 개편이 경상남도의 주력 세원인 취득세 등 부동산 관련 지방세 신장세를 크게 꺾어 놓았다. 2009년에는 중앙정부가 차입을 통한 지방재정지출의 확대를 권고함으로써 경상남도의 재정수지 적자와 차입수준이 사상 최고치를 기록했다. 2011년 정부의 부동산취득세율 인하 및 세율인하보전금 교부는 주로 수도권의 주택거래 촉진을 통해 국가 경제를 활성화하는 데 정책목표가 있었으나, 경상남도에서는 지역의 부동산 시장과 엇박자를 내 세입 및 재정수지 적자의 급등락을 불러 지방재정관리에 큰 어려움을 주었다.

[그림 6-18] 재정수지 순적자 규모 및 처리 내역

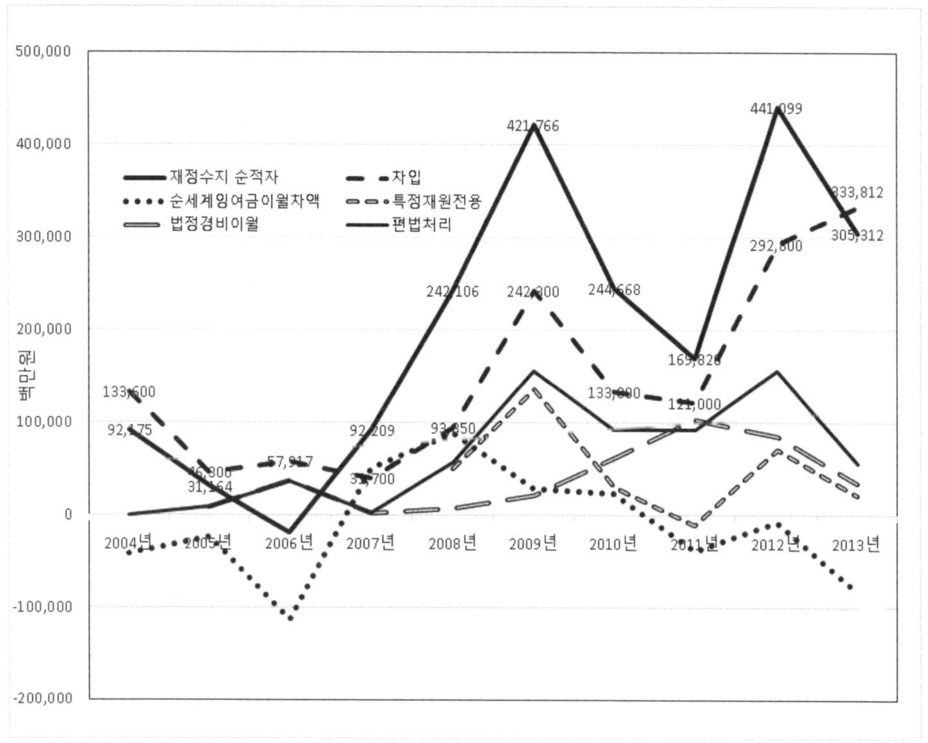

(단위: 백만원)

순적자[1]	92,175	31,164	−19,143	92,209	242,106	421,766	244,668	169,820	441,099	305,312
차 입	133,600	46,300	57,917	39,700	93,850	242,300	133,000	121,000	292,800	333,812
이월차액[2]	−41,426	−23,725	−113,840	50,585	88,369	28,672	22,847	−39,739	−8,537	−83,944
편법처리[3]	−	8,589	36,796	1,924	57,185	156,510	92,345	91,600	156,409	55,445
특정재원[4]	−	−	−	−	49,998	135,400	30,882	−11,089	70,966	21,737
법정경비[5]	−	8,589	36,796	1,924	7,187	21,110	61,463	102,689	85,443	33,708

주: 재정수지 순적자와 차입, 순세계잉여금 이월차액 및 편법처리 금액을 합산한 금액 사이에 약간의 차이가 있다. 이에 대해서는 앞의 <표-5-6> 오차 항목 및 관련 설명 참조.

* 1. 재정수지순적자; 2. 순세계잉여금이월차액; 3. 편법처리(A+B); 4. 특정재원전용(A); 5. 법정의무경비이월(B).

둘째, 차입은 예외적으로 재정수지가 흑자였던 2006년과 분석대상 마지막 해인 2013년을 제외하면, 인과관계와는 별론으로 재정수지 적자규모와 서로 비례하여 닮은꼴을 이룬다. 그것은 2004년 보궐선거로 당선된 도지사가 취임한 연도의 차입 및 재정수지 적자 폭 확대, 2008년 시작된 재정수지 적자와 차입의 동반 증가, 2009년 정부의 지방재정지출 확대 권고에 따른 큰 폭의 재정수지 적자 및 차입 증가, 2011년 부동산취득세율 인하 등에 따른 일시적인 세입 급증 및 그로 인한 재정수지 적자 및 차입 감소, 2012년 취득세율 인하 종료에 따른 세입 급락과 재정수지 적자 및 차입 급증 사례에서 뚜렷하게 볼 수 있다.

차입에 대해서는 경상사업을 포함하여 재정사업을 확대하기 위해 가용재원을 마련하는 수단 정도로 인식하는 경향을 볼 수 있다. 장기차입, 즉 지방채 발행(GO)이 자본시설을 확충하기 위한 재원조달 수단이며, 그 경우에도 재정 건전성이 유지되도록 세입의 흐름을 고려하여 현금조달(PAYGO) 방법을 적절히 병행해야 한다는 기초적 관념이 정립되지 않았다는 것이다. 특히 재정수지가 흑자였던 2006년에도 차입 규모를 오히려 늘렸는가 하면, 2011년에는 정부의 부동산취득세율 인하에 따라 일반재원 세입이 전년도보다 15% 이상, 금액으로는 305,900백만원이나 반짝 증가했는데도 차입 규모를 전년과 비슷한 수준으로 유지하면서 세입 증가액 대부분을 경상 사업의 확대에 사용한 데서 그러한 경향을 확인할 수 있다.

차입과 관련된 또 다른 특징은 차입이 재정수지 순적자를 보전하는 공식적인 재정조달 수단인데도 불구하고 양자의 규모가 큰 격차를 보이는 점이다. 통상적인 상황에서는 재정수지 순적자와 차입의 차이 대부분이 순세계잉여금의 이월차액이기 때문에 그 규모가 클 수가 없다. 순세계잉여금은 일종의 여유재원으로서 미국에서는 예산규모의 일정비율 등을 기준으로 관리한다. 한국에서는 아직 정립된 운용기준이 없지만, 일반적으로 순세계잉여금이 예산규모에 비례해서 증가할 것이므로 이월차액은 소액의 마이너스 금액이 정상적일 것이다.

셋째, 그런데도 재정수지 순적자와 차입이 큰 격차를 보이는 데는 그 배경에 편법적인 회계처리인 특정재원 전용과 법정의무경비의 미지급 이월 문제가 가로놓여 있다. 특정재원 전용은 2008년 세출결산서가 대폭 개편되어 특정재원의 세출 각 항목이 결산서에 표시된 이후에 산출할 수 있다. 이들 항목을 합산한 특정재원 세출 총액을 세입결산서의 특정재원 세입 총액에서 공제하면 전용금액이 산출된다. 그러나 이에 관한 선행연구가 없고 예산담당 실무자들로부터도 상세한 설명을 듣기가 어려워 이 책에서는 세입 및 세출결산서를 통해 전용된 규모만 도출하고 세부적인 내용의 분석은 후속 연구에 미루기로 한다.

법정의무경비 미지급 이월은 2005년부터 추적할 수 있다([부록 2] 참조). 그러나 결산의 범위를 넘어 편법적 회계처리라고 할 수 있을 정도의 규모로는 2009년 시·군조정교부금 35,040백만원을 이월하면서 시작되었다. 편법 처리금액은 2010년 제도적 요인인 창원시 통합 및 김해시 인구 50만명 초과에 따라 시·군조정교부금 추가 수요가 큰 규모로 발생한 이후 대폭 증가했다. 그리하여 2011년에는 최대치인 102,689백만원을 이월했다. 경상남도는 2013년 본예산(안)에 소요예산을 전액 반영함으로써 도의회 심의 과정에서 일부 조정이 있었으나 문제를 크게 개선했다. 2012년 후반기 도지사권한대행 체제에서 강도 높은 예산구조조정과 함께 편법적인 회계처리 관행을 외부에 공개하고 이의 개선을 추진했기 때문이다(제5장 주 12 참조).

2008년 이후 특정재원 전용과 법정의무경비 미지급 이월을 합친 편법적 적자처리는 55,445~156,510백만원 규모이며, 재정수지 순적자의 1/5에서 많게는 절반 이상을 차지했다(앞의 <표 6-5>). 편법 회계처리 추세가 재정수지 순적자 추세와 닮은 정도는 차입과 순적자 추세의 관계보다도 더 크다. 특히 특정재원 전용은 재정수지 순적자와 변화 추세가 거의 같다. 이것은 재정수지 순적자를 공식적인 차입 및 순세계잉여금 이월차액으로 보전하지 못해 편법으로 처리했음을 뒷받침한다. 그리고 이러한 관행이 감축 관리를 지연시켜 재정위기를 유발 또는 심화하는 요인이 된 것으로 추정된다.

마지막으로 순세계잉여금 이월차액 추세는 [그림 6-19]의 하단에 굵은 실선으로 표시되어 있는데, 재정수지 순적자와의 관계를 보면 닮은꼴인 차입이나 편법 회계처리와 달리 복잡한 양상을 보인다. 먼저 2008년까지는 순세계잉여금 이월차액 추세가 재정수지 순적자와 대체로 비슷한 패턴을 보인다. 그중에서 2004년~2006년의 3년간은 재정수지 순적자의 규모가 상대적으로 작고, 감소 추세를 보이는 데 따라 이월차액이 음수(-)로 나타났다. 이것은 전년도 이월액보다 당년도 이월액이 많아 재정여력을 축적한 것으로서 이 기간은 경상남도 재무상태가 양호했던 것으로 추정된다. 특히 재정수지가 예외적으로 흑자였던 2006년은 순세계잉여금 이월차액이 -113,840백만원으로서 재정여력이 크게 추가되어 다음 해인 2007년의 순세계잉여금이 정점인 301,853백만원으로 증가했다.

[그림 6-19] 순세계잉여금 및 순세계잉여금 이월차액 변화 추세

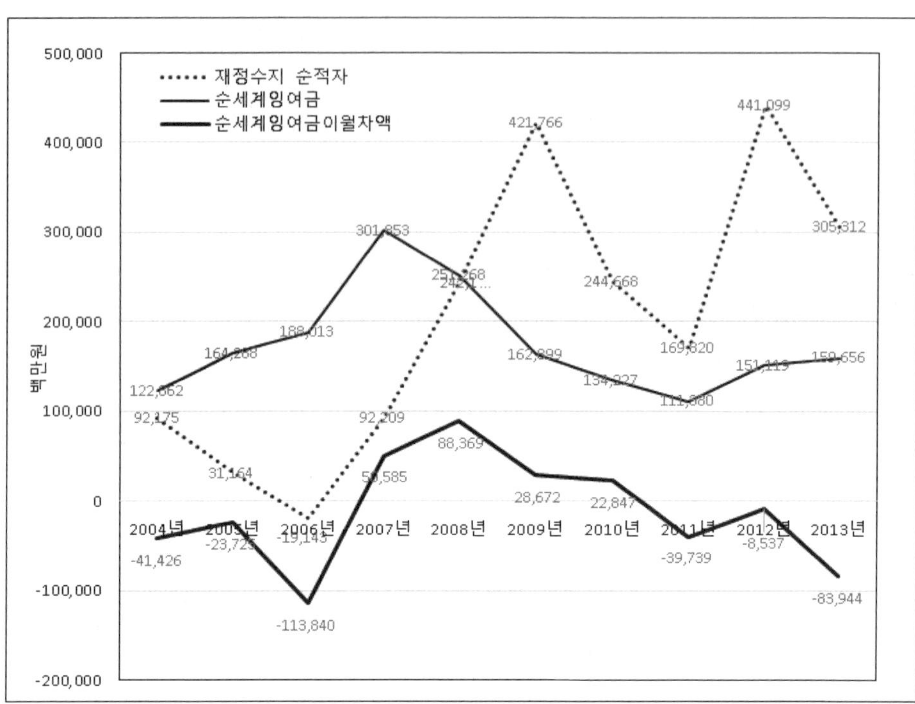

2007년과 2008년은 재정수지 순적자가 각각 92,209백만원과 242,106백만원으로 크게 확대되면서 그동안 축적했던 순세계잉여금을 적자 보전에 일부 사용했다. 순세계잉여금 이월차액이 양수(+)로 전환된 것이다. 연도별 사용 금액은 각각 50,585백만원과 88,362백만원이며, 이에 따라 2009년 순세계잉여금이 162,899백만원으로 감소했다.

2009년부터는 순세계잉여금 이월차액의 추이와 재정수지 순적자의 동조 현상이 거의 사라졌다. 2009년에는 재정수지 순적자가 2배 가까이 확대됐음에도 불구하고 이월차액의 사용은 오히려 1/3 정도로 줄어들어 양자의 추세가 거꾸로 향한다. 2010년 이후는 양자가 방향은 같지만, 규모 측면에서 연결성이 약하다. 2010년과 2011년에는 재정수지 순적자가 축소 국면이기는 하나 여전히 큰 폭을 유지하는데도 이월차액의 사용이 미미하며, 특히 2011년은 재정여력을 크게 축적했다. 이어서 2012년은 재정수지 순적자가 사상 최대 규모인데도 소폭이기는 하지만 오히려 재정여력을 확충했다. 2013년에는 순세계잉여금이월차액이 -83,944백만원으로 재

정수지 순적자가 전년도보다는 감소했지만 여전히 큰 규모인데도 불구하고 그 규모를 더 줄이는 대신에 재정여력을 크게 확대했다.

이처럼 순세계잉여금 이월차액의 추이를 보면 차입 및 편법적 회계처리와 달리 뚜렷하게 재정수지 순적자를 보전하는 방법이라고 해석하기 어렵다. 그 이유는 재정압박 상황과 제1회 추경과의 관련성 때문으로 추정된다. 재정압박을 받으면 순세계잉여금을 장기적인 관점에서 재정위험을 흡수할 수 있는 재정여력으로 보는 여유를 상실하고, 목전의 재정수요인 제1회 추경재원을 확보하는 데 급급할 수밖에 없게 된다. 제1회 추경은 대부분 전년도 말에 확정되는 당년도 재정사업을 전년도 하반기에 편성되는 본예산에 정확하게 반영할 수 없는 예산 편성의 시차 때문에 회계연도 개시 이후 조기에 거의 정례적으로 추진하는 예산 절차이다.

경상남도가 홈페이지를 통해 제공하는 2008년 이후의 예산 자료에 의하면 제1회 추경의 규모는 국비와 도비를 구분하지 않은 상태에서 2008년 180,000백만원대에서 2009년~2012년 260,000~280,000백만원대로 증가했다. 순세계잉여금의 규모는 그중에서 도비 부담분 수준으로 추정된다. 2013년은 예외적으로 제1회 추경 규모가 700,000백만원 정도까지 치솟았는데, 그것은 300,000백만원에 가까운 김해관광유통단지 매각 대금과 정부의 주택취득세율 인하 조치 재개에 따른 세입 증가 추정액이 반영되었기 때문이다(제7장 주 27) 참조).

순세계잉여금을 목전의 재정수요인 제1회 추경재원의 확보 측면에서 보면 2008년과 2009년은 재정수지 순적자가 크게 확대되면서 그간 축적한 순세계잉여금을 제1회 추경의 도비 부담금 정도만 남기고 대부분 소진했으며, 그 이후에는 그것을 필수불가결한 수준으로 유지하는 데 급급했던 것으로 이해된다. 큰 폭으로 계속되는 재정수지 순적자를 보전하기 위해 차입을 지방채 발행 한도에 가깝게 늘리고, 거액의 적자를 편법으로 처리하는 상황에서, 그림에서 보는 것처럼 순세계잉여금을 150,000백만원 정도로 유지하려는 관성을 보이는 것이 그러한 추정을 뒷받침한다.

Ⅱ. 주요 쟁점별 재정위기 원인 분석

1. 재정수지 순적자의 규모 및 적자 보전 방식

재무상태과정 모델의 관점에서 재정위험(fiscal risk) 요소인 재정수지 순적자와 주요 재정여력(fiscal slack)인 순세계잉여금이 균형(balance)을 상실할 때 재정위기가 발생한다고 보고 이 문제를 시간의 흐름에 따라 검토한다(제2장 제1절 Ⅱ. 2. 참조). 재정수지 순적자 및 그것을 보전 및 처리하는 네 가지 방법의 추이를 나타낸 [그림 6-18] 및 [그림 6-19]를 바탕으로 분석을 진행한다.

(1) 2008년: 재무상태 불균형 발생

재정수지 순적자는 2006년까지 상대적으로 규모가 작아서 차입으로 적자를 보전하고 남는 수준이었다. 차입은 2003년 도지사가 임기 중 사퇴하고 이어서 2004년 보궐선거로 새 도지사가 취임했던 2년 동안 각각 2배씩 4배로 증가했으나 2005년부터 크게 줄어들었다. 그리고 채무잔액 및 거치 기간이 지나 상환 시점이 도래한 채무가 모두 소규모여서 원리금 상환에 대한 부담이 거의 없었다. 그 결과 경상남도는 순세계잉여금을 계속해서 확충할 수 있었으며, 특히 재정수지가 흑자였던 2006년에는 113,840백만원에 달하는 이월차액을 남겼다. 2007년에는 재정수지가 92,209백만원 규모의 순적자로 전환됨에 따라 차입금과 함께 그동안 축적한 순세계잉여금 301,853백만원 중에서 50,585백만원을 적자 보전에 사용했다. 그러나 축적된 순세계잉여금의 규모와 적자 보전에 사용된 비중에 비추어 볼 때 그 정도는 재정여력의 순기능으로 이해된다.

재정수지 적자의 편법적 처리방법으로 지목되는 법정의무경비 이월은 2005년 교육재정부담금의 이월로 시작되었으나, 당시는 결산 과정에서 불가피하게 발생할 수 있는 소액이었으며, 매년 정산했기 때문에 편법이라고 하기가 어렵다. 또 다른 편법 처리방법인 특정재원 전용은 결산자료를 통해 2008년부터 그 규모를 산출할 수 있다. 2007년 이전은 확인할 수가 없으나 재정수지 순적자가 차입 및 축적된 순세계잉여금으로 충분히 보전할 수 있는 소규모여서 특정재원을 전용할 필요가 없었을 것으로 추정된다. 2008년 이후의 추세를 볼 때 특정재원 전용이 재정수지 순적자와 닮은꼴로 움직이면서, 특히 적자가 급증하는 경우에 차입 등 공식적인 방법으로 보전하지 못하는 간격을 메워왔던 것으로 보이기 때문이다.

이처럼 재정수지 순적자의 규모와 적자의 보전 및 처리 실태, 지방채 발행 여건, 순세계잉여금 축적 정도 등을 종합적으로 고려할 때 2007년까지는 경상남도 재무상태가 재정수지 순적자가 유발하는 재정위험(fiscal risk)을 순세계잉여금과 낮은 채무잔액 수준으로 인한 지방채 운용의 여유 등 재정여력(fiscal slack)으로 충분히 흡수할 수 있는 안정적인 상태였다고 판단된다.

그러나 2008년에 들어서는 이러한 재무상태의 균형에 균열이 생긴 것으로 보인다. 전년도까지 100,000백만원 미만이었던 재정수지 순적자 규모가 242,106백만원으로 크게 확대되자, 적자를 보전 및 처리하는 각각의 방법에서 이상이 발생했다. 먼저 공식적인 적자 보전 방법으로서 2005년 이후 안정돼가던 차입 규모가 93,850백만원으로 급증했다. 순세계잉여금은 251,268백만원 중에서 35% 정도인 88,369백만원을 사용하여 잔액이 162,899백만원으로 대폭 감소했다. 2007년에도 적자를 보전하기 위해 순세계잉여금을 사용했으나, 사용 금액과 사용잔액의 규모 측면에서 당시보다 재정운영에 미치는 위험의 정도가 크게 높아졌다. 그리고 차입과 순세계잉여금으로 보전하고도 충당하지 못한 57,185백만원을 편법인 특정재원 전용(49,998백만원) 및 법정의무경비 비지급 이월(7,187백만원)을 통해 처리했다.

재정위험과 재정여력의 균형 관점에서 볼 때 이것은 재정수지 적자가 유발하는 재정위험을 흡수하여 재무상태의 균형을 유지할 수 있을 정도로 지속 가능한 재정 여력을 창출하지 못했다는 의미로서 이 책에서 규정하는 재정위기의 정의에 부합한다. 제2장에서는 재정위기를 "합법적으로 조달할 수 있는 재원과 각종 지출의무를 이행할 수 있는 능력 사이에 균형을 잃어 균형예산 달성 … 재정수지 적자의 처리 … 등에서 극심한 어려움을 겪는 상황"으로 정의했다(제2장 제1절 Ⅰ. 30면, 재정위기 정의 참조). 결론적으로 재정수지 측면에서 경상남도의 재무상태는 재정수지 순적자 규모가 100,000백만원 미만으로 유지되었던 2007년과 242,106백만원으로 급증한 2008년 사이의 어느 시점에서 균형을 잃은 것으로 해석되며, 2008년에는 이미 균형을 크게 상실했던 것으로 추정된다.

(2) 2009년: 재무상태 불균형 심화

2009년은 전년도에 재정수지 적자가 급격하게 확대되어 상실된 재무상태의 균형을 복원하기 위해 재정수지 순적자를 임계수준 이하로 끌어내리는 감축 관리가 필요한 시점이었다. 그러나 중앙정부가 이러한 현실적인 정책 수요와 정반대로 지방채를 발행해서 지방재정지출을 확대하라고 지방정부에 권고함으로써 경상남도의 재무상태 불균형이 급격히 악화했다. 중앙정부의 이 권고는 당시의 세계 경제침체에 대응하여 국가 경제가 활력을 찾기 위해서는 확장적 재정정책이 필요하고 여기에 지방정부가 동참해야 한다는 판단에서 나온 것으로 이해된다. 이에 따라 중앙정부는 지방재정지출을 확대할 것을 강력하게 권고하는 한편, 지방정부가 국세 감세정책에 연동된 지방교부세의 감소 등 지방세수의 결손을 메우고 확대 재정정책을 추진하는 데 필요한 재원을 마련하게 하려는 목적에서 경상경비인 국고보조사업의 지방비 매칭재원을 차입으로 조달할 수 있도록 허용했다.

중앙정부가 지방재정을 강력하게 통제하는 한국의 현실에서, 그리고 실제로 중앙정부의 감세정책으로 지방정부 일반재원의 큰 비중을 차지하는 지방교부세가 줄어들어 재원보전이 시급했기 때문에, 이 권고는 사실상 강행조치와 별 차이가 없었던 것으로 보인다. 지방정부로서는 이 권고를 손쉽게 재정사업을 유지 또는 확대하는 명분으로 삼을 수 있었기에, 고통스러운 감축 관리를 당대에는 되도록 회피하거나 미루려는 도덕적 해이를 조장했을 수 있다. 지방재정위기의 원인을 설명하는 Pammer의 모델 중 지방정치 요인이나 관료적 팽창주의가 여기에 해당한다(제2장 제1절 Ⅱ. 1.).

그 결과 2009년 경상남도의 재정수지 순적자는 사상 최대인 421,766백만원으로 확대되었다.[16] 적자 보전의 방법으로는 먼저 차입으로 역시 사상 최대 규모인 223,647백만원을 조달했다. 이것은 정부의 장려로 지방채 발행 한도를 훨씬 초과한 것으로서 이에 따라 경상남도 채무잔액은 743,575백만원으로 전년도의 505,626백만원보다 50% 가까이 증가했다. 다음은 순세계잉여금 이월차액 22,847백만원을 적자 보전에 사용했다. 순세계잉여금의 역할이 이처럼 미미한 것은 앞에서 설명했듯이 재정압박 국면에서는 순세계잉여금을 주로 제1회 추경의 주요 재원으로 보아 목전의 재정 수요를 확보하는 데 급급하기 때문이다. 공식적인 수단인 차입과 순세계잉여금 이월차액으로 보전하지 못한 재정수지 순적자 156,510백만원은 편법인 특정재원 전용 135,400백만원과 법정의무경비 미지급 이월 21,110백만원(시·군조정교부금 35,040백만원, 교육재정부담금 -13,930백만원)을 통해 처리했다.

이러한 상황은 2008년 재정수지 순적자가 242,106백만원으로 급속히 증가하면서 균형을 상실한 경상남도의 재무상태가 이제는 회복하기 훨씬 어려운 심각한 국면에 빠져든 것으로 해석된다. 재정수지 순적자가 2007년의 4.5배로, 그리고 재정위기로 규정할 수 있는 2008년 규모보다도 75% 가량 급증했으며, 중앙정부의 권고에 따른 것이기는 하지만, 지방채발행한도액을 훨씬 초과한 사상 유례 없는 대규모

16 사업비이월차액을 포함한 재정수지 총적자는 534,428백만원으로서 당년도 일반재원 세입 1,660,000백만원의 1/3 정도를 차지한다.

차입으로 경상경비까지 포함하여 재정수지 적자를 충당했기 때문이다. 한편 순세계잉여금은 목전의 재정수요인 제1회 추경에 필수적인 수준으로 소진되어 재정위험을 흡수하는 재정여력의 역할을 상실했다. 그리고 재정수지 순적자의 40% 정도는 재정규율에 어긋나는 과도한 차입을 통해서도 보전하지 못해 결국 편법으로 처리할 수밖에 없었던 점도 이러한 해석을 뒷받침한다.

따라서 2008년의 재정수지 적자 확대가 재정위험과 재정여력의 불균형을 초래하여 재정위기의 단초를 제공했다면, 2009년 중앙정부의 지방재정지출 확대 권고는 경상남도의 재무상태를 회복하기 어려운 수준으로 악화시켜 재정위기 국면에 완전히 빠져들게 한 것으로 보인다. 중앙정부의 당시 권고는 경기 대응 재정정책에 지방정부를 동원했다는 점에서, 그리고 경상예산 재원을 차입으로 조달하라고 권고한 점에서 재정운영의 원칙에 배치될 뿐만 아니라, 그 결과 지방재정을 회복하기 어렵게 악화시켰기 때문에 중대한 정책실패 사례로 판단된다.

경기 대응 재정정책은 발권력을 가진 중앙 또는 연방정부의 소관이다. 국가경제 전체적인 문제이며, 막대한 재원이 소요되기 때문에 일정 범위의 행정구역을 관장하는 지방정부가 제한된 재정력으로 해결할 수 없기 때문이다. 미국에서는 다 같이 예산안정기금을 운용하더라도, 연방정부 차원에서는 경기 대응 재정정책으로서 경제안정 효과를 강조하는 데 반해, 주 및 지방정부는 공공서비스를 안정적으로 공급할 수 있는 예산안정기능을 강조한다(Hou, 2013, p.15, p.29; Hou, 2015, p.2, p.3). 이러한 정부 간 역할분담 원칙에 반해서 중앙정부가 경기 대응 재정정책에 지방정부를 동원하고, 그로 인해 발생한 세수 결손을 국가재정으로 보전하는 대신에 지방정부에 차입으로 조달하라고 책임을 전가한 것은 지방재정을 희생시키더라도 국가채무통계를 건전하게 보이려는 중앙정부 중심의 정책 결정으로 보인다.

한편 경상사업비, 구체적으로 국고보조사업의 지방비 매칭재원을 차입으로 조달하는 것은 균형예산을 근간으로 하는 재정규율(fiscal discipline)에 위반된다. 재정규율은 경상지출을 경상수입으로 충당해야 한다는 원칙을 기초로 재정 건전성을 유지하기 위해 정부 재정의 모든 행위자 및 이해 관계인이 실천해야 하는 기준, 윤리 및 절제된 행위를 말한다(Hou, 2003). 미국의 경우에는 정부 예산을 경상예산과 자본예산으로 구분하고 자본시설확충을 목적으로 하는 자본예산에 한해서만 기채를 허용한다. 그 외에 재해복구사업이나 예측하기 어려운 세입결함의 보전 등은 균형예산 원칙이 적용되는 경상예산의 순세계잉여금을 사용하거나 별도로 적립된 예산안정기금으로 충당한다. 지방정부의 재정 건전성을 지원하고 감독할 책임이 있는 중앙정부가 이러한 원칙에 반해 경상사업비를 기채로 조달하라고 권고한 것은 재정규율을 앞장서서 어기고 지방정부의 도덕적 해이를 조장하여 지방재정위기를 유발 또는 심화하는 원인을 제공했다는 점에서 책임을 피하기 어려워 보인다.[17]

(3) 2010: 불안한 소강 국면

2010년은 재정수지 순적자가 244,668백만원으로 2009년의 421,766백만원에서 177,098백만원이 줄어들어 2008년 수준으로 되돌아왔다. 재정수지 순적자의 감소는 2010년 일반재원 세입과 실질 세출이 전년보다 각각 284,000백만원 및 107,000백만원 정도 증가했기 때문에 그 차액이 반영되었다.[18] 일반재원 세입은 1,944,400백만원으로서 2010년 증가액은 지방소비세 도입에 따라 그 해에 처음 납입된 지방소비세 세입 273,200백만원과 비슷한 규모이다. 일반재원 세출은 창원시 통합, 김해시 인구 50만명 초과와 도세 증가에 따라 시·군조정교부금 140,000백만원 등 법정의무경비 재정수요가 190,000백만원 정도 증가했으며 국비보조사업 도비부담과

---

17 지방재정제도 및 정부 정책을 관장하는 행정안전부로서는 이러한 비판을 야속하게 생각할 수 있다. BH와 기획재정부 중심으로 국가 경제정책 방향이 긴급하게 결정되고, 행정안전부는 그러한 정책 방향 아래, 부처 또는 당정협의의 한 당사자로서 지방재정 관련 사항을 논의하는 제한적인 역할을 담당하는 경우가 많으며, 때로는 그러한 한계 속에서 긴급한 국가정책 추진에 소극적으로 보이는 부담을 안고서도 지방의 상황과 논리를 반영하기 위해 노력하는데 그것을 몰라준다고 생각할 수 있기 때문이다. 그러한 사정에도 불구하고 2009년과 같은 정책실패가 발생하는 것을 방지하기 위해서는 지방 4단체와 같은 지방정부 대표기관이 국가정책 결정에 직접 참여할 수 있도록 거버넌스 체제를 분권적으로 개편하는 것이 근본적인 과제이다. 지방정부와 행정안전부 차원에서는 수시로 발생하는 정부의 정책 결정에 지방의 관점을 효과적으로 반영할 수 있도록 지방재정에 관한 경험적, 실증적인 연구성과를 축적하는 일이 급선무이다. 이것은 시·도별로 운영되는 정책연구기관의 협력 및 운영 효율화를 통해서 이룰 수 있으며, 적극적인 공개행정을 통해 대학교수 등 지방재정전문가들의 집단지성을 촉발하는 것도 하나의 방법이 될 수 있을 것이다. 후자를 위해서는 지방재정 통계자료뿐만 아니라 정책 결정에 사용된 내부자료까지 과감하게 공개할 필요가 있으며, 지방재정전문가와 협력하고 행정 및 정책자료를 제공하는 등 그들의 연구를 지원하는 가칭 연구협력관 직위를 각 지방정부에 설치하는 방안을 검토할 수 있을 것이다. 이와 함께 실무경험 위주의 폐쇄적 인력운영 관행에서 탈피하여, 지방재정에 관한 넓은 시야와 전략적인 정책판단 능력을 갖춘 전문인력을 육성하여 담당 공무원으로 충원하는 것이 필요한 것으로 보인다.

18 2010년 일반재원 세출은 2,196,824백만원으로 2009년의 2,194,428백만원보다 2,396백만원 증가한 데 그쳤으나 2009년과 2010년의 사업비 이월차액이 각각 112,662백만원 및 7,755백만원으로서 재정수지 순적자 산출에 적용되는 실질적인 세출증가액은 그 차액을 고려한 107,303백만원이다(앞의 <표 5-6> 및 <표 5-10> 참조).

행정운영경비(인력운영비+필수경상비)를 합쳐 120,000백만원 정도 증가했다(앞의 <표 5-9> 참조). 그 대신에 경상남도는 재량적 성격의 자체사업비와 광특사업 도비부담을 전년도보다 각각 230,000백만원 및 69,000백만원 대폭 삭감했다.

재정수지 순적자의 보전은 공식적인 방법인 차입으로 133,000백만원을 조달하고, 순세계잉여금 이월차액 22,847백만원을 사용했다. 공식적인 방법으로 보전하지 못한 적자는 92,345백만원으로서 특정재원 전용과 법정의무경비 미지급 이월을 통해 각각 30,882백만원과 61,463백만원을 처리했다.

이러한 2010년의 경상남도 재무상태는 정부의 권고에 따라 재정수지 순적자 및 그 보전대책으로서 차입과 편법적 회계처리 규모가 사상 최대치를 기록했던 전년도보다는 나아졌지만, 재정위험과 재정여력 사이에 균형을 상실하기 시작했던 2008년보다는 훨씬 나빠진 것이다. 2008년과 비교하여 재정수지 순적자의 규모는 비슷하지만, 주요 재정여력으로서 전년도에 크게 줄어들었던 순세계잉여금이 추가로 소진되었으며, 차입 및 편법적 회계처리 규모 또한 2008년보다 각각 40% 및 60% 정도 증가했기 때문이다. 더구나 법정의무경비의 급증에 대처하기 위해 재량적 성격의 자체사업과 광특사업 도비부담을 대폭 감축한 것은 재정압박 국면임을 보여주는 전형적인 특징이라고 할 수 있다.

이에 따라 2010년은 재정위기로 규정할 수 있을 정도로 재무상태의 균형을 벗어난 대규모의 재정수지 순적자와 차입, 그리고 편법적인 회계처리가 관행처럼 굳어졌다. 더구나 2010년 7월 1일에는 창원시에 인근의 마산 및 진해시가 통합되고 김해시의 인구가 10월 말 50만명을 돌파함으로써 경상남도의 시·군조정교부금 재정수요가, 도세의 변화가 없다고 가정하면, 2010년 30,000백만원 이상, 그리고 2011년 이후는 100,000백만원 정도 추가로 발생하게 되었다.

이처럼 재정위기로 규정할 수 있는 재무상태가 계속되었고, 재정적 충격 요인이 추가로 예정되어 있었지만, 경상남도가 당시의 상황을 재정위기 국면으로 인식한 정황은 찾아볼 수 없다.[19] 2010년은 민선 5기가 출범한 해로서, 당시 보수 정당

19 여기에는 2010년 10월 말에 경상남도 행정부지사로 부임한 저자도 예외가 아니다. 한국에서 지방재정위기 사전경보시스템이 2012년부터 운영될 정도로 당시에는 지방재정위기 개념 자체가 생소했으며, 제5장에서 분석했듯이 재정위기 판단지표 또한 재정운영이 극도로 어려워진 2012년 말 시점조차도 경상남도의 재무상태에 전혀 이상이 없다고 판정하는 수준이기 때문에 당시의 상황을 재정위기로 인식하는 것은 거의 불가능했다고 판단된다. 더구나 당시 경상남도는 조선과 기계공업을 중심으로 한국의 산업 발전을 선도했으며 지역내 총생산이나 주민소득,

의 아성이었던 경상남도에서는 야권 공동정부를 표방한 무소속 후보가 도지사에 당선되어 분권과 복지에 바탕을 둔 도정 브랜드 시책을 도민들에게 약속하고 구체적인 시행을 앞두고 있었다. 전자로는 18개 시·군이 주체적으로 각각 개성을 발휘하여 경상남도를 조화롭게 발전시켜 나가도록 재정적으로 지원하겠다는 모자이크 사업을 들 수 있으며, 후자로는 학교 무상급식사업을 대표적으로 꼽을 수 있다. 이들 사업의 재정 수요는 매년 전자가 90,000백만원, 후자는 2011년 23,000백만원에서 시작하여 2014년부터는 58,000백만원까지 단계적으로 확대될 예정이었다.

(4) 2011년: 한시적 세입증가와 위기 인식 지연

2011년은 재정수지 순적자가 169,820백만원으로 2010년의 244,668백만원에서 74,848백만원 줄어들었다. 재정수지 순적자의 감소는 2011년 일반재원 세입 증가가 306,000백만원으로 세출 증가액 231,000백만원보다 많았기 때문이다.[20] 재정수지 순적자의 보전 방식은 전년도와 비슷하다. 먼저 공식적인 보전 방법인 차입으로 전년도보다 약간 줄어든 121,000백만원을 조달했다. 그러나 순세계잉여금 이월차액은 적자 폭이 컸음에도 불구하고 오히려 40,000백만원 정도 남겼다. 2007년 이후 적자 보전을 위해 순세계잉여금을 계속 사용하여 잔액이 사상 최저인 111,380백만원으로 줄었기 때문에 다음 해 제1회 추경에 지장이 없는 수준으로 보충한 것으로 보인다. 공식적인 방법으로 보전하지 못한 적자는 전년도와 비슷한 수준인 91,600백만원이며, 모두 법정의무경비를 이월해서 처리했다. 특정재원은 예외적으로 세출이 세입보다 11,089백만원 많아 일부 특정재원 세출을 일반재원 세입으로 충당했다.

재정규모 등의 측면에서 선망의 대상이었기 때문에 설령 이러한 일반적인 모습과 다른 취약한 지방재정 실태를 꿰뚫어보고 위기 대책을 추진했다고 하더라도 복선이 있는 정치적 행위로 의심받았을 가능성이 컸을 것이다. 이 책은 이와 달리 일반 국민이 보는 세계와 판이할 뿐더러 한계와 제약이 많은 지방정부 및 지방재정 현실에 관한 인식을 바탕으로 경상남도의 재무상태를 재정통계자료와 실무경험을 반영하여 사후적, 심층적으로 분석한 것이다. 따라서 당시의 정책 결정 및 대응방식을 평가하고자 할 때도 당시로서는 미래에 대한 대응인데도 마치 이 책의 분석결과를 사전에 미리 알고 대응할 수 있었을 것으로 오해하지 않도록 유의할 필요가 있다. 더욱 근본적인 문제로서, 논자에 따라서는 지방재정위기 사전경보시스템의 판단처럼 2012년 말 시점에도 경상남도 재무상태가 정상적인 범위에 있었다고 판단할 수가 있을 것이다. 이러한 관점에서는 이 장을 '재정위기'가 아닌 '재정압박'의 원인을 분석하는 것으로 이해할 것을 이 장의 서두에 제시함으로써 재정위기 여부에 대한 논의의 여지를 남겨 두었다.

20 2011년 일반재원 세출은 2,452,989백만원으로 2010년의 2,196,824백만원보다 256,165백만원 증가했으나 2010년과 2011년의 사업비 이월차액이 각각 7,755백만원 및 32,869백만원으로서 재정수지 순적자 산출에 적용되는 실질적인 세출증가액은 그 차액을 고려한 231,051백만원이다 (앞의 <표 5-6> 및 <표 5-10> 참조).

2011년 일반재원 세입이 급증한 것은 대부분 부동산취득세 관련 세입과 지방소비세 증가 때문이다. 전자가 241,697백만원, 후자가 30,800백만원 증가했다. 부동산취득세 관련 세입의 증가는 정부가 경기 활성화를 위해 취득세율을 인하하고 그에 따른 세수 결손을 보전하기 위해 취득세율인하보전금을 교부했기 때문이다. 이것은 수도권의 주택거래 촉진에 초점을 맞춘 정책이었으나 경남지역에서는 주요 도시를 중심으로 부동산 경기가 살아 있었던 탓에 정책 효과가 엇박자를 내 불에 기름을 끼얹는 역할을 했다. 그 결과 세율을 절반으로 인하했는데도 부동산취득세 세입은 전년보다 119,197백만원 증가하고, 여기에 취득세율인하보전금 119,300백만원이 교부되어 부동산취득세 관련 세입이 240,000백만원 가까이 급증했다.

이것은 다년간 분산될 부동산 거래 및 그에 따른 세입이 2011년 일시에 집중된 것으로 볼 수 있다. 그러나 특별한 세입 증가에도 불구하고 그것을 대부분 투입해야 할 정도로 경직적인 지출이 대폭 증가하여 경상남도의 재정운용 여지는 매우 제한되었다. 먼저 법정의무경비가 전년도에 대폭 증가한 데 이어, 2011년에도 134,750백만원이나 증가했다. 여기에 국고보조사업 및 분권·기금·특교사업 도비부담이 51,836백만원 증가하여 재량의 여지가 거의 없는 의무적 지출 수요가 185,000백만원 이상 증가했다. 한편 행정운영경비가 53,000백만원 정도 큰 규모로 증가했는데, 이것은 주로 2004년 이후 계속된 1시·군 1소방서 시책에 의한 것으로서 시·군의 형평성 차원에서 중도에 중단하기가 어려웠기 때문으로 해석된다.

만약에 한시적 성격의 세입이 유입되지 않았더라면 경상남도의 재정운영은 2011년 들어와서 더 큰 어려움에 봉착했을 것으로 판단된다. 그 결과 전년도에 이어 자체사업 및 광특사업 도비부담을 추가로 대폭 삭감하고, 계속사업인 소방시설 확충 및 인력보강 사업을 중단 또는 대폭 축소해야 했을 것이다. 그리고 이미 과도한 수준인 재정수지 순적자의 폭을 더욱 확대하고, 그 보전대책으로서 차입을 늘리거나 편법적 회계처리에 더 크게 의존해야 했을 것이다.

그러나 당시 경상남도의 재무상태는 이러한 미봉책으로는 유지하기가 어려울 정도로 불균형이 깊어져서 근본적인 구조조정이 필요한 상태에 접어든 것으로 보인다. 경상남도 예산담당관실은 2011년 6월과 2012년 1월, 2006년 이후의 기간을 대상으로 과도한 차입과 의무적 경비의 지급 미이행 등 과거 재정운용 관행의 부담과 신규 재정수요 발생 등 향후 재정 운용상의 문제점을 분석하고 세출 수요의 전면적인 재검토와 재정지출 억제 방안 등을 내부적으로 보고했다(경상남도, 2011c·2012a). 따라서 2011년의 한시적 세입의 유입은 극심한 재정압박을 잠시나마 덜어준 반면에 근본적인 구조조정이 필요하다는 인식을 지연시키는 부작용을 낳았다고 할 수 있다. 그리고 세율이 환원되면 그 반사작용으로 부동산 거래 및 세입 징수의 절벽을 불러올 것이 예상되므로 앞으로의 재정운영에 더 큰 난관을 예비하고 있었다.

(5) 2012년: 재정위기 인식 및 재정구조조정 착수

2012년에는 재정수지 순적자가 사상 최대 수준인 441,099백만원으로 대폭 확대되었다. 이것은 2011년의 169,820백만원보다 271,279백만원 증가한 것으로 세입이 2011년보다 260,600백만원이나 대폭 감소한 데 비해, 사업비 이월차액을 제외한 실질 세출은 10,000백만원 정도 소폭 증가한 데 따른 것이다.[21]

일반재원 세입의 대폭 감소는 취득세율의 한시적 인하 조치가 종료되어 부동산취득세가 전년보다 171,900백만원 감소했으며, 리스차취득세가 시·도간 치열한 세수확보 경쟁으로 97,700백만원 줄어드는 등 취득세 세입이 전년보다 302,700백만원 감소한 데 따른 것이다. 보통교부세는 500,000백만원 정도 증가했으며, 지방소비세와 기타지방세 및 세외수입은 전년도와 큰 차이가 없다. 일반재원 세출은 전반적으로 전년도 수준을 유지했으나 법정의무경비는 시·군조정교부금과 기타법정의무경비가 도세에 연동되어 감소한 데 비해 채무상환금이 증가했으며, 중앙지원사업 도비부담은 국비보조사업과 광특사업 도비부담이 대폭 감소한 대신에 분권·기금·특교사업 도비부담이 반대로 대폭 증가하여 전체적으로 전년도보다 약간 감소한 수준이다.[22]

재정수지 순적자의 보전은 먼저 차입으로 292,800백만원을 조달했다. 그중에서 120,000백만원은 지방채발행한도를 초과한 것으로 통합관리기금에서 전입했다.

---

21 2012년 일반재원 세출은 2,414,372백만원으로 2011년의 2,452,989백만원보다 38,617백만원 감소했으나 2011년과 2012년의 사업비 이월차액이 각각 32,869백만원 및 -16,427백만원으로서 재정수지 순적자 산출에 적용되는 실질적인 세출증감액은 그 차액을 반영한 10,679백만원이다(앞의 <표 5-및 <표 5-10> 참조).

22 중앙지원사업 도비부담은 581,192백만원으로 전년도 612,581백만원에서 31,389백만원 감소했다. 항목별로는 국비보조사업 및 광특사업 도비부담이 각각 285,792백만원 및 96,379백만원으로 60,013백만원 및 37,372백만원 감소했으며, 분권·기금·특교사업 도비부담은 199,021백만원으로 전년도보다 65,997백만원 증가했다(앞의 <표 5-9> 참조). 국비보조사업 도비부담이 대폭 감소하는 등 세부 각 항목의 증감에 이해하기 어려운 부분이 있는데, 여기에는 특정재원의 대규모 전용이 어느 정도 영향을 미친 것으로 추정된다.

순세계잉여금 이월차액은 적자가 큰 폭으로 증가했음에도 불구하고 지난해에 이어 8,537백만원 정도 남겼다. 공식적인 방법으로 보전하지 못한 적자 또한 전년도보다 대폭 늘어난 156,409백만원으로 특정재원 전용과 법정의무경비 이월을 통해 각각 70,966백만원과 85,443백만원을 처리했다. 이처럼 2012년의 재정수지 순적자 규모와 보전 방식을 보면 2008년 이후 계속해온 임시변통의 적자처리 방식을 유지하기 어려운 단계에 접어들었음을 알 수 있다.

이에 따라 경상남도 예산담당관실은 2012년 6월 '2012년도 제1회 추경예산(안) 편성 보고'와 '재정운용 문제점 및 대책 보고'를 내부적으로 함께 보고했다(경상남도, 2012d · 2012e). 후자는 추경예산 편성(안) 보고 과정에서 행정부지사가 '우리 도의 재정 상황, 세입·세출 전망, 문제점 및 대책을 함께 보고하라'고 지시한 데 따른 것으로서 모자이크 사업과 지역균형개발 사업 등 대형 프로젝트의 조정, 강도 높은 세출 구조조정 추진 등을 건의했다. 그 결과 추경예산 편성 당시 제5기 민선 도정의 브랜드 시책인 각 시·군의 모자이크 사업 추진계획이 대부분 결정되었는데도 불구하고 사업비를 전혀 계상하지 못했다. 이어서 2012년 7월 초 행정부지사는 도지사권한대행의 지위에서 재정정보의 공개와 함께 재정구조조정에 본격적으로 착수했다. 재정구조조정의 배경에 대해서는 제5장의 도입부를 참조할 수 있으며 그 과정 및 구체적인 내용은 제7장(제3절 Ⅱ. 도지사권한대행 체제에서의 예산 구조조정 추진)에서 상술한다.

2. 재정수지 적자의 편법적 처리

재성위기의 원인에 관한 Pammer의 내부관리 부실 모델은 임시변통의 편법적인 회계처리나 의도적으로 세입을 과다 추계하는 등 회계조작을 통해 초과 지출을 정당화하거나 감축 관리를 미루는 경우 공개되지 않은 재정적자가 누적되어 재정위기 발생의 주요 원인이 된다고 설명한다(제2장 제1절 2. 참조). 경상남도의 경우, 특정재원 전용과 법정의무경비 미지급 이월이 여기에 해당한다. 미국에서는 ACIR 및 6개 주(FL, ME, MI, NV, NJ, PA)가 법정의무경비 미지급 이월과 유사한 관행인 타기관으로의 자금이관의무 불이행을 재정위기 선언 조건으로 규정한다. 미시간과 네바다는 특정재원 전용을 재정위기 선언 조건으로 규정하고 있다(앞의 <표 5-21> 및 <표 5-22> 참조). 그러나 한국의 사전경보시스템은 이러한 지표를 운용하지 않는다.

특정재원 전용은 결산자료를 통해 2008년부터 도출할 수 있다. 그 추세를 보면 재정수지 순적자와 거의 똑같은 패턴으로 움직이면서, 특히 적자가 급증하는 경우에 그것을 차입 등 공식적인 방법으로 보전하지 못하는 간격을 메워온 것으로 보인다. 따라서 2007년 이전에도 존재했을 가능성을 배제할 수는 없으나, 편법으로 부를 정도의 대규모 전용은 재정수지 순적자가 크게 확대된 2008년 이후의 일로 추정된다. 법정의무경비의 이월 또한 2005년부터 확인할 수 있으나, 결산의 범위를 넘는 편법적인 이월은 확대 재정정책으로 재정수지 적자가 급격히 확대되었던 2009년에 시·군조정교부금 35,040백만원을 이월하면서 시작되었다.

[그림 6-18]을 보면 재정수지 순적자, 공식적인 적자 보전 방법인 차입, 그리고 특정재원 전용과 법정의무경비 이월액을 합친 편법 회계처리의 추세가, 재정수지 순적자가 급격하게 증가하여 재무상태의 균형을 벗어난 것으로 추정되는 2008년 이후, 마치 세쌍둥이처럼 닮은꼴로 움직인다. 이것은 재무상태의 균형을 벗어난 대규모 재정수지 순적자를 그 규모에 대체로 비례하여 차입으로 보전하고 부족한 재원, 즉 잔여 재정압력을 관행적으로 편법인 특정재원 전용과 법정의무경비 이월 방법을 동원해서 처리한 것으로 해석된다.

2008년 이후 특정재원 전용과 법정의무경비 미지급 이월을 합친 편법적 적자 처리는 55,445~156,510백만원 규모이며 적게는 재정수지 순적자의 1/5, 많게는 절반 이상을 차지했다(<표 6-5> 및 [그림 6-18] 연결통계표). 그 결과 2012년까지 법정의무경비 이월 누적금액이 325,201백만원에 달했다. 2015년 이전에는 이것을 비공식적인 정산자료로서 내부적으로만 관리했기 때문에 일종의 은닉 채무이며, 경상남도 채무잔액의 급속한 증가를 이끈 주된 요소이다. 이에 따라 은닉 채무를 포함한 경상남도의 채무잔액은 2011년 심리적 저항선으로 여겨졌던 1조원을 넘기고, 2012년에는 1,394,026백만원으로 증가했다. 특정재원 전용은 법정의무경비의 이월과 달리 매년 종결 처리되어 누적되지는 않지만, 2012년까지 통산 276,157백만원을 편법으로 처리했다.

따라서 Pammer의 내부관리부실 모델의 설명처럼 이러한 임시변통의 편법 처리가 재무상태의 균형을 벗어난 무리한 재정운영을 한동안 가능하게 하여 감축 관리를 지연시키고, 공개되지 않은 대규모 은닉 채무가 돌출하여 경상남도를 재정위기 국면에 빠르게 빠져들게 한 요인이 되었음은 의문의 여지가 없어 보인다.

제 4 절 채무 측면

Ⅰ. 전반적 추세를 통한 재정위기 원인 분석

[그림 6-20]은 1995년부터 2013년까지 경상남도의 채무잔액 증가 추세를 공식 채무와 보정채무로 구분하여 보여 준다. 공식 채무는 통계관리가 시작된 1995년 22,163백만원에서 연구대상 기간 종료시점인 2013년도 말에는 1,135,631백만원으로 증가했다. 보정채무는 공식적인 채무에 비공식적 채무 내지는 은닉 채무라고 할 수 있는 법정의무경비 미지급 이월 누적금액을 가산한 채무잔액으로서 2013년말 현재 1,494,540백만원에 달한다(앞의 <표 5-12> 참조).[23][24] 명목상으로 채무잔액이 19년 동안 67.4배로 증가한 것이다. 1995년 1.78%에 불과했던 최종예산 대비 채무비율은 2013년에는 24.52%로 급증했다.[25] <표 6-5>는 채무잔액 증가 추세를 초반기(1995~2002년), 중반기(2002~2009년) 및 후반기(2009~2013년)의 세 기간으로 구분해서 보여 준다. 기간별 추세 변화의 특징 및 이에 영향을 미쳤을 것으로 추정되는 경상남도 내부 및 외부요인은 다음과 같다.

1. 전반기(1995~2002년)

민선단체장 체제가 출범한 1995년부터 2002년까지 전반기 7년간은 채무잔액이 1995년 22,163백만원에서 2002년 60,064백만원으로 2.7배로 증가했고, 최종예산 대비 재무비율은 1996년 1.23%, 2002년 1.61%였다. 채무잔액의 규모와 예산에 대한

---

23 이 책에서 채무통계는 특별한 언급이 없는 경우 채무 추세 및 분석의 일관성을 유지하기 위해 2010년 변경되기 이전의 채무산정 기준을 사용하여 도출한 것이다(제5장 제1절 Ⅳ. 1. 참조).

24 보정 금액에는 김해시 인구규모 50만명 초과에 따른 시·군조정교부금 확보 기준의 변경 시점을 경상남도가 자체적으로 결정한 시점에서 행정안전부의 법령 해석에 따라 인구규모를 초과한 시점인 2010년 10월 말로 환원하는 경우에 추가되는 교부금이 포함된 것이다(제5장 제1절 Ⅱ. 2. 각주 13 참조).

25 최종예산은 1996년 이후 지방자치단체의 일반회계 최종예산 규모를 수록한 행정안전부의 '자치단체별 예산통계'에서 입수했다(1995년 최종예산은 1996년 이후의 추세를 기초로 추정). 따라서 재정위기 사전정보시스템의 판단지표인 예산대비 채무비율에서의 최종예산, 즉 일반회계에 공기업특별회계, 기타특별회계 및 기금회계가 포함된 통합회계의 최종예산과 차이가 있으며, 그것을 근거로 도출되는 예산대비 채무비율 또한 여기에 제시된 일반회계 최종예산 대비 채무비율과 차이가 있다.

[그림 6-20] 경상남도 채무 증가 추세(1995~2013년)

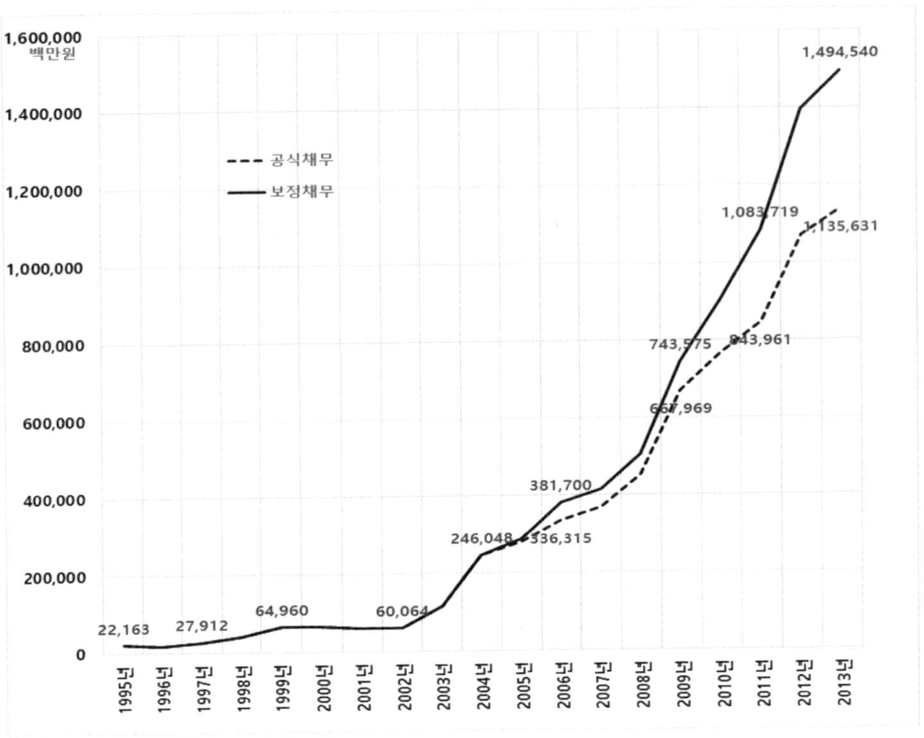

〈표 6-5〉 기간별 채무 증가 현황

(단위: 백만원)

구 분	전반기(1995~2002)		중반기(2002~2009)		후반기(2009~2013)		
	1995		2002		2009		2013
채무잔액	22,163		60,064		743,575		1,494,540
증가액		37,901		683,511		750,965	
연평균증가액		5,414		97,644		187,741	
연평균증가율		15.31%		43.25%		19.07%	
예산대비 채무비율	1.78%	(-0.02%p)	1.61%	(1.84%p)	14.46%	(2.52%p)	24.52%
은닉 채무 (비율)					75,606 (10.17%)		358,909 (24.01%)
단기자금 (비율)					75,606 (10.17%)		690,702 (46.22%)

비율이 상대적으로 낮고 증가 속도 또한 완만한 것이 특징이다. 여기에는 초대 민선 도지사의 보수적인 지방채 정책이 큰 영향을 미쳤다. 사업가 출신인 그는 1993년 경상남도의 마지막 임명직 도지사로 부임했다가 1995년 초대 민선 도지사에 선출되고 2002년 3선에 성공할 때까지 자체적으로 상환능력이 있는 경영수익사업 및 재해복구비를 조달하는 데 차입을 한정하는 재정정책을 유지했다.

그러나 후술하는 바와 같이 그는 사임했던 2003년, 차입을 통한 재원조달 규모를 크게 확대했으며, 재정운영 측면에서 훗날 경상남도에 큰 영향을 미친 거가대교 건설 결정과 부산·진해 경제자유구역 및 하동이 포함된 광양만권 경제자유구역 지정이 모두 그의 재임 마지막 해인 2003년에 이루어졌다.

2. 중반기(2002~2009년)

중반기는 2002년부터 2009년까지 7년간으로서 이 기간 중 경상남도는 차입을 재정확대 수단으로 적극적으로 이용했다. 그 결과 2002년 60,064백만원이었던 채무잔액이 2009년 743,575백만원으로 12배 가량 증가하고, 예산 대비 채무비율 또한 1.61%에서 14.46%로 급증했다. 2005년부터는 법정의무경비 미지급금을 다음 연도의 지출로 이월함으로써 비공식 채무가 누적되기 시작했다.

2003년 12월에는 당시 3선의 도지사가 대통령 출마설이 나도는 가운데 사임했다. 사임하던 해에 그는 당시 채무잔액 60.100백만원에 거의 육박하는 58,000백만원을 지방채로 조달하여 1년 사이에 채무잔액이 거의 두 배로 증가했다. 이어서 2004년 4월, 보궐선거를 통해 취임한 새 도지사는 취임연도에 133,600백만원을 차입으로 조달하여 채무잔액을 다시 전년 대비 두 배로 확대했다. 그 역시 대통령 출마설이 나도는 가운데 2010년 6월 임기를 마감할 때까지 차입을 통해 적극적으로 재정사업을 운영하였다.

이 시기의 경상남도 외부요인으로는 2006년 지방채발행 승인제도가 폐지되고 지방채발행 총액한도제가 도입되었다(지방재정법 제11조 제2항). 한편 행정안전부는 2009년 세계경제위기에 대응하기 위해 국비보조사업 도비부담 재원을 차입으로 조달할 수 있도록 허용하는 등 지방채 발행을 통한 재정지출을 적극적으로 권장했다. 경상남도는 정부의 권고에 호응하여 당년도에 223,647백만원을 차입하여 2009년 말의 채무잔액이 743,575백만원으로 전년 대비 50% 정도 증가했다. 2009년 정부가 차입을 통한 국비보조사업 재원 조달을 허용한 이후 경상남도는 이 목적으로 매년 40,000~65,000백만원 정도를 차입했다.

3. 후반기(2009~2013년)

마지막으로 2010년부터 2013년까지 후반기 4년 동안은 2009년 743,575백만원이었던 채무잔액이 2013년 1,494,540백만원으로 증가했다. 공식 채무와 보정채무 사이의 괴리가 커진 것이 이 시기의 큰 특징이다. 2005년 시작된 법정의무경비 미지급금이 계속 이월되어 누적액이 커진 데다, 2010년 7월의 통합창원시 출범과 10월말 김해시 인구 50만명 초과에 따라 해당 지역에서 징수하는 도세에 대한 시·군 조정교부금 유보 기준이 상향 조정되어 재정수요가 크게 늘어난 것이 비공식적 채무의 증가로 이어졌기 때문이다. 또 다른 특징은 단기채무가 급증한 점이다. 그 내역으로는 2012년 통합관리기금에서 120,000백만원을 일반회계로 전입했고, 2013년 75,000백만원을 추가로 전입했으며, 여기에 금융기관 차입 102,793백만원과 채무부담행위 34,000백만원이 추가되었다.

2010년 6월에는 제5회 전국동시지방선거에서 야권 공동정부를 표방한 무소속 후보가 도지사로 당선되어 집행부의 수장인 도지사와 도의회의 지배 정당이 서로 정파가 다른 분점정부가 탄생했다. Pammer의 관료적 팽창 모델에 의하면 각 정파가 정치적 지지를 얻기 위해 경쟁하는 경우 재정규모가 팽창하여 재정위기를 유발할 수 있다(제2장 제1절 2. 참조). 이 이론을 증명하듯 경상남도의회는 이 시기에 도지사의 브랜드사업 격인 '모자이크사업'과 유사한 대규모 지역개발사업인 '지역균형발전사업'을 경쟁적으로 추진했다. 2012년 7월 초에는 도지사가 대통령 출마를 위해 임기를 2년 정도 남기고 사퇴하여 국가공무원인 행정부지사가 그해 12월 대통령선거와 함께 치른 도지사 보궐선거 시점까지 도지사의 권한을 대행하였다. 당시 도지사권한대행은 2012년에 들어서서 급격하게 나빠진 재정상황을 외부에 공개하고 강력한 재정 구조조정을 추진했다(제7장 제2절에서 후술).

외부적인 요인을 보면 행정안전부는 2010년부터 지방채무를 산정하는 방식을 변경했다. 대상 회계의 범위를 확대하고, 공기업특별회계의 일종인 지역개발기금의 채무 범위를 종전 도 본청에 대한 융자에서 시·군에 대한 융자금과 기금잔액을 포함한 공채 발행잔액 전체로 확대한 것이다. 이에 따라 채무잔액 추세가 2010년 이후 단절되었다. 그러나 이 책은 채무 추세 분석의 일관성을 유지하기 위해서 2010년 이후의 경상남도 채무잔액을 변경된 기준이 아닌 2009년 이전의 방식으로 산정한 채무통계자료를 분석의 기초로 삼는다.

Ⅱ. 주요 쟁점별 재정위기 원인 분석

1. 예산대비 채무비율 급증

<표 6-5>는 연구대상 기간 후반기(2009~2013년)에 경상남도가 재정위기에 빠져들고 있음을 예고하는 두 가지 징조를 보여 준다. 첫째, 중반기(2002~2009년) 이후 채무잔액이 가파르게 증가하는 점이다. 전체 기간을 보면 채무잔액이 67배 증가했지만, 연구대상 기간 전반기(1995~2002년)에는 채무 관련 지표들이 상대적으로 안정적이다. 전반기 동안 채무잔액은 연평균 15.31%, 총 1.7배 증가했는데, 기저 규모가 작아서 7년간 연평균 5,414백만원, 총 37,901백만원 증가에 그쳤으며, 특히 최종예산에서 채무잔액이 차지하는 비율은 오히려 약간 감소했다.

그러나 중반기 7년 동안(2002~2009년)은 2003년 58,000백만원을 차입한 것을 시작으로 채무잔액이 연평균 43.25%씩, 총 11.4배로 증가했다. 이에 따라 최종예산 대비 채무잔액비율도 연평균 1.84%p 인상되어 2009년에는 14.46%에 도달했다.

후반기(2009~2013년) 4년 동안에도 중반기에 시작된 급격한 증가세가 계속되어 채무잔액이 연평균 19.07%씩 같은 기간 중 2배 정도 증가했다. 2009년의 기저 규모가 워낙 크기 때문에 연평균 채무잔액 증가 규모는 중반기의 2배 정도인 187,741백만원씩 증가하고, 예산대비 채무비율은 매년 2.52%p 높아졌다. 이에 따라 2013년에는 일반회계에 국한된 점에서 지방재정위기 사전경보시스템의 지표와 다르기는 하지만 최종예산 대비 채무비율이 '주의' 기준인 25%에 근접했다.

2. 은닉 채무 및 단기자금 비중 확대

Pammer의 '내부관리 부실 모델'은 지방정부의 부실한 재정관리를 재정위기의 주요 원인으로 꼽는다. 경상남도의 경우 이와 관련하여 먼저 공식적으로 집계되지 않는 은닉된 채무가 증가했다. 그 방법으로서 법정의무경비 일부를 당년도 세출예산에 과소 계상하여 다음 회계연도로 지급의무를 이월했다. 그리고 회계원칙을 위반하여 정산 금액을 결산 직후 회계연도의 세출예산에 전액 계상하지 않고 예산담당 부서에서 비공식적으로 관리했다. 재정수요 확대 등으로 인한 재정압박을 편법적인 회계를 통해 임시변통으로 처리한 것이다.

경상남도에서 법정의무경비의 이월은 연구대상 기간 중반기에 들어서서 채무잔액이 가파르게 상승하기 시작했던 2005년부터 발생했다. 그러나 정상적인 결산의 범위를 넘어 편법적인 회계처리라고 판단될 정도로 과다한 이월은 2009년 경상남도가 시·군조정교부금의 일부를 미지급하고 다음 회계연도의 지출로 돌리면서 시작되었다. 2009년 당시 경상남도는 세계경제위기에 대응한 중앙정부의 지방재정 지출 확대정책에 부응하여 차입, 재정수지 적자 및 자체사업 규모가 모두 사상 최대치를 기록할 정도로 재정사업을 확대했다(제5장 2. (2) 및 제6장 제2절 3. (1) 참조). 2009년말 시점에서 경상남도의 은닉된 사실상의 채무는 75,606백만원으로 전체 채무잔액의 10%를 넘어섰다(앞의 <표 5-12> 참조).

이어서 2010년에는 창원·마산·진해시가 통합되고 김해시의 인구가 50만명을 초과함에 따라 경상남도의 시·군조정교부금 교부 수요가 대폭 증가했다. 이것은 경상남도가 통제할 수 없는 제도적 요인으로서 추가 재정수요를 충족시킬 특별한 재원조달 대책이 없었던 경상남도는 교부금의 상당 부분을 미지급 이월하여 숨겨진 채무가 급증했다. 2013년 경상남도의 은닉된 채무는 358,909백만원으로 전체 채무잔액의 24.52%에 달했다.

편법적 회계처리는 그 자체가 위법일 뿐 아니라, 임기응변을 통해 재무상태를 분식하여, 재정 구조조정을 지연시킨다. 이처럼 은닉 채무에 의한 채무관리 부실은 공개적인 대응을 통해 재정위기를 방지할 기회를 앗아가 결국은 돌발적으로 재정위기를 불러올 수 있다. 결산이나 회계 보고 및 감사제도가 적정하게 설계되어 집행되었다면 경상남도의 사례와 같이 법정의무경비를 세출예산에서 대거 누락시키거나 정해진 시기에 정산하지 않는 편법이 장기간 유지될 수 없었을 것이다.

채무관리에 있어서 경상남도의 또 다른 문제는 은닉 채무와 함께 즉시 상환해야 하는 단기자금의 차입이 2012년과 2013년 사이에 급속하게 증가한 점이다. 단기자금은 통합기금으로부터의 전입금과 채무부담행위, 그리고 금융기관으로부터의 차입금을 말한다. 2013년 말 시점에서 은닉 채무와 단기자금을 합쳐서 즉시 상환의무가 있는 채무가 690,702백만원으로 채무잔액의 46.33%, 일반재원 세입의 1/3 정도(32.06%)에 이른다.

3. 동종 자치단체와 비교를 통한 재정위기 원인 분석

여기서는 동종 자치단체인 도 단위 광역자치단체를 비교대상으로 삼아 예산대비 채무비율의 변화 추세를 비교·분석한다.[26] 제주특별자치도는 도 본청과 시·군이 통합된 특별한 체제로 운영되기 때문에 비교 대상에서 제외했다. 경상남도 등 도 단위 지방자치단체의 채무 현황은 행정안전부의 내부 자료 「시·도 본청의 연도별 채무 현황」에서 도출하여 재구성했다. 행정안전부의 지방재정통합공개시스템 「지방재정 365」를 통해서도 1995년 이후의 지방자치단체 채무 통계와 1996년 이후의 지방자치단체 최종예산 통계를 입수할 수 있다. 비교대상 기간은 자료 입수가 가능한 1996년부터 2009년까지 14년으로 한다. 2009년을 최종 비교연도로 잡은 것은 행정안전부가 2010년부터 채무잔액 산정 방법을 변경하여 추세자료가 단절되었기 때문에 불가피했다(제5장 제1절 IV. 채무 추세 참조).[27]

경상남도의 채무잔액 통계에는 타 도와 달리 공식적인 채무 이외에 은닉 또는 비공식적인 채무인 법정의무경비 미지급 이월금이 합산되어 있다. 비공식적인 채무를 채무잔액에 포함해야 재무상태의 실제 면모를 파악할 수 있기 때문이다. 문제는 타 도에서도 비공식적 채무를 보유하는지에 관해서인데, 저자는 이처럼 대규모의 비공식적 채무를 경상남도의 특별한 현상으로 보았다. 법정의무경비 미지급 이월이 2009년 중앙정부의 지방재정지출 확대 정책과 함께 증가하기는 했지만, 경상남도에 특별했던 2010년 창원·마산·진해시의 통합과 김해시 인구 50만명 초과에 따른 시·군조정교부금 교부 수요의 대폭적인 증가가 더 큰 영향을 미쳤기 때문이다. 이러한 이유로 공식적인 경로를 통해 입수하기가 거의 불가능한 타 도의 비공식적 채무 현황은 고려하지 않았다.

[그림 6-21]은 경상남도의 예산대비 채무잔액 추세를 경남 외 7개 도 본청의 평균, 최고 수준인 강원도, 그리고 최저 수준인 경상북도와 비교하여 보여 준다. 7개 도 평균과 비교하면 1996년부터 2009년까지 전 기간에 걸쳐서 예산대비 채무비

26 비교기준인 예산대비 채무비율은 일반회계를 기준으로 2010년 변경 이전의 채무기준에 따라 산정된 채무의 비율이다.

27 경상남도는 2010년 이후의 채무잔액을 2009년 이전의 산정 방식에 따라 관리하고 있으나, 타 도의 경우는 같은 방식으로 작성된 통계를 입수할 수 없어 비교 대상 기간을 2009년 이전으로 한정했다.

율이 거의 유사한 패턴으로 움직이는 것을 볼 수 있다. 출발선인 1996년에는 양쪽 모두 낮았던 채무비율이 1999~2000년까지 점차 높아지다가 이어서 2002년 무렵까지는 하강세로 반전하고, 그 이후 최종 비교연도인 2009년까지 계속 상승했다. 2009년은 정부가 세계경제위기 상황에서 경제 활성화 대책의 하나로 지방채 발행을 통해 지방재정지출 확대를 권장했기 때문에 경상남도뿐만 아니라 다른 도에서도 예산대비 채무비율이 큰 폭으로 증가했다.

최종예산에 대한 채무비율이 전국적으로 유사한 패턴으로 변했지만, 경상남도의 추세를 살펴보면 그 속에서도 두 가지 특징을 발견할 수 있다. 먼저 채무비율의 증가 속도가 매우 빠르다는 점이다. 1990년대 후반, 다른 7개 도의 평균보다 한때 10%p 이상 낮았던 경상남도의 예산대비 채무비율이 2004년을 기점으로 역전되어 타 도의 평균 수준을 추월했다. 이러한 상승 속도는 다른 7개 도의 평균은 물론이고, 채무비율이 가장 높은 강원도의 증가율을 웃돈다. 여기에는 2004~2010년 기간에 재임했던 도지사의 적극적인 재정정책과 전임 도지사 시기에 결정된 거가대

[그림 6-21] 경상남도와 타 도의 일반회계 최종예산대비 채무비율 비교

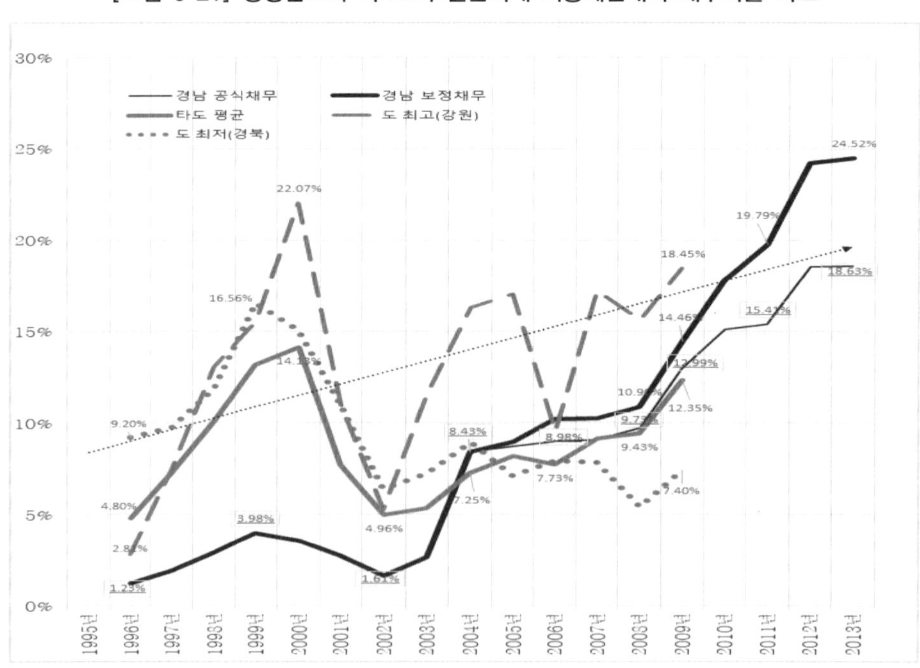

자료: 「지방재정 365」 지방자치단체 채무 및 행정안전부의 자치단체별 예산통계.

교 건설 및 두 곳의 경제자유구역개발 사업이 함께 영향을 미친 것으로 보인다. 2013 회계연도에는 경상남도의 채무비율 증가 추세가 크게 둔화했는데, 그것은 2013 회계연도 예산(잠정안)에서 비공식적 채무의 감축을 주요 재정목표로 설정한 데 이어 일회성 세외수입인 김해관광유통단지 부지 정산대금 300,000백만원 정도를 채무상환에 사용했기 때문이다.

[그림 6-21]에는 강원도의 예산대비 채무비율 추세선을 별도의 점선 화살표로 표시했는데, 경상남도의 공식 및 보정채무의 예산대비 비율이 2010년을 기점으로 강원도 추세선의 상위에 놓이게 되었다. 한국 지방재정위기 사전경보시스템에서 재정위기를 판단하는 기준의 하나가 예산대비 채무비율임을 고려하면, 이 지표의 증가 속도 또한 재정위기의 발생을 탐지하는 주요 경보로 선정하여 추적·감시할 필요가 있을 것으로 판단된다.

제 5 절 분석결과 요약

Ⅰ. 분석의 기준과 방향

지금까지 내부 재정구조의 구성요소인 세입, 세출, 재정수지 및 채무의 네 개 부문별로 재정위기를 유발한 원인을 분석했다. 여기서는 이 장의 결론으로서 먼저 부문별 원인분석을 위해 사용한 기준과 방향을 명확하게 다시 정리한 다음, 분석결과를 재정위기 유발원인과 책임소재로 구분해서 종합적으로 제시한다. 분석의 기준과 방향은 세입 및 세출 부문과 재정수지 및 채무 부문으로 구분해서 적용했다.

먼저 세입 및 세출 부문은 균형세입·세출 누적증가율이격도와 총세입·세출 누적증가액점유율을 척도로 재정수지 적자유발 정도를 계량적으로 측정하고, 그 결과를 바탕으로 재정위기를 유발한 원인과 책임 소재를 규명했다. 책임소재의 규명에 필요한 경우 질적 분석방법을 보완적으로 사용하여 지표 값이 형성되는 데 영향을 미친 요인을 분석했다.

균형세입·세출 누적증가율이격도의 도출은 분석대상 전체기간에 걸쳐 두 가지 종류의 지표, 즉 그 하나는 세입 및 세출의 각 분석요소, 각 유형, 그리고 지방정부 각 관리영역에 귀속되는 일단의 분석요소 각각의 누적증가율을, 그리고 다른 하나는 총세입과 총세출 누적금액이 분석대상 전체기간에 걸쳐 서로 같아 균형예산을 이루는 균형세입·세출 누적증가율을 산정하는 것이 일차적인 작업이다. 균형세입·세출 누적증가율이격도는 전자, 즉 세입 및 세출 각 분석요소 등의 누적증가율에서 후자인 균형세입·세출 누적증가율을 공제한 것이다.

균형세입·세출 누적증가율이격도는 격차가 클수록, 즉 절댓값이 클수록 재정수지에 큰 영향을 미친다. 구체적으로 설명하면 균형세입누적증가율이격도는 개별 분석요소 등의 누적증가율이 균형세입누적증가율에 미달하면 음수(−)로 나타나고 음수의 절댓값이 클수록 재정수지 적자유발 정도가 크다. 반대로 균형세출누적증가율이격도는 개별 분석요소 등의 누적증가율이 균형세출누적증가율을 초과하면 양수(+)로 나타나고 그 수치가 클수록 재정수지 적자유발 정도가 크다.

여기서 균형세입·세출 누적증가율이 제4장에서 설명한 바와 같이 분석대상 전체기간에 걸쳐 균형예산을 달성할 수 있는 가상의 총세입 또는 총세출증가율이라는 사실을 상기하는 것이 중요하다. 균형세입누적증가율은 분석대상 전체기간의 총세출 추세를 고정값으로 받아들이고 이것과 균형예산을 이룰 수 있는 가상의 총세입 누적증가율을 말한다. 같은 논리로 균형세출누적증가율은 전체기간의 총세입 추세를 고정값으로 받아들이고 이것과 균형예산을 이룰 수 있는 가상의 총세출누적증가율을 나타낸다. 이처럼 균형세입·세출 누적증가율은 세입과 세출을 동시에 고려하여 일정 기간에 걸쳐 균형예산을 달성할 수 있는 증가율 조건을 포착할 수 있으므로 각 분석요소 등의 재정수지 적자유발 정도와 나아가 재정위기 유발원인을 분석하는 데 매우 유용할 뿐 아니라 아직은 사용된 적이 없었던 독창적인 지표로 보인다.

한편 총세입·세출 누적증가액점유율은 분석대상 전체기간에 걸쳐 세입 및 세출의 각 분석요소, 각 유형, 그리고 지방정부 각 관리 영역에 귀속되는 일단의 분석요소 각각의 누적증가액이 분석대상 전체기간의 총세입 또는 총세출 누적증가액에서 차지하는 비중을 나타낸다. 이처럼 점유율 지표는 세입 및 세출의 규모 차원에서 재정수지 적자유발 정도를 측정하는 점에서 증가율 측면에서 적자유발 정도를 측정하는 이격도 지표와 차이가 있다.

세입 또는 세출 분석요소 등의 총세입·세출 누적증가액점유율은 이들 분석요소 등이 분석대상 최초연도의 총세출에서 차지하는 점유율(총세출점유율)과 비교하여 격차가 클수록 재정수지 적자유발에 더 큰 영향을 미쳤다는 것을 나타낸다. 다시 말하면 세입 분석요소 등은 총세입누적증가액점유율이 최초연도 총세입점유율보다 작을수록, 세출 분석요소 등은 총세출누적증가액점유율이 최초연도 총세출점유율보다 클수록 재정수지 적자유발 정도가 크다. 이처럼 점유율 지표를 사용하면 유량 차원의 누적증가액점유율과 저량 차원의 최초연도 점유율의 비교를 통해 재정수지 적자를 결정하는 총세입 또는 총세출에서 해당 분석요소 등이 차지하는 비중과 분석대상 기간 중의 변화 정도를 함께 판단할 수 있다.

다음은 재정수지와 채무 부문의 분석이다. 재정수지는 연도별 세입과 세출의 격차이며, 재정수지 적자가 축적되어 채무로 이어지므로 양자의 규모가 증가한 원인을 분석하여 재정위기의 원인을 찾으려고 한다면 세입 및 세출 부문의 재정위기 원인분석과 대부분 중복된다. 따라서 이들 부문은 재정위험과 재정여력의 균형이 상실될 때 재정위기가 발생한다는 재무상태과정 모델의 관점에서 재무상태의 균형이 유지되는 재정수지 적자 및 채무잔액 규모의 임계수준을 찾아내고, 그 수준을 초과하는 데 직접 영향을 미친 구체적인 사업, 정책 결정 및 제도변경 사례를 재정위기의 원인으로 도출한다. 재정수지 적자 및 채무잔액의 임계수준은 그 관리방식이 통상적인 방법에서 벗어난 정도, 다시 말해서 편법적 처리의 규모와 비중 및 지속성을 기준으로 경험적으로 판단했다. 따라서 재정수지 및 채무 부문의 재정위기 분석은 질적 분석방법을 주로 사용했다.

Ⅱ. 재정위기의 원인

1. 세입 측면

분석대상 전체기간(2004~2013년)의 균형세입누적증가율은 6.51%이었다. 총세입은 누적증가율이 균형세입누적증가율에 미치지 못해 이격도가 음수(-)인 -1.43%p로 나타났으며, 그 결과 재정수지 적자를 유발했다. 분석요소별 균형세입누적증가율이격도는 세외수입 -6.14%p, 기타취득세 -5.72%p, 보통교부세 -4.19%p, 그리고 지방소비세 -2.94%p 순으로 나타났으며, 그 순서에 따라 재정수지 적자유발 비율이 높다. 기타지방세와 부동산취득세의 이격도는 각각 -1.20%p와 -1.06%p로 상대적으로 작아 적자 유발비율이 낮은 편이다. 리스차취득세는 세입 부문의 7개 분석요소 중에서 유일하게 누적증가율이 균형세입누적증가율을 초과했으며 이격도가 20.15%p로서 그 폭이 예외적으로 크다. 이것은 리스차취득세가 세입 부문의 다른 6개 분석요소에서 유발된 재정수지 적자를 크게 보전했다는 뜻이다.

점유율 지표를 보면 보통교부세, 기타취득세 및 세외수입은 분석대상 최초연도인 2004년의 총세입점유율이 각각 27.34%, 16.49% 및 9.53%였으나 분석대상 전체기간의 총세입누적증가액점유율은 각각 11.18%, 2.17% 및 0.58%에 불과해 세입 창출능력이 크게 떨어지는 것으로 나타났다. 따라서 이격도 지표와 점유율 지표를 종합적으로 고려할 때 보통교부세, 기타취득세, 그리고 세외수입의 낮은 신장세가 재정수지 적자를 크게 유발했고, 결국은 재정위기로 이어지는 일반적인 원인을 제공한 것으로 추정된다.

다음으로 이격도 및 점유율 분석에서는 나타나지 않지만, 정부가 2005년 이후 부동산 관련 지방세제를 개편하여 부동산취득세의 신장세를 꺾은 것이 재정수지 적자 확대 및 재정위기 발생의 원인으로 작용했다. 부동산취득세는 단지 세입 부문 분석요소의 하나로만 본다면 균형세입누적증가율이격도가 -1.06%p로서 그 폭이 상대적으로 작아 재정위기의 발생과 큰 관련이 없는 것처럼 보인다. 그러나 부동산취득세는 앞에서 살펴본 바와 같이 최초 및 최종연도의 총세입점유율이 35~38%에 이를 정도로 경상남도의 주력 세원이기 때문에 증가세가 하락한 것이 총세입과 총세출의 추세적 차이를 주도하여 재정수지 적자 확대 및 재정위기 발생의 근본적인 원인을 제공한 것으로 추정된다(제1절 Ⅱ. 1.).

한편 부동산 관련 세제개편에 따른 지방세수 결손을 보전하기 위해 부동산교부세가 교부되었지만, 광역자치단체에 대한 교부가 곧 중단되었고 이어서 2010년 도입된 지방소비세는 지방세수 결손 보전에 거의 도움이 되지 못한 것으로 나타났다. 세계 경제침체에 대응한 국세 감세에 연동되어 보통교부세가 대폭 감소하기 이전인 2008년까지의 교부실적을 토대로 보통교부세 추세선을 도출해보면 2010년 이후 보통교부세와 지방소비세를 합산한 금액의 추세와 거의 겹쳐서 진행하는 것이 이러한 추정의 근거라고 할 수 있다(제1절 Ⅱ. 4.). 그 결과 부동산 관련 세제개편으로 발생한 지방세수 결손을 지방정부가 전적으로 떠맡게 되었다.

세입 부문의 7개 분석요소를 지방정부 관리영역별로 구분하면 세원이 전국에 분포된 리스차취득세와 세외수입은 지방자치단체가 일부 영향력을 발휘할 수 있는 영향 영역이며, 나머지 5개 분석요소는 조세법정주의에 따라서 지방자치단체가 관여할 여지가 거의 없어 적응 영역에 속한다. 통제 영역에 속하는 분석요소는 없다. 관리영역별 균형세입누적증가율이격도를 보면 적응 영역은 음수(−)로서 재정수지 적자를 유발했으며, 반대로 영향 영역은 양수(+)로서 적응 영역에서 발생한 재정수지 적자를 일부 보전했다. 점유율 측면에서도 영향 영역은 총세입누적증가액점유율이 18.39%로서 최초연도 총세입점유율을 7.51%p 초과해 높은 세입창출능력을 보였다. 따라서 세입 부문의 재정위기 책임소재는 전적으로 적응 영역, 즉 경제 여건이나 중앙정부의 정책과 제도 등 지방정부가 통제할 수 없는 외부환경요인에 있는 것으로 해석되었다.

2. 세출 측면

세출 측면은 세입 부문과 같이 균형세출누적증가율이격도와 총세출누적증가액점유율을 중심으로 재정위기 유발원인 및 책임소재를 분석했으며, 여기에 두 가지 사항을 추가로 고려했다. 하나는 세출 부문 9개 분석요소를 2008년 이후에야 구분할 수 있으므로 부득이 전체기간을 포괄할 수 있도록 세출을 5개 세출유형 및 지방정부 4개 관리 영역으로 구분해서 분석했다. 4개 관리영역은 세출 부문 9개 분석요소를 지방정부의 통제력을 기준으로 통제, 영향 및 적응의 3개 관리 영역으로 구분한 것을 통제, 영향1, 적응+영향 및 적응1 영역으로 일부 변경한 것이다.[28] 다른 하나는 세출 추세가 2009년을 변곡점으로 확장과 축소 국면으로 현격한 변화를 보여 2009년을 기준으로 전·후반기를 구분한 기간별 분석을 병행했다. 후반기는 3개 관리영역의 구분이 가능하므로, 그에 바탕을 둔 분석도 병행했다.

(1) 전체기간(2004~2013)

분석대상 전체기간의 균형세출누적증가율은 3.89%였다. 총세출의 누적증가율은 균형세출누적증가율을 초과해 이격도가 1.42%p로 나타났으며, 따라서 재정수지 적자를 유발했다.

먼저 5개 세출유형별로 균형세출누적증가율이격도를 보면 법정의무경비 2.79%p, 중앙지원사업 도비부담 2.35%p, 자체사업 0.93%p, 필수경상비 0.29%p 순으로 재정

28 통제 영역은 자체사업과 채무원리금상환금, 영향1 영역은 행정운영경비인 인력운영비와 필수경상비, 적응+영향 영역은 중앙지원사업 도비부담의 3개 분석요소, 그리고 적응1 영역은 시·군조정교부금과 기타법정의무경비로 구성된다(앞의 [그림 4-6] 참조).

수지 적자유발 비율이 높다. 인력운영비는 -1.40%p로서 유일하게 음수이다. 점유율 지표를 보면 법정의무경비와 중앙지원사업 도비부담은 최초연도인 2004년의 총세출점유율이 각각 27% 및 22.38%로 높았고 이격도가 상대적으로 커 전체기간의 총세출누적증가액점유율이 각각 35.98%와 27.38%로 높게 나타났다. 이격도가 상대적으로 작은 자체사업과 필수경상비는 총세출누적증가액점유율이 각각 20.61%와 10.20%로서 최초연도 총세출점유율보다 약간 낮았으며, 이격도가 음수인 인력운영비는 최초연도 총세출점유율 13.93%보다 훨씬 낮은 5.83%로 나타났다.

4대 관리 영역별 균형세출누적증가율이격도는 영향+적응 영역, 즉 중앙지원사업 도비부담이 2.35%p로 가장 크고, 법정의무경비에서 채무원리금상환금이 빠진 적응1 영역이 2.11%p로 두 번째이며, 자체사업에 채무원리금상환금이 포함된 통제영역은 1.79%p, 그리고 인력운영비와 필수경상비가 합산된 영향1 영역은 -0.54%p로서 음수이다. 점유율 지표를 보면 최초연도인 2004년의 총세출점유율은 통제, 영향1, 영향+적응, 적응1 영역이 각각 23.40%. 27.49%, 22.38% 및 26.73%로서 모두 1/4 내외이다. 전체기간의 총세출누적증가액점유율은 이격도가 큰 영향+적응, 적응1 영역이 각각 27.38%와 31.12%로 최초연도 점유율보다 4~5%p 웃돌아 증가세가 높음을 스스로 증명하고 있으며, 통제 영역도 25.47%로서 최초연도 점유율보다 약간 높은 수준을 보인다. 이격도가 유일하게 음수인 영향1 영역은 총세출누적증가액점유율이 최초연도 점유율보다 훨씬 낮은 16.03%로 나타났다.

이격도 지표와 점유율 지표를 종합할 때 법정의무경비와 중앙지원사업 도비부담이 과도하게 증가한 것이 재정수지 적자를 확대하고 결과적으로 재정위기의 원인을 제공한 것으로 추정되었다. 법정의무경비 증가는 창원시 통합과 김해시 인구기준 초과로 후반기에 시·군조정교부금이 급속히 증가한 데 따른 것이며, 중앙지원사업 도비부담은 국비보조사업이 사회복지사업 중심으로 급증한 데다, 분권교부세사업의 경우 지방에 이양된 사회복지사업 등의 증가수요를 내국세 총액에 연동된 분권교부세만으로 충족할 수 없어 지방비 부담이 가중된 결과이다.

지방정부 관리 영역별로는 재정통제력이 약해 책임소재를 지방자치단체에 귀속시키기 어려운 영역일수록 세출이 더 빠르게 증가하는 경향을 보였다. 그러나 부분적으로는 적응1 영역과 적응+영향 영역, 그리고 영향1 영역과 통제 영역의 순서가 역전되었다. 그것은 영역별 세출 추세가 재정확장 및 축소 국면에 따라 바뀔 수 있으며, 가용 통계자료로는 관리 영역을 지방자치단체의 통제력을 기준으로 명확하게 구분하지 못하는 한계도 작용했을 것으로 보인다.

자체사업은 최초연도인 2004년 23.13%였던 총세출점유율이 최종연도인 2013년 13.82%로 대폭 하락할 정도로 단순증가율이 낮았다. 그러나 이것은 특정 시점에 관한 저량 차원의 통계로서 전반기에 급등했다가 후반기에 급락한 자체사업비의 실제 움직임을 제대로 나타내지 못한다. 균형세출누적증가율이격도는 이와 대조적으로 전체기간의 움직임을 반영하는 유량 차원의 통계이다. 자체사업의 이격도는 0.93%p로서 법정의무경비와 중앙지원사업 도비부담 다음으로 재정수지 적자유발 비율이 높았다. 그 결과 총세출누적증가액점유율이 20.61%로서 최초연도 총세출점유율보다 약간 하락한 정도이다. 이것은 자체사업이 재정수지 적자 발생에 상당한 책임이 있음을 의미한다.

한편 인력운영비와 필수경상비로 구성되는 행정운영경비의 누적증가율은 균형세출누적증가율 3.89%보다 0.54%p 낮은(이격도가 -0.54%p) 3.35%이다. 그러나 이것은 행정서비스 공급을 지원하는 간접적인 관리경비라는 측면에서 낮은 증가율이라고 할 수가 없다. 누적증가율이 매년 일정한 경우 단순증가율이 누적증가율의 두 배인 6.70%로서 기간 중 명목경제성장률 5.66%를 웃돌기 때문이다.

(2) 전 · 후반기 구분

1) 전반기(2004~2009)

전반기는 일반재원 총세출의 단순증가율이 12.2%로서 동 기간의 연평균 명목경제성장률 5.78%를 6.42%p 초과하는 재정확장 국면이다. 먼저 세출유형별 균형세출누적증가율이격도를 보면 자체사업 5.28%p, 중앙지원사업 도비부담 3.93%p, 법정의무경비 1.89%p 순으로 재정수지 적자유발 비율이 높다. 행정운영경비의 이격도는 유일하게 음수인 -1.33%p이다. 점유율 지표를 보면 최초연도인 2004년의 총세출점유율은 4개 세출유형별로 비교적 고른 분포를 보인다(5개 유형에서 인력운영비와 필수경상비 통합). 그중에서 행정운영경비와 법정의무경비가 각각 27.49%와 27%로 다소 높고, 중앙지원사업 도비부담과 자체사업이 각각 22.38%와 23.13%로 약간 낮다. 자체사업과 중앙지원사업 도비부담은 총세출누적증가액점유율이 균형세출누적증가율이격도의 차이에 따라 최초연도 총세입점유율보다 각각 12%p 및 6%p가량 높은 데 비해 법정의무경비와 행정운영경비는 각각 2%p 및 16%p 정도 낮다.

다음으로 4대 관리 영역별 세출 구분은 법정의무경비에서 채무원리금상환금을 분리하여 자체사업과 함께 통제 영역으로 구분한 것만 차이가 있다. 행정운영경비는 적응1 영역과 같고 중앙지원사업 도비부담은 적응+영향 영역과 같다. 그 결과 세출유형별 구분과 비교해서 균형세출누적증가율이격도, 총세출누적증가액점유율 및 2004년 총세입점유율이 통제 영역은 각각 5.77%p, 37.94% 및 23.40%로 자체사업보다 약간씩 높아진 데 반해, 적응1 영역은 각각 1.36%p, 22.23% 및 26.73%로 법정의무경비보다 소폭 낮아졌으나 큰 차이는 아니다.

전반기의 가장 큰 특징은 자체사업 중심의 통제 영역과 중앙지원사업 도비부담이 세출증가 및 재정수지 적자유발을 주도한 점이다. 전반기 자체사업비 누적증가액은 996,108백만원이며 여기에 채무원리금상환금을 포함한 통제 영역의 세출누적증가액은 1,070,174백만원으로서 동 기간의 재정수지 적자 누계 1,089,885백만원과 비슷하다. 일반재원 세입 증가액을 의무적, 경직적 지출에 대부분 소진하고 자체사업 등 통제 영역의 세출 증가는 거의 전적으로 차입 등 적자재정으로 조달한 것이다. 여기에는 2009년 정부가 세계 경제침체에 대응하기 위해 차입을 통해 지방재정지출을 확대할 것을 권고한 것이 큰 영향을 미쳤다. 이 권고에 따라 경상남도는 2009년 재정수지 적자, 차입, 자체사업 규모 모두 사상 최대치를 기록했다.

한편 중앙지원사업 도비부담은 국비보조사업 도비부담이 사회복지사업을 중심으로 빠르게 증가했으며, 경상남도 내부적으로는 거가대교 건설(2004. 12~2010. 12), 부산·진해 및 광양만권 경제자유구역 지정(2003년) 등 중앙정부의 지원을 받는 대규모 지역개발사업의 추진에 따른 도비부담 증가가 영향을 미친 것으로 보인다.

2) 후반기(2009~2013)

후반기는 일반재원 총세출의 단순증가율이 2.85%로서 동 기간의 연평균 명목경제성장률 4.88%를 2.03%p 미달하는 재정축소 국면이다. 이 기간에는 균형세출누적증가율이 -2.30%로 음수(-)이다. 그것은 후반기 최초연도(2009년)의 총세출이 후반 전체기간(2009~2013년)의 총세입 누적금액의 평균을 웃돌기 때문에 총세출을 감축해야 균형재정을 달성할 수 있다는 뜻이다.

먼저 세출유형별 균형세출누적증가율이격도는 법정의무경비 12.51%p, 행정운영경비 8.05%p, 중앙지원사업 도비부담 2,08%p 순으로 재정수지 적자유발 비율이 높다. 반대로 자체사업의 이격도는 -6.16%p로 미달 폭이 매우 크다. 점유율 지표를 보면 최초연도인 2009년 총세출점유율은 4개 세출유형별로 행정운영경비 19.35%, 법정의무경비 23.52%, 중앙지원사업 도비부담 26.78%, 그리고 자체사업이 30.36%였다. 총세출누적증가액점유율은 이격도가 큰 법정의무경비와 행정운영경비는 각각 165.50%와 71.73%, 그리고 이격도가 작은 중앙지원사업 도비부담과 미달 폭이 큰 자체사업은 각각 -3.49% 및 -133.74%이다. 총세출누적증가액점유율이 법정의무경비의 경우와 같이 100%를 초과하는 것은 총세출누적증가액을 모두 투입해도 증가수요를 충족할 수 없어 자체사업과 같이 점유율이 음수(−)인 타 유형의 세출을 기준연도보다 오히려 삭감해서 조달했다는 뜻이다.

다음으로 4대 관리 영역별 세출 구분은 전반기 분석과 마찬가지로 법정의무경비에서 채무원리금상환금을 분리하여 자체사업과 함께 통제 영역에 귀속시킨 것만 차이가 있다. 세출유형별 구분과 비교해보면 균형세출누적증가율이격도, 총세출누적증가액점유율 및 2004년 총세입점유율이 통제 영역은 각각 -4.50%p, -117.41% 및 32.37%로 자체사업보다 약간씩 높아진 데 반해, 적응1 영역은 각각 12.39%p, 149.17% 및 21.51%로 법정의무경비보다 소폭 낮아졌다.

세출유형을 토대로 도출한 이격도 및 점유율 지표를 보면 법정의무경비와 행정운영경비의 세출 증가수요가 각각 총세출누적증가액의 165.50%와 71.73%로 과도하여 이들 세출유형에 총세출누적증가액 100%를 모두 충당하고 부족한 137.23%는 대부분 자체사업비를 삭감해서(-133.74%) 조달했다. 4대 관리영역별 구분에서는 법정의무경비에서 채무원리금상환금을 구분해내 자체사업과 함께 통제 영역으로 묶고, 남은 법정의무경비를 적응1 영역으로 분류함으로써 이러한 극단적인 경향이 조금 완화되었다.

따라서 후반기의 세출증가 및 재정수지 적자 유발책임은 전적으로 법정의무경비 내지는 적응1 영역과 행정운영경비, 즉 영향1 영역에 귀착된다. 법정의무경비 내지는 적응1 영역의 세출증가는 창원시 통합 및 김해시 인구 기준 초과에 따른 시·군조정교부금 수요의 급증에 따른 것이다. 영향1 영역, 즉 인력운영비와 필수경상비로 구성되는 행정운영경비가 세출증가 및 재정수지 적자 발생을 주도한 것은 이들 경비가 공공서비스 제공을 지원하는 간접 경비이며, 각각 '총액인건비제도'와

'지방자치단체 예산 편성 및 운영기준'을 통해 행정안전부의 강력한 통제를 받는다는 점에서 의외의 결과로 보인다. 그런데도 이러한 결과가 나타난 것은 소방서비스를 강화하기 위한 국가정책과 경상남도의 '1시·군 1소방서' 시책에 따라 소방분야의 인력운영비 및 이와 불가분의 관계에 있는 필수경상비가 동반 증가했기 때문이다.

한편 2008년부터는 세출 부문 9개 분석요소를 통제, 영향 및 적응의 3개 관리영역으로 구분할 수 있다. 이들 3개 관리 영역 구분에 따른 후반기(2009~2013년)의 균형세입누적증가율이격도는 적응 영역 9.78%p, 영향 영역 4.68%p, 통제 영역 -4.50%p 순으로 나타났다.[29] 그리고 점유율 지표인 후반기 최초연도(2009년) 총세출 점유율은 통제 영역 32.37%, 영향 영역 33.60%, 적응 영역 34.03%로서 각각 1/3 정도씩 균점했으며, 총세출누적증가액점유율은 이격도가 반영되어 적응 영역 163.38%, 영향 영역 49.03%, 그리고 통제 영역이 -117.41%로 나타났다.

적응 영역과 영향 영역의 높은 이격도는 세출유형 및 4개 관리 영역의 분석에서와 마찬가지로 시·군조정교부금과 행정운영경비의 급증이 후반기 재정수지 적자유발을 주도했음을 보여준다. 행정운영경비(영향1 영역)와 광특 및 분권·기금·특교사업으로 구성된 영향 영역은 총세출누적증가액점유율이 영향1 영역보다 하락했다. 광특사업이 재량의 여지가 있어 후반기 재정압박 속에서 사업비가 대폭 감소했기 때문이다. 3개 관리 영역 분석의 가장 큰 특징은 균형세출누적증가율이격도가 적응 영역(9.78%p) → 영향 영역(4.68%p) → 통제 영역(-4.5%p)의 순으로 나타나 관리영역별 지방자치단체의 통제력 정도와 정확하게 역의 관계를 보인 점이다. 후반기 재정압박 국면에서 재정통제력이 강할수록 사업비 증가 폭이 작거나 오히려 대폭 감소했음을 알 수 있다.

3. 재정수지 측면

(1) 재정수지 적자규모

재정수지 측면에서는 재정수지 순적자의 규모와 관리방식이 재정위기 유발원인으로 작용하는지를 분석했다. 재무상태가 균형을 상실하면 재정위기가 발생한다

29 참고로 3개 관리 영역은 4개 관리 영역에서 통제 영역을 그대로 두고, 영향 1영역, 즉 인력운영비와 필수경상비를 합산한 행정운영경비에 영향+적응 영역의 광특 및 분권·기금·특교사업 도비부담을 묶어 영향 영역으로 재분류하고 영향+적응 영역에 남겨진 국비보조사업 도비부담과 적응1 영역의 시·군조정교부금 및 기타법정의무경비를 적응 영역으로 한데 묶었다(앞의 [그림 4-6] 참조).

는 재무상태과정 모델의 관점에서 재정위험(fiscal risk) 요소인 순적자의 규모가 순세계잉여금 등 재정여력(fiscal slack)과 균형(balance)을 유지할 수 있는 임계수준을 찾아내서 그 수준을 초과한 원인을 규명했다. 재정수지 적자의 처리 방식이 정상적인 범위를 크게 벗어나는 경우, 임계수준에 이르렀다고 판단했다.

경상남도의 재무상태는 재정수지 순적자의 규모가 100,000백만원 미만으로 유지되었던 2007년과 242,106백만원으로 급증한 2008년 사이의 어느 시점에서 균형을 잃은 것으로 추정된다. 2008년에 들어와서는 순적자를 보전하기 위해 차입이 직전 3년 평균의 2배를 초과했고, 축적된 순세계잉여금은 목전의 재정수요인 제1회 추경재원으로 추정되는 금액만 남기고 모두 사용했다. 그런데도 적자 보전재원이 크게 부족해서 순적자의 1/4 정도를 편법인 특정재원 전용을 통해 처리했다. 따라서 2008년의 재정수지 순적자 규모는 이미 재무상태의 균형을 지속해서 유지하기가 어려운 임계수준을 넘어섰으며, 이 책의 재정위기 정의에 해당하는 것으로 해석된다.

2009년은 전년도에 재정수지 순적자가 크게 확대되어 감축 관리를 통해 그 규모를 재무상태의 균형이 유지되는 임계수준 아래로 끌어내려야 했다. 그러나 경기대응을 위해 중앙정부가 이에 역행하여 차입을 통해 지방재정지출을 확대하라고 권고함으로써 경상남도 재무상태가 크게 악화하여 균형을 회복하기가 더욱 어렵게 되었다. 2009년도 경상남도 재정수지 순적자는 421,766백만원으로 확대되어 임계수준을 초과한 것으로 추정되는 2008년 수준을 훨씬 이탈했다. 적자 보전재원인 차입은 사상 최대치인 223,467백만원으로 증가했고. 순세계잉여금은 최소 수준으로 소진되었으며 순적자의 37%인 156,510백만원을 편법적 회계를 통해 처리했다.

2010년의 경상남도 재무상태는 재정수지 순적자의 규모와 처리방법 측면에서 정부가 지방재정지출 확대를 권고했던 2009년보다는 호전되었지만 2008년보다 훨씬 나쁜 상태에 빠져들었다. 재정수지 순적자의 규모는 244,668백만원으로 2008년과 비슷했지만, 순세계잉여금이 추가로 소진되고, 차입은 133,000백만원으로 40% 정도 증가했으며, 전년도에 이어 순적자의 37%에 해당하는 92,345백만원을 편법 회계로 처리함으로써 편법이 관행화되었다. 이와 함께 제도적 요인인 창원시 통합과 김해시 인구 증가에 따라 시·군조정교부금 재정 수요가 2011년부터 매년 100,000백만원 정도 추가되고, 민선5기 출범에 따라 새 도지사의 관심사였던 분권 및 복지

분야의 대규모 프로젝트들이 확정되어 2011년부터 시행될 예정이었다.

2011년은 경제 활성화를 위한 정부의 부동산취득세 인하 및 세율인하보전금 교부로 부동산취득세 관련 세입이 240,000백만원 정도 반짝 증가했다. 이 조치는 다년간 분산될 부동산 거래 및 세입을 일시에 집중시켰으며, 세율이 환원되면 거래 절벽 및 세입 격감이 뒤따를 것이므로 재정압박의 고통을 일시적으로 줄여준 대신에 더 큰 충격을 예비했다. 이 조치에 따라 2011년은 재정수지 순적자가 169,820백만원으로 상당 폭 줄어들었으며, 순세계잉여금 이월차액을 40,000백만원 정도 남겼다. 그러나 적자 보전을 위한 차입과 편법 회계처리는 각각 전년도와 비슷한 121,000백만원과 91,600백만원으로서 재무상태의 균형상실이 계속되었다.

2012년은 부동산취득세율 한시적 인하 조치 종료로 취득세 관련 세입이 과거 수준으로 환원되고 설상가상으로 시·도 간 리스차취득세 확보 경쟁이 겹쳐 취득세 세입이 전년보다 302,700백만원 감소했다. 국가 경제 활성화를 위해 정부가 취한 조치가 큰 파도를 만들어 경상남도 재정운영에 밀려온 것이다. 이에 따라 2012년 재정수지 순적자가 441,099백만원으로 대폭 확대되었다. 이를 보전하기 위해 차입으로 지방채발행한도에 해당하는 172,800백만원을 조달하고, 통합관리기금에서 추가로 120,000백만원을 전입했으며, 편법회계를 통해 156,409백만원을 처리했다. 제5기 민선 도정의 브랜드 시책인 모자이크 사업예산은 제1회 추경으로 미뤄 두었으나 재정압박으로 전혀 반영하지 못했다. 7월 초 도지사 사퇴 후 행정부지사는 도지사권한대행의 지위에서 재정정보의 공개와 함께 재정구조조정에 바로 착수했다.

(2) 편법적 회계처리

세입세출결산서를 통해 특정재원 전용을 확인할 수 있는 2008년 이후 경상남도는 재정수지 순적자의 1/5에서 많게는 절반 이상, 금액으로는 55,445~156,510백만원을 편법으로 처리했다. 은닉 채무에 해당하는 법정의무경비 이월 누적금액은 2012년까지 325,201백만원에 달했다. 특정재원 전용은 매년 종결 처리되어 누적되지는 않지만, 2012년까지 통산 276,157백만원을 편법으로 처리했다.

재정수지 순적자를 편법적인 회계를 통해 처리하지 않는다면 차입을 늘리거나 세출을 줄이는 수밖에 없다. 그런데 차입은 지방채발행한도 등 제약이 크므로 결국 세출을 줄여야 하는데 경상남도 사례를 보면 편법적 회계처리를 통해 고통스러운 감축 관리를 미루고 무리하게 재정을 운영함으로써 재정위기 유발원인을 제공한 것으로 추정된다.

한편 시·군조정교부금 등 법정의무경비는 적법하게 교부하면 지방교부세를 산정할 때 도에는 재정지출로, 시·군에는 세입으로 잡혀 대부분 보전된다. 그러나 경상남도는 이러한 정상적인 처리절차 대신에 임시변통으로 일부 교부금액을 미지급 이월하여 누적시킴으로써 미지급금이 즉시 상환해야 할 성격의 은닉 채무로 성격이 바뀌어 큰 규모로 확대되었다. 그리고 이러한 대규모의 은닉 채무가 돌출하여 재정위기를 유발한 원인으로 작용했다.

4. 채무 측면

(1) 채무잔액 규모

예산대비 채무비율은 한국 재정위기 사전경보시스템의 7개 판단지표 중에서 경상남도 재무상태가 '주의' 기준이기는 하지만 재정위기에 근접해 있음을 보여주는 유일한 지표이다. 공식채무에 은닉 채무인 시·군조정교부금 미지급 이월 누적금액을 합산하면 경상남도의 예산대비 채무비율은 2011년 25.33%로서 '주의' 기준을 근소하게 초과했으며, 2010년과 2012년에는 24%대로서 '주의' 기준에 근접했다(앞의 <표 5-16> 및 관련 예산대비 보정채무비율 참조). 이것은 행정안전부장관이 법정 절차를 거쳐서 재정위기 '주의등급단체'로 지정하고 재정건전화계획의 수립·이행을 권고할 수 있는 요건을 충족했거나, 거기에 근접한 수준이다(지방재정법 제55조의2; 같은 법 시행령 65조의2).

다만 제5장에서는 예산대비 채무비율의 채무를 산정할 때 적용되는, 2010년 변경된 채무 기준이 재무상태를 적절하게 반영하지 못할 뿐만 아니라 외부에 재무상태가 좋은 것처럼 보이게 하는 눈속임 행위를 조장할 수 있는 등의 문제점이 있어 이를 개선할 필요가 있음을 지적했다(제5장 제1절 Ⅳ. 1. 및 제2절 Ⅰ. 2. (2) 참조). 이러한 문제의식에 따라 종전의 채무 기준을 적용하여 1995년부터 2009년까지 기간에 걸쳐서 경상남도와 동종의 7개 도 단위 광역지방자치단체의 일반회계 최종예산대비 채무비율을 비교한 결과 일반회계에 국한된 지표이지만 경상남도의 최종예산대비 채무비율이 상대적으로 빠르게 상승하여 2013년에는 25%에 접근했다.[30] 여

30 비교 대상의 도 단위 광역자치단체에는 시·군이 지방자치단체의 지위가 아닌 도의 하위 행정단위로 포함되어 특별한 체제로 운영되는 제주특별자치도를 제외했다. 또 여기서 사용하는 예산대비 채무비율은 타 도와의 안정적인 비교를 위해 일반회계 채무에 국한해서 도출했다. 따

기에는 다음 두 가지가 큰 영향을 미쳤다.

먼저 1990년대 후반까지 최종예산대비 채무비율이 타 도의 평균보다 크게는 10%p 이상 낮았던 것이 2004년 역전되었다. 2003년 12월 당시 3선 도지사의 임기 중 사퇴 및 이듬해 6월 보궐선거로 새 도지사가 취임하면서 이·취임 연도에 채무잔액이 각각 두 배씩 2년 사이에 네 배로 증가했기 때문이다. 1995년 민선단체장 체제 출범 이후 '경영도정'을 기치로 그간 유지되었던 채무, 즉 '빚'에 대한 경각심이 이 시점을 계기로 크게 이완된 것으로 보인다.

다음으로 2007년까지 타 도의 평균보다 1.2%p 정도 높게 유지되었던 채무비율이 2008년 1.5%, 2009년에는 2.1%p로 확대되었다. 2009년 정부의 지방재정지출 확대 권고에 따라 경상남도의 채무비율이 전년도의 10.90%에서 14.46%로 3.56%p 상승한 데 비해, 타 도의 평균은 9.43%에서 12.35%로 2.92%p 상승하여 경상남도의 상승 폭이 0.64%p 높았기 때문이다. 시·군조정교부금 미지급 이월 누적금액을 제외하면 경상남도와 다른 7개 도 평균의 상승 폭 차이는 0.34%p로 좁혀진다. 경상남도가 2009년 정부의 지방재정지출 확대 권고에 타 도의 평균 이상으로 호응했던 것이 채무잔액 측면에서 재정운영에 추가부담을 준 것으로 해석된다.

(2) 편법적 회계처리 및 단기 상환의무 과다

은닉 채무에 해당하는 법정의무경비 이월 누적금액이 2009년 75,606백만원에서 2012년 325,201백만원, 그리고 2013년에는 358,909백만원으로 계속 증가하여 채무잔액의 1/4 정도를 차지했다. 재정수지 부분에서 언급했듯이 시·군조정교부금 등 법정의무경비는 지방교부세를 산정할 때 도에는 재정지출로, 시·군에는 세입으로 잡혀 대부분 보전된다. 이처럼 시·군조정교부금은 정상적으로 처리할 수 있었는데도 목전의 재정압박을 모면하기 위해 편법적 처리를 계속함으로써 누적금액이 통상적으로 관리하기 어려운 규모로 확대되어 갑자기 돌출되었으며, 그 성격 또한 은닉 채무로서 당장 상환해야 할 의무가 생긴 것이다.

이와 함께 경상남도는 2012년과 2013년 연속으로 통합관리기금 전입 등 단기 자금의 차입을 통해 긴급한 재정 수요를 충당함으로써 조기에 상환해야 할 채무의 비중이 급증했다. 통합관리기금 전입금 195,000백만원, 금융기관 차입금 102,793백

라서 일반회계에 공기업특별회계, 기타특별회계 및 기금회계를 포함한 통합회계를 대상으로 하는 사전경보시스템의 예산대비 채무비율과는 산출공식 및 결과가 다르다(주 20 참조).

만원과 채무부담행위 34,000백만원을 합쳐 331,793백만원이 여기에 해당한다. 이처럼 단기채무가 증가한 것은 지방채발행한도제의 제한과 함께 통합 창원시 특례에 따라 창원시에 지역개발채권을 독자적으로 발행할 수 있는 권한을 부여함으로써 경상남도의 차입 재원인 지역개발기금이 줄어든 것도 영향을 미쳤다(경상남도, 2012d). 2013년 말 시점에서 은닉 및 단기채무를 합쳐서 조기에 상환해야 할 채무는 690,702 백만 원이다. 이것은 전체 채무잔액의 절반, 일반재원 세입의 1/3에 각각 조금씩 못 미치는 정도로서 경상남도가 돌발적으로 재정위기에 빠져들 수 있는 위험이 가중되었다.

Ⅲ. 재정위기 책임소재

재정위기의 원인을 지방자치단체에 귀책사유가 큰 내부적 요인과 지방자치단체가 통제하기 어려운 거시적, 외부적 요인으로 구분하는 데 대해서는 이론이 거의 없다. 그러나 무엇이 근본적이고 중요한가에 대한 인식은 큰 차이가 있다(제1장 제3절 Ⅰ. 2.). 그러한 차이를 규명하기 위해 세입 및 세출 측면은 각각의 분석요소를 지방자치단체의 통제력 정도에 따라 3개 또는 4개의 관리 영역으로 구분하고 각 영역에서 재정수지 적자를 유발한 비중을 측정하여 책임소재를 판단했다. 재정수지 및 채무 측면은 재정수지 적자 및 채무잔액의 규모가 재무상태의 균형이 유지되는 임계수준을 초과하는 데 영향을 미친 중앙정부의 제도와 정책 등 외부환경요인과 지방자치단체의 관리 문제 등 내부요인을 분석했다.

먼저 세입 부문은 재정위기 책임소재가 경상남도로서는 통제하거나 영향력을 미치기 어려운 외부환경요인에 전적으로 귀착되는 것으로 나타났다. 세입 부문의 7개 분석요소 중에서 세외수입과 세원이 전국에 분포된 리스차취득세만 지방자치단체가 영향력을 미칠 수 있는 영향 영역에 속하고, 나머지 지방세 5개 분석요소는 모두 조세법정주의에 따라 지방자치단체가 통제하거나 영향력을 미칠 수 없는 적응 영역에 속한다. 그런데 재정수지 적자의 유발 정도를 나타내는 균형세입누적증가율이격도가 총세입과 적응 영역은 음수(−)로 나타나 재정수지 적자를 유발했고 영향 영역은 양수(+)로서 흑자를 창출했다. 이것은 적응 영역에서 유발된 재정수지 적자를 영향 영역에서 창출한 흑자로 일부 보전하여 총세입의 적자 폭을 줄였다는 의미이다. 따라서 재정수지 적자유발 및 그로 인한 재정위기 발생의 책임소재는 전적으로 지방자치단체 외부환경요인에 귀착되는 것으로 해석된다.

정부 정책 및 제도 측면의 귀책사유로 추정할 수 있는 주된 요인으로는 2005년 이후 정부가 추진한 부동산 관련 지방세제 개편을 들 수 있다. 당시의 세제개편으로 부동산취득세의 신장세가 크게 꺾였으며, 그에 따른 지방세수 결손을 보전하기 위해 도입된 부동산교부세와 지방소비세가 도입 취지를 달성하지 못한 것으로 나타났다. 그 결과 당시 부동산취득세의 신장세 둔화로 초래된 지방세수 결손을 대부분 지방정부가 떠안음으로써 재정위기의 원인이 된 것으로 추정된다.

다음으로 세출 부문은 단일의 지표를 개발하여 재정위기 책임소재가 지방자치단체 내부요인과 중앙정부의 제도·정책 등 외부환경요인 중 어디에 있는지를 측정했다. 그 결과, 경상남도 재정위기의 책임소재는 내부요인과 외부환경요인에 각각 15:85 정도의 비율로 귀착되는 것으로 나타났다. 이것은 지방정부의 4개 관리영역, 즉 통제, 영향1, 적응+영향 및 적응1 영역에 대해 각각 30%, 20%, 15% 및 0%의 감축 한도를 적용하여 도출한 것이다. 감축 한도는 관리 영역별로 지방자치단체가 감내할 수 있는 최고한도의 세출 감축 비율로 규정했다. 그것은 감축 한도까지 세출을 삭감하지 못하면 그 책임은 지방자치단체 내부에 있으며, 반대로 감축한도 이상의 세출 삭감은 지방자치단체의 책임영역을 벗어난다는 뜻이다. 적응1 영역은 법정의무경비로서 감축 여지가 없으므로 그 한도를 0%로 설정했다. 감축한도는 지방재정에 관한 식견이나 운영경험 등에 기초를 둔 주관적인 가치 판단의 영역이기 때문에 다양한 관점이 제시될 수 있다. 비현실적으로 생각되지만, 감축한도를 영역별로 각각 50%, 30%, 20% 및 0%로 높이면 내부요인의 귀책 비중이 25% 정도로 높아진다(제2절 Ⅲ. 2. 참조).

마지막으로 재정수지 및 채무 측면의 재정위기 책임소재이다. 먼저 재정수지 적자 및 채무잔액 규모가 총량적인 측면에서 임계수준을 초과함으로써 재정위기가 발생하는 데 대한 책임소재는 기본적으로 세입 및 세출 측면에서와 같다. 세입 측면은 전적으로 외부환경요인에, 그리고 세출 측면은 경상남도 내부요인과 외부환경요인에 각각 15:85 정도의 비율로 책임소재가 귀착되는 것으로 나타났다.

한편 내부관리 측면에서 편법적인 회계처리로 감축 관리가 지연되고, 그 결과 한동안 공개되지 않고 누적된 재정수지 적자 및 은닉 채무가 돌출하여 갑자기 재정위기로 발전한 데 대한 책임소재는 당연히 관련 법령 및 지침을 어기고 내부관리에 부실했던 해당 지방자치단체에 귀착된다. 법정의무경비를 보면 2년 정도의 시차를 두고 보통교부세를 통해 대부분 보전되는데도 불구하고 목전의 재정압박을 줄이기 위해 회계를 편법 처리하여 누적 미지급금의 규모가 확대되었다는 점에서 특히 그렇다.

그러나 중앙정부가 지방정부를 강력하게 통제하는 상황에서 이처럼 표면에 나타난 편법적 회계처리의 책임을 전적으로 지방자치단체 내부로 돌릴 수 있을 것인지에 대해 이견이 제기될 수 있다. 이와 관련하여 이 책은 앞에서 중앙정부의 귀책사유를 유추할 수 있는 몇 가지 사례를 제시하였다.

첫째, 정부의 지방회계감사제도 관리문제이다. 지방정부로서는 일반재원 또는 순수가용재원이 항상 부족하다고 느끼기 때문에 위법 또는 지침 위반이라는 뚜렷한 인식 없이 특정재원을 일반재원으로 전용하고자 하는 동인을 가질 수 있다. 경상남도의 편법적 회계처리 사례가 다른 지방자치단체에서도 행해졌거나 행해질 것이 예상되는 것이다. 시·군조정교부금 등 법정의무경비의 미지급 이월도 마찬가지이다. 따라서 이러한 법령 또는 중요한 지침의 준수에 관한 사항은 시스템 내재적으로 한도를 초과하는 등 위반 사항이 발견되면 경보를 울려 그 이유를 규명하게 한 다음에 후속 절차가 진행되도록 하는 등 지방회계감사시스템을 발전시켜 나가야 할 것으로 보인다. 이와 관련하여 시스템 내재적인 방법은 아니었지만, 시·군조정교부금 미지급 이월 문제를 개선한 사례가 있다. 2012년 10월 말, 경상남도 도지사권한대행은 2013 예산(잠정안) 공개 브리핑에서 시·군조정교부금 이월 문제를 공개하고 개선 방침을 밝혔으며, 행정안전부는 2015년 결산부터 재무보고서에 이 항목을 포함하게 한 것이다(제7장 주 10 참조).

둘째, 경상남도의 편법적인 회계처리 관행을 보면 정부 정책 및 제도적 요인에 따라 재정 수입과 지출 사이에 큰 격차가 발생했으며, 이를 관리할 지방재정제도가 마땅히 갖춰지지 않아서 반사적으로 이뤄진 측면이 있다. 지방재정위기 관리제도는 최근에야 도입되었으며, 예방제도는 지방채발행한도제와 2017년 도입된 재정안정화기금이 거의 전부라고 할 수 있다. 따라서 균형예산 원칙과 지출 한도 등 재정위기를 예방할 수 있는 재정제도와 시·군조정교부금 추가 수요의 단계적인 예산 반영과 같이 급격한 재정수요 증가에 대처할 수 있는 제도를 정비하여 편법적 회계처리를 재정압박의 탈출구로 삼으려는 동인을 관리할 필요가 있다.

마지막으로 중앙정부가 국가 경제 및 재정정책의 수단으로 지방재정을 동원하는 등 중앙정부의 정책 또는 제도개편이 지방재정위기의 원인을 제공하는 경우이다. 그러한 사례로서 첫째, 2005년 이후의 세제개편은 부동산취득세의 신장세를 크게 꺾어 놓았으며, 세수 결손을 보전하기 위한 보완대책의 실효성이 부족해 지방재정부담이 가중되었다. 둘째, 정부가 2009년 지방재정지출확대 권고를 통해 지방정부를 경기 대응 재정정책에 동원한 것은 중요한 정책실패 사례로 평가될 수 있다. 이 조치는 경기 대응 재정정책의 관장에 있어서 중앙과 지방정부 간의 역할분담 원칙에 어긋나고, 감축 관리가 필요했던 지방의 현실적인 정책 수요에 역행했으며, 경상사업비를 차입으로 조달할 것을 권고하여 지방정부가 재정규율을 위반하도록 조장하는 등 여러 가지 문제를 내포하고 있었다. 그리고 그 결과 경상남도의 재무상태는 극심한 불균형에 빠져들었다. 셋째, 2011년 경기 활성화를 위해 수도권에 초점을 맞춘 정부의 부동산취득세율 인하 및 인하보전금 교부는 경상남도 지역경제와 엇박자를 내 세입의 반짝 증가에 이은 거래 및 세수 절벽을 불러왔으며, 그 파고가 증폭되어 2012년 경상남도 재정운영에 큰 충격을 주었다.

이러한 사례를 볼 때 편법적 회계처리를 재정압박의 탈출구로 삼았던 배경에 중앙정부의 책임 등 외부환경요인은 없었는지, 그리고 편법적 회계처리가 재정위기를 유발한 주된 요인인지, 아니면 다른 주된 요인에 종속된 반사적인 현상에 불과한지를 균형 있게 판단하여 책임소재를 가릴 필요가 있다.

제 7 장

미국 제도 적용의 기대효과 및 운용 가능성

CHAPTER 07 미국 제도 적용의 기대효과 및 운용 가능성

제7장에서는 미국 주 정부의 지방재정위기 관리 제도를 경상남도의 재정운영에 적용했더라면 어떤 효과를 거둘 수 있었을 것인지, 그리고 한국 및 경상남도의 지방재정 운영 여건에서 실제로 이들 제도를 운용할 수 있었는지 그 가능성을 분석한다. 재정위기 확인 제도는 제5장에서 경상남도의 재정위기를 확인하기 위해 미국 재정위기 확인시스템을 한국 사전경보시스템과 함께 적용하고 그 결과를 토대로 양국 시스템의 오류 가능성을 비교·평가했으므로 여기서는 추가로 분석하지 않는다.

제1절에서는 예방 제도의 기대효과와 운용 가능성을 분석한다. 먼저 직접적인 양적 통제수단은 분석대상 전체 기간(2004~2013년)의 장기적 균형예산을 전제로 지출 한도 제도의 기대효과를 계량적으로 분석한다. 한국의 지방정부는 미국과 달리 자본예산 제도를 운용하지 않으므로 채무 한도 및 기채 제한 제도는 매 연도가 아닌 장기적 균형예산 관점에서 채무잔액 수준에 변화가 없다는 것을 가정한 것이다. 과세 한도는 다양한 정책적 대안을 적용할 수 있는 법정 영역으로서 현 시점에서 특정 대안을 선정하기가 어려우므로 분석대상에서 제외한다. 제도운용 가능성은 양적 예방 제도를 적용할 때 수반되어야 하는 조건들이 현실적으로 충족될 수 있는 것인지를 분석한다. 질적 통제수단인 예산안정기금과 회계 및 보고제도 등에 대해서는 저자의 경험에 바탕을 둔 질적 분석을 통해 기대효과와 운용 가능성을

분석한다.

제2절은 완화 제도와 관련하여 2012년 후반기에 경상남도가 도지사권한대행 체제에서 추진한 '재정 구조조정'을 최근 한국에 도입된 '긴급재정관리제도' 또는 미국 주 정부의 '수권관리제도'의 자연적 실험으로 가정하여 그 효과를 분석한다. 제도운용 가능성에 대해서는 도지사권한대행 체제와 '긴급재정관리제도'의 권한관계 및 운용 환경의 차이가 적용 효과에 어떤 변화를 가져왔을 것인지를 분석한다.

제 1 절 예방 제도의 기대효과 및 운용 가능성 분석

Ⅰ. 수량적 통제 제도의 효과 분석

1. 분석의 전제

수량적 통제 제도에는 균형예산 원칙, 과세 및 지출 한도, 그리고 채무 한도 및 기채 제한 제도가 포함된다. 여기서는 다음의 세 가지 사항을 전제로 이들 제도의 기대효과와 운용 가능성을 분석한다.

첫째, 균형예산 원칙은 제3장 제1절에서 살펴보았듯이 원칙적으로 회계연도별로 적용되지만 여기서는 연구대상 기간(2004~2013년) 전체에 걸쳐 장기적으로 균형예산 원칙을 적용한다고 가정한다. 그것은 미국과 한국 지방정부의 예산제도가 다르기 때문이다. 미국의 주 및 지방정부는 경상예산과 자본예산을 구분하고 전자에 대해서만 균형예산 원칙을 적용한다. 기채로 재원을 조달할 수 있는 자본예산은 회계연도별로 균형예산 원칙을 적용할 수 없기 때문이다. 그러나 자본예산에 충당하기 위해 발행된 공채의 원리금은 경상예산 재원으로 상환하기 때문에 통합적인 관점에서 경상 및 자본예산은 장기적으로 균형예산 원칙을 준수한다. 이와 달리 한국의 지방정부는 미국에서는 자본예산에 포함될 사업들을 대부분 일반회계에 포함하여 추진한다. 따라서 한국에서는 일반회계를 대상으로 장기적인 관점에서 균형예산 제도의 효과를 분석하는 것이 필요하다.[1]

---

1 한국의 지방자치단체는 일반회계와 특별회계를 운영하고 미국 지방정부의 자본예산에 포함되는 사업들은 한국에서는 대부분 일반회계 사업으로 추진된다. 따라서 특별회계는 고려하지 않

둘째, 과세 및 지출 한도(Tax and Expenditure Limits) 제도는 지출 한도만 적용한다. 미국과 달리 한국에서는 조세법률주의에 따라 지방정부의 과세 및 세입에 관한 결정을 거의 전적으로 중앙정부가 관장한다. 따라서 주민의 조세부담 경감 및 지방정부의 책임성 제고를 목적으로 하는 세입 통제 의무를 재량권이 없는 지방자치단체에 부과하는 것은 의미가 없다. 중앙정부 차원에서 대안을 찾는다고 하더라도 지나치게 복잡하고 다양하기 때문에 연구범위에 포함하여 다루기가 어렵다고 판단된다. 따라서 세입 측면에서는 오히려 질적 분석을 통해 중앙정부의 지방세제 및 재정제도 개편의 효과를 분석한다. 경제 활성화 등 국가적 목적을 달성하기 위한 중앙정부의 정책이나 제도 개편이 지방세 세입 등 지방재정에 막대한 파급 효과를 미치기 때문이다.

셋째, 장기적 균형예산 원칙을 지키기 위해서는 분석대상 기간의 최초 및 최종연도 채무잔액이 같아야 한다. 따라서 채무 한도 및 기채 제한 제도의 계량적 효과는 별도로 고려하지 않는다. 미국에서도 자본예산에 충당하기 위해 발행한 지방채의 원리금을 경상예산에서 상환하기 때문에 경상예산과 자본예산을 통합적으로 보면 장기적 균형예산 원칙이 적용된다.

이러한 세 가지 전제 아래에서 2004년부터 2013년까지 10년 동안 경상남도의 실제 일반재원 세입과 세출이 사후적으로 균형을 이룰 수 있었던 지출 한도를 탐색한다. 그리고 그것이 현실적으로 적용 가능한 대안이었는지를 분석한다. 만약에 경상남도의 재무상태가 장기적으로 균형을 이루는 지출 한도가 존재하고, 그것이 실행 가능했다고 판단된다면, 비록 사후적인 관점이기는 하지만 해당 제도의 기대효과와 운용 가능성을 긍정적으로 평가할 수 있을 것이다.

2. 지출 한도의 설정

지출 한도는 분석대상 전체 기간의 일반재원 누적 총세출이 일반재원 누적 총세입과 일치하도록 지출을 통제함으로써 장기적으로 균형예산 원칙이 달성되도록 설정한다. 지출 한도 설정의 벤치마크로는 이 연구에서 독자적으로 개발한 균형세출누적증가율의 2배수와 명목경제성장률을 복수로 사용한다.[2] 균형세출누적증가율

더라도 크게 문제가 되지 않는다. 일반회계 중에서도 특정재원은 용도가 지정되기 때문에 적법하게 회계를 처리하면 결산상의 미세한 오차 이외에는 균형이 달성된다. 결국 한국의 지방자치단체에서 균형예산 원칙은 일반재원 세입과 세출의 균형 문제로 귀결된다.

2 균형세출누적증가율은 기준연도의 총세출 수준이 최종연도까지 같은 수준에서 유지된다고 가

은 일정한 목표기간의 실제 세입 추세에 맞춰 균형예산을 달성하기 위해 요구되는 유량(flow) 차원의 가상적인 세출증가율이므로 장기적으로 균형예산을 달성하려는 지출 한도의 목표를 완벽하게 충족한다. 명목경제성장률 또한 보완적인 벤치마크로 사용될 수 있다. 명목경제성장률은 실질경제성장률에 물가인상률을 가산한 것이므로 현실적으로 수용 가능성이 큰 대안으로 판단된다.[3] 2004~2013년 기간의 균형세출누적증가율은 3.89%로서 그 2배수는 7.78%이며, 같은 기간의 연평균 명목경제성장률은 5.66%이다.

균형세출누적증가율과 명목경제성장률을 벤치마크로 삼아 총세출의 지출 한도를 설정한다고 하더라도 세출 분야별로 지출 한도를 구분해서 설정할 수 있는지는 추가로 검토할 필요가 있다. 먼저 법정의무경비는 용어 자체가 말해 주듯이 재량의 여지가 없는 법정의 의무적 지출이므로 지출 한도를 적용하기가 어렵다. 이 부문은 2004년 335,800백만원이 2013년 921,531백만원으로 연평균 11.87% 증가하여 균형세출누적증가율의 2배수인 7.78%를 훨씬 넘어선다(앞의 <표 5-9>). 이에 따라 나머지 세출 분야인 자체사업, 중앙지원사업 도비부담 및 행정운영경비는 총세출의 균형예산 원칙을 충족시키기 위해 균형세출누적증가율의 2배수보다 낮은 수준에서 지출 한도를 설정할 수밖에 없다.

다음은 법정의무경비를 제외한 자체사업, 중앙지원사업 도비부담 및 행정운영경비의 지출 한도를 차별적으로 적용하는 문제이다. 이에 대해서는 지방정부의 지출을 통제하기 위해 지출 한도를 설정한다고 하더라도 세출을 분야별로 구분하여 별도의 지출 한도를 부과하는 것은 지방자치단체에 대한 과도한 통제이므로 수용

정할 때 수평선 아래의 면적이 같은 기간 동안 각 회계연도의 실제 총세입 궤적의 하부 면적과 같게 되기 위한 연평균증가율이다. 누적증가율은 기간 평균치를 기준으로 하는 단순증가율과 같으므로 연평균 단순증가율은 누적증가율의 2배가 된다(제4장 제2절 단순, 누적 및 균형 증가율 개념 참조).

3 정부 주도의 국가 경제발전 전략이 이미 민간 주도로 전환된 시점에서 명목경제성장률 이상으로 정부 부문의 성장을 요구하는 것은 설득력이 떨어지는 것으로 판단된다. 제6장 제2절 세출 부문의 재정위기 원인 분석에서 살펴본 바와 같이 실제로 연구대상 기간(2004~2013년)을 전·후반기로 구분하여 총세출 단순증가율을 보면 전반기는 12.2%로서 같은 기간의 연평균 명목경제성장률 5.78%를 6.42%p 초과하는 확장 국면이었고, 후반기는 2.85%로서 명목경제성장률 4.88%에 2.03%p 미달하는 축소 국면이었다. 그리고 전체 기간은 총세출 단순증가율이 7.85%로서 같은 기간의 명목경제성장률 5.66%보다 2%p 남짓 높았다. 따라서 예측의 정확성과 재정관리의 합리성을 높인다면 명목경제성장률을 총세출증가율의 벤치마크로 삼는 데 큰 무리가 없을 것으로 판단된다.

되기 어려울 것으로 보인다. 다만 자체사업과 중앙지원사업으로 구성되는 공공서비스 공급비용과 이를 지원하기 위한 행정운영경비는 지출의 성격이 뚜렷이 구분되므로 강제력이 약한 방식을 사용하더라도 지출 한도를 구분할 수 있는 것으로 가정한다. 지방정부 자체사업과 중앙지원사업 도비부담에 대해서는 지출 한도를 차별적으로 부과하기가 어려우므로 같은 수준의 지출한도를 적용하되 지방자치단체 내부적인 관리 목적상 두 부문을 구분한다.

먼저 공공서비스 공급 비용은 앞에서 설명했듯이 지출 한도를 부과할 수 없는 법정의무경비의 높은 증가율 때문에 지출 한도를 균형세출증가율보다는 낮게 설정할 수밖에 없다. 그러나 현실적으로 수용 가능성을 고려하면 명목경제성장률 이상의 증가율을 보장하는 것은 필요할 것으로 보인다. 따라서 명목경제성장률 5.66%보다 약간 높은 6%를 일괄적으로 적용한다. 행정운영경비는 감축 관리의 주된 대상이므로 긴축운영 기조와 현실적 수용 가능성을 함께 고려하여 GDP 디플레이터 연평균증가율 1.82%에 실질증가율 2% 정도를 추가한 4%를 적용한다.

3. 지출 한도 제도의 효용성

(1) 재정수지 개선 및 채무잔액 감소

<표 7-1>은 경상남도의 일반재원 세출을 법정의무경비, 행정운영경비, 그리고 공공서비스 공급 부문인 중앙지원사업과 자체사업으로 구분하여 지출 한도를 적용한 결과를 보여 준다.[4]

행정운영경비는 인력운영비와 필수경상비로 구성되고, 공공서비스 공급 부문 중에서 중앙정부가 주도하는 중앙지원사업은 국고보조사업, 광특사업 및 분권·기금·특교사업을 포괄한다. 지출 한도를 적용하여 도출한 세출은 실제 세출과 구분하여 '관리 세출'이라고 지칭했다. 가로 축은 경상남도의 연도별 일반재원 세입과 부문별 관리 세출, 그리고 그에 따라 조정된 관리 재정수지를 보여 준다. 관리 재정수지는 지출 한도를 적용한 일반재원 재정수지로서 일반재원 세입에서 관리 세출을 차감해서 도출한다. 세로 축의 마지막 세 개 행은 분석대상 기간(2004~2013년)의 일반재원 총세입 누계, 세출 부문별 관리 세출 누계(A), 실제 세출 누계(B), 그리고 양자의 차액인 재정수지 개선 누계금액(B-A)을 차례로 표시했다.

---

4 지출 한도는 전년도 세출의 일정 비율을 초과하지 못하게 통제하는 것으로서 연도별로 실제 세출이 상한선에 미달할 수가 있으나, 여기서는 매년 상한선에 도달했다고 가정했다.

〈표 7-1〉 지출 한도 적용에 따른 관리 세출 및 재정수지 적자 (단위: 백만원)

회계 연도	일반재원 세입	일반재원 관리 세출(상한선 적용)					관리 재정수지
		계	법정의무경비	행정운영경비	중앙지원 사업부담	자체사업	
2004년	1,122,300	1,243,817	335,800	341,900	278,400	287,717	-121,517
2005년	1,373,400	1,347,549	391,889	355,576	295,104	304,980	25,851
2006년	1,532,300	1,450,984	445,096	369,799	312,810	323,279	81,316
2007년	1,727,500	1,550,769	491,924	384,591	331,579	342,676	176,731
2008년	1,778,200	1,649,853	535,169	399,975	351,474	363,236	128,347
2009년	1,660,000	1,689,634	516,068	415,974	372,562	385,030	-29,634
2010년	1,944,400	1,943,282	707,622	432,613	394,916	408,132	1,118
2011년	2,250,300	2,143,520	842,372	449,917	418,611	432,620	106,780
2012년	1,989,700	2,190,629	820,411	467,914	443,727	458,577	-200,929
2013년	2,154,098	2,364,604	921,531	486,630	470,351	486,092	-210,506
계(A)	17,532,198	17,574,642	6,007,882	4,104,888	3,669,533	3,792,339	-42,444
실제(B)	17,532,198	19,803,066	6,007,882	4,599,834	4,800,253	4,395,096	-2,270,868
B-A	-	2,228,424	-	494,946	1,130,720	602,757	-

행정운영경비와 공공서비스 공급비용으로 구분해서 지출 한도를 적용한 결과 분석대상 기간 10년 동안 경상남도의 관리 세출 누계는 17,574,642백만원으로 일반재원 세입 누세 17,532,198백만원과 거의 비슷하다. 이에 따라 10년간 실제 재정수지 누적적자 2,270,868백만원이 관리 재정수지 적자 42,444백만원으로 대폭 줄어들어 장기적인 관점에서 균형예산 원칙이 거의 달성되고, 총 2,228,424백만원의 재정수지 개선 효과를 거두게 된다. 이것은 장기적으로 균형예산 원칙이 충족되도록 균형세출누적증가율을 주된 벤치마크로 사용하여 지출 한도를 설정했기 때문에 당연히 나타난 결과이다. 그러나 법정의무경비의 높은 증가율을 그대로 수용한 데다 공공서비스 공급비용의 지출 한도를 보조적인 벤치마크인 명목경제성장률 이상으로 설정하여 균형예산을 달성할 수 있었다는 점은 제도의 적용 가능성을 밝게 전망할 수 있게 하는 중요한 시사점으로 보인다.

제6장에서 살펴본 바와 같이 재정수지 적자는 실제로 자금이 있는 순세계잉여

금 및 이월사업비의 이월차액으로 일부 보전하고, 나머지는 공식적 차입과 편법적 회계처리 방식인 법정의무경비 미지급 이월 및 특정재원의 일반재원 전용을 통해 처리되었다. 차입은 공식적인 채무잔액의 증가로 이어지고, 법정의무경비 미지급 누적금액은 그 자체가 비공식 내지는 은닉 채무이다. 이에 따라 경상남도의 채무잔액은 2004년 246,048백만원에서 2013년 1,494,540백만원으로 증가했다. 10년간 재정수지 누적적자의 2/3 정도가 채무잔액의 증가로 이어진 것이다. 따라서 지출 한도를 적용하여 균형예산을 달성하면 반대로 채무잔액이 그만큼 감소하게 된다.

(2) 재정규율 실천 및 재정 안정성 유인 효과

전 항에서 살펴본 재정수지 개선 및 채무잔액 감소가 지출 한도 적용의 양적 효과라고 한다면, 재정규율(fiscal discipline)의 실천 및 재정 안정성 유인 효과는 지출 한도의 적용을 통해 얻을 수 있는 재정운용의 질적 개선 효과라고 할 수 있다.[5] <표 7-2>는 <표 7-1>의 마지막 행에서 보는 바와 같이 지출 한도를 적용하는 경우 세출 부문별로 삭감해야 할 예산규모를 2009년을 기준으로 전·후반기로 구분하여 보여 준다. 2009년 통계치는 전반기에 포함되었다. 2009년이 전반기 확대 국면의 정점이며, 후반기 축소 국면은 실제로 2010년 통계치부터 시작되기 때문이다. 감축 관리 수요는 지출 한도를 적용하는 경우 삭감해야 하는 세출 규모로서 실제 세출에서 관리 세출을 차감한 것이다.

〈표 7-2〉 세출 부문별 감축 관리 수요 (단위: 백만원(%))

구 분	관리 재정 수지	감축 관리 수요(실제 세출-관리 세출)			
		계	행정운영경비	중앙사업 도비부담	자체사업
전체 기간	-42,444	2,228,424	494,946	1,130,720	602,757
전반('04-'09)	261,093	1,350,978(60.6)	101,823(20.6)	533,663(47.2)	715,492(118.7)
후반('09-'13)	-303,537	877,445(39.4)	393,123(79.4)	597,056(52.8)	-112,735(-18.7)

5 재정규율(fiscal discipline)은 경상지출을 경상수입으로 충당해야 한다는 원칙을 기초로 재정 건전성 및 안정성을 유지하기 위해 정치인, 공무원, 주민 등 정부 재정의 모든 행위자와 이해관계인이 실천해야 하는 엄격한 재정 기준, 윤리 및 절제된 행위를 의미한다. 현세대의 편익을 위해 후대에 지나치게 부담을 주는 적자재정(deficit financing) 등 방만한 재정운영을 재정규율에 어긋나는 것으로 보아 반대하며, 경기변동에 대응하여 재정 건전성 및 안정성을 확보할 수 있도록 중기재정계획, 불황대비기금 운영 등을 강조한다(Hou, 2003).

사후적 관점에서 볼 때 지출 한도의 적용에 따라 경상남도는 실제 세출에서 2,228,424백만원을 삭감해야 했다. 그중에서 행정운영경비와 자체사업은 경상남도 자체적으로 삭감해야 할 부문이고, 중앙지원사업 도비부담은 중앙정부의 협력과 지원이 필요하다.

먼저 행정운영경비 부문의 감축 관리 수요는 총 494,946백만원으로서 1/4 정도는 전반기에, 그리고 3/4 정도는 후반기에 삭감해야 했다. 지출 한도를 적용했더라면 2006년부터 공약사업으로 격상하여 추진함으로써 소방 인력 및 운영예산 측면에서 행정운영경비 증가의 주된 원인을 제공한 '1시·군 1소방서' 시책을 재검토했을 것으로 추정된다. 소방서 1개소 건립에 60억원 정도가 소요되기 때문에 이 시책은 자체사업비 증가의 원인이기도 하다. 이와 함께 행정운영경비가 공공서비스 제공을 위한 지원예산이라는 점을 고려하여 강력한 긴축재정 기조에서 예산을 보다 절제하여 운용했을 것이다.

다음으로 자체사업 부문은 감축관리 수요가 602,757백만원으로 전반기에 715,492백만원을 삭감하고, 후반기에는 오히려 112,735백만원을 추가로 배정할 수 있었다. 따라서 자체사업은 지출 한도의 적용을 통해 재정운용을 근본적으로 개선할 수 있었던 부문이다. 착공 위주로 사업장 수를 늘리는 지방도 사업, 도의원포괄사업비 등 정치적 고려에 의한 비효율적, 편법적 예산 배정이라는 논란이 컸던 사업 항목들이 가장 먼저 재검토 대상이 되었을 가능성이 있다. 2009년 중앙정부의 강력한 지방재정지출 확대 권고와 이에 따른 경상남도의 사상 유례 없는 대규모 차입, 재정수지 적자 및 채무잔액 확대 사례는 방지되었거나 심대했던 부작용을 완화하는 대안이 강구되었을 가능성이 크다. 자체사업 추세가 2009년을 변곡점으로 급등에서 급락세로 전환되는 현상 또한 크게 완화되었거나 완만한 상승세로 전환되었을 것이다. 이에 따라 자체사업의 총세출점유율이 2004년 23.13%에서 2009년 30.36%로 급상승했다가 2013년 13.82%로 과도하게 축소되어 사업 안정성이 손상되고 재정 측면에서 지방자치가 크게 위축되는 부작용이 완화되었을 것이다.

세출 변동성의 완화는 세출 전 분야에 공통적이지만 특히 자체사업 부문에서 현저하게 나타난다. <표 7-3>은 최초 및 최종연도 총세출의 분야별 비중 및 기간 중 비중의 변동 폭을 실제 세출과 관리 세출로 구분해서 보여 준다. 먼저 총세출을 보면 단순증가율은 전반 12.02%, 후반 2.85%의 극심한 격차가 전·후반 각각 6.32%와 8.77%로 줄어들었고, 누적증가율은 전·후반 각각 6.62%, 1.65%에서 3.66%,

〈표 7-3〉 실제 및 관리 세출의 변동성 비교

(단위: %)

구 분		관리 세출	실제 세출
총세출	단순증가율(전반~후반)	7.40(6.32~8.77)	7.85(12.02~2.85)
	누적증가율(전반~후반)	3.92(3.66~5.16)	5.30(6.62~1.65)
세출 부문별	법정의무경비	27.00~38.97(11.97%p)	23.52~37.53(14.01%p)
	행정운영경비	20.58~27.49(6.91%p)	19.35~27.49(8.14%p)
	중앙지원사업 도비부담	19.53~22.38(2.85%p)	20.58~26.78(6.20%p)
	자체사업	20.56~23.13(2.57%p)	13.82~30.36(16.54%p)

5.16%로 감소했다. 세출 부문별로는 자체사업의 변동성이 16.54%p에서 2.57%p로 가장 많이 축소되고, 그 다음은 중앙지원사업 도비부담이 6.20%p에서 2.85%p로 줄어들었다. 법정의무경비는 지출 한도를 적용하지 않았지만 다른 부문의 영향을 받아 변동 폭이 다소 축소되었다.

마지막으로 중앙지원사업 도비부담 부문은 전반기와 후반기에 각각 절반 정도씩 총 1,130,720백만원에 이르는 막대한 사업비를 감축해야 했다. 경상남도 자체적으로는 2003년 결정된 거가대교 건설사업과 경제자유구역청 지정에 따른 기반도로 개설사업 등 대규모 중앙지원 지역개발사업에 대한 국비지원 비중을 높이는 방안 등이 적극적으로 모색되었을 것이다. 중앙정부에 대해서는 지출 한도를 근거로 재정 부담 및 재원 배분의 형평성을 증진할 것을 구체적으로 요구했을 것으로 추정된다. 이 연구는 경상남도 사례에 국한되었지만, 전국적인 통계자료를 기반으로 지방자치단체들이 통일된 목소리로 2005년 부동산 관련 세제개편으로 인한 세수결손의 근본적 보완대책과 지방소비세 확대 등을 더욱 강력하게 요구했을 가능성이 크다.

지출 한도 적용에 따라 전반기에는 261,093백만원의 재정수지 흑자가 발생하고, 후반기에는 303,537백만원의 적자가 발생하여 전체 기간에 걸쳐 균형예산 원칙을 거의 실천할 수 있게 된다. 전반기 재정수지 흑자는 기존 채무를 상환하거나 세계잉여금으로 관리할 수 있으며, 제3장에서 살펴보았던 예산안정기금(BSFs) 내지는 불황대비기금(rainy day fund)을 설치하여 관리할 수도 있다. 예산안정기금 설치에 대해서는 후술하는 질적 예방 제도 부분에서 재론한다.

4. 지출 한도 제도의 운용 가능성 및 한계

(1) 일반재원 세출의 감축 관리 가능성

지출 한도 제도가 적용되기 위해서는 일반재원 세출의 감축이 현실적으로 가능해야 하고 수용될 수 있어야 한다. <표 7-1>에서 보듯이 10년 동안 감축해야 할 일반재원 총세출은 2,228,424백만원으로 실제 세출의 11.3%에 해당한다. 중앙지원사업 도비부담과 행정운영경비 및 자체사업이 각각 1,130,720백만원과 1,097,703백만원으로 규모가 비슷하다. 아래에서는 중앙지원사업과 행정운영경비 및 자체사업으로 구분하여 세출 감축 관리가 가능한 방안이었는지를 검토한다.

1) 중앙지원사업

중앙지원사업 도비부담은 국고보조사업, 광특사업 및 분권·기금·특교사업 도비부담으로 구분된다. 이들 사업에 대한 지방비 부담은 중앙-지방 간 재원배분 시스템과 관련하여 결정되어야 한다. 재원배분 시스템이 변경되면 재원부담 배분 비율도 당연히 조정되어야 한다. 이와 관련하여 제6장 제2절에서는 [그림 6-3]과 [그림 6-5]를 통해 2005년 종합부동산세제 도입과 2011년 부동산취득세의 추가 감면이 경상남도의 주력 세원인 부동산취득세의 신장세를 크게 둔화시켰음을 설명했다.

그러나 세수결손 방안으로 도입된 부동산교부세 및 취득세율인하보전금 교부가 세수결손 보전기능을 충분하게 발휘하지 못하고 오히려 지방재정을 크게 교란하는 부작용을 낳았으며, 그마저 각각 한시적으로 운영되었음을 살펴보았다. 2010년 도입된 지방소비세 또한 지방재정조정 제도를 보완하는 역할에 그쳤을 뿐 정부 개입으로 발생한 지방세수 결손은 거의 보전하지 못하는 것으로 나타났다. 그 결과 정부의 개입에 의한 세수결손이 거의 전적으로 지방 부담으로 전가되었다.

따라서 취득세제 개편으로 발생한 지방세수 결손을 온전하게 보전할 수 있도록 지방의 재정능력을 확충하는 추가적인 조치가 따랐어야 했다. 지출 한도 제도와 관련해서는 국가적 목적으로 운영되는 국고보조사업은 관리 세출을 초과하는 지방비 부담 전액을 국가가 부담하는 등의 적정한 지원방안이 시행될 필요가 있었다. 결론적으로 제도 개편으로 인한 지방세수의 결손을 적정하게 보전하고 지출 한도 제도를 중앙지원사업 도비부담에도 적용되도록 적정하게 운영했다면 관리 세출을 초과하는 1,130,720백만원 규모의 중앙지원사업 도비부담을 조달하는 데 문제가 없었을 것으로 판단된다.

2) 자체사업 및 행정운영경비

자체사업은 일반재원 총세출에서 차지하는 비중이 13.82~30.36%를 오르내릴 정도로 변동 폭이 크다. 그리고 세출 추세가 앞의 [그림 6-12]에서 보는 바와 같이 확장기(2004~2009년)와 축소기(2009~2013년)로 뚜렷하게 구분된다. 확장기에는 최초연도인 2004년의 세출 수준을 초과한 누적증가 금액이 2009년까지 996,108백만원에 달한다. 반대로 축소기에는 2009년 세출 수준에 미달하는 누적감소 금액이 2013년까지 992,058백만원이다. 따라서 자체사업은 지출 한도를 계획적으로 적용함으로써 사업비를 절감하고 사업 효과를 높일 수 있었을 것으로 판단된다. 관리 세출을 초과한 금액은 앞의 <표 7-1>에서와 보는 바와 같이 10년간 602,757백만원이었다. 대표적인 감축 관리 대상으로는 도의원포괄사업비와 1,000+1,000 프로젝트를 들 수 있다. 전자는 2002년부터 2012년까지 426,000백만원이 배정되었고, 후자는 2008년부터 2012년까지 156,000백만원이 지원되었다.

다음으로 행정운영경비는 인력운영비와 필수경상비를 합산한 것으로서 지방자치단체의 행정조직 운영에 필요한 최소한의 행정경비에 일부 기타 경비가 포함된다. 따라서 일반적으로 다른 부문보다 엄격한 세출 통제가 이루어진다. 분석대상 기간(2004~2013년) 중 행정운영경비의 연평균증가율은 6.72%로서 관리비용이라는 측면에서 볼 때 상당히 높다. 여기에는 2004년부터 공약사업으로 추진된 '1시·군 1소방서' 시책이 큰 영향을 미쳤다. 관리 세출을 초과하는 금액은 10년간 494,946백만원이었다. 제6장 제2절에 설명한 행정운영경비 세출 추세를 보면 행정운영경비 전반에 대한 긴축 강화, 소방 인력 및 예산에 대한 지출 한도의 적용을 통해 관리 세출 초과분을 감축할 수 있었을 것으로 판단된다.

(2) 지출 한도 제도 적용의 한계

지금까지 장기적 균형예산 원칙을 충족시키는 것을 전제로 지출 한도의 설정과 적용의 효용성, 그리고 현실적 측면에서 적용 가능성을 분석했다. 제3장 제1절에서는 균형예산 원칙과 과세 및 지출 한도 제도가 미국에서 지방정부에 부과되는 가장 보편적인 지방재정위기 예방 제도임을 살펴보았다.[6] 그리고 지금까지 연구성

6 제3장 제1절의 '지방재정위기 예방 제도'에서 버몬트주를 제외한 미국의 모든 주는 헌법 또는 법률로써 균형예산 의무를 규정하고 있다는 점과 코네티컷, 뉴햄프셔와 버몬트를 제외한 47개 주가 지방정부의 세입이나 세출 또는 양자 모두에 대하여 어떤 형태로든 통제를 가한다는 연구결과를 소개했다.

과에 의하면 균형예산 원칙이 세출 억제에 통계적으로 유의미한 효과가 있으며, 과세 및 지출 한도 제도 중에서 특히 지출 한도 제도가 지방정부의 자의적인 재정 집행을 억제하여 예기치 못한 재정적자 발생의 위험을 줄이는 효과가 있음을 확인했다.

그러나 지출 한도가 적정하게 설정되었는지, 회계연도별로 지출 한도를 탄력적으로 변경할 수 있는지, 지출 한도 적용의 편익으로 제시된 사항들이 현실적으로 구현될 수 있는 것인지 등 지출 통제와 관련하여 여러 가지 의문이 제기될 수 있다.

먼저 지출 한도의 주된 벤치마크로 사용된 균형세출누적증가율이 과거의 통계를 바탕으로 도출된다는 점에서 미래의 균형예산 원칙을 달성하는 기준으로서 타당할 것인지의 문제가 제기될 수 있다. 이것은 미래 예측이 보편적으로 안고 있는 한계라고 할 수 있다. 일단 설정된 지출 한도는 장기적으로 균형예산을 달성한다는 대원칙 아래에서 벤치마크로 사용하는 균형세출누적증가율 등의 변화 추이를 반영하여 회계연도별로 미세 조정을 계속해 나가면 예측 오차를 줄일 수 있을 것이다.

다음으로 앞에서 예시한 지출 한도 적용의 효과는 국고보조사업 등 중앙지원사업 도비부담에도 지출 한도가 함께 적용되는 것을 전제한 것이다. 따라서 중앙정부가 중앙지원사업을 추진하면서 지출 한도를 초과하는 도비부담을 유발하는 경우에는 이에 상응하는 지방재정력 확충 조치가 병행되어야 한다. 이러한 조건이 충족되지 않으면 관리 지출을 초과하는 중앙지원사업 도비부담이 전적으로 지방부담으로 전가되어 결국은 지방자치단체에 지출 재량이 있는 자체사업을 위축시키거나 채무잔액의 증가로 이어질 수밖에 없다.

마지막으로 균형예산 원칙과 지출 한도 제도 모두 아무리 강력해도 빠져나갈 여지가 있으며, 예기치 못한 부작용이 따를 수 있으나 이러한 한계에 대해서는 논의를 생략한다.

Ⅱ. 질적 예방 제도의 기대효과 분석

1. 채무 한도 및 기채 제한 제도 적용 효과

채무 한도 및 기채 제한은 기채를 통해 재원을 조달할 수 있는 자본예산의 관리 통제를 강화하기 위한 수단으로 발전했다(제3장 제1절). 자본예산을 통제하는 방법의 하나는 예산 편성 및 운영 과정에서 자본예산에 포함되는 사업 내용을 체계적으로 관리하는 것이고, 다른 하나는 지방채 발행에 조건을 부과하거나 한도를 설정하여 기채 사업의 규모를 제한하는 것이다. 아래에서는 지방채 발행 대상과 함께 기채 제도의 이러한 두 가지 측면을 한국의 지방채 발행 제도와 비교함으로써 미국의 제도를 통해 얻을 수 있는 잠재적 효과를 간접적으로 확인한다.[7]

(1) 지방채 발행 대상

미국은 지방채 사업을 자본시설 확충에 한정하여 자본예산 제도를 운용한다. 이에 비해 한국은 지방채 발행 대상에 재해예방 및 복구사업과 천재지변으로 발생한 예측할 수 없었던 세입 결함의 보전이 포함된다(지방재정법 제11조 제1항). 미국의 지방정부는 이러한 재정수요를 일차적으로 경상예산의 회계잔고를 사용하거나, 후술하는 예산안정기금을 적립하여 충당한다.[8] 2014년 5월 지방재정법 개정 이전에는 기채 대상에 주민복지사업이 포함되었다. 실제로 정부는 2009년 감세정책 등으로 지방세수가 감소하자 이를 근거로 국고보조사업 지방비부담을 위한 기채를 허용했다. 이것은 경상세입 결손 보전 및 국가경제 활성화를 위한 확대 재정정책의 수단으로 지방채 제도를 사용한 사례로서 재정규율을 훼손한 것으로 볼 수 있다.

(2) 자본예산 제도 운영

미국은 유형 및 고정자산을 체계적으로 확충 및 관리하기 위해 자산 및 기반시설의 수요 판단과 비용분석, 그리고 자본시설확충계획(CIP: Capital Improvement Program)의 평가 및 수정에 이르기까지 일련의 과정을 단계별로 관리하는 자본예산 제도를 운용한다. 자본예산의 관리 주기는 6개 단계로서 1) 자산 재고조사 및 기반시설 수요 판단과 소요비용 분석; 2) 사업 우선순위 결정; 3) 재원조달계획 수립; 4) 자본시설확충계획 수립 및 자본예산의 편성과 채택; 5) 자본예산 집행; 6) 자본시설확충계획의 평가 및 수정의 순으로 이어진다(Pagano · Shock, p.18).

그중에서 자본시설확충계획(CIP)의 수립 및 채택이 가장 핵심적인 과정으로서 5~6년을 계획기간으로 하는 연동계획으로 운영된다. 여기에는 1차 연도에 추진해야 할 각각의 사업계획에 대한 상세 설명, 각 사업에 충당할 재원의 종류와 조달

7 미국 지방채 제도의 가장 큰 특징은 자본시장을 통한 지방채 발행이라고 할 수 있을 것이다. 그러나 그것은 이 책에서 다룰 수 있는 범위를 넘어서는 것으로 판단하여 논의에서 제외했다.

8 예산안정기금은 별칭으로 비상대비기금(contingency fund), 불황대비기금(rainy day fund), 적립기금(reserve fund) 등이 사용되기도 한다.

방법, 사업진행 계획 등이 포함되어야 한다. 대부분은 자본시설확충계획의 1차연도 사업계획이 자본예산이 된다.

미국과 달리 한국은 자본예산 제도를 운용하지 않기 때문에 자본시설확충사업을 경상사업과 구별하지 않고 하나의 예산에 편성 및 운영한다. 따라서 자본사업을 전문적이고 체계적으로 검토하기가 어렵다(임성일, 2012b, 159면). 중기지방재정계획이 자본시설확충계획(CIP)과 유사한 역할을 할 수 있지만, 형식적으로 운영하고 있어 대안으로 보기가 어려운 실정이다.

(3) 기채 제한을 위한 절차적 통제

미국의 주 및 지방정부에는 채무 한도와 채무 제한 제도가 중복적으로 부과된다. 48개 주가 지방정부의 채무 한도(debt limits)를 설정해 놓고 있다. 그 기준은 일정 금액, 세입 또는 재산평가액 대비 채무비율, 세입 대비 원리금상환금비율 등으로 제시된다. 채무 제한(debt restrictions)은 초다수결(supermajority) 원칙에 의한 의회 의결이나 주민투표에 의한 기채 승인 등의 형태로 운영된다. 주민투표 제도는 39개 주가 헌법 또는 법률로써 채택하고 있다.

이에 비해 한국에서는 채무 한도만 적용되고 초다수결 원칙에 의한 의회 의결이나 주민투표를 통한 사전승인과 같은 기채 제한 제도가 없다. 미국과 비교할 때 지방의회 및 주민에 의한 제도적 통제가 상대적으로 미약한 것이다. 채무 한도의 경우 2006년 지방채무 총액한도제가 도입되어 지방자치단체장은 대통령령으로 정하는 발행 한도액의 범위에서 지방의회의 의결을 얻어 지방채를 발행할 수 있다(지방자치법 제11조 제2항). 행정안전부장관의 승인을 받은 경우는 승인받은 범위에서 발행 한도액의 범위를 초과할 수 있다(동법 제11조 제3항).

지방의회 및 주민의 통제력 미흡은 지방채 사업의 비효율적 운영으로 이어질 수 있다. 대표적인 지방채 사업인 도로사업이 그 사례이다. 2012년 말 시점에서 경상남도에는 국비가 지원되는 국가지원 지방도 8개 지구, 전액 지방비가 투입되는 지방도 사업 32개 지구를 합쳐서 총 40개 지구에서 도로사업을 진행했다.[9] 사업지구의 수는 2010년 35개에서 2011년과 2012년에는 각각 37개 및 40개 지구로 증가했고, 7개 지방도는 당시 사업이 확정되어 착공 또는 실시설계가 예정되어 있었다. 사업지구의 수가 너무 많아 한 개 지구당 연간 투자되는 사업비는 평균 1,000백만

9 경상남도 내부 자료(2012년 말), 「최근 지방도 사업에 대한 예산 편성 현황」 인용.

원 내외에 불과했다. 따라서 준공 위주의 집중적 투자 방식과 비교하여 효율성을 기대하기가 어려웠다. 그런데도 사업지구가 계속해서 증가하는 것은 대부분의 지방도 사업이 최대의 주민 숙원사업이어서 일단 사업이 시작되면 도의회 의원 등 선출직의 재선에 유리하게 작용하기 때문이다.

지방채 발행 한도에 대해서는 세입 결손을 보전하거나 세출 재원을 추가로 조달하는 여유재원 정도로 간주하는 경향이 있다. 재정수지 적자가 역사상 최고수준이었던 2009년은 물론이고 재정수지가 흑자를 기록했던 2006년과 세입이 전년 대비 300,000백만원이나 증가한 2011년에도 변함 없이 기채를 발행한 것이 그것을 반증한다. 지방도 사업의 경우 경상재원을 전혀 투입하지 않고 전액 지방채에 의존하는 것도 같은 맥락에서 이해된다. 이것은 재정위기의 원인에 관한 Pammer의 관료적 팽창 모델(제2장 제1절 Ⅱ.)과 기채 제한 제도의 주요 기제인 주민투표제도(제3장 제1절 Ⅲ.)가 단순 과반수를 요건으로 하더라도 효과를 나타낸다는 주장을 함께 뒷받침하는 사례라고 할 수 있다.

2. 예산안정기금 적용 효과

예산안정기금(BSFs: Budget Stabilization Funds)은 세입이 감소하지만, 복지수요는 오히려 증가하는 불황기에도 공공서비스를 안정적으로 공급하고, 나아가 경제 침체를 완화하는 데 사용하기 위해 호황기에 여유재원을 적립하는 제도이다. 예산안정기금의 효용은 세입 변동의 폭에 비례한다. 세입이 증가하면 그것이 지속적인 추세인지, 아니면 일회적 현상인지를 판단하여 후자의 경우라면 채무를 상환하는 등 추가적인 재정수요가 발생하지 않도록 용도를 정하는 것이 필요하다. 그러나 만성적인 재원 부족에 시달리는 지방자치단체들로서는 추가 세입을 일단 경상사업을 확대하거나 신규 사업을 개발하는 데 투입함으로써 재정압박을 자초하는 경우가 많다.

경상남도는 세입의 변동성이 극심한 편이기 때문에 예산안정기금 도입의 필요성과 기대효과가 매우 크다. 먼저 경기변동에 민감한 취득세가 경기도와 함께 2011년 결산 기준으로 일반재원 세입의 절반을 웃돌아 그 비중이 30% 내외에 불과한 다른 도보다 월등하게 높다. 리스차취득세는 경상남도의 특별한 세원으로서 세입 변동 폭이 더욱 심하다. 그 추이를 보면 2004년 15,200백만원에 불과했던 세입이 2011년에는 일반재원 세입의 10% 정도인 217,200백만원까지 급증했다가 2012년 119,500백만원, 2013년 71,800백만원으로 다시 급락했다.

정부의 부동산 세제 개편 및 정책 변화도 세입 변동성을 증폭시켰다. 2005년 부동산거래세가 인하되고 이에 따른 세수결손을 보전하기 위해 부동산교부세가 교부되었으나 2006년, 2007년 및 2009년 세 차례 교부된 뒤 중단되었으며, 교부 금액과 교부 시점 모두 안정성이 부족하여 부동산취득세 관련 세입의 변동성을 확대했다. 2011년 국가경제 활성화를 위한 부동산취득세 세율의 추가 인하와 이에 따른 세수결손을 보전하기 위해 교부된 취득세율인하보전금은 경상남도의 부동산취득세 관련 세입을 요동치게 했다. 2010~2012년 사이의 취득세 관련 세입은 각각 586,003백만원, 827,700백만원 및 655,800백만원이었다. 세입이 급격하게 증가했던 2011년과 세입증가율이 비교적 높았던 2008년 이전에 예산안정기금을 적립해 놓았었다면 재정압박이 큰 상황에서도 행정서비스의 공급을 유연하게 조정해 나가고, 지역발전의 기회가 되는 매칭사업을 유치하는 데 큰 어려움이 없었을 것이다.

미국에서는 48개 주가 예산안정기금 제도를 채택하고 있다. 한국의 지방정부에는 2017년 '재정안정화기금'이라는 이름으로 도입되었다. 그러나 세입 변동 폭이 크기 때문에 기금 설치의 필요성이 더 높은 지방정부에서는 오히려 운영 사례가 드물다(Wolkoff, 1987). 그 이유는 현실적으로 비축할 만한 여유재원이 없고, 장래를 위해 현재의 효용을 포기하는 것이 주민들의 기대나 정치인의 생리에 맞지 않으며, 회계잔고나 감채기금과 같은 유사한 제도를 활용할 수 있기 때문이다. 따라서 예산안정기금은 그 효용성에도 불구하고 독립적으로 운용되기가 쉽지 않으며, 운용하는 경우에는 수량적 통제 제도에서 살펴본 것처럼 지출 한도와 함께 운용할 때 성공 가능성과 효과가 클 것으로 판단된다.

3. 회계 및 재무보고 제도 적용 효과

미국의 회계 및 재무보고 제도는 재정규율의 확립과 정부의 투명성 및 공공책임성 제고를 목적으로 20세기 초반 이래 표준화가 부단히 추진되었다. 그 배경에는 지방정부의 규모는 팽창했는데 투명성이 따르지 못해 부패 환경이 조성되었으며, 그것을 개혁하기 위해서는 정부의 정보 및 그 해석을 담당하는 공보가 중심이 되어야 한다는 인식이 있었다. 재무보고 모델은 1999년 「정부회계기준위원회(GASB)

공고 제34호」에 의해 통합적인 재무정보를 제공하는 방향으로 획기적으로 전환되었다. 「GASB 34」 모델의 핵심적인 변화는 발생주의 회계원칙 및 경제자원 중심 측정방식에 따라 정부운영 전반에 대한 종합적인 정보를 제공하는 통합재무제표로서 순자산명세서와 활동명세서를 작성하도록 의무를 부과한 것이다.

한국의 지방정부에는 2007년부터 발생주의 회계 제도가 도입되었고, 2014년에는 통합결산서가 도입되었다. 통합결산서는 결산개요, 세입·세출 결산, 재무제표로서 주석이 포함된 재정상태표, 재정운영표 및 순자산변동표, 그리고 성과보고서로 구성된다(지방회계법 제15조). 이것은 제3장 제1절에서 살펴보았던 미국의 「GASB 34」와 큰 차이가 없다. 이처럼 미국보다 시작은 늦었지만, 한국 지방정부의 회계 제도는 미국과 매우 흡사하다. 그러나 전문성 부족, 형식적인 운영, 절차의 미비 등 회계 제도의 정착 및 발전을 가로막는 걸림돌이 많다는 지적이 나온다(안효철, 2015; 최진혁, 2015). 이와 관련하여 한국의 지방회계 제도가 성숙했더라면 바로잡을 수 있었을 것으로 판단되는 두 가지 편법적인 회계처리 사항을 살펴본다.

먼저 법정의무경비, 특히 시·군조정교부금의 미지급 이월이다. 경상남도는 법정의무경비를 연례적으로 예산에 과소 계상하여 미지급금 누적 규모가 계속 증가했다. 누적 미지급액 규모는 2013년 채무잔액의 24.52%에 해당하는 358,909백만원으로 증가했다. 이것은 외부에 공개하거나 공식적인 회계서류에 기록하지 않고 예산부서에서 내부적으로 관리했다는 점에서 은닉된 채무라고 할 수 있다.[10] 그리고 즉시 상환해야 할 채무인데도 상환자금을 마련할 수 없고, 상환계획도 없다는 점에서 그 자체가 채무불이행(default)에 해당한다. 이러한 사실은 회계 제도가 적정하게 작동했다면 최소한 2009 회계연도의 결산이 마무리되는 2010년 하반기에는 확인되었어야 할 사항으로 보인다.

---

10 저자가 경상남도 도지사권한대행으로 재직하던 2012년 7월경, 재정상황을 점검하면서 이 내용을 확인했을 때 처음 떠오른 생각은 "대명천지에 이런 일이 일어날 수 있을까?" 하는 의구심이었다. 도의회 회계감사와 감사원, 행정안전부 등 중첩적인 내·외부통제에도 불구하고 왜 여태 이 문제가 드러나지 않았을까, 그리고 이런 종류의 오류 및 편법을 자동으로 탐지 및 방지하는 장치가 지방재정시스템 설계에 반영되었어야 하지 않을까 하는 생각이 들었다. 경상남도는 이 문제에 대한 대책으로 2012년 10월말, 도지사권한대행의 예산(잠정안) 공개브리핑에서 세출구조조정 기본방향으로서 "시·군, 교육청 등 타 기관 전출 예산은 차년도 이후로 재정부담이 이월되지 않도록 법정 금액을 전액 예산에 계상한다"는 항목을 명시했다(2013년도 경남도 예산(잠정안)). 한편 행정안전부는 2015 회계연도의 결산부터 법정의무경비 미지급금을 재무보고서의 '기타유동부채' 항목에 포함하도록 제도를 개선했다.

다른 하나는 특정재원을 일반재원으로 전용하는 문제이다. 앞의 <표 5-6> 및 <표 5-10>에서 살펴보았듯이 특정재원 세입과 세출을 보면 통계자료를 입수할 수 있는 2008년 이후, 2011년 한 해를 제외하고는 세입이 세출보다 크다. 특정재원 일부가 지정된 용도에 사용되지 않고 일반재원 사업에 전용되고 있다는 뜻이다. 이것은 법령 또는 지침을 어기는 편법적인 예산집행이기도 하지만, 한편으로는 재정위기의 전조로 해석될 수가 있다. 특정재원을 연례적으로, 그리고 대규모로 법정의무경비나 중앙지원사업 도비부담 등의 일반재원 용도에 돌려서 사용했다는 것은 계속해서 재정압박을 받았기 때문으로 추정되기 때문이다. 회계 제도가 적정하게 작동했다면 2008년 이후 특정재원의 세입·세출 흐름에서 이러한 이상 징후를 발견해 낼 수 있었을 것으로 판단된다.

제 2 절 완화 제도의 효과 분석

Ⅰ. 완화 제도 적용의 가정

재정위기 완화 제도는 실제로 재정위기가 발생했을 때, 해당 지방정부의 재정 건전성을 복원하거나 문제가 더 이상 나빠지지 않도록 사후적으로 대응하는 제도이다. 제3장 제3절에서는 복잡하고 다양한 미국 주 정부의 지방재정위기 완화 제도를 입법 방식, 개입 기관 및 개입 강도를 기준으로 구분하여 설명했다. 그중에서도 전형적인 방법은 재정위기를 신속하게 극복할 수 있도록 선출직 공직자의 권한을 넘어 전권을 행사하는 소위 'Dimock 모델'의 수권관리인 또는 재정통제위원회를 설치하여 지방재정 관리의 책임을 맡기는 것이다.

한국에는 2015년 12월 29일 지방재정법 제5장의2가 신설됨으로써 'Dimock 모델'의 수권관리인 제도와 유사한 긴급재정관리제도가 도입되고 2016년 6월 30일 시행되었다. 이에 따라 행정안전부장관은 지방자치단체가 자력으로 재정위기 상황을 극복하기 어렵다고 판단하거나 지방자치단체장이 신청하는 경우, 해당 지방자치단체를 긴급재정관리단체로 지정할 수 있다(동법 제60조의3). 행정안전부장관은 긴급재정관리단체의 재정위기를 극복하는 데 필요한 업무를 수행할 긴급재정관리인을 선임하여 파견해야 한다(동법 제60조의4). 그러나 아직 긴급재정관리단체를 지정한 사례는 없다.

여기서는 2012년 후반기의 경상남도 재무상태가 재정위기 상황이었으며, 당시 도지사권한대행 체제에서 경상남도가 추진한 재정 구조조정 대책을 재정위기 완화 제도를 적용한 사례라고 가정하고 그 효과를 평가한다. 경상남도가 당시에 재정위기에 빠졌다고 전제하는 것은 이 연구에서 규정한 재정위기의 정의 및 당시 경상남도의 재무상태를 고려한 것이며, 다른 한편으로는 한국 사전경보시스템이 너무 둔감하다고 판단한 것이다. 그리고 다음과 같은 이유로 당시 도지사권한대행 체제를 한국의 긴급재정관리제도 또는 미국 주 정부의 수권관리체제에 상응하는 것으로 보았다.

첫째, 한국에서 행정안전부장관이 임명하는 긴급재정관리인이나 미국 주정부가 임명하는 수권관리인 또는 재정통제위원회 위원은 모두 비선출직 고위공무원 또는 재정 및 예산회계 분야의 전문가 중에서 선임한다.[11] 긴박한 재정위기를 해결하기 위해서는 전문적 식견을 가진 사람이 정치적 이해관계에 초연하게 구조조정이나 서비스 감축 등 인기 없는 정책을 추진할 필요가 있기 때문이다. 당시 경상남도 도지사권한대행이었던 행정부지사는 대통령이 임명한 국가직 고위공무원이었으며, 지방 행정 및 재정 분야에서 실무경험 및 전문성을 축적했기 때문에 수권관리인 또는 긴급재정관리인에게 요구되는 자격요건을 갖췄던 것으로 판단된다.[12]

둘째, 도지사권한대행은 명실상부하게 도지사에게 부여된 권한을 모두 행사할 수 있으므로 지방재정법 제60조의4에서 제60조의7까지에 규정된 긴급재정관리 업무를 수행하는 데 제약이 없다. 다만 미국의 경우에는 수권관리인 또는 재정통제위원회에 과세나 기채 등의 분야에서 선출직 지방공직자의 권한을 넘어서는 강력한 권한을 부여하기도 한다. 이처럼 권한의 강도 측면에서 차이가 일부 있지만, 도지사권한대행이 재정위기 극복을 위해 도지사의 권한에 속하는 모든 권한을 행사할 수 있으므로 양국 제도가 본질적으로 다르다고 하기는 어렵다.

---

11 미국의 경우는 제3장 제3절 지방재정위기 완화 제도 중 II. 관리기관 참조. 한국의 경우는 지방재정법 제60조의4 및 동법 시행령 제70조 참조.

12 당시 경상남도 도지사권한대행이 미국의 수권관리인 또는 한국의 긴급재정관리인에게 요구되는 자격요건을 갖추었다고 판단할 수 있는 근거는 제4장 제2절 I. 주 17 참조.

경상남도의 재정 구조조정 대책은 수년간 계속된 과도한 재정수지 적자를 자체적으로 통제할 수 있는 수준으로 낮추는 것을 목표로 2013 회계연도 예산안을 초긴축적으로 편성하는 단기대책에 중점을 두었다. 이를 위한 자구노력으로서 자체사업을 대대적으로 정리하여 세출 수요를 통제하는 한편, 기존의 제도를 이용하여 관련 중앙정부에 재정적 지원을 요청했다. 그리고 이러한 자구 노력이 계속된다면, 2014년 이후에는 재정구조 및 환경이 크게 호전될 것으로 전망했다. 그 근거로서 먼저 재정구조 측면에서는 보통교부세 결정액이 증가할 것으로 전망했다. 2012년 및 2013년 대폭의 세입 감소가 교부세액 산정의 시차 때문에 2년간 반영되지 못하다가 2014년 이후에는 정상적인 흐름으로 회복될 것으로 보았기 때문이다. 다음은 재정환경 측면에서 당시 국회 지방재정특별위원회를 중심으로 논의 중이던 지방소비세 인상이 실현될 것을 기대했다(경상남도, 2012s).[13]

Ⅱ. 도지사권한대행 체제에서의 예산 구조조정 추진

1. 사전 단계

(1) 재정정보 공개

도지사권한대행은 2012년 7월 7일 권한대행 체제가 시작된 이후 매월 초 전체 직원이 참석하는 정례조회, 월 1~2회 개최되는 실국원장 회의와 시·군 부시장·부군수 회의, 그리고 언론 대담을 통해 재정정보를 공개했다.[14] 정례조회와 각종 회의는 인터넷방송을 통해 외부에 공개되었다. 재정 구조조정이 추진되면 경상남도의 자체사업이 줄어들 뿐만 아니라, 재정적 연관성이 높은 시·군의 사업도 위축되어 지역개발사업과 도민에 대한 서비스가 축소될 수밖에 없으므로 재정정보의 공개를 통해 도민의 이해를 구하는 일이 필수적인 과제였다.

정보 공개는 2011년 3월 9일 경상남도 행정부지사가 공개브리핑을 통해 발표한 '공개·협업 도정' 방침을 바탕으로 추진되었다. '공개·협업 도정'은 행정조직 내·외부의 경계를 없애 도민들이 행정조직 내부의 정보 및 정책결정 과정을 유리알처럼 투명하게 볼 수 있게 함으로써 투명, 청렴, 책임행정을 구현하고, 일반 도민 및 분야

---

13 실제로 지방소비세는 2014년 부가가치세액의 11%로 2010년 도입 당시의 5%에서 이양 폭이 6%p 확대되었다.

14 실국원장 회의와 시·군 부시장·부군수 회의는 경상남도 홈페이지에서 영상자료를 확인할 수 있다.

별 전문가의 집단지성을 도정 발전에 적극적으로 활용하겠다는 도정운영 패러다임이다(경상남도, 2011b).[15]

도지사권한대행은 8월 1일 권한대행 체제 출범 이후 최초로 개최된 정례조회에서 경상남도의 주요 세입인 취득세가 부동산거래 부진 등으로 대폭 감소하여 재정운영에 큰 타격이 예상된다는 점을 전 직원들에게 알렸다. 그리고 2013년 예산편성시 자체사업 예산을 전년도 대비 30% 축소할 것을 요청했다.[16] [17] [18] 2012년 8월 13일 실국원장 회의에서는 지금까지 추세와 달리 재정이 축소되는 국면에서는 갈등과 진통이 극심할 것이 예상되므로 재정정보의 적극적인 공개와 사회 각 구성원의 이해를 증진하는 등 부작용을 줄이는 방안을 마련하게 하였다.[19] [20]

이를 위해 먼저 지방재정 전문가들로 재정정책자문단을 구성해서 세출 구조조정 및 재정적자 관리에 필요한 자문을 얻게 하였다. 그리고 관련 기관과 도민들이 경상남도의 재정운영 방침을 충실하게 검토하고 대책을 세울 수 있도록 도의회에 2013년도 예산(안)을 제출해야 하는 법정시한보다 2주 정도 빨리 예산작업을 완료하여 공개하도록 하였다. 이와 함께 공무원이나 예산 분야 전문가뿐만 아니라 일반 도민들도 쉽게 사업예산을 모의로 가감 조정하여 대안을 제안할 수 있는 시뮬레이션 프로그램을 개발하여 예산(잠정안)과 함께 제공하도록 하였다.

---

15 '공개·협업 도정' 방침은 당시 행정부지사가 기획하여 도지사에게 건의하였고, 민선5기(2010~2014년) 경상남도의 브랜드 시책으로 추진할 것을 도지사가 직접 도민들에게 약속하는 공개브리핑을 계획했었다. 그러나 브리핑 전일 발표자가 행정부지사로 변경되어 처음 계획보다 중량감이 크게 떨어졌다. 그러한 한계에도 불구하고 경상남도는 행정부지사가 참여하는 학습조직 운영, 별도 홈페이지 구축(2011. 10), 공개협업 전담조직 신설(2012. 1), 정보공개량 확대에 따른 서버 확대 예산 편성(2012. 10) 등을 계속해서 추진했다. '공개·협업 도정' 방침은 '2012년 7월 도지사권한대행 체제의 출범으로 그것을 기획한 행정부지사가 도정운영의 최고책임자가 됨으로써 실질적인 도정운영 방침이 되었다. 이것은 공개행정에 대한 당시 경상남도지사 권한대행의 관심과 결부된 것이었다. 그는 그 후 행정안전부 지방행정연수원장으로 재직하는 동안(2013. 4~2014. 12) 강의자료와 수입대체경비 등 민감한 예산자료를 포함하여 행정자료를 거의 100% 공개했다. 그 결과 중앙부처와 지방자치단체를 망라한 전국의 행정부서 및 단위기관 중 결재문서 공개율이 2위와 현격한 차이로 선두를 차지했다.

16 「경남도민일보」, <정치행정> "재정 어떻길래…허리띠 졸라매는 경남도-경기침체·세금 징수 환경 바뀌어 2000억원 타격…○○○ 부지사 '30% 절감' 천명"(2012. 8. 2).

17 「경남신문」, <정치> "경남도, 내년도 세수확보 비상-올 상반기 도세 징수, 지난해보다 1100억원 줄어", ○○○ 지사대행 "국비확보 최선·세출 30% 절감"(2012. 10. 5).

18 「부산일보」, "경남도 세수 격감, 내년 살림 '초비상'"(2012. 8. 3, 12면).

19 경상남도 인터넷방송 「경남이야기」 (http://tv.gsnd.net/) >생생경남>도정회의(2012. 8. 13).

20 「경남도민일보」, <정치행정> "경남도 재정, 연말 '바닥' 위기-세입 크게 줄어 지출가능한 재원 4,000억원뿐…정부 교부세 지원 전까지 '위험'"(2012. 8. 17).

9월 4일 정례조회에서 도지사권한대행은 정보 공개, 도민여론 수렴, 시뮬레이션 프로그램 제공 등을 통해 2013년 예산을 도민의 시각에서 객관적이고 합리적으로 편성할 것을 다시 요청했다. 이어서 10월 4일 정례조회에서는 예산편성 과정의 획기적인 공개를 통해 사업 우선순위를 전체 도민의 이익과 지혜를 반영해서 결정할 것을 강조했다.[21] 이를 통해 도지사권한대행은 누구든지 정보의 비대칭성을 무기로 특수이익을 추구해서는 안된다는 메시지를 공개적으로 전달했다. 도의원포괄사업비의 폐지와 관련된 논란을 의식한 발언으로 보인다. 그리고 사업비가 줄더라도 사업 효과는 오히려 높이는 솔로몬의 지혜와 혁신적인 사고를 발휘해야 할 시점임을 강조했다.

10월 8일의 실국원장 회의에서 도지사권한대행은 경상남도가 재정위기 상황에 직면했음을 분명히게 공개했나.[22] 차입을 통해 재정이 계속해서 팽창한 점, 그 결과 채무잔액이 증가하여 지방채를 허용한도까지 발행해도 대부분을 원리금 상환에 투입해야 하는 한계상황에 도달한 점, 취득세를 중심으로 세입이 격감하는 반면에 법정의무경비 등 세출 수요가 급증하는 재정환경 악화 등을 그 이유로 들었다. 그는 당시의 재정상황을 복싱에 비유하여 실제로는 플라이급에 불과한 경상남도가 스스로 헤비급으로 착각하고 한동안 큰 펀치를 휘둘러서 체력이 고갈된 위에 최근 세수 격감이라는 카운터펀치를 맞은 격이라고 설명했다.[23] 10월 22일 실국원장 회의에서는 2013년도 예산안 조기 공개 약속을 반드시 지키고 사전에 도의회 및 관계기관에 대한 설명을 마쳐 달라고 당부했다.[24]

이러한 과정을 거쳐 10월 29일 경상남도 예산(잠정안)이 확정되었다. 경상남도는 그 내용을 10월 30일까지 양일간 도의회와 도 교육청 및 18개 시·군에 설명했다. 폐회 중이던 도의회에는 실·국장들이 의장단과 각 상임위원회를 방문해서 설명하고, 시·군에 대해서는 10월 29일 부시장·부군수 회의를 열어 배경 설명 및 의견을 교환했다. 10월 31일에는 도지사권한대행이 출입기자단을 대상으로 2013년 경남도 예산(잠정안)을 공개적으로 브리핑했다. 이어서 그는 11월 5일 정례조회에

21 「경남신문」, <정치> "○○○ 권한대행 '투명예산·공정선거 관리하라'–예산안 편성 조기 마무리, 선거 정치적 중립 등 당부"(2012. 10. 5).

22 경상남도 인터넷방송 「경남이야기」 (http://tv.gsnd.net/) >생생경남>도정회의(2012. 10. 8).

23 「경남도민일보」, <정치행정> "플라이급을 헤비급 착각, 감당 안 되는 상태"–○○○ 대행, 도 재정상황 빗대…역대 도지사 무리한 확장 지적"(2012. 10. 9).

24 경상남도 인터넷방송 「경남이야기」(http://tv.gsnd.net/) >생생경남>도정회의(2012. 10. 22).

서 전체 직원을 대상으로 예산(잠정안)의 공개 목적과 모자이크사업, 균형발전사업, 무상급식사업 등 쟁점이 큰 사업의 운영 계획을 설명하고, 예산심의 과정에서 최선을 다하라고 당부했다. 일반 도민들에 대해서는 도지사권한대행이 지역TV 방송에 출연하여 진행자와 단독 대담을 통해 경상남도의 어려운 재정 상황과 재정 구조조정의 필요성을 설명하고 2013년 예산안에 대한 이해와 협조를 구했다.[25]

(2) 재정정책자문단 운영

경상남도는 실국원장 회의(2012. 8. 13)에서 있었던 도지사권한대행의 지시에 따라 재정 구조조정 과정에서 전문가의 자문을 얻기 위해 재정정책자문단을 구성했다. 자문위원은 내부 위원 2명, 외부 위원 7명으로 구성하여 8월 중에 선임을 마쳤다. 내부 위원으로는 각각 세출 및 세입 총괄 부서장인 기획조정실장과 행정지원국장을 위촉했다. 외부 위원은 한국지방행정연구원, 한국지방세연구원, 그리고 경남발전연구원의 지방재정 전문가 각 1명과 이 분야의 학식과 경험이 풍부한 대학교수, 전직 공무원 등 4명을 위촉하였다.

경상남도는 재정정책자문단 운영을 2013 회계연도 당초예산 편성 및 예산(안)의 조기 공개 계획과 연계시켰다. 예산안 편성은 8월 20일부터 10월 10일까지 실무작업을 진행하고 내부적인 심의와 조정을 거쳐 도의회에 2013 예산안을 제출해야 하는 법정시한인 2012년 11월 11일보다 2주 정도 빨리 공개하기로 하였다. 이것은 경상남도의 재정 구조조정에 대응하여 시·군, 교육청 등 관련 기관과 이해관계 당사자들이 자체 예산을 조정할 수 있는 시간을 제공하기 위해서였다. 재정정책자문단은 이 과정에서 경상남도가 마련한 구조조정 방안에 대해 자문했다.

2012년 9월 19일 개최된 제1차 재정정책자문회의에서는 세입·세출 추이 등 재정 현황과 재정상황 악화를 초래한 구조 및 운영상의 문제를 진단하고, 2013년 예산안에 포함될 주요 현안사업을 검토하였다(경상남도, 2012n 및 2012o). 주요 현안사업에는 대규모 신규 재정수요인 소방공무원 초과근무수당 미지급금과 거가대교 운영수입 보장, 민선5기 공약 및 역점사업으로서 모자이크 프로젝트, 지역균형발전사업 및 학교 무상급식 지원사업, 주요 지역개발사업 현안인 1,000+1,000 프로젝트, 부산·진해 및 광양만권 경제자유구역 기반시설사업과 마산 로봇랜드 조성사업, 그리고 주요 자체사업으로서 지방도 확·포장 및 유지·보수, 소방관서 신·증축

25 「MBC 경남」, <일요초대석>, 2012. 11. 18.

사업 등이 포함되었다. 회의 결과 세출 구조조정이 불가피하므로 대규모 지역개발 사업과 선심성 사업 축소, 신규 사업 전면 중단, 선택과 집중을 통한 구조조정 추진, 균형재정 달성을 위한 다년(5개년) 계획 수립·운영, 도민 이해 확보를 위한 홍보의 중요성 등이 집중적으로 제기되었다(경상남도 2012o). 도지사권한대행 체제가 사업 구조조정의 호기라는 의견도 제시되었다.

2012년 11월 1일 개최된 제2차 재정정책자문회의는 전날(10. 31) 도지사권한대행이 출입기자단을 대상으로 브리핑한 2013 회계연도 예산(잠정안)을 중심으로 진행되었다(경상남도, 2012v). 세입 측면에서는 부동산취득세가 계속 감소할 것이 예상되므로 국세로 전환하고, 그 대신에 부가세 등 안정적이고 보편적인 세원으로 대체해 줄 것을 건의해야 한다는 의견이 제시되었다. 나머지 대부분은 세출 측면의 의견으로서 모자이크사업, 균형발전사업 등 지역개발사업의 축소와 지방도 사업 신규발주 중단 등이 주요 내용으로 포함된 예산(잠정안)에 대해 공감하는 의견과 사업 일몰제의 도입, 재정 구조조정 대상에 민간위탁금 조정 포함, 복지전달체계 개선 및 중복적인 국가 및 지방 복지사업의 정비를 통한 복지예산 관리 방안 등이 제시되었다. 김해관광유통단지 부지 매각대금의 예산편성은 도의회의 적극적인 협조가 필요한 사항이라는 점이 강조되었다.

2. 2013 회계연도 예산 구조조정 추진

(1) 재정상황 전망 및 2013 예산안 편성방침 설정

1) 세입 진밍

2013 회계연도 경상남도의 일반재원 세입은 1,930,000백만원 정도로 추정되었다.[26] 2012년 당초예산보다 50,000백만원 정도, 2011년 세입 결산(2,250,300백만원)보다는 320,000백만원 정도 줄어드는 규모이다(경상남도, 2012s). 주요 이유는 일반재원 세입의 절반 정도를 차지하는 취득세가 2012년 급락한 상태에서 2013년에도 크게 회복될 것으로 기대하기 어려웠고, 보통교부세는 전년도보다 오히려 감소할 것이 예상되었기 때문이다.

먼저 취득세는 부침이 극심했다. 2011년은 한시적으로 주택취득세율을 인하했

---

26 2013 회계연도 세입 추정은 일관성 있는 추세 분석을 위해 일회성 세외수입인 김해관광유통단지 부지 정산수입을 제외한 것이다. 2013년 최종적으로 확정된 부지 정산수입은 286,000백만원이다(앞의 <표 5-3> 참조).

는데도 불구하고 거래가 폭발적으로 증가하여 부동산취득세 세입이 오히려 증가했다. 한시적인 세율 인하로 인해 부동산거래 흐름이 일시에 집중되었기 때문으로 해석된다. 여기에 정부가 취득세율인하보전금을 교부함으로써 부동산취득세 관련 세입이 전년 대비 240,000백만원 증가했다. 그러나 2012년에는 부동산취득세율 복원으로 거래가 격감하여 세입이 2010년 수준으로 환원되고, 2013년 세입도 거의 전년도 수준에서 유지될 것이 예상되었다. 한편 경상남도가 독점하다시피 했던 리스차 취득세는 2012년초 제주특별자치도가 세수를 차지하기 위해 자치도에 특별히 부여된 법적 지위를 활용하여 취득세율을 인하함으로써 시·도 간 경쟁이 격화되었다. 따라서 2012년에 이어 2013년에도 세입의 추가 감소가 불가피한 상황이었다.

다음으로 보통교부세 감소가 예상되었다. 지방교부세는 기준재정수입액이 기준재정수요액에 미달하는 금액의 일정 비율(조정률)로 결정된다(지방교부세법 제6조). 교부세 산정자료는 매년 8월 31일까지 제출해야 하는데 당년도 하반기에 마무리되는 전년도 결산자료를 토대로 작성한다. 여기서 2013년 지방교부세액 결정의 기초가 되는 기준재정수입액 및 기준재정수요액의 추정에 2년의 시차가 개재된다. 기준재정수입액을 2012~2013년 추정치가 배제된 2011년 결산자료까지 최근 10년간의 결산액을 기초로 회귀분석 방법을 적용하여 추정하기 때문이다. 그런데 2011년까지 최근 10년간의 세입 추세를 보면 2009년에 전년보다 약간 감소한 것을 제외하고는 계속해서 증가했다. 특히 2011년은 전년도보다 일반재원 세입이 300,000백만원 이상 대폭 증가했다. 이러한 증가 추세가 회귀분석 모형에 반영되어 기초재정수입 추정치가 증가함으로써 지방교부세 결정액은 반대로 감소하게 된다.

이처럼 경상남도의 주력 세원인 취득세와 보통교부세가 동시에 타격을 받을 것이 예상되어 2013 회계연도 일반회계 세입은 2012년 당초예산보다 50,000백만원 정도, 2011년 결산보다 320,000백만원 정도 감소할 것으로 전망되었다.[27]

---

27 그러나 2013년 세입결산서에 따르면 일시적 세외수입인 김해관광유통단지 부지 정산대금을 제외하고도 일반재원 세입이 2,154,100백만원으로 나타나 2013년 당초예산 편성시의 추정치를 120,000백만원 정도 웃돌았다. 여기에는 주로 두 가지 요인이 작용한 것으로 추정된다. 먼저 정부가 2012년 9월 24일부터 2013년 6월 말까지 다시 주택취득세율을 인하하고, 취득세율인하보전금을 교부함으로써 부동산거래와 관련된 세입이 함께 증가했다. 취득세율인하보전금만 해도 2012년 31,100백만원, 2013년 55,000백만원이 경상남도에 교부되었다. 다음으로 도지사권한대행이 행정안전부장관에게 2013년 보통교부세 결정에 경상남도의 특별한 사정을 고려해 줄 것을 건의한 것이 반영되었기 때문이다(경상남도 건의자료, 2012. 7. 27: 경상남도 재정 전망 및 지원 방안 건의). 당시의 건의 요지는 2012~2013년의 리스차취득세 세입 격감(2011년 대

2) 세출 전망

2013 회계연도 세출수요는 구조조정 없이 재정사업을 진행할 경우 최소 수요가 2,546,000백만원으로 추정되었다.[28] 2012년 예산과 비교하여 566,600백만원, 2011년 보정 세출결산액 2,452,989백만원보다 93,011백만원을 웃돈다(경상남도, 2012s). 먼저 신규사업비 순증액이 78,700백만원이다. 2013년 필수적으로 반영해야 할 사업비는 소방공무원 초과근무수당 미지급금 38,100백만원, 태풍피해복구비 37,500백만원, 거가대교 최소수입보장(MRG) 23,200백만원 등 107,400백만원이다.[29] 여기서 차감되는 금액은 2012년 종료되는 사업 71건 28,700백만원이다.

다음으로 2012년보다 증액해야 할 사업비가 487,900백만원이다. 첫째, 법정의무경비 증가액이 128,100백만원으로 채무원리금상환액 75,600백만원, 시·군조정교부금 52,500백만원이 각각 증가한다.[30] 둘째, 국고보조사업 도비부담 55,300백만원과 공무원 보수 인상에 따른 인력운영비 9,400백만원이 각각 증가한다. 국고보조사업 도비부담은 2013년부터 시작되는 0~2세 영유아의 보육료 확대를 위한 추가 부담 39,800백만원이 주요 증기 요인이다. 셋째, 민선5기 이전에 착수된 지역개발사업의 마무리 및 공기 도래에 따른 사업비 증가 수요가 57,700백만원이다. 그 내역을 보면 1,000+1,000 프로젝트 11,000백만원, 로봇랜드 조성사업 35,700백만원, 경제자유구역 기반시설사업 11,000백만원이다.[31] 넷째, 민선5기 도지사 역점 사업인

비 2012년 97,700백만원, 2013년 145,400백만원)을 기준재정수입 추계에 반영해 달라는 것이었다. 2013년 경상남도 보통교부세 결정액은 전년도의 386,500백만원보다 약간 증가된 390,000백만원으로 결정되었다.

28 세입에서와 마찬가지로 김해관광유통단지 부지 정산대금에 해당하는 세출을 제외한 규모이다.

29 첫째, 소방공무원 초과근무수당은 전국 9개 법원의 1심 판결에 따라 결정된 사항으로서 경상남도의 총 미지급액 62,500백만원 중에서 2013년 지급의무 금액이 38,100백만원이었다. 둘째, 태풍피해복구비는 2003년 '매미' 이후 최대의 피해를 낸 2012년의 '덴빈', '볼라빈', '삼바'로 인한 피해복구비 도비부담 총 67,800백만원 중에서 2012년 예비비로 충당한 30,300백만원을 초과한 37,500백만원을 2013년으로 이월한 것이다. 셋째, 거가대교 최소수입보장(MRG)은 민자사업으로 건설되어 2010년 말 개통된 거가대교 최소운영수입을 민자사업협약에 따라 2013년 최초로 지급하는 것이다.

30 채무원리금 상환은 채무잔액 증가에 따라 2012년 당초예산 65,900백만원이 141,500백만원으로 증가하고, 시·군조정교부금은 전년도와 교부금액이 같다는 가정 아래, 전년도 미지급만큼 추가하여 2013년 법정교부액을 전액 계상한 것이다.

31 제5장 제3절 '자체사업 주요 사례'에서 1,000+1,000 프로젝트, 모자이크사업, 균형발전사업, 학교 무상급식사업 등 경상남도 주요 자체사업의 내용과 2013 회계연도 증액 요인 등을 설명했다. 여기서는 증액 규모만 제시하고, 증액 요인은 중복해서 설명하지 않는다. 로봇랜드 조성사업과 경제자유구역 기반시설사업은 중앙지원사업에 대한 의무적인 도비부담 증가분이다.

모자이크사업의 2차 연도 예산으로 155,700백만원이 소요되므로 전년도보다 129,300백만원이 증가한다. 지역균형발전사업은 1차연도 사업비 75,000백만원이 소요된다. 다섯째, 학교 무상급식사업은 경상남도와 도 교육청이 합의한 연차별 사업확대 계획에 따라 2013 회계연도에 10,000백만원 정도가 추가된다.

3) 2013년 세출수요 통제 및 재원조달 대책

앞에서 2013 회계연도의 세입 및 세출을 추정한 결과 세입은 2012년 당초예산보다 50,000백만원 정도 감소하고, 세출수요는 566,600백만원 증가하여 재원부족액이 615,700백만원으로 예상되었다. 경상남도는 그중에서 355,500백만원을 지방채 발행 및 김해관광유통단지 조성부지 매각대금으로 조달하고, 나머지 260,200백만원은 재정 구조조정을 통해 감축하기로 방침을 세웠다. 지방채는 예상되는 한도인 150,000백만원 정도로 발행하기로 했다. 2012년 당초예산에 포함된 지방채발행액 147,800백만원 및 2013년 원리금 상환예정 금액 141,500백만원과 비슷한 수준이다. 채무잔액 증가에 따라 원리금 상환액이 동반 증가하여 지방채가 더는 부족재원 조달수단의 기능을 상실했음을 의미한다.

김해관광유통단지 부지 매각대금은 사업자측과 지분율 협상이 진행 중이어서 우선 다툼이 없는 부분에 대한 최소 감정평가 예상금액인 205,500백만원을 계상했다.[32] 이것은 일회성 세입이기 때문에 정상적인 상황에서는 매년 반복되는 경상지출의 재원으로 충당하는 것은 부적절하다. 따라서 2014년 이후에는 이 금액만큼 추가로 구조조정을 하거나 별도의 경상세입을 확보해야 한다. 이에 대해 경상남도는 2014년부터 보통교부세 결정금액이 정상적인 흐름을 되찾게 되고, 지방소비세 인상이 예견되기 때문에 2013 회계연도 수준의 긴축재정 기조를 유지하면 장기적으로 재정 건전성을 회복할 수 있을 것으로 보았다. 추가적인 구조조정 방안으로는 후술하는 거가대교 운영방식 변경, 진주의료원 구조조정 등이 추진 중이거나 추진 방침이 결정되어 있었다.

---

32 김해관광유통단지 조성부지 매각대금을 2013년 예산(잠정안)에 계상한 데 대하여 도의회에서 사업자측과 지분율 협상에 불리하게 작용할 수 있다는 의견이 제기되었다. 이러한 우려를 반영하여 도의회에 제출한 2013 회계연도 예산안에서는 해당 매각대금의 전입을 통한 재원조달 방안을 통합기금으로부터 전입, 채무부담행위 신규 계상 및 법정의무경비 삭감으로 수정하였다(제5장 II. 2. 세출 추세 보정, 주 12 참조). 이것은 매각대금이 실제로 징수되는 시기에 대체 재원을 상환 또는 보전하는 것을 전제로 한 것이다.

(2) 예산 구조조정 추진

1) 기본방향

예산 구조조정은 세출 수요 및 재정수지의 양적 통제와 재정운영의 질적 개선을 병행하는 것으로 기본방향을 결정했다(경상남도, 2012s). 먼저 2013 회계연도의 재정수지 적자를 경상남도가 자체적으로 관리할 수 있는 수준으로 낮추기 위해 단기적으로 세출 수요를 획기적으로 감축하기로 했다.

첫째, 자체사업은 사업비 한도를 전년도의 80%로 설정하고, 사업의 타당성과 재정 수요를 원점에서 검토하여 예산에 반영한다. 당초에 삭감 목표를 30%로 제시했으나 일시적인 충격을 우려하여 2014년 이후에 추가로 삭감할 여지를 남기고 20%로 완화했다. 그리고 두 가지의 보완적 가이드라인을 제시했다. 하나는 성장 동력 확충 목적이나 어려운 계층을 대한 지출은 현상유지가 가능한 수준으로 최대한 배려하는 것이다. 다른 하나는 복지지출과 같은 경직성 예산은 복지전달체계 개선과 사업 합리화를 통해 사업비의 10% 정도를 절감하여 복지수혜자 증가 등에 따른 세출 수요를 자체적으로 흡수한다는 것이다.

둘째, 대규모 자체사업을 중심으로 예산을 구조조정하고 재정사업의 신규 발주를 원칙적으로 중단하여 장래에 발생할 수 있는 재정부담 요인을 제거한다. 이를 위해 모자이크사업을 지역균형발전사업의 틀 안에서 통합해서 추진하는 것으로 조정했다. 이와 함께 무상급식사업의 연차별 확대계획 보류, 지방도 사업 신규 발주 중단, 추진 중이던 평생교육원 등 기관의 신규 설립을 전면 보류했다.

다음은 단기적인 세출 수요 감축 대책이 지속 가능한 방안으로 정착되도록 재정운영의 건전성을 높인다. 먼저 법정의무경비를 전액 교부하지 않고 미지급금을 누적시키는 편법적인 회계처리 관행을 중단한다. 시·군조정교부금, 교육재정부담금 등 시·군이나 교육청 등 타 기관으로 전출되는 예산은 법정 금액을 전액 계상한다는 뜻이다. 이와 함께 도와 시·군 사이의 국고보조사업 지방비 분담 기준을 준수토록 하여 재정압박 요소를 시·군으로 전가하지 않도록 했다. 다음으로 창의적이고 유망한 신규사업을 엄선하여 최소 수준이나마 사업비를 지원하도록 했다. 지역발전을 선도할 수 있는 성장동력 사업에는 매칭사업비를 우선 배정하여 장기적인 재정수입 흐름을 창출하는 토대로 발전시키려는 것이었다.

2) 주요 내용

① 경상적 자체사업비 및 행정관리비용 삭감

경상적 자체사업비는 편의상 자체사업비 중에서 대규모 지역개발사업비 등 특별한 사업 수요를 제외하고, 연도별로 반복적으로 추진되는 자체사업에 투입되는 경비를 말한다([부록 2] 참조). 따라서 전술한 도의원포괄사업비와 후술하는 모자이크사업, 지역균형발전사업, 학교급식사업 등은 이 범주에서 제외된다. 경상적 자체사업비는 2012년 사업비의 80%를 상한선으로 설정하여 33,400백만원을 삭감했다. 행정운영경비는 10,000백만원을 삭감했다. 먼저 일반운영비(사무관리비, 공공운영비), 여비, 민간경상보조 등 경상경비의 10%에 해당하는 5,000백만원을 삭감했다. 이와 함께 공무원 결원 유지 및 신규 정원 억제를 통해 3,500백만원을 절감하고 공무원 복지예산 1,500백만원을 삭감했다.

② 복지전달체계 개선을 통한 예산 절감

사회복지사업은 주로 국고보조사업과 분권교부세사업의 형태로 추진된다. 국고보조사업은 기초연금, 장애인연금, 영유아보육료, 가정양육수당, 국민기초생활보장의 5대 사업을 주축으로 급속하게 증가하고 있으며, 이에 따른 지방자치단체의 의무적 부담이 동반 증가하여 재정압박의 중요한 요인이 되고 있다. 분권교부세사업은 지방사무로 이양된 일단의 국고보조사업을 추진할 수 있도록 내국세의 일정 비율을 교부한다. 그런데 정체된 중앙교부금과 달리 지방으로 이양된 사회복지사업의 재정수요는 큰 폭으로 증가하고 있어 지방재정에 큰 부담을 준다. 이러한 사회복지 분야의 지출에 대해서는 집행 과정에서 부정 수급과 낭비 요인을 없애는 방법으로 예산을 절감한다. 2013년 절감 목표액은 10,000백만원이다.

③ 기관 설치 중단 및 자본시설 투자 축소

기관 설치 중단 및 자본시설 투자 축소는 당면한 예산 구조조정뿐 아니라 장래에 장기간 계속될 재정부담 발생 요인을 억제하려는 조치였다. 먼저 평생교육원의 설립을 중단시켰다. 평생교육원은 사회교육을 지원하기 위한 기관으로서 타 시·도의 사례를 벤치마킹하여 설치 중이었다. 2013년 예산절감액은 1,500백만원, 5년간 총 5,000백만원을 절감할 수 있을 것으로 추정했다(경상남도, 2012s).

다음으로 지방도 사업의 신규 발주를 중단했다. 지방도 사업은 대표적인 지역민원사업이며, 지역주민을 대표하는 지방의회 의원들로서는 일단 사업지구에 포함하는 것이 표를 얻는 데 중요하다. 이러한 까닭에 사업지구가 과다하게 선정되어 사업장 유지·관리에 상대적으로 비용이 많이 지출되는 등 한정된 재원을 효율적으로 사용하기가 어렵다. 2013년 예산은 지방도 사업 신규 발주를 중단하고 단기간에 준공할 수 있거나 부분 개통을 통해 사업효과를 볼 수 있는 지구에 사업비를 우선 배정했다. 지방도 사업 신규 발주 중단으로 절감되는 예산은 2013년 10,000백만원, 그리고 향후 5년간 50,000백만원 정도에 이를 것으로 추정했다(*ibid.*).

마지막으로 부산·진해 경제자유구역의 기반시설 구축을 위해 2006년부터 추진 중이던 석동-소사-녹산 간 도로건설 사업에 대한 2013년 도비부담금 15,000백만원을 삭감했다. 기획재정부, 국토부 등 관련 중앙부처에 대해서는 이 노선을 국비 부담비율이 훨씬 높은 국도대체우회도로로 전환해서 추진해 줄 것을 건의했다. 이 방안이 관철되면 2015년 완공까지 도비가 100,000백만원 정도 절감될 것으로 추정된다(*ibid.*). 후술하는 '중앙 건의' 항목에서 설명한다.

④ 도의원포괄사업비 폐지

2013년도 예산(잠정안)은 도의원포괄사업을 완전히 제외했다. 도의원포괄사업은 개별 도의원에게 일정 금액의 사업예산을 할당하고, 그 범위에서 각 도의원이 자신의 선거구에서 재량껏 숙원사업을 선정하여 도 재정사업으로 추진한다. 지방의회 의원들이 가장 선호하는 사업의 하나이다. 도의원포괄사업비는 2002년 시작되어 2013년 당초 예산에서 폐지될 때까지 총 426,000백만원이 지원되었다.

도의원포괄사업은 공론화를 거치지 않고 사업이 결정되기 때문에 선거와 관련된 보은 및 선심성 사업으로 흐르기 쉽다. 일반적으로 도의 지원액과 같은 금액을 시·군에 부담시키므로, 특히 도의원의 수가 많은 시 지역의 재정적 부담이 크다. 이것은 전국 지방자치단체 공통의 문제로서 행정안전부가 예산편성 원칙에 어긋난다고 예산 편성시마다 반복해서 주의를 촉구하지만 공공연한 비밀처럼 계속되었다. 지방의회 의원들의 정치적 지원이 필요한 지방자치단체장으로서는 그들이 가장 선호하는 사업을 폐지하기가 어렵기 때문이다.

그런데도 경상남도가 2013년 예산안에서 도의원포괄사업을 완전히 제외할 수 있었던 데는 두 가지 이유가 작용한 것으로 보인다. 먼저 도지사권한대행 체제에서 예산이 편성되었다는 점이다. 임명직인 도지사권한대행에게는 정치적 지지보다 재정위기의 극복이 훨씬 더 절박한 과제였을 것으로 추정된다. 다음은 예산편성 및 심의과정을 예산(잠정안) 브리핑 등을 통해 공개한 것이다. 이에 따라 도의회 의원들이 포괄사업이 제외된 데 대해 공공연하게 문제를 제기하기가 어려운 상황이었다.

⑤ 모자이크사업과 지역균형발전사업의 통합 및 규모 축소

모자이크사업은 매년 90,000백만원, 지역균형발전사업은 75,000백만원의 도비가 소요되는 대규모 지역개발사업이다. 모두 2010년 7월 출범한 민선 5기에 착수되었다. 지역균형개발사업은 도지사의 모자이크사업에 대응하여 도지사와 정파가 다른 도의회 다수당의 주도로 입안되었다. 2013년에는 전년도에 미교부된 모자이크사업 지원금을 포함하여 230,700백만원이 소요되었으나 209,200백만원을 삭감하고 21,500백만원만 예산안에 계상했다.

신규 사업의 재원을 조달하기 위해서는 기존 사업을 줄이거나 재원을 추가로 확보해야 한다. 그러나 당시 경상남도는 두 가지 모두 기대하기 어려웠다. 2009년까지 급증 추세를 보였던 자체사업은 2010년에는 2005년 수준으로 급락하여 조정의 여지가 크게 줄어들었다(앞의 [그림 6-12] 참조). 2011년은 일반재원 세입이 큰 폭으로 증가했지만 법정의무경비 등 의무적인 지출에 대부분 투입되고, 자체사업 규모는 정체되었다. 2012년은 일반재원 세입이 급감한 데다 채무잔액이 크게 누적되어 원리금상환액이 행정안전부가 허용하는 지방채 발행 한도에 접근했다. 지방채발행액과 원리금 상환액의 차액을 가용재원으로 활용했던 종전 관행을 유지할 수 없게 된 것이다.

따라서 재원조달 방법이 없는 이들 두 사업은 불가피하게 구조조정의 대상이 될 수밖에 없었다. 구체적인 방법으로는 모자이크사업을 정리하여 지역균형발전사업에 통합하고 사업추진 기간 및 도비 지원 규모를 조정하기로 했다. 지역균형발전사업은 모자이크사업과 달리 조례를 근거로 사업재원을 재정상황에 맞게 신축적으로 지원할 수 있었기 때문이다.

이미 착수한 일부 시·군의 모자이크사업은 총 10,000백만원 범위에서 도비를 지원하고 추가 재정수요는 해당 시·군에서 지방채를 발행하여 충당하도록 했다. 채무원리금 상환금 지원에 대해서는 별도로 논의하기로 하였다. 그러나 대부분 시·군은 실시설계 등 준비단계에 있었으므로 사업추진계획을 변경하도록 권고했다. 사업을 계속해서 추진하는 시·군에 대해서는 지원금액의 축소와 사업추진기간 연장을 전제로 총 10,000백만원의 범위에서 최소한의 사업비를 지원하기로 했다.

⑥ 학교 무상급식사업 확대계획 중단

학교 무상급식사업 지원금 규모가 경상남도 재정여건과 타 시·도의 부담과 비교하여 과다하다는 판단에서 2014년까지 단계적으로 확대하려던 사업계획을 2012년 지원 수준에서 동결했다. 감축 금액은 10,000백만원 정도이다. 학교 무상급식사업은 2010년 8월, 도지사와 도 교육감의 합의에 따라 2014년까지 도시지역(시의 동 지역)은 중학교까지, 군 및 시의 읍·면 지역은 고등학교까지 무상급식을 연차적으로 확대하기로 했다. 소요재원은 경상남도와 교육청 및 각 시·군이 30:30:40의 비율로 분담한다.

<표 7-4>는 학교 무상급식사업 계획에 따른 경상남도의 사업비 지원규모 및 그것이 경상남도 자체사업과 순수가용재원에서 자지하는 비중을 보여 준다. 자체사업에서 차지하는 비중은 2012년 8.06%에서 2014년에는 17.15%까지 증가하여 특별자치단체인 교육청 소관 사무가 종합행정을 담당하는 도의 주요 재정사업처럼 되었다. 2012년부터는 도의 순수가용재원이 급식비 지원금에도 미달해 다른 자체사업을 모두 포기해도 급식사업 지원금을 조달하기 위해 차입을 해야 할 정도로 경상남도 재정상황이 나빠졌다. 재정상황 변동 요인을 배제하기 위해 2004년부터 2013년까지의 10년간 평균치를 보면 급식비 지원은 자체사업의 13.24%, 순수가용재원의 27.4%를 차지한다.

〈표 7-4〉 경상남도 학교 무상급식사업 지원금 규모 및 비중

회계연도	급식비지원(백만원)	자체사업비(백만원)			자체사업 대비 비중	순수가용재원 대비 비중
		총액	순수가용재원	재정적자		
2011년	18,100	442,720	240,031	202,689	4.09%	7.54%
2012년	36,600	454,147	29,475	424,672	8.06%	124.17%
2013년	46,000	339,433	38,235	301,198	13.55%	120.31%
2014년 이후	58,200	339,433	38,235	301,198	17.15%	152.22%
'04~'13 평균	58,200	439,510	212,423	227,087	13.24%	27.40%

주: 2014년 이후의 자체사업비는 2013년과 같다고 가정한다.
자료: 자체사업비 재원 구성 및 급식비 지원 관련 경상남도 내부 자료.

<표 7-5>는 2012 회계연도에 16개 시·도가 학교 무상급식사업에 지원한 예산을 시·도, 시·군·구 및 교육청 부담으로 구분하여 보여 준다. 마지막 두 개 열은 초·중학교 학생수 및 초·중학교 학생 1인당 시·도 지원금액이다. 경상남도의 총 지원금액은 35,700백만원으로 서울특별시에 이어 두 번째로 많다. 시·도 본청의 지원비율은 30%로서 기초자치단체가 없는 제주도를 제외하면 도 단위 중에서 최고수준이다. 광역시는 시·군과 재정구조가 판이한 자치구를 포함하기 때문에 단순 비교가 적절하지 않다. 초·중학교 학생 1인당 지원금액은 99,901원으로 광주광역시와 전라북도, 제주도 및 충청북도에 이어 5위를 차지한다. 그러나 계획대로 사업을 확대하면 초·중학교 학생 1인당 지원금액이 2013년 128,724원, 2014년 162,864원으로 증가하여 16개 시·도 중에서 선두로 올라선다.

〈표 7-5〉 2012년 시·도별 학교 무상급식사업 예산 지원

구 분	지원액(백만원)			지원 비율(%)			초·중학생 수	시·도지원/ 초·중학생
	시·도	시·군·구	교육청	시·도	시·군·구	교육청		
서울	86,300	57,600	138,100	30	20	50	874,800	98,651
부산	9,000	-	53,100	14	-	86	306,934	29,322
대구	-	-	-	-	-	-	259,077	-
인천	26,700	20,100	20,100	40	30	30	281,045	95,003
광주	27,500	5,000	47,700	34	6	60	179,182	153,475
대전	14,600	4,900	4,900	60	20	20	167,630	87,097
울산	-	-	-	-	-	-	126,588	-
경기	-	238,900	295,300	-	45	55	1,303,131	-
강원	10,900	10,900	32,500	20	20	60	151,858	71,778
충북	17,200	25,800	42,800	20	30	50	161,525	106,485
충남	18,300	27,500	30,500	24	36	40	210,937	86,756
전북	17,600	21,700	65,800	17	21	62	195,206	90,161
전남	24,200	24,200	50,100	25	25	50	188,622	128,299
경북	-	-	-	-	-	-	250,750	-
경남	35,700	47,700	35,700	30	40	30	357,353	99,901
제주	7,200	-	13,800	34	-	66	66,979	107,496

자료: 경상남도(2012n), 「경상남도 재정운용 현황 및 문제점」, 39-40면.

이처럼 재정위기 국면에서 차입으로 사업비를 조달해야 하고, 동종 자치단체보다 부담이 과다한데도, 사업확대의 중단 방침은 커다란 정치적 논란을 불러일으켰다. 학교 무상급식사업은 국가의 기본적 의무인 교육 문제이며, 취약한 지방재정력으로 충당하기 어려운 막대한 예산이 소요된다. 따라서 국가 및 중앙정부 차원에서 사업추진 방향과 재원조달 방안이 결정되어야 하는 국가적 과제이다. 그러나 학부모 등 풀뿌리 유권자들의 높은 정책 선호도에서 오는 정치적 중압감과 자라나는 학생들을 먹이는 문제라는 정서적 호소력 때문에 논의의 장(locus)이 주민과의 접점인 지방정부로 이동하고 현실적인 재원조달 문제에서 이념적인 '보편적 복지 논쟁'으로 논의의 초점(focus)이 전환된 듯하다.

사회복지 분야에서는 지방정부가 '뱁새 증후군'33에 시달리는 경향을 볼 수 있는데, 학교 무상급식사업이 하나의 전형적인 사례라고 생각된다. 민선단체장 체제가 출범한 1995년 대전광역시의 한 자치구에서 시작된 이 사업은 중앙정치와 교육 및 재정 당국의 방기 내지는 책임회피 속에서 대다수 지방정부가 재정난에 시달리면서 사업 재원을 조달하기 위해 악전고투하고 있다. 이 문제와 결부하여 경상남도에서는 2011년 12월 행정부지사가 출석한 도의회 예산결산특별위원회에서 국가 차원의 근본적인 대책이 나올 때까지 동종 자치단체인 도의 평균을 기준으로 예산을 편성하여 '소모적'인 논쟁을 끝내자는 쪽으로 의견을 모으기도 했다.34

3. 중앙정부에 대한 건의

(1) 보통교부세 산정방식 보정 건의

도지사권한대행 체제 출범 20일 후인 2012년 7월 27일 도지사권한대행은 행정안전부를 방문하여 장관과 차관에게 경상남도의 재정상황이 큰 어려움에 직면해 있음을 설명하고, 2013 회계연도에 예상되는 극심한 재정압박을 완화할 수 있도록 지방재정 제도를 신축성 있게 운영해 줄 것을 건의했다. 당시 건의사항의 하나가

---

33 뱁새 증후군은 주로 재정력이 좋은 지방자치단체가 주민들이 선호하는 사업을 선점하여 높은 인지도와 정치적 지지를 얻으면, 재정력이 취약한 지방자치단체들도 주민들로부터 지지를 받는 대열에 합류하거나 최소한 비난을 받지 않기 위해 할 수 없이 자신의 역량을 초과하여 같은 사업을 추진함으로써 재정적 압박과 고통을 받는 경향을 묘사한 것이다. 저자는 후자에 속하는 지방자치단체를 뱁새, 전자의 재정력이 좋은 지방자치단체를 황새에 비유할 수 있다는 점에 착안하여 이것을 뱁새증후군으로 개념화했다.

34 2012년 경상남도의회 세입·세출예산안 예산결산특별위원회 회의록(2011. 12. 7).

[그림 7-1] 취득세 실제 세입과 회귀함수에 의한 추정 세입의 비교

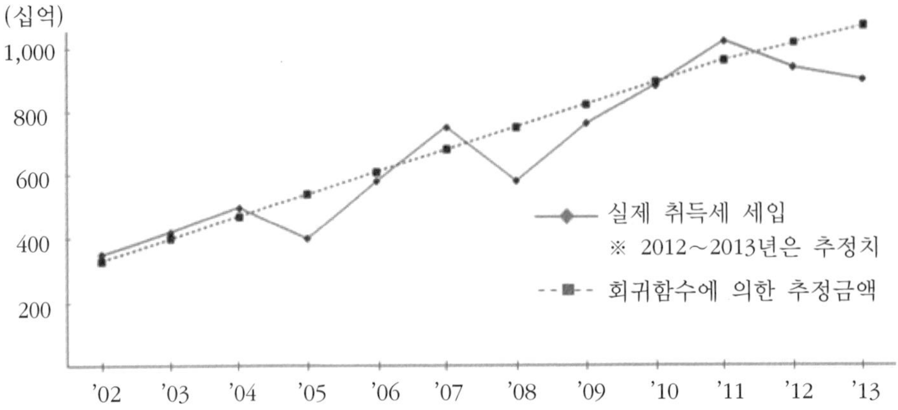

자료: 경상남도(2012f), 「경상남도 취득세 추세 분석 플롯」 일부 수정.

2013년도 보통교부세액 결정의 기초가 되는 기준재정수입액의 보정이다. 기준재정수입액에서 높은 비중을 차지하는 취득세 세입이 실제보다 과대하게 산정됨으로써 보통교부세액이 크게 줄어들 것을 우려했기 때문이다.[35]

[그림 7-1]은 취득세 실제 세입과 보통교부세액 결정을 위해 회귀함수를 사용하여 산정한 추정 취득세액 사이의 괴리를 보여 준다. 실선은 매년 결산에 의한 실제 세입을 나타낸다. 다만, 2012년 및 2013년 세입은 추정치이다. 2013년 예산안을 편성하는 2012년말 시점에서는 2011 회계연도 결산까지만 마무리되기 때문이다. 앞에서도 언급했듯이 취득세 세입은 2011년과 비교할 때 큰 폭의 하락이 예상되었다. 점선은 보통교부세액 결정의 기초로 삼기 위해 추정하는 취득세 세입이다. 교부세액 결정시점 2년 전까지 최근 10년간의 결산자료를 기초로 회귀함수를 도출하여 추정한다. 예를 들어, 2012년 추정 세입은 2001년부터 2010년까지, 그리고 2013년 추정 세입은 2002년부터 2011년까지 10년간의 결산자료를 기초로 한다는 뜻이다.

그 결과 교부세 산정의 기초가 되는 2012~2013년의 추정 세입이 추정치와 달리 점선을 따라 계속해서 증가함으로써 재정부족액에 비례하여 결정되는 보통교부세액이 줄어들 수밖에 없다. 그 결과 실제 세입이 줄어드는 데다, 설상가상으로 보

35 지방교부세는 기준재정수요액에서 기준재정수입액을 뺀 재정부족액에 비례하여 결정된다. 따라서 기준재정수입액이 과다 산정되면 지방교부세가 감소한다. 지방교부세법 제8조는 기준재정수입액이 매우 불합리한 경우에는 이를 보정해야 한다고 규정하고 있다.

통교부세마저 감소하는 상황을 맞는 것이다. 과소 결정된 교부세액은 2년 후에 정산되기 때문에 기준재정수입액이 증가에서 감소 추세로 반전되는 경우 해당 자치단체는 교부세액 결정 방식의 문제로 과도한 재정압박을 받게 된다.

경상남도는 구체적으로 리스차취득세 세입의 보정을 건의했다. 리스차취득세 세입이 정점이었던 2011년 217,200백만원에서 2012년 119,500백만원, 2013년은 71,800백만원으로 급감했기 때문이다. 도지사권한대행은 2012년 10월 행정안전부 장관과 차관에게 2013년 보통교부세 보정을 재차 건의했다(경상남도, 2012r).

(2) 부산·진해경제자유구역 기반도로 건설사업 추진방식 변경 건의

경상남도 관내에는 부산·진해 및 광양만(하동)권의 2개 경제자유구역이 지정되어 있다. 전자에는 창원시 진해구 일원이, 후자에는 하동군 일원이 포함된다. 주요 사업은 경제자유구역의 원활한 교통처리와 투자유치 촉진을 위한 도로개설사업이다. 사업기간은 2005~2015년으로 계획되었으며, 사업량은 총 14개소 43.84km로서 진해지역이 8개소 22.76km, 하동지역이 6개소 21.08km이다. 총사업비는 1,026,300백만원이며, 그 절반인 500,000백만원 정도를 경상남도가 부담한다(경상남도, 2012n, 55면). 그중에서 석동-소사-녹산 구간 13.9km는 전체 기반시설사업비의 절반이 넘는 547,600백만원이 소요된다.

경상남도 도지사권한대행은 이 석동-소사-녹산 구간의 기반도로 건설사업을 국도대체우회도로 건설사업으로 변경해서 추진해 줄 것을 기획재정부장관에게 건의했다. 경제자유구역 기반도로 건설사업은 국비와 지방비(도비)를 각각 50%씩 부담하는 네 반해, 국도대체우회도로는 시설비를 국비로 충당하고 보상비만 지방비(시·군비)로 부담하기 때문에 지방비 부담이 훨씬 줄어든다. 2012년까지 공정률은 석동-소사 구간이 15%, 소사-녹산 구간은 79%로서, 경상남도는 사업비 133,000백만원을 이미 지원했으며, 2013년 이후 140,800백만원을 추가로 투입해야 한다(경상남도, 2012n 첨부자료). 경상남도 건의대로 이들 구간이 국도대체우회도로 사업으로 변경되면, 국가가 부담하는 시설비가 전체 사업비의 80~90%를 차지하므로 지방비 부담이 100,000백만원 이상 절감될 것으로 추정되었다.

[그림 7-2]는 국도 2호선 부산-진해 구간과 그 위쪽에 2006년부터 국도대체우회도로 및 경제자유구역 기반도로 사업으로 각각 건설 중인 귀곡-행암 구간과 석동-소사-녹산 구간을 보여 준다. 경상남도 건의의 논거는 이미 국도대체우회

[그림 7-2] 석동-소사-녹산 간 경제자유구역 기반도로 위치도

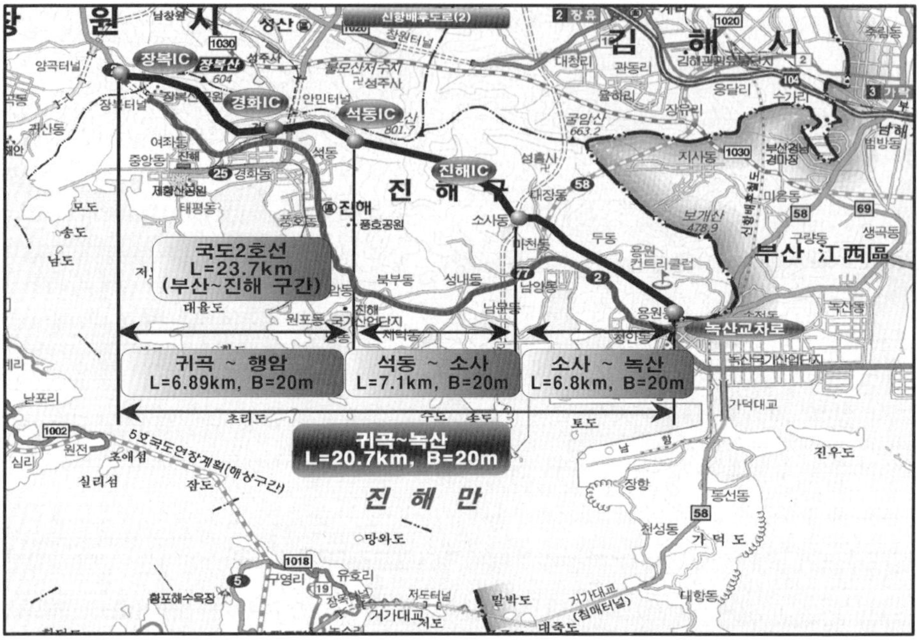

자료: 경상남도(2012x), '도 재정운용 상황 및 대응방향' 첨부자료의 그림 일부 수정.

도로 사업으로 진행 중인 귀곡-행암 구간뿐만 아니라 이와 연결하여 경제자유구역 기반도로사업으로 추진되는 석동-소사-녹산 구간도 국도대체우회도로의 성격이 자명하므로 사업비 부담도 그에 따라야 한다는 것이었다. 경상남도는 경제자유구역 지정 지역이 지도상의 두동-남양동-남문동을 잇는 선의 우측이므로 석동-소사-녹산 구간 도로사업의 1/3 정도만이 경제자유구역을 관통하는 점을 사업 방식의 변경을 건의하는 논거로 함께 제시했다.

이에 대해 소관 중앙부처였던 당시 지식경제부는 사업추진 방식을 변경하는 것 자체에 대해 부정적이었고, 국토부는 국도대체우회도로 노선 지정에는 공감하나 예산 지원은 어렵다는 견해를 보였다. 이에 따라 도지사권한대행은 당시 기획재정부장관을 방문하여 예산 지원을 건의하고(2012. 8), 지역 국회의원 정책간담회를 통해 예산 확보에 대한 협조를 요청했다(2012년 8월 및 9월). 이와 함께 2013년 예산안에서 이 사업에 대한 경상남도 도비부담금 15,000백만원을 삭감했다. 2012년 12월 19일 보궐선거로 취임한 신임도지사에 대해서는 「도 재정운용 상황 및 대응방향」(12. 20) 보고를 통해 이 문제를 해결하는 데 정치력을 발휘해 줄 것을 건의했다.

Ⅲ. 시설운영 부담 경감을 위한 계속사업 추진

1. 경상남도 진주의료원 운영방식 전환 추진[36]

(1) 시설 및 운영 현황(2010년 3월 현재)

경상남도 진주의료원은 일제강점기였던 1910년 9월 진주 자혜의원으로 창립되었으며, 여러 변화를 거쳐 2006년 9월 경상남도 진주의료원으로 개칭되었다(디지털 진주문화대전 참조). 2008년에는 의료원을 신축하여 진주시 중심부에서 외곽지역으로 이전했다. 의료원 기구는 14개 진료과를 운영하는 진료부와 지원부서인 기획관리실 및 관리과로 구성되었고, 2008년 신축·이전과 함께 분원으로 노인요양병원을 개원했다. 총 정원은 251명으로서 의사직 25명(공중보건의 7명 포함), 간호직 100명, 보건직 27명과 나머지는 사무직 29명, 기능직 31명, 계약직 34명 등이다. 민주노총 보건의료산업노동조합 진주의료원지부로 노동조합이 결성되어 있었으며, 조합원 수는 170명이었다. 병상은 총 78실 320병상으로 일반 병상이 62실 240병상, 노인요양병원이 16실 80병상이다.

(2) 경영상태

먼저 경영성과는 2008년 의료원을 진주시 외곽지역으로 신축·이전한 이후 크게 나빠졌다. 2010년까지 3년 동안 의료 및 의료외 수입을 합친 총수입은 54,490백만원, 총지출은 69,420백만원으로 매년 5,000백만원 안팎의 당기순손실을 기록했다. 같은 기간에 지출된 인건비는 의료수입 39,674백만원의 73.4%인 29,420백만원으로 민간병원 평균인건비 비율 50.1%보다 훨씬 높다.

채무는 2010년 12월 시점에서 22,384백만원이다. 그중에서 12,284백만원은 2007년 의료원 신축공사 자금 및 신축장비 보강을 위해 각각 2,284백만원과 5,000백만원을 차입했으며, 2010년 약품 외상매입금 상환 등 운영자금 용도로 5,000백만원을 차입했다. 나머지 채무는 2010년 약품 외상매입금을 상환한 이후에 추가로 누적된 약품 및 진료재료비 외상매입금 3,378백만원과 관리운영비 등 미지급금 1,877백만원, 그리고 퇴직급여충당금 미지급금 4,845백만원이다. 전반적으로 단기 운영자금 부족이 채무 누적의 주요 원인으로서 채무의 내용이 건전하지 못하다. 이와

---

36 이 부분의 서술은 도지사 결재문서인 「경상남도 진주의료원 경영정상화를 위한 운영방안 검토 보고」(2011. 3. 3)(경상남도, 2011a)를 바탕으로 하고 도지사권한대행에 대한 「진주의료원 당면 현안사항 보고」(2012. 9. 21)(경상남도, 2012p)를 보완적으로 사용했다.

함께 2011년부터 차입한 장비 및 운영자금 10,000백만원의 상환기간이 도래하여 원리금 11,600백만원을 8년 동안 매년 1,450백만원씩 균분 상환해야 한다. 이에 따라 채무 누적이 더욱 가속화될 것이 예상되었다.

이러한 상황에서 한국보건산업진흥원과 경남발전연구원의 운영진단 결과 여러 가지 경영개선 방안이 제시되었으나 자구노력 부족, 노사문제 등으로 이행 실적이 미흡한 것으로 평가되었다. 경영개선 방안으로는 진료과장 성과급제도 시행, 지역 의료수요에 맞춘 진료기능 축소 및 재조정, 노인전문병원의 적극적인 운영, 조직 및 인력관리 개선 등이 제시되었다. 2011년 1월 경상남도의회에 보고된 자체 경영개선 대책은 2011 회계연도에 경영수지를 흑자로 전환한다는 목표를 제시하고, 그에 대한 지원책으로 장기근속자 20여 명의 조기 및 명예퇴직 추진에 필요한 수당 3,000백만원 정도와 지역개발기금 차입금의 원리금 11,600백만원을 전액 보전해 줄 것을 경상남도에 요구하였다.

(3) 운영방식 변경 검토 이유

먼저 당시의 운영 시스템으로는 누적 채무를 도비로 전액 상환해 준다고 하더라도 부실경영을 해소하기 어려워 채무 누적이 반복될 것이라는 비관적인 인식이 있었다. 그 예로서 2010년 5,000백만원을 차입하여 약품비 3,800백만원 등을 상환했으나, 1년이 채 지나지 않은 시점인 2010년 10월, 약품비 미납액 2,600백만원이 다시 누적되었다. 당시 진주시 지역에는 종합병원 4개소, 병원급 의료기관 21개소가 운영되고 있었는데, 기본적으로 이들과 같은 성격의 급성기 종합병원인 진주의료원으로서는 경쟁력을 발휘하기가 어려운 실정이었다.

두 번째는 지역거점 공공의료기관 기능이 미미했다는 점이다. 진주의료원의 총 진료인원은 2008년 192,162명, 2009년 244,524명, 2010년 208,120명이며, 공공의료사업으로는 농어촌 지역의 농부병 조기발견 사업 등 6종의 무료 진료사업을 추진했다. 그러나 그 인원은 연도별로 7,609명, 4,079명 및 3,206명으로 총 진료인원의 1.5~4.0%에 불과했다. 다만 2009년에는 민간병원에서 진료를 회피했던 신종플루 환자 12,075명을 진료하여 공공병원으로서 긍정적인 평가를 받았다.

(4) 운영방식 변경 검토 대안

1) 특화 전문병원으로 전환하는 방안

연로한 농어촌 노인 인구의 의료 수요가 많은 서부 경남의 지역적 특징을 고려하여 진주의료원을 이들을 대상으로 하는 특화된 전문병원으로 전환하는 방안이다. 당시의 14개 진료과 중에서 정형외과, 재활의학과와 요양병원의 3개 과 정도만 존속시키고 나머지는 폐지하는 방안이다. 한정된 진료과만 운영하는 제주의료원이 벤치마킹 대상이었다.

이 방안의 장점은 첫째, 지역적으로 절실한 의료수요를 충족시킴으로써 공공의료기관의 기능을 수행할 수 있으며, 둘째, 특화된 진료과만 운영하여 의사 수급이 쉬울 뿐 아니라 의료 및 관리 인력의 감축을 통해 인건비를 줄일 수 있고, 셋째, 안정적인 의료수입을 올릴 수 있어 경영개선을 기대할 수 있다는 점이다. 반면에 단점으로는 먼저 누적부채 22,384백만원 전액에 대한 상환 책임을 경상남도가 부담해야 하고, 둘째, 공공의료서비스를 다양하게 제공할 수 없으며, 셋째, 기존 의료장비를 내각해야 할 뿐만 아니라 무엇보다도 의사, 간호사 및 행정인력의 대규모 구조조정이 불가피하다는 점에서 실행하기가 매우 어렵다는 점이 제기되었다.

2) 대학병원 등에 위탁하여 운영하는 방안

대학병원이나 대형 민간병원에 위탁 운영하는 방안으로서 경상남도 마산의료원을 벤치마킹 대상으로 삼았다. 마산의료원은 1910년 진주의료원의 모태로서 창립된 진주 자혜의원의 마산분원으로 1914년 설립되었으며, 2006년 9월 경상남도 마산의료원으로 개칭되었다. 이와 함께 2007년 신축사업이 확정되고 2016년 신축병원으로 이전했다는 점에서도 진주의료원과 유사한 변천 과정을 거쳤다. 진주의료원과 하나의 큰 차이는 1996년 경상남도와 경상대학교 병원 사이에 위·수탁협약이 체결되어 경상대학교 병원이 마산의료원을 운영하고 있다는 점이다.

진주의료원을 마산의료원처럼 대학병원이나 대형 민간병원에 위탁하는 방안은 경영개선 및 그것을 바탕으로 공공의료기관으로서 선도적 역할을 기대할 수 있다는 것이 가장 큰 장점이었다. 이와 함께 의료원의 이미지가 향상됨으로써 의료진 수급과 환자진료 등 의료원 운영이 전반적으로 개선되어 경상남도 서부지역의 의료환경을 개선하는 데도 이바지할 것으로 기대되었다. 단점으로는 첫째, 전문병원 전환 방안과 마찬가지로 당시까지 누적된 진주의료원의 채무 전액을 경상남도가 상환해야 하고, 둘째, 위·수탁협약 과정에서 인력승계 문제가 난제가 될 것이라는 점이었다. 위·수탁협약은 또한 복지부장관의 승인이 필요한 사항이었다.

3) 현행 운영방식을 잠정 유지하는 방안

이 방안은 특화 전문병원 전환 또는 대학병원 등에 위탁하는 방안을 당장 추진하는 대신에 1년 정도의 유예기간 동안 구조조정 및 경영개선을 추진하고, 그 이후에도 경영 상황이 호전되지 않으면 위 두 가지 방안을 동시에 추진하는 방안이다. 그 이유는 당시 염두에 두었던 대학병원 등과 위탁운영 협상을 할 때, 제3의 선택권을 가지고 협상을 주도하겠다는 전략에서 나온 것이다(경상남도, 2011a). 이 방안은 도지사가 결재함으로써 경상남도의 방침으로 결정되었다.[37]

이 방안은 의료원 직원들의 위기의식을 불러일으켜 경영 개선에 자발적으로 참여하는 동기를 부여할 것으로 기대되었다. 그렇다고 해서 이러한 방침 결정을 진주의료원에 공식적으로 전달한 것은 아니다. 단점으로는 누적된 채무 대부분을 경상남도의 지원을 통해 상환하면서도 자체적인 경영개선은 이루어지지 않아 계속해서 재정적자 누적과 재정 지원의 악순환이 되풀이될 것으로 우려되는 점이었다. 경상남도의 방침으로 결정된 이 방안은 1년의 유예기간이 지난 2012년에도 실천되지 않았다. 그해 7월 초에 도지사가 대통령후보 경선에 참여하기 위해 사퇴했고, 그 이후 12월 19일까지 이어진 도지사권한대행 체제에서는 재정위기 극복을 위한 단기적인 예산 구조조정에 역량을 집중했기 때문이다.

2. 거가대교 관리운영권 구조 변경 추진[38]

(1) 거가대교 개관

거가대교는 경남 거제시 장목면과 부산시 강서구 가덕도 천성동을 연결하는

---

37 경상남도의 이러한 방침 결정은 비록 실행이 1년 정도 유예된 방안이기는 하지만, 특화 전문병원 전환은 대규모 인력 구조조정이 수반되어야 하고, 대학병원 등에 위탁하여 운영하는 방안은 인력승계 협상에 큰 난항이 예상되었다는 점에서 큰 의미가 있다. 결재권자인 도지사는 2010년 보수 정당의 아성이었던 경상남도에서 민주당, 민주노동당, 국민참여연대 및 무소속이 참여한 무소속 야권연대의 후보로서 당시 여당이었던 한나라당 후보를 누르고 당선되었으며, 협조자로서 서명한 정무부지사는 당시 도지사 선거에서 민주노동당 후보로 출마했다가 야권후보 단일화에 합의하여 도지사 후보를 사퇴한 뒤 정무부지사에 취임했다. 상대적으로 친노조 성향의 도지사와 정무부지사가 구조조정 방침에 동의했다는 것은 그만큼 당시 진주의료원의 경영 상태와 전망이 부정적이었다고 해석될 수 있다.

38 이 부분의 서술은 도지사(권한대행)의 결재문서인 거가대교 관리운영권 재구조화 추진계획(경상남도, 2011d), 거가대교 민간 투자사업 재구조화 사업 및 자금 재조달 중간보고(2012. 5. 17), 거가대교 재구조화사업 KDI, SE금융 자문결과 및 추진계획(경상남도, 2012w) 및 거가대로 민간투자사업 사업 재구조화 협상 경과보고(경상남도, 2013)를 바탕으로 하였다.

연장 8.2km, 폭 20.5m의 4차로 교량이다. 총연장은 침매터널 3.7km, 사장교(2개소) 1.6km, 속교(4개소) 1.9km, 육상구간 1.0km로 구성된다. 2004년 12월부터 2010년 12월까지 6년간에 걸쳐 건설되었다. 총 사업비는 2,189,500백만원으로 민자 1,509,900백만원과 재정지원 679,600백만원이 투입되었다. 여기에는 경남과 부산측을 합친 총연장 25.5km의 접속도로 건설비용은 제외되었다. 재정지원은 경상남도와 부산시가 각각 250,700백만원씩 부담하고, 나머지 178,200백만원은 국비로 지원되었다. BTO 방식으로 사업이 추진되었으며, 준공 후 40년이 되는 2050년까지 유료로 운영된다. 앞의 [그림 7-2]는 다른 목적을 위해 제시되었지만, 하단에서 거가대교의 노선을 볼 수 있다.

(2) 관리운영권 구조 변경의 내용 및 추진 배경

거가대교는 BTO 방식으로 건설되었기 때문에 주무관청인 경상남도와 부산광역시는 유료 운영 기간으로 설정된 40년 동안 민간투자사업 시행자가 관리운영권을 행사하기 위해 설립한 특수목적법인(SPC)에 재정지원금을 지급한다. 관리운영권 구조 변경은 재정지원금의 지급방식을 당초 실시협약에서 정한 최소운영수입보장(MRG: Minimum Revenue Guarantee) 방식에서 표준비용지원(SCS: Standard Cost Support) 방식으로 변경하는 것이다. 근거는 민간투자사업 기본계획(기획재정부 공고 제2012-72) 제33조의2(최소운영수입보장 완화)이다. 최소운영수입보장 제도는 계획된 수입보다 실제 수입이 적으면 사전에 약정한 최소수입을 보장해 준다. 계획된 수입에 최소보장률을 곱한 금액에서 실제 수입을 공제한 금액이 재정지원금이 된다. 이에 비해 표준비용지원 제도는 운영수입에서 운영비용, 즉 운영비에 차입금 원리금을 합산한 금액을 공제하고 부족한 부분을 재정으로 지원한다.

관리운영권 구조 변경은 공동 주무관청의 하나인 경상남도의 주도로 추진되었다. 거가대교 준공 이듬해인 2011년 8월부터 11월까지 경상남도가 경남발전연구원에 의뢰하여 수행한 정책연구「거가대로 재정보전금 발생 전망과 대책」에 의하면 40년의 유료운영 기간에 재정보전금 5,593,900~6,524,300백만원(현재가치 2,781,100~3,193,700백만원)을 지급해야 할 것이 예상되었다. 이것은 매년 물가인상률만큼 통행료를 인상하는 경우에 지급해야 할 것으로 추정되는 금액 1,942,200백만원과 현실적으로 물가인상률만큼 통행료를 인상하지 못할 때 추가로 지급해야 할 요금 미인상 보전금을 합산한 것이다. 최소 추정치 5,593,900백만원은 통행료를 10년에

1,000원씩 인상하는 경우를, 최대 추정치 6,524,300백만원은 40년간 통행료를 인상하지 않는 경우를 가정한 것이다.[39]

관리운영권 구조 변경의 추진에는 몇 가지 문제의식이 그 배경에 깔려 있었다. 먼저 통행량이 예상에 훨씬 미달하여 최소운영수입 보장을 위한 재정지원금 부담이 증가할 것으로 예상되었다. 다음은 그런데도 통행료 인상이 현실적으로 어려워서 요금 미인상에 따른 보전금을 추가로 부담해야 한다는 우려가 있었다(통행료 인상이 어려운 이유에 대해서는 각주 39 참조). 이와 함께 관리운영권자인 특수목적법인(SPC)의 재무모델에 거품이 끼었다는 인식도 작용했다. 당시 최소운영수입 보장 방식에서 보장된 사업수익률은 12%대 후반이었다.

이에 따라 상기 정책연구는 최소운영수입 보장 방식에서 사업수익률에 해당하는 비용보전 방식의 재조달 자금 보수율을 기존의 절반 정도인 6.3%로 가정하는 등 일련의 기본적인 가정 아래 구조 변경의 재정적 기대효과를 분석했다.[40] 그 결과 통행료를 10년에 1,000원씩 인상하게 되면 최소운영수입 보장 방식의 경우 5,593,900백만원을 재정지원금으로 지급해야 하지만, 비용보전 방식을 취하면 오히려 791,900백만원의 재정수입을 창출할 수 있는 것으로 나타났다. 40년간 통행료를 동결해도 72,000백만원의 재정수입이 창출될 것으로 추정되었다.

(3) 관리운영권 구조 변경 추진

경남발전연구원의 정책연구는 위 분석 결과를 바탕으로 2012년 6월까지 재구조화 절차를 모두 완료하는 매우 촉박한 일정을 제시했다. 먼저 3개월 정도 남은 2011년 중에 공동 주무관청인 경상남도와 부산광역시의 방침 결정, 기획재정부 업무협의, 우선협상대상자 선정 및 MOU 체결, 양 시·도 의회 설명, 제3자 공고 및

---

39 경남발전연구원의 정책연구에서 거가대교 통행료 인상을 매우 비관적으로 상정한 데는 두 가지 어려운 문제를 고려했기 때문으로 보인다. 하나는 거가대교는 총 사업비 중에서 민자투자비가 차지하는 비중이 정부의 재정지원보다 월등하게 높아 다른 민자도로보다 처음부터 통행료가 높게 책정된 점이다. 따라서 통행료를 인상하는 경우 이용자들의 반발이 그만큼 더 클 것이 예상되었다. 다른 하나는 국도 5호선 연장구간으로 확정된 창원시 마산 합포구 현동-거제시 장목면 구간이 준공되면 이 구간 내의 해상도로가 통행료를 부과하지 않는 국도이기 때문에 거가대교의 통행량이 감소할 수밖에 없다는 점이다(앞의 [그림 7-2] 왼쪽 아래의 국도 5호선 연장구간 계획도로 참조). 특히 통행료가 비싸고 요금에 매우 민감한 대형트럭이 대거 이탈하여 상기 국도를 사용할 것이 예상되므로 통행료를 인상하기가 더욱 어렵다고 보았다.

40 대안 비교를 위한 조건 및 가정으로는 재조달 자금의 보수율(6.3%) 이외에 재구조화 비교기간 39년(2012~2050년), MRG 68.80%, 물가상승률 3.0%, 재구조화 결과 민간투자자 운영기간 30년, 재조달 자금 30년 분할상환 등의 조건을 설정했다(경상남도, 2011d).

낙찰, 그리고 낙찰받은 새로운 투자자와 기존 투자자 사이에 양도·양수협약을 마치는 것으로 설정했다.

행정안전부와 기획재정부 등 중앙정부 부처 및 지방의회의 승인은 필수적인 절차는 아니라고 보았지만, 재구조화를 원활하게 추진하기 위해 추가했다. 관리운영권 구조 변경은 주무관청이 인수자금을 직접 지급하는 것이 아니라, 민간투자사업 기본계획(기획재정부 공고 제2012-72) 제70조 제1항의 기존 실시협약의 양도 또는 제8조 제2항 출자자 변경 조항을 통해 간접적으로 인수하는 방식을 취하기 때문에 승인대상이 아니라고 본 것이다.

경남발전연구원의 정책연구에서 제시된 위 구조 변경 일정은 추진과정에서 1차 2012년 말까지, 그리고 2차는 2013년 3월까지 연장되었다. 1차 연장은 예비투자자들과의 협상 및 기획재정부와의 협의가 지연된 데 따른 것이다. 예비투자자들과의 협상에서는 자본수익률(IRR) 및 운영기간에 대한 이견이 계속되었다. 한편 기획재정부는 관련 법률인 「사회기반시설에 대한 민간투자법」에 운영방식 전환의 제도적인 근거가 없으므로 면밀한 검토가 필요하다는 견해를 제시했다. 이에 따라 2012년 9월까지 투자 조건을 수용하는 신규 투자자를 발굴하여 협상을 진행하고 2012년 11월까지 기획재정부의 승인을 받아 그해 연말까지 재구조화를 완료하는 것으로 추진일정을 수정했다(경상남도, 2012w).

2차 추진일정 연장은 관리운영권 구조 변경 추진의 핵심 요소인 주식가치, 사업수익률, 해지시 지급금 등의 설정에 관한 한국개발원(KDI) 및 민간투자자문회사(SE금융자문)의 자문 및 이와 관련하여 기획재정부와 협의한 사항을 반영하기 위한 것이었다. 이러한 자문 및 협의 결과를 토대로 2013년 1월까지 사업시행자와 협상을 완료하고, 그해 3월에는 기획재정부 민간투자사업심의회 보고 및 변경협약을 체결하는 것으로 일정을 조정했다(경상남도, 2012w).

그러나 2012년 8월 시작된 한국개발원(KDI)의 구조 변경 타당성 사전검토가 2013년 2월까지 이어지는 등 일정이 다시 연장되었다. 그 결과 2013년 5월 우선협상대상자가 선정되고, 2013년 11월 변경협약이 최종적으로 체결되었다. 구조변경을 추진하는 과정에서 2012년 1월부터 2013년 5월까지 사업시행자와 협상 27회, 기획재정부 및 한국개발원과 협의 13회를 거쳤다(경상남도, 2013).

Ⅳ. 완화 제도의 효과 및 적용의 한계

1. 예산 구조조정 효과

도지사권한대행 체제에서 추진된 재정위기 완화 대책은 직접적인 효과로서 예산 구조조정을 통해 재정적자를 자체적으로 관리할 수 있는 수준으로 축소했다. 핵심적인 내용은 2013 회계연도 예산(안) 편성 당시 재정수지 적자 추정금액 615,700백만원 중에서 260,200백만원을 감축함으로써 나머지 355,500백만원을 통상적인 지방채 발행과 일회성 세입 등을 통해 조달할 수 있었던 점이다.

예산 구조조정의 주요 내용은 경상사업비 축소 34,400백만원 및 행정운영경비 삭감 10,000백만원, 복지전달체계 개선 10,000백만원, 기관설치 중단 및 자본시설투자 축소 26,500백만원, 도의원포괄사업비 폐지 59,000백만원, 모자이크사업 및 지역균형발전사업 통합 및 축소 209,200백만원, 학교 무상급식사업 확대계획 중단 10,000백만원 등이다. 이 중에서 경상사업비 축소 등 앞의 4개 항목은 비록 인기가 없는 정책이기는 하지만 지방자치단체가 재정압박을 받는 경우 일반적으로 취할 수 있는 조치이다. 차이가 있다면 경상남도의 경우 상당한 예고 기간을 두어 시·군 등 관련 기관이 사전에 대비할 수 있게 했다는 점이다.

그러나 뒤의 3개 항목, 즉 도의원포괄사업비 폐지, 모자이크사업 정리 및 학교 무상급식 확대계획 중단은 성격이 크게 다르다. 정치적 이해관계에 초연한 도지사권한대행이 한국의 긴급재정관리인 또는 미국의 수권관리인 지위에서 결단을 내리고 강력한 추진력을 발휘함으로써 정치적 저항을 극복한 사례로 보이기 때문이다.

먼저 도의원포괄사업비는 도지사와 도의회 의원의 관계나 도의원의 지역관리 측면에서 매우 유용하기 때문에 예산편성 원칙에 어긋난다는 지적에도 불구하고 그 한도가 계속해서 증액되었다. 타 지방자치단체도 유사한 경향을 보인다. 그런데도 도의원포괄사업비 폐지에 대한 공개적인 문제 제기는 없었다. 재정상황 및 예산편성 과정이 완전히 공개된 상황에서 반대의 명분이 부족했기 때문으로 판단된다.

모자이크사업과 학교 무상급식사업은 이미 살펴본 바와 같이 지방재정 측면에서 정리 또는 조정하지 않을 수 없는 상황이었다. 그러나 이들 사업은 민선5기 도지사를 상징하는 대표적인 정책이었기 때문에 당사자가 사퇴하지 않았다면 스스로 사업을 정리하거나 확대 계획을 중단하기가 쉽지 않았을 것이다. 실제로 이들 사업의 구조조정에 대해서는 '전임 도지사 흔적 지우기'라는 등 정치적 이유로 많은 비판이 이어졌다. 따라서 이것은 정치적 지지에 초연할 수 있는 도지사권한대행 체제에서 재정 건전성 회복에 집중했기 때문에 실현될 수 있었다고 판단된다.

2. 후속 경남 도정에 미친 영향

(1) 도정방향 설정에 미친 영향

2012년 12월 19일 제18대 대통령선거와 함께 경상남도지사 보궐선거가 실시되어 제35대 경남도지사가 탄생함으로써 같은 해 7월 시작되어 5개월여 계속된 도지사권한대행 체제가 종료되었다. 새로 당선된 도지사는 선거일 하루 전인 12월 18일 기자회견을 통해 재정문제 해결을 최우선 과제로 삼을 것을 약속했다. 지역 주요 일간지 중 하나는 기자회견 내용을 다음과 같이 보도했다.[41]

> 경남도지사 보궐선거에 출마한 새누리당 … 후보가 선거운동 마지막 날인 18일 도청 프레스센터에서 … 호소했다. 그는 또 "과도한 부채를 해결하고 재정 건전성을 강화하기 위해 예산집행점검단을 설치하여 비효율성 예산을 30% 절감하고 민자사업 TF를 구성하여 잘못된 민자사업의 문제점을 근본적으로 해결하며 기업투자유치단을 운영하여 신규 세원을 확충하고 지방세 비중을 확대하여 추가 세원을 30% 확충하겠다"고 강조했다.

이 약속은 마치 도지사권한대행이 도청 공무원들에게 했던 당부의 데자뷰인 듯하다.[42] [43] 그는 이어서 약속을 이행하기 위해 예산전문가를 행정부지사로 영입할 것임을 밝혔다. 지역의 또 다른 주요 일간지는 그 내용을 다음과 같이 보도했다.[44]

> 18일 오후 2시 30분 도청 프레스센터를 찾은 새누리당 … 후보는 "도지사가 된다고 보고, 행정부지사를 ○○○ 기획재정부 장관에게 인선 요청해놨다"면서 "행정부지사는 예산 전문가가 돼야 한다"고 말했다. 이어 "당선 선포 동시에 업무 시작할 것이다. 업무보고 받고 예산부터 훑어보겠다…"라고 말했다.

---

41 「경남신문」, ○○○, "새로운 경남 미래 맡겨 달라"(2012. 12. 19).

42 「경남도민일보」, <정치행정> "재정 어떻길래…허리띠 졸라매는 경남도-경기침체·세금 징수 환경 바뀌어 2,000억 원 타격…○○○ 부지사 '30% 절감' 천명"(2012. 8. 2).

43 「경남신문」, <정치> "경남도, 내년도 세수확보 비상-올 상반기 도세 징수, 지난해보다 1100억원 줄어, ○○○ 지사 대행 "국비확보 최선·세출 30% 절감""(2012. 10. 5).

44 「경남도민일보」, ○○○ "나는 이긴다…박○○ 당선되면 좋겠다"-"○○○ 장관에 행정부지사 인선 요청" 당선 기정사실화"(2012. 12. 19).

기획재정부의 예산전문가를 행정부지사로 영입하겠다는 공언은 결과적으로 실현되지 않았다. 청와대 및 행정안전부와 협의 과정에서 대통령 비서관 출신을 영입하는 것으로 결정했기 때문이다. 그렇지만 화려한 지역발전 청사진 대신에 재정 건전성 강화를 도정의 최우선 과제로 내세운 점은 이례적이다. 이것은 도지사권한대행의 재정정보 공개 방침에 따라 경상남도의 재정상황이 외부에 완전히 공개되면서 지역 방송과 주요 일간지에 주요 뉴스로 보도되는 일이 잦았던 것이 영향을 미친 것으로 보인다. 한 매체는 도지사권한대행의 2013 회계연도 예산(잠정안) 브리핑에 대해 "도지사 보궐선거 출마자들에게 재정난을 알리기 위한 수단으로써 전임 지사 시절 예산상의 문제점을 드러냈다는 분석이 있다"고 보도하여 이러한 해석을 뒷받침한다.[45]

(2) 실제 구조조정에 미친 영향

1) 구조조정 추진과정 및 성과 발표

2013년 2월 4일 경상남도는 2013년 1월 현재 1,348,800백만원의 채무를 2017년 688,000백만원으로 줄이는 것을 핵심 내용으로 하는 「2013~2017년 경상남도 채무관리 5개년 대책」을 발표하고 이를 추진하기 위한 조직으로 '재정점검단'을 설치했다.[46] 재정점검단장으로는 도지사권한대행 체제에서 재정구조조정을 실무적으로 지원했던 예산담당 사무관을 승진 발령했다.[47] 이러한 인적 요소가 권한대행체제에서 지향했던 구조조정 목표의 승계에 어느 정도 작용한 것으로 보인다. 같은 해 2월 25일에는 (사)한국컨설팅산업협회와 「지방재정 건전화 컨설팅 시범사업 참여협약」을 체결하여 재정건전화 세부실행계획 수립을 위한 종합적인 재정진단을 실시했으며, 4월 2일에는 재정 건전화를 위한 재정혁신 7대 혁신과제를 선정했다.[48][49]

2015년 3월 31일 경상남도는 2013년 2월 발표한 「채무관리 5개년 대책」의 목표를 2년 3개월만에 조기 달성했다고 밝히고, 도지사 임기 내에 광역자치단체로는

---

45 「연합뉴스」, "경남도 재정난 심각…한계점서 '초긴축' 선언-내년 6천157억원 부족…'위기관리 제대로 안한 탓'"(2012. 10. 31).

46 경남 홈페이지, 브라보경남>도정뉴스, "경남도, 재정위기 극복 위한 채무상환 본격 착수"(2013. 2. 4).

47 당시 예산담당 사무관은 예산 실무에 경험이 많아 도지사권한대행이 제시하는 분석틀에 맞추어 재정 통계자료를 취합하고 정리하는 역할을 주로 담당했다.

48 경남 홈페이지, 브라보경남>도정뉴스, "경상남도 '재정건전화' 민간기업 컨설팅"(2013. 2. 25).

49 경남 홈페이지, 브라보경남>도정뉴스, "경남도, 강도 높은 재정혁신 대책 추진"(2013. 4. 2).

〈표 7-6〉 경상남도 발표 채무상환 내역

구 분	내 역	상환금액
계		1조 3,488억원
행정개혁 (6,464억원)	무분별한 선심성 사업 폐지	3,388억원
	보조사업 재정 점검	793억원
	진주의료원 폐쇄 등 산하기관 구조조정	615억원
	복지 누수 차단	588억원
	낭비성 예산 구조조정	624억원
	계약심사, 설계변경 심사 강화	322억원
	지방세 회계감사	98억원
	대형 건설공사 집행실태 감사	36억원
재정개혁 (7,024억원)	거가대로 재구조화	1,186억원
	체납세, 탈루·은닉 세원 발굴	1,598억원
	지역개발기금 효율적인 운영	2,660억원
	비효율적인 기금 폐지	1,377억원
	채무 조기상환 이자 절감	203억원

자료: 경남 홈페이지, 도정뉴스, "경남도 '채무 제로', 광역자치단체 중 최초"(2016. 5. 30).

최초로 '채무 제로' 목표를 달성하겠다고 약속했다.[50] 그리고 2016년 5월 31일 광역자치단체로는 처음으로 채무 제로를 달성했음을 알리는 '경상남도 채무 제로 선포식'을 열었다.[51] [52] <표 7-6>은 경상남도가 발표한 채무상환 내용을 보여 준다.

2) 구조조정사업에 미친 영향

이 절의 제2항 및 제3항에서 2012년 하반기에 도지사권한대행 체제 아래에서 추진되었던 예산 구조조정 및 계속사업에 대해 살펴보았다. 이것을 앞의 <표 7-5>에서 경상남도가 밝힌 행정 및 재정개혁 항목과 비교해 보면 그 영향으로 추정할 수 있는 상당한 연속성을 발견할 수 있다.

첫째, '무분별한 선심성 사업 폐지'와 '낭비성 예산 구조조정'의 2개 항목은 권

50 경남 홈페이지, 브라보경남>도정뉴스, "경남도, 채무감축 5개년계획 2년3개월 만에 달성"(2015. 3. 31).

51 경남 홈페이지, 브라보경남>도정뉴스, "경남도 '채무제로', 광역자치단체 중 최초"(2016. 5. 30).

52 경남 홈페이지, 포커스경남>핫이슈경남, "채무제로 기반으로 경남 미래 50년 밝힌다"(2016. 6. 2).

한대행 체제에서의 경상적 자체사업비 및 행정운영경비 삭감, 도의원포괄사업비 폐지, 학교 무상급식사업 확대계획 중단과 중복된다.

둘째, '복지 누수 차단' 항목은 권한대행 체제에서의 복지전달체계 개선을 통한 예산 절감과 사실상 같다.

셋째, '진주의료원 폐쇄 등 산하기관 구조조정' 항목은 권한대행 체제에서의 기관설치 중단 및 자본시설 투자 축소와 대부분 중복된다. 진주의료원 운영방식 전환은 전임 도지사 재임시부터 추진된 계속사업이다.

넷째, '보조사업의 재정점검' 항목은 보조사업의 절반 가량이 보건복지사업이라는 점에서 복지전달체계 개선과 중복되는 부분이 많다(임성일, 2012; 서정섭·주운현·윤태섭, 2016).

다섯째, 경상남도가 2013년 4월 발표한 '재정혁신 7대 혁신과제'에 권한대행 체제에서 중앙에 건의했던 사항 중 석동-소사-녹산을 잇는 도로의 사업추진 방식을 경제자유구역 기반도로 사업에서 국도대체우회도로 사업으로 변경해 달라는 건의가 포함되었다.53

여섯째, 재정개혁 부문의 '거가대로 재구조화' 항목은 2011년 이후 계속사업으로서 추진되었으며 2013년 11월 완결되었다.

2013년 이후의 경상남도 재정구조 개혁은 이러한 연속성과 함께 다음과 같은 특징이 있다.

첫째, 조사·점검 및 감사기능을 강화했다. 행정개혁 분야의 '보조사업 재정점검', '계약심사, 설계변경 심사 강화', '지방세 회계감사' 및 '대형 건설공사 집행실태 감사' 항목과 재정개혁 분야의 '체납세, 탈루·은닉 세원 발굴' 항목이 여기에 해당한다.

둘째, 도 자산의 효율적인 운용을 채무상환 수단으로 사용했다. 재정개혁 분야에서 '지역개발기금 효율적인 운용' 항목은 시·군에 대한 융자를 줄이거나 거기서 확보된 기금잔액을 도 본청의 채무상환에 사용한 것으로 추정된다. 2010년부터 변경된 행정안전부의 채무 기준은 지역개발기금의 시·군 융자와 도 본청에 대한 융자를 모두 도의 채무라고 동일시하기 때문에 시·군 융자를 줄이면 도의 채무가 줄어드는 것이 맞다. 그러나 그 경우 이미 지적했듯이 외견상으로 재무상태가 개선된

---

53 경상남도 홈페이지, 브라보경남>도정뉴스, "경남도, 강도 높은 재정혁신 대책 추진"(2013. 4. 2).

듯이 보이지만, 도 본청이 실질적으로 갚아야 할 채무 총액은 변동이 없다는 점을 유의할 필요가 있다. 한편 '비효율적인 기금 폐지' 항목은 기금의 유용성 측면에서 평가해 보아야 할 문제이다.

셋째, 진주의료원 구조조정 및 학교급식사업 확대 중단은 도지사권한대행 체제에서 보여 준 이목을 끌지 않으려는 조용한(low-key) 해결 방식이 국가적인 논쟁을 수반한 강성의 이념 대결로 성격이 크게 변했다. 진주의료원의 경우 2011년 3월 결정된 경상남도의 방침은 마산의료원의 사례를 벤치마킹하여 대학병원이나 대형 민간병원에 운영을 위탁하는 데 무게가 실려 있었다. 가정에 불과하지만, 마산의료원이 만성적자에서 2015년 흑자를 기록한 사례는 하나의 역할모델이 될 수도 있었을 것이다.[54] 학교급식사업 확대계획의 중단에 대해서는 권한대행 체제에서도 상당한 논란이 있었다. 그러나 당시에는 논의의 초점이 재정 상황의 실태 및 운영 문제에 집중되었다.

(3) 구조조정 성과의 검증 및 평가 문제

경상남도가 재정구조조정의 성과로 발표한 앞 <표 7-6>의 '채무 제로', 즉 채무의 완전 상환에 대해서 검증 및 평가가 필요하다는 주장이 제기되고 있다. Wilson & Game은 "정치인이 정치적으로 행동하는 것을 하등 이상하게 여길 필요가 없다"는 촌철살인의 명언을 남겼다(임채호 역, 2008). 지방정부를 포함한 정부 발표에 대한 검증 및 평가가 필요한 이유도 여기에 있다고 생각된다. 경상남도의 발표 내용을 보면 이 책의 분석 체계 및 접근 방법 측면에서 명백히 모순되는 부분이 있다. 따라서 여기서는 순전히 재정적인 측면에 국한하여 후속 연구를 위해 시사점을 제공할 수 있는 중요한 몇 가지 쟁점을 선별적으로 논의하는 선에서 그친다.

먼저, 채무 전액을 행정 및 재정 개혁을 통해 절감한 재원으로 상환했다는 경상남도의 발표는 지방재정 현상에 대한 오해의 소산이다. 그렇지 않다면 사후적으로 숫자를 맞춘 것이다. 앞의 <표 4-2>는 일반재원 세출과 일반재원 세입의 차이가 일반회계 재정수지 적자로 나타나고 그것이 공식적인 차입, 사업비 및 순세계잉여금 이월차액, 법정의무경비 미지급금 및 특정재원 전용을 통해 처리됨을 보여 준다. 이것을 등식으로 표현하면 다음과 같다.

---

54 경남 홈페이지, 포커스경남>핫이슈경남, "채무제로 기반으로 경남 미래 50년 밝힌다"(2016. 6. 2).

> 일반재원 세출 – 일반재원 세입 = 차입 + 사업비·순세계잉여금 이월차액
> + 법정의무경비 미지급금 + 특정재원 전용

여기서 일반재원 세출은 채무원리금 상환금 및 그것을 제외한 기타 일반재원 세출로 구분할 수 있다. 그리고 경상남도가 발표한 실제 채무상환은 채무잔액의 감소(채무원리금 상환금 – 차입)를 의미한다. 따라서 실제 채무상환금(채무원리금 상환금 – 차입)을 도출하기 위해 위의 등식을 다음과 같이 변형할 수 있다.

> 채무원리금 상환금-차입=(일반재원 세입-기타 일반재원 세출)+사업비·순세계
> 잉여금 이월차액+법정의무경비 미지급금+특정재원 전용

위 등식에서 보는 것처럼 실제 채무상환, 즉 채무잔액의 감소는 채무원리금 상환금을 제외한 기타 일반재원 세출의 감축만으로 이루어지는 것이 아니다. 일반재원 세입 증가분이나 사업비 및 순세계잉여금 이월차액으로 채무를 상환할 수 있으며, 심지어 변칙적인 회계처리 방법인 시·군조정교부금 등 법정의무경비 미지급이나 특정재원 전용을 통해 조성된 재원으로도 상환할 수 있다. 만약에 일반재원 세출 절감액만으로 채무상환이 모두 이루어졌다면, 예를 들어 2013년 이후의 일반재원 세입 증가분이 증발했다는 논리와 마찬가지이다. 일반재원 세입의 주요 증가 요인으로는 2013년 김해관광유통단지 조성부지 매각대금, 2013년 이후 경기회복에 따른 취득세 세입 증가, 2014년 이후 지방소비세 규모 확대 등을 들 수 있다. 법정의무경비 미지급이나 특정재원의 전용 여부는 별도의 검증이 필요한 부분이다.

다음으로 보조사업 재정점검, 복지 누수 차단, 낭비성 예산 구조조정, 대형 건설공사 집행실태 감사 등을 통해 절감된 세출예산은 이들 사업이 도 자체사업인 경우에만 전액 채무상환에 충당될 수 있다. 만약에 국비보조사업이 포함되어 있다면 감축예산을 정산하여 반환해야 하고, 그러한 조치를 하지 않으면 편법적인 회계처리의 일종인 특정재원 전용에 해당한다.

마지막으로 지역개발기금의 효율적인 운영은 기금잔액을 채무상환에 사용한 것으로 이해되며, 해당 금액은 도 본청 일반회계에서 상환해야 하므로 도 본청의 채무잔액이 줄어들 수 없다. 기금을 폐지하여 청산된 잔액을 채무상환에 사용한 것

은 기금 설치목적 및 운영의 적정성을 따져볼 문제이며, 기금잔액이 도의 자산이라는 측면에서 쓸모가 별로 없는 도유지를 매각하여 채무를 줄였다는 것과 논리가 같다.

3. 분석의 한계

재정위기 완화 제도에 대해서는 2012년 후반기 경상남도의 재무상태가 재정위기 상황이었으며, 당시 도지사권한대행이 지방재정법의 긴급재정관리인과 같은 지위에서 경상남도 재정위기 대책을 추진했다고 가정하고 그 내용과 추진과정 및 효과를 분석했다. 그 결과 당시의 재정위기 대책이 단기적인 예산 구조조정 효과를 거뒀을 뿐 아니라 차기 도정이 추진한 재정 구조조정에도 상당한 영향을 미쳤음을 확인했다. 이것은 한국의 긴급재정관리제도가 재정위기를 극복하는 데 효과가 있을 것이라는 가능성을 보여 준 것이다. 그러나 도지사권한대행과 긴급재정관리인은 선임요건, 법적 지위와 권한, 그리고 지방의회, 지방자치단체 공무원 및 주민과의 관계 등의 측면에서 서로 다르다. 따라서 제도의 효용성과 적용 가능성을 분석하고 그 결과를 해석할 때는 이러한 차이를 고려해야 한다.

먼저 도지사권한대행, 즉 행정부지사와 긴급재정관리인의 자격요건은 상호 대체될 수 있는 것으로 판단된다. '국가기관 소속의 고위공무원 또는 재정관리에 관한 업무지식과 경험이 풍부한 사람'으로 선임 요건을 규정한 긴급재정관리인에 행정부지사를 임명하는 것은 법률적으로나 직무수행 측면에서나 장애가 없을 것이다. 경상남도의 사례에서 당시 경상남도 권한대행은 경상남도 소속 공무원이기는 하지만 고위공무원단에 속하고 행정안전부에서 근무한 경력과 지방재정을 전공한 이력 측면에서 긴급재정관리인의 선임 요건을 충족한다고 보는 데 무리가 없다. 따라서 선임요건 측면에서 양자의 차이는 무시해도 좋을 것이다.

그러나 긴급재정관리관과 도지사권한대행은 법적 지위와 권한 측면에서 상당한 차이가 있다. 긴급재정관리관은 긴급재정관리단체의 재정위기 극복이라는 분명한 목표를 부여받는 점에서 일반적 관리업무를 수행하는 도지사권한대행에 비해 위기극복 업무에 집중할 수 있는 장점이 있다. 반면에 긴급재정관리관이 위기관리를 주도하기에는 권한 범위에 큰 한계가 있는 것으로 판단된다. 먼저 일부 예외적인 상황을 제외하면 긴급재정관리의 핵심 내용을 담는 긴급재정관리계획의 입안권이 관리대상 지방자치단체장의 권한이라는 점이다.[55] 예산안 편성권 또한 관리대상 단체장이 관장한다. 긴급재정관리관은 위의 두 사안을 검토할 수 있는 권한을 가질 뿐이다.

이러한 측면에서 한국의 긴급재정관리제도는 관리대상 지방자치단체의 재량권을 인정하는 감독 제도(oversight system)에 속하는 것으로 이해된다. 선출직 공직자의 권한을 넘어 전권을 행사하는 통제 제도(control system)로서 소위 'Dimock 모델'의 수권관리인 또는 재정통제위원회 제도와 다른 것이다. 도지사권한대행의 권한은 도지사의 전권을 행사할 수 있다는 점에서 한국의 긴급재정관리인과 미국의 수권관리인 또는 재정통제위원회의 중간에 놓인 것으로 볼 수 있다.

셋째, 관리대상 지방자치단체의 지방의회, 지방공무원 및 주민과의 관계에서 긴급재정관리인은 '점령군' 내지는 '적군'으로 비칠 수 있는 데 비해 도지사권한대행은 '아군'으로 인식될 가능성이 크다. 이러한 속성 때문에 긴급재정관리인은 관리대상 지방자치단체와 우호적인 관계에서 본연의 역할인 재정위기 극복을 위한 지도력을 행사하는 데 상당한 장애를 겪을 가능성이 있다.

선임 요건, 법적 지위 및 권한, 그리고 관리대상 지방자치단체와의 관계 측면에서 긴급재정관리관과 도지사권한대행을 비교한 결과 도지사권한대행이 2012년 후반기의 경상남도에서와 같이 재정위기 극복에 집중하는 경우 긴급재정관리관보다 훨씬 유리한 조건에서 재정위기 대책을 주도할 수 있을 것으로 보인다. 따라서 2012년 후반기에 경상남도 도지사권한대행이 추진한 재정위기 대책의 효과를 한국의 긴급재정관리제도를 통해 거둘 수 있을 것으로 일반화하는 데는 한계가 있는 것으로 보인다.

---

55 지방재정법 시행령 제71조에 의하면 긴급재정관리관이 예외적으로 긴급재정관리계획 입안권을 가지는 경우는 다음 세 가지 경우에 국한된다. ① 재정위기단체로 지정될 당시의 지방자치단체의 장과 긴급재정관리단체로 지정될 당시의 지방자치단체의 장이 같은 경우, ② 법 제60조의3 제2항에 따라 지방자치단체의 장이 긴급재정관리단체의 지정을 신청한 경우, ③ 긴급재정관리단체의 장이 긴급재정관리인에게 긴급재정관리계획안 작성을 요청한 경우.

제 8 장

결론: 요약 및 함의

CHAPTER 08 결론: 요약 및 함의

제 1 절 요 약

Ⅰ. 문제의식 및 주제

이 책은 두 가지 문제의식에서 출발했다. 하나는 한국 지방정부의 재정위기에 관한 경험적, 체계적인 연구 성과가 매우 드물다는 것이다. 다른 하나는 지방재정위기 관리 제도의 벤치마크로서 한국에서 집중적으로 논의되는 미국 연방정부의 지방정부 파산제도가 중앙과 지방정부 관계의 측면에서 한국의 현실과 부합하지 않으므로 연구 및 논의의 초점이 수정되어야 한다는 것이다.

2007년 시작된 세계경제위기와 이를 극복하기 위한 정부의 재정정책은 지방재정위기에 관한 기존의 관념을 뒤흔들 정도로 지방재정에 막대한 충격파를 던졌다. 당시까지 한국의 지방정부는 지방교부세 제도 등 중앙의존적인 재정구조 때문에 재정위기에 빠질 가능성이 없거나 매우 낮다고 보는 시각이 지배적이었다. 심지어 지방재정위기에 관한 논의를 학술적이라기보다는 하나의 주장 또는 의견으로 평가절하하는 견해도 있었다. 그러나 세계적인 경기침체로 지역개발사업이 부진의 늪에 빠진 데다 국세 감세와 취득세율 인하, 차입을 통한 지방재정지출 확대 권고 등 중앙정부의 확장적 재정 정책에 따라 지방교부세 재원이 감소하고 지방채무가 급증하는 등 다수 지방정부에서 재정위기가 목전의 현실로 부상했다.

2010년 7월 경기도 성남시장의 지불유예 선언, 2012년 5월 인천광역시장의 유동성 위기 탈출을 위한 긴급대책 발표, 같은 해 10월 경상남도 도지사권한대행의 재정 구조조정 계획 발표, 2014년 6월 전남 나주시장 당선자의 채무분야 인수·인계 거부, 그리고 같은 해 9월 '복지 디폴트'를 우려한 전국 시장·군수·구청장협의회의 공동성명 발표 등이 표면에 등장한 사례들이다. 이에 따라 한국 정부는 지방재정위기 사전경보시스템과 긴급재정관리제도를 도입하여 각각 2012년 및 2016년부터 운용하기 시작했다. 다행히 세계 및 국가 경제의 회복 흐름과 지방재정 운용에 대한 중앙 및 지방정부의 경각심에 힘입어 최근 들어 다수의 지방정부가 '채무제로'를 앞다퉈 선언하는 등 사실상 한국 최초의 지방재정위기 파고가 진정 단계에 접어든 듯하다.

이러한 파고가 진행되는 과정에서 중요한 쟁점으로 부상한 것이 지방재정위기의 원인이 무엇이며, 책임소재가 과연 어디에 있는지에 대한 논란이다. 이에 대한 지방정부 세계의 움직임은 이중적으로 비친다. 먼저 집단으로서 지방정부의 입장은 명확하다. 지방재정위기의 주된 원인이 중앙정부가 관장하는 지방재정제도와 정책 등 외부환경에 있다는 것이다. 전국 시장·군수·구청장협의회가 긴급재정관리제도의 도입에 대해 지방재정 난맥상의 책임을 지방에 전가하고 중앙의 전방위적인 개입을 정당화하는 조치로 규정하고 강력하게 반발한 것이 그 예이다.

그러나 개별 지방정부를 보면 모든 영광을 현직 단체장에게 돌리려다 보니 그들의 능력과 역할을 과장하는 경향을 보인다. 잘못을 대부분 전직 단체장에게 전가하는 정쟁을 연출하거나 현직 단체장이 초인적인 능력을 발휘하여 위기의 지방재정을 구제한 미담을 전파하는 데 열중한 모습을 어렵지 않게 찾아볼 수 있다. 본의는 아니겠지만, 이것은 지방재정위기의 책임소재도, 그것을 극복할 역량도, 모두 지방정부에 있다는 호언장담과 다르지 않다. 지방재정을 확충할 책임이 있는 중앙재정당국자들에게는 이러한 사태가 즐거울 것 같다. 고난도의 숙제에서 한걸음 벗어난 구경꾼으로서 때로는 흥미진진하게 진행되는 지방 세계의 논란을 홀가분한 마음으로 관망할 수 있기 때문이다. 무엇보다도 지방재정위기를 지방정부 내부의 문제로 돌리고 싶은 속마음을 지방정부 세계가 스스로 대변해주는 것도 의외의 기

뿐이 될 것이다.

따라서 한국의 지방재정위기를 실증적으로 분석하여 위기의 원인과 책임소재를 객관적으로 밝혀내는 일은 정치적 수사에 현혹되지 않고 지방재정 현실을 정확하고 공정하게 평가하는 첫걸음이다. 이것은 또한 중앙 및 지방정부의 책임소재를 명확히 함으로써 지방재정위기 관리 제도를 효과적으로 발전시키는 출발점이기도 하다. 문제는 아직은 지방재정위기의 원인을 지방정부 내부 및 외부요인으로 구분하여 개념적이고 이론적으로 설명하는 경향이 주류를 이루는 점이다. 실증적인 연구가 일부 시도되었지만 거시적인 재정지표를 사용하여 전반적인 경향을 추론하는 정도에 그치고, 문제의 본질에 접근할 수 있는 분석도구를 개발하여 지방재정위기의 원인을 구체적으로 밝히는 데는 이르지 못하고 있다.

두 번째 문제의식은 해외 지방재정위기 관리 제도의 연구에 관한 것이다. 미국 제도의 연구에 집중된 현실은 인정하더라도, 연구의 중점을 연방정부가 관장하는 특별한 제도인 지방정부 파산제도에 두는 것은 수긍하기가 어렵다. 미국의 연방체제에서 주는 지방정부의 존폐에 이르기까지 전권을 행사하며, 주와 지방정부의 관계는 한국의 중앙-지방정부 관계와 마찬가지로 단일국가 체제로 운영된다. 이에 따라 미국에서는 50개 주가 각각 주체가 되어 지방정부의 재정위기에 개입하는 제도를 200여 년의 역사를 두고 다양하게 발전시켰다. 따라서 미국 제도 연구의 초점을 연방정부가 예외적으로 지방정부에 개입하는 지방정부 파산제도에서 지방정부에 대하여 주권을 가지는 주 정부의 위기관리 제도로 옮길 필요가 있다.

이러한 문제의식에 따라 이 책은 두 개의 주제를 제1편과 제2편으로 구분해서 다뤘다. 먼저 제1편에서 미국 주 정부의 지방재정위기 관리 제도를 체계적으로 조사했다. 최근에 도입된 한국 지방재정위기 관리 제도 및 위기 사례를 분석하는 준거기준으로서 장기간에 걸쳐 다양하게 발전되어온 미국의 제도를 활용하는 것이 매우 유용한 접근방법이라고 판단했기 때문이다. 제2편에서는 제1편에서 조사한 미국 주 정부의 제도를 기초로 비교론적 관점에서 한국 지방재정위기 사례를 분석했다. 사례연구의 대상으로는 경상남도를 선택하여 재정위기의 확인 및 원인 분석, 미국 제도 적용의 기대효과와 운용 가능성을 분석했다.

Ⅱ. 미국의 지방재정위기 관리 제도

먼저 미국 지방재정위기 관리 제도의 이론적 배경으로서 제2장에서 지방재정위기의 개념을 정의하고, 지방재정위기의 원인에 관한 파머(Pammer)의 네 가지 이론 모델과 Hendrick의 재무상태과정 모델을 소개했다. 지방정부의 재정위기에 대처하는 법적 제도는 전통적인 채권자 구제제도, 지방정부 파산제도, 그리고 재정통제위원회 및 수권관리를 중심으로 하는 주 정부 개입의 세 가지 흐름으로 발전했다. 그중에서 지방정부에 대해 전권을 행사하는 주 정부의 개입 제도가 가장 광범하고 효율적인 것으로 알려져 있다.

이처럼 미국의 지방재정위기 관리 제도는 단일의 연방정부가 아니라 50개 주가 각각 주체가 되어 다원적으로 발전했기 때문에 정책수단이 매우 다양하다. 이 책은 이러한 다양한 정책수단을 예방 제도, 예측 및 확인 제도와 완화 제도의 3개 유형으로 구분하고, 완화 제도가 종료되면 평상시의 예방 제도로 돌아가는 상시적 순환과정 모델을 제시했다. 이것은 Beth W. Honadle이 지방정부의 재정위기에 대응한 주의 역할을 위기 국면에 국한하여 예측, 회피, 완화 및 재발 방지의 단선적인 네 가지 유형으로 구분한 것을 수정한 모델이다.

제3장은 지방정부의 재정위기에 개입하는 미국 주 정부의 실제 제도를 주로 미국 전역을 횡단적으로 연구한 기존의 연구 성과를 통해 간접적으로 조사했다. 그리고 이들 제도를 제2장에서 제시한 상시적 순환과정 모델에 따라 세 가지 유형으로 분류했다.

먼저 예방 제도는 지방재정 운영에 내재하여 재정위기를 유발하는 근본적인 동인으로 작용하는 주인-대리인 관계 및 공유재 문제를 지방재정에 관한 의사결정의 기본원칙인 각종 재정 제도를 적용하여 통제하는 것이다. 균형예산, 채무 한도, 과세 및 지출 한도와 같이 재정 총액을 수량적으로 제한하는 직접적인 통제 수단과 예산안정기금, 회계 및 재무보고 제도, 그리고 정치적 경쟁 및 책임성을 강화하는 선거 제도 등 질적 통제방식으로 구분된다.

다음으로 재정위기 예측 및 확인 제도는 재무상태를 측정하여 임박한 재정위기 또는 재정위기로 발전될 수 있는 상황을 사전에 탐지하거나, 해당 지방정부가 이미 재정위기에 빠졌는지를 확인한다. 이것은 주가 재정위기법률을 사전에 제정하여 지방정부의 재정 상황을 일반적으로 추적, 감시하고 포괄적으로 개입하는 일반법 방식의 지방재정위기 관리 제도를 뒷받침하는 것으로서 뉴욕시 등 미국 중심도시들의 재정난을 계기로 발전했다. 재정위기를 예측 및 확인하기 위해서는 척도와 지표체계의 선택 및 구성이 중요하다. 이 책은 PEW(2016)가 재정위기 선언의 법정조건을 갖춘 것으로 확인한 15개 주의 관련 법률에서 재정위기 선언 조건을 전수 조사하고 그 기준을 경상남도의 재정위기를 판단하는 지표체계의 하나로 사용했다.

마지막으로 재정위기 완화 제도는 재정위기가 발생한 이후에 해당 지방정부의 재정 건전성을 복원하거나 최소한 문제가 더는 나빠지지 않게 관리하는 제도이다. 주가 재정통제위원회를 설치하거나 감독관을 임명하여 재정위기에 빠진 지방정부의 재정관리 책임을 맡기는 행정적 수권관리 제도가 전형적인 방법이다. 이러한 주의 개입은 로마시대에 전쟁이나 반란 등으로 국가가 위기상황에 직면하는 경우, 평상시의 분권적인 공화정 체제를 잠정적으로 중단하고 절대적인 권한을 행사하는 독재관을 한시적으로 임명하여 강력한 지도력을 통해 국가적 위기를 신속하게 극복했던 제도에 비유된다. 재정위기 완화 제도는 주의 개입 정책 내지는 입법 방식, 개입 기관의 성격, 개입의 강도 및 내용에 따라 구분했다.

Ⅲ. 경상남도 재정위기 사례 분석

경상남도를 연구대상으로 선택해서 한국의 지방재정위기 사례를 분석했다. 여기서는 제1편의 연구 성과인 미국 주 정부의 지방재정위기 관리 제도를 준거 기준으로 삼아 한국 제도와 비교를 통해 세 가지 문제를 분석했다. 첫째, 경상남도가 도지사권한대행 체제로 운영되던 2012년 후반기에 재정위기에 빠졌었는지를 확인했다. 둘째, 재정위기를 유발한 원인과 책임소재를 규명했다. 셋째, 미국 주 정부의 제도를 경상남도에 적용했다고 가정했을 때 얻을 수 있었던 기대효과와 제도의 실제 운용 가능성을 분석했다.

분석 모형은 제2장에서 살펴본 R. Hendrick의 재무상태과정 모델을 기초로 구성했다. 분석요소는 세입, 세출, 재정수지 및 채무로 구성되는 내부 재정구조의 네 개 부문에서 총 18개를 선정했다. 이들 지표는 제3장 제2절에서 소개한 재무추세추적감시시스템(FTMS) 등 지금까지 개발된 6개의 대표적인 재정위기 예측 및 측정 시스템과 한국의 지방재정 상황을 고려하여 선정했다. 분석 방법은 양적 및 질적 분석 방법을 통합한 '종합적인 방식'(holistic fashion)을 사용했다. 질적 분석의 객관성을 높이기 위해 내부 재정구조에서 도출한 18개 분석요소와 별도로, 재정위기 발생에 영향을 미쳤다고 판단되는 외부 환경요인 10개를 사전에 선정하여 분석의 기초로 삼았다.

1. 재정위기의 확인

2012년 경상남도 결산자료를 토대로 한국의 사전경보시스템과 미국의 지방재정위기 확인시스템을 적용하여 경상남도가 재정위기 상황에 빠졌었는지를 확인한 결과 판이한 결론을 얻었다. 한국 사전경보시스템은 모든 판단지표가 정상 범위에 있다고 판정했다. 판단기준을 보면 재정위기단체로 지정할 수 있는 '심각' 기준은 물론이고, 주의등급단체로 지정할 수 있는 '주의' 기준에도 훨씬 미달했다. 그러나 미국의 시스템 중에서는 정부관계자문위원회(ACIR)와 15개 주 가운데 13개 주의 시스템이 당시 경상남도 재무상태가 재정위기 선언 조건에 해당한다고 판단했다.

재정위기 판단기준 또는 선언 조건을 방아쇠에 비유하여 양국 시스템을 평가하면, 미국의 시스템들은 작은 충격에도 격발될 정도로 방아쇠가 민감하여 재정위기가 아닌데도 재정위기라고 선언하는 제1종 오류를 저지를 가능성이 크다. 반면에 한국의 사전경보시스템은 큰 충격에도 격발되지 않을 정도로 방아쇠가 둔감하여 재정위기가 닥쳤는데도 그것을 포착하지 못하는 제2종 오류를 저지를 가능성이 크다.

이것은 양국의 시스템을 구성하는 재정위기 판단지표 및 판단기준의 차이에서 나온다. 한국 사전경보시스템은 5개 관점의 7개 정량지표를 모든 지방자치단체에 통일적으로 적용한다. 그중에는 지방세 징수액이 음수(−)인 조건이 있는 등 전반적으로 재정위기단체 지정 조건을 충족시키기가 어렵다. 이에 비해 미국 ACIR 및 15개 주의 재정위기확인시스템은 총 113개 지표를 사용하고 있으며, 그중에서 정량지표는 13개이고 나머지 100개는 정성지표이다. 정성지표는 특정 상황에 해당하기만 하면 재정위기를 선언할 수 있고, 사용되는 지표도 다양하여 충족시키기가 비교적 쉽다. 13개 정량지표도 한국 사전경보시스템의 지표보다 판단기준이 대체로 낮아 충족시키기가 상대적으로 쉬운 것으로 나타났다.

양국 시스템의 민감도 차이는 지방정부의 재정구조 및 이에 따른 지방재정위기 대응능력의 차이 때문에 더욱 벌어진다. 한국은 지방정부의 통제력이 큰 자체수입과 일반재원의 비중이 미국보다 낮고, 이전재원이 미국과 달리 대부분 매칭방식으로 교부되어 여기에 의무적으로 투입되어야 하는 지방비부담이 일반재원을 추가로 잠식한다. 이것은 재정위기 판단기준이 미국과 같더라도 재정위기 대응능력이 떨어져서 재무상태가 더 위중한 상태에 놓인다는 뜻이다. 따라서 동일한 재정위기 수준을 포착하기 위해서는 재정위기 판단기준이 미국보다 낮아야 하는데, 실제로는 그 반대이기 때문에 양국 시스템의 민감도 격차가 확대된다.

결론적으로 한국의 사전경보시스템은 상대적으로 지방정부이 재무상태가 심각해도 자체적으로 해결하도록 내버려 두는 데 비해, 미국의 시스템들은 주가 쉽게 개입할 수 있도록 구성되어 있다. 그러나 재정위기 확인시스템의 민감도는 상대적이며 적정 수준을 판단할 수 있는 절대적인 기준은 없다. 따라서 2012년 후반기 경상남도의 재무상태를 재정위기 상황으로 볼 것인지에 대해서도 가치판단이 개재될 수밖에 없다. 여기에 대해서는 다수 미국 시스템의 확인 결과와 한국과 미국 지방정부의 재정위기 대응능력의 차이, 이 책에서 규정한 재정위기의 개념, 그리고 '세입 격감, 세출수요 급증, 재정수지 적자와 채무의 편법적인 관리'로 규정할 수 있는 당시 경상남도의 재무상태를 고려하여 경상남도가 재정위기에 빠졌다고 가정하고, 나머지 두 가지 문제를 분석했다.

2. 재정위기 원인 분석

(1) 분석방법 및 지표체계

1) 분석방법

재정위기의 원인을 설명하는 모델과 이론이 다양하지만, 근본적인 원인은 세입과 세출의 추세적인 불균형에 있으며 그 결과 재정수지 적자가 발생하고 채무잔액이 증가하여 재정위기에 이를 수 있다는 데 대해서 다수의 학자가 동의한다. 이러한 관점에서 세입과 세출 부문은 재정수지 적자 및 채무잔액의 증가를 유발하는 총량적 추세의 차이를 주로 계량적 방법을 사용하여 분석했다. 재정수지 및 채무부문은 재정수지 적자 및 채무잔액이 세입과 세출의 추세적 차이의 결과이므로, 분석의 중복을 피해 그 증감보다는 규모 자체와 관리 방법이 재정위기의 원인으로 작용하는지를 주로 질적 분석방법을 사용하여 규명했다.

먼저 세입 및 세출 부문은 이 책에서 제시한 독자적 지표체계를 사용하여 총세입과 총세출, 각각의 세입 및 세출 분석요소, 그리고 세입·세출의 각 유형 및 지방정부의 각 관리영역에 귀속되는 일단의 분석요소를 대상으로 증가율 및 총세입·총세출에서 차지하는 점유율을 측정했다. 그리고 이들 분석요소 등이 재정수지 적자를 각각 얼마나 유발하는지 확인했다. 재정수지 적자유발 정도는 재정위기 책임소재의 판단 기준으로 사용된다. 지방정부 관리영역의 구분에 따른 분석은 재정위기의 책임소재가 지방정부 내부와 지방정부가 통제할 수 없는 외부환경요인에 각각 어느 정도로 귀착되는지를 분석하기 위한 것이다.

다음으로 재정수지 및 채무 부문은 재정위기의 원인에 관한 Hendrick의 재무상태과정 모델 및 Pammer의 내부관리 부실 모델의 관점에서 주로 질적 분석방법을 사용하여 재정위기의 원인을 규명했다. 재무상태과정 모델의 관점에서는 재무상태의 균형을 유지할 수 있는 재정수지 적자 및 채무잔액 규모의 임계수준을 찾아내고, 그 수준을 초과하는 데 직접 영향을 미친 내부요인과 중앙정부의 제도와 정책 등 외부환경요인을 규명했다. 내부관리 부실 모델의 관점에서는 편법적인 회계처리에 해당하는 특정재원 전용과 법정의무경비 미지급 이월이 재정위기 유발원인으로 작용했는지를 분석했다.

2) 독자적 지표체계의 개발 및 적용

세입 및 세출 부문에서 재정수지 적자유발 정도를 계량적으로 측정 및 비교하고 그것을 바탕으로 재정위기의 책임소재를 객관적으로 판단하기 위해 독자적인 지표체계를 개발해서 사용했다. 새 지표체계의 개발은 세입·세출의 추세 및 재정수지 적자를 계량적으로 측정하고 비교 분석할 수 있는 기존의 마땅한 지표를 찾을 수 없었던 상황에서 나온 고육지책의 성격이 강하다. 한편으로는 후속 연구에 도움이 되는 실용적인 도구를 제공하겠다는 실험적인 의도가 내포되어 있다. 새 지표체계는 증가율 지표와 점유율 지표로 구성했다.

먼저 증가율 지표는 세입·세출 각 분석요소 등의 각각의 증가율, 균형재정을 달성할 수 있는 가상의 균형세입증가율과 균형세출증가율, 그리고 전자와 후자와의 격차를 나타내는 균형세입증가율이격도와 균형세출증가율이격도의 세 가지 유형으로 구분된다.

첫째, 각 분석요소 등의 증가율은 세입과 세출 각 부문으로 나누어 ① 총세입과 총세출, ② 각각의 세입·세출 분석요소, ③ 세입·세출 각 유형 및 각각의 지방정부 관리 영역에 귀속되는 일단의 분석요소를 대상으로 측정했다. 증가율은 특정 시점, 가령 분석대상 최초 및 최종연도의 저량(stock)을 기준으로 하는 단순증가율과 전체 기간에 걸쳐 누적되는 유량(flow)을 기준으로 하는 누적증가율로 구분된다. 누적증가율은 세입 및 세출의 추세적 차이에 따른 재정수지의 누적적자를 측정할 수 있으므로 특정 시점의 저량을 측정하는 단순증가율보다 재정위기의 원인을 분석하는 데 더 유의미하게 사용될 수 있다. 이 점은 뒤에서 논의할 세입 및 세출의 균형증가율과 균형증가율이격도에도 마찬가지로 해당한다.

둘째, 균형재정을 달성할 수 있는 가상의 균형증가율이다. 세입 측면에서는 균형세입단순증가율과 균형세입누적증가율, 세출 측면에는 균형세출단순증가율과 균형세출누적증가율로 구분된다. 먼저 균형세입증가율은 분석대상 전 기간에 걸쳐서 총세출 추세를 고정변수로 받아들일 때, 균형재정을 달성할 수 있는 가상의 총세입증가율로 규정했다. 이에 비해 균형세출증가율은 분석대상 전 기간에 걸쳐서 총세입 추세를 고정변수로 받아들일 때, 균형재정을 달성할 수 있는 가상의 총세출증가율이다. 균형세입누적증가율과 균형세출누적증가율은 일정 기간에 걸쳐 총세입과 총세출의 누적금액이 일치하기 때문에 진정한 의미에서 균형재정을 이루는 조건이다. 이에 반해 균형세입단순증가율은 최종연도의 가상 총세입이 실제 총세출과 같게 되고, 균형세출단순증가율은 최종연도의 가상 총세출이 실제 총세입과 같게 되는 가상의 증가율이며, 특정 시점인 최종연도에 균형재정이 이루어진다.

셋째, 균형증가율이격도 지표로서 균형재정을 달성할 수 있는 가상의 총세입 및 총세출의 균형증가율에서 총세입 또는 총세출이나 각각의 세입·세출 분석요소 등의 증가율이 얼마나 떨어져 있는지를 측정한다. 첫째 항목과 마찬가지로 총세입 및 총세출, 각각의 세입·세출 분석요소, 그리고 세입 및 세출의 각 유형 또는 지방정부의 각 관리 영역에 귀속되는 일단의 분석요소를 대상으로 측정한다. 균형증가율이격도는 균형세입·세출단순증가율이격도와 균형세입·세출누적증가율이격도로 구분된다. 먼저 각 분석요소 등의 누적증가율과 균형세입누적증가율의 차이인 균형세입누적증가율이격도를 보면 전자가 후자에 미달하면 이격도가 음수(−)이며,

절댓값이 클수록 세입창출 능력이 떨어져서 재정수지 적자를 더 크게 유발한다. 반대로 균형세출누적증가율이격도는 각 분석요소 등의 누적증가율이 균형세출누적증가율보다 크면 이격도가 양수(+)이며, 절댓값이 클수록 세출 수요 및 재정수지 적자를 더 크게 유발한다.

다음으로 점유율 지표는 총세입점유율 및 총세출점유율과 총세입누적증가액점유율 및 총세출누적증가액점유율로 구분된다. 전자는 특정 시점에서 세입·세출의 각 분석요소나 세입과 세출의 각 유형 또는 지방정부의 각 관리 영역에 속하는 일단의 분석요소가 총세입 또는 총세출에서 차지하는 비율을 나타내는 저량 차원의 지표이다. 후자는 일정 기간에 걸쳐 각 분석요소 또는 일단의 분석요소의 누적증가액이 같은 기간의 총세입 또는 총세출의 누적증가액에서 차지하는 비율을 나타내는 유량 차원의 점유율 지표이다. 점유율 지표는 상대적으로 규모가 큰 개별 분석요소 또는 일단의 분석요소가 재정수지 적자유발 및 재정위기 발생에 미치는 특별한 영향력을 분석 및 해석하는 데 유용하므로 증가율 지표와 보완적으로 사용한다. 증가율 지표와 점유율 지표는 상호 밀접하게 관련이 있어 단순증가율은 최초 및 최종연도 점유율의 차이로 나타나고, 누적증가율은 누적증가액점유율 지표에 반영된다.

(2) 부문별 재정위기 원인분석

1) 세입 부문

세입 측면 7개 분석요소 중에서 리스차취득세를 제외한 6개 분석요소의 누적증가율이 균형세입누적증가율에 미달하여, 균형세입누적증가율이격도가 음수(−)이며 재정수지 적자를 유발했다. 세외수입, 기타취득세, 보통교부세 순으로 이격도의 절댓값이 커 적자유발 비율이 높다. 그중에서 보통교부세는 최초연도(2004년)의 총세입점유율(27.34%)이 크기 때문에 재정수지 적자유발의 책임이 특히 크다.

지방재정제도 및 정책 측면에서는 중앙정부가 2005년 이후 부동산 관련 지방세제를 개편하여 부동산취득세의 신장세를 꺾은 후 세수 결손 대책을 소홀히 한 것이 재정수지 적자 확대 및 재정위기 발생의 원인으로 작용했다. 부동산취득세는 균형세입누적증가율이격도의 폭은 상대적으로 작으나(−1.06%p), 총세입점유율이 35~38%에 이를 정도로 경상남도의 주력 세원이기 때문에 증가세 하락이 총세입과 총세출의 추세적 차이를 주도했다.

세수 결손 보전대책이었던 부동산교부세는 광역자치단체에 대한 교부가 곧 중단되었고 2010년 도입된 지방소비세는 지방세수 결손 보전이라는 도입 목적을 거의 달성하지 못했다. 보통교부세 추세선을 2008년까지의 교부실적을 토대로 도출하면 2010년 이후, 보통교부세와 지방소비세를 합산한 금액의 추세와 거의 중첩되는 것이 그러한 추정을 뒷받침한다. 그 결과 2005년 이후 부동산 관련 세제개편으로 발생한 지방세수 결손을 지방정부가 전적으로 떠맡게 되었고 이것이 재정위기 발생의 중요한 원인이 된 것으로 보인다.

2) 세출 부문

세출 부문의 분석은 세입 부문과 기본적으로 같으나 두 가지 사항을 추가로 고려했다. 첫째, 세출 부문이 9개 분석요소를 2008년 이후에야 구분할 수 있으므로 부득이 전체기간을 포괄할 수 있도록 5개 세출 유형별 분석과 지방정부 관리 영역별 분석을 병행했다. 지방정부 관리 영역은 기본 3개 영역을 4개로 조정했다. 둘째, 세출 추세가 2009년을 변곡점으로 확장과 축소 국면으로 현격한 변화를 보여 그 시점을 기준으로 전·후반기를 구분한 기간별 분석을 병행했다. 전반기는 일반재원 총세출의 단순증가율이 12.2%로서 연평균 명목경제성장률(5.78%)을 6%p 이상 초과하는 재정확장 국면이었으며, 후반기는 일반재원 총세출의 단순증가율이 2.85%로서 연평균 명목경제성장률(4.88%)에 2%p 정도 미달하는 재정축소 국면이었다.

지출 유형별 균형세출누적증가율이격도는 인력운영비를 제외한 네 개 부문이 양수(+)로서 적자를 유발했다. 이격도의 폭은 법정의무경비, 중앙지원사업 도비부담, 사제사업, 그리고 필수경상비 순으로 법정의무경비의 과도한 증가가 재정수지 적자유발을 주도했다. 특히 후반기는 법정의무경비의 총세출누적증가액점유율이 165.50%로서 총세출 누적증가액을 초과한 추가 재정 수요를 자체사업비를 삭감해서 충당했다. 이것은 주로 창원시 통합 및 김해시 인구 기준 초과에 따른 시·군조정교부금 수요의 급증에 따른 것이다. 총세출누적증가액점유율이 100%를 초과하는 것은 총세출누적증가액을 해당 유형에 모두 투입해도 증가수요를 충족할 수 없어 타 유형의 세출을 기준연도보다 오히려 삭감해서 조달했다는 뜻이다.

중앙지원사업도비부담은 국비보조사업이 사회복지사업을 중심으로 급증한 데다, 분권교부세사업의 경우 지방에 이양된 사회복지사업 등의 증가수요를 내국세 총액에 연동된 분권교부세만으로 충족할 수 없어 지방비 부담이 가중되었다. 그 결과 법정의무경비 다음으로 재정수지 적자를 크게 유발했다. 경상남도 내부적으로는 거가대교 건설, 부산·진해 및 광양만권 경제자유구역 기반사업 등 중앙정부의 지원을 받은 대규모 지역개발사업이 영향을 미친 것으로 추정된다.

자체사업은 전·후반기 등락이 극심하다. 전반기에는 차입 등 적자재정을 통해 자체사업을 크게 확대한 데 반해, 후반기에는 극심한 재정압박 국면에서 법정의무경비와 행정운영경비 증가수요에 충당하기 위해 자체사업비를 기준연도인 2009년도보다 대폭 축소했다. 단순증가율은 전·후반기 각각 18.28%와 -15.51%로서 균형세출단순증가율이격도가 각각 12.34%p와 -15.05%p이다. 그 결과 총세출점유율이 2004년 23.13%에서 2009년 30.36%로 급상승했다가 2013년 13.82%로 급전직하했다. 따라서 지방재정 측면에서 자치영역이 축소되었음을 알 수 있다. 그러나 균형세출누적증가율이격도는 양수(+0.93%p)로서 법정의무경비와 중앙지원사업 도비부담 다음으로 재정수지 적자유발 비율이 높았다. 그 결과 총세출누적증가액점유율이 최초연도 총세출점유율보다 약간 하락한 정도인 20.61%로서 자체사업이 재정수지 적자 발생에 상당한 책임이 있음을 보여준다.

한편 인력운영비와 필수경상비로 구성되는 행정운영경비는 누적증가율이 균형세출누적증가율 3.89%보다 근소하게 낮은(이격도 -0.54%p) 3.35%이다. 이것은 행정서비스 공급을 지원하는 간접적인 관리경비라는 측면을 고려하면 낮은 증가율이라고 할 수가 없다. 누적증가율이 매년 일정한 경우 단순증가율이 누적증가율의 두 배인 6.70%로서 기간 중 명목경제성장률 5.66%를 웃돌기 때문이다. 특히 후반기에는 총세출 누적증가액점유율이 71.73%에 달해 행정운영경비가 법정의무경비와 함께 재정수지 적자유발을 주도한 것으로 나타났다. 소방서비스를 강화하기 위한 국가정책과 경상남도의 '1시·군 1소방서' 시책에 따라 소방분야의 인력운영비 및 이와 불가분의 관계에 있는 필수경상비가 동반 증가했기 때문이다.

관리 영역별로 보면 균형세출누적증가율이격도가 적응+영향 영역(2.35%p)→적응1 영역(2.11%p)→통제 영역(1.79%p)→영향1 영역(-0.54%p) 순으로 나타났다. 대체로 지방정부의 통제력이 약해 책임을 묻기 어려운 영역일수록 재정수지 적자를 크게 유발하는 경향을 보였다. 그러나 부분적으로는 적응1 영역과 적응+영향 영역, 그리고 영향1 영역과 통제 영역의 순서가 역전되었다. 전체기간을 보면 전반기 확장 국면과 후반기 축소 국면이 서로 상쇄되어 분야별 변동 폭이 크게 완화되었다.

3) 재정수지 부문

재정수지 부문은 Hendrick의 재무상태과정 모델 및 Pammer의 내부관리 부실 모델의 관점에서 주로 질적 분석방법을 사용하여 재정위기의 원인을 규명했다. 후술하는 채무 부문도 이와 같다. 먼저 재무상태과정 모델의 관점에서는 재정위험(fiscal risk) 요소인 순적자의 규모가 순세계잉여금 등 재정여력(fiscal slack)과 균형(balance)을 유지할 수 있는 임계수준을 찾아내고 그 수준을 초과한 직접적인 원인을 재정위기의 원인으로 규정했다. 재정수지 적자의 처리 방식이 정상적인 범위를 크게 벗어나는 경우, 임계수준에 이르렀다고 판단했다.

이러한 관점에서 경상남도 재무상태는 재정수지 순적자가 100,000백만원 미만으로 유지되었던 2007년과 242,106백만원으로 급증한 2008년 사이의 어느 시점에서 균형을 잃은 것으로 추정됐다. 2008년은 차입이 직전 3년 평균의 2배를 초과했고, 축적된 순세계잉여금을 목전의 재정수요인 제1회 추경재원으로 추정되는 금액만 남기고 모두 사용했다. 그런데도 순적자의 1/4 정도를 보전하지 못해 특정재원 전용을 통해 편법으로 처리하여 적자처리 방식이 정상적인 범위를 크게 벗어났다. 2009년은 재정수지 순적자를 재무상태의 균형이 유지되는 임계수준 아래로 끌어내려야 했으나 경기 대응을 위해 중앙정부가 이에 역행하여 차입을 통해 지방재정지출을 확대하라고 권고함으로써 경상남도 재무상태가 균형을 회복하기 어려울 정도로 크게 악화했다. 그 결과 재정수지 순적자와 차입 규모가 사상 최대 수준으로 확대되고 순적자의 40% 가까운 156,510백만원을 편법적 회계를 통해 처리했다.

2010년에는 재정압박에 따른 편법 회계처리가 관행화되어 2009년에 이어 순적자의 40% 가까이를 시·군조정교부금 이월 등으로 처리했다. 이와 함께 제도적 요인인 창원시 통합과 김해시 인구 증가에 따라 시·군조정교부금 재정 수요가 2011년부터 매년 100,000백만원 정도 추가되고, 민선5기 출범에 따라 분권 및 복지 분야의 대규모 프로젝트들이 확정되어 시행을 기다리고 있었다. 2011년은 경제 활성화를 위한 정부의 부동산취득세 인하 및 인하보전금 교부로 부동산취득세 관련 세입이 240,000백만원 정도 반짝 증가했다. 그러나 시·군조정교부금과 분권교부세사업 등 경직적 지출이 함께 증가하여 적자 보전을 위한 차입과 편법 회계처리가 모두 전년도와 비슷한 수준으로 유지되었다.

2012년은 부동산취득세율 한시적 인하 조치 종료와 시·도 간 리스차취득세 확보 경쟁이 겹쳐 취득세 세입이 전년보다 302,700백만원 감소했다. 국가 경제 활성화를 위해 정부가 취한 조치가 더 큰 파도를 만들어 경상남도 재정운영에 밀려온 것이다. 이에 따라 재정수지 순적자가 441,099백만원으로 대폭 확대되었으며, 이를 보전하기 위해 지방채발행한도에 해당하는 172,800백만원을 차입으로 조달했다. 부족한 재원은 통합관리기금에서 120,000백만원을 긴급하게 전입하고 156,409백만원을 편법으로 처리했다. 제5기 민선 도정의 브랜드 시책인 모자이크 사업예산은 제1회 추경으로 미뤄두었으나 재정압박으로 전혀 반영하지 못했다.

다음은 내부관리 부실 모델의 관점에서 특정재원 전용과 시·군조정교부금 이월을 통한 임시변통의 편법적 회계처리가 재정위기를 유발했는지에 관해서이다. 재정수지 순적자가 급격하게 증가하여 경상남도 재무상태가 균형을 잃은 것으로 추정되는 2008년 이후를 보면 재정수지 순적자와 이것을 보전하는 공식적 차입 및 편법적 회계처리가 세쌍둥이처럼 닮은꼴로 움직인다. 대규모 재정수지 순적자를 차입으로 보전하고 부족한 재원을 관행적으로 편법을 동원해서 처리한 것으로 추정되는 것이다. 따라서 이러한 임시변통의 편법적 처리가 재무상태의 균형을 벗어난 재정운영을 한동안 가능하게 하고 감축 관리를 지연시켜 경상남도를 재정위기 국면에 빠르게 빠져들게 한 요인으로 작용했다고 해석하는 데 무리가 없어 보인다.

4) 채무 부문

한국 재정위기 사전경보시스템의 7개 판단지표 중에서 예산대비 채무비율은 경상남도 재무상태가 '주의' 기준이기는 하지만 재정위기에 근접해 있음을 보여주는 유일한 지표이다. 공식채무에 은닉 채무인 시·군조정교부금 이월 누적금액을 합산하면 경상남도의 예산대비 채무비율은 2011년 25.33%로서 '주의' 기준을 근소하게 초과했으며, 2010년과 2012년에는 24%대로서 '주의' 기준에 근접했다. 이와 관련해서는 예산대비 채무비율을 도출할 때 사용하는 채무 기준의 개선 필요성을 제5장에서 제시한 바 있다.

경상남도와 동종 자치단체인 7개의 도 단위 광역지방자치단체를 대상으로 일반회계 최종예산 대비 채무비율을 비교한 결과 경상남도의 채무비율이 상대적으로 빠르게 상승한 것을 확인했다. 여기에는 두 가지 요인이 작용했다. 먼저 1990년대 후반까지 타 도의 평균보다 크게는 10%p 이상 낮았던 채무비율이 2003년 12월 당시 3선 도지사가 임기 중 사퇴하고 이듬해 6월 보궐선거로 새 도지사가 취임하면서 역전되었다. 1995년 민선단체장 체제 출범 이후 유지되었던 채무, 즉 '빚'에 대한 경각심이 크게 이완되어 도지사 이·취임 연도에 채무잔액이 각각 두 배씩 2년 사이에 네 배로 증가했기 때문이다. 다음으로 2007년까지 타 도의 평균보다 1.2%p 정도 높게 유지되었던 채무비율이 2008년 1.5%p, 2009년 2.1%p로 확대되었다. 2009년 정부의 지방재정지출 확대 권고에 경상남도가 타 도의 평균 이상으로 호응한 것이 타 도와의 채무비율 격차를 확대했다.

한편 채무잔액의 관리에 있어서는 은닉 채무에 해당하는 법정의무경비 이월 누적금액이 2012년 325,201백만원으로 증가하여 채무잔액의 1/4 정도를 차지했다. 이와 함께 경상남도는 2012년과 2013년 연속으로 통합관리기금 전입 등 단기자금의 차입을 통해 긴급한 재정 수요를 충당함으로써 단기채무가 통합관리기금 전입금 195,000백만원을 포함하여 331,793백만원으로 증가했다. 그 결과 2013년 말 시점에서 은닉 및 단기채무를 합쳐서 조기 상환해야 하는 채무가 전체 채무잔액의 절반, 일반재원 세입의 1/3에 가까운 690,702백만원으로 늘어나 경상남도 재무상태가 재정위기에 돌발적으로 빠져들 수 있을 정도로 취약성이 가중되었다.

(3) 재정위기 책임소재

재정위기 책임소재는 재정위기 유발요인들이 지방정부가 통제할 수 있는 내부적 요인인지, 아니면 지방정부가 통제할 수 없는 외부환경요인인지를 규명하는 것이다. 세입 및 세출 측면에서는 각각의 분석요소를 지방정부의 통제력 정도에 따라 3개 또는 4개의 관리 영역으로 구분하여 재정위기의 책임소재를 주로 계량적으로 분석했다. 재정수지 및 채무 측면에서는 재무상태의 균형이 유지될 수 있는 임계수준을 초과한 원인과 편법 회계처리의 책임소재에 분석의 초점을 맞췄다.

세입 부문은 7개 분석요소 중에서 리스차취득세와 세외수입이 영향 영역에 속하고 나머지 5개 분석요소는 모두 적응 영역에 속한다. 재정수지 적자유발 정도를 나타내는 균형세입누적증가율이격도가 총세입과 적응 영역은 음수(−)로서 재정수지 적자를 유발한 것으로 나타났고 영향 영역은 양수(+)로서 흑자를 창출했다. 이것은 적응 영역에서 유발한 재정수지 적자를 영향 영역에서 일부 보전하여 총세입의 적자 폭을 줄였다는 의미이다. 따라서 재정수지 적자유발 및 재정위기의 책임소재는 전적으로 지방자치단체 외부환경요인에 귀착되는 것으로 해석된다.

세출 부문에서는 단일 지표를 개발하여 측정한 결과, 경상남도 재정위기의 책임소재가 내부요인과 외부환경요인에 각각 15:85 정도 비율로 귀착되는 것으로 나타났다. 이것은 지방정부의 4개 관리 영역, 즉 통제, 영향1, 적응+영향 및 적응1 영역에 대해 각각 30%, 20%, 15% 및 0%의 감축 한도를 적용하여 도출했다. 감축 한도는 관리 영역별로 지방자치단체가 감내할 수 있는 최고한도의 세출 감축 비율로 규정했다. 감축 한도까지 세출을 삭감하지 못하면 그 책임은 지방자치단체 내부에 있으며, 반대로 감축 한도 이상의 세출 삭감은 지방자치단체의 책임영역을 벗어난다는 뜻이다. 감축 한도는 지방재정에 관한 식견이나 운영경험 등에 기초를 둔 주관적인 가치 판단의 영역이기 때문에 다양한 관점이 제시될 수 있다. 비현실적으로 생각되지만, 감축 한도를 영역별로 각각 50%, 30%, 20% 및 0%로 높이면 내부요인의 귀책 비중이 25% 정도로 높아진다.

재정수지 및 채무 부문은 먼저 총량적인 측면에서 재정수지 적자 및 채무잔액이 임계수준을 초과함으로써 발생하는 재정위기의 책임소재를 평가했다. 이것은 기본적으로 세입 및 세출 측면의 재정위기 책임소재와 같다. 세입 측면은 전적으로 외부환경요인에, 그리고 세출 측면은 경상남도 내부요인과 외부환경요인에 각각 15:85 정도의 비율로 귀착되는 것으로 나타났다.

다음으로 내부관리 측면에서 특정재원 전용과 법정의무경비의 이월을 통한 편법적인 회계처리의 책임소재를 판단하는 문제이다. 그 책임은 당연히 관련 법령 및 지침을 어기고 관리에 부실했던 해당 지방자치단체 내부에 귀착된다. 그러나 중앙정부가 재정경제 정책 및 회계보고제도 등을 통해 지방정부를 강력하게 통제하는 상황에서 그 책임을 전적으로 지방자치단체 내부에 귀속시킬 수 있을 것인지에 대해서는 이견이 제기될 수 있다. 이에 대해서는 편법적 회계처리라는 표면적 현상과 함께 그것을 탈출구로 삼았던 배경에 중앙정부의 책임은 없었는지, 편법적 회계처리가 재정위기를 유발한 주된 원인인지, 아니면 다른 주된 요인에 종속된 표면적인 현상에 불과한지 등을 균형 있게 판단할 필요가 있다.

3. 미국 제도 적용의 기대효과 및 운용 가능성

(1) 예방 제도의 기대효과 및 운용 가능성

수량적 통제 제도는 미국과 달리 자본예산을 별도로 운영하지 않는 한국 지방자치단체의 특성을 고려하여 분석대상 전기간(2004~2013년)의 장기적 균형예산 관점에서 지출 한도 제도의 기대효과와 운용 가능성을 분석했다. 장기적 균형예산은 전체 기간의 일반재원 누적 총세출이 누적 총세입과 일치하도록 지출을 통제함으로써 달성할 수 있다. 지출 한도는 전체 기간에 균등하게 적용되므로 균형세출누적증가율의 2배수와 정확하게 일치한다(제4장 제2절 및 제7장 제1절 Ⅰ. 주 2 참조). 따라서 이 비율을 지출 한도의 벤치마크로 삼고, 현실적인 수용성을 높이기 위해 명목경제성장률을 보조적 벤치마크로 사용했다.

지출 한도 적용 결과 당연한 결과로서 재정수지가 개선되고 채무잔액이 감소했다. 10년 동안 재정수지 개선 효과는 2,228,424백만원이다. 이와 함께 계획적이고 엄정한 재정운영을 통해 재정규율을 확보할 수 있었으며, 지출 분야별 변동성이 대폭 축소되어 사업추진의 안정성을 확보할 수 있었다. 특히 전·후반기 극명한 대조를 보였던 자체사업은 총세출점유율 변동 폭이 16.54%p(13.82~30.36%)에서 2.57%p(20.56~23.13%)로 크게 줄어들었으며 지방재정 측면에서 지방자치가 심각하게 손상되었던 문제가 해소되었다.

운용 가능성 측면을 보면 먼저 지출 한도는 공공서비스 부문과 행정운영경비로 나누어 각각 명목경제성장률과 불가상승률을 초과하는 수준을 설정했기 때문에 적용상 무리가 없다고 판단된다. 세출감축 수요 2,228,424백만원은 행정운영경비 494,946백만원, 자체사업 602,757백만원, 그리고 중앙지원사업 도비부담에 1,097,703백만원씩 배분된다. 자체사업과 행정운영경비는 도의원포괄사업비(426,000백만원), 1,000+1,000 프로젝트(156,000백만원), '1시·군 1소방서' 시책 등이 우선적인 삭감대상에 올랐을 것으로 추정된다. 중앙지원사업 도비부담은 지출 한도가 적용되었더라면, 2005년 부동산세제 개편 이후 지체된 세수결손 대책을 지연시킬 수 없었을 것이다. 과거의 추세를 바탕으로 사후적으로 도출한 지출 한도를 미래의 지표로 사용하는 문제는 연도별 미세 조정을 통해 예측의 정확성을 높여 균형세출 수준에 근접시킬 수 있을 것으로 보았다.

질적 예방 제도로는 자본예산 제도와 기채의 절차적 통제, 예산안정기금, 회계 및 재무보고 제도의 편익을 검토했다. 특히 2017년 재정안정화기금이라는 이름으로 도입된 예산안정기금은 지출 한도와 함께 적용할 때 효과가 클 것으로 평가했다.

(2) 완화 제도의 기대효과 및 운용 가능성

2012년 후반기 도지사권한대행 체제에서 경상남도가 추진한 재정 구조조정을 한국의 긴급재정관리제도 또는 미국 수권관리제도의 운용이라고 가정하고 그 추진 과정과 조치내용 및 효과를 분석했다.

단기적 효과로는 도의원포괄사업비와 모자이크사업, 학교 무상급식사업 추진계획 조정 등 정치적 이해관계에 초연하지 않으면 관철하기 어려운 위기관리 대책을 추진하여 재정수지 적자 규모를 경상남도가 자체적으로 관리할 수 있는 수준으로 축소할 수 있었다. 이와 함께 권한대행 체제 이후의 도정방향과 재정 구조조정에도 당시 위기관리 대책의 영향으로 추정할 수 있는 연속성을 다수 발견할 수 있었다.

그러나 도지사의 전권을 행사하는 도지사권한대행과 달리 한국 긴급재정관리제도의 긴급재정관리인은 일부 예외적인 상황을 제외하면 긴급재정관리계획의 입안권이 없고 예산안 편성권도 행사할 수 없다. 더구나 지방의회, 지방공무원 및 지역주민의 시각으로는 외부의 '점령군'으로 인식될 우려가 있어 도지사권한대행보다 위기관리 대책을 주도하는 데 많은 제약이 따를 것으로 판단했다. 따라서 2012년 후반기에 경상남도 도지사권한대행이 추진한 재정위기 대책의 효과를 한국 긴급재정관리 제도의 운용을 통해 거둘 수 있다고 일반화하는 데는 한계가 있다.

제 2 절 이론 및 정책적 함의

Ⅰ. 이론적 함의

첫째, 지방재정위기 관리 제도를 예방 제도, 예측 및 확인 제도, 완화 제도의 3개 유형으로 구분하고 완화 제도가 종료되면 예방 제도로 돌아가는 상시적인 순환관리 모델을 정립했다. 상시적 순환관리 모델은 재정위기 발생 국면에 국한하지 않고, 평상시에도 경각심을 가지고 지방정부의 재무상태를 추적·관리할 수 있는 이론적 근거를 제공한다. 이 책은 미국 주 정부의 지방재정위기 관리 제도를 상시적 순환관리 모델의 3개 범주로 구분해서 조사하고, 그것을 준거기준으로 한국 제도와 비교를 통해 경상남도의 재정위기 사례를 분석했다.

둘째, 재정위기 사전경보시스템의 민감도 판단은 해당 시스템을 구성하는 재정위기 판단기준의 절대적 수준뿐만 아니라 적용대상 지방정부의 재원 통제력을 함께 고려해야 한다는 관점을 제시했다. 이것은 자체세입이나 일반재원의 비중이 상대적으로 작은 한국의 지방정부는 재정위기 대응력이 낮아서 같은 판단기준을 적용할 때 재정위기의 정도나 재정위기에 빠질 위험이 미국보다 더 크다는 뜻이다. 또 이전재원을 주로 매칭방식으로 교부받는 한국의 지방정부는 한정된 일반재원마저 의무적인 지방비 부담에 소진하므로 미국의 지방정부보다 재정위기에 상대적으로 취약하다는 것이다.

셋째, 재정위기의 원인과 책임소재를 규명하기 위한 도구로서 세입·세출 추세와 재정수지 규모를 계량적으로 측정할 수 있는 지표체계를 독자적으로 개발하여 사용했다. 지표체계는 증가율 지표와 점유율 지표로 구분된다. 증가율 지표는 다시 세 가지 유형으로 구분된다. 첫째, 총세입과 총세출, 각각의 세입·세출 분석요소, 세입·세출 각 유형 및 지방정부의 각 관리 영역에 귀속되는 일단의 분석요소를 대상으로 각각의 증가율을 측정한다. 둘째, 총세입과 총세출이 균형을 이루는 가상의 균형증가율을 도출한다. 셋째, 가상의 균형증가율과 각 분석요소 등의 증가율의 차이를 나타내는 균형증가율이격도를 도출한다. 각각의 증가율 지표는 특정 시점의 저량에 바탕을 둔 단순증가율과 일정 기간의 유량을 측정하는 누적증가율로 구분된다. 다음은 점유율 지표로서 특정 시점에서 각각의 분석요소 등이 총세입 또는 총세출에서 차지하는 비중을 나타내는 총세입 및 총세출점유율과 일정 기간에 걸친 누적증가액이 총세입 또는 총세출 누적증가액에서 차지하는 비중을 나타내는 총세입 및 총세출누적증가액점유율로 구분된다.

넷째, 경상남도 재정위기의 원인이 주로 중앙정부가 관장하는 지방재정 제도와 정책 등 외부환경에 있는 것으로 확인되었다. 세입 부문은 재정수지 적자가 전적으로 경상남도의 통제력 밖에 있는 적응 영역에서 유발되었다. 세출 부문은 지방정부 내부 및 외부로 책임소재를 구분하는 단일지표를 개발하여 적용한 결과 경상남도 내부의 책임이 15%, 외부 환경의 책임이 85% 정도로 나타났다. 재정수지 및 채무잔액 부문은 경상남도가 편법 회계를 통해 대규모 재정수지 적자와 비공식 내지는 은닉 채무를 유지하면서 시급한 구조조정을 지연시키는 관리 문제를 초래했으므로 대부분 책임이 경상남도에 귀착된다. 그러나 편법적 회계처리의 배경에 중앙정부의 책임은 없었는지, 편법적 회계처리가 다른 주된 요인에 종속된 표면적인 현상은 아닌지 등을 균형 있게 판단할 필요가 있다는 점을 함께 제시했다.

다섯째, 아직 한국에서 시행해본 경험이 없는 지출 한도와 긴급재정관리관 제도의 잠재적 효용을 확인할 수 있었다. 지출 한도는 장기적 균형예산 관점에서 균형세출누적증가율과 명목경제성장률을 벤치마크로 삼아 시뮬레이션을 수행한 결과 재정수지 적자 개선, 재정규율 확립 및 재정사업의 안정성 확보라는 양적 및 질적 개선 효과가 나타났다. 이와 함께 지출 한도를 적용할 때 수반되는 감축관리 수요가 현실적으로 수용될 수 있는 범위로 나타나 운용 가능성을 긍정적으로 평가할 수 있었다. 긴급재정관리제도에 대해서는 2012년 후반기에 경상남도가 도지사권한대행 체제에서 추진한 재정 구조조정 대책을 이 제도의 운용 사례라고 가정하고 그 효과를 분석했다. 그 결과 단기적인 예산안정 효과와 함께 후속 도정으로 이어진 정책적 연속성을 발견할 수 있었다. 다만 도지사권한대행보다 긴급재정관리관의 권한이 제한적이고, 외부인사로서 지도력이 제약될 수 있는 점이 효과를 떨어뜨릴 수 있는 요인으로 지적되었다.

마지막으로 지방 복지사업의 경쟁적 추진으로 지방정부 사이에 광범위하게 나타나는 재정적 고통을 뱁새와 황새에 관한 속담에 착안하여 '뱁새 증후군'이라는 새로운 개념으로 묘사했다. 이것은 주민 선호도가 높은 사업을 재정력이 좋은 지방정부가 선점하여 정치적 지지와 지명도를 얻게 되면, 재정력이 미치지 않는 지역에서도 같은 효과를 기대하거나 최소한 비판을 모면하기 위해 무리하게 이를 추종함으로써 재정적으로 고통을 받는 현상을 일컫는다.

학교 무상급식사업이 하나의 전형적인 사례이다. 이 사업은 국가의 기본적인 의무인 교육 문제이며 지방재정력으로 충당하기 어려운 막대한 재원이 소요되기 때문에 국가 및 중앙정부 차원에서 사업추진 방향과 재원조달 방안이 결정되어야 하는 국가적 과제이다. 그러나 학부모 등 풀뿌리 유권자들의 높은 정책 선호도에서 나오는 정치적 중압감과 자라나는 학생들 문제라는 정서적 호소력 때문에 주민과의 접점인 지방정부로 논의의 장(locus)이 이동하고, 실질적인 재원조달 문제에서 '보편적 복지 논쟁'으로 논의의 초점(focus)이 전환되었으며 중앙정치와 교육 및 재정 당국의 방기 및 책임회피 속에서 대다수 지방정부가 사업재원을 마련하기 위해 악전고투하고 있다.

Ⅱ. 정책적 함의 및 제언

첫째, 사전경보시스템에서 운용되는 재정위기 판단지표 및 판단기준에 대한 전반적인 재검토가 필요한 것으로 보인다. 먼저 다양한 종류의 지방자치단체에 단일의 지표체계를 적용하는 것이 타당한 것인지, 정량지표로만 구성된 현행 지표체계를 정성지표로 보완할 필요가 없는지, 그리고 지방세징수액 지표를 비롯하여 각 지표의 판단기준이 지나치게 높은 수준이 아닌지 검토할 필요가 있다. 재정위기를 판단하는 보편타당한 지표와 절대적인 기준은 없지만 본 연구에서 제시한 미국의 시스템들을 참조할 수 있을 것이다. 미국의 시스템들은 일반적으로 재정위기 판단기준이 한국 사전경보시스템보다 훨씬 민감하여 충족시키기가 상대적으로 쉽다. 여기에 양국 지방재정구조의 차이를 고려하면 민감도 격차는 더우 벌어진다.

지방정부의 재정위기에 중앙 또는 주 정부가 개입하는 것은 미국의 사례에서도 보았듯이 지방자치의 원칙과 재정지원 수단 등과 관련하여 뜨거운 감자로 비유된다. 그렇다고 하더라도 지나치게 소극적인 대응이 정당화될 수 없으며, 적정 수준의 관리대책이 필요한 것으로 판단된다. 채무 관련 지표에 관해서는 지역개발기금 시·군 융자금과 기금잔액을 시·도 채무에 포함하도록 2010년 변경한 채무통계 작성기준이 시·도의 실질적인 재무상태에 대한 착시와 회계상 눈속임을 유발할 수 있어 개선할 필요가 있으며, 채무상환비 비율지표의 경우 과거와 미래 기간에 동일한 가중치를 적용하는 문제도 검토대상에 포함되어야 할 것으로 보인다.

둘째, 지방재정의 안정성과 신장성을 보장할 수 있도록 지방재정 제도를 안정적으로 관리하고 개선할 필요가 있다. 세입 추세의 분석에서 보았듯이 2005년 이후 부동산 관련 지방세제 개편으로 세입 신장세가 크게 꺾인 것이 지방재정 위축의 주요 요인이 되었다. 이에 따른 지방세수의 결손을 보전하기 위해 도입된 부동산교부세는 단명했고, 이어서 도입된 지방소비세 또한 지방재정조정 제도의 핵심 기제인 보통교부세의 감소를 보완하는 수준에 그쳤을 뿐 지방세제 개편에 따른 세수결손을 보전하는 역할은 거의 수행하지 못한 것으로 보인다.

셋째, 안정적인 지방재정 관리를 위해서는 중앙정부의 절제가 필요하다. 대표적으로 중앙정부가 2009년 세계경제위기에 대응하여 차입을 통한 지방자치단체의 지출 확대를 적극적으로 권장했던 사례를 들 수 있다. 이 조치는 재정운영 원칙에 배치될 뿐만 아니라 현실적인 정책수요에 역행함으로써 2009년 경상남도는 자체사업, 재정수지 적자, 차입 모두 사상 최대치를 기록했고 채무잔액이 대폭 증가했다. 이것은 지방재정을 국가 경제정책 수단으로 보는 중앙정부의 시각과 지방의 무기력한 호응이 지방재정을 위기상황으로 몰고 갈 수 있음을 보여준 사례라고 할 수 있다. 주택거래 촉진을 통해 국가경제를 활성화하기 위해 부동산취득세를 한시적으로 인하하고 취득세율인하보전금을 교부했던 2011년의 정부 조치 또한 세입변동폭을 크게 확대하여 경상남도의 재정운영에 커다란 문제를 던졌다.

넷째, 지방재정의 급격한 변화를 흡수할 수 있는 제도를 마련하는 등 지방재정 운영시스템을 개선할 여지가 크다. 보통교부세 결정 및 결산에 개재되는 2년의 시차는 특별한 사정으로 세입이 감소 추세로 전환되는 지방자치단체에 이중의 타격을 주기 때문에 탄력적인 운영이 필요하다. 그리고 시·군의 인구 규모가 50만명을 넘어설 때 급격하게 증가하는 시·군조정교부금 수요를 단계적으로 반영하는 방안을 마련할 필요가 있다. 균형예산제도와 지출 한도 및 제한 제도의 운영, 자본예산의 체계적 관리를 위한 자본예산 제도 도입, 예산안정기금과 지출 한도 제도의 통합운영, 매칭방식에 의한 사업비지원 제도의 개선도 검토해 볼 만한 정책대안으로 보인다.

다섯째, 행정안전부의 「지방재정 365」와 지방자치단체 홈페이지 등을 통한 지방재정 정보의 제공이 확대되고 있으나 정책 및 행정적 의사결정 및 그 맥락을 확인할 수 있는 내부적인 자료를 공개하지 않으려는 행정문화는 여전히 완강한 것으로 보인다. 그러나 지방재정은 240개가 넘는 지방자치단체와 그들의 다양한 사정만큼이나 복잡한 만큼 내부정보의 적극적인 공개를 통해 집단지성을 활용하는 것이 특히 필요한 분야라고 생각된다. 따라서 행정안전부와 시·도 등 지방자치단체에 지방연구지원관 직위를 신설하여 자료의 제공을 비롯하여 지방에 관한 연구를 지원하는 것이 중앙과 지방의 논리 경쟁에서 지방에 현저하게 불리한 '기울어진 운동장'을 바로잡는 방법의 하나가 될 수 있을 것이다.

참고문헌

1. 국내문헌

강태구(2013). 지방재정위기의 원인에 관한 고찰. 「한국지방자치학회보」. 25(1): 7-38.

고성호 등(2002). 「사회조사방법론」. 도서출판 그린.

곽채기(2012). 연간기획: 지방재정 위기와 재정 건전성 관리; 지방자치단체의 재정위험 유형 분석. 「지방재정」. 5: 68-99.

______(2013). 리포트: 지방재정위기 조기경보제도의 운영 성과와 재구축 방안. 「지방재정」. 1: 100-125.

권아영·임언선(2010). 「지방재정위기관리제도의 문제점 및 개선방안」. 국회입법조사처.

국회예산정책처 지방재정분석 TF(2012). 「지방재정 현안과 대책」. 국회예산정책처.

김경수(2009). 「감세의 지방재정 영향 분석」. 국회예산정책처.

김광수(2011). 지방재정 건전성 보장 입법론. 「행정법연구」. 30: 207-235.

김선빈·이갑수·도건우·박환일(2010). 지방재정위기의 해법: '3調+2連'. 「SERI 경제포커스」, 302.

김애경·박정우(2014). 지방자치단체의 재정위기와 파산제도, 「법학연구」, 24(4): 249-293.

김재훈(2013). 지방자치단체의 파산제도 도입 가능성 검토에 관한 연구. 「한국지방행정학회·한국조세연구원 공동 정책세미나」. 49-87.

김진영(2014). 지방재정위기와 지방자치단체 파산제도 도입에 관한 연구: 지방자치권 훼손 여부와 지방재정 건전화 방안을 중심으로. 「미국헌법연구」. 25(2): 87-133.

김태영(2010). 지방재정위기의 본질과 지방재정제도 개선에 관한 시론적 연구. 「한국정책학회 기획세미나」. 2: 17-34.

김필헌·구균철·박지현(2012). 「미래환경 변화에 대응한 지방재정제도의 개혁방안」. 한국지방세연구원

김현아(2007). 현안분석: 지방정부 재정위기 관리에 대한 논의. 「재정포럼」. 138: 6-26.

김홍환(2014). 장(長) 지방재정이 선장하다: 특집: 지방자치단체 (가칭)재정파산제도 도입 논의와 전망; 재정파산제에 대한 지자체 등 입장 분석 및 도입의 논의 방향. 「지방재정」. 2: 50-75.

남황우(2014). 장(長) 지방재정이 선장하다: 특집: 지방자치단체 (가칭)재정파산제도 도

입 논의와 전망; 재정위기관리제도의 일본 사례. 「지방재정」. 2: 28-49.

류춘호(2012). 지방정부의 부채관리 실태와 정책방향. 「한국지방정부학회 학술자료집」. 3-37.

박병희(2010). 지방재정, 위기인가? 「지방재정과 지방세」34: 3-21.

박완규(2009). 특집: 경제위기시대의 지방재정 건전성 확보 전략; 지방재정 건전성 관련 법령, 제도 및 일본 사례로부터의 시사점. 「지방재정과 지방세」. 20: 17-32.

박연강·권영주·고수정·이수구·이상철(2015). 국내 자치단체 파산제 도입의 타당성과 선결과제: 긴급재정관리제도를 중심으로. 「지방정부연구」. 18(4): 317-342

박지현·안성서(2016). 지방소비세 도입효과 분석. 「한국지방세연구원 기본연구보고서」, 2015(10).

배정아(2014). 미국 지방정부 재정위기원인 분석: 언어 네트워크 분석을 중심으로, 「지방행정연구」, 28(3): 205-226.

서정섭(2001). 미국 지방재정위기의 발생과 관리제도에 대한 고찰. 「한국지방재정논집」, 6(1): 223-244.

______(2010). 특집: 지방재정 위기관리 제도의 현황과 한계. 「지방재정과 지방세」, 34: 22-42.

______(2012). 연간기획 01: 지방재정 위기와 재정 건전성 관리; 지방재정 위기 발생에 대한 진단과 평가. 「지방재정」. 4: 72-83.

______(2014). 장(長) 지방재정이 선장하다: 특집: 지방자치단체 (가칭)재정파산제도 도입 논의와 전망; 재정파산제(가칭)의 도입과 쟁점, 「지방재정」. 2: 10-27.

서정섭·신두섭·이희재·배정아(2014). 「지방재정위기관리제도 개선방안: (가칭)긴급재정관리제도 도입방안」. 한국지방행정연구원.

서정섭·조기현(2006). 분권교부세 도입에 따른 문제점과 개선방안. 「한국지방정부학회 학술발표논문집」. 2006(2): 191-216.

서정섭·주운현·윤태섭(2016). 국고보조사업 기준보조율의 법정화에 관한 연구. 「국가정책연구」. 30(3). 61-90.

신두섭(2013). 광역,지역 발전특별회계 개편방안: 포괄보조금을 중심으로. 「지방재정」. 2013(4), 26-43.

심혜정(2009). 「사회복지분야의 분권화에 따른 지방재정 영향분석」. 국회예산정책처.

안효철(2015). 지방회계통계센터의 설치 필요성과 추진방향. 「지방재정」. 5. 42-51.

양천수(2006). 법 영역에서 바라본 참여자 관점과 관찰자 관점. 「안암법학」. 23: 91-122.

오영균(2008). 재정분권과 연성예산제약(soft budget constraint)에 관한 연구. 「행정논총」. 46(3): 121-143.

우명동(2009). 특집: 경제위기시대의 지방재정 건전성 확보 전략; 경제위기와 지방재정의 건전성. 「지방재정과 지방세」. 20: 3-16.

______(2010). 지방재정 건전성 문제에 대한 재인식, 「재정정책논집」, 12(3), 129-165.

이미애·이현우·홍윤미(2015). 지방자치단체 순세계잉여금과 재정 효율성에 관한 연구. 「지방행정연구」. 18(4): 481-502.

이상경(2012). 지방자치단체 파산제도의 도입가능성에 관한 비교법적 일고. 「공법학연구」. 13(3): 173-193

이성근 외(2013). 참여정부와 MB정부의 지역균형발전 및 지방분권정책의 평가, 4(3): 61-83).

이승철(2014). 해외 지방재정위기가 우리나라 지방재정에 주는 시사점. 「한국지방정부학회 학술발표논문집」. 2: 452-477.

이유주(2010). 「지방자치단체 사회복지재정 현황 및 개선방안」. 국회입법조사처.

이지은(2014). 지방자치단체파산제도의 도입과 자치재정권, 「경희법학」, 49(3): 447-477.

이현우(2012). 지방자치단체의 예산운영에 관한 연구: 세계잉여금을 중심으로. 「한국지방재정학회 세미나자료집」. 2012(3). 158-184.

이희재(2014). 미국 지방자치단체의 재정위기관리 절차에 관한 연구: 디트로이트 시 파산 사례를 중심으로. 「지방행정연구」. 28(4): 1-24.

임성일(2012a). 지방소비세, 어떻게 진화할 것인가?: 지방세로서의 위상 정립 모색. 「한국지방재정논집」. 17(1): 1-40.

______(2012b). 지방재정과 자본예산제도의 도입. 「지방재정」. 1: 145-174.

______(2012c). 국고보조금 제도의 과제와 개선방향. 「지방재정」. 4: 6-21.

임채호(2008). 「영국의 지방정부」. 박영사.

장선희(2006). 「지방재정의 건전성 확보를 위한 법제개선방안 연구」, 한국법제연구원.

______(2012). 지방자치단체의 파산위험과 지방채에 대한 법적 통제, 「법학연구」, 20(3) 325-344.

정성호(2012a). 지방자치단체의 회계부정실태와 통제방안, 「지방행정연구」, 26(2): 135-158.

______(2012b). 광역시·도 지방정부의 재정위기 가능성에 관한 고찰: 포괄적 부채관리 대안. 「한국행정학회 하계학술발표논문집」. 1-20.

______(2013). 지방자치단체의 재정위기, 과제와 해법. 「한국행정학회 하계학술대회발표논문집」. 1880-1911.

정성호·정창훈(2011). 지방재정 위기와 로컬 거버넌스의 역할. 「지방행정연구」, 25(2): 3-35.

정창훈(2011). 미국지방자치단체의 지방재정위기관리제도와 시사점: 파산제도를 중심으로, 「강원법학」 제32권, 47-88.

조기현·신두섭(2008). 「지방재정관리제도의 운용실태와 개선방안: 지방재정위기 대응방안을 중심으로」. 한국지방행정연구원.

조임곤(2013). 리포트: 외국의 지방재정위기 조기경보제도 운영사례와 정책적 시사점. 「지방재정」. 1: 126-145.

조태제(2006). 「지방자치단체의 파산제도」, 한국법제연구원.

주만수(2012). 지방재정위기의 현황과 원인분석. 「지방행정연구」. 26(2): 6-30.

______(2013). 지방소비세의 지바정부별 재원배분 효과 분석. 「지방행정연구」. 27(3): 385-412.

주만수·윤성호(2015). 비연속적 취득세율의 주택시장에 대한 효과 분석. 「2015년도 한국지방재정학회 동계학술대회 발표논문집」. 257-284.

최진혁(2012). 지방재정위기와 재정건전성 관리; 지방재정 거버넌스 설계방안. 「지방재정」. 6: 74-101.

______(2015). 지방예산과 결산의 연계: 회계검사체계의 강화 방안. 「지방재정」. 5: 22-41.

표명환(2010). 지방자치단체의 채무지급유예선언에 관한 법적 고찰, 「법학연구」, 40집, 19-38.

하능식(2009). 특집: 경제위기시대의 지방재정 건전성 확보 전략; 지방채 발행을 통한 재정수요 대응과 지방재정 건전성 확보를 위한 채무관리 전략. 「지방재정과 지방세」 20: 33-58.

______(2012). 연간기획 02: 지방재정 위기와 재정 건전성 관리; 정부 간 사회복지 재정분담. 「지방재정」. 4: 84-99.

허원제(2012). 해외 지방재정 위기의 주요 원인과 우리나라 지방재정에 관한 고찰. 「KERI Insight」. KERI 정책제안: 12-06.

행정안전부(2015). 긴급재정관리제도 도입으로 지방재정 위기관리 강화: 행정안전부, 「지방재정법」 개정안 입법예고, 행정안전부 보도자료(2015. 7. 22).

2. 경상남도 내부 자료

경상남도(2010a), 친환경무상급식 간담회(도지사-교육감) 관련 자료(2010. 8. 9)

경상남도(2010b), 친환경무상급식 확대 지원: 공약사항 총괄 추진계획 기본방침(2010. 8. 13)

경상남도(2010c), 무상급식 추진계획 도의회 보고(2010. 9. 7), 예결위심의 회의록(2010. 12. 7)

경상남도(2011a), 경상남도진주의료원 경영정상화를 위한 운영방안 검토 보고(2011. 3. 3)

경상남도(2011b). 도민과 전방위로 소통하는 민선5기 공개·협업 경남도정 실천계획(2011. 2. 28) 및 관련 보도자료(경남도, 도민과 소통하는 공개·협업 도정 구현).

경상남도(2011c). 재정운용상황 분석보고(2011. 6. 27)

경상남도(2011d). 거가대교 관리운영권 재구조화 추진계획(2011. 10. 13)

경상남도(2012a). 재정운용상황 분석보고(2012. 1. 31)

경상남도(2012b). 모자이크 프로젝트 추진 경과(2012. 3)
경상남도(2012c). 2012 리스차량 관련 세입 현황(2012. 5. 30)
경상남도(2012d). 재정운용 문제점 및 대책 보고(2012. 6. 18)
경상남도(2012e). 2012년도 제1회 추경예산(안) 편성 보고(2012. 6. 18)
경상남도(2012f). 지방세수 감소에 따른 재정제도 개선 건의(2012. 7)
경상남도(2012g). 세수감소에 따른 예산편성 방안(2012. 7)
경상남도(2012h). 도 재정운용 현황 및 구조조정 대책(2012. 7)
경상남도(2012i). 지방교부세 관련사항 보고 및 건의: 지방세 감소에 따른 대책 중심(2012. 7)
경상남도(2012j). 2013년도분 보통교부세 추정금액 산정 관련 보고: 2012년 1회 추경관련 지방세 징수전망액 분석(2012. 7)
경상남도(2012k), 경상남도 재정전망 및 지원방안 건의(2012. 7. 27)
경상남도(2012l). 석동-녹산간 도로 국도 대체 우회도로 지정 건의(2012. 8)
경상남도(2012m). 재정정책자문단 구성·운영계획(2012. 8)
경상남도(2012n). 경상남도 재정운용 현황 및 문제점(재정정책자문회의 참고자료, 2012. 9. 19)
경상남도(2012o). 재정정책자문단 1차회의 개최결과(2012. 9. 20)
경상남도(2012p), 진주의료원 당면 현안사항 보고(2012. 9. 21)
경상남도(2012q). 2013년 자체사업비 소요내역(2012. 10)
경상남도(2012r). 2013 경남도 보통교부세 보정 건의(2012. 10)
경상남도(2012s). 2013년도 경남도 예산(잠정안)(2012. 10. 31)
경상남도(2012t). 2013년도 잠정예산(안) 공개 설명자료(2012. 10)
경상남도(2012u). 2012년 제2회 추가경정예산안에 대한 제안 설명(2012. 12. 10)
경상남도(2012v). 재정정책자문단 2차회의 개최결과(2012. 11. 1)
경상남도(2012w). 거가대로 재구조화사업 KDI, SE금융 자문결과 및 추진계획(2012. 12. 6)
경상남도(2012x). 도 재정운용 상황 및 대응방향(신임 도지사 보고: 2012. 12. 20)
경상남도(2012y). 2012년도 순세계잉여금 추계보고(2012)
경상남도(2013). 거가대로 민간투자사업 사업재구조화 협상 경과보고(2013. 8. 20)

3. 국외문헌

ACIR(1973). *City Financial Emergencies: The International Dimension*. Washington, D.C.: Government Printing Office.
______(1985). *Bankruptcies, Defaults, And Other Local Government Financial Emergencies*. Washington, D.C.: Government Printing Office.
______(1987). *Fiscal Discipline in the Federal System: National Reform and the Experience of the States*. Washington, DC: Government Printing Office.

Alter, T.R., McLaughlin, D.K., and Melniker, N.E.(1984). *Analyzing Local Government Fiscal Capacity*, 2nd ed., Pennsylvania State University Cooperative Extension Service, University Park, PA.

Anderson, M.W.(2011). "Democratic Dissolution: Radical Experimentation in State Takeovers of Local Governments", *Fordham URB. L.J.*, 39, 577-623.

Arapis, T., and Georgianni, B.(2013). "The Impact of State Authority on Local Finances under Period of Cyclical Fluctuation: The Case of North Carolina and Florida", *The Journal of Government Financial Management*, 62(1), 34-40.

Berman, D.(1995). "Takeovers of Local Governments: An Overview and Evaluation of State Policies", *Publius*, 25(3), 55-70.

Bohn, H. and R.P. Inman.(1996). "Balanced-budget rules and public deficits: evidence from the U.S. states", *Carnegie-Rochester Conference Series on Public Policy*, Elsevier, 45(1), 13-76.

Brennan, J.(2009). "FAF and GASB: Bringing a Foundation of Trust to Investors and Taxpayers", *Journal of Government Financial Management*, 58(3), 16-18.

Brooks, L. and J. Phillips.(2009). "Municipally Imposed Tax and Expenditure Limits". *Land Lines*, April 2009, Lincoln Institute of Land Policy,

Brown, K.W.(1993). "The 10-Point Test of Financial Condition: Toward an Easy-to-Use Assessment Tool for Smaller Cities", *Government Finance Review* 9(6): 21-26.

Cahill, A.G. and James, J.A.(1992). "Responding to Municipal Fiscal Distress: An Emerging Issue for State Governments in the 1990s", *Public Administration Review*, 52(1), 88-94.

Cahill, A.G., James, J.A., Lavigne, J.E., and Stacy, A.(1994). "State Government Responses to Municipal Fiscal Distress: A Brave New World for State-Local Intergovernmental Relations", *Public Productivity & Management Review*, 17(3), 253-264.

CBO, Economic and Budget Issue Brief.(2010). Fiscal Stress Faced by Local Governments.

Chaney, B.A., Mead, M.D., and Schermann, K.R.(2002). "The New Governmental Financial Reporting Model: What It Means for Analyzing Government Financial Condition", *The Journal of Government Ginancial Management*, 51(1), 26-31.

Cavanaugh, T.(2013). "When Cities Go Bankrupt", *Reason*, 44, 8.

Coe, C.K.(2008). "Preventing Local Government Fiscal Crisis: Emerging Best Practices", *Public Administration Review*, 68(4), 759-767.

Deal, K.H., Heier, J.R., and Kamnikar, J.A.(2013). "40 Years Later: An Analysis of

Current Municipal Bankruptcy Cases", The Journal of Government Financial Management, 62(1), 26-32.

Dimock, E.J.(1935). Legal Problems of Financially Embarrassed Municipalities. American sections on Municipal Law Summary of Proceedings of the First Annual Meeting 1A.B.A.

Farmer, Liz.(2013). "The 'B' Word: Is Municipal Bankruptcy's Stigma Fading?", *Governing*, March 2013.

Fisher, R.C., and Bristle, A.(2012). "State Intergovernmental Grant Programs". In R.D. Ebel and J.E. Petersen(eds.), *The Oxford Handbook of State and Local Government Finance*(Chapter 10, pp. 246-267). Oxford University Press.

Fraser, B.S.(2012). "The Prospect of Municipal or State Defaults on Bond Obligations: An In-Depth Look at the Impact of Rising Financial Distress in State and Local Governments", *Aspatore Special Report*, Aspatore.

Fraser, B.S., and Kremer, A.(2012). "The Emergence of State and Municipal Bankruptcies: An In-Depth Look at the Impact of Rising Financial Distress in State and Local Governments", *Aspatore Special Report*, Aspatore.

Freeman, R.J., Allison, G.S.(2006). "A Century of Governmental Accounting and Financial Reporting Leadership", *Government Finance Review*, 22(2), 40-47.

Freeman, R.J, Shoulders, G.D., Allison, G.S., Patton, T.K., and Smith, G.R. Jr.(2009). *Governmental and Nonprofit Accounting: Theory and Practice*, Pearson Prentice Hall.

Gauthier, S.J.(2009). "Fund Balance: New and Improved", *Government Finance Review*, April 2009. 10-14.

GASB(2009). Statement No. 54 of the Governmental Accounting Standards Board: Fund Balance Reporting and Governmental Fund Type Definitions, *Governmental Accounting Standards Series*, No. 287-B.

Gianakis, G., and Snow, D.(2007). "The Implementation and Utilization of Stabiliation Funds by Local Government in Massachusetts". *Public Budgeting & Finance*, 27(1), 86-103.

Gillette, C.P.(2014). "Dictatorship for Democracy: Takeovers of Financially Failed Cities". *Columbia Law Review*, 114, 1373-1462.

Goodnough, A.(2011). "One More Job Lost in the Recession: The Mayors", *The New York Times*. 2011/02/22.

Gordon, T.M.(2012). "State and Local Fiscal Institutions in Recession and Recovery". In R.D. Ebel and J.E. Petersen(eds.), *The Oxford Handbook of State and Local*

Government Finance(Chapter 10, pp. 246-267). Oxford University Press.

Groves, S.M., and Valente, M.G.(1994). *Evaluating Financial Condition: A Handbook for Local Government*, 3rd ed., Washington, D.C.: International City/County Management Association.

Groves, S.M., Valente, M.G. and Nollenberger, K.(2003). *Evaluating Financial Condition: A Handbook for Local Government.* Washington, DC: International City/County Management Association.

Hagen, J.(2005). Political Economy of Fiscal Institutions. Discussion Paper No. 149. Governance and the Efficiency of Economic Systems.

Hendrick, R.(2004). "Assessing and Measuring the Fiscal Health of Local Governments: Focus on Chicago Suburban Municipalities", *Urban Affairs Review*, 40(1), 78-114.

______(2011). *Managing the Fiscal Metropolis: The Financial Policies, Practices, and Health of Suburban Municipalities.* Washington, D.C.: Georgetown University Press.

Hoene, C.(2004). "Fiscal Structure and the Post-Proposition 13 Fiscal Regime in California's Cities", *Public Budgeting and Finance*, 24(4), 51-72.

Honadle, B.W.(2003). "The States' Role in U.S. Local Government Fiscal Crises: A Theoretical Model and Results of a National Survey", *International Journal of Public Administration*, 26(13), 1431-1472.

______(2012). "Local Government Fiscal Health: An Intergovernmental Perspective". In H. Levine, J. B. Justice, and E.A. Scorsone.(eds.), *Handbook of Local Government Fiscal Health* (Chapter 14, pp.367-386). Burlington, MA: Jones & Bartlett Learning.

Honadle, B.W., Costa, J.M., and Cigler, B.A.(2004). *Fiscal Health for Local Governments: An Introduction to Concepts, Practical Analysis, and Strategies.* San Diego, CA: Elsevier Academic Press.

Hou, Y.(2003). Fiscal Discipline as a Capacity Measure of Financial Management by Sub national Governments.

______(2004). "Budget Stabilization Fund: Structural Features of the Enabling Legislation and Balance Levels", *Public Budgeting & Finance*, 24(3), 38-64.

______(2013). *State Government Budget Stabilization: Policy, Tools, and Impacts.* New York: Springer.

______(2015). "Local Government Budget Stabilization: An Introduction". In Y. Hou.(eds.), *Local Government Budget Stabilization: Exploration and Evidence*(Chapter 1, pp.1-16). Switzerland: Springer.

Hou, Y. and Smith, D.L.(2006). "A Framework for Understanding State Balanced Budget Requirement System: Reexamining Distinctive Features and an Operational Definition",

Public Budgeting and Finance, 26(3), 22-45.

______(2010). "Do State Balanced Budget Requirements Matter? Testing Two Explanatory Frameworks", *Public Choice*, 145(1/2), 57-79

Hren, H., Morelli, M., and Briggs, L.(1997). "Missed Opportunity: Urban Fiscal Crisis and Financial Control Boards", *Harvard Law Review* 110(3), 733-750.

Ives, M. and Calabrese, T.(2013). "Employee Benefit Financing and Municipal Bankruptcy", *The Journal of Government Financial Management*, 62(1), 12-18.

Jacob, B. and Hendrick, R.(2012). "Assessing the Financial Condition of Local Governments: What Is Financial Condition and How Is It Measured?", In H. Levine, J.B. Justice, and E.A. Scorsone.(eds.), *Handbook of Local Government Fiscal Health*(Chapter 2, pp. 11-42). Burlington, MA: Jones & Bartlett Learning.

James, F.J., with Allan Wallis.(2004). "Tax and Spending Limits in Colorado", *Public Budgeting & Finance*, 24(4), 16-33.

Justice, J.B., and Miller, G.J.(2007). "Decision Making, Institutions, Elite Control, and Responsiveness in Public Administration History". In J. Rabin, W.B. Hildreth, and G.J. Miller.(eds). *Handbook of Public Administration: Third Edition*(Chapter 7, pp. 251-314). Boca Raton, FL: CRC Press.

Justice, J.B., and Scorsone, E.A.(2012). "Measuring and Predicting Local Government Fiscal Stress: Theory and Practice". In H. Levine, J.B. Justice, and E.A. Scorsone.(eds.), *Handbook of Local Government Fiscal Health*(Chapter 3, pp.43-76). Burlington, MA: Jones & Bartlett Learning.

Kimhi, O.(2008). "Reviving Cities: Legal Remedies to Municipal Financial Crises", *Boston University Law Review*, 88, 633-684.

Kleine, R., Kloha, P., & Weissert, C.S.(2003). "Monitoring Local Government Fiscal Health: Michigan's New 10-Point Scale of Fiscal Distress". *Government Finance Review*, 19(3): 18-23.

Kloha, P., Weissert, C.S., and Kleine, R.(2005a). "Someone To Watch Over Me: State Monitoring of Local Fiscal Conditions", *American Review of Public Administration*, 35(3), 236-255.

______(2005b). "Developing and Testing a Composite Model to Predict Local Fiscal Distress", *Public Administration Review*, 65(3), 313-323.

Kossis, L.(2012). "Notes: Examining The Conflict Between Municipal Receivership and Local Autonomy", *Virginia Law Review*, 98, 1109-1148.

Kremer, A.J.(2012). The Rising Tide of Municipal Bankrupcies, ASPATORE Special Report.

Ladd, H.F., & Yinger, J.(1989). *American's Ailing Cities: Fiscal Health and the Design of Urban Policy.* Baltimore, MD: Johns Hopkins University Press.

Maciag, M.(2013). "How Rare Are Municipal Bankruptcies?: Local governments rarely opt to file for bankruptcy", *Governing*, January 24, 2013.

Maher, C.S.(2013). "Measuring Financial Condition: An Essential Element of Management During Periods of Fiscal Stress", *The Journal of Government Financial Management*, 62(1), 20-25.

Maher, C. and Deller, S.C.(2011). "Measuring Municipal Fiscal Condition: Do Objective Measures of Fiscal Health Relate to Subjective Measures?", *Journal of Public Budgeting, Accounting & Financial Management*, 23(3), 427-450.

______(2012). "Measuring the Impacts of TELs on Municipal Financial Conditions". In H. Levine, J. B. Justice, and E.A. Scorsone.(eds.), *Handbook of Local Government Fiscal Health*(Chapter 16, pp.405-430). Burlington, MA: Jones & Bartlett Learning.

Maher, C.S., and Nollenberger, K.(2009). "Revisiting Kenneth Brown's "10-Point Test"", *Government Finance Review*, October 61-66.

Marlowe, J.(2013). "Fiscal Slack, Reserves, and Rainy-Day Funds". In H. Levine, J.B. Justice, and E. A. Scorsone.(eds.), *Handbook of Local Government Fiscal Health*(Chapter 12, pp. 321-342). Burlington, MA: Jones & Bartlett Learning.

Martell, C.R., and Greenwade, A.(2012). "Profile of Local Government Finance". In R.D. Ebel and J. E. Petersen(eds.), *The Oxford Handbook of State and Local Government Finance*(Chapter 7, pp. 176-197). Oxford University Press.

McConnell, M.W., and Picker, R.C.(1993). "When Cities Go Broke, A Conceptual Introduction to Municipal Bankruptcy", 60, *U. CHI. L. REV.* 470.

Mead, D.M.(2006). "A Manageable System of Economic Condition Analysis for Government". In H.A. Frank.(eds.), *Public Finajknce Management.* Boca Raton, FL: Taylor & Francis.

______(2008). *State and Local Government Use of Generally Accepted Accounting Principles for General Purpose External Financial Reporting.* Nowalk, CT: GASB.

______(2012). "The Development of External Financial Reporting and Its Relationship to the Assessment of Fiscal Health and Stress". In H. Levine, J.B. Justice, and E.A. Scorsone. (eds.), *Handbook of Local Government Fiscal Health*(Chapter 4, pp.77-124). Burlington, MA: Jones & Bartlett Learning.

Mikesell, J.L.(2002), *Subnational Government Bankruptcy, Default, and Fiscal Crisis in the United States*, International Studies Program, Andrew Young School of Policy Studies, Georgia State University.

Mullins, D.R.(2010). "Fiscal limitations on local choice: the imposition and effects of local government tax and expenditure limitations". In S. Wallace(eds.), *State and Local Fiscal Policy: Thinking Outside the Box?*(Chapter 9, pp.201-265). Cheltenham, UK·Northampton, MA, USA: Edward Elgar.

Mullins, D.R., and Wallin, B.A.(2004). "Tax and Expenditure Limitations: Introduction and Overview", *Public Budgeting & Finance*, 24(4), 2-15.

National Association of State Budget Officers(NASBO). (2015, Spring). *Budget Processes in the States.* Washington, DC: NASBO.

National Conference of State Legislators [NCSL] (2010, November 12). *NCSL Fiscal Brief: State Balance Budget Provisions.* Washington, DC: National Conference of State Legislators.

Pagano, M.A., and Shock, D.R.(2007). "Capital Budgets: The Building Blocks for Government Infrastructure". *Government Finance Review* 23/3.

Pammer, W.J. Jr.(1990). *Managing Fiscal Strain in Major American Cities: Understanding Retrenchment in the Public Sector.* New York·Westport· Connecticut·London: GREENWOOD PRESS.

Pew Charitable Trusts(2016). State Strategies to Detect Local Fiscal Distress: How states assess and monitor the financial health of local governments.

______(2013). The State Role in Local Government Financial Distress: As cities confront financial Challenges, states weigh whether to help them pull through.

Plerhoples, T., and Scorsone, E.(2010). *An assessment of Michigan's local government fiscal indicator system*(Issue paper). Lansing, MI: Michigan Senate Fiscal Agency.

Public Financial Management(2011), "State Programs for Municipal Financial Recovery: An Overview".

Richardson, J.J. Jr.(2011). "Dillon's Rule is From Mars, Home Rule is From Venus: Local Government Autonomy", *The Journal of Federalism* 41/4.

Richardson, J.J. Jr., Gough, M.Z., and Puentes, R.(2003). Is home rule the answer? Clarifying the impact of Dillon's Rule on growth management.

Ritonga, I.T.(2014). *Modelling Local Government Financial Conditions in Indonesia*, Doctoral Thesis, Victoria University, Melbourne, Australia.

Rivenbark, W.C. and Roenigk, D.J.(2011). Implementation of Financial Condition Analysis in Local Government.

Rivenbark, W.C., Roenigk, D.J., and Allison, G.S.(2009). "Communicating Financial Condition to Elected Officials in Local Government", *Popular Government*, Fall 4-13.

______(2010). "Conceptualizing Financial Condition in Local Government", *Journal of*

Public Budgeting, Accounting & Financial Management, 22(2), 149-177.

Rodriguez-Tejedo, I.(2012). "The Determinants of the Structure of Rainy Day Funds", *Public Administration Review*, 72(3), 376-386.

Scorsone, E.(2014). *Municipal Fiscal Emergency Laws: Background and Guide to State-Based Approaches*, Mercatus Center of George Mason University.

Scorsone, E. and Wright, A.(2013). "Chapter 9 as a Conduit for Restructuring Public Contracts", *The Journal of Government Financial Management*, 62(1), 50-55.

Shoulders, C.D., and Freeman, R.J.(2012). "Government Financial-Reporting Standards: Reviewing the Past and Present, Anticipating the Future". In R.D. Ebel and J.E. Petersen(eds.), *The Oxford Handbook of State and Local Government Finance* (Chapter 28, pp.268-). Oxford University Press.

Smith, D.L., and Hou, Y.(2013). "Balanced Budget Requirements and State Spending: A Long-Panel Study", *Public Budgeting and Finance*, Summer 2013, 1-18.

Snow, D., Gianakis, G.A., and Haughton, J.(2015). "The Politics of Local Government Stabilization Funds". *Public Administration Review*, 75(2), 304-314.

Spiotto, J.E.(2013). "The Role of the State in Supervising and Assisting Municipalities, Especially in Times of Financial Distress", *Municipal Finance Journal*, 34(1), 1-32.

______(2012). "Financial Emergencies: Default and Bankruptcy". In R.D. Ebel and J.E. Petersen(eds.), *The Oxford Handbook of State and Local Government Finance* (Chapter 27, pp.756-782). Oxford University Press.

Spiotto, J.E., Acker, A.E., and Appleby, L.E.(2012). *Municipalities in Distress? How States and Investors Deal with Local Government Financial Emergencies*. Chicago, IL: Chapman and Cutler LLP.

Stonecash, J.(1998). "The Politics of State-Local Fiscal Relation"s. In R. Hanson(ed..), *Governing Partners: State-local relations in the United States*, Boulder, CO: Westview.

Trussel, J.M., and Patrick, P.A.(2009). "A Predictive Model of Fiscal Distress in Local Governments", *Journal of Public Budgeting, Accounting & Financial Management*, 21(4), 578-616.

______(2012). "A Survival Analysis of U.S. Municipalities in Fiscal Distress", *International Journal of Public Administration*, 35, 620-633.

Wagner, G.A., and Elder, E.M.(2005). "The Role of Budget Stabilization Funds in Smoothing Government Expenditures over the Budget Cycle", *Public Finance Review*, 33(4), 439-465.

Wallin, B.A.(2004). "The Tax Revolt in Massachusetts: Revolution and Reason", *Public Budgeting & Finance*, 24(4), 34-50

Wang, X., Dennis, L., and Tu, Y.S.(2007). "Measuring Financial Condition: A Study of U.S. States", *Public Budgeting & Finance*, Summer, 1-21.

Weikart, L.A.(2012). "Monitoring the Fiscal Health of Amrica's Cities". In H. Levine, J.B. Justice, and E.A. Scorsone.(eds.), *Handbook of Local Government Fiscal Health* (Chapter 15, pp. 387-404). Burlington, MA: Jones & Bartlett Learning.

Wildasin, D.E.(2009). Intergovernmental Transfers to Local Governments. Prepared for presentation at a "Lincoln Institute conference on "The Changing Landscape of Local Public Revenues". Boston, June, 2009.

Wolkoff, M.(1987). "An Evaluation of Municipal Rainy Day Funds", *Public Budgeting & Finance*, 7(2), 52-63.

Yusuf, Juita-Elena(Wie), Fowles, J., Grizzle, C., and Liu, G.(2012). "State Fiscal Constraints on Local Government Borrowing Effects on Scale and Cost". In H. Levine, J.B. Justice, and E. A. Scorsone.(eds.), *Handbook of Local Government Fiscal Health*(Chapter 19, pp.475-504). Burlington, MA: Jones & Bartlett Learning.

부 록

[부록 1] 회계연도별 경상남도 세입·세출 결산자료

1. 세입 결산자료(2003~2013)
2. 세출 결산자료(2008~2013)

[부록 2] 경상남도 자체 재정통계 자료

1. 일반재원 세입구조 및 추세 변화(2003~2013)
2. 일반재원 세출구조 및 추세 변화(2004~2013)
3. 채무잔액(1995~2010)
4. 법정의무경비 미지급 이월 내역(2005~2013)
5. 2013년 당초예산 자체사업비 내역

[부록 1] 회계연도별 경상남도 세입·세출 결산자료

1. 세입 결산자료(2003~2013년)

〈2003년도 세입 결산자료〉

(단위 : 원)

1. 일반재원			
	100		**713,089,955,240**
		공동시설세	25,432,314,910
		등록세	349,829,721,520
		레저세	54,208,430,130
		면허세	3,054,010,930
		지난년도수입	13,760,757,840
		지역개발세	1,609,279,340
		취득세	265,195,440,570
	200		**103,945,295,850**
		공공예금이자수입	35,453,859,440
		공사공단전입금	
		공유재산임대료	253,373,710
		과태료및범칙금수입	319,174,420
		국유재산매각귀속수입금	1,042,339,320
		기타사용료	593,411,270
		기타수수료	126,627,090
		기타이자수입	262,443,050
		기타잡수입	10,982,264,980
		도로사용료	480,487,640
		민간융자금회수수입	8,456,000,000
		민간융자금회수이자수입	1,343,602,210
		배당금수입	
		변상금	5,731,220
		불용불품매각대	97,742,690
		사업장생산수입	938,424,590
		시도비반환금수입	6,746,602,380
		시도유재산매각귀속수입금	2,618,162,600
		위약금	183,077,080
		입장료수입	130,384,300
		주차요금수입	
		증지수입	2,073,860,120
		지난년도수입	608,529,160
		징수교부금수입	3,775,326,910
		통행료수입	6,335,032,870
		기타사업수입	8,676,628,090
		하천사용료	12,442,210,710
	300		**978,612,774,000**
		지방교부세(보통)	355,435,000,000
		지방교부세(증액교부금)	623,177,774,000
2. 특정재원			
	100		**221,859,335,110**
		지방교육세	221,859,335,110
	200		**39,163,365,290**
		교육비특별회계전입금	
		국고보조금사용잔액	10,041,912,000
		일반부담금	22,313,026,860
		자치단체간부담금	6,808,426,430
	300		
		지방양여금	234,495,746,000
	500		**2,067,611,859,780**
		국가균형특별회계보조금	
		국고보조금 등	2,067,611,859,780
		기금	
3. 차입금			
	600		**58,000,000,000**
		정부자금채	58,000,000,000
		지역개발기금시도융자금수입	
4. 제외			
	200		**499,501,608,730**
		순세계잉여금	99,727,110,290
		전년도이월사업비	399,774,498,440
총합계			**4,916,279,940,000**

〈2004년도 세입 결산자료〉

(단위 : 원)

1. 일반재원			
	100		**708,646,169,910**
		공동시설세	28,787,778,420
		등록세	348,176,861,710
		레저세	38,013,552,530
		면허세	3,200,994,930
		지난년도수입	12,144,994,650
		지역개발세	1,348,440,330
		취득세	276,973,547,340
	200		**106,810,796,270**
		공공예금이자수입	23,887,543,360
		공사공단전입금	
		공유재산임대료	267,242,430
		과태료및범칙금수입	483,135,000
		국유재산매각귀속수입금	1,325,141,670
		기타사용료	571,845,300
		기타수수료	602,938,820
		기타이자수입	389,364,370
		기타잡수입	26,904,436,980
		도로사용료	544,950,780
		민간융자금회수수입	8,045,000,000
		민간융자금회수이자수입	
		배당금수입	
		변상금	229,903,330
		불용불품매각대	186,050,570
		사업장생산수입	938,117,490
		시도비반환금수입	9,969,091,850
		시도유재산매각귀속수입금	1,402,626,050
		위약금	339,475,370
		입장료수입	145,110,400
		주차요금수입	
		증지수입	2,056,855,990
		지난년도수입	1,179,830,390
		징수교부금수입	5,988,786,740
		통행료수입	4,993,983,000
		기타사업수입	2,595,035,980
		하천사용료	13,764,330,400
		기금전입금	132,665,690
	300		**404,852,427,000**
		지방교부세(보통)	349,057,000,000
		지방교부세(증액교부금)	55,795,427,000
2. 특정재원			
	100		**231,317,554,150**
		지방교육세	231,317,554,150
	200		**38,255,576,680**
		교육비특별회계전입금	
		국고보조금사용잔액	6,139,025,000
		일반부담금	15,020,677,680
		자치단체간부담금	17,095,874,000
	300		
		지방양여금	228,293,744,000
	500		**1,049,729,009,930**
		국가균형특별회계보조금	
		국고보조금 등	1,049,729,009,930
		기금	
3. 차입금			
	600		**133,600,000,000**
		정부자금채	108,200,000,000
		지역개발기금시도융자금수입	25,400,000,000
4. 제외			
	200		**550,530,473,870**
		순세계잉여금	122,862,324,190
		전년도이월사업비	427,668,149,680
총합계			**3,452,168,417,500**

〈2005년도 세입 결산자료〉

(단위 : 원)

1. 일반재원			
	100		**897,094,537,090**
		공동시설세	27,189,053,810
		등록세	400,590,777,580
		레저세	39,340,348,780
		면허세	3,332,478,000
		지난년도수입	15,329,685,370
		지역개발세	1,346,041,300
		취득세	409,966,152,250
	200		**99,874,800,030**
		공공예금이자수입	21,302,980,090
		공사공단전입금	
		공유재산임대료	747,304,400
		과태료및범칙금수입	706,338,550
		국유재산매각귀속수입금	1,426,576,290
		기타사용료	1,037,287,440
		기타수수료	843,387,010
		기타이자수입	156,177,270
		기타잡수입	22,783,840,280
		도로사용료	564,139,470
		민간융자금회수수입	9,114,000,000
		민간융자금회수이자수입	
		배당금수입	954,660,000
		변상금	32,931,490
		불용불품매각대	124,677,950
		사업장생산수입	1,034,479,260
		시도비반환금수입	9,001,898,610
		시도유재산매각귀속수입금	3,794,518,020
		위약금	474,238,960
		입장료수입	151,977,700
		주차요금수입	
		증지수입	2,361,777,340
		지난년도수입	801,514,070
		징수교부금수입	6,023,760,850
		통행료수입	3,362,215,160
		기타사업수입	
		하천사용료	13,074,119,820
		기금전입금	
	300		**410,199,557,000**
		지방교부세(보통)	410,199,557,000
		지방교부세(증액교부금)	
2. 특정재원			
	100		**224,925,523,560**
		지방교육세	224,925,523,560
	200		**33,899,249,860**
		교육비특별회계전입금	
		국고보조금사용잔액	2,307,791,000
		일반부담금	1,895,281,860
		자치단체간부담금	29,696,177,000
	300		
		지방양여금	
	500		**1,427,607,152,270**
		국가균형특별회계보조금	560,255,692,000
		국고보조금	800,969,619,150
		기금	66,381,841,120
3. 차입금			
	600		**46,300,000,000**
		정부자금채	5,000,000,000
		지역개발기금시도융자금수입	41,300,000,000
4. 제외			
	200		**562,613,904,390**
		순세계잉여금	164,287,886,000
		전년도이월사업비	398,326,018,390
총합계			**3,702,514,724,200**

〈2006년도 세입 결산자료〉

(단위 : 원)

1. 일반재원			
	100		**993,914,382,590**
		공동시설세	31,993,323,750
		등록세	457,737,117,420
		레저세	52,688,018,540
		면허세	3,421,109,310
		지난년도수입	17,272,441,570
		지역개발세	1,368,514,710
		취득세	429,433,857,290
	200		**92,515,935,090**
		공공예금이자수입	24,304,031,990
		공사공단전입금	
		공유재산임대료	304,549,280
		과태료및범칙금수입	626,870,650
		국유재산매각귀속수입금	1,754,588,290
		기타사용료	1,391,413,520
		기타수수료	932,263,760
		기타이자수입	320,681,730
		기타잡수입	5,707,180,610
		도로사용료	614,515,690
		민간융자금회수수입	7,563,000,000
		민간융자금회수이자수입	
		배당금수입	581,888,000
		변상금	147,321,560
		불용불품매각대	142,592,460
		사업장생산수입	914,994,670
		시도비반환금수입	11,825,174,350
		시도유재산매각귀속수입금	3,848,615,970
		위약금	330,481,880
		입장료수입	323,345,900
		주차요금수입	
		증지수입	2,255,970,430
		지난년도수입	555,956,810
		징수교부금수입	6,349,398,400
		통행료수입	2,927,144,890
		기타사업수입	
		하천사용료	18,793,954,250
		기금전입금	
		기부금	80,000,000
	300		**518,262,523,000**
		지방교부세(보통)	518,262,523,000
		지방교부세(증액교부금)	
2. 특정재원			
	100		**256,600,006,940**
		지방교육세	256,600,006,940
	200		**51,827,312,210**
		교육비특별회계전입금	5,223,420,000
		국고보조금사용잔액	877,388,380
		일반부담금	15,725,026,830
		자치단체간부담금	30,001,477,000
	300		
		지방양여금	
	500		**1,872,086,215,870**
		국가균형특별회계보조금	618,352,168,000
		국고보조금	1,184,155,000,000
		기금	69,579,047,870
3. 차입금			
	600		**57,917,000,000**
		정부자금채	57,917,000,000
		지역개발기금시도융자금수입	
4. 제외			
	200		**522,831,084,090**
		순세계잉여금	188,013,415,900
		전년도이월사업비	334,817,668,190
총합계			**4,366,034,459,790**

〈2007년도 세입 결산자료〉

(단위 : 원)

1. 일반재원			
	100		**1,053,413,984,600**
		공동시설세	34,122,012,320
		등록세	491,488,113,920
		레저세	65,314,210,750
		면허세	3,484,973,990
		지난년도수입	15,137,938,960
		지역개발세	1,354,610,640
		취득세	442,512,124,020
	200		**92,211,175,330**
		공공예금이자수입	32,161,400,710
		공사공단전입금	
		공유재산임대료	277,746,250
		과태료및범칙금수입	1,056,044,390
		국유재산매각귀속수입금	1,206,075,230
		기타사용료	2,676,113,350
		기타수수료	971,275,090
		기타이자수입	105,335,790
		기타잡수입	4,102,829,570
		도로사용료	651,943,300
		민간융자금회수수입	6,528,800,000
		민간융자금회수이자수입	
		배당금수입	500,060,000
		변상금	37,516,930
		불용불품매각대	234,691,100
		사업장생산수입	802,288,000
		시도비반환금수입	8,557,861,150
		시도유재산매각귀속수입금	1,969,877,570
		위약금	393,708,880
		입장료수입	610,191,750
		주차요금수입	
		증지수입	2,490,509,080
		지난년도수입	1,213,930,500
		징수교부금수입	7,562,677,720
		통행료수입	2,651,874,820
		기타사업수입	
		하천사용료	15,448,424,150
		기금전입금	
		기부금	
		기타회계전입금	5,000,000,000
	300		**649,208,321,000**
		지방교부세(보통)	649,208,321,000
		지방교부세(증액교부금)	
2. 특정재원			
	100		**283,007,185,490**
		지방교육세	283,007,185,490
	200		**58,640,805,950**
		교육비특별회계전입금	6,083,895,000
		국고보조금사용잔액	867,910,030
		일반부담금	17,767,489,920
		자치단체간부담금	33,921,511,000
	300		
		지방양여금	
	500		**1,769,629,411,000**
		국가균형특별회계보조금	676,916,245,000
		국고보조금	1,020,045,249,000
		기금	72,667,917,000
3. 차입금			
	600		**39,700,000,000**
		정부자금채	
		지역개발기금시도융자금수입	39,700,000,000
4. 제외			
	200		**662,858,216,920**
		순세계잉여금	301,852,634,740
		전년도이월사업비	361,005,582,180
총합계			**4,613,669,100,290**

〈2008년도 세입 결산자료〉

행 레이블	합계 : 수납액	
1일반재원	**1,778,237,311,400**	**1,778,237,311,400**
100	**1,187,252,979,170**	**1,187,252,979,170**
공동시설세	36,746,869,100	36,746,869,100
등록세	567,364,118,630	567,364,118,630
레저세	87,301,866,390	87,301,866,390
면허세	3,381,277,870	3,381,277,870
지난년도수입	11,426,259,170	11,426,259,170
지역개발세	1,520,527,710	1,520,527,710
취득세	479,512,060,300	479,512,060,300
200	**117,536,332,230**	**117,536,332,230**
공공예금이자수입	40,016,243,140	40,016,243,140
공사・공단전입금	1,555,000,000	1,555,000,000
공유재산임대료	322,861,270	322,861,270
과태료및범칙금수입	953,196,240	953,196,240
국유재산매각귀속수입금	1,754,563,880	1,754,563,880
기타사용료	3,334,728,320	3,334,728,320
기타수수료	961,007,150	961,007,150
기타이자수입	441,512,270	441,512,270
기타잡수입	9,546,409,690	9,546,409,690
도로사용료	709,573,790	709,573,790
민간융자금회수수입	7,342,116,150	7,342,116,150
배당금수입	636,440,000	636,440,000
변상금	25,663,310	25,663,310
불용품매각대	180,873,770	180,873,770
사업장생산수입	953,043,210	953,043,210
시・도비반환금수입	12,084,370,480	12,084,370,480
시・도유재산매각귀속수입금	1,273,723,470	1,273,723,470
위약금	365,304,270	365,304,270
입장료수입	999,505,230	999,505,230
주차요금수입	74,516,900	74,516,900
증지수입	2,640,951,420	2,640,951,420
지난년도수입	545,936,240	545,936,240
징수교부금수입	13,541,217,120	13,541,217,120
통행료수입	1,149,132,300	1,149,132,300
하천사용료	16,128,442,610	16,128,442,610
300	**473,448,000,000**	**473,448,000,000**
지방교부세(보통)	473,448,000,000	473,448,000,000
2특정재원	**2,586,613,690,530**	**2,586,613,690,530**
100	**330,301,268,000**	**330,301,268,000**
지방교육세	330,301,268,000	330,301,268,000
200	**35,821,136,030**	**35,821,136,030**
교육비특별회계전입금	6,083,895,000	6,083,895,000
국고보조금사용잔액	2,222,174,630	2,222,174,630
일반부담금	6,337,119,400	6,337,119,400
자치단체간부담금	21,177,947,000	21,177,947,000
300	**83,221,912,000**	**83,221,912,000**
지방교부세	83,221,912,000	83,221,912,000
500	**2,137,269,374,500**	**2,137,269,374,500**
국가균형특별회계보조금	730,469,088,000	730,469,088,000
국고보조금	1,344,537,309,000	1,344,537,309,000
기금	62,262,977,500	62,262,977,500
3차입금	**93,850,000,000**	**93,850,000,000**
600	**93,850,000,000**	**93,850,000,000**
정부자금채	-	-
지역개발기금시・도용자금수입	93,850,000,000	93,850,000,000
4제외	**576,491,563,850**	**576,491,563,850**
200	**576,491,563,850**	**576,491,563,850**
순세계잉여금	251,268,029,900	251,268,029,900
전년도이월사업비	325,223,533,950	325,223,533,950
총합계	**5,035,192,565,780**	**5,035,192,565,780**

<세입>

총세입	4,458,701,001,930
일반재원(A)	1,778,237,311,400
특정재원(B)	2,586,613,690,530
차입금(C)	93,850,000,000
예산편성 (A)+(C)	1,872,087,311,400
세출수요 ((A)+(C)+이월)	

4제외(규모에서 제외)

- 순세계잉여금 : 2011년도 결산 순세계잉여금은 2012년도 세입으로 중복 계상되므로 규모에서 제외
- 전년도이월사업비 : 전년도에 세입으로 잡았기에 현년도에서 제외

〈2009년도 세입 결산자료〉

행 레이블	합계 : 수납액	
1일반재원	1,660,038,862,400	1,660,038,862,400
100	1,083,308,234,200	1,083,308,234,200
공동시설세	37,403,127,480	37,403,127,480
등록세	496,463,507,620	496,463,507,620
레저세	100,789,469,870	100,789,469,870
면허세	3,457,385,850	3,457,385,850
지난년도수입	19,016,299,200	19,016,299,200
지역개발세	1,127,455,760	1,127,455,760
취득세	425,050,988,420	425,050,988,420
200	92,521,628,200	92,521,628,200
공공예금이자수입	20,002,901,650	20,002,901,650
공사·공단전입금	2,200,000,000	2,200,000,000
공유재산임대료	342,832,460	342,832,460
과징금및이행강제금	534,861,960	534,861,960
과태료	323,767,870	323,767,870
국고보조금사용잔액	2,332,622,010	2,332,622,010
국유재산매각귀속수입금	1,709,909,590	1,709,909,590
기타사용료	3,937,976,030	3,937,976,030
기타수수료	395,620,280	395,620,280
기타이자수입	83,766,040	83,766,040
기타잡수입	7,539,431,640	7,539,431,640
도로사용료	887,028,510	887,028,510
민간융자금회수수입	7,462,720,380	7,462,720,380
배당금수입	531,882,000	531,882,000
변상금및위약금	234,868,830	234,868,830
불용품매각대	450,482,300	450,482,300
사업장생산수입	1,124,435,130	1,124,435,130
시·도비반환금수입	17,555,473,960	17,555,473,960
시·도유재산매각귀속수입금	1,713,885,760	1,713,885,760
입장료수입	844,916,550	844,916,550
주차요금수입	30,174,600	30,174,600
증지수입	2,601,906,100	2,601,906,100
지난년도수입	282,909,060	282,909,060
징수교부금수입	8,710,155,730	8,710,155,730
통행료수입	73,662,470	73,662,470
하천사용료	10,613,437,290	10,613,437,290
300	484,209,000,000	484,209,000,000
지방교부세(보통)	339,509,000,000	339,509,000,000
지방교부세(부동산)	144,700,000,000	144,700,000,000
2특정재원	3,196,796,669,000	3,196,796,669,000
100	310,909,734,690	310,909,734,690
지방교육세	310,909,734,690	310,909,734,690
200	48,156,458,790	48,156,458,790
교육비특별회계전입금	11,567,332,000	11,567,332,000
기타회계전입금	2,000,000,000	2,000,000,000
일반부담금	10,408,812,750	10,408,812,750
자치단체간부담금	24,180,314,040	24,180,314,040
300	157,020,750,000	157,020,750,000
지방교부세	157,020,750,000	157,020,750,000
500	2,680,709,725,520	2,680,709,725,520
국가균형특별회계보조금	844,881,377,000	844,881,377,000
국고보조금	1,749,544,994,520	1,749,544,994,520
기금	86,283,354,000	86,283,354,000
3차입금	242,300,000,000	242,300,000,000
600	242,300,000,000	242,300,000,000
정부자금채	35,600,000,000	35,600,000,000
지역개발기금시·도융자금수입	206,700,000,000	206,700,000,000
4제외	473,621,360,730	473,621,360,730
200	473,621,360,730	473,621,360,730
순세계잉여금	162,899,060,010	162,899,060,010
전년도이월사업비	310,722,300,720	310,722,300,720
총합계	5,572,756,892,130	5,572,756,892,130

<세입>

총세입	5,099,135,531,400
일반재원(A)	1,660,038,862,400
특정재원(B)	3,196,796,669,000
차입금(C)	242,300,000,000
예산편성 (A)+(C)	1,902,338,862,400
세출수요 ((A)+(C)+이월)	

4제외(규모에서 제외)
- 순세계잉여금 : 2011년도 결산 순세계잉여금은 2012년도 세입으로 중복 계상되므로 규모에서 제외
- 전년도이월사업비 : 전년도에 세입으로 잡았기에 현년도에서 제외

〈2010년도 세입 결산자료〉

행 레이블	합계 : 수납액	
1일반재원	**1,944,385,043,100**	**1,944,385,043,100**
100	**1,520,094,270,750**	**1,520,094,270,750**
공동시설세	41,576,031,150	41,576,031,150
등록세	586,908,270,290	586,908,270,290
레저세	108,308,691,540	108,308,691,540
면허세	3,514,213,220	3,514,213,220
지난년도수입	12,106,421,120	12,106,421,120
지방소비세	273,176,415,470	273,176,415,470
지역개발세	1,336,010,060	1,336,010,060
취득세	493,168,217,900	493,168,217,900
200	**102,293,772,350**	**102,293,772,350**
공공예금이자수입	13,608,976,790	13,608,976,790
공유재산임대료	422,257,620	422,257,620
과징금및이행강제금	347,715,530	347,715,530
과태료	551,385,280	551,385,280
국유재산매각귀속수입금	2,421,165,330	2,421,165,330
기금전입금	16,651,156,500	16,651,156,500
기타사용료	9,541,802,660	9,541,802,660
기타수수료	425,167,180	425,167,180
기타이자수입	150,177,820	150,177,820
기타잡수입	7,038,184,940	7,038,184,940
도로사용료	1,070,705,690	1,070,705,690
민간융자금회수수입	8,339,224,660	8,339,224,660
배당금수입	350,042,000	350,042,000
변상금및위약금	378,370,260	378,370,260
불용품매각대	148,876,400	148,876,400
사업장생산수입	1,181,799,910	1,181,799,910
시・도비반환금수입	15,280,721,120	15,280,721,120
시・도유재산매각귀속수입금	2,228,479,430	2,228,479,430
입장료수입	906,362,420	906,362,420
주차요금수입	71,956,900	71,956,900
증지수입	2,998,215,870	2,998,215,870
지난년도수입	794,767,350	794,767,350
징수교부금수입	13,375,996,560	13,375,996,560
하천사용료	4,010,264,130	4,010,264,130
300	**321,997,000,000**	**321,997,000,000**
보통교부세	321,997,000,000	321,997,000,000
2특정재원	**2,943,640,071,790**	**2,943,640,071,790**
100	**325,768,654,000**	**325,768,654,000**
지방교육세	325,768,654,000	325,768,654,000
200	**45,389,573,040**	**45,389,573,040**
교육비특별회계전입금	15,079,920,000	15,079,920,000
국고보조금사용잔액	5,753,894,130	5,753,894,130
기타회계전입금	2,000,000,000	2,000,000,000
일반부담금	5,565,437,110	5,565,437,110
자치단체간부담금	16,990,321,800	16,990,321,800
300	**73,806,777,000**	**73,806,777,000**
분권교부세	54,027,880,000	54,027,880,000
특별교부세	19,778,897,000	19,778,897,000
500	**2,498,675,067,750**	**2,498,675,067,750**
광역・지역발전특별회계보조금	672,818,080,000	672,818,080,000
국고보조금	1,713,505,017,750	1,713,505,017,750
기금	112,351,970,000	112,351,970,000
3차입금	**133,000,000,000**	**133,000,000,000**
600	**133,000,000,000**	**133,000,000,000**
정부자금채	16,860,000,000	16,860,000,000
지역개발기금시・도융자금수입	116,140,000,000	116,140,000,000
4제외	**332,287,136,880**	**332,287,136,880**
200	**332,287,136,880**	**332,287,136,880**
순세계잉여금	134,226,919,780	134,226,919,780
전년도이월사업비	198,060,217,100	198,060,217,100
총합계	**5,353,312,251,770**	**5,353,312,251,770**

<세입>

총세입	5,021,025,114,890
일반재원(A)	1,944,385,043,100
특정재원(B)	2,943,640,071,790
차입금(C)	133,000,000,000
예산편성 (A)+(C)	2,077,385,043,100
세출수요 ((A)+(C)+이월)	

4제외(규모에서 제외)

- 순세계잉여금 : 2011년도 결산 순세계잉여금은 2012년도 세입으로 중복 계상되므로 규모에서 제외
- 전년도이월사업비 : 전년도에 세입으로 잡았기에 현년도에서 제외

〈2011년도 세입 결산자료〉

합계 : 수납액		
행 레이블	요약	
1일반재원	2,250,295,155,340	2,250,295,155,340
100	1,675,844,937,200	1,675,844,937,200
등록면허세	72,165,235,230	72,165,235,230
레저세	93,467,841,480	93,467,841,480
지난년도수입	15,596,541,320	15,596,541,320
지방소비세	304,016,867,460	304,016,867,460
지역자원시설세	46,762,502,080	46,762,502,080
취득세	1,143,835,949,630	1,143,835,949,630
200	115,718,478,140	115,718,478,140
공공예금이자수입	11,737,615,400	11,737,615,400
공유재산임대료	423,353,030	423,353,030
과징금및이행강제금	261,348,080	261,348,080
과태료	816,974,070	816,974,070
국유재산매각귀속수입금	2,036,006,630	2,036,006,630
국유재산임대료	-	-
기금전입금	18,762,068,870	18,762,068,870
기타사업수입	179,621,180	179,621,180
기타사용료	8,434,490,600	8,434,490,600
기타수수료	463,016,120	463,016,120
기타이자수입	303,831,500	303,831,500
기타잡수입	24,638,509,750	24,638,509,750
도로사용료	991,651,270	991,651,270
민간융자금회수수입	7,627,355,660	7,627,355,660
민간융자금회수이자수입	147,369,700	147,369,700
배당금수입	281,852,000	281,852,000
변상금및위약금	189,530,280	189,530,280
불용품매각대	424,289,460	424,289,460
사업장생산수입	1,188,186,440	1,188,186,440
시ㆍ노비반환금수입	16,504,599,150	16,504,599,150
시ㆍ도유재산매각귀속수입금	3,897,939,490	3,897,939,490
입장료수입	969,524,280	969,524,280
주차요금수입	60,815,000	60,815,000
증지수입	2,388,280,450	2,388,280,450
지난년도수입	1,668,811,540	1,668,811,540
징수교부금수입	10,423,074,180	10,423,074,180
하천사용료	898,364,010	898,364,010
300	339,431,740,000	339,431,740,000
보통교부세	336,268,000,000	336,268,000,000
부동산교부세	3,163,740,000	3,163,740,000
600	119,300,000,000	119,300,000,000
정부자금채	119,300,000,000	119,300,000,000
2특정재원	3,109,518,005,353	3,109,518,005,353
100	330,039,723,950	330,039,723,950
지방교육세	330,039,723,950	330,039,723,950
200	53,800,148,173	53,800,148,173
교육비특별회계전입금	15,079,920,000	15,079,920,000
국고보조금사용잔액	3,508,925,563	3,508,925,563
기타회계전입금	1,500,000,000	1,500,000,000
일반부담금	24,949,954,360	24,949,954,360
자치단체간부담금	8,761,348,250	8,761,348,250
300	95,589,406,000	95,589,406,000
분권교부세	59,109,145,000	59,109,145,000
특별교부세	36,480,261,000	36,480,261,000
500	2,630,088,727,230	2,630,088,727,230
광역ㆍ지역발전특별회계보조금	662,521,468,380	662,521,468,380
국고보조금	1,852,167,133,850	1,852,167,133,850
기금	115,400,125,000	115,400,125,000
3차입금	121,000,000,000	121,000,000,000
600	121,000,000,000	121,000,000,000
지역개발기금시ㆍ도용자금수입	121,000,000,000	121,000,000,000
4제외	301,685,208,976	301,685,208,976
200	301,685,208,976	301,685,208,976
순세계잉여금	111,380,159,946	111,380,159,946
전년도이월사업비	190,305,049,030	190,305,049,030
총합계	5,782,498,369,669	5,782,498,369,669

<세입>

총세입	5,480,813,160,693
일반재원(A)	2,250,295,155,340
특정재원(B)	3,109,518,005,353
차입금(C)	121,000,000,000
예산편성 (A)+(C)	2,371,295,155,340
세출수요 ((A)+(C)+이월)	

4제외(규모에서 제외)
- 순세계잉여금 : 2011년도 결산 순세계잉여금은 2012년도 세입으로 중복 계상되므로 규모에서 제외
- 전년도이월사업비 : 전년도에 세입으로 잡았기에 현년도에서 제외

정부자금채: 취득세율인하보전금

순세계잉여금: '14년부터 700 보전수입으로 과목체계 변경

전년도이월사업비: '14년부터 700 보전수입으로 과목체계 변경

〈2012년도 세입 결산자료〉

행 레이블	합계 : 수납액	
1일반재원	**1,989,657,552,493**	**1,989,657,552,493**
100	**1,460,215,020,694**	**1,460,215,020,694**
등록면허세	73,008,195,260	73,008,195,260
레저세	99,286,708,570	99,286,708,570
지난년도수입	9,458,422,370	9,458,422,370
지방소비세	312,272,683,360	312,272,683,360
지역자원시설세	33,638,374,544	33,638,374,544
취득세	932,550,636,590	932,550,636,590
200	**142,950,531,799**	**142,950,531,799**
공공예금이자수입	7,791,373,980	7,791,373,980
공유재산매각수입금	1,759,612,890	1,759,612,890
공유재산임대료	561,737,780	561,737,780
과징금및이행강제금	294,017,900	294,017,900
과태료	581,392,420	581,392,420
국유재산매각귀속수입금	2,609,791,660	2,609,791,660
그외수입	44,765,606,740	44,765,606,740
기금전입금	16,922,873,100	16,922,873,100
기타사업수입	534,727,460	534,727,460
기타사용료	14,119,855,880	14,119,855,880
기타수수료	556,103,560	556,103,560
기타이자수입	379,270,290	379,270,290
도로사용료	988,654,080	988,654,080
민간융자금회수수입	7,674,148,570	7,674,148,570
민간융자금회수이자수입	312,283,900	312,283,900
배당금수입	374,896,000	374,896,000
변상금및위약금	259,910,600	259,910,600
불용품매각대	284,605,120	284,605,120
사업장생산수입	1,264,542,090	1,264,542,090
시・도비반환금수입	25,543,263,000	25,543,263,000
시・도유재산매각귀속수입금	769,099,100	769,099,100
입장료수입	931,881,340	931,881,340
주차요금수입	57,376,900	57,376,900
증지수입	2,326,827,870	2,326,827,870
지난년도수입	793,665,469	793,665,469
징수교부금수입	9,562,044,260	9,562,044,260
하천사용료	930,969,840	930,969,840
300	**386,492,000,000**	**386,492,000,000**
보통교부세	386,492,000,000	386,492,000,000
2특정재원	**3,435,570,787,011**	**3,435,570,787,011**
100	**336,664,137,724**	**336,664,137,724**
지방교육세	336,664,137,724	336,664,137,724
200	**85,198,400,287**	**85,198,400,287**
교육비특별회계전입금	39,826,732,000	39,826,732,000
국고보조금사용잔액	3,037,366,537	3,037,366,537
기타회계전입금	230,465,000	230,465,000
일반부담금	33,312,576,680	33,312,576,680
자치단체간부담금	8,791,260,070	8,791,260,070
300	**136,006,645,000**	**136,006,645,000**
분권교부세	67,387,929,000	67,387,929,000
특별교부세	68,618,716,000	68,618,716,000
500	**2,877,701,604,000**	**2,877,701,604,000**
광역・지역발전특별회계보조금	599,141,867,000	599,141,867,000
국고보조금	2,162,604,699,000	2,162,604,699,000
기금	115,955,038,000	115,955,038,000
3차입금	**292,800,000,000**	**292,800,000,000**
200	**120,000,000,000**	**120,000,000,000**
예수금수입	120,000,000,000	120,000,000,000
600	**172,800,000,000**	**172,800,000,000**
정부자금채	28,000,000,000	28,000,000,000
지역개발기금시・도융자금수입	144,800,000,000	144,800,000,000
4제외	**308,554,284,095**	**308,554,284,095**
200	**308,554,284,095**	**308,554,284,095**
순세계잉여금	151,118,632,482	151,118,632,482
전년도이월사업비	157,435,651,613	157,435,651,613
총합계	**6,026,582,623,599**	**6,026,582,623,599**

<세입>

총세입	5,718,028,339,504
일반재원(A)	1,989,657,552,493
특정재원(B)	3,435,570,787,011
차입금(C)	292,800,000,000

예산편성 (A)+(C) 2,282,457,552,493

세출수요 ((A)+(C)+이월)

4제외(규모에서 제외)

- 순세계잉여금 : 2011년도 결산 순세계잉여금은 2012년도 세입으로 중복 계상되므로 규모에서 제외
- 전년도이월사업비 : 전년도에 세입으로 잡았기에 현년도에서 제외

취득세율인하보전금(31,100,000,000)

차입금에 포함 (예수금수입)

순세계잉여금: '14년부터 700 보전수입으로 과목체계 변경

전년도이월사업비: '14년부터 700 보전수입으로 과목체계 변경

〈2013년도 세입 결산자료〉

행 레이블	합계 : 수납액		비고
1일반재원	**2,440,416,270,305**	**2,440,416,270,305**	
100	**1,544,178,509,280**	**1,544,178,509,280**	
등록면허세	86,518,539,020	86,518,539,020	
레저세	100,636,482,820	100,636,482,820	
지난년도수입	2,082,557,080	2,082,557,080	
지방소비세	324,674,554,850	324,674,554,850	
지역자원시설세	35,895,462,810	35,895,462,810	
취득세	994,370,912,700	994,370,912,700	
200	**505,321,300,025**	**505,321,300,025**	
공공예금이자수입	9,176,155,430	9,176,155,430	
공유재산매각수입금	1,841,026,640	1,841,026,640	
공유재산임대료	641,438,905	641,438,905	
과징금및이행강제금	413,193,910	413,193,910	
과태료	590,674,500	590,674,500	
국유재산매각귀속수입금	734,825,460	734,825,460	
그외수입	119,294,090,700	119,294,090,700	
기금전입금	13,373,283,650	13,373,283,650	
기타사용료	13,846,825,910	13,846,825,910	
기타수수료	512,254,380	512,254,380	
기타이자수입	281,685,890	281,685,890	
기타회계전입금	286,318,000,000	286,318,000,000	김해관광유통단지 부지 정산 대금
도로사용료	1,080,370,140	1,080,370,140	
민간융자금회수수입	10,711,399,090	10,711,399,090	
민간융자금회수이자수입	494,727,120	494,727,120	
배당금수입	1,197,655,670	1,197,655,670	
변상금및위약금	7,608,236,240	7,608,236,240	
불용품매각대	327,486,850	327,486,850	
사업장생산수입	1,253,123,220	1,253,123,220	
시・도비반환금수입	20,865,783,340	20,865,783,340	
시・도유재산매각귀속수입금	-	-	
입장료수입	887,015,010	887,015,010	
주차요금수입	60,480,200	60,480,200	
증지수입	2,656,117,900	2,656,117,900	
지난년도수입	766,910,780	766,910,780	
징수교부금수입	9,405,612,260	9,405,612,260	
청산금수입	4,698,780	4,698,780	
하천사용료	978,228,050	978,228,050	
300	**390,916,461,000**	**390,916,461,000**	
보통교부세	390,916,461,000	390,916,461,000	
2특정재원	**3,302,021,152,029**	**3,302,021,152,029**	
100	**344,950,712,740**	**344,950,712,740**	
지방교육세	344,950,712,740	344,950,712,740	
200	**127,522,049,289**	**127,522,049,289**	
교육비특별회계전입금	93,716,298,000	93,716,298,000	
국고보조금사용잔액	2,358,538,763	2,358,538,763	
기타회계전입금	2,000,000,000	2,000,000,000	
일반부담금	22,356,461,166	22,356,461,166	
자치단체간부담금	7,090,751,360	7,090,751,360	
300	**100,129,024,000**	**100,129,024,000**	
분권교부세	65,091,920,000	65,091,920,000	
특별교부세	35,037,104,000	35,037,104,000	
500	**2,729,419,366,000**	**2,729,419,366,000**	
광역・지역발전특별회계보조금	646,434,558,000	646,434,558,000	
국고보조금	1,942,285,205,000	1,942,285,205,000	
기금	140,699,603,000	140,699,603,000	
3차입금	**333,812,259,000**	**333,812,259,000**	
200	**75,000,000,000**	**75,000,000,000**	
예수금수입	75,000,000,000	75,000,000,000	차입금에 포함
600	**258,812,259,000**	**258,812,259,000**	
금융기관채	103,698,600,000	103,698,600,000	
정부자금채	19,113,659,000	19,113,659,000	
지역개발기금시・도융자금수입	136,000,000,000	136,000,000,000	
4제외	**333,518,876,254**	**333,518,876,254**	
200	**333,518,876,254**	**333,518,876,254**	'14년부터 700 보전수입으로 과목체계 변경
순세계잉여금	159,656,148,789	159,656,148,789	'14년부터 700 보전수입으로 과목체계 변경
전년도이월사업비	173,862,727,465	173,862,727,465	
총합계	**6,409,768,557,588**	**6,409,768,557,588**	

<세입>

총세입	6,076,249,681,334
일반재원(A)	2,440,416,270,305
특정재원(B)	3,302,021,152,029
차입금(C)	333,812,259,000
예산편성 (A)+(C)	2,774,228,529,305
세출수요 ((A)+(C)+이월)	

4제외(규모에서 제외) : 전년도 세입과 중복

- 순세계잉여금 : 2011년도 결산 순세계잉여금은 2012년도 세입으로 중복 계상되므로 규모에서 제외
- 전년도이월사업비 : 전년도에 세입으로 잡았기에 현년도에서 제외

2. 세출 결산자료(2008~2013)

〈2008년도 세출 결산자료〉

행 레이블	합계 : 지출액 계	합계 : 국고보조금3	합계 : 광특보조금3	합계 : 기금보조금3	합계 : 특별교부세3	합계 : 분권교부세3	합계 : 시도비3	합계 : 지방채3
일반재원	**4,215,972,042,440**	**1,335,750,231,072**	**717,547,335,269**	**69,414,532,415**	**8,998,082,270**	**56,640,997,310**	**2,027,620,864,104**	-
1인력운영비	**177,258,930,350**	-	-	-	-	-	**177,258,930,350**	-
11인력운영비	177,258,930,350	-	-	-	-	-	177,258,930,350	-
2법정의무적경비	**527,982,247,530**	-	-	-	-	-	**527,982,247,530**	-
21시군조정교부금	379,647,562,000	-	-	-	-	-	379,647,562,000	-
22징수교부금	48,511,203,490	-	-	-	-	-	48,511,203,490	-
23교육재정부담금	41,027,204,000	-	-	-	-	-	41,027,204,000	-
24채무상환	26,030,044,530	-	-	-	-	-	26,030,044,530	-
25재난관리기금	8,210,000,000	-	-	-	-	-	8,210,000,000	-
26각종부담금	24,556,233,510	-	-	-	-	-	24,556,233,510	-
3필수경상비	**248,938,616,230**	-	-	-	-	-	**248,938,616,230**	-
31기본경상비	94,492,481,400	-	-	-	-	-	94,492,481,400	-
32민간인해외여비	284,748,150	-	-	-	-	-	284,748,150	-
33사회단체보조금	1,970,225,030	-	-	-	-	-	1,970,225,030	-
34시책업무추진비	1,797,475,090	-	-	-	-	-	1,797,475,090	-
35연구용역비	2,872,305,080	-	-	-	-	-	2,872,305,080	-
36민간위탁금	19,936,658,230	-	-	-	-	-	19,936,658,230	-
37행사관련경비	5,398,219,480	-	-	-	-	-	5,398,219,480	-
38도의회관련경비	3,352,273,740	-	-	-	-	-	3,352,273,740	-
39자산취득비	14,372,947,860	-	-	-	-	-	14,372,947,860	-
40포상금	6,596,714,170	-	-	-	-	-	6,596,714,170	-
41전출금출연금	97,864,568,000	-	-	-	-	-	97,864,568,000	-
5중앙지원사업도비부담	**2,670,608,336,770**	**1,335,750,231,072**	**717,547,335,269**	**69,414,532,415**	**8,998,082,270**	**56,640,997,310**	**482,257,158,434**	-
51국고보조사업	1,530,642,557,660	1,287,232,334,949	-	-	-	-	243,410,222,711	-
52광특사업	870,590,432,260	32,895,221,383	706,946,783,269		-	-	130,748,427,608	-
53분권교부세	139,596,264,980	6,219,640,000	-	80,000,000	-	56,640,997,310	76,655,627,670	-
54중앙기금사업	95,956,059,060	-	2,550,000,000	69,334,532,415	-	-	24,071,526,645	-
55특별교부세	33,823,022,810	9,403,034,740	8,050,552,000	-	8,998,082,270	-	7,371,353,800	-
6자체사업	**591,183,911,560**	-	-	-	-	-	**591,183,911,560**	-
61자체사업	591,183,911,560	-	-	-	-	-	591,183,911,560	-
특정재원	**348,264,540,600**	-	-	-	-	-	**348,264,540,600**	-
100	**332,244,774,000**	-	-	-	-	-	**332,244,774,000**	-
지방교육세	332,244,774,000	-	-	-	-	-	332,244,774,000	-
200	**16,019,766,600**	-	-	-	-	-	**16,019,766,600**	-
국고보조금사용잔액	1,690,871,600	-	-	-	-	-	1,690,871,600	-
일반부담금	8,245,000,000	-	-	-	-	-	8,245,000,000	-
교육비특별회계전입금	6,083,895,000	-	-	-	-	-	6,083,895,000	-
총합계	**4,564,236,583,040**	**1,335,750,231,072**	**717,547,335,269**	**69,414,532,415**	**8,998,082,270**	**56,640,997,310**	**2,375,885,404,704**	-

예산편성(B) (일반재원+차입금)	1,872,087,311,400		**특정재원**	2,692,149,271,640
인력운영비	177,258,930,350		지방교육세	332,244,774,000
법정의무적경비	527,982,247,530		세외수입	16,019,766,600
필수경상비	248,938,616,230		분권, 특별 교부세	65,639,079,580
중앙지원사업도비부담	482,257,158,434		국고보조금	2,122,712,098,756
자체사업	591,183,911,560	일반재원으로 분류 ←	국내차입금(없음)	
보정	-155,533,552,704		보정	155,533,552,704

용도지정 세외수입 내역
- 교육비특별회계전입금(아동급식)
- 국고보조금사용잔액
- 기타회계전입금(광역도로)
- 일반부담금(학교용지부담금)
- 자치단체간부담금(헬기임차,사방사업,교육훈련 부담금 등)

〈2009년도 세출 결산자료〉

행 레이블	합계 : 지출액 계	합계 : 국고보조금3	합계 : 광특보조금3	합계 : 기금보조금3	합계 : 특별교부세3	합계 : 분권교부세3	합계 : 시도비3	합계 : 지방채3
일반재원	**4,941,227,583,570**	**1,757,085,129,048**	**854,497,203,222**	**82,040,801,670**	**21,931,904,808**	**52,353,194,290**	**1,949,672,143,245**	**223,647,207,287**
1인력운영비	**184,759,386,770**	-	-	-	-	-	**184,759,386,770**	-
11인력운영비	184,759,386,770	-	-	-	-	-	184,759,386,770	-
2법정의무적경비	**494,958,386,830**	-	-	-	-	-	**481,658,386,830**	**13,300,000,000**
21시군조정교부금	328,011,000,000	-	-	-	-	-	328,011,000,000	-
22징수교부금	40,747,644,980	-	-	-	-	-	40,747,644,980	-
23교육재정부담금	36,543,333,000	-	-	-	-	-	36,543,333,000	-
24채무상환	44,081,967,840	-	-	-	-	-	30,781,967,840	13,300,000,000
25재난관리기금	9,331,000,000	-	-	-	-	-	9,331,000,000	-
26각종부담금	36,243,441,010	-	-	-	-	-	36,243,441,010	-
3필수경상비	**239,780,023,350**	-	-	-	-	-	**210,080,023,350**	**29,700,000,000**
31기본경상비	89,101,658,650	-	-	-	-	-	89,101,658,650	-
32민간인해외여비	149,402,030	-	-	-	-	-	149,402,030	-
33사회단체보조금	1,971,000,000	-	-	-	-	-	1,971,000,000	-
34시책업무추진비	1,851,262,970	-	-	-	-	-	1,851,262,970	-
35연구용역비	3,405,573,790	-	-	-	-	-	3,405,573,790	-
36민간위탁금	26,128,819,850	-	-	-	-	-	26,128,819,850	-
37행사관련경비	3,777,101,680	-	-	-	-	-	3,777,101,680	-
38도의회관련경비	3,561,657,040	-	-	-	-	-	3,561,657,040	-
39자산취득비	18,442,120,670	-	-	-	-	-	18,442,120,670	-
40포상금	7,865,215,220	-	-	-	-	-	7,865,215,220	-
41전출금출연금	83,526,211,450	-	-	-	-	-	53,826,211,450	29,700,000,000
5중앙지원사업도비부담	**3,355,543,581,430**	**1,757,085,129,048**	**854,497,203,222**	**82,040,801,670**	**21,931,904,808**	**52,353,194,290**	**522,038,323,726**	**65,597,024,666**
51국고보조사업	1,883,218,531,140	1,608,355,639,880	-	-	-	-	274,862,891,260	-
52광특사업	1,042,072,118,610	6,026,090,098	843,807,644,222	-	-	-	126,641,359,624	65,597,024,666
53분권교부세	124,026,871,770	125,289,000	-	-	-	52,353,194,290	71,548,388,480	-
54중앙기금사업	175,087,672,060	61,528,914,000	-	82,040,801,670	-	-	31,517,956,390	-
55특별교부세	131,138,387,850	81,049,196,070	10,689,559,000	-	21,931,904,808	-	17,467,727,972	-
6자체사업	**666,186,205,190**	-	-	-	-	-	**551,136,022,569**	**115,050,182,621**
61자체사업	666,186,205,190	-	-	-	-	-	551,136,022,569	115,050,182,621
특정재원	**293,488,277,550**	-	-	-	-	-	**293,488,277,550**	-
100	**276,000,000,000**	-	-	-	-	-	**276,000,000,000**	-
지방교육세	276,000,000,000	-	-	-	-	-	276,000,000,000	-
200	**17,488,277,550**	-	-	-	-	-	**17,488,277,550**	-
교육비특별회계전입금	11,567,332,000	-	-	-	-	-	11,567,332,000	-
국고보조금사용잔액	1,555,945,550	-	-	-	-	-	1,555,945,550	-
일반부담금	4,365,000,000	-	-	-	-	-	4,365,000,000	-
총합계	**5,234,715,861,120**	**1,757,085,129,048**	**854,497,203,222**	**82,040,801,670**	**21,931,904,808**	**52,353,194,290**	**2,243,160,420,795**	**223,647,207,287**

예산편성(B) (일반재원+차입금)	1,902,338,862,400	
인력운영비	184,759,386,770	
법정의무적경비(지방채포함)	494,958,386,830	
필수경상비(지방채포함)	239,780,023,350	
중앙지원사업도비부담(지방채포함)	587,635,348,392	
자체사업(지방채포함)	666,186,205,190	일반재원으로 분류 ←
보정	270,980,488,132	

특정재원	3,061,396,510,588
지방교육세	276,000,000,000
세외수입	17,488,277,550
분권, 특별 교부세	74,285,099,098
국고보조금	2,693,623,133,940
국내차입금	
보정	

용도지정 세외수입 내역
- 교육비특별회계전입금(아동급식)
- 국고보조금사용잔액
- 기타회계전입금(광역도로)
- 일반부담금(학교용지부담금)
- 자치단체간부담금(헬기임차,사방사업,교육훈련 부담금 등)

〈2010년도 세출 결산자료〉

행 레이블	합계 : 지출액 계	합계 : 국고보조금3	합계 : 광특보조금3	합계 : 기금보조금3	합계 : 특별교부세3	합계 : 분권교부세3	합계 : 시도비3	합계 : 지방채3
일반재원	**4,689,580,907,221**	**1,683,920,064,458**	**685,816,821,236**	**114,623,985,061**	**15,959,336,241**	**53,900,228,570**	**2,014,168,549,855**	**121,191,921,800**
1인력운영비	**232,780,065,890**	-	-	-	-	-	**232,780,065,890**	-
11인력운영비	232,780,065,890	-	-	-	-	-	232,780,065,890	-
2법정의무적경비	**646,158,489,340**	-	-	-	-	-	**646,158,489,340**	-
21시군조정교부금	437,439,000,000	-	-	-	-	-	437,439,000,000	-
22징수교부금	40,168,793,930	-	-	-	-	-	40,168,793,930	-
23교육재정부담금	41,046,500,000	-	-	-	-	-	41,046,500,000	-
24채무상환	57,883,293,760	-	-	-	-	-	57,883,293,760	-
25재난관리기금	10,279,000,000	-	-	-	-	-	10,279,000,000	-
26각종부담금	59,341,901,650	-	-	-	-	-	59,341,901,650	-
3필수경상비	**269,347,143,641**	-	-	-	-	-	**269,347,143,641**	-
31기본경상비	108,395,794,461	-	-	-	-	-	108,395,794,461	-
32민간이해외여비	1,769,552,960	-	-	-	-	-	1,769,552,960	-
33사회단체보조금	2,031,900,950	-	-	-	-	-	2,031,900,950	-
34시책업무추진비	1,948,095,560	-	-	-	-	-	1,948,095,560	-
35연구용역비	3,593,343,330	-	-	-	-	-	3,593,343,330	-
36민간위탁금	33,987,210,970	-	-	-	-	-	33,987,210,970	-
37행사관련경비	8,113,113,900	-	-	-	-	-	8,113,113,900	-
38도의회관련경비	3,589,801,280	-	-	-	-	-	3,589,801,280	-
39자산취득비	14,780,689,270	-	-	-	-	-	14,780,689,270	-
40포상금	8,336,661,460	-	-	-	-	-	8,336,661,460	-
41전출금출연금	82,800,979,500	-	-	-	-	-	82,800,979,500	-
5중앙지원사업도비부담	**3,104,909,495,790**	**1,683,920,064,458**	**685,816,821,236**	**114,623,985,061**	**15,959,336,241**	**53,900,228,570**	**487,223,095,900**	**63,465,964,324**
51국고보조사업	1,924,662,659,730	1,608,293,923,509	-	-	-	-	284,559,326,637	31,809,409,584
52광특사업	822,684,179,190	30,486,237,157	668,951,878,211	-	-	-	91,589,509,082	31,656,554,740
53분권교부세	91,397,071,420	50,828,000		-	-	53,900,228,570	37,446,014,850	-
54중앙기금사업	149,582,777,340	-	-	114,623,985,061	-	-	34,958,792,279	-
55특별교부세	116,582,808,110	45,089,075,792	16,864,943,025	-	15,959,336,241	-	38,669,453,052	-
6자체사업	**436,385,712,560**	-	-	-	-	-	**378,659,755,084**	**57,725,957,476**
61자체사업	436,385,712,560	-	-	-	-	-	378,659,755,084	57,725,957,476
특정재원	**358,537,210,010**	-	-	-	-	-	**358,537,210,010**	-
100	**334,345,000,000**	-	-	-	-	-	**334,345,000,000**	-
지방교육세	334,345,000,000	-	-	-	-	-	334,345,000,000	-
200	**24,192,210,010**	-	-	-	-	-	**24,192,210,010**	-
국고보조금사용잔액	5,232,290,010	-	-	-	-	-	5,232,290,010	-
일반부담금	3,880,000,000	-	-	-	-	-	3,880,000,000	-
교육비특별회계전입금	15,079,920,000	-	-	-		-	15,079,920,000	-
총합계	**5,048,118,117,231**	**1,683,920,064,458**	**685,816,821,236**	**114,623,985,061**	**15,959,336,241**	**53,900,228,570**	**2,372,705,759,865**	**121,191,921,800**

예산편성(B) (일반재원+차입금)	2,077,385,043,100
인력운영비	232,780,065,890
법정의무적경비	646,158,489,340
필수경상비	269,347,143,641
중앙지원사업도비부담	550,689,060,224
자체사업(지방채 포함)	436,385,712,560
보정	57,975,428,555

일반재원으로 분류 ←

특정재원	2,970,733,074,131
지방교육세	334,345,000,000
세외수입	24,192,210,010
분권, 특별 교부세	69,859,564,811
국고보조금	2,484,360,870,755
국내차입금	
보정	57,975,428,555

용도지정 세외수입 내역 (세외수입)
- 교육비특별회계전입금(아동급식)
- 국고보조금사용잔액
- 기타회계전입금(광역도로)
- 일반부담금(학교용지부담금)
- 자치단체간부담금(헬기임차,사방사업,교육훈련 부담금 등)

〈2011년도 세출 결산자료〉

행 레이블	합계 : 지출액 계	합계 : 국고보조금3	합계 : 광특보조금3	합계 : 기금보조금3	합계 : 특별교부세3	합계 : 분권교부세3	합계 : 시도비3	합계 : 지방채3
일반재원	**5,071,148,167,877**	**1,866,644,668,361**	**660,173,071,901**	**115,096,664,592**	**19,684,124,255**	**59,250,057,633**	**2,246,542,191,688**	**103,757,389,447**
1인력운영비	**257,835,161,690**	-	-	-	-	-	**257,835,161,690**	-
11인력운영비	257,835,161,690	-	-	-	-	-	257,835,161,690	-
2법정의무적경비	**739,683,023,760**	-	-	-	-	-	**739,683,023,760**	-
21시군조정교부금	523,768,612,000	-	-	-	-	-	523,768,612,000	-
22징수교부금	46,690,688,730	-	-	-	-	-	46,690,688,730	-
23교육재정부담금	41,025,000,000	-	-	-	-	-	41,025,000,000	-
24채무상환	68,626,447,340	-	-	-	-	-	68,626,447,340	-
25재난관리기금	10,554,000,000	-	-	-	-	-	10,554,000,000	-
26각종부담금	49,018,275,690	-	-	-	-	-	49,018,275,690	-
3필수경상비	**297,480,857,523**	-	-	-	-	-	**297,480,857,523**	-
31기본경상비	112,901,753,781	-	-	-	-	-	112,901,753,781	-
32민간인해외여비	236,944,860	-	-	-	-	-	236,944,860	-
33사회단체보조금	2,128,864,040	-	-	-	-	-	2,128,864,040	-
34시책업무추진비	1,824,105,640	-	-	-	-	-	1,824,105,640	-
35연구용역비	4,488,149,530	-	-	-	-	-	4,488,149,530	-
36민간위탁금	26,739,957,792	-	-	-	-	-	26,739,957,792	-
37행사관련경비	11,573,137,460	-	-	-	-	-	11,573,137,460	-
38도의회관련경비	3,993,993,670	-	-	-	-	-	3,993,993,670	-
39자산취득비	15,565,347,040	-	-	-	-	-	15,565,347,040	-
40포상금	3,661,347,710	-	-	-	-	-	3,661,347,710	-
41전출금출연금	114,367,256,000	-	-	-	-	-	114,367,256,000	-
5중앙지원사업도비부담	**3,333,429,101,596**	**1,866,644,668,361**	**660,173,071,901**	**115,096,664,592**	**19,684,124,255**	**59,250,057,633**	**572,929,071,447**	**39,651,443,407**
51국고보조사업	2,172,913,473,575	1,827,108,157,328	-	-	-	-	323,858,308,853	21,947,006,794
52광특사업	801,589,174,161	20,822,314,594	647,015,525,450	-	-	-	116,046,897,504	17,704,436,613
53분권교부세	98,695,361,280	120,000,000	-	-	-	59,250,057,633	39,325,303,647	-
54중앙기금사업	164,858,805,800	2,189,579,910	3,000,000,000	114,940,464,592	-	-	44,728,761,298	-
55특별교부세	95,372,286,780	16,404,615,929	10,157,546,451	156,200,000	19,684,124,255	-	48,969,800,145	-
6자체사업	**442,720,023,308**	-	-	-	-	-	**378,614,077,268**	**64,105,946,040**
61자체사업	442,720,023,308	-	-	-	-	-	378,614,077,268	64,105,946,040
특정재원(100+200)	**399,758,551,160**	-	-	-	-	-	**399,758,551,160**	-
100	**364,982,000,000**	-	-	-	-	-	**364,982,000,000**	-
지방교육세	364,982,000,000	-	-	-	-	-	364,982,000,000	-
200	**34,776,551,160**	-	-	-	-	-	**34,776,551,160**	-
교육비특별회계전입금	16,851,140,000	-	-	-	-	-	16,851,140,000	-
국고보조금사용잔액	3,233,411,160	-	-	-	-	-	3,233,411,160	-
일반부담금	14,692,000,000	-	-	-	-	-	14,692,000,000	-
총합계	**5,470,906,719,037**	**1,866,644,668,361**	**660,173,071,901**	**115,096,664,592**	**19,684,124,255**	**59,250,057,633**	**2,646,300,742,848**	**103,757,389,447**

예산편성(B) (일반재원+차입금)	**2,371,295,155,340**		**특정재원**	**3,099,611,563,697**	**용도지정 세외수입 내역**
인력운영비	257,835,161,690		지방교육세	364,982,000,000	교육비특별회계전입금(아동급식)
법정의무적경비	739,683,023,760		세외수입	34,776,551,160	국고보조금사용잔액
필수경상비	297,480,857,523		분권, 특별 교부세	78,934,181,888	기타회계전입금(광역도로)
중앙지원사업도비부담	612,580,514,854		국고보조금	2,641,914,404,854	일반부담금(학교용지부담금)
자체사업(지방채 포함)	442,720,023,308	일반재원으로 분류 ←	국내차입금		자치단체간부담금(헬기임차,사방사업,교육훈련 부담금 등)
보정	20,995,574,205		보정	- 20,995,574,205	

〈2012년도 세출 결산자료〉

행 레이블	합계 : 지출액 계	합계 : 국고보조금3	합계 : 광특보조금3	합계 : 기금보조금3	합계 : 특별교부세3	합계 : 분권교부세3	합계 : 시도비3	합계 : 지방채3
일반재원	**5,261,685,524,102**	**2,110,937,212,245**	**586,142,543,430**	**113,371,349,536**	**55,207,012,285**	**67,096,937,314**	**2,156,729,737,536**	**172,200,731,756**
1인력운영비	**238,866,061,660**	-	-	-	-	-	**238,866,061,660**	-
11인력운영비	238,866,061,660	-	-	-	-	-	238,866,061,660	-
2법정의무적경비	**734,968,164,950**	-	-	-	-	-	**712,968,164,950**	**22,000,000,000**
21시군조정교부금	507,939,892,000	-	-	-	-	-	507,939,892,000	-
22징수교부금	43,623,205,380	-	-	-	-	-	43,623,205,380	-
23교육재정부담금	52,622,729,000	-	-	-	-	-	52,622,729,000	-
24채무상환	98,734,336,220	-	-	-	-	-	76,734,336,220	22,000,000,000
25재난관리기금	2,100,000,000	-	-	-	-	-	2,100,000,000	-
26각종부담금	29,948,002,350	-	-	-	-	-	29,948,002,350	-
3필수경상비	**319,756,473,482**	-	-	-	-	-	**299,556,473,482**	**20,200,000,000**
31기본경상비	115,301,361,311	-	-	-	-	-	115,301,361,311	-
32민간인해외여비	194,752,246	-	-	-	-	-	194,752,246	-
34시책업무추진비	1,790,012,695	-	-	-	-	-	1,790,012,695	-
35연구용역비	2,071,538,120	-	-	-	-	-	2,071,538,120	-
36민간위탁금	20,407,429,090	-	-	-	-	-	20,407,429,090	-
37행사관련경비	7,874,886,010	-	-	-	-	-	7,874,886,010	-
38도의회관련경비	3,948,435,500	-	-	-	-	-	3,948,435,500	-
39자산취득비	8,652,499,090	-	-	-	-	-	8,652,499,090	-
40포상금	3,203,560,560	-	-	-	-	-	3,203,560,560	-
41전출금출연금	156,311,998,860	-	-	-	-	-	136,111,998,860	20,200,000,000
5중앙지원사업도비부담	**3,513,948,081,957**	**2,110,937,212,245**	**586,142,543,430**	**113,371,349,536**	**55,207,012,285**	**67,096,937,314**	**539,967,606,487**	**41,225,420,660**
51국고보조사업	2,075,225,160,210	1,789,433,057,174	-	-	-	-	256,031,344,362	29,760,758,674
52광특사업	681,498,299,690	-	585,119,387,430	-	-	-	84,914,250,274	11,464,661,986
53분권교부세	102,751,293,628	-	-	-	-	67,096,937,314	35,654,356,314	-
54중앙기금사업	162,056,827,259	19,500,000	-	113,363,169,536	-	-	48,674,157,723	-
55특별교부세	492,416,501,170	321,484,655,071	1,023,156,000	8,180,000	55,207,012,285	-	114,693,497,814	-
6자체사업	**454,146,742,053**	-	-	-	-	-	**365,371,430,957**	**88,775,311,096**
61자체사업	454,146,742,053	-	-	-	-	-	365,371,430,957	88,775,311,096
특정재원	**431,849,684,480**	-	-	-	-	-	**431,849,684,480**	-
100	**357,912,381,000**	-	-	-	-	-	**357,912,381,000**	-
지방교육세	357,912,381,000	-	-	-	-	-	357,912,381,000	-
200	**73,937,303,480**	-	-	-	-	-	**73,937,303,480**	-
교육비특별회계전입금	41,625,375,000	-	-	-	-	-	41,625,375,000	-
일반부담금	29,488,000,000	-	-	-	-	-	29,488,000,000	-
국고보조금사용잔액	2,823,928,480	-	-	-	-	-	2,823,928,480	-
총합계	**5,693,535,208,582**	**2,110,937,212,245**	**586,142,543,430**	**113,371,349,536**	**55,207,012,285**	**67,096,937,314**	**2,588,579,422,016**	**172,200,731,756**

예산편성(B) (일반재원+차입금)	2,282,457,552,493		특정재원	3,411,077,656,089
인력운영비	238,866,061,660		지방교육세	357,912,381,000
법정의무적경비(지방채포함)	734,968,164,950		세외수입	73,937,303,480
필수경상비(지방채포함)	319,756,473,482		분권, 특별 교부세	122,303,949,599
중앙지원사업도비부담(지방채포함)	581,193,027,147		국고보조금	2,810,451,105,211
자체사업(지방채포함)	454,146,742,053	일반재원으로 분류 ←	국내차입금	
보정 -	46,472,916,799		보정	46,472,916,799

용도지정 세외수입 내역
- 교육비특별회계전입금(아동급식, 누리과정)
- 국고보조금사용잔액
- 기타회계전입금(광역도로)
- 일반부담금(학교용지부담금)
- 자치단체간부담금(헬기임차,사방사업,교육훈련 부담금 등)

〈2013년도 세출 결산자료〉

행 레이블	합계 : 지출액 계	합계 : 국고보조금3	합계 : 광특보조금3	합계 : 기금보조금3	합계 : 특별교부세3	합계 : 분권교부세3	합계 : 시도비3	합계 : 지방채3
일반재원	**5,509,165,744,843**	**1,951,853,069,184**	**644,472,668,980**	**125,065,069,050**	**15,189,858,600**	**64,678,189,536**	**2,467,606,214,542**	**240,300,674,951**
1인력운영비	**292,832,880,240**	-	-	-	-	-	**292,832,880,240**	-
11인력운영비	292,832,880,240	-	-	-	-	-	292,832,880,240	-
2법정의무적경비	**1,174,141,745,290**	-	-	-	-	-	**1,030,443,145,290**	**143,698,600,000**
21시군조정교부금	603,652,199,000	-	-	-	-	-	603,652,199,000	-
22징수교부금	42,581,101,170	-	-	-	-	-	42,581,101,170	-
23교육재정부담금	67,385,000,000	-	-	-	-	-	67,385,000,000	-
24채무상환	358,537,102,330	-	-	-	-	-	214,838,502,330	143,698,600,000
25재난관리기금	13,681,000,000	-	-	-	-	-	13,681,000,000	-
26각종부담금	88,305,342,790	-	-	-	-	-	88,305,342,790	-
3필수경상비	**321,299,435,244**	-	-	-	-	-	**312,399,435,244**	**8,900,000,000**
31기본경상비	122,203,364,707	-	-	-	-	-	122,203,364,707	-
32민간인해외여비	158,385,420	-	-	-	-	-	158,385,420	-
34시책업무추진비	1,518,254,590	-	-	-	-	-	1,518,254,590	-
35연구용역비	2,125,872,810	-	-	-	-	-	2,125,872,810	-
36민간위탁금	14,013,613,280	-	-	-	-	-	14,013,613,280	-
37행사관련경비	3,985,023,060	-	-	-	-	-	3,985,023,060	-
38도의회관련경비	3,966,251,707	-	-	-	-	-	3,966,251,707	-
39자산취득비	10,362,711,810	-	-	-	-	-	10,362,711,810	-
40포상금	1,465,160,520	-	-	-	-	-	1,465,160,520	-
41전출금출연금	161,500,797,340	-	-	-	-	-	152,600,797,340	8,900,000,000
5중앙지원사업도비부담	**3,381,458,928,969**	**1,951,853,069,184**	**644,472,668,980**	**125,065,069,050**	**15,189,858,600**	**64,678,189,536**	**519,762,822,527**	**60,437,251,092**
51국고보조사업	2,015,527,722,344	1,721,578,577,065		-	-	-	261,394,873,901	32,554,271,378
52광특사업	751,030,285,210	-	644,472,668,980	-	-	-	94,042,566,619	12,515,049,611
53분권교부세	103,948,458,695	-	-	-	-	64,678,189,536	39,270,269,159	-
54중앙기금사업	166,537,780,460	-	-	124,725,069,050	-	-	41,812,711,410	-
55특별교부세	344,414,682,260	230,274,492,119	-	340,000,000	15,189,858,600	-	83,242,401,438	15,367,930,103
6자체사업	**339,432,755,100**	-	-	-	-	-	**312,167,931,241**	**27,264,823,859**
61자체사업	339,432,755,100	-	-	-	-	-	312,167,931,241	27,264,823,859
특정재원	**479,024,876,680**	-	-	-	-	-	**479,024,876,680**	-
100	**363,599,000,000**	-	-	-	-	-	**363,599,000,000**	-
지방교육세	363,599,000,000	-	-	-	-	-	363,599,000,000	-
200	**115,425,876,680**	-	-	-	-	-	**115,425,876,680**	-
국고보조금사용잔액	2,770,378,680	-	-	-	-	-	2,770,378,680	-
일반부담금	19,206,000,000	-	-	-	-	-	19,206,000,000	-
교육비특별회계전입금	93,449,498,000	-	-	-	-	-	93,449,498,000	-
총합계	**5,988,190,621,523**	**1,951,853,069,184**	**644,472,668,980**	**125,065,069,050**	**15,189,858,600**	**64,678,189,536**	**2,946,631,091,222**	**240,300,674,951**

예산편성(B) (일반재원+차입금)	2,774,228,529,305		**특정재원**	3,213,962,092,218
인력운영비	292,832,880,240		지방교육세	363,599,000,000
법정의무적경비(지방채포함)	1,174,141,745,290		세외수입	115,425,876,680
필수경상비(지방채포함)	321,299,435,244		분권, 특별 교부세	79,868,048,136
중앙지원사업도비부담(지방채포함)	580,200,073,619		국고보조금	2,721,390,807,214
자체사업(지방채 포함)	339,432,755,100	일반재원으로 분류 ←	국내차입금	
보정	66,321,639,812		보정	- 66,321,639,812

용도지정 세외수입 내역

- 교육비특별회계전입금(아동급식, 누리과정, 인성교육...)
- 국고보조금사용잔액
- 기타회계전입금(광역도로)
- 일반부담금(학교용지부담금)
- 자치단체간부담금(헬기임차,사방사업,교육훈련 부담금등)

[부록 2] 경상남도 자체 재정통계 자료

〈표 1〉 일반재원 세입 구조 및 추세 변화(2003~2013년 결산 기준)

(단위: 억원)

구 분	'03년	'04년	'05년	'06년	'07년	'08년	'09년	'10년	'11년	'12년	'13년
총세입(A+B+C)	44,168	29,016	31,399	38,432	39,500	44,565	50,968	50,153	54,773	57,180	60,762
일반재원(A)	11,038	11,223	13,734	15,323	17,275	17,753	17,206	19,410	22,454	19,897	24,404
지방세	7,131	7,086	8,971	9,939	10,492	11,832	10,785	15,147	16,694	14,602	15,442
취득세	6,150	5,908	7,660	8,384	8,808	9,838	8,737	10,172	11,509	9,325	9,944
부동산분	6,150	3,905	5,063	5,541	5,644	6,228	5,553	6,201	7,052	6,247	7,201
리스차량	–	152	483	1,163	1,683	1,924	1,555	2,013	2,172	1,195	718
기 타	–	1,851	2,114	1,680	1,481	1,686	1,629	1,958	2,285	1,883	2,025
지방소비세	–	–	–	–	–	–	–	2,732	3,040	3,123	3,247
기타지방세	981	1,178	1,311	1,555	1,684	1,994	2,048	2,243	2,145	2,154	2.251
용도미지정 세외수입	1,039	1,069	999	978	972	1,160	900	1,043	1,172	1,119	4,503
보통교부세	2,868	3,068	3,764	4,004	4,413	4,735	3,680	3,220	3,363	3,865	3,909
부동산교부세				402	1,398	26	1,841		32		
취득세율 인하 보전금									1,193	311	550
특정재원(B)	32,550	16,457	17,202	22,530	21,828	25,873	31,339	29,413	31,109	34,355	33,020
차입금(C)	580	1,336	463	579	397	939	2,423	1,330	1,210	2,928	3,338

〈표 2〉 일반재원 세출구조 및 추세 변화(2004~2013년 결산 기준)

(단위: 억원)

구 분	'04년	'05년	'06년	'07년	'08년	'09년	'10년	'11년	'12년	'13년
세출수요(A)	12,559	14,197	15,902	17,672	18,692	19,629	20,740	25,384	26,391	35,097
예산편성(B) (일반재원+차입금)	12,559	14,197	15,902	17,672	18,692	19,629	20,740	23,664	22,825	27,742
인력운영비	1,733 (13.8)	1,827 (12.9)	2,070 (13.0)	2,154 (12.2)	2,268 (12.1)	2,270 (11.6)	2,350 (11.3)	2,640 (11.1)	2,389 (10.5)	2,928 (10.6)
법정의무적 경비	3,358 (26.7)	3,833 (27.0)	4,083 (25.7)	4,900 (27.7)	5,649 (30.2)	5,272 (26.9)	6,747 (32.5)	7,793 (32.9)	7,350 (32.2)	11,742 (42.3)
필수경상비	1,686 (13.4)	1,748 (12.3)	1,898 (11.9)	2,073 (11.7)	2,188 (11.7)	1,990 (10.1)	2,244 (10.8)	2,475 (10.5)	3,198 (14.0)	3,213 (11.6)
중앙지원사업 도비부담	2,784 (22.2)	3,022 (21.3)	3,928 (24.7)	4,323 (24.5)	4,762 (25.5)	5,072 (25.8)	5,367 (26.0)	5,670 (24.0)	5,812 (25.5)	5,802 (20.9)
자체사업	2,998 (23.9)	3,767 (26.5)	3,923 (24.7)	4,222 (23.9)	3,825 (20.5)	5,025 (25.6)	4,032 (19.4)	5,086 (21.5)	4,076 (17.9)	4,057 (14.6)

〈표 3〉 채무잔액

연도별	채무총액 (잔액)	정부자금 (공자기금 등)	금융자금 (은행차입금)	지역개발기금	통합관리기금	외화자금 (차관)	채무부담행위
1995	**22,163**	-	-	-	-	22,163	-
1996	**16,722**	-	4,642	-	-	12,080	-
1997	**27,912**	20,000	2,321	-	-	5,591	-
1998	**41,933**	27,000	-	12,880	-	2,053	-
1999	**64,960**	50,500	-	13,545	-	915	-
2000	**64,746**	50,500	-	13,545		701	-
2001	**60,245**	50,740	-	9,505	-	-	-
2002	**60,064**	50,640	-	9,424	-	-	-
2003	**115,826**	106,616	-	9,210	-	-	-
2004	**246,048**	212,092	-	33,956	-	-	-
2005	**280,373**	207,018	-	73,355	-	-	-
2006	**336,315**	264,861	-	71,454	-	-	-
2007	**369,121**	259,787	-	109,334	-	-	-
2008	**451,130**	254,713	-	196,417	-	-	-
2009	**667,969**	279,439	-	388,530	-	-	-
2010	**765,935**	274,605	-	491,330	-	-	-
2011	**843,961**	252,911	-	591,050	-	-	-

* 채무잔액은 원금기준임을 알려드립니다.

〈표 4〉 법정의무경비 미지급 이월 내역(2005~2013년)*

□ **2005년도** (단위 : 백만원)

구 분	총미부담금	당해연도분	지난년도분	비 고
계	8,589	8,589	0	
시·군조정교부금	0	0		
지방교육세	6,324	6,324		
교육재정부담금	2,265	2,265		

□ **2006년도** (단위 : 백만원)

구 분	총미부담금	당해연도분	지난년도분	비 고
계	45,385	45,385	0	
시·군조정교부금	0	0		
지방교육세	39,757	39,757		
교육재정부담금	5,628	5,628		

□ **2007년도** (단위 : 백만원)

구 분	총미부담금	당해연도분	지난년도분	비 고
계	47,309	47,309	0	
시·군조정교부금	0	0		
지방교육세	48,087	48,087		
교육재정부담금	0			

□ **2008년도** (단위 : 백만원)

구 분	총미부담금	당해연도분	지난년도분	비 고
계	54,496	54,496	0	
시·군조정교부금	0	0		
지방교육세	54,345	54,345		
교육재정부담금	151	151		

□ **2009년도** (단위 : 백만원)

구 분	총미부담금	당해연도분	지난년도분	비 고
계	75,606	75,606	0	
시·군조정교부금	35,040	35,040		
지방교육세	39,682	39,682		
교육재정부담금	884	884		

□ **2010년도**

(단위 : 백만원)

구 분	총미부담금	당해연도분	지난년도분	비 고
계	127,997	52,391	75,606	
시·군조정교부금	65,000	29,960	35,040	
지방교육세	51,112	11,430	39,682	
교육재정부담금	11,885	11,001	884	

□ **2011년도**

(단위 : 백만원)

구 분	총미부담금	당해연도분	지난년도분	비 고
계	172,022	136,328	35,694	
시·군조정교부금	136,728	109,694	27,034	
지방교육세	10,845	10,845	0	
교육재정부담금	24,449	15,789	8,660	

□ **2012년도**

구 분	계			2012년			2011년		
	법정부담	부담	미부담	법정부담	부담	미부담	법정부담	부담	미부담
계	1,864,815	1,634,405	230,410	904,540	846,152	58,388	960,275	788,253	172,022
시·군조정교부금	1,078,912	889,689	189,223	528,110	475,615	52,495	550,802	414,074	136,728
지방교육세	674,024	663,179	10,845	326,800	326,800	-	347,224	336,379	10,845
교육재정부담금	111,879	81,537	30,342	49,630	43,737	5,893	62,249	37,800	24,449

□ **2013년도**

구 분	계			2013년			지난년도분('11~'12)		
	법정부담	부담	미부담	법정부담	부담	미부담	법정부담	부담	미부담
계	2,880,181	2,514,363	365,818	1,015,366	879,958	135,408	1,864,815	1,634,405	230,410
시·군조정교부금	1,613,938	1,392,159	221,779	535,026	502,470	32,556	1,078,912	889,689	189,223
지방교육세	1,002,211	991,966	10,845	328,787	328,787	-	674,024	663,179	10,845
교육재정부담금	161,732	130,238	31,494	49,853	48,701	1,152	111,879	81,537	30,342
채무부담	50,000	-	50,000	50,000	-	50,000	-	-	-
채무상환	51,700	-	51,700	51,700	-	51,700	-	-	-

* <표 4>의 통계치는 김해시 인구 50만명 초과에 따라 변경되는 시·군조정교부금 유보기준의 적용 시점을 행정안전부의 법령해석에 따라 인구규모 초과 심점인 2010. 10월 말로 환원하지 않고 경상남도의 자체 해석에 따라 2012. 7. 1.을 기준으로 산정한 것이다.

〈표 5〉 2013년 당초예산 자체사업비 내역

※ 채무부담 제외, 지방채 포함 (단위:천원)

실과명		사업명	사업비(B)
총합계(819건)			**323,468,189**
의회사무처(1건)			8,000
	의회사무처 총무담당관(1건)		8,000
		냉난방 모터 펌프 등 교체 및 보수	8,000
공보관실(7건)			1,458,000
	공보관(7건)		1,458,000
		경남도보 발간	501,000
		경상남도 지역신문 발전위원회 운영	20,000
		도정주요시책 인터넷 마케팅	60,000
		신문,방송 등 언론홍보 광고	248,000
		인터넷방송 콘텐츠 제작 운영	314,000
		인터넷신문 운영	242,000
		홍보블로그 운영	73,000
여성가족정책관(59건)			11,647,318
	여성가족정책관(56건)		11,628,118
		가정보호아동 부식비	111,168
		가정보호아동 제수비	48,762
		건강가정 활성화 사업	54,000
		건강가정육성 교육 및 캠프 실시	12,000
		건강관리비 지원	14,460
		경남어린이 큰잔치 행사비	10,000
		난방연료비 지원	520,000
		다문화가족지원 특수시책사업	90,000
		다문화인식개선 연극팀 운영	49,000
		대체교사 인건비(도)	100,000
		무주택 빈곤아동 월세비 지원	150,720
		미혼모 자녀 생활보조비 지원	75,000
		미혼모 직업훈련비 지원	21,600
		미혼모가족 돌봄도우미 파견	13,824
		민간보육시설 난방연료비	212,000
		민간상담소 운영	122,000
		방과후 자녀학습비 지원	164,880
		방학중 청소년 지도위원 활동비	50,000
		보육교사 처우개선비	3,528,000
		보육시설 종사자 격무수당	630,000
		빈곤아동 방학중 학원수강료 지원	69,632
		사회복지시설 생활자 부식비 지원(시군)	44,140
		사회복지시설 종사자 수당 지원(시군)	229,000
		생활자 추가부식비 등 지원	45,710
		생활자립금 지원	177,300
		성매매·여성폭력 근절사업 지원	30,000
		셋째아 이후 무상보육료	120,051
		시군 다문화가족지원센터 종사자 수당지원	94,900

실과명		사업명	사업비(B)
		시군 여성주간사업 지원	40,000
		시군 청소년종합지원센터 운영	100,000
		아동급식(연중,방학중)	1,631,923
		아동위원 수당 지원(세부사업명 변경, 2012년 아동위원 수당 지원)	34,200
		어린이집 안전보험료 지원	284,000
		여성 결혼이민자 정착 멘토링 사업	30,000
		여성결혼이민자 다문화가족지원센터 인턴 채용	57,000
		여성결혼이민자 원어민 강사수당 지원	150,000
		여성지도자 양성 교육	72,000
		요보호아동 1인1자격갖기 사업	19,200
		요보호아동 위문	23,940
		임산부 풍진검진사업	87,000
		임시보호소 운영	18,000
		장애 및 어려운 청소년 문화체험 활동	20,000
		장애시설 종사자 특수수당	240,000
		정관난관복원 시술비 지원	5,980
		종사자 수당 지원	519,000
		지역아동센터 종사자 수당지원	462,000
		직업훈련비 지원	15,000
		청소년 보호단속사업 지원	15,000
		청소년지도 부모교육	10,000
		출산 미혼모 산전산후 요양비 지원	34,000
		출산장려금 지원	450,000
		퇴소아동 자립정착금	23,000
		특별할머니 시약대	5,400
		학교폭력상담사 운영	103,000
		학대피해아동 일시쉼터 운영비	151,504
		한부모가족 자녀교육비 지원	238,824
	여성능력개발센터(3건)		19,200
		냉온수기 세관	3,200
		발전기 부품 교체 공사	1,600
		수강료 등 반환금	14,400
기획조정실(18건)			3,439,200
	정책기획관(3건)		1,120,000
		대학생학자금 이자 지원	240,000
		지역인재육성사업	260,000
		창원대·KAIST 연구개발 및 인력양성 협력사업	620,000
	예산담당관(2건)		139,000
		도단위 행사개최 경비 비원	112,000
		지방재정관리시스템 유지보수	27,000
	법무담당관(1건)		10,000
		소송업무수행(배상금 등)	10,000

실과명		사업명	사업비(B)
	정보통계담당관(12건)		2,170,200
		경남 사회조사 및 사회조사 지원	221,000
		국가정보통신망 회선료 지원	878,000
		도민정보화교육 운영비 지원	36,000
		시도 행정시스템 유지보수	232,000
		시도행정복구시스템 유지보수	67,000
		정보시스템 통합유지관리	466,000
		정보통신공사업시스템 유지보수 시도 분담금	6,200
		정보화마을 활성화 지원	87,000
		주요기반시설 취약점 분석 평가 수행	40,000
		통계자료관리	37,000
		행정업무용 소프트웨어 보급	80,000
		행정업무용 통신시설 구축	20,000
동남권발전국(44건)			33,699,000
	균형발전과(3건)		15,480,000
		동남권광역경제발전위원회분담금	150,000
		로봇랜드 조성	15,000,000
		뿌리산업지원을 위한 IT 융합로봇생태계 조성	330,000
	전략산업과(19건)		10,850,000
		경남 항공부품 수출지원단 운영 지원	200,000
		경남과학연구단지 육성지원	2,000,000
		경상남도창업보육센터 운영	100,000
		대한민국 국제보트쇼 개최	1,200,000
		도지사배 PAV 경연대회 개최	200,000
		산청한방약초연구소 육성사업	104,000
		산학 공동기술개발 지원	700,000
		산학연협력 기업부설연구소 설치 지원	225,000
		전기자동차 핵심부품개발 기업육성	400,000
		지식기반기계 부품소재 연구개발 클러스터 구축	131,000
		지역 SW성장 지원	56,000
		지역 SW융합 지원	294,000
		지역 SW품질역량센터 운영	38,000
		지역연고산업 육성산업	120,000
		항공부품 신뢰성 시험기반 구축	1,300,000
		해양플랜트 폭발화재시험 기술개발 기반구축	700,000
		해양플랜트 Subsea초고압 시험인증 연계협력체계	900,000
		BLCD모터의 표준화 및 표준모델 보급사업	182,000
		LNG극저온기계기술 시험인증센터	2,000,000
	친환경에너지과(13건)		5,018,000
		그린에너지 산업교류회 운영	20,000
		그린에너지 인력양성사업	550,000
		그린에너지 지원센터 운영	250,000
		그린홈 10만호 보급사업	500,000
		녹색성장브랜드사업 육성 지원	500,000
		대중소 연계형 이차전지 핵심소재 개발	200,000
		동남권 풍력부품 Test bed 구축	935,000

실과명	사업명	사업비(B)
	동남권 해상풍력부품 실용화 개발	833,000
	서민층 전기시설 개선사업	80,000
	수소연료전지 Test bed 구축	550,000
	신재생에너지 사업화 지원사업	300,000
	연료전지형 무인항공기 실증사업	200,000
	중소기업 에너지 진단 및 시설개선	100,000
항만물류과(1건)		221,000
	영세도선손실보전금 지원	221,000
투자유치과(8건)		2,130,000
	2013 지역발전주간행사	80,000
	국내기업 투자촉진지구 보조금	700,000
	국내외 기업유치 홍보	80,000
	대규모 투자기업 특별지원금(홍덕소우테크)	200,000
	외국인 투자기업 임대용 토지매입(창원 남문지구)	270,000
	창원국제외국인학교 설립 지원	100,000
	투자촉진 기반시설 사업	550,000
	해외기업 투자설명회	150,000
경제통상국(35건)		19,198,000
고용촉진과(9건)		1,198,000
	경남 청년아카데미 운영	203,000
	경상남도일자리종합센터 운영	150,000
	고용우수기업 인증제 추진	13,000
	고졸(예정)자 취업특화과정	190,000
	사회적기업 시설·장비 지원	116,000
	사회적기업 육성위원회 운영수당	5,000
	시군 일자리센터 취업상담사 배치	211,000
	일자리창출 우수지자체 인센티브	200,000
	채용박람회 개최 지원	110,000
경제기업정책과(14건)		14,151,000
	경제자유구역청 운영비 지원	1,921,000
	공장설립관리 정보망(Factory On) 운영	34,000
	소규모 기업 환경개선 사업	400,000
	실크산업 활성화 기술개발 사업	70,000
	실크연구원 운영비 지원	200,000
	실크제품화 컨설팅 지원사업	50,000
	경제자유구역 기반 조성	10,500,000
	우수디자인 발굴 및 산업화 지원	50,000
	중소기업 CI개발 지원사업	80,000
	지역디자인 가치제고 사업	80,000
	지역브랜드 가치제고 사업	80,000
	창업기업 신규 고용인력 보조금 지원	350,000
	청소년 경제교육	16,000
	특허정보 종합컨설팅 사업	320,000

실과명	사업명	사업비(B)
민생경제과(4건)		136,000
	공예품개발 장려금 지원	21,000
	도 물가모니터요원 인건비 지급	57,000
	마산어시장 축제 지원	16,000
	시군소비자 상담원 인건비 지원	42,000
국제통상과(8건)		3,713,000
	경남FTA활용지원센터 지원	60,000
	국제회의(컨벤션)유치 및 개최지원	210,000
	마산자유무역지역 확대 조성사업	2,200,000
	세계자치단체연합(UCLG)연회비	7,000
	재외교민 관련단체교육교재 등 지원	20,000
	중점육성 전시회 지원	1,050,000
	창원컨벤션센터 시설 보완	35,000
	컨벤션뷰로 지원	131,000
행정지원국(26건)		8,150,000
열린행정과(11건)		785,000
	공익근무요원 보상금	110,000
	도단위 민방위 시범훈련	5,000
	모범 이통장 및 읍면동 회장 연후	34,000
	민방위 실기교육 강사수당	54,000
	민방위대 활동지원	28,800
	예비군 동원훈련장 설비 보강	67,000
	을지연습 도단위 실제훈련	6,000
	이 통장 단체 상해보험료 지원	240,000
	주부 민방위기동대 운영	133,200
	지역예비군 육성과 향토방위력 증강사업	104,000
	취약지역 분석 활동 지원	3,000
인사과(5건)		6,092,000
	맞춤형 복지제도 운영	5,734,000
	인터넷응시원서 접수 위탁수수료	20,000
	중요기록물 복원 및 장기보존 처리사업	66,000
	테마별 선진지역 정책연수 위탁교육	167,000
	행정안전부 문제출제 위탁수수료	105,000
대민봉사과(8건)		701,000
	경남통일관 운영비	108,000
	경상남도 자유회관 건물 석면조사	1,000
	민관협력 코디네이터 인건비	65,000
	사랑의 집 고쳐주기	126,000
	새마을지도자 자녀장학금	75,000
	시군 자원봉사활동 지원	96,000
	외국인근로자 지역사회 적응 지원	220,000
	자원봉사자 연수	10,000
회계과(2건)		572,000
	국유재산 관리비 시군 배분	562,000
	연못바닥 정비	10,000

실과명		사업명	사업비(B)
농수산해양국(178건)			28,634,349
	농업정책과(16건)		3,975,605
		귀농인 안정 정착 지원	112,000
		귀농학교 운영	150,000
		농가도우미 지원	146,475
		농번기 마을공동급식 지원	100,470
		농업인재해 안전공제료 지원	582,400
		농촌총각 국제 결혼 지원	60,000
		소규모 배수개선	750,000
		여성농업인센터 운영 지원	130,500
		일반경지정리	300,000
		준영구 논두렁 설치 사업	280,000
		지역주민건의(수리시설분야)	600,000
		진주국제농업박람회 지원	200,000
		최고농업경영자과정	225,000
		최고농업경영자과정 성공사례 발표	5,000
		한국신지식농업인 전국회원대회 지원	10,000
		후계농업인 유통정보지 보급	323,760
	친환경농업과(37건)		8,317,112
		딸기하우스 시설 현대화 지원	500,000
		청정지역 명품딸기 육성	72,000
		고품질 쌀 생산단지 조성	300,000
		과수 수정용 꽃가루 지원	32,000
		과원농작업로 지원	74,000
		노후하우스 시설개선비 지원	200,000
		농기계 경광등 설치 지원	20,000
		농산물 축제 지원	35,000
		농산물 축제 지원(채소분야)	24,000
		농작물 재해보험료 지원	1,192,000
		누에씨 안정생산비 지원	20,000
		딸기 무병 우량모주(원묘)보급지원	80,000
		마늘 채소재배 농기계 지원	30,000
		맞춤형 중소형 농기계 공급	851,500
		미곡종합처리장 노후시설 교체	90,000
		버섯 생산시설 현대화 지원	50,000
		벼 병해충 공동방제	200,000
		벼 육묘장 설치	250,000
		생태농업단지 조성 사업	1,890,000
		소규모 밀 가공시설 지원	18,000
		시설수박 수정벌 지원	30,000
		양앵두 생산시설 현대화 지원	45,000
		우리밀 생산 지원	216,000
		육묘장 황색점착트랩 지원	5,125
		잠종대 지원	15,300

실과명		사업명	사업비(B)
		전기온풍기 설치 지원	270,000
		지역우수 쌀가공체 시설현대화 지원	80,000
		채소생산시설 현대화 지원	600,000
		친환경 생태농업 현장컨설팅단 운영지원	100,000
		친환경 유기농자재 지원	150,000
		친환경농업정보지 보급	7,987
		콩 생력 재배단지 조성	97,200
		토종농산물 소득보전 직불제	300,000
		통합 쌀 브랜드 포장재 지원	40,000
		한방약초 안정생산 지원	80,000
		화훼 생산시설 현대화 지원	292,000
		화훼유통시설 및 장비 확충	60,000
	농수산물유통과(30건)		5,582,000
		경남 최고수출농업단지 인센티브	50,000
		경남 추천상품(QC) 수산물 활성화 지원	40,000
		공동브랜드(청경해)포장박스 제작지원	80,000
		관광지 주변 지역음식 푸드 존 조성	200,000
		농산물 수출 가공업체 시설 개선	21,000
		농산물 수출 물류비 지원	1,440,000
		농산물 수출 물류센터 시설 보완	20,000
		농산물 수출물류센터 포장재비 지원	41,000
		농산물 안정성 조사	15,000
		농산물 유통시설 설치	1,202,800
		농산물우수관리제도(GAP)인증수수료 지원	29,000
		농수산물 수출 우수시군 상사업비 지원	100,000
		농식품 가공산업 육성	458,000
		농식품 품질규격화·표준화 지원	13,000
		로컬푸드 육성사업(홍보,마케팅, 장터개설 등)	124,000
		수산물 소비처 확대 발굴	33,000
		수산물 원산지 표시 지원	6,000
		수산물 직매장 시설 개선	30,000
		수출 주력품종 육성 지원	220,000
		수출농가 시설 지원	238,200
		수출농단 유통시설 지원 사업	100,000
		수출농업단지 시설 보완	408,000
		수출탑 수상 농가 인센티브	78,000
		수출파프리카 작기 전환 지원	32,000
		시설원예 수출농가 연질강화필름 지원	150,000
		전통발효식품 육성	239,000
		전통주 육성	80,000
		지역특화 수산물 축제 지원	80,000
		지역향토음식 경연대회 지원	24,000
		통합 수출농업단지 인센티브	30,000

실과명	사업명	사업비(B)
축산과(25건)		2,505,496
	가축분뇨 수분조절재 지원	60,000
	가축재해보험 지원	286,400
	경종농가 연계 조사료 구입비 지원	60,000
	계란마킹기 지원	21,000
	고급육 출하농가 장려금 지원	100,000
	고품질 한우산업 육성	168,000
	공수의 수당 보조	422,000
	깨끗한 목장가꾸기 사업	32,000
	낙농헬퍼 지원 사업	153,000
	돼지 폐사축 처리기 설치 지원	36,000
	배합사료 제조시설 생산비 지원	100,000
	브랜드축산물 디자인·포장재 개발 지원	29,000
	소독시설 설치	56,000
	소독약품 구입비 지원	183,600
	액비유통 활성화 지원	144,000
	양봉 벌통 교체	160,000
	자동 탈봉기	104,000
	전국 양봉인의 날(양봉대회) 지원	25,000
	전통민속 소싸움대회 지원	40,000
	젖소 능력개량 사업	58,000
	축사시설 환경개선	53,600
	축산농가 악취방지 개선	132,000
	축산물 수출 촉진 지원	30,000
	친환경 축산물 인증 지원	39,896
	FTA 양돈농가 선진기술 지원	12,000
해양수산과(15건)		4,112,538
	낙동강 하구쓰레기 처리 비용 부담	92,960
	다기능 어항개발 사업	520,000
	소규모 정주어항 유지 보수	1,040,000
	수산업경영인 유통정보지 보급	33,552
	수중 생태체험 관광지 조성	100,000
	아름다운 어항 개발	240,000
	어업폐기물 수거 처리	150,000
	어장 정화선 운영	101,000
	어촌정주어항 시설 확충	800,000
	어촌체험마을 홍보물 및 장비구입 지원	25,426
	지방어항 시설사업(용역비)	80,000
	지방어항 시설사업(자체)	800,000
	지정해역 위생관리사업	65,600
	한일해협 연안시도현 수산교류 회의	4,000
	해양유입 부유쓰레기 수거 처리 사업	60,000

실과명	사업명	사업비(B)
	어업진흥과(19건)	2,760,589
	가두리양식장 자동먹이 공급시스템 지원	50,000
	대구수정란 방류	32,000
	마을 앞바다 소득원 조성 지원	45,000
	마을어장 저질개선 사업	25,000
	멍게양식 산업화 시설 지원	105,000
	불가사리 구제	82,000
	불법어업자 타기관 검거 과징금	18,000
	성게 구제사업	40,000
	소규모 바다목장 조성	240,000
	수산인 안전공제 보험료 지원	83,200
	양식수산물 재해보험 지원	50,000
	어선용 연료정화 장치 보급 지원	74,800
	어선원 재해보상보험료 지원	160,000
	어업지도선 검시 및 수리	80,000
	연안 바다목장 조성	300,000
	연안어선 어업용 유류비 지원	1,245,589
	외래어종 퇴치 수매	15,000
	잠수어업인 진료비 지원	40,000
	통영 바다목장 관리	75,000
	축산진흥연구소(6건)	161,995
	가축질병 김진 및 김사	38,463
	쇠고기 이력추적제 사육단계 DNA 검사	16,287
	수의신기술 개발 보급	17,000
	청사 유지보수 및 정비	26,500
	축산물 가공품 검사	17,187
	축산물 위생시험 검사	46,558
	축산진흥연구소 축산시험장(5건)	53,773
	가축분뇨자원화 시험 연구	12,000
	돈사 노후 창호 교체 공사	20,000
	축산농가 종합 컨설팅	2,000
	친환경 양돈사양 기술개발	9,773
	한우 수정란 생산 및 이식연구	10,000
	축산진흥연구소 중부지소(4건)	43,269
	가축 검진 및 검사	16,110
	자체시험 연구사업 추진	5,000
	청사 유지보수 및 정비	1,656
	축산물 위생시험 검사	20,503
	축산진흥연구소 북부지소(4건)	44,105
	가축 검진 및 검사	22,000
	자체시험 연구사업 추진	5,397
	청사관리(배수로 정비 등)	2,000
	축산물 위생시험 검사	14,708
	축산진흥연구소 남부지소(4건)	90,858
	가축검진 및 검사	3,000
	자체시험 연구사업 추진	5,000
	청사관리 및 환경개선	72,000
	축산물 위생시험 검사	10,858

실과명		사업명	사업비(B)
	수산자원연구소(8건)		468,009
		바다목장내 연구교습어장운영시설보강	65,000
		공익근무요원 관리	4,009
		다수어업인 수폐품종 및 자원 조성	78,000
		미래대비 기술개발 연구	100,000
		바다목장 시험 연구	70,000
		어업생산성 향상 기술 연구	10,000
		연구소 기능강화(노후 해상가두리 시설교체)	120,000
		지역특산(명품) 수산물 양산 기술 개발	21,000
	수산자원연구소 민물고기연구센터(2건)		192,000
		관상어 양식기술 개발	10,000
		청사시설 유지관리 보수	182,000
	농업자원관리원(3건)		327,000
		식물원 온실 환경제어시스템 설치	23,000
		식물원 지열냉난방시스템 설치	140,000
		임천포장 농자재 보관창고 건립	164,000
농업기술원(131건)			4,100,192
	농업기술원 총무과(3건)		67,000
		관리사 및 게스트 하우스 엘리베이트 설치	53,000
		농업기술원 건축물 석면조사 용역	11,000
		테니스장 보수공사	3,000
	농업기술원 작물연구과(14건)		210,000
		경남쌀 품질고급화 기술 개발	12,000
		경남지역 적응 벼 우량품종 선발	4,000
		국산밀 고품질 생산기술 연구	3,000
		농작업장 포장	102,000
		밀 신품종 이용 촉진사업	4,000
		밭작물 신품종 선발 및 종자 생산	12,000
		사료작물 가치 향상기술 개발	7,000
		쌀 부가가치향상 및 생력재배 기술 개발	15,000
		약용작물 고품질생산 재배기술 연구	17,000
		약용작물 부가가치 향상 연구	12,000
		약용작물 품종 육성 연구	3,000
		친환경 생산성 향상 품질 고급화 연구	2,000
		친환경쌀 생산 기술개발	6,000
		특용작물 생산기술 개발 유전자원수집 보존	11,000
	농업기술원 친환경연구과(10건)		132,600
		농업환경 지표 변동연구	3,000
		버섯품종육성 및 유전자원 수집	15,800
		병해충 임상진단실 운영	10,800
		생명공학 기술농업 응용 연구	10,000
		작물병해 친환경 방제기술 개발	8,000
		잠업 항온항습시설 보수 공사	8,900
		잠업사업장 진입로 개설 토지매입비	50,000
		천적 이용 해충방제 기술 개발	8,000
		친환경 토양 관리기술 연구	11,700
		친환경농업 기술 개발	6,400

실과명	사업명	사업비(B)
	농업기술원 수출농식품연구과(17건)	327,600
	가공현장 애로기술 연구지원	8,000
	과수 노후 작업장 공사	23,700
	과수 시설재배기술 개발	5,000
	기능성 소재 이용 기술 개발	14,100
	녹색성장 및 기후변화적응 채소 재배기술 개발	20,000
	녹색성장형 연구동 식물공장 내부시설 설치	144,000
	딸기 고설식 재배기술 개발	8,000
	딸기 우량신품종 육성	7,800
	매실 고품질과 생산 연구 및 품종 육성	6,000
	배 FTA 대응 신기술 개발	6,000
	블루베리 생산기반조성 연구	20,400
	소득화 농산 가공품 개발	18,500
	시설채소 재배기술개발 및 생산성향상 연구	12,500
	식물공장 생산기술 개발	9,000
	신품종육성 및 부가가치향상 기술 개발	7,600
	파프리카 고품질 생산기술 개발	7,500
	하이테크 수경재배기술 연구	9,500
	농업기술원 양파연구소(10건)	236,800
	교배종 육성 연구	15,600
	소비확대 연구	6,000
	시험포장 리모델링 및 배수시설 보완	138,000
	양파 분자육종 기술 연구	8,500
	양파 중생계 우량계통 육성	9,900
	양파 친환경 재배기술 체계화	7,800
	양파안정생산 연구	10,800
	용도별 우량계통 육성	18,600
	유망계통 지역적응성 검정 및 보급	7,500
	유전자원 수집 보존	14,100
	농업기술원 단감연구소(10건)	122,992
	감 품종 및 대목 육성	7,000
	감 품질향상을 위한 재배법 개선	9,000
	농기계 창고 등 6동 외벽도장 공사	13,850
	단감 병해충 생리생태 연구	6,000
	단감 수확후 관리기술 개발	12,000
	단감 신품종 고접갱신 연구	5,000
	단감 신품종 농가실증 연구	5,300
	떫은감 연구 강화 기반조성 공사	50,000
	시비법 개선에 의한 단감 품질향상 연구	6,000
	온실 측면, 전면 유리 및 방충망 교체 공사	8,842
	농업기술원 화훼연구소(12건)	262,000
	거베라 신품종 육성	11,000
	국화 신품종 육성	11,000
	국화 연구시설 에어포그 설치	50,000
	국화온묘온실 전조시설 설치	13,000

실과명	사업명	사업비(B)
	나리, 카네이션 신품종 육성	14,000
	연구동 본관 LED등 교체	35,000
	와이드스판 온실 천창모터 보수	28,000
	장미 신품종 육성	11,000
	조직배양실 LED등 교체	25,000
	호접란 신품종 육성	10,000
	화훼 재배기술 개발	14,000
	화훼종묘센터 운영	40,000
	농업기술원 사과이용연구소(5건)	350,000
	고품질 사과 재배기술 개발	7,000
	사과 이용 가공품 개발	7,000
	사과 저장 후 수확후 기술 개발	5,000
	사과 품종 육성 및 부가가치 향상	65,000
	신설연구소 기반조성 사업(3차)	266,000
	농업기술원 지원기획과(5건)	603,200
	고품질 안전농산물 생산 기반 구축	380,000
	농업인 지도자 정보지원 농업인신문 지원	59,200
	농촌지도기관 활력화 사업 지원	100,000
	농촌지도사업 우수농촌 지도자 해외연수	24,000
	전국농촌지도자대회 참가 지원	40,000
	농업기술원 소득생활자원과(43건)	1,756,000
	경남자생식물 상품화 시범	18,000
	경사지 과수원 수확운반구 지원	15,000
	고품질 벼 건조 시범	54,000
	과실 최고품질 생산단지 시범 조성	36,000
	기후변화대비 양돈환경개선 경쟁력 강화시범	80,000
	농가 신재생에너지활용 생활환경 개선 사업	100,000
	농산물 우수관리(GAP) 육성	36,000
	농작물 병해충 예찰 방제	16,000
	농작업 환경개선 시범마을 육성	12,000
	농촌 노인지도 마을 육성	50,000
	농촌여성 일감갖기 창업활동 지원	30,000
	도시텃밭 생활농업 활성화 시범	70,000
	도육종 신품종 시험보급 시범	21,000
	레일식 자동분무기 이용 청정 축산업 육성 시범	10,000
	부존자원 이용 가축발효사료 이용시범	20,000
	생활개선회 정보지 지원	56,000
	소득원 제품 고유브랜드 지원	26,000
	소비자 농업 교실 운영	30,000
	수출원예작물 탄산가수 농법 시범	24,000
	시설원예 자동개폐 생력화 시범	48,000
	시설원예 작물 품질 향상 시범	30,000
	시설원예 환경개선 시범	24,000
	시설원예 환기열 회수 에너지 절감 시범	24,000

실과명		사업명	사업비(B)
		식·약·사료용 곤충 생산농가 육성 시범	18,000
		신기술 투입 시설과수 재배시범	12,000
		옥수수전용 사일리지 일괄생력화 시스템 구축시범	60,000
		원예작물 무인방제 생력화 시범	360,000
		원예작물 미생물농법 연작장해 대책시범	45,000
		원예작물 재해예방 경보시설	12,000
		유용미생물 자가제조 활용 시범	24,000
		으뜸과채 생산기술 시범단지 육성	10,000
		음이온 발생시설 수출농산물 안전생산	21,000
		인터넷 온실 경영관리 자동화	15,000
		전통문화 활용기술 소득화 시범	50,000
		지식기반 벤처농업 모델단지 육성	30,000
		지하수이용 친환경 난방비 절감	24,000
		창의적인 농촌손맛 창업활동 지원	30,000
		초생력 생산비 절감 무논 점파 시범	90,000
		친환경 고품질 농산물 생산기술 시범	60,000
		친환경 과실 생산기술 시범	12,000
		친환경 농산물 생산단지 시범	15,000
		향토음식 자원화 농가맛집 지원	30,000
		흑염소농가 자급사료 생산 시범	8,000
	농업기술원 미래농업교육과(2건)		32,000
		교육 및 실증온실 운영	30,000
		교육생 구급약품 및 외래진료비	2,000
청정환경국(37건)			6,618,000
	환경정책과(12건)		859,000
		경남녹색환경지원센터 지원	200,000
		농약빈병 수거보상	82,000
		무인 악취포집기 설치비 지원	10,000
		생태계교란 외래종 동식물 퇴치(제거)사업 지원	100,000
		석면 구제급여 지급	25,000
		수렵장 운영 지원	180,000
		야생동물 피해보상 지원	130,000
		우포늪 따오기 복원센터 운영 지원	70,000
		우포늪 자연생태해설사 운영 지원	36,000
		우포늪 환경 감시활동 지원	12,000
		한일 환경기술교류사업 추진(실무자회의 부담금)	5,000
		해외자치단체간 국제교류(자치단체국제환경협의회 연회비)	9,000
	맑은물관리과(3건)		649,000
		공중화장실 문화개선 사업	160,000
		농어촌 마을상수도 위탁관리사업	364,000
		지하수이용실태조사 및 방치공 원상복구	125,000

실과명	사업명	사업비(B)
	녹색산림과(9건)	4,382,000
	나무심기 행사 묘목대 및 식수지 사후관리	20,000
	녹지공간 조성사업	1,280,000
	도립공원 유지관리	425,000
	도청정원 및 온실관리	20,000
	몽골 바양노르솜 경남도민의 숲 조성	100,000
	산불방지 및 도정수행 헬기 등 임차	2,007,000
	생활공원 조성	350,000
	재일 재경도민회 향토기념식수 묘목대	80,000
	중국 쿠부치사막 경남생태원 조성	100,000
	산림환경연구원(7건)	427,200
	산림박물관 분전반 교체	18,000
	산림박물관 엘리베이터 교체	55,000
	산림박물관 전시물 훈증 및 시설물 도색	20,000
	수목원 경비실 이전	145,000
	수목원 정비(시설비및부대비)	82,200
	시설물 석면조사	7,000
	시험림 내 토지 매입비	100,000
	금원산산림자원관리소(2건)	213,800
	금원산 휴양림 운영(시설비및부대비)	84,000
	생태수목원 시설유지 및 정비(시설비및부대비)	129,800
	환경교육원(4건)	87,000
	사이버 환경교육 콘텐츠 제작	25,000
	의료 및 구료비	2,000
	자연박물관 관리(시설비및부대비)	10,000
	홈페이지 기능 보강	50,000
보건환경연구원(19건)		346,200
	보건환경연구원 총무과(1건)	8,000
	연구원 운영 및 청사관리	8,000
	보건환경연구원 보건연구부(8건)	163,700
	감염병, 위생세균 관리 및 조사연구(시험연구비)	17,600
	공익근무요원 보상금(농산물검사과)	2,700
	공익근무요원 보상금(식품분석과)	2,700
	방사능물질 검사 및 조사연구(시험연구비)	29,200
	부정불량 식품검사 및 조사연구(시험연구비)	28,800
	수출농산물 출하전 잔류농약검사 및 조사연구(시험연구비)	52,000
	의약품 등 검사 및 조사연구(시험연구비)	12,000
	잔류유해물질 검사 및 조사연구(시험연구비)	18,700
	보건환경연구원 환경연구부(10건)	174,500
	공익근무요원 보상금(2명,대기환경과)	3,600
	공익근무요원 보상금(산업폐수과)	3,600
	공익근무요원 보상금(음용수질과)	3,600
	대기 및 소음,진동,악취 오염도 조사 연구(시험연구비)	19,000
	대기오염측정망 운영 및 장비유지관리(시험연구비)	36,000
	수질미생물 및 수생태조사(시험연구비)	17,200
	지하수, 정수 등 먹는 물 수질검사(시험연구비)	24,000
	토양오염 실태조사 및 폐기물 검사 및 조사(시험연구비)	26,500
	하·폐수 및 침출수,축산폐수 오염도 조사(시험연구비)	24,000
	하천, 호소 수질환경 오염도 검사 및 조사(시험연구비)	17,000

실과명		사업명	사업비(B)
도시방재국(26건)			16,198,000
	도시계획과(3건)		4,960,000
		도시계획도로 정비사업	4,600,000
		자전거 지도자 양성	30,000
		자전거도로 유지관리	330,000
	친환경건축과(9건)		9,452,000
		간판이 아름다운 거리 조성	400,000
		건축물 옥상녹화	250,000
		공공디자인 시범사업	1,050,000
		공동주택 친환경 녹지공간 확충	200,000
		노후·불량주택 지붕개량	300,000
		농어촌 주택개량	6,552,000
		빈집정비	200,000
		저소득계층 임대보증금 지원	400,000
		한옥지원	100,000
	교통정책과(6건)		1,201,000
		농어촌 교통카드 도입	17,000
		벽지노선 교통량조사 인부임 지원	85,000
		저상버스 운영손실보상금 지원	542,000
		택시요금 카드결제 수수료 지원	432,000
		특별교통수단 구입비 지원	95,000
		특별교통수단 유료도로 통행료 지원	30,000
	재난방재과(5건)		540,000
		경보통제상황실 소화전 설비 구축	7,000
		안전문화운동	107,000
		자동기상관측시스템 구축	162,000
		자연재해 관측장비 유지관리	144,000
		풍수해 보험사업	120,000
	토지정보과(3건)		45,000
		3차원 지리정보시스템 유지관리	18,000
		국가주소정보시스템(KAIS)유지보수	6,000
		도로명 주소기본도 위치정확도 개선사업	21,000
건설사업본부(36건)			112,120,000
	건설지원과(2건)		16,023,000
		혁신도시 이전기관 이주정착금 지원	23,000
		1000+1000 프로젝트	16,000,000
	도로과(10건)		72,063,000
		국가지원지방도 토지보상 위탁 수수료	50,000
		로드킬 예방시설물 설치	500,000
		마창대교 민자투자사업	10,125,000
		수산교차로 개선사업 추진	1,600,000
		접도구역 재정비	232,000
		지방도 사업	32,706,000
		거가대교 MRG	23,200,000
		지방도 미불용지 보상	750,000
		지방도확포장 토지보상 위탁 수수료	50,000
		지역주민건의사업	2,850,000

실과명		사업명	사업비(B)
	생태하천과(6건)		5,560,000
		일반하천정비	700,000
		지방하천 표지판 정비 사업	260,000
		지방하천(구.지방1급) 구역 내 사유토지 보상금	100,000
		지방하천(구.지방2급) 미불용지 보상금	500,000
		하천기본계획 수립	2,500,000
		하천유지관리사업	1,500,000
	도로관리사업소(11건)		13,295,000
		과적차량 운행단속	192,000
		교량 안전진단	461,000
		굴곡도로 개량	1,724,000
		도로대장 전산화 용역	40,000
		도로수로원 운영	2,844,000
		도로시설물 정비	1,918,000
		지방도 교통사고 손해배상금	30,000
		지방도 위험교량 개선	1,565,000
		청사환경 개선	23,000
		터널 유지보수	2,196,000
		포장도 유지보수	2,302,000
	도로관리사업소 진주지소(7건)		5,179,000
		굴곡도로 개량	450,000
		도로시설물 정비	1,083,000
		위험교량 재가설 및 정비	1,318,000
		위험절개지 보강	935,000
		지방도 교통사고 손해배상금	40,000
		터널 유지보수 및 운영경비	653,000
		포장도 유지보수	700,000
문화관광체육국(69건)			12,709,000
	문화예술과(45건)		4,995,000
		3.1절 걸인, 기생독립단 만세운동 재현	10,000
		거제 전국합창경연대회	20,000
		거창 전국대학 연극제	40,000
		거창 평화인권예술제	8,000
		경남 만화·애니메이션 페스티벌	50,000
		경남 민속문화의 해 사업	1,000,000
		경남 비보이 대회	50,000
		경남 차사발 초대·공모전	40,000
		경남문학관 운영비	20,000
		경남연극제	34,000
		국제연극제(창원, 밀양, 거창)	448,000
		남명선비문화원 축제지원	40,000
		남명학문과 사상연구계승사업	20,000
		대한민국 다향축전 지원	16,000
		무형문화재 공개행사비 지원	61,000

실과명		사업명	사업비(B)
		무형문화재 기능보유자 전승교육	381,000
		문화재 주변 현상변경 기준안 작성	102,000
		북스타트 사업	60,000
		사천 구암제 행사 지원	40,000
		사천 세계타악축제	120,000
		시·군 문화예술행사 지원	430,000
		시군문화원 문화행사지원	60,000
		아시아 미술제	30,000
		어린이 영상문화관 운영지원	40,000
		영호남 연극제	16,000
		윤이상국제음악콩쿠르 개최	200,000
		음악의 거리 조성 지원	133,000
		의령한지·병풍축제 지원(신규)	10,000
		이병주 하동국제문학제	20,000
		일두 정여창 기념사업회 지원	20,000
		전국 분청도자 대전	24,000
		전국 수궁가 경창대회	8,000
		점자도서 구입지원	20,000
		제승당 이순신장군 향사(享祀) 운영 지원	5,000
		지방문화재 및 전통사찰 등 긴급보수 및 정비	800,000
		지방문화재 소화시설 설치 및 유지관리	100,000
		진주 탈춤한마당 지원	20,000
		진주가요제	50,000
		창녕 3.1민속문화제 행사	16,000
		통영국제음악제	100,000
		한복장려 운동(신규)	10,000
		함안 삼칠 민속줄다리기 행사지원	10,000
		향교 전통문화계승사업	135,000
		향교운영관리(시군향교 충효교실운영)	108,000
		향토사료조사 지원	70,000
	관광진흥과(5건)		244,000
		거북선연구소 체험교실 운영	30,000
		경남관광 온라인마케팅	114,000
		사명대사 유적지 방생데크 조성	50,000
		제7회 전국 거북선 창작 경연대회	25,000
		통영 도남관광지 공영주차장 내 국유지 매입(신규)	25,000
	체육지원과(18건)		7,438,000
		공공체육시설내 장애인편의시설 설치지원	160,000
		도 생활체육대축전 운영비 지원	12,000
		도민체전 운영비 지원(사천)	40,000
		도지사기 래프팅 대회	22,000
		도지사기 요트대회 대회(신규)	30,000
		도지사기 전국산악자전거 대회(신규)	30,000
		도청 직장운동경기부 운영 사업	3,162,000

실과명		사업명	사업비(B)
		매치레이스 훈련용 요트 구입	150,000
		사천시장배 패러글라이딩 대회	10,000
		생활체육 자원봉사단 운영	16,000
		시군 생활체육교실 운영	114,000
		시군 생활체육대회 육성	120,000
		시군 생활체육프로그램 운영	92,000
		시군 장애인체육동아리 지원	100,000
		시군 직장운동경기부 운영비 지원사업	150,000
		요트클럽 육성 및 선수 양성	30,000
		제52회 도민체전경기장 시설개보수(신규)	3,000,000
		제7회 이순신장군배 국제요트대회	200,000
	도립미술관(1건)		32,000
		도립미술관 소장작품 보수	32,000
복지보건국(99건)			31,959,458
	복지노인정책과(38건)		13,547,817
		경남항일운동독립기념탑 운영관리	10,000
		경로당 운영	506,000
		구직희망고령자 취업교육비	38,000
		노인가장세대 지원	259,000
		노인복지시설 종사자 지원	3,880,000
		노인여가선용 장려사업	23,000
		노인여가시설 재활용PC보급	31,500
		노인일자리창출지원센터 운영	96,000
		노인지원상담실 운영	16,000
		노인활동 보조기 지원	45,000
		노인PC(인터넷) 교육	37,000
		대한노인회 도연합회 등 건축물 석면조사	2,300
		독립유공자 묘지관리	20,000
		독립유공자 의료비지원	113,000
		무료경로식당 운영	144,000
		부랑인시설 생활자 지원	13,000
		부랑인시설 종사자 수당	65,000
		부랑인시설 취사원 인건비 지원	19,000
		사할린동포 영구귀국자 특별위로금	600
		사회복지시설 생활자 위문	253,000
		산청군 유림 독립기념관 건립	395,000
		생활자 추가부식비 등 지원	114,000
		예절학습당 운영	12,000
		자활사업활성화 촉진	206,000
		재가노인복지시설 운영	2,216,000
		저소득 차상위계층 특별지원사업	1,036,000
		저소득층 신입생(중·고)교복구입비 지원	458,000
		저소득층 자녀 대학생 멘토링	241,137
		저소득층 자녀 학원 수강권 지원	1,657,000
		정신보건시설 생활자 지원	26,000
		정신보건시설 종사자 수당	154,000
		정신요양시설 경비원 인건비	17,280
		정신요양시설 생활자 의료비 지원(약품대등)	163,000

실과명		사업명	사업비(B)
		종합사회복지관 종사자 수당	292,000
		지역사회복지협의체 간사 인건비 지원	108,000
		지역자활센터 종사자 지원	130,000
		현충일행사지원	8,000
		홀로사는 어르신 안전지킴이 사업	743,000
	보건행정과(22건)		9,200,641
		건강도움방 설치 운영	60,000
		건강PLUS 행복PLUS 사업 대상지역 역량강화	400,000
		공중보건의사 운영	40,750
		도립정신병원 진입도로 이설	400,000
		방문 보건사업 의료비 등 지원	60,000
		병원선 운영 여비	3,000
		병원선 운영 일반운영비	466,000
		보호사 없는 병원 운영비	4,032,000
		선박검사 수리에 따른 공사감독관 체재비 등(병원선 운영, 시설부대비)	10,000
		선박검사 정기 수리비(병원선 운영, 시설비)	370,000
		어르신 틀니 보급 사업	2,244,000
		우수시군 상사업비 지원	50,000
		저소득층 뇌정밀 MRI 무료검진	227,000
		저소득층 요실금 수술비 지원	40,000
		저소득층 인공관절 수술비 등 지원	100,000
		저소득층 특수질병 검진사업	66,000
		정신건강의 날 행사 지원	10,000
		중증장애인 치과 진료비 지원사업	490,000
		중학생 결핵 조기발견	40,500
		틀니보급 사후 관리비	50,000
		한센생활시설 종사자 등 지원	27,391
		호스피스 자원봉사자 운영비	14,000
	식품의약과(2건)		16,000
		전통향토음식 보존을 위한 아구데이 행사 지원	8,000
		한의약 업무 및 엑스포 업무 추진	8,000
	장애인복지과(37건)		9,195,000
		도 장애인복지관 분관 운영	30,000
		발달장애인 주간보호시설 운영	225,000
		시각장애인 기초재활 교육	50,000
		시각장애인주간보호소 운영	130,000
		시군 장애인복지관 운영	511,000
		시군 장애인복지센터 운영	240,000
		시군 장애인수화통역센터 운영	72,000
		시군 중증장애인자립생활지원센터운영(자체)	384,000
		시군장애인가족지원센터 지원	360,000
		시군지체장애인편의시설지원센터 운영	270,000
		신장장애인 투석비 지원	143,000
		여성장애인 기능습득 교육	40,000
		여성장애인중심작업장운영지원	65,000

실과명	사업명	사업비(B)
	장난감도서관 운영	46,000
	장애인 거주시설 지도원 야근수당	86,000
	장애인 공동생활가정 운영	67,000
	장애인 다수고용사업장 운영지원	160,000
	장애인 단기거주시설 운영	120,000
	장애인 직업재활시설 운영지원	261,000
	장애인거주시설 퇴소자 정착금 지원	8,000
	장애인보조기구 및 편의시설 지원	37,000
	장애인복지시설 생활자 지원	45,000
	장애인복지시설 종사자 수당	1,575,000
	장애인심부름센터 운영	102,000
	장애인의료재활시설 운영	119,000
	장애인전용주차구역 단속도우미 일자리사업	300,000
	장애인주간보호시설 운영	361,000
	장애학생 방학기간 열린학교 운영	100,000
	점자도서관 운영	67,000
	중증 여성장애인 운전면허 취득비	15,000
	중증장애인 도우미 수당	2,303,000
	중증장애인 주거환경 개보수 사업	30,000
	중증장애인세대 사례관리 지원	312,000
	중증장애인자립전환센터 운영	30,000
	중증장애인자립홈사업	500,000
	청각장애인 이동영상전화요금 지원	10,000
	탈시설장애인 임시거처비 지원	21,000
소방본부(34건)		30,385,000
소방행정과(4건)		25,297,000
	소방교육훈련장 환경개선 공사	25,000
	소방청사 신·증축	5,072,000
	소방청사 환경개선	200,000
	소방공무원 미지급 초과근무 수당	20,000,000
방호구조과(4건)		294,000
	민간인재해보상금 지급	10,000
	의용소방대 운영	82,000
	이동식 미분무 소화장치 배치	72,000
	화재피해주민 119희망의 집 건축보급	130,000
119종합상황실(4건)		4,776,000
	무선통신시설 보강확충	536,000
	소방정보통신시설 공공요금 시설장비 유지	1,300,000
	유선통신시설 보강확충	234,000
	항공구조구급대 운영	412,000
진주소방서(1건)		17,000
	청사환경 개선	17,000
통영소방서(2건)		230,000
	소방정 운영 및 정비	218,000
	청사환경 개선	12,000

실과명	사업명	사업비(B)
	사천소방서(1건)	27,000
	청사환경 개선	27,000
	김해소방서(1건)	18,000
	청사환경 개선	18,000
	밀양소방서(1건)	11,000
	청사환경 개선	11,000
	거제소방서(1건)	11,000
	청사환경 개선	11,000
	양산소방서(1건)	25,000
	청사환경 개선	25,000
	함안소방서(1건)	18,000
	청사환경 개선	18,000
	창녕소방서(1건)	18,000
	청사환경 개선	18,000
	고성소방서(1건)	4,000
	청사환경 개선	4,000
	남해소방서(2건)	835,000
	삼동안전센터 증축	824,000
	청사환경 개선	11,000
	하동소방서(1건)	10,000
	청사환경 개선	10,000
	산청소방서(2건)	1,041,000
	단성안전센터 이전 신축	1,032,000
	청사환경 개선	9,000
	함양소방서(1건)	12,000
	청사환경 개선	12,000
	거창소방서(1건)	17,000
	청사환경 개선	17,000
	합천소방서(1건)	18,000
	청사환경 개선	18,000
	전소방서(3건)	2,798,472
	소방활동 지원(전 소방서)	57,000
	의용소방대 활동지원	2,646,000
	전담 의용소방대 운영	95,472

찾아보기

[저자 약력]

임채호(林采虎)

성균관대학교 행정학 학사, 박사
미국 시러큐스대학교 행정학 석사(MPA)
행정고시 26회
경남도청 근무
행정안전부(내무부, 행정자치부) 근무
　행정관리담당관, 자치운영과장, 자치제도과장, 자치행정과장
　세계지방정부협의회(ICMA), 주영한국대사관 파견 근무
　제도정책관
　경상남도 행정부지사, 도지사권한대행
　지방행정연수원장
소청심사위원회 상임위원
개인정보보호위원회 상임위원(차관급)
현재 고려대학교 대학원(법학과) 출강

〈저서 및 논문〉
『영국의 지방정부』(번역서, 박영사, 2008)
「영국 신노동당 정부의 지방정부 성과평가」(사회과학, 2009)
「미국의 지방정부 개관」(지방행정, 2003)
「미국의 지방정부와 주 및 연방정부와의 관계」(지방행정, 2003)

지방재정위기
– 미국의 제도와 경상남도 사례 –

저자협의
인지생략

2018년 10월 15일 초판 인쇄
2018년 10월 20일 초판1쇄 발행

저　자　**임채호**
발행인　**조병철**
발행처　**三宇社**
경기도 고양시 일산동구 장백로 20
102동 426호(백석동, 동문굿모닝힐1차)
전화 02)718-8553(대)　FAX 02)718-8554
등록 1994. 9. 23. 제396-2001-000025호

정가 38,000원　　ISBN 978-89-91083-80-6 (93350)